创新生态系统构建、运行及治理

CONSTRUCTION, OPERATION AND GOVERNANCE OF INNOVATION ECOSYSTEM

张 贵 赵勇冠 / 等著

经济管理出版社
ECONOMY & MANAGEMENT PUBLISHING HOUSE

图书在版编目（CIP）数据

创新生态系统构建、运行及治理 / 张贵等著.

北京：经济管理出版社，2025. 7. -- ISBN 978-7-5243-0353-4

Ⅰ. F273.1

中国国家版本馆 CIP 数据核字第 2025175AN5 号

组稿编辑：申桂萍
责任编辑：申桂萍
责任印制：许 艳
责任校对：蔡晓臻

出版发行：经济管理出版社
　　　　　（北京市海淀区北蜂窝 8 号中雅大厦 A 座 11 层　100038）
网　　址：www. E-mp. com. cn
电　　话：（010）51915602
印　　刷：北京市海淀区唐家岭福利印刷厂
经　　销：新华书店
开　　本：787mm×1092mm/16
印　　张：24.25
字　　数：578 千字
版　　次：2025 年 7 月第 1 版　　2025 年 7 月第 1 次印刷
书　　号：ISBN 978-7-5243-0353-4
定　　价：128.00 元

前　言

当前，世界百年未有之大变局加速演进，我国进入新发展阶段，各种机遇与挑战交织并存。在此背景下，构建以强大科技创新能力为基础的国家竞争优势，是推进中国式现代化的必然要求。创新生态系统的兴起，反映出国际科技创新范式的深刻变革，在企业与市场之间形成了第三种创新治理机制，促使全球科技竞争逐步向不同创新生态系统之间的竞争转变。因此，实施创新驱动发展战略，坚持创新在我国现代化建设全局中的核心地位，促进创新生态系统的健康发展，对于加快实现高水平科技自立自强、实现第二个百年奋斗目标，具有重要且深远的战略意义。

本书从国家竞争优势视角出发，以"创新生态系统2.0"理论框架为主线，在阐明创新生态系统的主要原理基础上，重点聚焦创新生态系统的构建、运行和治理机制等内容进行了深入研究；同时，围绕系统中"核"企业的演化、创新生态位的进化、创新枢纽城市的产生、系统韧性等重要主题展开探讨，并对城市创新生态系统进行了三维量化评价分析，从而深度展现创新生态系统最新理论成果，以期更好地回答创新何以发生、如何产生等重要问题。

本书强调创新要素流动既是优化资源配置的关键，又是创新生态系统运行的内在动力。在新发展格局背景下，创新要素面临重大调整、升级、完善和优化等新要求。本书聚焦知识、人才、数据、高铁等创新的新要素的流动模式，基于耦合协同等理论视角，深入探究创新要素促使价值创造能力提升的作用机制，着力探讨如何培育创新生态系统的竞争新优势。

本书提出"创新生态系统2.0"概念及相关理论，这是对经典"创新生态系统1.0"的重大修正。"创新生态系统1.0"是对 Moore 的"商业生态系统"、Adner 的"企业创新生态系统"、Adner 和 Kapoor 的"产业创新生态系统"等经典创新生态系统理论的总称。"创新生态系统2.0"在前者的基础上，对创新主体、创新方式、创新条件和创新环境作出了重大修正，强调要素的结构和功能，重视依托输入性创新基因孕育和培植原生创新，明确了创新生态系统是以具有竞争优势转型能力的企业为系统"核"、多元主体参与、多种创新方式并进、多维网络化协同治理、以产业生态化为取向、以绿色发展为约束的复杂适应性系统。

本书认为，"创新生态系统2.0"是以实现特定价值主张为核心的主体聚类与政策体系集合，是创新主体、创新方式、创新条件和创新环境的统一体。创新生态系统具有自我组织效应、协同进化效应、平台赋能效应和价值共创效应，最终形成价值创造的"闭环"。在一系列驱动因素的非线性叠加作用下，创新生态系统遵循着"创新源—创新组织—创新物种—创新种群—创新群落—创新网络—创新生态系统"的形成路径，并呈现出"初创期—成长期—成熟期—转型期"的演化路径。创新生态系统包括企业、产业、城市、区域和国家五大层次，不同层次的系统逐层嵌套、相互关联，造就了创新生态系统的复杂性、多元化特点。

"创新生态系统2.0"具有五种构建与运行机制，分别是竞合与共生、扩散与捕获、催化与涌现、学习与反哺、开放与共享，它们共同构成了创新生态系统健康发展的基石。其中，竞合与共生机制注重创新主体之间的互相学习和借鉴，是系统建构的关键；扩散与捕获机制强调激活创新成果在主体间的流动，是系统从孕育到成熟的基本要求；催化与涌现机制注重对创新要素的有效配置和利用，是系统从量变到质变的必经过程；学习与反哺机制旨在提升创新主体的知识运用和知识创造能力，是系统充满活力、生生不息的根本所在；开放与共享机制侧重系统创新资源的来源和范围，是系统良性循环的必备品质。

"创新生态系统2.0"的成长壮大离不开完善的治理机制。创新生态系统治理以多中心治理框架为内核，包括正式治理和非正式治理两类机制。正式治理机制主要通过整合政府、市场、社会的多元治理力量，保障不同创新主体间合作、竞争、交易等关系的公平有序；非正式治理则通过信任、声誉、创新文化和联合惩戒等治理方式，引导创新主体在复杂多样的创新环境中实现合作。实践中，伙伴选择、激励相容、利益分配是创新生态系统治理的典型应用场景。此外，创新生态系统治理还需关注平台化治理、网络化治理和数字化治理等新兴方向，着力提升系统的治理效能。

"创新生态系统2.0"的"核"是具有竞争优势转型能力的企业。这种"核"企业的生命周期分为初创期、扩张期和成熟期，分别对应不同的创新生态战略。初创期企业主要采用外部生态系统依附战略，重在形成孵化生长优势；扩张期企业的战略选择会升级为架构主导战略，注重培育共生整合优势；成熟期企业的战略选择进一步升级为变革演化战略，由此形成变革再造优势。创新生态系统以"核"企业的战略优势塑造为中心，聚焦创新范式变革引发的组织情境、创新基因培育所需的环境情境、技术更新迭代所引导的产业情境等维度，统筹系统的创新协同、创新支持、创新变革功能，从而实现动态演化与转型升级。

在"创新生态系统2.0"中，"生态位"集中体现了创新主体的地位与优势，是创新生态系统研究的逻辑起点。城市作为创新活动的主要空间载体，其生态位包括状态、功能和关系三个维度，分别对应生态位的宽度、强度和重叠度。不同类型的城市生态位对应不同的城市竞争策略：处于"明星类"生态位的城市应采取巩固提升策略，处于"金牛类"生态位的城市应采取选择变异策略，处于"中等类"生态位的城市应采取适应调整策略，处于"幼童类"生态位的城市应采取协同进化策略，处于"瘦狗类"生态位的城市需采取延伸优化策略。

在协同创新背景下，创新枢纽城市为城市创新发展提供了新空间。创新枢纽城市是我国区域内部综合实力强劲、科技创新研发领先并能够辐射带动区域内其他城市发展的创新优势区，是区域交通网络、信息网络、知识网络、创新网络等多网络交汇形成的综合性枢纽。它以技术创新为核心，以产业集群为基础，以集聚扩散为表现，具有集聚性、扩散性、网络性、平台性和生态性特征，能够为区域乃至全国创新体系输出高技术含量的知识、技术、产品、服务等。产业集群向创新集群的演化是创新枢纽城市发展的内生动力，通过规模效应、集聚效应、结构效应和生态效应，促进创新枢纽城市的创新能力提升。

面对创新中的风险和不确定性，提升创新生态系统的韧性至关重要。韧性是创新生态系统在面对内外部冲击和不确定扰动风险时，通过自组织、自适应、自学习、系统记忆等方式恢复到更高功能水平的能力。它由抵御能力、吸收能力、组织重构与系统更新四种能力构成，具有多样性、进化性、流动性、缓冲性、网络性的基本特征。系统韧性在演化过程中存在韧性演化失败、韧性演化依赖和韧性演化成功三种路径，其中韧性演化成功需要一定条件的高韧性和高冲击。系统韧性的提升能够显著促进产业发展。

城市创新生态系统以成长性、活跃性、适宜性为关键特征，依据这些特征构建的城市创新生态指数有助于全方位刻画城市创新生态系统的发展水平。基于我国创新型城市数据的评价结果显示，近年来我国城市创新生态系统发展成效显著：系统成长性持续提升，加快从系统形成期、快速成长期向缓速成长期和成熟稳定期演进；系统活跃性不断增强，在创新浓度、高度、活力度、治理度和响应度"五度"层面呈现"数量型"发展向"质量型"发展的转型态势；系统适宜性稳步提高，对创新主体需求的满足能力进一步强化。实现城市创新生态系统的功能强化、结构优化，需要从各维度、诸方面统筹施策，注重把握不同子系统之间的耦合协调关系，对各类创新力量加以整合，最大限度激发城市创新生态系统创造"生态租金"的能力。

相对于本领域已有的研究成果，本书的边际贡献主要体现在以下三个方面：一是构建了"创新生态系统2.0"理论框架，从创新主体、创新方式、形成机制等方面丰富发展了经典的创新生态系统理论；二是提炼了创新生态系统的构建、运行及治理机制，突出了多元化、共生化、网络化创新主体所形成的自组织、自适应能力；三是编制了城市创新生态指数，横向上有助于比较不同城市创新生态系统的发育水平，纵向上有助于判断系统所处的生命周期阶段，具有较强的参考价值。

本书是笔者承担的国家社科基金重大项目"雄安新区创新生态系统构建机制与路径研究"（18ZDA044）的阶段性研究成果，可供创新研究领域的专家学者及硕士、博士研究生等作为参考读物，普通读者可重点阅读本书第一章、第四章、第五章、第六章、第七章以及第十一章内容。受时间和能力所限，本书的不足之处在所难免，敬请读者批评指正！

张贵
2024年12月

目　录

第一章　绪论

进入新发展阶段，我国发展面临的时代背景和现实条件正在发生深刻变化，亟须探索实现高水平科技自立自强的新思路、新举措，构建实现高质量发展的新路径、新格局。创新生态系统的产生，深刻反映了全球创新范式变革的重要趋势，通过推动创新主体、创新方式、创新条件、创新环境的系统化建构、创造性融合、协同式演化，为提升个体、产业、城市、区域乃至国家的创新效能提供了新型的组织形式。探究创新生态系统的构建、运行及治理路径，对于深入实施创新驱动发展战略、加快构建新发展格局，具有重要的理论意义和实践价值。

第一节　研究背景

当前，世界百年未有之大变局加速演进，各种发展机遇与挑战交织并存。在此背景下，坚持把创新作为引领发展的第一动力，把科技自立自强作为国家发展的战略支撑，构建以强大科技创新能力为基础的国家竞争优势，事关实现第二个百年奋斗目标，把握未来发展主动权。创新生态系统的产生，植根于当今全球科技创新实践，正在成为世界各国关注的焦点。

1. 世界进入新的动荡变革期，科技创新正在成为国际竞争的重中之重

近年来，世界经济不稳定性、不确定性显著增强，国际关系形势日趋复杂，对全球科技创新格局产生深刻影响。一方面，全球产业链供应链的安全性、稳定性成为各国普遍关注的问题。与以往长链条、多环节的布局模式相比，当前全球产业链供应链布局正在呈现短链化、区域化态势，制造业、高技术产业等产能出现向发达国家的"回流"，风险规避特征愈益明显。另一方面，逆全球化思潮蔓延，对全球经济复苏构成挑战。近年来，美国等西方国家采取单边主义、保护主义做法，意图遏制我国科技发展；发布"实体清单"，对我国科技型企业及机构实施制裁；推行"同岸""友岸""迈岸"，试图在产业链领域实行"去中国化"。综合来看，全球政治经济格局变数增加，给我国科技发展带来了难以避免的压力。

伴随着国际形势的深刻调整，全球科技竞争逐渐趋于白热化。2022年8月，美国《芯片与科学法案》正式生效，内容包括提供527亿美元用于扶持美国半导体行业发展，对先进半导体制造业实行25%的投资税收抵免，以及拨款1700多亿美元用于支持关键领域的研发投资等（赵健雅等，2023）。2023年9月，《欧盟芯片法案》生效，预计调动投资430亿欧元，以实现欧盟到2030年全球半导体市场份额提升至20%的目

标（陈博，2023）。此外，日本、印度等国也相继实施了旨在增强本国创新实力的科技政策，各国围绕新兴科技领域的角逐尤为激烈。与此同时，各类科技型企业在世界经济中的影响力持续攀升。在英国品牌评估机构"品牌金融"公布的2024年"全球科技品牌价值100强"榜单中（Brand，2023），苹果、微软、谷歌、亚马逊等科技巨头位居前列，中国品牌抖音入榜10强。近年来，以特斯拉、太空探索技术公司等为代表的大量创新型企业、独角兽企业不仅成为高端科技成果商业化的先导，更成为涵养创新竞争力的重要源泉，对我国建设创新型国家具有重要启示意义。

2. 创新在我国现代化建设全局中居于核心地位，推进中国式现代化对科技创新提出了更高要求

在新发展阶段，提升我国科技创新能力既是实现第二个百年奋斗目标的必然要求，也是推进中国式现代化的应有之义。党的二十大报告指出"科技是第一生产力、人才是第一资源、创新是第一动力"，强调要坚持创新在我国现代化建设全局中的核心地位。对我国这样一个拥有14亿多人口的发展中大国而言，实现中国式现代化既要充分利用大国特有优势，也要克服诸多前所未有的发展难题。只有持续提升科技创新能力，才能在既有资源和环境约束下拓宽"生产可能性边界"，为建设社会主义现代化强国奠定坚实的物质技术基础；才能成功跨越"中等收入陷阱""修昔底德陷阱"等困难和挑战，进一步增强我国的生存力、竞争力、发展力、持续力；才能充分激发人民群众的积极性主动性创造性，不断满足人民日益增长的美好生活需要，并为解决人类发展问题贡献更多"中国方案"和"中国智慧"。

近年来，我国科技创新能力得到显著提升。世界知识产权组织公布的数据显示，我国在2024年全球创新指数（GII）中的排名为第11位，是排名前30位的国家和地区中唯一的中等收入经济体（World Intellectual Property Organization，2024）。2024年，我国全社会研发经费投入强度达2.68%以上，科技进步贡献率达60%以上（李克强，2023）。在创新驱动发展战略推动下，我国科技企业的创新活力与日俱增：DeepSeek引发全球人工智能领域新变局，比亚迪在国际新能源汽车市场中跻身前列，大疆在无人机市场的领先优势持续巩固……但同时，我国创新实力总体上还不够强，亟须实现从"创新大国"向"创新强国"的转变。与发达国家相比，我国在基础研究、高层次人才培养、科技成果转移转化等方面仍存在明显差距，在全球价值链中的地位亟待进一步提升。特别是从关键核心技术领域看，2018年，《科技日报》曾在"亟待攻克的核心技术"专栏（高博，2018）中指出了我国面临的35项"卡脖子"关键技术，涵盖光刻机、芯片、自研操作系统等，这是我国在实现科技自立自强过程中躲不开、绕不过的"痛点"。解决上述难题，不仅需要持续加大科技创新投入，更需要加力推进科技创新体系的深层次变革，全面提升国家创新效能，更好地推进中国式现代化。

3. 全球新一轮科技革命和产业变革创造出空前机遇，科技创新对新动能产生催化作用

目前，全球新一轮科技革命和产业变革方兴未艾，大量新技术、新产品、新业态加速涌现。习近平总书记指出，技术创新进入前所未有的密集活跃期，人工智能、量子技术、生物技术等前沿技术集中涌现，引发链式变革。与此同时，世界百年未有之

大变局加速演进，科技革命与大国博弈相互交织，高技术领域成为国际竞争最前沿和主战场，深刻重塑全球秩序和发展格局（习近平，2021）。近年来，技术迭代速度、成果商业化速度、新产业发育速度显著加快，各种原始创新及颠覆性创新成果往往成为市场的"引爆点"，能够为创新主体开辟全新的"蓝海市场"，加快形成新质生产力，有力推动经济结构优化升级。可见，抢抓科技变革机遇是推动经济高质量发展的关键所在。

在当前的创新浪潮中，数字经济已成为最活跃的新动能之一。2023年我国数字经济规模已达到53.95万亿元，占GDP的比重达42.8%（中国信息通信研究院，2023），成为经济发展的重要引擎。随着产业数字化和数字产业化的推进，数据成为新型生产要素，数字化场景加快塑造生产、生活新方式，数智融合持续驱动生产效率提升，"数字孪生"正在释放巨大开发潜力。越来越多的迹象表明，数字技术凭借其强大的泛在关联、信息整合、场景营造能力，日益成为未来重塑全球经济发展格局的重要因素；数字革命的兴起正在从底层逻辑上推动全球科学技术、新型产业和经济力量的接续发展和重新配置，这已经成为各国政策制定部门的共识（曲永义，2022）。科技创新只有充分顺应数字化发展的新趋势、新要求，才能不断探索和培育新动能，为抢占未来发展制高点创造条件。

4. 创新生态系统受到各界广泛关注，成为构建国家竞争优势的重要基石

综观全球科技发展态势，创新生态系统的崛起已成为当前创新活动的典型特征之一。早在2004年，美国总统科技顾问委员会就曾在其研究报告中指出，美国技术和创新领导地位的取得正是得益于一个精心编制的创新生态系统（张贵等，2018）。创新生态系统是由多元创新主体构成的类似自然生态的复杂性系统，也是不断演化和自我超越的"技术—经济—管理—社会"系统。它通常以具有竞争优势和转型能力的平台型企业为"核"，以企业、高校、科研院所、新型研发机构等主体之间的互利共生关系为基础，通过密切的创新竞合行为，创造出单个创新主体难以产生的创新成果，从而使创新的内涵和构建过程发生了根本性变化。创新生态系统作为创新范式变革的产物，表明全球科技创新的组织形式由"单体创新"演变为"线性创新"和"创新系统"，进而升级为各创新主体赖以生存的"创新生态系统"（张利飞，2009）。鉴于此，用创新生态系统的视角对传统战略理论进行重塑和再思考，以及利用创新生态系统进行价值创造研究，已成为学术界的热门研究问题（柳卸林和王倩，2021）。

当前，全球科技竞争已在很大程度上体现为创新生态系统之间的竞争，构建高水平创新生态系统势在必行。党的二十大报告提出"形成具有全球竞争力的开放创新生态"。随着创新复杂程度的攀升，以往离散的、彼此孤立的创新主体已无法适应科技竞争的要求，亟须改变传统思维方式，从构建国家竞争优势的高度培育创新生态系统，将实现科技自立自强的目标愿景植入创新生态系统的自主进化过程中，促进各类创新成果持续涌现。近年来，我国科技创新向创新生态系统范式的过渡明显加快，包括百度、腾讯、小米等在内的一批头部企业争相布局"生态链""生态圈"，产业创新联盟、协同创新共同体等新创新主体活力迸发，硅谷的"热带雨林法则"（维克多·黄和格雷格·霍洛维茨，2015）受到多地创新集群建设的关注。未来，创新生态系统将具

有更加广阔的发展前景。

综上所述，培育和发展创新生态系统，是我国构建全球竞争优势的必然选择。创新生态系统作为由大量多元异质的创新主体结合而成的"生命体"，其形成与演化过程均体现内在规律性。探究创新生态系统的发展规律，对于理解和把握创新生态系统背后的创新范式变革，更好地以科技创新引领高质量发展，具有十分重要的意义。

第二节　主要内容与核心观点

创新生态系统是当前创新理论研究范式的新方向。本书综合生态系统理论、复杂系统理论、演化经济学理论、创新地理学理论等最新研究成果，交叉借鉴生态学、技术经济学和社会学等学科理论，在总结创新生态系统的理论背景与实践进展基础上，重点构建"创新生态系统2.0"理论框架，进而从系统构建、运行、治理等角度加以深入探讨。

一、主要内容

本书的研究内容如下：第二章对创新生态系统的研究文献进行梳理和计量分析，从中明确创新生态系统的基本概念、研究脉络及主要进展等。第三章聚焦知识、能力、人才、数据、高铁等创新要素以及知识产权创造能力提升模式，重点探究创新生态系统促进创新要素流动的作用机理，强调通过培育新优势提升价值创造能力的重要性，并且评价新优势培育对我国创新范式的影响。第四章着重提出"创新生态系统2.0"理论框架，从创新主体、创新方式、创新条件、创新环境等方面对"创新生态系统1.0"作出重要修正，并在理论基础、构成要件、功能效应、演化路径、层次结构等方面进行深入探索。第五章基于系统动力学原理，全面分析了创新生态系统的生态特性，建立了创新生态系统的运行机制框架，提出了创新生态系统的五种运行机制，即竞合与共生机制、扩散与捕获机制、催化与涌现机制、学习与反哺机制、开放与共享机制。第六章构建了基于正式与非正式治理方式的创新生态系统网络化治理模型，重点分析了伙伴选择、激励相容、利益分配三大治理机制的应用，并探讨了平台化、网络化、数字化等治理模式新趋势。第七章提出创新生态系统的"核"是具有竞争优势转型能力的企业。"核"推动创新生态系统形成演化、生生不息，并作为内动力持续不断推动创新生态系统的结构与功能优化，推动创新生态系统沿着"创新源—创新组织—创新物种—创新种群—创新群落—创新网络—创新生态系统"这一过程不断完善。第八章提出"城市生态位"概念，揭示城市生态位演化规律及其与城市竞合关系之间的转换趋势，进而提出城市生态位指标体系，并分析了城市生态位的空间格局与竞争策略。第九章以集群理论为基础，将创新型城市研究拓展至创新枢纽城市建设，深度挖掘集群演化对创新枢纽城市建设的影响机理，探讨二者对区域发展的"1+1>2"效应。第十章结合国内外发展环境，将韧性理论引入产业创新生态系统研究领域，分析了产业创新生态系统韧性机理，构建了产业创新生态系统韧性测度模型，总结了韧性理论对产业创新生态系统构建与优化的启示。第十一章围绕创新生态系统的成长性、活跃性和适宜性三个关键特征，分别构建了城市创新生态系统的成长指数、活力指数和适宜指数，以我国创新型城市为研究对象进行了实证分析。

二、核心观点

"创新生态系统2.0"理论框架是本书内容的核心。随着全球新一轮科技革命和产业变革的不断深入，创新活动的覆盖领域、要素结构、组织形式、治理模式等正在发生深刻变化，使经典创新生态系统理论与现实情况之间逐渐出现不适应性。本书在整合创新生态系统领域的最新研究进展基础上，提出了"创新生态系统2.0"理论框架，从创新主体、创新方式等方面丰富和发展了经典的创新生态系统理论。其创新之处在于：一是突出社会创新、公益创新等非营利目的的创新方式在创新生态系统建设过程中的显著作用；二是新增非经济主体、社会大众、消费者等新型创新参与者；三是明确提出创新生态系统的"核"是具有竞争优势转型能力的企业，这种企业作为内动力持续不断推动创新生态系统的演化；四是强调创新主体在创新生态系统中占据不同的创新生态位，在状态、功能和关系维度分别对应生态位的宽度、强度和重叠度，创新生态位的适度分离栖息是维持创新生态系统健康发展的必要条件。该理论框架关注多元创新要素、多维创新方式，强调创新的高密度、高浓度、高活跃度和高响应度，有助于相对全面地把握当前创新生态系统的发展特征及趋势，进而理解创新生态系统对国家竞争优势育成的重要意义。

依循上述理论框架，本书的核心观点主要包括以下方面：

第一，创新生态系统是创新范式的最新转换。一是国际竞争规则发生深刻变革，国家的创新实力日益取决于有活力的、动态的创新生态系统，因此我国应尽快构建具有强大竞争力的创新生态系统，在新一轮国际分工中占据有利的位置。二是创新战略的内在逻辑决定了目前的创新范式和创新战略沿着"技术创新—企业创新—产业链创新—创新生态系统—创新型国家"路径演化，现在正在经历第四个阶段。三是创新活动的生态化趋势愈益明显，创新研究正在由关注系统中要素的构成向关注要素间、系统与环境间的动态演化过程转变。

第二，"创新生态系统2.0"是对"创新生态系统1.0"的重大修正。"创新生态系统1.0"是对Moore（1993）的"商业生态系统"、Adner（2006）的"企业创新生态系统"、Adner和Kapoor（2010）的"产业创新生态系统"等经典创新生态系统理论的总称。"创新生态系统2.0"在前者的基础上，对创新主体、创新方式、创新条件和创新环境作出了重大修正，强调要素的结构和功能，重视依托输入性创新基因孕育和培植原生创新，明确了创新生态系统以具有竞争优势转型能力的企业为系统"核"，是多元主体参与、多种创新方式并进、多维网络化协同治理、以产业生态化为取向、以绿色发展为约束的复杂适应性系统（张贵等，2020）。

第三，创新生态系统的"核"是具有竞争优势转型能力的企业。经典创新生态系统理论认为，创新生态系统的首要特征和主导力量是企业，但对于什么样的企业能够成为创新生态系统的核心缺乏深入探讨。"创新生态系统2.0"提出创新生态系统的"核"是具有竞争优势转型能力的企业。竞争优势转型能力包括"竞争优势"和"转型能力"两个方面,前者表现为由创新所引发的新行业结构、新战略资源、新核心能力、新组织间关系"四维度"的系统整合;后者表现为对上述"四维度"优势从组织内部到组织外部、从竞争到竞合、从静态到动态、从单一竞争优势到系统整合的转型发展能力。具有竞争优势转型能力的企业与其他要素共同孕育创新生态系统,并推动系统生成与演化发展。

第四,创新生态系统主要有五大运行机制。创新生态系统的主要运行机制包括五个方面:①竞合与共生机制,是创新生态系统构建的关键;②扩散与捕获机制,是创新生态系统从孕育到成熟的基本要求;③催化与涌现机制,是创新生态系统从量变到质变的必经过程;④学习与反哺机制,是创新生态系统充满活力、生生不息的根本所在;⑤开放与共享机制,是创新生态系统良性循环的必备品质。在创新生态系统的不同发展阶段,各种机制发挥的作用不尽相同。因此,创新生态系统不是创新主体的简单、线性加总,而是多元异质的创新主体和要素发生非线性互动的创新平台,从而实现了对原有创新范式的超越。

第五,创新生态系统的构建应遵循系统内部组织演化路径。创新生态系统内部的组织演化路径是"创新源—创新组织—创新物种—创新种群—创新群落—创新网络—创新生态系统"。创新生态系统的演化是内部或外部驱动力共同作用的结果,使创新生态系统呈现"初创期—成长期—成熟期—转型期"的生命周期特征。创新生态系统的构建应在依循系统演化路径的基础上,以企业创新生态系统为核心,以产业创新生态系统为基础,以城市创新生态系统为支柱,以区域创新生态系统为依托,以国家创新生态系统为归宿,提升对创新要件的承载力和对创新成果的产出效率。

第六,创新生态系统本质上是一种治理制度安排。创新生态系统是介于企业与市场之间的全新的治理机制变革,通过实现创新主体之间的跨界合作,形成了一种开放的组织形态,也达成了一种自组织的契约结构。创新生态系统的治理机制包括以契约为基础的正式治理机制和以信任为基础的非正式治理机制,涵盖了伙伴选择、激励相容、利益分配等典型治理应用,呈现平台化治理、网络化治理、数字化治理的新趋势,从而形成多主体参与、多功能类型和多层次耦合的治理结构,不断激发多中心协同治理效能。

第七,城市生态位进化是城市创新发展的基本依循。城市生态位是城市在创新生态系统中的优劣势地位的集中体现,由状态(Status,S)、功能(Function,F)和关系(Relationship,R)三个维度构成,分别对应城市生态位的宽度、强度和重叠度。不同的城市生态位决定了城市在创新生态系统中的竞争策略。实现城市生态位的进化,需要统筹施策,做到互利互惠,促进城市群综合竞争力的持续提升。

第八,产业创新生态系统韧性是系统演进的重要动力。产业创新生态系统韧性是将韧性理论引入产业创新生态系统研究领域后形成的概念,是指产业创新生态系统在面对冲击和不确定扰动风险时,通过自组织、自适应、自学习、系统记忆和惯性等方式恢复到更高功能水平的能力。产业创新生态系统韧性由抵御、吸收、组织重构与系统更新四种能力合力而成，并随着系统演化形成了多样性、进化性、流动性、缓冲性、网络性五大基本特征。一定条件下的高韧性和高冲击是系统韧性演化成功的条件，提高产业创新生态系统韧性能够显著促进产业发展。

第九，创新生态系统是创新型城市以及创新枢纽城市建设的必由之路。创新型城市建设要求构建具有高浓度原创性知识、产生高密度创新交流、在创新合作中发挥枢纽性作用的创新生态系统，推动各类创新要素在流动中实现重组和再造，发挥对国家乃至全球科技创新的引领力。创新枢纽城市作为创新型城市的"升级版"，具有以技术创新为核心、以产业集群为基础、以集聚扩散为表现的典型特征，注重发挥城市在创新网络和创新体系中的创新功能和创新影响力。创新枢纽城市的形成离不开产业集群向创新集群的演化，集群演化通过规模效应、集聚效应、结构效应和生态效应提升创新枢纽城市的创新能力，从而完善城市科技创新体系。

第十，高质量发展是创新生态系统构建的本质要求和归宿。创新生态系统不能"为了建而建"，而应将高质量发展作为贯穿其建设过程始终的本质要求和归属。实践证明，创新生态系统在创新资源整合、完整产业生态链打造、创新环境营造等方面发挥了不可替代的作用，促进了实体经济、现代金融、科技创新和人力资源四个"协同发展"，并与公共服务体系和绿色发展体系共同形成产业生态体系，成为高质量发展格局的重要组成部分。基于此，"创新生态"是高质量发展的内生增长源，也是高质量发展的关键性支撑。

第三节 研究视角及特点

本书聚焦创新生态系统的形成和发展机理，以理论与实践的内在统一性为研究导向，注重多理论源流与多学科视角融合，着力提升科学性与逻辑性。

一、研究视角

首先，从复杂性系统理论视角，揭示创新生态系统的复杂性和系统性。创新生态系统本身就是一个复杂性系统。复杂性系统的基本概念包括四个特性（聚集、非线性、流和多样性）和三个机制（标识、内部模型和积木）（霍兰，2019）。主体的特性在主体的适应和进化中发挥作用，机制用于实现个体和环境及其他主体的交流。在创新生态系统中，围绕系统中"核"企业展开的创新主体进入、衍生及互动过程充分体现了"聚集"这一特征；创新生态系统是一个动态的、不断发展的系统，它的演化成长是在多种内部和外部驱动力的非线性叠加下共同实现的结果；"流"在经济学中具有乘数效应和再循环效应两种重要特性，并以产业链、创新链、金融链、服务链、价值链以及创新网络等为物质载体；"多样性"是复杂性系统创新性的根源，创新生态系统中创新主体类型、创新行为与方式、战略和目标等都是多样的。因此，多样性与非线性的结合进一步促进创新主体不断适应外界环境（张贵和张佳利，2012）。

创新生态系统通过特定的机制设计与框架制定，使系统内主体在系统内外部以特定规律与规则进行资源传递。积木在创新生态系统中与经济学意义上的"模块"具有相同功能，与创新平台共同构成创新生态系统。积木与产品数量决定了创新平台的质量，构成平台所用的积木数量越大，则互补性越强、兼容性越好，平台也就越稳固，并且越能发挥规模化和网络化的优势（Augier and Teece，2007）。标识能促进创新主体间选择性互动，积木、种群、群落等都可以作为标识，使主体能够轻松、正确地分辨和选择最佳目标。内部模型是主体以实现特定功能为目的进行积木识别与组装的机制，如在创新活动中，创新主体可以结合自身特性及外部环境，自主选择应用型创新、突破型创新、协同创新等创新方式并进行组合，通过已有模型和长期实践内化生成创新主体发展的可靠模式。如此一来，创新生态系统中的创新主体在受到大量外生冲击时，会自动选择模型进行响应，以保持个体、组织乃至系统的稳定性（张贵和张佳利，2012）。

其次，从生态演化理论视角，探讨创新生态系统构建的理论与现实逻辑的统一性、合规性。本书认为，创新生态系统概念尽管来自对自然生态系统的隐喻，但它作为人类创新活动的一种存在形式，在具备自然生态系统的共性特点的同时，必然具备其自身的独特本质和特征。1993年，美国学者Moore就将商业生态系统定义为不同企业围绕特定创新活动产生竞合行为时构成的共同体，认为商业生态系统是具有一定利益关系的组织或者群体构成的动态结构系统。基于此，本书综合生态学和演化经济学的最新研究成果，重点从创新生态系统相对于自然生态系统的特异性入手展开研究。

同时，本书还关注了自然生态机制在创新生态系统中的样态表征。自然生态系统中的生物演化机制包括遗传、变异和自然选择。类似于自然生态系统，创新生态系统的演化机制也包括遗传、变异和自然选择。一是创新生态惯例。Nelson和Winter（1985）通过生物学隐喻，将惯例引入演化经济学并将其作为核心要素。在创新生态系统的演化中，惯例是生态系统在相对稳定环境中的自我维持能力，是整个系统及创新主体的竞争优势要素的组成部分。二是生态惯例与遗传（复制）。创新生态惯例的复制类似于自然生物基因的遗传复制，即在生态系统及创新主体的发展过程中，系统内已形成的创新能力、创新资源、创新成果等会通过知识溢出、创新能力的扩散与捕获、竞争性学习等机制被加入系统的其他主体所模仿或复制。三是生态惯例与变异（创新）。创新生态系统内外部环境的不断变化，催生了系统对新的适应环境发展的优势惯例的搜寻，以便获取新竞争优势，探讨对新问题解决思路，从而形成了强烈的正反馈循环。对新的优势惯例的搜寻在旧惯例的基础上展开，这个过程主要通过创新实现，即通过对旧惯例、旧要素的重新组合，实现改进性创新或突破性创新，改变创新主体的竞争格局。四是生态惯例与选择。环境选择从创新生态系统多样化的惯例变异中进行筛选和搜寻，寻找满意的新惯例或惯例组合，使那些最适合的、最有竞争力的惯例变异被保留、强化和复制，那些不利的、经不住考验的惯例变异被弱化和消除，变异选择的内容和过程因而决定了系统的演化方向。

再次，从现代治理视角，提出创新生态系统需要多元主体参与、多样创新方式推进、多种治理机制协调作用。本书遵循历史起点与理论逻辑相统一的原则，提出创新驱动的本质直接体现为创新生态系统的构建和优化，构建良性的、可持续发展的创新生态系统是实现创新发展的必然要求。创新生态系统的构建必须从其现实基础和发展定位出发，重视引育原生创新基因，同时增加新生的创新主体，拓展公益创投、用户创新、网络化协同创新等创新方式，促进社会资本、关系资本、文化资本等介入创新生态系统构建与运行中。这些新情况和新变化，使创新生态系统成为介于企业和市场之间的一种新兴治理力量，依托网络治理、层级治理和市场治理所形成的多元化、共生化、网络化治理模式，整合和协调生态系统中类型各异、数量众多的创新主体（吕晓静等，2021），逐步在政府层面形成利益共同体、在市场层面形成经济共同体、在社会民众层面形成命运共同体（张贵，2023），最终打造完备、高效的跨域协同发展格局。

最后，从国际视野、中国方案的视角，强调构建具有强大竞争力的创新生态系统。国际金融危机后，面对正在孕育的技术革命和新产业革命，各国都在采取相应的应对战略，以抢占未来国际竞争的制高点。2003年，美国总统科技顾问委员会正式提出了"创新生态系统"概念，美国竞争力委员会也提议要形成一个21世纪的"创新生态系统"，并将其作为"国家创新倡议"。不仅是美国，日本、法国、韩国等国家也开始强调将创新生态系统作为维持今后获得持续创新能力的根基所在。基于这一现实，本书从国际竞争视角出发，在揭示新产业革命和创新范式新趋势的前提下，将提升我国国际创新竞争力与抢占未来国际经济、产业、技术竞争的制高点作为研究的基本着眼点。基于此，构建多主体动态竞合、互利共生的创新生态系统，是构筑国家竞争优势的内在要求，有助于我国逐步实现从"创新大国"向"创新强国"的转变，为建设社会主义现代化强国注入强大的推动力。

二、主要特点

本书立足于培育国家竞争优势的目标导向，着眼全球科技创新的最新趋势，强调在实践基础上推进理论创新，持续拓展新视野，归纳总结科技创新过程中的"中国智慧"，实现理论研究和现实实践的逻辑统一。

其一，依据"使命—理论—实践"的研究思路，从创新主体、创新方式、创新条件和创新环境等方面丰富创新生态系统理论框架，积极拓展创新理论研究。当前，全球新一轮科技革命和产业变革正在深刻改变着产业组织方式和创新组织方式，创新生态系统也在传统范式基础上迎来深刻变革。经典的创新生态系统是指由多重利益相关者构成的类似自然生态的复杂系统，是一个复杂的、不断演化的和自我超越的系统。在此基础上，本书通过整合创新地理理论（Feldman and Florida，1994）、流空间理论（Castells，1989）以及多中心治理理论（Ostrom and Gardner，1993；Ostrom，2000）、"社会—生态系统"理论（Ostrom，2009）等现代治理理论，从创新主体、创新方式、创新条件和创新环境等方面丰富原有的创新生态系统理论（"1.0版"），提出了"创新生态系统2.0"。与"1.0版"相比，"创新生态系统2.0"更加强调多元主体参与、多重利益共赢，注重调动企业、政府、社会组织等在企业、产业、城市、区域以及国家创新生态系统建设过程中的积极性，在自组织过程中明确不同创新主体的"治理空间"。同时，"创新生态系统2.0"强调以原生创新和自主创新为基点，实现多重创新维度的融合互济，并加以自然生态环境约束，与实体经济相结合，构建以产业生态化发展为导向的复杂适应性系统，这是当前我国创新生态系统发展的关键所在。

需要指出的是，本书没有采用以食物链理论为基础，将生态系统归纳为生产者、消费者和分解者三类概念的做法；也没有采用政策支撑、创新产业、企业研发、创新平台、协同创新、孵化育成、人才培育、科技金融和创新文化等类似的"模块堆砌式"概念表达。本书认为，前者简单地把经济界等同于自然界的相互"吃起来"，忽视经济活动独特性，如共生发展、经济竞赛等；而后者是要素的单纯罗列，忽视"生态属性"，应该更重视系统中创新浓度、密度（周其仁，2017）、活跃度和外部响应度（张贵等，2014）（以下简称"四度"），重视要素之间"酶"的"催化反应"。

其二，依据"市场→中间组织形态←企业"的机制逻辑，突破传统的企业和市场两分法，强调创新生态系统属于第三种治理机制，推动治理理论与实践结合。本书提出的"创新生态系统2.0"是一种新的治理模式。一方面，它突破传统的"市场—企业"两分法，不是二者的中间形态或者过渡形态。创新生态系统内部的创新主体之间具备竞合关系，通过相互的信息、知识流动吸纳互补性资源，实现组织间协同创新，并在此过程中构筑起独特的治理机制、运行逻辑和规则。另一方面，它能够实现跨主体、跨组织、跨领域、跨区域的全方位网络化协作发展，推动多元化治理系统构建。完整的创新生态系统中存在主体与环境的网络化互动关系，实现了产业链由零散到集中再到圈层式、生态型的关系转化，推动了创新主体及要素的跨界式发展，从而充分激发创新主体的创造性，保持持续发展的活力，协调合作伙伴的行为。

其三，遵循"发现—反思—总结"的认知程序，提炼出创新生态系统的构建机制和路径，进一步丰富创新生态系统理论。创新生态系统的构建是一项复杂系统工程，是由多个子系统相互影响并从无序到有序，不断演化的过程。本书认为，创新生态系统的复杂性具体体现为创新主体的复杂性、系统构成要素的复杂性和要素间联系的复杂性（黄鲁成，2003）。同时，本书强调复杂性系统以自我组织功能为核心，具有开放性、非线性、突变和涨落等基本特征（方曦等，2020）；复杂性系统的构建是为适应环境变化所进行的长期调整过程，体现了多元创新主体基于多重目的而产生的相互作用，最终以实现特定的价值主张为落脚点。基于对复杂性的关注，本书进而提出有关创新生态系统的一系列新判断、新诠释和新形态。一方面，从决策、执行、约束等方面建立创新生态系统的构建机制框架，即竞合与共生机制、扩散与捕获机制、催化与涌现机制、学习与反哺机制、开放与共享机制，强调弥补系统构建过程中的"主体缺位""功能错位"等不足。另一方面，分别从企业、产业、城市、区域、国家等层面，进一步探讨如何推进创新生态系统的持续成长，强调不同层面的创新生态生态系统在时间上共生演化、在空间上逐层嵌套、在逻辑上相互关联，体现了创新生态系统的复杂性特点。

其四，依据"解构—量化—评估"的技术路径，构建一套城市创新生态指数，完善创新生态系统的动态评估机制。近年来，不少政府、高校和科研机构开发设计了诸多分析工具来评价和追踪创新生态系统的发展，较为权威的评价机构包括百森商学院、美国竞争力委员会、乔治梅森大学和 OECD 等。这些研究无论选择哪种评价方法和评价指标体系，在具体实践过程中均应充分考虑评价主体的系统特征，从而增强一般理论的适应性，进而满足评价的特定需求。本书在"创新生态系统 2.0"理论框架的基础上，编制了城市创新生态指数。该指数由成长指数（3 个维度、8 个二级指标和 25 个三级指标）、活力指数（5 个维度、11 个二级指标和 32 个三级指标）和适宜指数（4 个维度、13 个二级指标和 38 个三级指标）构成，有助于全面、客观反映城市创新生态系统的发展现状及演进趋势。同时，本书对全国创新型城市进行了综合评价，从横向和纵向两个维度对比了不同城市创新生态系统所处的生命周期阶段，从而有助于为促进创新生态系统的孕育、生成提供丰富的参考借鉴，为政府部门、创新组织等制定相关决策提供科学依据。

第二章　相关概念界定与文献综述

本章系统梳理了创新生态系统涉及的基本概念、相关文献。第一节讨论创新范式的变革历程，即创新范式由线性到创新体系到创新生态系统的演化过程，阐述不同阶段创新动力，引出创新生态系统这一全新创新范式，结合国内外相关文献梳理创新生态系统提出以来的研究成果，针对企业、产业、区域、国家等层面创新生态系统跟踪学术界最新研究动态。第二节利用文献计量的方法，使用 CiteSpace 生成多元化、多时段、动态性的可视化文献网络，对创新生态系统相关的国内外文献进行定量分析。第三节对现有文献进行评价，并进一步展望创新生态系统未来的研究方向。

第一节　全球创新范式变革与创新生态系统的兴起

在全球科技创新浪潮迭起的背景下，创新竞争已经由个体之间的竞争演变为创新生态系统之间的竞争。创新生态系统概念自产生以来，吸引了来自演化经济学、区域经济学、技术经济学、企业管理学等多学科视阈的广泛关注，积累了丰富的研究成果。

一、创新范式的深刻变革

自熊彼特提出"创新"的概念以来，西方经济学家对创新范式的研究总体上经历了三个阶段。

一是线性范式阶段，即"创新范式 1.0"阶段。该阶段主要以内生增长理论为基础，将由市场利润引致的创新视为经济长期增长的重要因素（谢荷锋等，2023），强调企业在知识生产、创新成果创造中的主体作用。根据"创新范式 1.0"的观点，企业等创新主体在市场需求的引导下，通过增加研发资金及人力资本投入，实现对生产流程和工艺的优化，提升对新产品、新服务的供给能力。在此过程中，创新产出与创新投入之间主要呈现为线性正相关关系（王珍愚等，2021）。总体上看，"创新范式 1.0"注重将创新主体抽象为特定的创新产出函数，对创新主体内部结构、创新主体间关系等的关注则相对有限。

二是创新体系范式阶段，即"创新范式 2.0"阶段。该阶段基于国家创新体系理论，进一步强调创新主体间的关联行为，指出创新活动是以多个创新主体的协同创新互动为基础，并通过创新要素的相互流动，逐步建立创新系统中知识资本与制度安排的互惠关系（张贵等，2018）。根据"创新范式 2.0"的观点，在"需求+科研+竞争"

的驱动模式下，政府、企业、高校、科研院所等多元创新主体开展密切合作，在提升自身创新能力的同时，彼此实现协调配合、资源互补（冯泽等，2023），形成以企业为主体、产学研多向协同、紧密互动的国家创新体系，继而实现整体创新效能的提升。与"创新范式1.0"相比，"创新范式2.0"将系统论引入对创新行为的研究中，因而更加注重从系统构成角度把握创新主体间的关系。

三是创新生态系统范式阶段，即"创新范式3.0"阶段。随着创新对经济社会发展的驱动作用越发显著，创新主体之间的联系日益紧密，创新范式的转变应运而生。"创新范式3.0"强调创新主体间并非单一的竞争或合作关系，而是处于动态的竞合关系中，创新驱动模式相应表现为"需求+科研+竞争+共生"（李万等，2014）。同时，在创新过程中，创新要素交叉融合，通过物质流、能量流、信息流等实现创新主体间、创新主体与创新环境之间的物质、能量和信息交换，使创新体系向生态化、开放化、有机化方向发展，进而形成与自然生态相类似的复杂系统，即创新生态系统。"创新生态系统"概念的提出，体现了相关研究由关注系统内要素构成向关注要素间、系统与环境间的动态演化过程的转变（曾国屏等，2013），借鉴生态学视角分析不同创新主体的创新行为，反映了当前对创新问题的最新认识。

二、创新生态系统的概念

创新生态系统的概念经历了持续发展和完善的过程。国外学者首先将生态学的思想引入企业管理、创新管理等领域。

从企业角度，Moore（1993）较早提出了"商业生态系统"概念，并认为商业企业生态系统是一种由客户、供应商、主要生产者、投资商、贸易合作伙伴、标准制定机构、公会、政府、社会公共服务机构和其他利益相关者等具有一定利益关系的组织或者群体构成的动态结构系统。此后，学术界涌现出大量关于创新生态系统的研究。Dvir和Pasher（2004）运用生态学观点构建了"创新生态学"理论，Iansiti和Levin（2004）基于生态位原理，认为创新生态系统的构成主体是处于不同生态位但相互联系密切的企业。Adner（2006）明确提出了"企业创新生态系统"这一概念，强调创新在企业生命周期中的核心地位，指出企业需与相关合作伙伴一同构建完整的创新链，以推动企业的创新成功。同时，西方国家也开始把理论研究运用到国家战略谋划层面。2003年，美国总统科技顾问委员会正式提出"创新生态系统"概念，这为相关学者分析创新问题提供了一个全新视角，人们开始借用"创新生态"来研究分析现实中的创新问题。以硅谷为研究对象进行的相关研究进一步强化了学术界对创新生态系统的认识，即认为硅谷的发展动力来源于其所拥有的动态开放的知识生态体系（李钟文等，2002；安纳李·萨克森尼安，2020）。2004年《维护国家的创新生态体系、信息技术制造和竞争力》和《维护国家的创新生态系统：保持美国科学和工程能力之实力》两份关于美国创新的研究报告指出，要从创新生态的角度认识美国的创新问题，美国技术和创新领导地位的取得正是得益于一个精心编制的创新生态系统；美国竞争力委员会在《创新美国：在挑战和变革的世界中实现繁荣》报告中也提到，要形成一个符合21世纪发展要求的"创新生态系统"（Council on Competitiveness，2005）。继美国之后，日本、法国、韩国等国家也开始关注创新生态系统。2005年日本产业结构委员会提出要构建国家创新生态系统的目标，2013年欧盟在部署新一代创新政策时，也将创新生态系统的构建作为政策重点。创新生态系统范式的兴起表明，创新驱动的本质直接体现为利用创新生态系统驱动产业、技术和人才发展，只有让创新生态系统强大起来，创新才能充满活力、才具有竞争优势（刘雪芹和张贵，2016）。

"创新生态系统"概念提出以来，在学术界、政策界和商业界经常被模糊地使用（Ritala and Almpanopoulou，2017），这与学者所研究内容密切相关。但基本可以达成一致认识的是，在知识经济时代，成功的经济发展与一个国家产生、获取、吸收、传播和应用先进技术产品和服务创新的能力密切相关（Marques et al.，2015）。René等（2009）指出，德国电信通过开放其传统的发展过程并拥抱外部创造力和知识资源，成功地增强了创新能力。Alexy等（2013）将选择性披露视为企业在创新生态系统中的一种合作关系治理策略，为认识创新生态系统中的主体行为提供了新的视角。Benitez等（2020）基于社会交换理论，指出在复杂关联技术赋能作用下，非契约关系与契约关系共同构成"工业4.0"创新生态系统关系网络，并探究了企业间信任、承诺、互惠等非契约关系对创新主体价值共创行为的重要作用。Zhang等（2021）探讨了异质创新生态系统的参与如何影响初创企业的创新绩效，指出初创企业参与创新生态系统对其创新绩效具有积极影响。上述研究表明，企业行为与创新生态系统之间彼此相互促进，逐步加深了后续学者们对创新生态系统的理解。除了传统意义上的创新生态系统，学者们从多学科、多角度出发，将生态系统的概念与不同学科相结合，引申出更广泛的生态系统的定义，进一步深化对创新生态系统的认识。Moore等（2022）提出了人本生态系统的全新概念，以突出商业生态系统中尚未被关注的人的价值，并强调人的价值将对人类发展以及商业绩效产生重要影响。Khan等（2022）等则是基于数字化和"工业4.0"背景，通过调查生态系统背景下工业、研究和政府机构的"三螺旋"角色和协作能力，讨论三者在互动和协作过程中形成的价值体系的一致性，以实现价值的创造和创新。

国内有关创新生态系统的研究起步较晚，主要是在国外"创新生态系统"概念提出的基础上进一步深化认识，扩展研究范围。目前，研究对象主要集中于企业、产业、区域、国家创新生态系统几个层面。其中，黄鲁成于2004年较早提出了"区域技术创新生态系统"的概念，即在一定的空间范围内技术创新复合组织与技术创新复合环境，通过创新物质、能量和信息流动而相互作用、相互依存形成的系统。不同学者从不同角度对这一概念进行了界定，吴金希（2014）较早地从自然界生态体系的特征出发，认为创新生态系统是由多个创新主体基于共同创新要素形成的具有一定稳定性和独立性的创新组织。李万等（2014）更加突出强调创新生态系统与国家创新体系的区别，认为创新生态系统是一种更加有机的、动态的系统范式结构。在生态学的视角，创新生态系统是一个类似自然生态系统的共生体，具有复杂性、动态演化性、自我超越性等鲜明特征。创新生态系统的提出是对创新系统的内涵的进一步发展，基于创新生态系统的视角对传统战略理论进行重塑和再思考，成为学术界研究的热点问题。

有关创新生态系统的研究涉及创新生态系统的分类、构建、演化、治理（张华，2016）、量化指标（解学梅等，2022）、影响因素（龚丽敏和江诗松，2016）以及其何以影响技术创新等问题（Hou and Shi，2021）。创新生态系统中的创新主体通常可以分为技术型主体、知识型主体和服务型主体等不同类型。其中技术型创新主体以企业为代表（唐开翼等，2021），这也是最为重要的一类创新主体。在探讨创新生态系统的演化问题上，企业处于核心的位置，彼此通过创新生态系统可以快速建立联系，并以此获得发展动力（Jacobides et al.，2018），因此创新生态系统为企业进行创新活动提供了系统环境与外界要素。创新生态系统从共同价值出发吸纳生态成员，以此提升系统的内在一致性和整体创新能力，促进系统向高阶演化（柳卸林和王倩，2021）。

除了创新主体，创新环境也是创新生态系统的重要组成部分，良好的创新环境是吸引创新要素集聚的重要保障。例如，东部沿海地区作为我国改革开放的先行区，为创新活动的开展提供了良好的政策环境（柳卸林等，2022）。因此，政府在创新活动中起到了塑造创新环境的作用（Robaczewska et al.，2019），政府出台的政策在一定程度上为创新活动的开展提供了资源保障。此外，当地的地理、历史和文化积淀也对创新环境有一定的影响，如我国东部沿海地区有更好的贸易氛围（柳卸林等，2022）。在新发展阶段，我国创新出现了新情境、新需求（王伟楠等，2019），更加强调以生态系统的观点制定创新方面的政策（柳卸林等，2017）。

三、创新生态系统的类型

根据层次的不同，创新生态系统可分为企业创新生态系统、产业创新生态系统、城市创新生态系统、区域创新生态系统和国家创新生态系统。赵放和曾国屏（2014）梳理了不同层次的创新生态系统，从微观、中观、宏观的角度考察不同类型的创新生态系统。国内外学者在进行相应研究时通常清晰地表明所研究的创新生态系统的具体形态，针对不同维度的创新生态的内涵界定、治理机制、评价指标及其实证方面展开大量研究。

在企业创新生态系统方面，学者们更多关注高科技型企业创新生态系统，并对企业创新生态系统的概念达成类似认识。张利飞（2009）对企业创新生态系统作出的定义为：面向客户需求，以技术标准为纽带，基于配套技术在全球范围形成的共存共生、共同进化的创新体系。胡斌和章仁俊（2008）分析了企业创新生态系统的演化机制，据此提出企业创新生态系统是企业有意识地同与其利益相关的企业、组织及个体共同构成的相互作用、相互影响的复杂适应系统。此外，孙冰和周大铭（2011）强调企业是创新生态系统的中心，而韩少杰等（2020）强调从开放式创新视角考量企业的技术创新生态。除了对企业创新生态系统概念的界定，学者们也针对企业创新生态系统的治理、政策等角度进行了大量研究。例如，郑少芳和唐方成（2018）从知识治理的视角对高科技企业创新生态系统的知识治理机制进行深入研究。Zhang等（2021）研究了京津冀地区高科技企业知识搜索、知识整合和突破性创新的适度中介模型，认为知识整合在知识搜索与企业突破性创新之间起着中介作用。吴雷（2009）从生态角度和经济效率维度构建了生态技术创新效率评价指标体系，在对十家生态技术企业的创新效率进行分析的基础上，提出了提高生态技术创新效率的对策。余琨岳等（2016）则是讨论了新兴产业企业创新生态系统刚性的形成机理，提出超越刚性的策略以期提升企业创新绩效。许冠南等（2022）实证研究了创新生态系统知识网络嵌入连通度和支配度对企业技术创新的影响，结果均表现为促进作用。李玥等（2023）从技术追赶视角出发，强调我国集成电路企业应推进创新生态系统的链式及网络式升级，实现技术创新能力、资源协调能力、价值创造能力的提升。Zhang 等（2009）探讨了中国实施企业主导创新战略的政策选择，确定了中国面临的两组挑战，并建议采取四个方面的行动：追求平衡的战略、创造适当的激励措施、建设私营部门的能力，以及加强风险投资行业的生态系统。蔡莉等（2016）从企业和政府的双元作用角度对创业生态系统进行分类，并指出对于政府参与度高的系统而言，政府的干预和监督是系统实现自我维持的重要条件。上述研究立足于企业创新生态系统治理、知识整合、知识网络等角度提供了优化企业创新生态系统的政策措施。

在产业创新生态系统方面，伍春来等（2013）首先强调了产业创新系统研究的三个关键问题，即创新政策、产业和创新生态系统，为后来的研究指明了方向。在此基础上，洪帅和吕荣胜（2017）、吴绍波和顾新（2014）分别就产业创新生态系统的基本特征做出界定，认为产业创新生态系统兼有生态系统和创新系统的内涵和相关性质。由于产业创新生态系统与产业密切相关，由此衍生出诸多关于产业创新生态系统的评价指标，如张贵等（2018）基于生态视角构建了高技术产业创新生态系统健康性评价指标体系，并提出提升我国高技术产业创新生态系统健康水平的对策建议。李其玮等（2018）以成都高新区 89 家科技企业为样本构建了产业创新生态系统知识优势的评价指标体系，这些研究为客观评价产业创新生态系统提供了重要参考。近些年，随着战略性新兴产业、数字经济等新业态的兴起，学者们开始将产业创新生态系统与数字经济结合起来加以研究。张笑楠（2021）利用共生演化模型揭示了战略性新兴产业创新生态系统共生演化规律。赵玉帛等（2022）以数字经济产业创新生态系统为研究对象，讨论了系统韧性特征和演化机理。李军凯等（2023）通过分析未来产业的特征及演化趋势，指出创新生态系统的构建将更多聚焦于前沿知识创造群落、应用场景转化群落及产业价值实现群落与创新环境的相互作用，加速推动产业向高阶演化。武建龙等（2023）强调产业创新生态系统是实现颠覆性创新的重要载体，在创新战略和创新政策的驱动下，推动新兴产业颠覆性创新成果的涌现。上述文献进一步丰富了产业创新生态系统的研究内容。

在城市创新生态系统方面，相关研究主要从内涵界定、作用机理、培育路径等维度展开探讨。从内涵界定看，既有研究普遍将城市创新生态系统视为城市创新活动中由利益相关者形成的系统结构。其中，以隋映辉（2004）为代表的早期文献认为城市创新生态系统以利益相关者的依存关系为特征，体现为具有"科技—经济—社会"结构的自组织创新体系。近年来的研究文献在此基础上加以拓展，更加强调利益相关者与创新环境之间的协调关系。例如，吕拉昌和赵彩云（2021）认为，城市创新生态系统是创新群落与创新环境在协同互动中所形成的复合系统；柳卸林等（2022）强调了城市创新生态系统的动态属性，指出其能够在不同创新主体之间、创新主体与创新环境之间同时存在。从作用机理看，现有文献基于不同理论背景，就城市创新生态系统对城市创新的促进作用进行了多样化探索。Abella 等（2017）结合数字技术的基本特点，通过将智慧城市的数字生态系统分解为数据源、终端用户和数据再利用者，识别了数字生态系统的直接经济效应、间接经济效应和社会效应。Kroh（2021）基于利益相关者视角，指出城市创新生态系统依赖于利益相关者之间的互动；在此基础上，Gifford 等（2021）强调创新生态系统既需要由政策制定者自上而下地优化创新政策，又需要由创业者自下而上地开展知识密集型的创业活动。白鸥和李拓宇（2021）从动态能力角度出发，强调创新生态系统具有感知、捕获和重新配置三种能力，进而将城市创新生态系统对城市可持续发展的影响机制总结为"统一价值主张""多元参与机制""数字治理机制"等。Zhang 等（2023）注重引入复杂系统理论观点，强调物质循环、能量流动和信息传输是城市创新生态系统中各子系统之间相互依存关系的形成基础。从培育路径看，相关研究尝试从城市创新生态系统的结构入手，提出系统化、整体性对策。Khomsi（2016）通过分析加拿大蒙特利尔的智慧城市生态系统，指出城市创新生态系统要求建立致力于实现城市发展愿景的专门机构或实体，同时形成协调各利益相关者行为的治理结构。邵安菊（2017）建议通过营造创新文化激发城市创新的"基因图谱"，并强调确立企业的创新主体地位，推动官产学研企介全面合作，构建完整产业链及产业集群。此外，巫英（2017）、徐君等（2020）也分别针对特定城市，从深化科技管理体制改革、完善科技创新政策等方面提出对策建议。

在区域创新生态系统方面，国内外学者根据所研究具体对象的不同形成了不同的定义。国内较早对区域创新生态系统进行研究的学者是黄鲁成，他将这一概念定义为一定空间范围内形成的技术创新的复合组织与复合环境，是通过物质创新、能量和信息流动而相互作用、相互依存的系统。王凯和邹晓东（2016）将区域创新生态系统定义为个体在特定区域范围内以促进创新资源流动为目标，与创新环境相互作用所形成的网络化结构。与前者相比较，这一定义更加强调创新主体与创新环境的相互作用。近年来，相关文献在创新生态系统的基础上延伸出更多概念内涵，例如，Gawer 和 Cusumano（2021）、Spigel（2017）分别提出平台生态系统和创业生态系统等。

在厘清区域创新生态系统定义的基础上，田善武和许秀瑞（2019）、王庆金和田善武（2016）探讨了区域创新生态系统的演化问题并提出相关政策建议。在整体区域创新生态方面，姜庆国（2018）比较了四大板块的区域创新生态系统的完善程度，Chen 等（2017）构建指标评价了中国省域区域生态创新水平及其影响因素。也有部分学者针对某个具体的区域创新生态系统展开研究，如辜胜阻等（2018）讨论了粤港澳大湾区创新生态系统相关问题，孙丽文和李跃（2017）提出完善京津冀区域创新生态系统，Benneworth 等（2009）分析了隆德大学如何为斯堪尼亚的区域协同系统（RIS）做出贡献，武翠和谭清美（2021）构建了长三角一体化区域创新生态系统共生理论和博弈模型，来研究长三角一体化区域创新生态系统中创新种群的共生性水平问题。张寒旭等（2023）以粤港澳大湾区为例，提出构建国内和国际"双循环"的区域创新生态系统，强调了创新链在创新生态系统运行中的核心地位。随着区域经济协调发展的推进，区域创新生态系统的重要程度进一步凸显。

世界领先地位的创新型国家的实践表明，创新生态系统是构建国家创新系统的重要战略方向（杜传忠和刘忠京，2015）。2006 年，国务院印发的《国家中长期科学和技术发展规划纲要（2006—2020年）》将国家创新系统定义为以政府为主导、充分发挥市场配置资源的基础性作用、各类科技创新主体紧密联系和有效互动的社会系统。目前有关国家创新生态系统方面的研究还比较少，国外相关研究更多聚焦于如何测度某个国家的创新水平。Reza和Neda（2021）提出了一种基于目标规划的新方法来分析欧盟27个成员国生态创新效率随时间的变化规律；Slobodan等（2021）研究了欧盟和西巴尔干地区的创新能力指数。国内研究则更多以国家级自主创新示范区为研究对象，探讨其演化、评价等问题。梁林等（2020）等基于生态学与韧性理论分析了国家级新区创新生态系统的演化过程，并构建韧性监测体系和预警模型；程跃（2021）、马宗国和丁晨辉（2019）构建了具体的国家自主创新示范区创新生态系统评价体系，实证研究国家级自主创新示范区创新生态系统建设问题，进一步提出应从国家层面完善示范区创新生态系统的高效协同机制，积极对接国家重大发展战略，破除创新技术人才体制机制障碍，高质量推进示范区生态建设；司凡等（2022）通过分析新型基础设施建设对不同层次创新生态系统的影响，提出新型基础设施建设本质上是国家创新生态系统建设的典型举措，丰富了国家创新生态系统相关研究。

第二节　区域与城市创新生态系统文献计量分析

　　区域与城市创新是区域增长的原动力，也是促进经济高质量发展的重要抓手。创新生态系统是各创新主体、创新要素以及创新环境的良性互动形成的自组织系统。区域创新生态系统往往被看作创新生态系统研究的一个分支，被定义为"在一定区域范围内通过物质循环、能量交换、信息流动等方式实现动态平衡的开放系统"（邱苏楠，2018）。随着研究进一步深入，区域创新生态系统的概念超越了传统创新生态系统、创新网络和集群的内涵，强调"在一定地理范围内，创新主体与创新环境相互作用，促进物质、能量、信息的流动，网络创新系统具有动态演化和相互依存的生态特征"。城市创新生态系统是区域创新生态系统的子系统（张永凯和韩梦怡，2018），是城市创新主体、创新资源和创新环境相互作用、协同演化构成的有机整体。从系统学的视角出发，促进更富效率的区域与城市创新生态系统形成，是保障国家整体创新能力持续稳定提升的重要举措。

　　目前，国内外围绕创新生态系统的研究众多，为更进一步把握城市与区域创新生态系统的研究动向，本节使用基于Java平台开发的CiteSpace进行多元化、多时段、动态性的可视化网络分析（张贵等，2022），整合、梳理相关研究进展，以期为创新生态系统的建构提供相关理论支撑。

一、关于区域与城市创新生态系统时空演化的研究

（一）相关文献的时间变化特征分析

本部分使用的中文文献以中国知识资源总库（CNKI）为样本数据源。考虑文献的

解释度和权威度，在数据检索过程中，以"区域创新生态""城市创新生态""地区创新生态"为关键词进行检索，来源类别为中文核心期刊和CSSCI来源期刊，时间区间设定为2000年1月1日至2024年12月31日，对检索结果进行处理，按照以下标准排除与研究不相关的文献：部分文献尽管既包含"区域"又包含"创新生态系统"，但核心内容是基于企业建构创新生态系统；部分文献尽管与区域创新生态、城市创新生态有关，但未从自组织系统的视角进行研究。最终得到507篇有效文献。为保证数据的全面性、准确性和可靠性，国外文献数据库选择Web of Science中的SCI和SSCI数据库，文献类型设置为学术论文，以"Regional Innovation Eco＊""Urban Innovation Eco＊""Regional Innovation System""Urban Innovation System"为关键词进行检索，时间区间设定为2000年1月1日至2021年12月31日，经过同样标准去重、剔除无关条目后，保留272篇有效文献。

　　文献发表数量侧面反映了该研究方向的受关注程度与年度发展趋势。根据区域与城市创新生态系统历年文献数量统计结果（见图2-1），近几十年来区域与城市创新生态系统相关文献发表数量整体上呈现递增趋势。21世纪初期，计算机产业的兴起带动了全世界高新技术产业的研究热潮，世界各国的科技政策开始围绕着技术创新展开，创新政策进一步激发了学术探索的活力，创新系统的研究逐步突破壁垒，在"次国家"的区域层面实现，区域间的合作创新形成区域创新网络，这为区域与城市创新生态系统的研究提供了支持。但初期的研究受限于基础理论的薄弱，国内外相关文献数量较少且数量波动平缓，变化幅度不大。2006年起，国内外相关文献数量开始呈现缓慢上升趋势。国际金融危机以后，创新治理成为各国发展潮流。2006年，国务院发布的

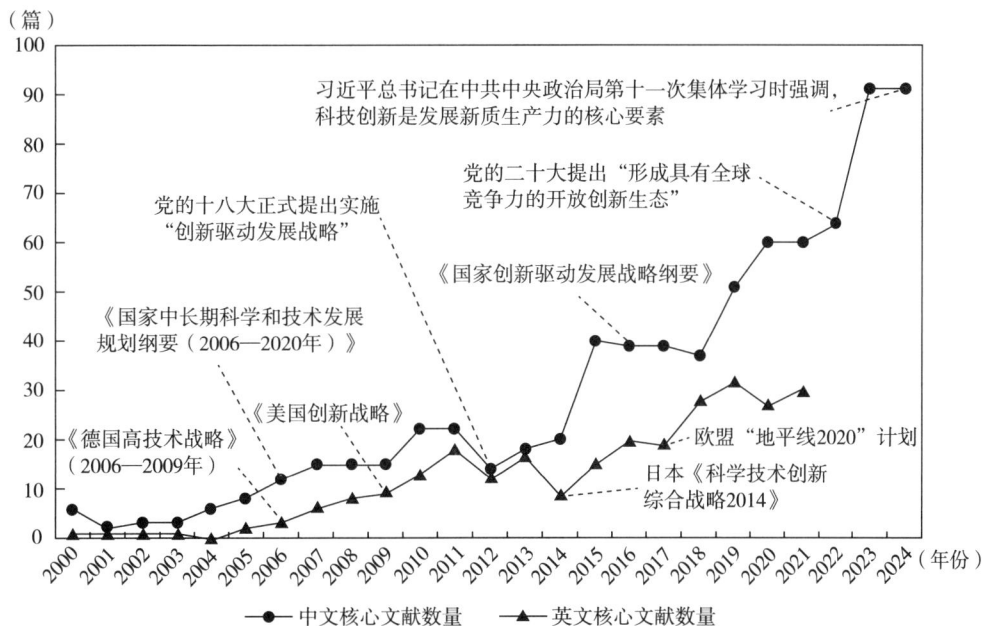

图2-1　区域与城市创新生态系统历年文献数量统计

资料来源：张贵，姜兴，蔡盈．区域与城市创新生态系统的理论演进及热点前沿［J］．经济与管理，2022，36（4）：36-45．

《国家中长期科学和技术发展规划纲要（2006—2020年）》，强调创新型国家建设；同年，德国政府推出《德国高技术战略》（2006—2009年）；2009年，奥巴马政府首次推出《美国创新战略》，可见各国都致力于推动高科技产业的发展，加强自主创新。在政策导向下，这一时期的国内外区域创新生态研究突破原始框架，逐步网络化和系统化。2015年后，在党的十八大关于创新驱动发展战略的部署以及《国家创新驱动发展战略纲要》的推动下，国内对于区域创新的研究热度持续上升，进一步推动了学者们的研究。同期，英文文献数量在欧盟"地平线2020"计划、新版《美国创新战略》、日本《科学技术创新综合战略2014》等诸多相关政策发布后稳步增加。国内外该领域的研究逐渐成熟化，具体体现为研究方法更加完善，研究内容向区域政策、区域数字经济、区域一体化等多元方向拓展。党的二十大以来，创新生态系统建设的重要性提升到新高度，促使相关研究持续深化。通过上述分析发现，国内外区域与城市创新生态系统的研究热度处于上升趋势，每年中文核心文献数量均高于英文核心文献数量，外部政策导向是该领域研究的重要推动力。

（二）相关文献的作者合作情况分析

通过CiteSpace可视化软件，可形成CNKI数据库和Web of Science数据库发文作者合作网络图谱（见图2-2和图2-3）。图谱中，节点之间的连接线意味着一些作者共同参与过一项研究的发表，节点的大小程度与作者发文数量成正比。

图2-2　中文文献作者合作情况

资料来源：笔者自绘。

从图谱来看，国内城市与区域创新生态系统研究网络共有276个节点，108条连线。其中，规模较大的有以张贵为中心的研究团体以及李晓娣、柳卸林等学者各自形成的合作群体，其他团体以双方和三方合作为主，规模较小。图谱网络密度为0.0043，说明群体内部合作密切但群体间缺乏联系，还未形成大规模稳定的作者群。国外城市与区域创新生态系统研究网络中共有207个节点、101条连线，网络密度为0.0047，主要形成了 Jerker Moodysson、Arne Isaksen 和 Adi Weidenfeld 各自所在的三个有代表性的合作群体，其余学者以双方合作为主流，整体分布也不集中。

　　基于作者合作网络图谱，对国内外区域与城市创新生态系统领域的核心文献进行统计分析得到表 2-1，可以发现在筛选出的文献样本中，发文量最多的国内学者包括张贵（12 篇）、李晓娣（10 篇）、柳卸林（9 篇）等，国外学者主要为 Arne Isaksen 等人。根据普莱斯公式（Price Equation）确定该领域的核心作者需发文量不少于两篇，由此统计到国内核心作者 102 位，总共发表文献 277 篇，占文献总量的 34.3%，国外核心作者 31 位，发表文献 72 篇，占文献总量的 29.8%，表明在该领域国内作者比国外作者更倾向于通过合作进行科研（张贵等，2022）。

表 2-1　中英文核心期刊作者发文数量情况

序号	CNKI 数据库		Web of Science 数据库	
	作者	发文数量	作者	发文数量
1	张贵	12	Arne Isaksen	6
2	李晓娣	10	David Doloreux	4
3	柳卸林	9	Antonio Gutierrez-Gracia	3
4	张小燕	6	Ron Adner	3
5	陈强	6	Cristina Chaminade	3
6	吕拉昌	6	Jerker Moodysson	3
7	徐君	6	J. F. Moore	2

资料来源：笔者整理。

二、关于区域与城市创新生态系统基础内容的研究

（一）国内相关文献的主要内容及观点

整理历年来关于该领域的研究，分类梳理如表 2-2 所示。

表 2-2　国内区域与城市创新生态系统研究高被引文献

序号	作者	题目	被引频次	发表年份
1	李万	创新 3.0 与创新生态系统	807	2014
2	曾国屏	从"创新系统"到"创新生态系统"	763	2013
3	黄鲁成	区域技术创新生态系统的特征	293	2003
4	李虹	区域生态创新协同度及其影响因素研究	173	2016
5	张贵	创新生态系统：创新驱动的本质探源与范式转换	154	2016
6	刘洪久	区域创新生态系统适宜度与经济发展的关系研究	152	2013
7	傅首清	区域创新网络与科技产业生态环境互动机制研究——以中关村海淀科技园区为例	125	2010
8	周青	中国区域技术创新生态系统适宜度的实证研究	124	2008

序号	作者	题目	被引频次	发表年份
9	曹如中	区域创意产业创新生态系统演进研究：动因、模型与功能划分	120	2015
10	隋映辉	城市创新生态系统与"城市创新圈"	100	2004

资料来源：张贵，姜兴，蔡盈．区域与城市创新生态系统的理论演进及热点前沿［J］．经济与管理，2022，36（4）：36-45．

第一，区域创新生态系统的内涵、特征、演进机理及培育建构。在所选文献中，黄鲁成于 2003 年发表的《区域技术创新生态系统的特征》是国内最早的一篇整合技术创新理论、区域经济发展理论和生态学理论来研究区域发展复杂系统问题的文献。他认为整体性、层次性、耗散性、动态性、稳定性、复杂性和调控性是区域技术创新生态系统的核心特征，提出区域经济发展涵盖双重属性：社会属性和自然属性，为后续的区域创新研究开阔了视野。曾国屏等（2013）关于国内外创新生态系统领域的综述性文献沿着复杂性系统的形成脉络，对国内外学者有关创新生态系统的研究现状和成果作了全面的论述，指出在深入挖掘生态学理论、复杂性理论和系统自组织理论基础的同时，要结合我国创新驱动发展战略的实践经验。李万等（2014）认为，以创新生态系统为核心的"创新范式3.0"是未来世界各国制定新一代创新政策的基础，以更加有机、动态的创新范式更新了创新生态系统的内涵，并提出如何在实践层面推进"创新3.0"。在创新生态系统的基本构成方面，刘雪芹和张贵（2016）结合结构"硬件"与机制"软件"重组组织架构，为创新生态系统的优化提供了多元渠道。这些早期重要文献为国内学者对产业集群的研究奠定了理论基础。

第二，从产业层面研究区域创新生态系统。产业是区域发展的支撑，区域创新促进产业结构优化。近年来，众多研究者通过类比区域创新生态系统的形成脉络，将产业置于创新生态系统中加以研究，提出"产业创新生态系统"这一概念，并将其视为区域创新生态系统的新范式。产业创新生态系统的构成要素包含多种，其中最主要的有外部环境、产业体系、硬件条件、软件条件和人才（田颖等，2020）等。产业创新生态系统在注重区域产业专业化分工的基础上，通过促进构成要素中知识与技术的密集交换，促进区域内产业协同联动、区域间产业有序竞争，进而推动了从区域产业集群向区域创新集群的升级转型，实现了系统资源配置效率的提高。

第三，城市创新生态系统的形成。要素流动的便捷性使创新型资源、技能人才、高端产业等向城市群集中，大城市凭借虹吸效应和扩散效应的相互作用成为技术创新的承载者和传播者。城市高质量发展过程在一定意义上也是城市创新生态系统的形成过程。当一个城市在制度创新、政策创新基础上实现了高端要素的集聚时，高端要素将推动城市产业优化和系统调整，逐步形成以创新要素组合、网络系统以及产业链的衔接为主要特点的城市创新系统（隋映辉，2004）。而城市创新领域、科技产业以及创新资源的整合能够将多个城市有机地联系起来，形成一种更大规模的城市创新系统，即城市创新圈。

第四，区域创新生态系统的评价指标体系。周青和陈畴镛（2008）较早将生态位评估模型运用于区域技术创新生态系统中，并且构建适宜度指标评估中国各区域发展状况。区域创新生态系统的适宜度由环境适宜度延伸而来，用于衡量区域创新环境是否适应于区域最优资源配置的需要，并与区域其他生产要素共同组成一个高效率的创新系统。在此方面，学术界研究颇多。郭燕青等（2015）先是借鉴传统生态位适宜度模型将潜力、活力等生态因子量化，再采用新的生态位适宜度模型，对湖南省内主要城市的创新生态系统适宜度进行综合分析，定量比较基于 WAWBO 算子和 WGAWBO 算子的各年份适宜度值，根据结果将湖南省区域创新生态系统的发展分为适应期、跳跃期及成熟期三个阶段。随后，孙丽文和李跃（2017）通过 Logistic 增长模型研究了创新主体间的竞合演化机制，并以此为基础建立生态位模型，评估京津冀地区的生态位适宜度和进化动量。张贵和吕长青（2017）通过实证模型进一步深化研究生态位适宜度对区域知识创新效率和产品创新效率的影响机理，为构建高效的区域协同创新生态系统提出对策建议。但传统适宜度评价指标无法衡量系统内部的资源流动、信息互换等动态演化，并且量化的生态因子存在共线性问题。因此，目前比较热门的研究方向倾向于采用主成分分析法赋权生态因子，提炼系统特性重构生态位评价指标体系，将适宜度转化为描述性分析和定量分析相结合的健康度（王丹等，2021）。

（二）国外相关文献的主要内容及观点

进行 Web of Science 数据库英文文献共被引分析，生成区域与城市创新生态系统研究领域的文献共被引分析知识图谱，如图 2-3 所示。该图谱共 451 个节点、819 条连线，图谱密度为 0.0081。在生态学知识与创新理论结合之前，区域创新系统是国外研究的主要领域。随着生态位理论的融入，创新生态系统研究逐步兴起。但国外研究往往以开放式创新范式为基础，从平台生态、创新网络、商业生态以及技术生态等方面对创新生态系统进行论述，内容侧重于企业管理，对于区域创新生态系统的研究还处于初期（张贵等，2022）。相关文献根据内容梳理为以下三个部分：

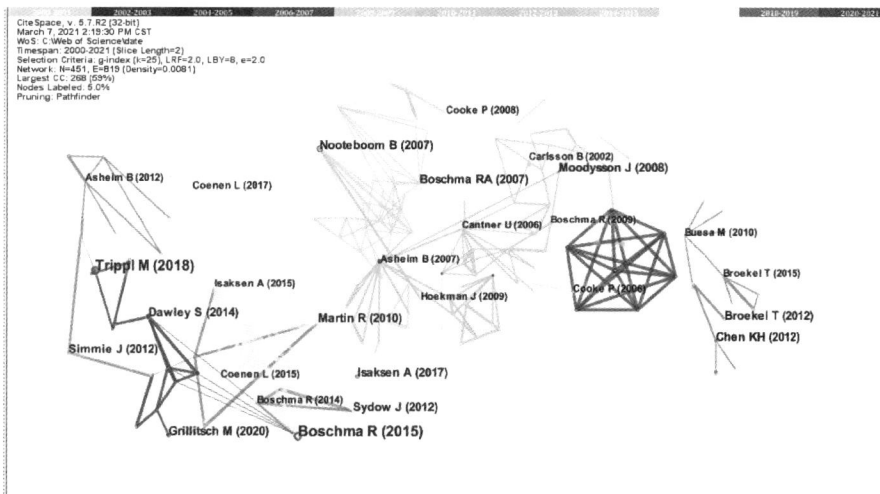

图 2-3　国外城市与区域创新生态系统研究高被引文献共现图谱

资料来源：张贵，姜兴，蔡盈. 区域与城市创新生态系统的理论演进及热点前沿［J］. 经济与管理，2022，36（4）：36-45.

一是区域创新系统的形成和演化机理。Vilanova 和 Leydesdorff（2001）用系统动力学的方法评估了加泰罗尼亚地区的创新系统绩效，成功地将创新理论与复杂性系统结合起来进行研究，区域创新系统逐渐发展为评估创新绩效的重要框架。随后，Doloreux 和 Dionne（2008）通过加拿大拉波卡蒂埃地区的案例，详细描述了该创新系统的参与者、结构、内生动力以及区域创新系统转型的关键因素，加深了后续学者们对创新系统研究的理解。从不同视角进行延伸，Yam 等（2010）探究了区域创新系统（RIS）与公司创新系统（FIS）之间的关系，得到的结论是外部资源作为区域创新系统中可获得的信息源之一，对企业的所有创新能力都有影响，而知识密集型服务只影响企业的研发和资源配置能力。

二是创新生态系统的概念和内涵延伸。Adner 是国外学术界率先完整地提出创新生态系统概念的学者之一。他指出创新生态系统是众多企业组成的系统，在系统中不同企业通过合作来生产高价值的产品以满足客户的需要。同时，他认为创新生态系统具有主动性风险、相互依赖性风险和整合风险的特征，强调全面系统地评估生态系统风险的公司将能够达成更稳健的创新战略（Adner，2016）。随着学者们从各个视角进行研究，创新生态系统的概念内涵也不断得到更新补充，但至今为止尚未产生相对明确的定义，原因在于部分文献对市场力量的过分强调、在与自然生态系统的类比中存在的缺陷加大了既有文献之间的争议（Oh et al.，2021）。

三是涉及区域范围的创新生态系统。在创新生态系统的分析框架下，现有文献形成了多样化的研究内容。例如，Radziwon 等（2017）将创新生态系统放在区域层面加以分析，提出区域创新生态系统的概念。也有文献指出，大学孵化器、研究机构和业务支持组织、区域性初创企业等系统参与主体在区域经济发展中起到重要作用（Pierrakis and Saridakis，2021），在创新政策和商业发展平台的基础上，通过创新主体对资源的有机动态配置，形成区域创新生态系统的良性循环（Yan and Guan，2021）。

三、关于区域与城市创新生态系统热点内容的研究

为梳理研究热点内容的时间演进历程，本部分采用时区分析（Timezone View）方法，将区域与城市创新生态系统研究中的关键词及其发展进程通过演化图谱展现出来，如图 2-4 和图 2-5 所示，并结合图 2-3 将该领域演进历程分为三个阶段。

第一阶段：2000~2005 年，文献数量变化处于平缓期。这一阶段"创新生态系统""创新技术生态系统""Regional Innovation System"等词节点较大，是区域创新理论与生态学理论结合的起步阶段和相关概念的提出阶段，研究集中于分析区域技术创新生态系统的特征、生存机制、稳定机制（黄鲁成，2003），定义创新生态系统的概念、组成要素（袁智德和宣国良，2000），用创新生态体系透析城市产业集群（郑胜利和周丽群，2004）等，此阶段文献内容以理论为主，还未得到学术界广泛关注。

第二阶段：2006~2014 年，文献数量波动性上升。在这一阶段，"区域创新生态系统"这一概念被提出，且与城市群、企业创新、创新环境等热点词联系密切。这一时期的研究内容先是涉及区域与城市创新生态系统的构成要素、推进路径、绩效评估和结构模式（Zabala-Iturriagagoitia et al.，2007；刘志峰，2010），在基本框架初步形成之

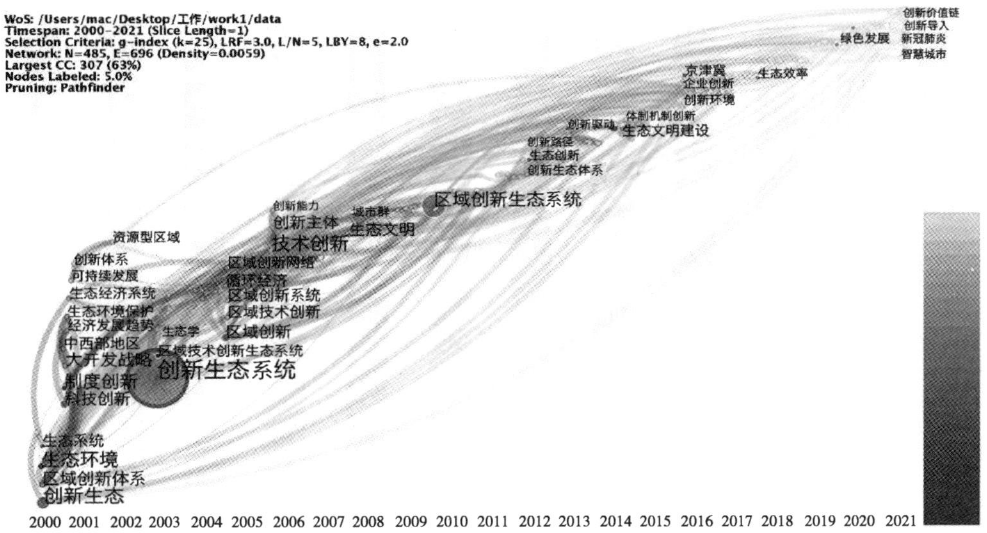

图2-4 中文文献关键词时区演化图谱

资料来源：张贵，姜兴，蔡盈. 区域与城市创新生态系统的理论演进及热点前沿［J］. 经济与管理，2022，36（4）：36-45.

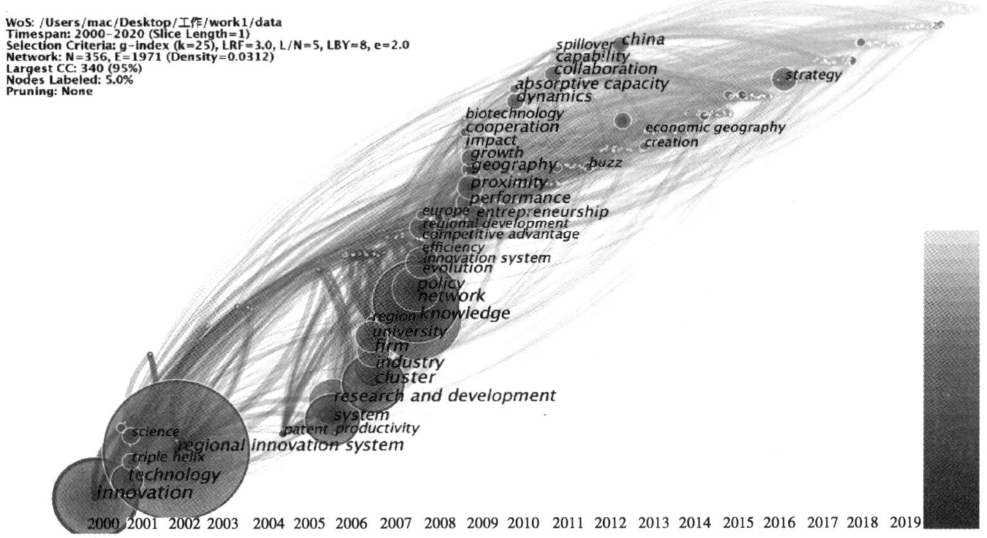

图2-5 英文文献关键词时区演化图谱

资料来源：张贵，姜兴，蔡盈. 区域与城市创新生态系统的理论演进及热点前沿［J］. 经济与管理，2022，36（4）：36-45.

后，改进研究方法成为重要趋势。例如，刘洪久等（2013）构建了基于适宜度的评价指标体系，林芬芬等（2013）从大学、政府和企业生态网视角综合考虑区域创新体系的健康状况。

第三阶段：2015年至今，文献分布趋于多元。在这一阶段，中英文热点词都未形成较大的节点，说明区域与城市创新生态研究内容和方法更加多样。从文献连接线看，同期文章之间联系的密切性降低，但不同时期文章之间的热点词关联度高，一些学者基于前期文献不断完善和丰富该领域的研究。在理论内涵方面，邱苏楠（2018）从动态平衡角度进一步论述了区域创新生态系统的内涵；在研究方法方面，孔伟等（2019）构建了新的以竞争力为核心的评价指标体系；在内容补充方面，Harmaakorpi 和 Rinkinen（2021）论证了企业生态系统如何通过嵌入区域创新生态系统多样性平台来促进区域创新系统竞争力的提升。

基于对 CNKI 数据库与 Web of Science 数据库的关键词分析及时区分析，可以发现，国内对于区域与城市创新生态系统的研究主要围绕技术创新、生态创新、制度创新等创新体系的主要形式，从整个生态系统本身出发，对其核心要素进行探究，研究重心集中于生态环境以及生态效率这两个外部支撑力。同时，随着时间的演进，国内学者建立并不断改进相关指标来评估特定创新生态系统。国外对区域与城市创新生态系统的研究围绕着"Enterprise""University"等创新主体进行。在一定范围内，创新主体之间通过知识转移、区位聚集形成有竞争优势的区域，得到"区域创新生态系统"这一概念。由 CNKI 与 Web of Science 中心度数值来看，CNKI 数据库关键词的中心性普遍高于 Web of Science 数据库，说明国内学者将研究重心放在了区域与城市创新生态系统上，并对其深入细化研究；国外学者则将区域与城市创新生态系统置于创新主体发展历程中，将其视为区域发展的一种良好目标（张贵等，2022）。

四、基于引文关系的文献计量分析

由于文献间的引文关系蕴藏着丰富的知识流动与传播信息，引文分析方法已被现有文献广泛运用于对某特定研究领域的知识结构和演化轨迹的研究（Chen et al.，2019；Feng 等，2015；Have and Rubalcaba，2016；Kern et al.，2019）。由于知识图谱软件受限，所以仅针对相关英文文献进行分析。本节选择的英文文献全部来自 Web of Science 数据库中的 SCI 和 SSCI 数据库，文献类型设置为学术论文，以"Regional Innovation Eco ＊""Urban Innovation Eco ＊""Regional Innovation System""Urban Innovation System"为关键词进行主题检索，时间区间设定为 2000 年 1 月 1 日至 2021 年 12 月 31 日，对检索结果进行处理。处理过程按照与前文相同的标准排除与研究不相关的文献，最终得到 303 篇有效文献。

通过分析创新生态研究领域的知识基础（被引文献）与该领域所发表的研究成果（施引文献）之间的引证关系，有助于研究者更好把握创新生态研究的发展脉络。鉴于此，本书借助 CitNetExplorer 软件来构建被引文献与施引文献之间有向引文网络关系，并识别该研究领域的知识基础向施引文献的知识流动方向，如图 2-6 所示。施引文献与被引文献之间的引用网络关系如表 2-3 所示。

表 2-3　施引文献与被引文献之间的引用网络关系

典型知识流	代表性研究成果（施引文献）	知识基础（被引文献）
基于分析型和综合型两种知识库的区域创新系统核心观点的提出	Doloreux 和 Dionne（2008）；Benneworth 等（2009）；Cantner 等（2010）；Martin 和 Moodysson（2013）；Isaksen 和 Karlsen（2013）；Zhao 等（2015）	Asheim 和 Coenen（2005）

资料来源：笔者整理。

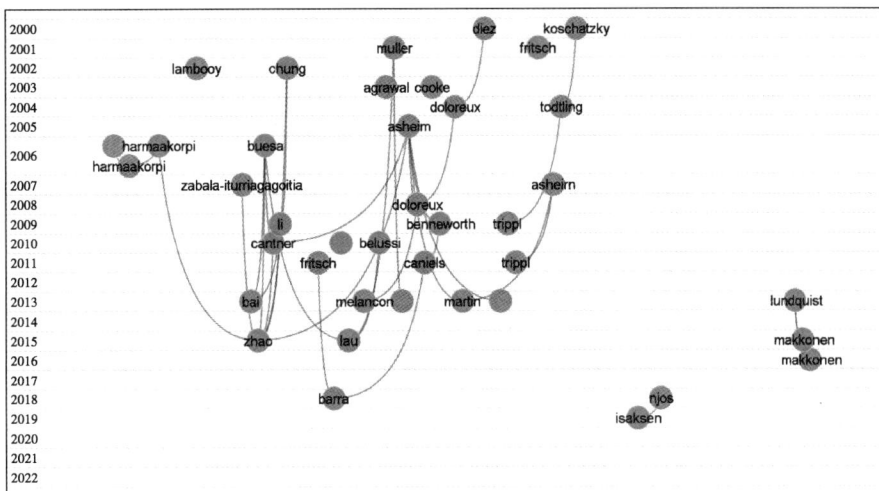

图 2-6 有向引文网络关系

资料来源：笔者自绘。

由图 2-7 和表 2-3 可以很清晰地发现，Asheim 与 Coenen 合作的文献出现在区域创新系统研究领域的知识基础网络中，对该研究领域具有深远影响。该文是在创新生态研究领域顶级期刊 *Research Policy* 上发表的本领域具有影响力（被引次数最高）的文献之一，题名为《知识库和区域创新系统：北欧集群比较》（*Knowledge bases and regional innovation systems：Comparing Nordic clusters*）。通过查阅该文的被引情况，可以发现 Doloreux 与 Dionne 对加拿大拉波蒂埃地区创新系统案例研究的理论基础来源于该文对区域创新系统的组成结构分析，即它包括支持一个地区产业结构内创新的知识和体制基础设施。同时，Doloreux 与 Dionne（2008）在解释为何大都市周边地区的创新水平相对低于大都市内的创新系统创新水平时，也引用了该文的观点，认为这些地区的创新范围是小规模的、渐进的，主要通过应用现有知识或通过组合新知识进行。Benneworth 等（2009）在分析隆德大学如何为斯堪尼亚的区域协同系统做出贡献时，同样引用了 Asheim 与 Coenen 的思路，认为该区域协同系统并非采用"一体适用"的战略，而是反映了该地区行业的特殊特点和需求，即具有不同行业知识基础的部门需要大学提供不同的创新支持模式。Cartner 等（2010）在其文章中引用了 Asheim 与 Coenen 有关区域创新系统定义的观点，即区域创新系统研究的主题是解释"创新如何发生"这一问题。Martin 与 Moodysson（2013）借鉴了 Asheim 与 Coenen 对知识库的分类，将知识库分为分析型、综合型和符号型。Isaksen 和 Karlsen（2013）在研究如何构建区域优势时引用了 Asheim 与 Coenen 的观点，认为具有城市化经济的大区域拥有不同的产业类型和庞大的知识基础设施，所以更容易产生区域优势。Zhao 等在研究中国的区域协同创新时发现，中国的专业科学劳动力和资源分配的集聚产生了有吸引力的中心，从而印证了 Asheim 与 Coenen 的观点：区域合作能力对一个国家通过区域创新系统促进创新是至关重要的。

本部分进一步采取文献耦合分析方法，借助 VOSviewer 软件对区域创新生态系统的研究领域进行横向观察，对全部研究成果（施引文献）进行聚类分析，结果如图 2-7

所示。在此基础上，对文献中的主题词（题目、摘要和关键词）进行提取和可视化处理，以更好识别该领域的流派分布状况，结果如图2-8所示。

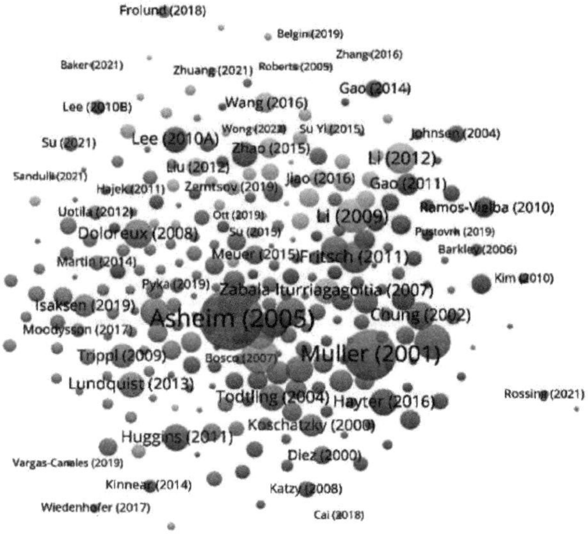

图2-7　相关研究的文献耦合情况

注：VOSviewer软件所生成的网络节点只显示第一作者的名字和年份。

资料来源：笔者自绘。

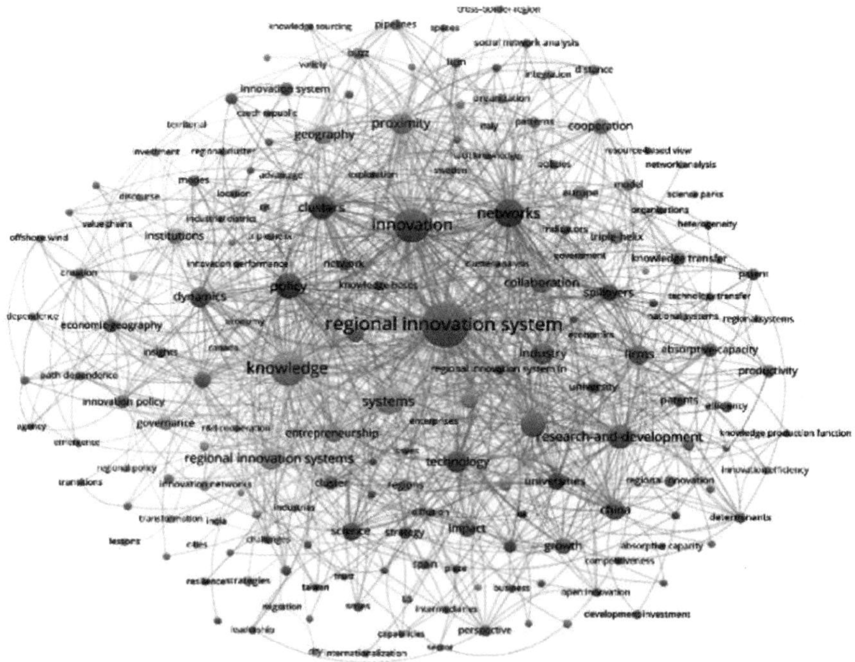

图2-8　相关研究的关键词共现情况

资料来源：笔者自绘。

由图 2-9 可以发现，区域创新生态领域的学术流派较为分散，但明显存在一个流派。该流派以 Asheim 为核心，以其在区域创新系统中所区分的两种类型的知识库为研究基础：分析型知识库和综合型知识库。这两类知识库反映了隐性知识和编码知识、编码可能性和限制、资质和技能、所需组织和机构以及全球化经济所带来的具体竞争挑战的不同组合，不同行业由于面临不同的竞争和挑战，所需的创新支持也有所差异。通常来说，基于分析型知识库的行业包括 IT、生物技术等高科技产业，这些产业进一步构成了区域创新生态系统。基于综合型知识库的行业包括工程行业等，区域创新系统更易于在这些产业中产生。对于利用分析型知识库的行业而言，一项复杂且一致的知识基础设施是将该行业嵌入该地区的必要条件，同时该地区还需要具备提供高技能劳动力和吸纳优秀科学人才的能力。因此，区域创新政策应解决此类知识基础设施的区域供应以及区域创新系统中的"大学—产业"互动问题。对于利用综合型知识库的行业而言，企业间本地化学习行为发挥着重要作用，区域知识基础设施的建设需要与当地现有的产业专业化路径保持一致。因此，区域创新政策应该以需求为导向，维持嵌入式和网络化区域创新系统之间的差异性。

第三节 相关文献综述及需要进一步研究的问题

创新是引领新时代高质量发展的第一动力，其关键在于构建具有全球竞争力的开放创新生态。新发展阶段，我国需要全面提高科技创新能力，提升创新体系整体效能，营造良好的创新生态，打造具有高培育能力、动态演化能力及高韧性的创新生态系统（杨博旭等，2023）。从既有研究看，大量文献主要从创新生态系统的理论基础、内涵、类型等方面展开深入研究，并且结合我国实际情况，从主体共生演化、系统整体效能、系统开放合作等运行机制角度提出构建中国特色国家创新体系（倪君等，2023）。

一方面，现有文献深入剖析了创新生态系统的内涵及特点。相关文献在对创新生态系统的内涵进行界定时，主要基于环境视角（Heaton et al.，2019）、主体视角（柳卸林和王倩，2021）、网络视角（许冠南等，2022）等视角，强调创新生态系统是由一系列利益相关者相互作用并与创新环境共同形成的有机整体，使得各主体在系统中彼此依存、相互影响；在面对更为复杂的环境时，创新生态系统的动态平衡演化能够为创新活动注入持续动力（Jacobides et al.，2018）。大量研究进一步表明，创新生态系统在动态演化过程中主要呈现以下特征：一是多样性特征。创新物种的数量和多样化程度能够促进系统内网络化关系的形成，并随着系统的动态演化创造出创新要素间的更多组合（Fleming，2001）。二是自组织的动态演化特征。随着创新活动的复杂和系统化，创新生态系统展现出共同进化、共生演化的自组织特征，通过创新主体间紧密联系、有机融合，创造出更大的价值空间（闫晓勇等，2023）。三是开放性特征。创新成果的转化、扩散与创新环境息息相关，创新生态系统与外部生态系统的物质、能量交换过程是系统长期发展的重要土壤（吴金希，2014）。尤其是在数字化时代，对开放性创新生态系统的探讨更为重要（韩少杰和苏敬勤，2023）。

另一方面，既有研究重点探讨了创新生态系统的构建问题。相关文献在将创新生态系统划分为企业创新生态系统、产业创新生态系统、城市创新生态系统、区域创新生态系统以及国家创新生态系统的基础上，针对特定产业（王华等，2023）、特定城市（巫英，2017）、特定区域（吕晓静等，2021）等进行具体分析，注重把握系统参与者的类型与功能、不同参与者之间的关系等。同时，越来越多学者关注到数字技术对创新生态系统结构、组织方式、运行模式等带来的深刻变革，提出构建数字创新生态系统，并对其生成与运行逻辑（赵超，2023）、价值创造导向（梁正和李佳钰，2021）等进行考察，推动相关研究的进一步发展。

综上所述，创新生态系统研究正在持续深化，数字时代更使创新生态系统呈现新的发展趋势（王伟楠等，2019）。面对以数字技术的大规模应用为主要特征的复杂创新环境，未来创新生态系统研究亟须加深对数字赋能作用的理解，进一步探讨创新生态系统的新构建路径、数字场景的生态特征、创新生态系统中的数字治理等重点议题。此外，创新生态系统的形成与发展是一个长期动态演化的过程，其演化方式和机理决定着创新生态系统效能的实现，值得相关研究的持续关注。总之，创新生态系统研究的纵深推进，深刻反映了全球创新范式变革的不断深化，对于加快提升我国科技竞争力、建设创新型国家具有重要意义。

第三章 创新的新要素与价值创造能力提升机制

创新要素流动既是优化资源配置的关键，又是创新生态系统运行的内在动力。新发展格局背景下，创新要素面临重大调整、升级、完善和优化等新要求，亟须明确创新要素流动在创新生态系统建构中发挥的作用，以提升价值创造能力为关键培育创新生态系统的竞争新优势。基于此，本章聚焦知识、人才、数据、高铁等创新的新要素的流动模式，基于耦合协同等理论视角，深入探究创新要素促使价值创造能力提升的作用机制。

第一节 知识要素：知识能量流动与产业协同创新

知识是创新生态系统中的关键要素。从知识管理视角看，知识要素是创新主体将有效信息转化为创新活动所需的核心能力。本节以知识要素价值化为逻辑起点，通过探讨创新生态系统中知识能量流动的机理，揭示产业协同效应的成因。

一、知识能量流动的含义

在学者们开始系统探讨知识能量之前，知识流动领域已经形成了较为丰富的研究框架。随着新一轮科技革命和产业变革的加速演进，知识流动被赋予了更多的时代内涵，不少学者开始从创新生态系统视角研究产业共生演化背景下知识流动网络的运行机制（许冠南等，2021）。知识能量流动是创新生态系统的基本功能。能量既是物质运动转换的量度，又是演化本体论中的核心变量，创新生态系统的演化是在知识价值化过程中产生流动的结果，类似于不可逆热力学理论中的昂萨格倒易关系，是微观层面的价值创造在宏观系统演化尺度上的反映（李佳钰等，2021）。知识创造的价值是知识主客体对知识流动产生利益的期望，因此，知识能量流动是指为满足这种期望所开展的一系列价值实现活动（孙振领和李后卿，2008）。

二、知识能量流动对产业协同创新的影响机制分析

知识流动过程主要包括显性知识的空间位置变化和隐性知识伴随载体的空间位置变化。不同于物质资源流动，知识流动的流向和流量在一定程度上受"知识势差"的影响（廖志江等，2013；Caniëls and Verspagen，2001），但组织间的知识流动最终会达到跨越时间、空间的动态平衡，进而达到知识共享的最终目的。在知识经济背景下，

企业等微观组织的动态能力作为"创造能力的能力",可以帮助企业在应对发展条件转变的过程中摆脱路径依赖和结构惯性(罗仲伟等,2014)。

模块化的网络组织是在价值模块化基础上形成的一种新型价值创造的组织形式,其内部知识能量流动的过程包括价值的创造、转移、实现和分配四个阶段(余东华和芮明杰,2008)。在创新生态系统的调节作用下,知识能量流出方和知识能量流入方具有不同的知识流出和流入决策,决定了知识的流动势差、流动能力和流动意愿,并在随时间变化的吸收能力的作用下,共同影响知识流动的流量,如图3-1所示。

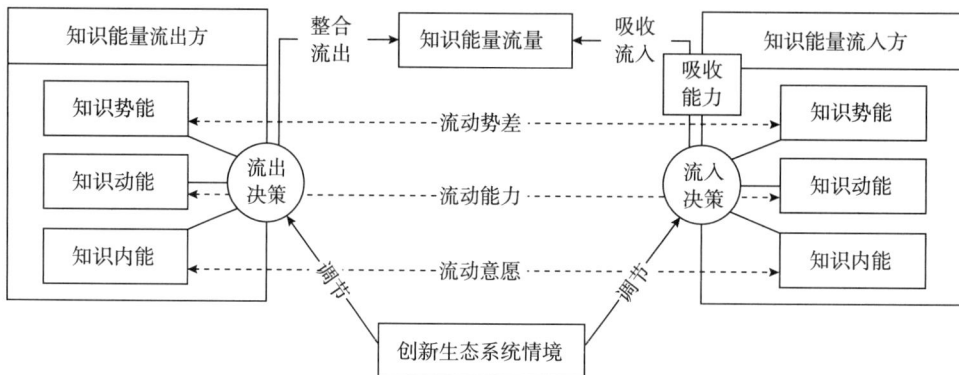

图3-1 知识能量流动的概念模型

资料来源:李佳钰,张贵,李涛.知识能量流动的系统动力学建模与仿真研究——基于创新生态系统视角[J].软科学,2019,33(12):13-22.

知识能量流动受到流动势差、流动能力、流动意愿和知识能量流入方吸收能力的影响(李佳钰等,2019)。其中,流动势差、流动能力和流动意愿分别反映了流出方和流入方在价值蓄积潜力、价值提升潜力和价值创造潜力方面的差异,吸收能力是知识能量流入方的价值整合和利用能力。此外,知识势能受同质知识累积度和异质知识差异度的影响,知识动能受知识被动惯例度和知识主动忘却度的影响,知识内能受内化知识创新度和外化知识老化度的影响。

三、创新生态系统视角下知识能量流动的系统仿真

知识能量流动具备远离平衡、有序的耗散结构,系统边界较为清晰,系统内存在知识能量流,且具有规律和可预期的动态性。鉴于此,采用Vensim软件对知识能量流动进行系统动力学建模与仿真。

(一)系统动力学仿真模型

基本假设包括:①知识能量流动是双向的,根据知识能量流量数值的正负确定知识能量的最终流动方向;②M和N之间存在能量流动势差,作为知识能量转移方的M初始知识势能高于N;③M和N具有不同的能量流动能力(M有流出知识能量的能力,N有流入知识能量的能力),当满足流动能力的阈值条件时,知识动能会伴随知识能量流动发生改变;④M和N具有不同的能量流动意愿(M有流出知识能量的意愿,N有流入知识能量的意愿),当满足流动意愿的阈值条件时,知识内能会伴随知识能量流动

发生改变；⑤除了调整数值进行灵敏度分析外，创新生态系统知识能量流动情境在单一仿真期间保持不变。

　　知识能量流动在现实中是复杂的，为检验模型是否能够正确反映现实情况，根据所涉及的变量以及时间跨度确定系统边界，检验系统模型中重要的概念和变量是不是内生变量，同时测试系统的行为对系统边界假设是否敏感（钟永光等，2013）。具体措施有两个方面：一是参考现有研究中关于知识转移和知识流动的系统动力学模型，并依据陈怀超等（2017）、李春发和赵乐生（2017）构建的系统动力学模型进行仿真模拟，系统方程具体设计如表3-1所示。二是通过 Vensim 软件中的 SyntheSim 功能对模型进行修正。结合现实情况，将参数设置为：旧知识涌现率的初始值设为0.1，将新知识催化的初始值设为0.2，仿真时间设为24个月，M 知识势能和知识动能流出比设为0.1，M 知识内能流出比设为0.8。

表 3-1　系统动力学模型方程设计及假设说明

系统方程	初始假设
M 知识势能=INTEG（M 同质知识累积量-M 异质知识差异量-M 流出势能，100）	设 M 知识势能初始值为100
M 同质知识累积量=M 知识势能×M 同质知识累积度 M 异质知识差异量=STEP（M 知识势能×M 异质知识差异度，1）	假设 M 异质知识差异量为阶跃函数，第1个月开始出现异质知识，设 M 同质知识累积度为0.6，异质知识差异度为0.1
M 知识动能=INTEG（M 被动组织惯例量-M 主动知识忘却量-M 流出动能，100）	设 M 知识动能初始值为100
M 被动组织惯例量=M 知识动能×M 被动组织惯例度 M 主动知识忘却量=STEP（M 知识动能×M 主动知识忘却度，6）	假设 M 主动知识忘却量为阶跃函数，第6个月开始出现主动忘却，设 M 被动组织惯例度为0.6，主动知识忘却度为0.3
M 知识内能=INTEG（M 内化知识创新量-M 外化知识老化量-M 流出内能，100）	设 M 知识内能初始值为100
M 内化知识创新量=M 知识内能×M 内化知识创新度 M 外化知识老化量=STEP（M 知识动能×M 外化知识老化度，12）	假设 M 外化知识老化量为阶跃函数，第12个月开始出现老化，设 M 内化知识创新度为0.2，外化知识老化度为0.1
N 知识势能=INTEG（N 知识累积量+N 流入势能-N 知识流失量，20）	设 N 知识势能初始值为20
N 同质知识累积量=N 知识势能×N 同质知识累积度 N 异质知识差异量=STEP（N 知识势能×N 异质知识差异度，1）	假设 N 异质知识差异量为阶跃函数，第1个月开始出现异质知识，设 N 同质知识累积度为0.3，异质知识差异度为0.1
N 知识动能=INTEG（N 被动组织惯例量+N 流入动能-N 主动知识忘却量，20）	设 N 知识动能初始值为20
N 被动组织惯例量=N 知识动能×N 被动组织惯例度 N 主动知识忘却量=STEP（N 知识动能×N 主动知识忘却度，6）	假设 N 主动知识忘却量为阶跃函数，第6个月开始出现主动忘却，设 N 被动组织惯例度为0.6，主动知识忘却度为0.3
N 知识内能=INTEG（N 内化知识创新量+N 流入内能-N 外化知识老化量，20）	设 N 知识内能初始值为20

系统方程	初始假设
N 内化知识创新量＝N 知识内能×N 内化知识创新度 N 知识老化量＝STEP（N 知识内能×N 外化知识老化度，12）	假设 N 外化知识老化量为阶跃函数，第 12 个月开始出现老化，设 N 内化知识创新度为 0.1，外化知识老化度为 0.1
流动势差＝M 知识势能－N 知识势能 流动能力＝IFTHENELSE（M 知识势能＞N 知识势能，M 知识动能/N 知识动能，1） 流动意愿＝IFTHENELSE（M 知识动能＞N 知识动能，M 知识内能/N 知识内能，1）	即知识内能自由流动
知识能量流量＝DELAYII［IFTHENELSE（流动意愿＞1，创新生态系统知识能量流动情境×流动势差×流动能力×N 知识能量吸收能力，0），2，0］创新生态系统知识能量流动情境＝（1－旧知识涌现率）×新知识催化率	知识能量流量为一阶延迟选择函数，延迟 2 个月，初始知识能量流量为 0；创新生态系统知识能量流动情境同时受旧知识涌现率和新知识催化率的影响，两者取值均在 0 到 1 之间

资料来源：李佳钰，张贵，李涛. 知识能量流动的系统动力学建模与仿真研究——基于创新生态系统视角［J］. 软科学，2019，33（12）：13-22.

在 M 流入能量等量转换的情况下，仿真结果显示，M 和 N 的知识势能、知识动能均呈不断增长态势，是由知识累积和知识创造的存量特征决定的；M 的知识内能在前 6 个月呈快速下降的态势，是由知识创新的时效性决定的；由于知识能量的流入，N 的知识内能从第 6 个月到第 17 个月呈 "S" 形增长态势，但同样由于知识创新的时效性，从第 18 个月开始以慢于 M 的速度下降。

各曲线的变化规律符合现实中价值累积、价值惯例和价值提升的客观规律，说明所构建的系统动力学模型具有一定的实效性和合理性。

（二）灵敏度分析

根据系统动力学原理，可以从流率和状态两个方面分析知识能量流动，即知识能量流量和流入知识能量。由此，为确定创新生态系统情境对知识能量流动的影响作用，以不同的 N 流入势能、N 流入动能和 N 流入内能转换比表征 "稳健共存""弹性错觉""创造破坏" 情境下知识能量流动的特征（李佳钰等，2019），如表 3-2 所示。

表 3-2　创新生态系统情境参数设置　　　　　　　单位:%

	N 流入势能转换比	N 流入动能转换比	N 流入内能转换比	情境解释
稳健共存情境	40	40	20	知识能量累积和知识能量管理的潜力较高，但知识能量提升不足，即市场具有知识创新惰性倾向
弹性错觉情境	40	20	40	知识能量累积和知识能量提升的潜力较高，但知识能量管理不足，即市场具有知识路径依赖倾向
创造破坏情境	20	40	40	知识能量管理和知识能量提升的潜力较高，知识能量累积的潜力不足，即市场具有知识配置失衡倾向

资料来源：李佳钰，张贵，李涛. 知识能量流动的系统动力学建模与仿真研究——基于创新生态系统视角［J］. 软科学，2019，33（12）：13-22.

将旧知识涌现率由 0.1 分别提高到 0.2、0.3、0.4、0.5、0.6、0.7 和 0.8，知识能量流量和 N 流入知识能量走势基本保持一致，结果如图 3-2 所示。

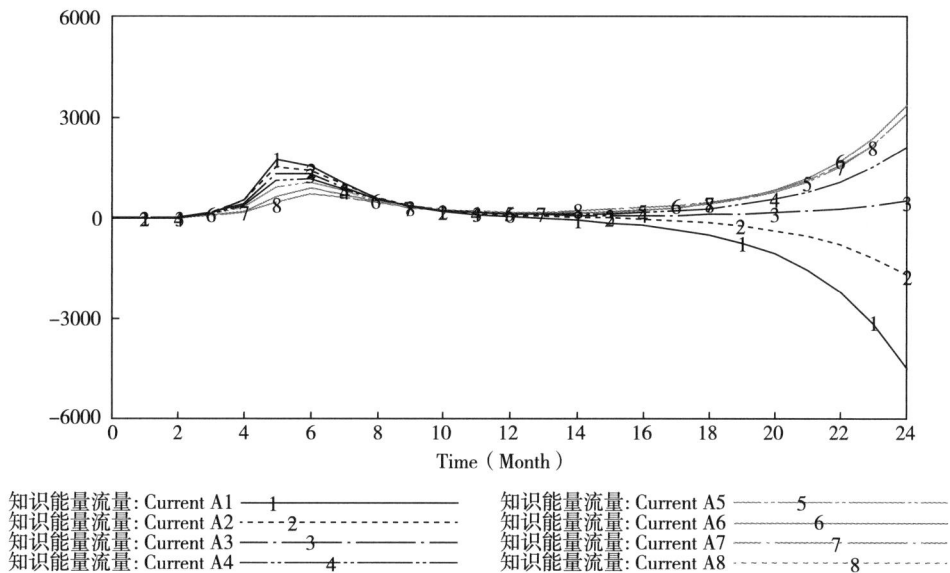

知识能量流量：Current A1 —1—
知识能量流量：Current A2 —2—
知识能量流量：Current A3 —3—
知识能量流量：Current A4 —4—

知识能量流量：Current A5 —5—
知识能量流量：Current A6 —6—
知识能量流量：Current A7 —7—
知识能量流量：Current A8 —8—

（a）稳健共存情境下的知识能量流量

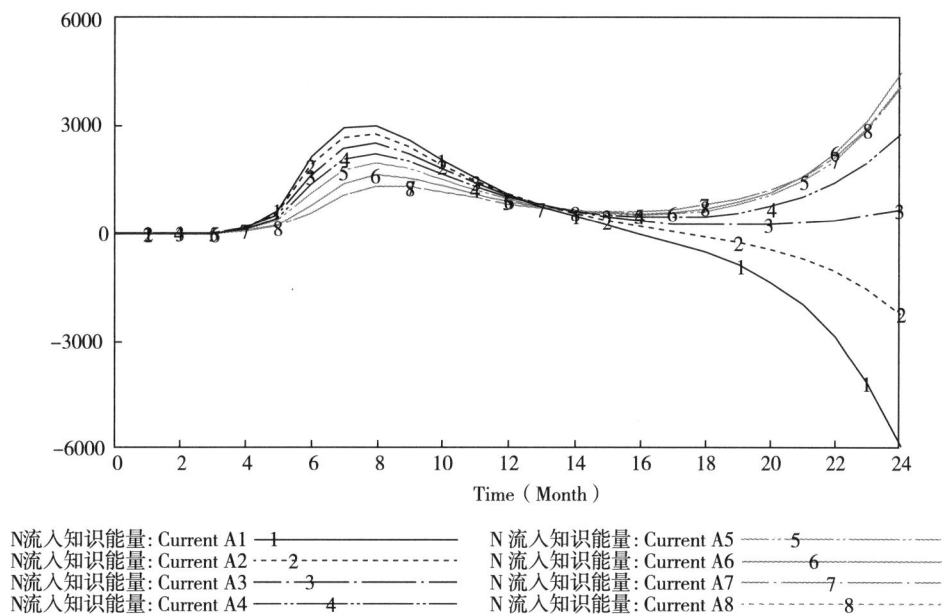

N流入知识能量：Current A1 —1—
N流入知识能量：Current A2 —2—
N流入知识能量：Current A3 —3—
N流入知识能量：Current A4 —4—

N流入知识能量：Current A5 —5—
N流入知识能量：Current A6 —6—
N流入知识能量：Current A7 —7—
N流入知识能量：Current A8 —8—

（b）稳健共存情境下的N流入知识能量

图3-2 旧知识涌现率灵敏度分析

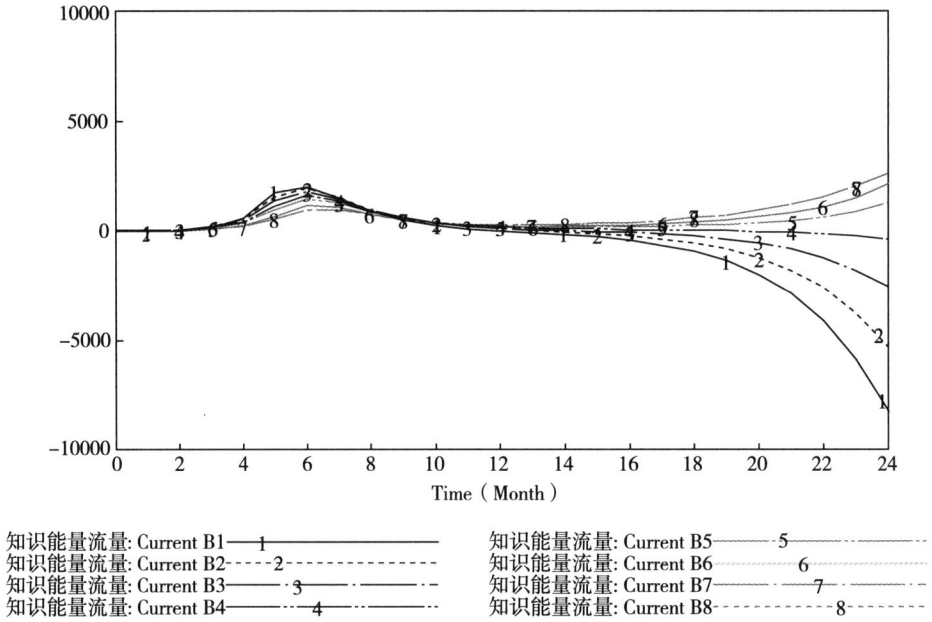

知识能量流量: Current B1———1
知识能量流量: Current B2----2----
知识能量流量: Current B3———3—·—·—
知识能量流量: Current B4———4——·——

知识能量流量: Current B5———5
知识能量流量: Current B6———6
知识能量流量: Current B7———7
知识能量流量: Current B8----8----

（c）弹性错觉情境下的知识能量流量

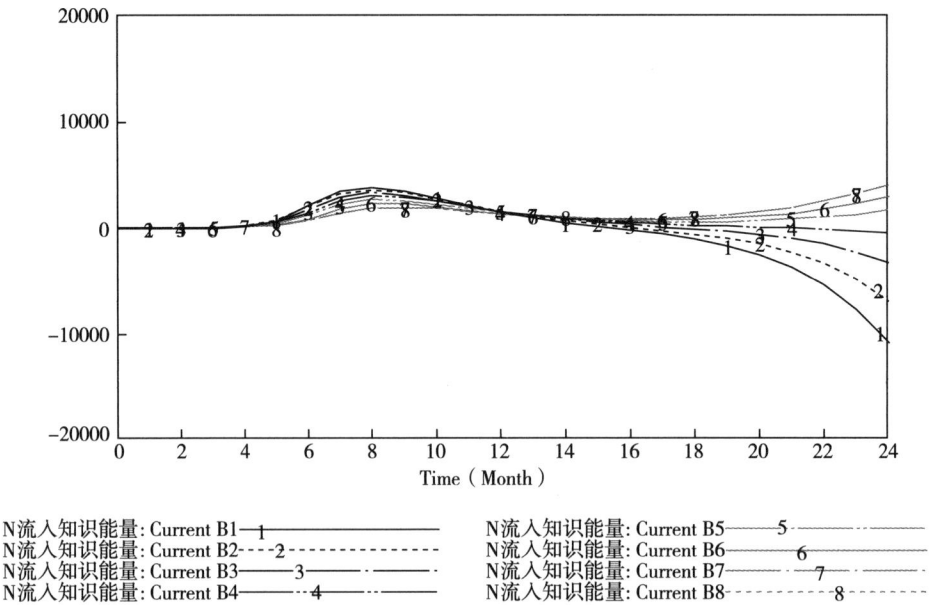

N流入知识能量: Current B1———1
N流入知识能量: Current B2----2----
N流入知识能量: Current B3———3—·—·—
N流入知识能量: Current B4———4——·——

N流入知识能量: Current B5———5
N流入知识能量: Current B6———6
N流入知识能量: Current B7———7
N流入知识能量: Current B8----8----

（d）弹性错觉情境下的N流入知识能量

图3-2 旧知识涌现率灵敏度分析（续）

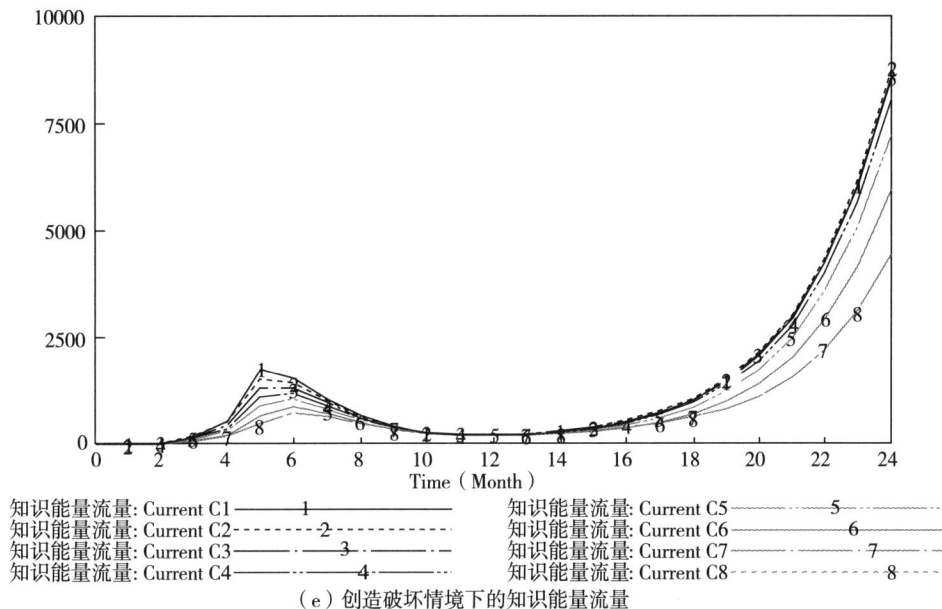

知识能量流量：Current C1 ————— 1　　　知识能量流量：Current C5 ————— 5
知识能量流量：Current C2 ------ 2 ------　　知识能量流量：Current C6 ————— 6
知识能量流量：Current C3 ——·—— 3 ——·——　知识能量流量：Current C7 ————— 7
知识能量流量：Current C4 ————— 4　　　知识能量流量：Current C8 ------ 8

（e）创造破坏情境下的知识能量流量

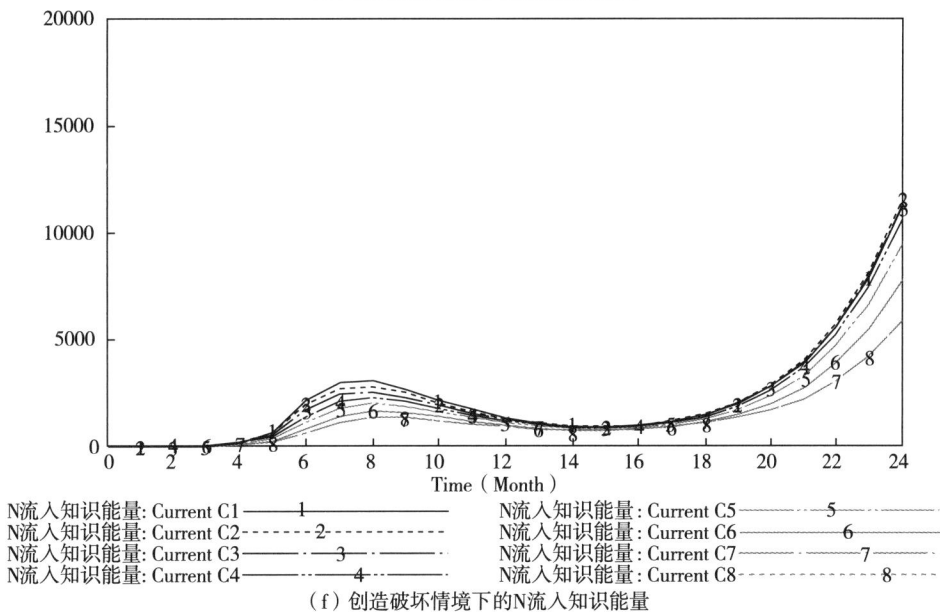

N流入知识能量：Current C1 ————— 1　　　N流入知识能量：Current C5 ————— 5
N流入知识能量：Current C2 ------ 2 ------　　N流入知识能量：Current C6 ————— 6
N流入知识能量：Current C3 ——·—— 3 ——·——　N流入知识能量：Current C7 ————— 7
N流入知识能量：Current C4 ————— 4　　　N流入知识能量：Current C8 ------ 8

（f）创造破坏情境下的N流入知识能量

图 3-2　旧知识涌现率灵敏度分析（续）

资料来源：李佳钰，张贵，李涛. 知识能量流动的系统动力学建模与仿真研究——基于创新生态系统视角［J］.
软科学，2019，33（12）：13-22.

在稳健共存情境下，随着旧知识涌现率的提升，长期投资于旧知识的涌现能够使知识能量最大化。因此可以认为，在缺乏知识能量流动意愿的市场中，短期内可以通过对旧知识的市场占有快速获利，但如果旧知识涌现率长期低于新知识催化率，则新知识的完善对旧知识生态的打击是致命的。

在弹性错觉情境下，短期内的最佳投资选择与稳健共存情境类似，仍然是利用旧知识快速占领市场。不同的是，无论旧知识涌现率如何，对旧知识的持续优化并不会产生明显的效果。

在创造破坏情境下，新知识的良性发展趋势使得旧知识持续改进，反而降低了知识能量流量，即在缺乏知识能量流动意愿的市场中，旧知识创新生态的发展瓶颈限制了知识能量流动。

将新知识催化率由 0.2 分别提高到 0.3、0.4、0.5、0.6、0.7、0.8 和 0.9，知识能量流量和 N 流入知识能量走势基本保持一致，结果如图 3-3 所示。

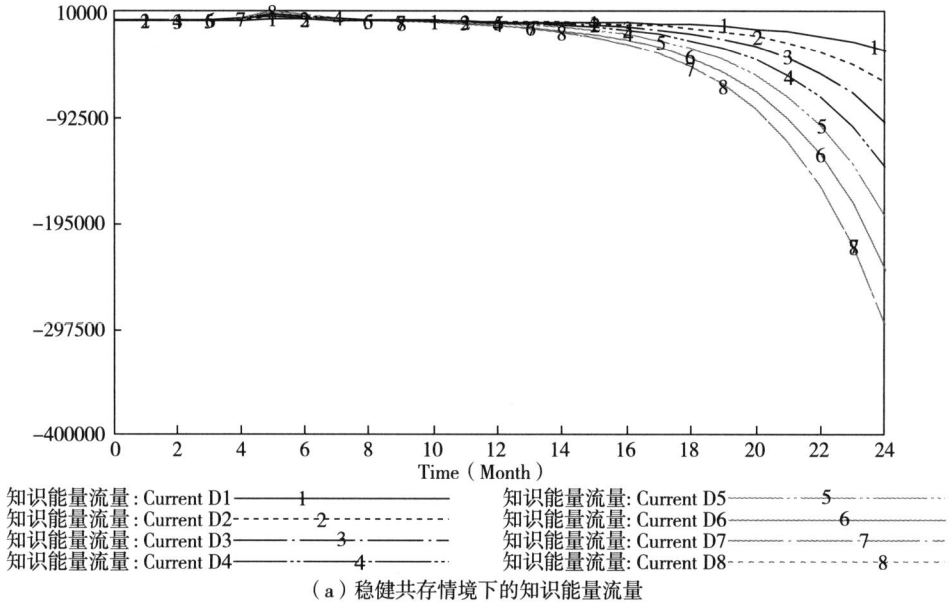

知识能量流量：Current D1	———1———	知识能量流量：Current D5	———5———
知识能量流量：Current D2	---2---	知识能量流量：Current D6	———6———
知识能量流量：Current D3	—·—3—·—	知识能量流量：Current D7	———7———
知识能量流量：Current D4	—··—4—··	知识能量流量：Current D8	--·--8--·--

（a）稳健共存情境下的知识能量流量

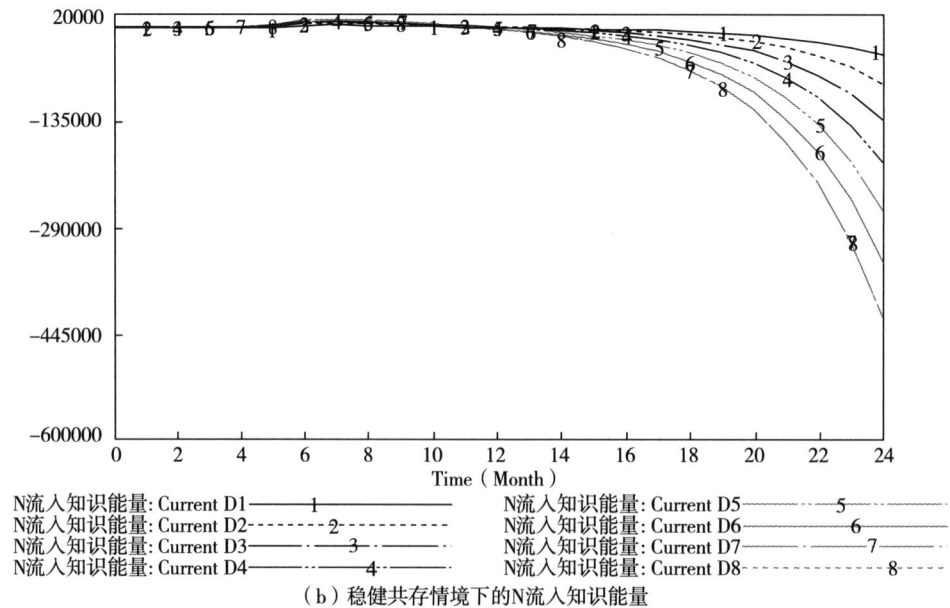

N流入知识能量：Current D1	———1———	N流入知识能量：Current D5	———5———
N流入知识能量：Current D2	---2---	N流入知识能量：Current D6	———6———
N流入知识能量：Current D3	—·—3—·—	N流入知识能量：Current D7	———7———
N流入知识能量：Current D4	—··—4—··	N流入知识能量：Current D8	--·--8--·--

（b）稳健共存情境下的N流入知识能量

图 3-3 新知识催化率灵敏度分析

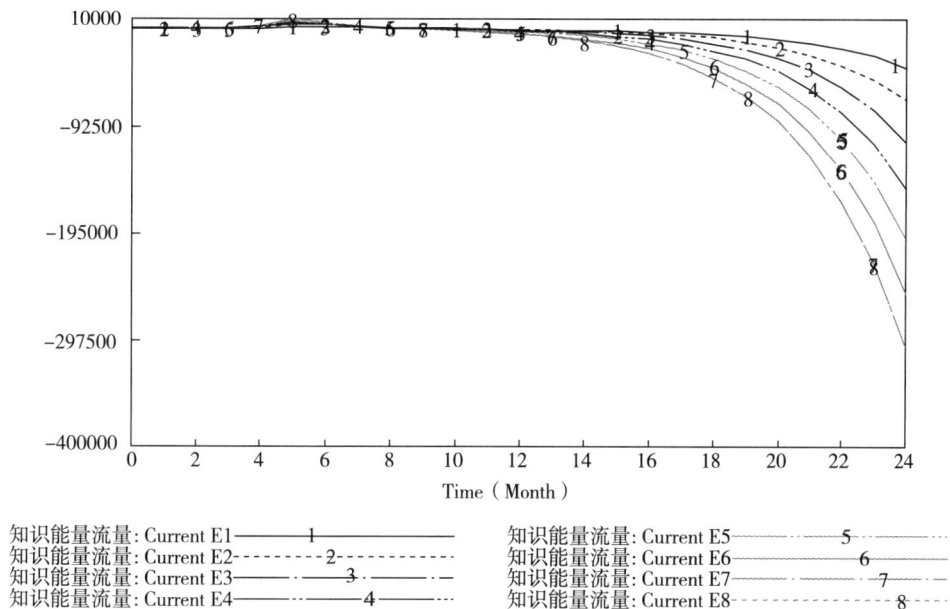

知识能量流量：Current E1———————1　　　知识能量流量：Current E5—————5
知识能量流量：Current E2------2------　　知识能量流量：Current E6—————6
知识能量流量：Current E3—————3—　　知识能量流量：Current E7—————7
知识能量流量：Current E4—————4—　　知识能量流量：Current E8----------8

（c）弹性错觉情境下的知识能量流量

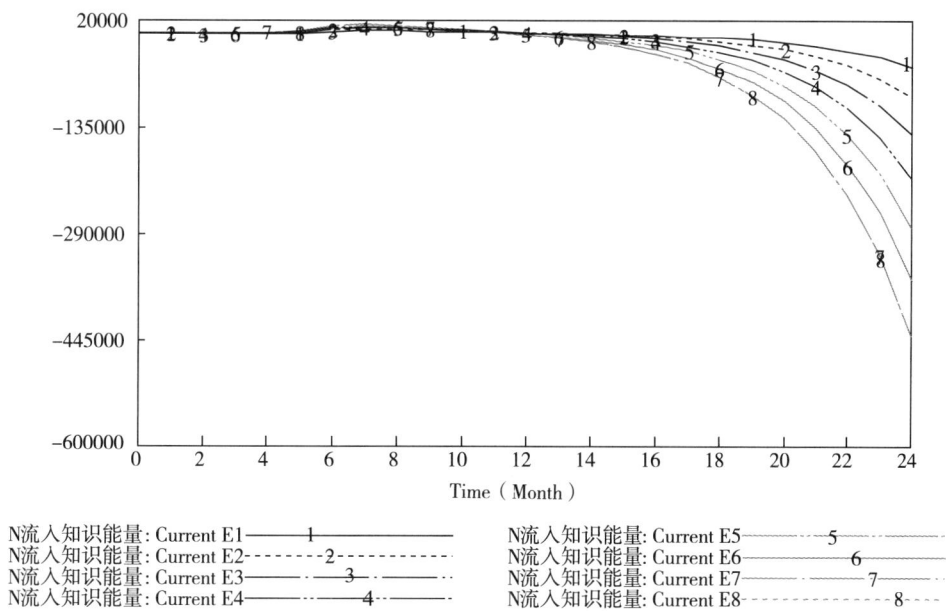

N流入知识能量：Current E1———————1　　N流入知识能量：Current E5—————5
N流入知识能量：Current E2------2------　N流入知识能量：Current E6—————6
N流入知识能量：Current E3—————3—　　N流入知识能量：Current E7—————7
N流入知识能量：Current E4—————4—　　N流入知识能量：Current E8----------8

（d）弹性错觉情境下的N流入知识能量

图3-3　新知识催化率灵敏度分析（续）

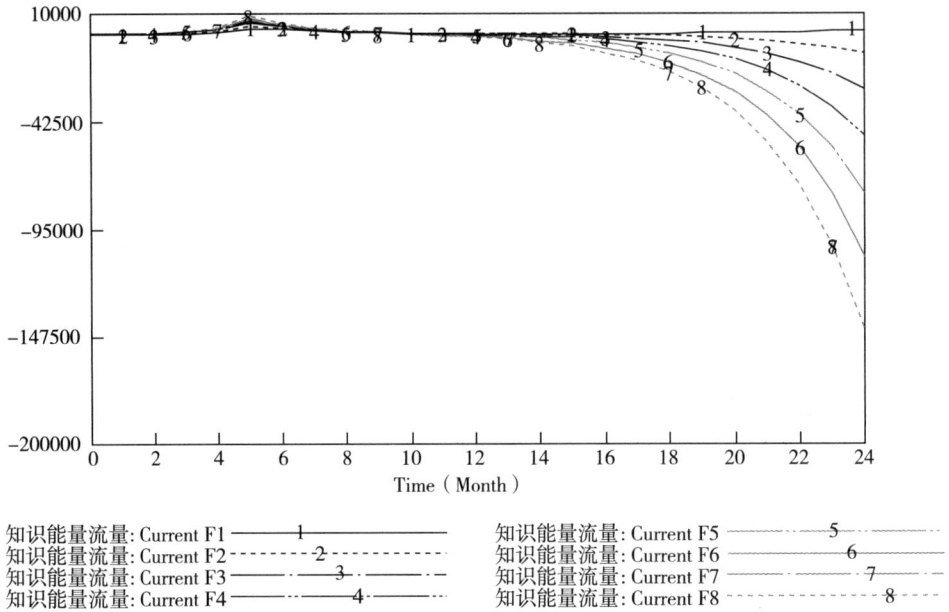

图例：
知识能量流量：Current F1 —— 1　　知识能量流量：Current F5 —— 5
知识能量流量：Current F2 --- 2　　知识能量流量：Current F6 —— 6
知识能量流量：Current F3 —— 3　　知识能量流量：Current F7 —— 7
知识能量流量：Current F4 —— 4　　知识能量流量：Current F8 --- 8

（e）创造破坏情境下的知识能量流量

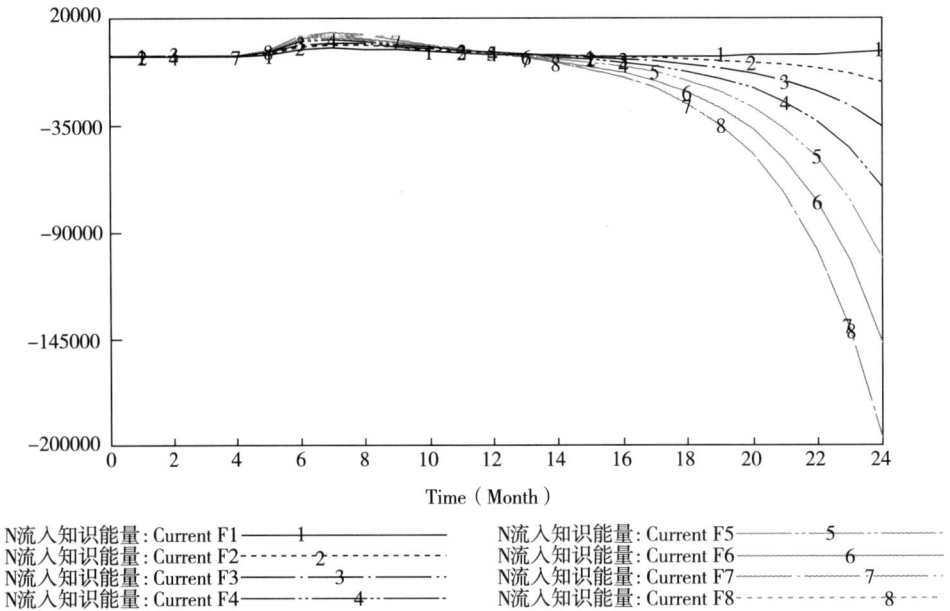

N流入知识能量：Current F1 —— 1　　N流入知识能量：Current F5 —— 5
N流入知识能量：Current F2 --- 2　　N流入知识能量：Current F6 —— 6
N流入知识能量：Current F3 —— 3　　N流入知识能量：Current F7 —— 7
N流入知识能量：Current F4 —— 4　　N流入知识能量：Current F8 --- 8

（f）创造破坏情境下的N流入知识能量

图3-3　新知识催化率灵敏度分析（续）

资料来源：李佳钰，张贵，李涛. 知识能量流动的系统动力学建模与仿真研究——基于创新生态系统视角［J］. 软科学，2019，33（12）：13-22.

　　从图3-3中可以看出，在旧知识占领相对独立的市场并保持相对较低的改进率时，新知识的全速发展将引致知识能量的逆向流动。在三种情境下，发展新知识在短期内均能产生一定的知识能量流量，但在长期内可以产生大量逆向流动的知识能量。这主要是因为随着知识创新的核心技术门槛提升以及大量资源的消耗，知识能量流入方强烈的知识能量流动意愿能够反哺知识能量流出方流出的知识能量。可见，不同于旧知识涌现，新知识催化更有利于知识能量流出方的可持续创新。而在创造破坏情境下，随着旧知识的停滞不前和新知识的不受阻碍，消极发展新知识能够保持知识能量低水平的正向流动（李佳钰等，2019）。

对改善旧知识而言，如果知识能量流入方具备更强的转换知识动能和知识内能的能力，其所产生的知识能量传递将具有更高的价值；相应地，改进旧知识对于知识能量传递方的影响也更为显著。同理，在新知识的发展过程中，如果知识能量流入方能够更有效地转换知识势能和知识动能，由此产生的知识创新对于知识能量流出方的回馈作用也将更加重要。在这种情况下，知识能量传递对于知识能量流出方的作用也更加突出。这一结论正是通过灵敏度分析得出的必然结论，如图3-4所示。

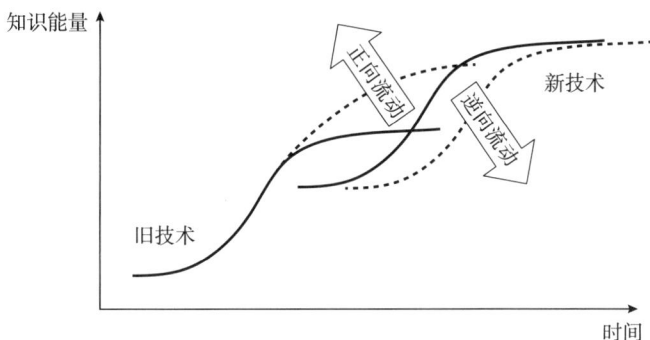

图3-4　知识能量流动的经验解释

资料来源：李佳钰，张贵，李涛．知识能量流动的系统动力学建模与仿真研究——基于创新生态系统视角［J］．软科学，2019，33（12）：13-22.

第二节　能力要素：知识产权创造与区域创新环境的耦合

知识产权保护和创新具有密不可分的关系。因此，知识产权创造能力决定了城市的竞争力。知识产权是围绕技术、资本、人才、企业等一系列因素而产生的重要创新成果，在很大程度上受到区域创新环境的影响。本节通过耦合的视角探究知识产权创造能力提升与区域创新环境优化的协调机制及其演化特性。

一、知识产权创造能力与耦合的含义

知识产权是企业的一种重要知识资产，且企业对知识产权的运用将影响企业竞争力（Teece，2000）。因此，企业要想生存发展，必须将知识产权战略规划视为日常管理经营的重要方面（Rivette and Kline，2000）。知识产权的创造、运用、管理和保护等

创新生态系统构建、运行及治理

各环节共同决定了技术优势是否能够顺利转化为竞争优势（Aoki and Schiff，2008）。知识产权创造能力是指企业通过自主创新、合作研发、技术交易等方式建立知识产权成果，并由此获得市场优势的能力（甘静娴和戚湧，2018），对于塑造企业核心竞争力具有至关重要的作用。综上所述，知识产权创造能力是一种将组织内部生产要素和资源转化为技术优势和现实生产力，进而转化为企业竞争优势的能力（张硕，2021）。

耦合是指两个或多个系统之间由于相互作用、相互影响而形成的一种关系。我国学者吴大进于1990年首次将耦合理论从物理学引入经济学领域（吴大进等，1990），此后，学者们纷纷展开相关研究，并在创新领域和知识产权研究中取得了较多成果。例如，王仁祥和杨曼（2018）利用网络DEA法测度了科技创新与金融的耦合效率，刘凤朝和林原（2021）运用耦合协调度模型探讨了我国知识产权和高质量发展的协同联动水平。一般情况下，系统之间相互作用、相互影响，通过良性互动、能量流动、物质循环、技术扩散等方式获得正外部性。若系统间存在耦合关系，便可通过外部引导和强化，实现系统之间的优势互补与共同提升。

二、知识产权创造能力与区域创新环境的耦合机制分析

关于知识产权创造能力与区域创新环境的耦合机制，可从以下两个层面加以认识：一是从动力因素角度，分析二者耦合关系的驱动因素；二是从相互作用视角，具体剖析区域创新环境与知识产权创造能力之间的耦合机理。

（一）动力因素

知识产权创造能力与区域创新环境的耦合动力主要来自三种"力"的综合作用：一是知识产权高质量发展提供的"需求拉力"，二是科技创新政策体系建设提供的"供给推力"，三是激烈的国际竞争提供的"发展压力"（张硕，2021）。首先，知识产权高质量发展是需求拉力。2008年全面实施知识产权战略（中华人民共和国国务院，2008）以来，经过多年的创新发展，我国逐渐成长为知识产权大国，发明专利申请量和商标注册量显著增加，极大地促进了经济发展的质量变革、效率变革和动力变革，知识产权业已成为部分发达地区新的增长驱动力。

其次，科技创新政策体系建设是供给推力。科技创新政策是引导、激励和规范科技创新活动的政府措施，是提升国家科技创新实力的重要支撑条件（贺德方等，2020）。近年来，我国深入实施供给侧结构性改革，发挥市场在资源配置中的决定性作用，努力构建良好的创新生态和产业生态，深入实施知识产权领域"放管服"改革，推动简政放权、放管结合、优化服务"三管齐下"，取得了显著成效。我国现已基本形成了覆盖全面、门类齐全、工具多元的科技创新政策体系。

最后，激烈的国际竞争是压力因素。面对日益复杂的国际竞争格局，我国亟须形成知识产权创造能力和创造质量提升的新路径，寻求知识产权创造能力与创新环境的协调发展方式。在此背景下，知识产权作为一种获利能力强且难以替代的资源，集内生性与外生性于一体，成为企业竞争、区域竞争乃至国际竞争优势的重要基础之一。

综合来看，知识产权创造能力与区域创新环境耦合的动力因素包括知识产权高质量发展拉力、科技创新政策体系建设推力和国际竞争压力，通过降低创新成本和提供

·42·

风险补贴来激励创新，通过强国建设的目标引领推进创新驱动和动能转换，并通过强国建设目标与创新激励方式之间的相互促进，推动知识产权创造能力与区域创新环境相互适应、共同发展。具体如图3-5所示。

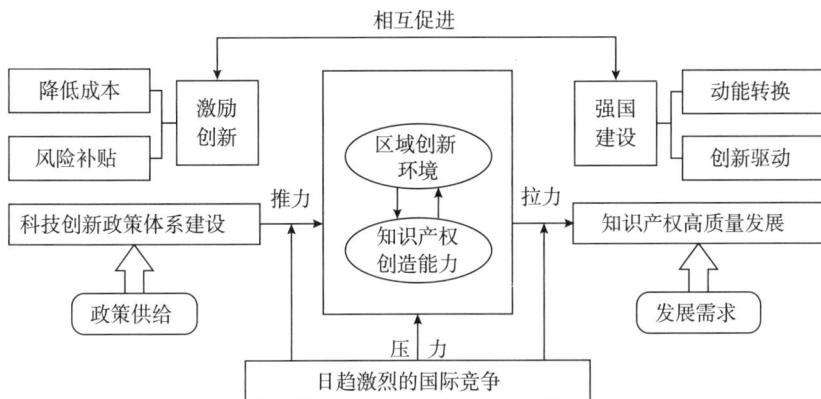

图3-5　知识产权创造能力与区域创新环境耦合动力

资料来源：张硕. 我国知识产权创造能力与区域创新环境耦合协调研究［D］. 天津：河北工业大学，2021.

（二）相互作用分析

区域创新环境对知识产权创造能力的作用，主要体现在促进要素流动和集聚、优化资源配置和激发知识产权创造活力三个方面。

第一，良好的创新环境能够促进创新要素的集聚。良好的创新环境主要从"硬环境"和"软环境"两个方面增强区域对创新要素的吸引力。在"硬环境"方面，良好的创新环境通过增强当地投资活跃度、完善科技基础设施、提供教育投入与创新补贴等途径（郭金花等，2021），为创新活动的开展提供条件支撑，提升创新主体的成功概率。在"软环境"方面，良好的创新环境主要从制度、法规、社会文化等方面（李士梅和彭影，2020），为创新主体的自主学习行为提供支持（Carlino and Kerr，2015），促进知识的相互溢出。因此，创新环境的完善有助于营造鼓励创新的"空间品质"（杨开忠等，2021），吸引各类创新要素流入创新环境较好的地区，并通过地方化集聚行为，分享"集聚经济"所带来的创新收益。

第二，区域创新环境较好的地区能够优化资源配置。这种对资源配置的优化主要通过降低成本和促进专业分工深化来实现。降低成本方面，区域创新环境的优化有助于提升创新市场的运行效率（吴欣望和朱全涛，2022），通过价格、供求、竞争机制的调节作用，减少道德风险和逆向选择现象；有助于完善交通、通信等基础设施建设，降低要素流动的运输成本，减少信息的搜集成本和时间成本。专业化分工方面，区域创新环境的优化主要通过健全科技成果交易、转化机制等途径，支持创新要素供给和需求匹配，依照细分领域需求对创新要素的组合、创新职能的划分产生引导作用，从而为不同要素精准嵌入创新链分工提供基础。

第三，良好的区域创新环境能够激发知识产权创造大量涌现。从创新生态系统视角看，区域创新环境作为区域创新生态系统的组成部分，与创新主体及要素处于密切的协同演化关系中，能够支撑创新要素产生非线性动态互动，从而形成"创新涌现"（张贵等，2018）。具体到知识产权创造的涌现过程，良好的区域创新环境通过加强知识产权保护，激发科研人员的积极性和创造性，为持续产出高质量知识产权提供丰沛源泉。

知识产权创造能力对区域创新环境的作用，主要体现在促进区域竞争力提升、加快经济发展方式转变和推动产业结构优化方面。

第一，知识产权创造能力的提高促进区域竞争力提升。区域竞争力集中反映了该区域凭借创新产品和服务所实现的对创新市场的"争夺力"（冯严超和王晓红，2018）。知识经济时代，知识产权已成为区域经济发展的重要生产要素，也是区域竞争优势中极为重要的战略性资源。知识产权创造能力的提升，使区域内创新主体所拥有的知识、技术等具备排他性与独占性，构成了创新主体应对市场竞争的异质性资源（甘静娴和戚湧，2018），有利于创新主体持续提升市场占有率或开拓新市场空间，进而提升整个区域在国家创新格局中的地位。因此，提升知识产权创造能力，已成为提高区域竞争力的本质要求和重要途径。

第二，知识产权创造能力的提高促进经济发展方式转变。高质量发展的内涵要求在经济发展中推动质量变革、效率变革、动力变革。知识产权创造能力的提升对高质量发展的促进作用主要通过促进传统产业转型升级、培育新的经济增长点实现。在促进传统产业转型升级方面，知识产权创造能力的提升有助于发现和识别传统产业中的价值创造空间，通过新技术、新工艺、新流程等方式提升产业发展效率。在培育新的经济增长点方面，知识产权创造能力通过对既有知识的创造性重组、探索新知识增量等途径，持续促进知识向新产品、新模式、新业态的转化，最终实现经济发展方式转变。

第三，知识产权创造能力的提升有助于推动区域产业结构优化。知识产权创造能力本质上是将科技成果转化为"创新租金"的过程。知识产权创造能力主要通过直接产生技术创新、促进企业技术升级以及加快产业链优化调整等途径（田家林等，2019），推动微观主体的生产活动由低附加值环节向高附加值环节延伸，渐进提升产业结构高级化水平（覃波和高安刚，2020），带动区域产业由主要依赖要素规模扩张的传统产业向依赖创新成果的新兴行业演进。

耦合系统内部同样存在一定的运行机制。基于系统科学理论，耦合系统内部的运行机制主要包括技术扩散机制、竞合机制和系统反馈机制，分别体现了系统在能量流动、生态关系和稳态维持方面的结构和功能特征（张硕，2021）。

一是技术扩散机制。在健全的市场机制下，技术扩散具有一定的方向性和动力机制，能够积极驱动研发资本向经济发达区域转移，以提升研发资本流通率和边际效益（郑万腾等，2020）。这种扩散的动力来源于企业和区域间技术势能差的作用，在微观层面体现为创新主体通过地理空间集聚、开展合作创新、实施技术交易等方式，有目的地促进主体间知识、技术的交流、交换、共享，或者无目的地实现知识的溢出。因此，技术扩散是跨区域协作交流的过程，多元创新主体之间的技术赋能关系构成了一个技术扩散的价值网络（刘刚和刘晨，2020）。

二是竞合机制。从系统科学、经济学与创新学结合的角度出发，竞合关系包含多主体间竞争与合作的关系。一方面，人才、设备等创新投入与基于创新产出形成的知识产权成果均具有不同程度的排他性特征，使不同创新主体在创新过程中存在竞争关系；在"赛马""揭榜挂帅"等创新制度中，这种竞争关系体现得更为明显。另一方面，随着科技发展细分领域的数量增加和复杂度提高，不同创新主体在研发、检验检测、生产制造等环节存在众多共性技术需求，产生大量的创新链上下游协作需要，决定了创新主体在相互竞争的同时，还会基于共同的利益和目标而选择合作。在知识产权创造系统中，各主体因为知识产权资源禀赋不同而选择合作，基于知识、技术互补性（郑江淮等，2023）形成知识产权创造过程的完整闭环。同时，各主体基于复杂关联的网络化结构，开展主体间动态竞合过程，由此推动知识产权创造系统的自我演化。

三是系统反馈机制。反馈调节是生物学中的概念，是指将系统本身运行的效果反过来作为输入的信息，进而调节和修正系统运行。反馈调节对于维持系统内部环境稳态具有重要作用。对知识产权创造系统而言，在知识产权的生成阶段，创新主体通过市场需求来调整科研方向，以避免出现研发与市场需求结构性错位，市场需求预测越准确，创新成果越能发挥最大作用；在知识产权的产业化阶段，来自用户、用户社群等主体的消费反馈，构成了知识产权成果持续优化的动力。同时，从区域创新竞争力角度看，畅通的反馈渠道能够促进创意、信息、知识、技术等的流动和辐散，减少创新主体在感知信息过程中的"时滞"，缩短新技术、新产品等的迭代周期，因而构成了区域创新竞争力的重要组成部分。综合来看，知识产权创造能力与区域创新环境的相互作用，有助于构建"市场需求—科技研发—产业化发展"的融合模式，从而塑造区域创新发展的新路径。

综合对知识产权创造能力与区域创新环境相互作用的分析，并考察耦合系统内部运行机制，绘制耦合机理图，如图3-6所示。

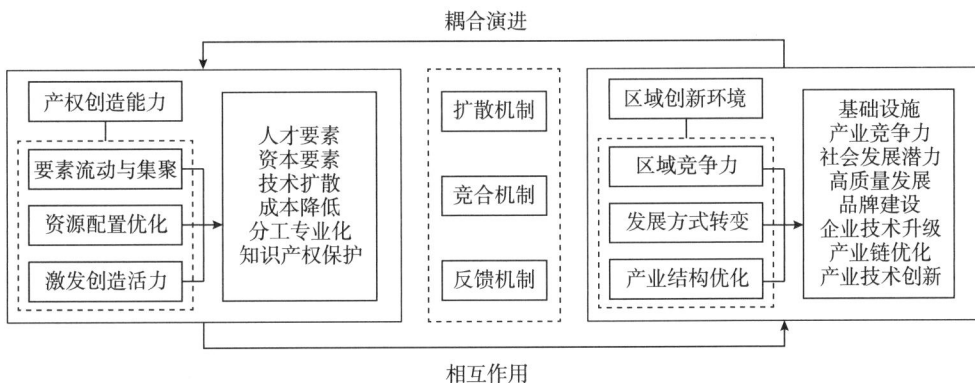

图3-6 知识产权创造能力与区域创新环境耦合机理

资料来源：张硕. 我国知识产权创造能力与区域创新环境耦合协调研究［D］. 天津：河北工业大学，2021.

第三节 人才要素：人才链与产业链耦合发展

人才是第一资源，是创新生态系统中最具活力的创新要素。党的二十届三中全会强调，必须深入实施科教兴国战略、人才强国战略、创新驱动发展战略，统筹推进教育科技人才体制机制一体改革，健全新型举国体制，提升国家创新体系整体效能。与普通生产要素相比，人才具有独特的创新性、创造性。人才的培养、吸引和应用离不开完善的产业体系。因此，本节从人才链角度出发，探究人才链和产业链融合背景下产业创新发展的新路径。

一、人才链和产业链的含义

对于产业链概念的界定，当前学术界已经形成了较为一致的看法，认为市场、企业、要素及其相互作用构成了产业链中必不可少的组成部分（程宏伟等，2008；程华等，2019），特别是随着创新驱动发展时代的到来，科技研发已成为产业链的重要一环。以往全球产业链的重构和演变对世界格局产生了深刻影响（石建勋等，2022），我国加快实现产业链现代化升级极具紧迫性。综合以往学术界对产业链内涵的探讨，结合当前时代背景，本部分将产业链定义为：基于技术经济关联形成的链条式经济活动和产业部门的集合，其功能是完成产业核心技术价值实现与价值增值的相互关联、相互作用，包括技术研发、转化、生产、物流、销售等环节。

人才链的内涵相较于产业链而言更加宽泛。"人才"与普通劳动力的区别在于人才是具有高人力资本水平的劳动力。相应地，"人才链"描述了特定产业中的人才依托产业成链的现象，是指在产业各环节中由产业知识、技能、成果、经验等的传递与关联而形成的链条式人才集合体。人才链在横向上包含产业各个环节上的原创型、创新型、实用型、管理型、技能型等各类人才，在纵向上以高层次人才为特定类型人才发展的基点和核心，带动各个层次人才聚集。

二、人才链与产业链的耦合演化机制

人才链的完善与发展是经济高质量发展的重要支撑，产业链现代化是构建新发展格局的战略部署，两者的目的都是激发经济发展潜力、提高经济发展质量。因此，在经济高质量发展的系统中，人才链与产业链这两个开放子系统存在耦合互动，并呈现出显著的"互动自反"效应（姜兴和张贵，2022）。

（一）人才链与产业链的耦合关系演化

在耦合初期，人才链和产业链形成结构上的互补关系。在此阶段，人才链和产业链的相互作用主要通过两条路径推进经济高质量发展。一是产业链的"建链、补链、强链、延链"扩大了对人才链的需求。无论是新链条的构建，还是已有链条的调整，要从根本上提高创新能力、加速经济现代化和数字化转型，进而解决一系列"卡脖子"问题，向全球价值链高端攀升，都需要高水平、专业化人才的支撑，因此需要围绕人才链进行布局。二是人才链的发展必然推动产业链升级优化。人才是知识和技能的载体，良好的发展环境促进人才聚集成链，并通过知识的传承、积累与技术的持续创新为产业链的结构优化和转型升级提供强大的内在动力。尤其是高层次创新创业人才在重大科技成果形成、转化和产业化过程中的作用巨大，能真正实现"引进人才、集聚团队、培育企业、发展产业"的裂变式发展。

在耦合中期，人才链和产业链耦合构成一个复杂系统。在此阶段，人才链和产业链存在目标、实质、影响因素层面的一致性、相通性和重叠性。一是目标一致性。人才链以人才的发展为目标，服务于社会经济活动；产业链是优化供给侧资源配置、保障国内经济稳定的桥梁。两者的构建都以实现我国经济高质量发展为目标，两者的优化都对我国经济实力提升有促进效果。二是内在的相通性。人才链和产业链本质上都是建立在知识、技术的共享与合作之上的，"知识链"和"技术链"贯通整个人才链和产业链，具有明显的网络化、层次性特征。三是影响因素的重叠性。人才引育受到当地产业、教育、环境等多方面的影响，产业的区位选择也受到如政策、人才存量等因素的影响，二者之间存在相互影响关系。此外，政府在产业链和人才链的布局中也发挥了统筹、协调的重要作用，促使产业链和人才链在空间上融合、交叠，共同促进区域高质量发展。

在耦合后期，整个经济系统在各种主体和因素的综合作用下走向更加均衡的发展。在政府、教育、企业、创新四大系统的支持下，以原创型、创新型、实用型、管理型、技能型人才为主体构成的人才链和以研发、转化、生产、物流、营销为主要环节的产业链，通过信息共享、资金流通、技术合作、知识溢出等方式相互促进、相互影响、相互依存，推动整个经济系统不断由低级向高级、由不平衡向平衡发展、演化。

（二）人才链与产业链系统耦合的双螺旋模型

人才链与产业链之间具有显著的互动关系，两者之间耦合协调，最终可以形成类似 DNA 双螺旋形态的结构，并且在不断地动态演进中相互促进，向"上"发展（姜兴和张贵，2022）。双螺旋结构在生物学中用来描述 DNA 的物理结构，在马克思主义哲学中，螺旋上升用来描述事物发展的过程。借助生物学视角，通过将人才链和产业链以及影响两者相互作用的政府、企业、创新和教育系统与 DNA 的双螺旋构造作类比，总结出人才链与产业链系统耦合的双螺旋模型，具体如图 3-7 所示。

进一步来看，生物学中的 DNA 由四种碱基构成，每对碱基之间由氢键连接。与之相类似，对人才链与产业链耦合发展双螺旋模型进行切面剖解时，同样可以找到由政府系统、教育系统、企业系统、创新系统，以及知识、技术、信息、资本等要素组成的、类似 DNA 分子结构的"碱基—氢键—碱基"结构。

人才链与产业链耦合发展的"碱基"系统包括政府系统、教育系统、企业系统和创新系统。政府系统是人才链、产业链建设的共同引导者和推动者，在两链协同发展中发挥着重要的宏观调控、政策支持、组合要素等功能，维持着整个系统的生态。教育系统是各类人才的培养者，在双链耦合发展中发挥着基础性、支撑性作用。企业系统是两链融合发展的主要载体，也是创新系统的主体和教育系统、政府系统的合作方。创新系统位于人才链和产业链的顶端，为人才链培养和聚集原创型、创新型高端人才，为产业链的优化升级提供科技源动力和价值增值的源泉。

在人才链与产业链双螺旋模型中，四大"碱基"的耦合发展离不开"氢键"要素在双螺旋中的流动和交互作用。这些"氢键"要素主要包括知识、技术、信息、资本等，在人才链与产业链双螺旋系统内形成了相应的知识流、技术流、信息流、资本流，并不断在四大"碱基"系统中循环往复，促进人才链与产业链的耦合发展。

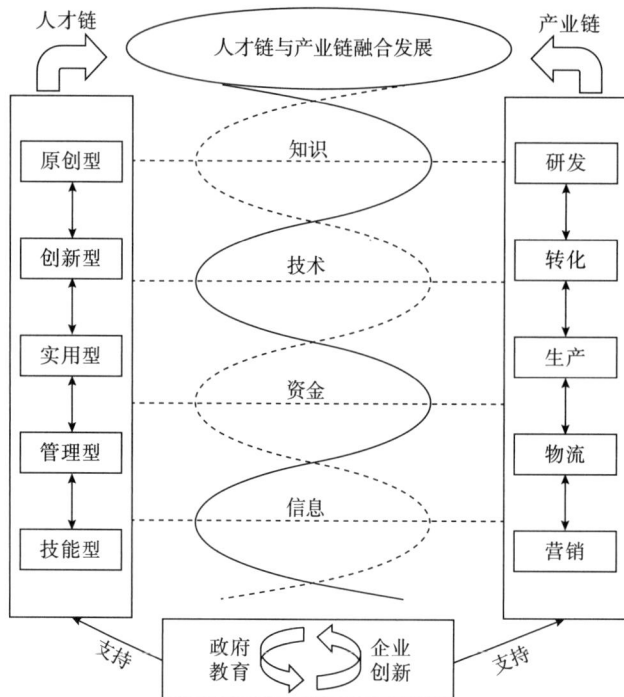

图 3-7　人才链与产业链耦合发展双螺旋模型

资料来源：姜兴，张贵. 京津冀人才链与产业链耦合发展研究［J］. 河北学刊，2022，42（2）：170-176.

在人才链与产业链的耦合演进过程中，四大"碱基"系统在不断自我进化与完善，并通过"氢键"要素的集成化与有效组合，促进各个"碱基"系统相互依存、相互影响和相互促进。因此，"碱基—氢键—碱基"构成了人才链与产业链双螺旋结构的基本模块，体现为人才链与产业链在政府推动、企业主导、创新驱动和教育支撑叠加放大的共同作用下，不断从低级向高级演化，从不平衡向平衡演变，具体如图 3-8 所示。

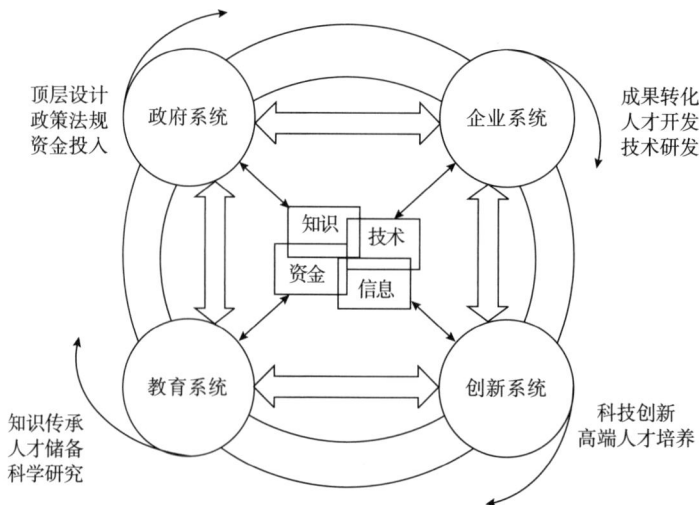

图 3-8　人才链与产业链耦合发展系统横向循环

资料来源：姜兴，张贵. 京津冀人才链与产业链耦合发展研究［J］. 河北学刊，2022，42（2）：170-176.

三、创新生态系统视角下人才水平的创新产出效应

创新生态系统视角下，人才链和产业链的耦合互动实质上是为实现人力资本向创新产出的有效转化，两链基于耦合关系形成的价值创造活动集中反映了人才的创新产出效应。为了对这种创新产出效应进行量化表征，本部分基于我国省级面板数据，采用面板计量模型进行了实证检验。

（一）变量选取与模型构建

本部分收集整理了 31 个省份的面板数据。由于西藏自治区的相关变量存在大量缺失值，所以最终以 30 个省份作为样本，时间跨度为 2004~2020 年。被解释变量为创新产出。鉴于专利数据是当前学术界在创新相关领域研究中非常重要的指标来源，专利申请授权量多被用来衡量创新水平，本部分使用每十万人拥有的专利申请授权量作为衡量创新产出的指标。

核心解释变量分为两类，即人才水平和人口集聚度。人才水平一定程度上反映了人才链的强度，使用两种方法进行测度：一是大学本科及以上人口占常住人口的比重，二是人均受教育年限。人口集聚度用人口密度（单位行政区土地面积上的常住人口数量）表示，用来探究人口集聚与人才水平的协同效应，具体方式是在模型中引入交乘项，估计人口集聚的知识溢出效应如何通过提升人才水平作用于地区创新水平。

另外，模型还控制了 R&D 经费投入强度（*RDI*）、外商直接投资（*FDI*）、高等院校数量（*NHE*）、产业结构（*IS*）对区域创新产出的影响效应。其中，*RDI* 通过 R&D 经费内部支出与地区总产值的比值表示。产业结构为第二、第三产业产值占总产值的比重。

基于上述变量，构建基准回归模型，如式（3-1）所示。

$$lnPPAT_{i(t+2)}=\alpha+\beta_1 H_{it}+\beta_2 lnDEN_{it}+\beta_3 lnRDI_{it}+\beta_4 lnFDI_{it}+\beta_5 NHE_{it}+\beta_6 IS_{it}+\mu_i+\varepsilon_{it} \quad (3-1)$$

其中，H 表示人才水平，DEN 表示人口集聚度，下脚标 i 表示省份，下脚标 t 表示年份。考虑到人力资本的提升对创新产出有一定滞后性，这里假设滞后期为 2 期，故被解释变量的下标用（$t+2$）表示。除人才水平、高等院校数量和产业结构以外，其余变量均取对数表示。另外，为了排除遗漏变量影响，对模型进行豪斯曼检验，结果表明固定效应模型优于随机效应模型，故模型还控制了 μ_i，也就是个体固定效应，ε_{it} 为扰动项。

在基准模型的基础上，引入人力资本水平和人口集聚度交乘项检验人口集聚对人力资本提升的调节作用，引入交互项后的模型如式（3-2）所示。

$$lnPPAT_{i(t+2)}=\alpha+\beta_1 H_{it}+\beta_2 lnDEN_{it}+\beta_3 lnRDI_{it}+\beta_4 lnFDI_{it}+\beta_5 NHE_{it}+\beta_6 IS_{it}+$$
$$\beta_7 HI_{it}\times lnDEN_{it}+\mu_i+\varepsilon_{it} \quad (3-2)$$

（二）实证检验结果

基于式（3-1）和式（3-2）构建的面板固定效应模型，使用高学历人才占比或人均受教育年限衡量的人才水平作为核心解释变量，分别得到两组结果。基准模型的回归结果如表 3-3 中列（1）和列（3）所示，包括了人才水平、人口集聚度和所有的控制变量。其中，列（1）中的人才水平由高学历人才占比测度，列（3）中的人才水平

由人均受教育年限测度。在基准模型的基础上，增加人才水平和人口集聚度的交互项，回归结果分别如列（2）和列（4）所示，考察人口集聚是否通过调节人力资本水平对创新产出产生驱动作用。

表3-3　人才水平和人口集聚影响效果的面板固定效应模型估计结果

变量	高学历人才占比		人均受教育年限	
	（1）	（2）	（3）	（4）
人才水平	0.132***	0.347***	1.097***	0.937***
	（0.026）	（0.073）	（0.141）	（0.143）
人口集聚度	-2.601**	-1.239	0.122	-1.346
	（1.144）	（1.195）	（1.002）	（1.224）
人才水平×人口集聚度		-0.034***		0.006**
		（0.011）		（0.003）
R&D经费投入强度	0.910***	0.717***	0.739***	0.741***
	（0.219）	（0.248）	（0.202）	（0.206）
外商直接投资	0.022	0.118	-0.023	-0.041
	（0.127）	（0.082）	（0.098）	（0.103）
高等院校数量	0.028***	0.023***	0.019***	0.020***
	（0.006）	（0.004）	（0.004）	（0.004）
产业结构	0.066**	0.049*	0.035	0.040
	（0.030）	（0.024）	（0.034）	（0.028）
常数项	11.944	4.290	-8.184	0.529
	（7.567）	（7.346）	（6.495）	（7.563）
省份固定	是	是	是	是
样本量	447	447	447	447
R^2	0.858	0.889	0.865	0.877

注：其中括号内为t统计量数值，***、**、*分别代表在1%、5%、10%水平上显著。本节下同。

表3-3回归结果显示，列（1）和列（3）中核心解释变量人才水平对创新产出有显著的正向影响。大学及本科以上学历的人才占总人口的比重每提升1个百分点，创新产出就增长13.2%，人均受教育年限每增加1年，创新产出就增加109.7%，由此可见，对一地区而言，除了人才引进，人才的培育对于地区创新产出增长同样十分重要。列（2）和列（4）引入了人才水平和人口集聚度的交乘项，从列（2）可以看出，在引入交乘项后，人才水平对创新产出的回归系数显著上升，但交乘项显著为负，人口集聚由显著为负变为不显著，这说明当前我国存在人口过度集聚现象，只有缓解人口过度集聚问题，实现人口集聚与人才水平的协调发展，才能发挥人口集聚对地区创新产出的正向调节效应。列（4）交互项系数显著为正，说明在以人均受教育年限表征人才水平的情况下，人口的集聚促进了知识溢出的规模。整体上看，单纯的人口集聚对创新产出尚未产生显著作用，人口的过度集聚甚至可能造成拥堵、污染等负外部性，从而抑制创新产出。因此，人才引育过程中必须注意"人才—产业"结构与发展水平

...

的错配问题。

我国当前区域发展不平衡问题突出，不同地区城市在要素投入方面存在差异。基于此，本部分进一步根据不同地区分析了人力资本水平对城市创新的影响。为保证各分样本中样本量的大体均衡，本部分采取东部、中部、西部地区的划分标准[①]，具体回归结果如表3-4所示。

表3-4　人才水平和人口集聚影响效果的地区异质性分析

变量	东部		中部		西部	
	（1）	（2）	（3）	（4）	（5）	（6）
人才水平	0.067*** (0.020)	0.778*** (0.147)	0.176*** (0.035)	1.007*** (0.271)	0.298*** (0.039)	1.100*** (0.188)
人口集聚度	0.757 (1.247)	2.049* (1.060)	−3.225 (2.893)	−5.281* (2.874)	−4.712** (1.476)	3.602* (1.742)
R&D经费投入强度	0.926*** (0.267)	0.873*** (0.251)	0.963* (0.492)	0.958* (0.475)	0.277 (0.364)	0.374 (0.428)
外商直接投资	−0.024 (0.081)	−0.102 (0.079)	0.202 (0.178)	0.148 (0.168)	−0.010 (0.099)	−0.124 (0.129)
高等院校数量	0.023*** (0.005)	0.015** (0.006)	0.017* (0.009)	0.018* (0.009)	0.028** (0.012)	0.024** (0.010)
产业结构	0.083** (0.036)	0.030 (0.040)	0.033 (0.033)	0.036 (0.028)	−0.016 (0.044)	0.013 (0.039)
常数项	−7.329 (8.137)	−15.729** (5.393)	16.262 (15.613)	19.374 (17.082)	23.309** (8.134)	−21.658* (11.166)
省份固定	是	是	是	是	是	是
样本量	165	165	147	147	135	135
R^2	0.909	0.914	0.902	0.892	0.901	0.859

从东部地区来看，两种指标测度的人才水平都对创新产出具有显著的正向影响，高学历人才占比每增加1个百分点，创新产出就增加约6.7%，人均受教育年限每增加1年，创新产出就增加约77.8%。现实中，东部经济发展较快，上海、北京等城市集聚了大量高技能人才，人口集聚的质量要高于中部和西部，因此人口集聚度对创新产出也有较为显著的正向影响。同样地，人才大量集聚产生的知识溢出，使R&D经费投入强度也对创新产出有显著的正向影响。

从中部地区来看，两种指标测度的人才水平都对创新产出具有显著的正向影响，高学历人才占比每增加1个百分点，创新产出就增加约17.6%，人均受教育年限每增加1年，创新产出就增加约100.7%。然而，中部地区的人口集聚度的回归系数在两组

...

① 东部地区包括北京、天津、河北、辽宁、上海、江苏、浙江、福建、山东、广东、海南；中部地区包括山西、内蒙古、吉林、黑龙江、安徽、江西、河南、湖北、湖南、广西；西部地区包括四川、贵州、云南、西藏、陕西、甘肃、青海、宁夏、新疆。

回归中均为负，表明人口的大量集聚产生了负外部性，对创新产出有较为显著的抑制作用。

从西部地区来看，人才的集聚仍然显著地促进了创新产出，高学历人才占比每增加1个百分点，创新产出就增加约29.8%，人均受教育年限每增加1年，创新产出就增加约110%。控制变量中，高等院校数量的回归系数显著为正，表明加强西部地区高校建设以及给予一定的政策支持对于提升当地创新产出有重要意义。

（三）人才链与产业链耦合的创新产出效应

如前所述，人才链和产业链具有耦合发展关系，下面将产业合理化指数及其与人才水平的交互项引入模型，进一步探讨人才、产业及其相互作用对创新产出的影响。其中，产业合理化指数通过泰尔指数计算得来，具体如式（3-3）所示。

$$INT = \sum_{i=1}^{n} \left(\frac{Y_i}{Y}\right) ln\left(\frac{Y_i}{L_i} \Big/ \frac{Y}{L}\right) \tag{3-3}$$

其中，INT 代表产业合理化指数，Y 代表地区总产值，L 代表地区总就业人数。i 代表三次产业，例如，Y_1 为地区第一产业产值，L_1 为地区第一产业就业人数。

实证结果如表3-5所示。其中，列（1）中的核心解释变量系数显著为正，说明人才水平对创新产出有明显的促进作用。列（2）引入产业合理化指数，其回归系数在1%的置信水平上显著为负，说明在产业合理化指数增加时，创新产出将减少，其原因可能与人口流失有关。因为根据计算公式，就业人口减少也是导致产业合理化指数增加的原因。就业人数减少说明某地吸引力在逐渐减弱，其创新能力随着人的流失快速下降，但地区产值相对于人口和创新产出存在更强的时滞性，这就导致了产业合理化指数增加而创新产出减少。列（3）在列（2）的基础上引入产业合理化指数和人才水平的交互项，结果发现交互项系数显著为正，说明产业结构越合理，人才水平越能促进创新产出的增加，验证了前文人才链与产业链能够耦合发展的结论。

表3-5　人才水平和产业集聚影响效果的面板固定效应模型估计结果

变量	（1）	（2）	（3）
人才水平	0.113*** (0.024)	0.095*** (0.021)	0.111*** (0.010)
产业合理化指数		−0.418*** (0.140)	−1.109*** (0.321)
人才水平×产业合理化指数			0.075** (0.034)
R&D经费投入强度	0.790*** (0.213)	0.542*** (0.192)	0.545*** (0.133)
外商直接投资	0.012 (0.124)	0.022 (0.114)	0.036 (0.036)
高等院校数量	0.029*** (0.006)	0.026*** (0.005)	0.025*** (0.003)

续表

变量	（1）	（2）	（3）
产业结构	0.060 （0.043）	0.086*** （0.031）	0.086*** （0.013）
常数项	−1.959 （3.594）	−5.790** （2.332）	−6.071*** （1.494）
省份固定	是	是	是
样本量	450	450	450
R^2	0.848	0.862	0.864

第四节　数据要素：数字经济与城市间创新合作

当前，世界正进入新一轮科技革命的孕育发展期，以5G、人工智能、物联网等为代表的新一代信息技术正在加速传统业态的重塑和新业态的涌现，数据要素融入各生产领域，数字经济应运而生。数字经济以数据为基础、以平台为支撑，是构筑国家竞争新优势的战略选择，如何充分利用数据这一新型创新要素，加快塑造以数字技术为主要驱动力、以产业数字化转型为主要发展路径的数字经济新优势，构筑国家创新竞争新优势，成为社会各界共同关心的热门话题。本节从理论层面探讨数字经济对城市间创新合作的影响机制，提出数字经济的三种驱动效应，并对其进行实证验证。

一、数字经济的含义

数字经济是继农业经济、工业经济之后的一种新型经济形态（闫德利，2019）。已有文献主要从业务形态（佟家栋和张千，2022）、经济活动（Kim et al.，2002）、数字化领域（何枭吟，2013）等角度对数字经济进行界定。结合以往数字经济、数字产业以及数字技术的相关研究，将数字经济的内涵概括为以下三个方面：首先，数字经济是一种新型经济形态。数字经济是在传统产业形态基础上诞生的一种更为先进的经济社会形态（裴长洪等，2018）。在数字经济这一形态下，数字平台和互联网的快速发展赋予经济社会更加广阔的演化前景，广泛渗透于经济社会各领域，推动了社会生产力的提高（张楷卉，2022）。其次，数字经济是一种以信息技术为主导的技术经济范式，是数字技术在产业形态中的应用赋能（陈晓红，2018）。大数据、人工智能、5G等都属于数字技术的范畴，正是这些技术降低了信息跨区域传播的成本，并在自身发展和知识外溢的同时重塑产业布局，提高资源配置效率（王林辉等，2020），改变人们的生产、生活方式。最后，数字产业化和产业数字化是数字经济的狭义体现。数字经济和实体经济的深度融合促使产业新形态持续涌现（李海舰和李燕，2020），数字产业化借助现代信息技术的市场化应用，加快数字产业的孕育与成熟；产业数字化转型促进产业跨界融合，实现优势互补，进而推动产业升级转型（杨文溥，2022）。数字产业化和产业数字化互促互进、良性循环，借助数据资源的流动和数字技术的扩散成为数字经济的主要组成结构（李腾等，2021）。

二、数字经济对城市间创新合作的影响机制分析

在创新要素呈现多样化、分散化特征的背景下（覃柳婷和曾刚，2022），城市间创新合作正在成为城市科技创新的重要趋势。城市间创新合作是不同城市的创新主体开展的、以资源互补与共享为主要特征的创新活动，伴随着信息、知识、技术的跨区域流动。数字经济的兴起，在塑造区域经济发展态势的同时，必然对城市间创新合作活动产生深刻影响。综合现有理论探讨，数字经济对城市间创新合作的影响机制主要包括基于要素驱动的作用机制、结构驱动的作用机制和环境驱动的作用机制（蔡盈，2023）。

（一）基于要素驱动的作用机制

从新古典经济增长理论的诞生到内生增长理论的问世，知识、技术要素逐渐从经济活动中的外生变量演化为经济长期增长的内生源泉。在信息交流、资源共享等空间交互作用下，创新行为中的知识可以直接或者间接进行扩散，形成知识的溢出（Audretsch and Feldman，1996）。数字经济时代，经济活动摆脱地理边界的限制，隐性知识的不可编码性大幅降低，数字化技术使大中小城市内部的创新要素彼此融通，跨城市人流、物流、技术流等速率加快（Shang et al.，2012）。在此条件下，数据、人才以及资金等要素流所携带的知识、信息在不同城市间产生共享融合现象，促进知识溢出效应与微观主体间知识交融性加强，为城市间的创新合作奠定了不可或缺的基础。

基于知识溢出的成因，数字经济发展可通过促进数据要素共享、人才要素流动、资金要素配置三种途径来释放知识溢出效应。

第一，从数据要素共享角度看，区别于其他生产要素，数据要素具有低传输成本、低使用成本以及高扩散速度的特殊属性（周晓辉，2022），这使其流动性几乎摆脱地理距离的限制，任何城市间都有机会实现对数据的共享、以极低成本复制、多次使用而不产生损耗。并且，要素的流动性及价值往往与数据的通用性、渗透性呈正相关，数据要素蕴含的知识、信息通过跨区域流动产生了强烈的正外部性和知识溢出。在数字经济发展过程中，不同城市的微观主体借助数据互通、数据交易提升数据要素利用率，能够强化区域间的知识溢出效应。

第二，从人才要素流动角度看，人力资本是承载知识溢出的重要资源。随着数字技术与交通融合发展，多个城市已探索交通信息互联互通、全域交通综合治理等智慧交通运行模式，不仅便利了城市内部交通出行，也有利于降低城际人员流动成本，通过对流动需求的"引致效应"促进人口跨城市流动频率提升。在人才流动过程中，不同知识与信息得以充分碰撞，各城市知识资源重新整合，城市成员近距离交流频率增加，不可编码性知识传递交融。此外，数字经济通过建立线上用工平台，促进高技能人才通过共享用工为其他组织服务，形成了人才的"柔性流动"模式，有利于知识跨地域边界自由传播。

第三，从资金要素配置角度看，数字经济的发展大幅度缓解了融资约束。数字金融可便捷地整合市场上海量的商业信息，降低资金供需方信息不对称，压缩创新主体获取金融服务的各项成本。同时，网上银行、小额信贷等多渠道金融服务的普及也使更多原先处于金融劣势的主体被纳入金融市场，匹配相应的资金资源（谢绚丽等，2018），在解决企业融资问题的同时促进了外部地区资金的引入，构建起与知识资源异质城市间的原料供应、合作运营等经济联系，进而推动技术知识溢出和由"干中学"效应传输的知识溢出。

以上阐述了数字经济发展所释放的知识溢出效应，这种知识溢出对城市间创新合作具有正向促进作用。一方面，创新活动的本质是知识的产生、积累、转化的过程。城市间创新合作是一种跨越区域与组织边界的创新活动，强调利用不同城市、不同创新主体的共有知识以实现技术创新（William et al.，2021）。而主体间的私有知识溢出是形成共有知识的一个重要途径，使跨城市主体吸收整合自身以外的知识力量，成为城市间创新合作不可缺少的知识根基。因此，知识溢出内容越多，则涵盖领域越广，涉及区域范围越大，知识交融性越强，更易定位于知识共通点，有利于城市间创新合作的实现。另一方面，知识溢出现象的存在能够在一定程度上提高城市间主体的合作创新意愿（Yang et al.，2022）。主体创新的途径有内部独立研发和战略合作联盟两种。其中，内部研发是创新的核心路径，但需要依靠漫长的调查、实验、分析活动，以实现基础研究和应用研究的突破，成本高昂且风险未知。因此，外部合作成为主体获取外部技术流的一种手段。在此过程中，创新主体出于主动获取知识溢出、寻找有竞争力的异质性创新资源等需要，选择与不同城市的创新主体进行合作，在规避城市内部过度竞争问题的同时强化自身在本地的发展优势，构成了城市间创新合作产生的微观动因。基于此，数字经济发展显著扩展了知识溢出效应的内涵和外延，成为城市间创新合作增长的重要动力。

（二）基于结构驱动的作用机制

企业是创新生态系统内的核心种群（张贵等，2018），也是产业的微观载体。城市间创新合作水平以中观层面产业优化和微观层面企业发展为必要支撑。接下来，本部分从企业结构变迁和产业结构变迁两个层面，探讨数字经济通过结构效应对城市间创新合作的影响（蔡盈，2023）。

从企业结构来说，数字经济对城市间创新合作的影响体现在以下三个方面：

第一，数字经济能够激发创业活跃度，促进城市企业基数增加（赵涛等，2020）。数字经济的飞速发展在淘汰落后商业模式的同时催生出大量更有前景的商业机遇，亟须有意向的潜在创业者借助数字技术孵化更多创新创业项目。而且在创业前期的市场调研、计划撰写、伙伴招募，到后期的资金调配、规划实施等各阶段，创业者都能够通过网络平台随时随地获取关键信息，大幅度降低了创业活动的盲目性，激发了创业者的自信和城市创业活跃度，鼓励新企业的涌现，进而提高城市的企业基数。城市新设企业数量的增加，将促进城市内部企业创新合作需求的增长，总需求中的跨城市合作需求也同步增加。此外，高企业基数反映出该城市属于经济发展与创新创业活力高地，更易吸引城市外部微观主体关注度，促进其与本城市合作以共谋发展。

第二，数字经济能够降低企业创新合作跨城市搜寻成本。传统信息传递受空间距离限制严重，企业与其他城市的创新主体在合作过程中面临极大的信息不对称。现代化通信技术拓宽了企业选择合作伙伴的来源、途径以及范围，通过引擎搜索、智能匹配、大数据算法等智能手段，有助于创新主体跨城市寻找更匹配、更符合要求的合作伙伴。同时，借助互联网平台，企业能够便捷地掌握意向合作伙伴的大量数据信息，极大地降低了信息不对称程度与搜寻成本，进而提升创新主体的跨城市合作动机。

第三，数字经济使企业关注点从规模经济转向范围经济（Caldas et al.，2019）。在传统工业经济时代，企业主要追求单一产品生产规模的扩张，以降低平均成本、增加利润或者获取市场垄断效应。数字经济时代，以"按需生产""小批量定制"为典型特征的新经济模式要求增加产品和服务的多元化程度，从而满足个性化、碎片化需求；同时，数据要素的跨行业流动特征强化了企业跨界经营能力，促进企业采取基于业态融合的多元化经营模式，追求实现范围经济。在范围经济驱动下，消费者多元化、集成化的消费需求促使企业等创新主体拓宽生产经营边界，以高效率生产出多样化产品，进而促使企业通过各式各样的弹性方式强化与其他相关企业的交流合作。在互联网平台的支持下，企业基于生产、销售渠道形成的合作关系呈现多节点、多边线的"网式"结构，且合作网络中涵盖的区域范围更广、城市数量更多。

从产业结构来看，数字经济蓬勃发展成为产业结构演进的内在推动力，而产业结构变迁是城市创新能力演变的重要来源。本部分将区域产业融合效应和区域产业分工效应作为传导机制，具体分析数字经济与城市间创新合作之间的关系。

从区域产业融合角度看，数字经济对区域产业融合的推动作用经历了产业渗透、产业交叉和产业重组三个阶段（陈晓东和杨晓霞，2021）。首先，随着数字技术充分发挥其渗透性、辐射性特征，传统产业被数字技术渗透，表现出产业融合态势，这种产业融合初期往往发生在数字经济产业与传统产业边界地带。其次，产业交叉出现于数字经济相关产业的产业链条延伸处，使原有产业内部出现部分涉及数字化功能的技术、业务和市场。最后，与数字经济产业具有紧密联系的行业部门率先出现重组现象，导致原有产业链被解构，新业态与市场需求布局充分对接，从而使重组产业具有新旧产业的共有优势。区域产业融合有利于打破产业组织边界与区域边界，提高数字技术利用率，激发新业态创新，促使区域研发一体化以及区域内城市边界的日渐模糊。一方面，区域产业融合能促进产业组织的贸易与交流活动，增加产业组织所在城市的经济联系，通过贸易效应提高城市间创新资源的流动和配置，从而推动城市间创新合作。另一方面，区域产业融合有助于构建城市间通用的产品研发、设计、销售框架，降低未来城市间创新合作的制度障碍及成本。

从区域产业分工角度看，数字经济作为新一轮产业革命中的关键产业，具有独特的价值创造模式，突出表现在平台占据重要地位，通过汇聚大量创新资源并按需匹配，广泛连接产业链上下游不同地区微观主体，借助研发项目分包等方式提高产业创新过程的专业化分工水平（江小涓和靳景，2022）。产业链分工的不断细化则使创新成果的产生不只存在于产业链上游的研发部门，产业链的全链条都蕴含创新机遇。数字经济产业链在分工细化的基础上全方位、多区域延伸，突破传统技术经济范式，构筑起与数字经济产业发展相匹配的区域合作网络，并逐渐演化为涵盖基础研究、技术创新、生产制造等各环节的区域创新合作网络，在竞争与合作、交互与反馈中提升区域内不同城市间的创新合作能力。

（三）基于环境驱动的作用机制

现有文献表明，以创新环境为核心的创新体系在驱动创新合作方面极为有效。下面从营商环境和基础设施两个层面，对数字经济发展促进城市间创新合作的机理进行分析。

从营商环境角度来看，数字经济的发展提升了城市市场化程度，激励微观主体寻求创新资源配置最优解，有利于形成跨城市科技创新协同机制（党琳等，2021）。特别是政务服务的数字化转型攻克了营商环境优化中的诸多难点，实现了体制机制创新的纵深推进。近年来，各地方政府纷纷推出政务服务"网上办""掌上办"，深度探索"互联网+政务服务"改革模式。随着政务服务数字设施的更新换代，各部门互联互通水平、跨城市政务服务互认程度都大幅度提升，"放管服"改革的积极效应在数字经济环境下实现了深度释放，市场活力充分激发。一方面，政务服务的数字化转型推动了办事流程精简、审批效率提高，能够极大降低微观主体实施创新行为的制度性交易成本，有利于创新主体及时掌握市场动向，应对市场需求变化；另一方面，政务服务的数字化转型提高了城市政务服务水平的跨城市认可度，能够显著降低城市间微观主体在合作研发高技术含量、长研发周期的产品时的制度性风险，减少合作创新的后顾之忧。

从基础设施角度来看，数字技术赋能后的基础设施具有智能高效、灵活调度、安全可控的优势，利用网络频段多、应用场景广的属性，将不同区域串联成有机生态，借助主动技术转移和扩散来降低空间摩擦系数，进而降低城市间创新合作成本。例如，建模设备与交互设备的结合，有利于开展远距离交互与合作，为技术人员创造虚拟和仿真的智能工作场景（李春发等，2020）。又如，算网与云网的结合，融解了企业之间的"围墙"，并且为企业上云、用数、赋智提供支撑，通过连接云操作系统和分布式数据库快捷实现跨城市的"云创新"。同时，基础设施的高水准建设有利于提升所在城市的数字技术普及度和数字科技影响力，发挥所在城市的创新引领示范作用，促进邻近城市创新水平提升，从而加强城市群之间的创新联系。

综上所述，数字经济发展通过要素驱动、结构驱动以及环境驱动三条路径对城市间创新合作产生影响，其中要素驱动是基于不同区域间知识溢出所形成的效应，结构驱动包含了企业结构效应与产业结构效应，环境驱动则主要考虑了基础设施建设和营商环境因素。此外，数字经济对城市间创新合作的影响主要通过网络效应与空间溢出效应实现。数字经济影响城市间的创新合作的作用机制如图3-9所示。

三、数字经济影响城市间创新合作的实证检验

本部分基于我国城市面板数据，就数字经济对城市间创新合作的影响进行实证检验，并进行对应的机制分析。

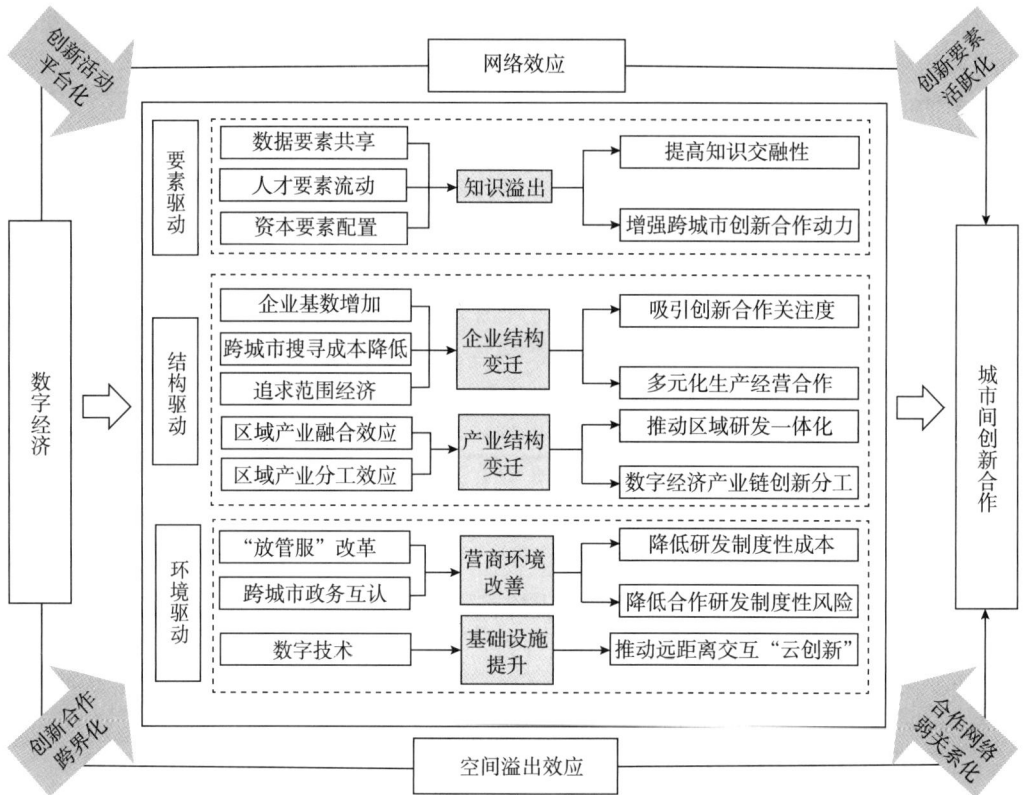

图 3-9 数字经济影响城市间创新合作的作用机制

资料来源：蔡盈. 数字经济对城市间创新合作的影响研究［D］. 天津：南开大学，2023. （与原图相比有改动）

（一）变量选取

本部分采用常规的面板计量模型进行分析，如式（3-4）所示。

$$NWC_{it} = \alpha + \beta DIG_{it} + \theta X_{it} + \mu_i + \delta_t + \varepsilon_{it} \tag{3-4}$$

其中，被解释变量 NWC_{it} 为城市对创新网络的嵌入程度，由创新合作网络中 i 城市在 t 年度的加权中心度来度量，加权中心度越高，表示该城市的创新合作强度越高，与其他城市之间的创新合作联系越频繁。

核心解释变量 DIG_{it} 为数字经济发展水平。借鉴赵涛等（2020）构建的数字经济指标体系，建立数字人才培育、数字技术应用、数字基础设施和数字金融发展四个一级指标来衡量中国城市数字经济发展水平。其中，数字人才培育是数字经济发展的必要前提，此处主要考虑数字经济相关产业的从业人员数量，选取计算机服务和软件业从业人员占年末单位从业人员比重来表示；数字技术应用程度代表数字经济产生的价值，此处选择互联网普及率、电信业务发展水平两项指标，分别采用百人移动电话用户数、人均电信业务总量来表示；数字基础设施是数字经济发展的必备要素，考虑到全国城市层面数字基础设施相关指标的易得性及可行性，选取互联网宽带接入数作为二级指标；数字金融是数字经济的重点发展方向，此处借鉴郭峰等（2020）的研究成果，选用中国数字普惠金融指数为代表。以上数据均来自《中国城市统计年鉴》。在此基础上，将中国 297 个地级及以上城市作为研究对象，时间跨度设置为 2009~2020 年，缺失年份数据通过插值法、增长率推算等方式进行填补，整理以上指标数据并借助主成分分析法进行标准化处理、赋予权重、测算得分，最终共获得 3564 个样本值。

控制变量矩阵 X_{it} 所包含的具体变量如下：①城市经济规模，选择人均 GDP 来表征城市经济规模；②政府影响力度，采用政府财政支出占 GDP 比重来衡量政府对城市创新活动的影响力度（毕学成，2021），占比越高，则政府对创新活动的影响力越强；③城市开放水平，选取 FDI 来表征城市开放水平（詹晓宁和欧阳永福，2018），控制其对城市创新合作水平的影响；④城市流通能力，选取城市公路货运量来衡量城市流通能力（毕学成，2021）；⑤城市产业发展，采用第二、第三产业增加值占 GDP 比重作为表征城市产业发展基础的变量（宋培等，2023）。

（二）基准回归

数字经济发展水平对城市间创新合作影响的回归结果如表 3-6 所示，其中列（1）是城市创新网络加权中心度对数字经济指数的回归，列（2）是加入各项控制变量的实证结果，列（3）则在列（2）的基础上控制了城市、年份固定效应，即采用双向固定效应进行回归。结合面板数据的 Hausman 和时间效应检验结果，P = 0.000，可知应以双向固定效应模型为基准。

表 3-6　基准回归结果

变量	（1）	（2）	（3）
数字经济指数	0.359*** (0.019)	0.0675*** (0.025)	0.368*** (0.051)
政府影响力度	—	0.065 (0.145)	0.325** (0.160)
城市开放水平	—	0.349*** (0.017)	0.307*** (0.019)
城市流通能力	—	-0.070 (0.085)	0.041 (0.084)
城市产业发展	—	-0.033*** (0.005)	-0.022*** (0.006)
城市经济规模	—	0.117*** (0.008)	0.170*** (0.009)
常数项	0.249*** (0.056)	2.285*** (0.406)	1.600*** (0.512)
城市固定	否	否	是
年份固定	否	否	是
样本量	3564	3564	3564
R^2	0.639	0.639	0.766

注：括号内为标准误，***、**、*分别代表在1%、5%、10%水平上显著。本节下同。

资料来源：蔡盈. 数字经济对城市间创新合作的影响研究 [D]. 天津：南开大学，2023.

整体来看，回归结果均表明，数字经济指数对城市创新网络加权中心度具有显著的正向影响，即数字经济发展水平的提高促进了城市间创新联系。具体来看，以列（3）为例，数字经济指数的回归系数为 0.368，且在 1% 的置信水平上显著，表明地区的数字经济发展水平每增加 1 个单位，该城市在创新网络中与其他城市合作强度提高 0.368 个单位，全国城市数字经济发展整体水平的提高，将大大加强城市网络中的创新合作交流，这也验证了前文的理论假设。

在控制变量中，政府影响力度对城市创新合作强度在列（3）中产生了正向且较为显著的影响，这说明政府影响力有效促进了城市间创新主体的合作交流。现实中，政府为鼓励创新活动而采用的政策激励、财政支持等手段，对于缓解创新型企业的资金压力、减少创新过程中的风险和不确定性具有重要作用（张贵等，2014），从而使企业有能力参与更大范围内的创新合作。城市开放水平在 1% 水平上显著为正，表明城市通过 FDI 引入的资本、技术等要素对城市间创新合作产生了促进作用。城市流通能力对城市创新网络加权中心度的回归系数不显著，说明城市的交通区位在创新合作中尚未发挥关键性作用。城市产业发展对城市创新合作强度具有 1% 水平上显著的负向影响，表明第二、第三产业占比较高的城市，其产业基础较为完备，城市内部合作可以满足多数微观主体的合作创新需求，反而限制了其与外部城市的创新交流。城市经济规模也具有正向且显著的影响，即经济发展水平越高，城市在创新合作网络中的节点地位也越高，表明城市经济发展水平是城市参与创新合作的重要基础。

（三）机制检验

为了对前文阐述的理论机制进行检验，本部分采用中介效应方法（江艇，2022），构造以下方程进行分析，具体如式（3-5）和式（3-6）所示。

$$Z_{it} = \alpha + \beta DIG_{it} + \theta X_{it} + \mu_i + \delta_t + \varepsilon_{it} \qquad (3-5)$$

$$NWC_{it} = \alpha' + \beta' Z_{it} + \theta' X_{it} + \mu_i + \delta_t + \varepsilon_{it} \qquad (3-6)$$

其中，Z_{it} 为各个作用机制中起中介作用的变量，其他变量的含义与前文相同。

首先是要素驱动机制。根据前文理论分析可知，数字经济可以通过数据要素共享、人才要素流动、资金要素配置三种路径产生知识溢出效应，从而影响城市间创新合作。因此，本部分借助城市间知识溢出强度来表征要素流动的驱动效应，测算方法依据蒋天颖等（2014），回归结果如表 3-7 所示。列（1）中，数字经济指数对知识溢出强度的回归系数为正且通过了 1% 的显著性检验，说明城市数字经济的发展对该地区由人流、物流、资金流、数据流等所承载的知识溢出起到了正向促进作用。列（2）中，知识溢出强度对城市创新网络加权中心度的影响系数同样显著为正，表明知识溢出强度的增加能够提升本地在全国城市创新合作网络中的节点地位，体现为城市之间创新合作频率的加强。综合来看，数字经济发展通过促进数据要素共享、人才要素流动、资本要素配置激发知识溢出效应，进而促进不同城市间知识交融性，形成共有知识，同时避免城市内部过度竞争，为城市间创新合作奠定知识根基。因此，知识溢出的传导路径成立。

表 3-7　知识溢出机制识别

变量	（1）	（2）
	知识溢出强度	城市创新网络加权中心度
数字经济指数	0.319***	—
	(0.053)	
知识溢出强度	—	0.060***
		(0.016)
常数项	3.073***	2.816***
	(0.372)	(0.326)
控制变量	是	是
城市固定	是	是
年份固定	是	是
样本量	3564	3564

其次是结构驱动机制。数字经济可以通过强化城市创新创业活力，增加企业基数来增加创新合作需求、吸引创新合作关注度。为此，选用城市中新增企业注册数量作为中介变量，并进行机制检验，回归结果如表 3-8a 所示。列（1）中，数字经济指数对新增企业数量的回归系数为正并且在 1% 水平上显著，这意味着数字经济的发展赋予了创业者更多的创新创业机遇，提高了其创业信心，从而显著增加了城市中的企业基数。列（2）的结果显示，新增企业数量对城市创新网络加权中心度的回归系数为正，并且通过了 1% 的显著性检验，这说明城市企业基数与创新创业活力的增加激发了微观主体更强的创新合作需求，也提升了外部城市与之合作的意愿。综合来看，数字经济发展通过激发创新创业活跃度，促进城市企业基数增加，进而促进城市间创新合作。因此，该条传导路径成立。

表 3-8a　企业基数机制识别

变量	（1）	（2）
	新增企业数量	城市创新网络加权中心度
数字经济指数	0.422***	—
	(0.027)	
新增企业数量	—	0.529***
		(0.033)
常数项	0.102	−0.661**
	(0.167)	(0.319)
控制变量	是	是
城市固定	是	是
年份固定	是	是
样本量	3564	3564

　　理论分析还表明，数字经济发展能够通过区域产业分工机制影响城市间创新合作。对此，本部分将依据 Krugman 相对专业化指数法测算出的分工专业化指数作为中介变量，检验区域产业分工机制的作用效果，实证结果如表 3-8b 所示。列（1）中，数字经济指数对分工专业化指数的回归系数为正且通过了 1% 的显著性检验，表明数字经济的发展有助于提升城市在数字经济产业链分工中的专业化程度。列（2）中，产业分工专业化指数对城市创新网络加权中心度的影响系数显著为正，表明数字经济产业链分工水平的提高能够促进城市在创新网络中的地位提升。现实中，数字经济产业链分工水平的提升能够充分利用城市在数字经济产业中的异质性禀赋优势，在平台型企业作用下，将不同城市的价值创造过程嵌入统一的价值链，从而促进城市间创新合作。因此，区域产业分工的传导路径成立。

表 3-8b　产业分工机制识别

变量	（1） 分工专业化指数	（2） 城市创新网络加权中心度
数字经济指数	0.469*** (0.026)	—
产业分工专业化指数	—	0.195*** (0.035)
常数项	1.611*** (0.163)	-1.095*** (0.331)
控制变量	是	是
城市固定	是	是
年份固定	是	是
样本量	3564	3564

　　最后是环境驱动机制。理论分析指出，数字经济可以通过影响营商环境和基础设施来促进城市间创新合作。因此，本部分选用城镇私营和个体从业人员数占年末单位从业人员比重作为市场化程度的测度指标，选用人均邮政业务总量作为城市基础设施水平的测度指标，分别对营商环境机制和基础设施机制进行检验。表 3-9a 汇报了营商环境的机制识别结果。列（1）中，数字经济指数对市场化指数的影响系数显著为正，表明政务服务的数字化升级有力增强了"放管服"改革的效果，提升了政务服务的跨城市认可度，从而使城市营商环境得以优化。列（2）中，市场化指数较显著地促进了城市创新网络加权中心度的提升，表明市场环境的优化能够充分激发市场活力，降低制度性交易成本和微观主体跨城市合作研发的制度性风险，推动城市间创新合作。综合来看，营商环境作为传导机制的检验结果十分显著，营商环境的传导路径成立。

表 3-9a　营商环境机制识别

变量	（1） 市场化指数	（2） 城市创新网络加权中心度
数字经济指数	0.175*** (0.045)	—

续表

变量	(1) 市场化指数	(2) 城市创新网络加权中心度
市场化指数	—	0.236** (0.104)
常数项	0.873* (0.452)	-0.909*** (0.331)
控制变量	是	是
城市固定	是	是
年份固定	是	是
样本量	3564	3564

　　表3-9b汇报了基础设施的机制识别结果。列（1）中，数字经济指数对城市基础设施水平的回归系数为0.280，且在1%水平上显著，说明数字经济的发展能够显著增强城市基础设施建设水平，通过推动数字基础设施建设、加快传统基础设施升级改造，显著提升基础设施的网络化、智能化、高效化水平。列（2）中，城市基础设施对城市创新网络加权中心度的影响在10%水平上显著，说明基础设施的优化能够将不同城市串联成有机生态，促进远距离交互、合作和研发。综合来看，数字经济发展通过融合传统基础设施实现数字基础设施的普及，连接人流、物流、创新流，为实现跨城市远距离交互的"云创新"奠定基础，促进了城市间创新合作交流。因此，基础设施的传导路径成立。

表3-9b　基础设施机制识别

变量	(1) 城市基础设施	(2) 城市创新网络加权中心度
数字经济指数	0.280*** (0.038)	—
城市基础设施	—	0.170* (0.095)
常数项	-0.118 (0.235)	-0.68*** (0.315)
控制变量	是	是
城市固定	是	是
年份固定	是	是
样本量	3564	3564

　　综上所述，数字经济发展能够通过基于要素驱动的作用机制、结构驱动的作用机制和环境驱动的作用机制，对城市间创新合作产生促进作用。在新发展阶段背景下，要积极利用数字经济发展的网络化、平台化、生态化特征，依托泛在关联构建城市创

新网络，基于创新主体间的互利依存关系打造区域创新生态、产业生态，持续推动区域创新体系完善和区域创新竞争力提升。

第五节　高铁要素：交通基础设施与新创新空间的产生

交通基础设施是公共基础设施的主要组成部分（雷淑珍等，2021）。近年来，高速铁路（以下简称"高铁"）作为我国最具代表性的交通基础设施之一，正在成为人才等创新要素流动的重要载体，对推动创新要素的合理有效配置具有重要作用。本节以高铁开通为例，探究交通基础设施促进城市创新的普遍机制。

一、交通基础设施的含义

交通基础设施是区域内和区域间为实现人员往来、货物流动而建立的物质载体，主要包括公路、铁路、水路、航空、管道等运输方式。近年来，我国交通基础设施建设蓬勃发展，特别是在高铁建设方面取得了显著成就。与其他交通方式相比，高铁具有典型的多重属性特征。从交通属性看，高铁是以提升地区间可达性（刘国燕和李涛，2021）为主要目标、具有较强"时空压缩效应"的高速交通方式。从技术属性看，高铁是由高速列车、信号系统、供电系统、路轨基础设施等一系列具有高度专用性和互补性（黄阳华和吕铁，2020）的技术单元构成的大型技术系统（路风，2019）。从经济属性看，高铁是具有广泛产业关联、表现出较强"就业乘数效应"（徐银凤和汪德根，2018）的区位导向性政策（Neumark and Simpson，2015）。因此，高铁的多重属性特征决定了其对创新的影响具有多源流、多渠道、受空间异质性影响大等复杂特点，因而成为本部分研究关注的重点。

二、交通基础设施对城市创新的影响机制分析

城市的创新过程本身是不断演化的复杂系统。交通基础设施直接降低了城市间的地理障碍，通过促进城市间人力资本等创新要素的流动，增加城市间创新主体面对面交流的可能性，促进知识特别是隐性知识的溢出，从而作用于区域创新活动。因此，本部分主要通过知识溢出视角，分析交通基础设施对城市创新的影响机制。

（一）知识溢出及其对区域创新的影响

知识溢出是新经济地理学、内生增长理论等解释城市发展的重要分析工具。所谓"知识溢出"是指通过模仿他人获得收益但其本身并不承担创新成本的现象，这种收益既包括有形的货币收益，也包括因自身技术进步而产生的非货币收益（Stiglitz，1969）。也有研究将其定义为具有创新性的思想、技术等无偿传播、扩散和转移的现象，而这种现象往往是无意识的（徐小靓和田相辉，2016）。与其他经济活动相比，创新活动对新知识的依赖度更高（Carlino and Kerr，2015）。而知识溢出能够为创新主体提供即时性的信息、知识来源，或通过非正式交流活动激发创意和灵感，因而在创新过程中发

挥着不可忽视的作用。

具体而言，知识溢出主要通过三种效应对城市创新产生影响：一是规模经济效应。知识溢出使蕴含不同知识源、创新源的创新主体产生集聚，以分享空间正外部性（王公博和关成华，2019）。其中，专业化知识集聚有利于同产业内企业相互沟通与协作，共同催化了科技创新涌现；多样化知识集聚使不同产业的创新组织相互学习，从而激发不同创新主体活力。二是市场竞争效应。知识溢出吸引新企业的进入，使创新要素市场和产品市场开始面临激烈竞争，促使企业提高研发要素利用效率，提升商品和服务质量，进而对城市创新产生积极影响（李涛和张贵，2019）。三是路径跃迁效应。知识溢出使各地区的知识生产不仅依靠地区内部的自有知识，而且能够得到其他地区的知识支持（俞立平和张宏如，2023），一定程度上降低了技术研发和试错成本，加快了前沿知识成果的扩散速率，从而为各地区（特别是创新基础较为薄弱的地区）实现技术快速迭代和跃迁提供可能。综上所述，知识溢出正在成为促进创新的重要动力。

（二）交通基础设施对知识溢出的影响

知识溢出具有高度的本地化特征（Kerr and Robert-Nicoud，2020），即知识溢出的作用效果随知识溢出方与接收方之间距离（无论是地理空间距离还是实际通勤距离）的增加而迅速衰减。因此，缩短创新主体之间的距离、扩大创新主体所能接收的知识溢出半径，成为创新主体在利用知识溢出时面临的关键问题。而交通基础设施成为解决上述问题的最重要途径之一。交通基础设施影响知识溢出的逻辑机理为：随着越来越多的城市被纳入交通基础设施网络，人员流动规模和空间分布也会发生相应改变；人员流动规模和分布的改变又会引起知识流动规模和方向的变化，使更大规模的知识在更多城市间实现交互；知识的不断交互促进了创新要素的集聚与成果扩散，对区域创新影响将更加显著。具体而言，一方面，交通基础设施带来的时空压缩降低了跨城市知识流动成本，即降低知识的空间阻尼。知识阻尼越低，越有利于知识特别是隐性知识在城市间的流动，进而增加城市知识存量，对城市创新产生积极作用。另一方面，交通基础设施改善了城市间可达性，通过打造"通勤圈""交通圈"等方式，使各城市节点所能链接的城市数量增加，扩大了知识溢出的潜在来源，实现了知识的多元化、网络式溢出，成为区域创新网络的重要载体。

（三）高铁对城市创新的影响路径解析

高铁的开通在显著改变民众的出行及生活方式的同时，也在深刻塑造我国的城市创新格局。在城市创新过程中，高铁的功能主要体现在促进人口流动、加速知识流动、扩大市场规模、推动产业集聚和构建创新网络五个方面，进而促进人力资本的提升、创新要素的集聚和知识溢出的增加，最终推动城市创新发展，如图3-10所示。

首先，高铁通过提升人力资本水平促进城市创新，主要作用机制包括促进人口流动、知识流动等。人口流动方面，高铁的开通通过降低广义出行成本扩大了劳动力的流动范围（陈明生等，2022），推动大量具有异质性能力的劳动力在区域劳动力市场参与供需匹配，从而提升劳动力与工作岗位的整体匹配质量。知识流动方面，高铁对出行需求具有"诱发效应"（徐银凤和汪德根，2018），并且凭借其舒适性、便捷性等优势，对高技术人员影响更为明显（王春杨等，2020）。因此，高铁的开通对知识型人才

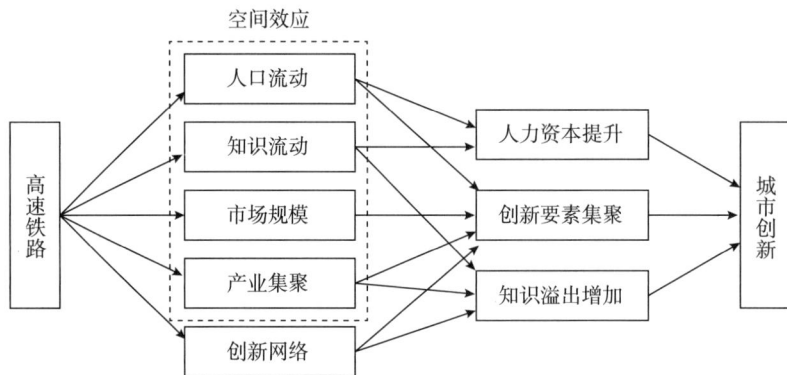

图 3-10　交通基础设施对城市创新的影响路径

资料来源：李涛 . 高速铁路发展对城市创新的影响机理研究［D］. 天津：河北工业大学，2019.（与原图相比有改动）

的短期流动具有显著促进作用，为城市间创新合作活动的开展提供了实现条件，进而推动创新主体间的知识流动和扩散，提升知识利用效率，最终对城市创新活动产生正向影响。

其次，高铁通过推动创新要素集聚促进城市创新，主要作用机制除促进人口流动，还包括实现市场规模效应、产业集聚效应、创新网络效应等。人口流动方面，高铁的开通有助于缓解空间距离对资源配置的扭曲效应，推动各城市在工资率、生活品质等的调节作用下实现劳动力的合理集聚，进而实现更大空间尺度内的资源配置优化。市场规模效应方面，高铁开通所产生的"时空压缩效应"（李涛等，2019），使地区间市场信息搜寻成本、交易成本等降低，缓解了信息不对称等原因导致的市场分割（潘爽和叶德珠，2021），既为生产者提供了更大规模的消费群体，也为消费者提供了更加多元的消费选择，通过发挥大规模市场中供给和需求的耦合作用，持续推动产品或服务层面的创新进程。产业集聚效应方面，高铁能够对产业主体产生基于"循环累积因果效应"（秦建群和夏春玉，2022）的集聚作用。随着高铁带来要素流动成本的降低、市场一体化水平的提升，产业主体倾向于向高铁沿线城市集聚，通过共享产业基础设施、形成区域"要素池"（Carlino and Kerr，2015）等方式分享集聚正外部性；产业主体对集聚正外部性的实现，进而引发更多产业主体的集聚，通过形成区域产业链、供应链等方式深化产业合作，提升城市创新活力。创新网络效应方面，随着高铁建设的推进，高铁沿线城市日益成为高铁网络中的节点甚至枢纽。在由高铁网络催生的知识流、信息流、人流等多重"流空间"中，各城市彼此实现规模和功能层面的"借用"（胡艳和张安伟，2022），提升了对异质性创新要素的可及性，推动不同来源的创新要素自由匹配、组合，从而对城市创新活动产生促进作用。

最后，高铁通过加大知识溢出促进城市创新，主要作用机制包括促进知识流动、实现产业集聚效应、创新网络效应等。知识流动方面，高铁建设扩大了"面对面"交流的可能性，通过举行学术交流活动（易巍等，2021）、提供"星期日工程师"等知识服务、开展"干中学"等经验学习活动等途径，支持知识的大规模、高频率、多渠道溢出，对提升城市的知识持有量产生积极影响。产业集聚效应方面，高铁建设所引致的产业集聚进程也是"知识集聚"的过程。其中，专业化集聚主要实现"Marshall-Arrow-Romer（MAR）外部性"，即促进产业内隐性知识传播与"同行"之间的经验借鉴；多样化集聚主要实现"雅各布斯（Jacobs）外部性"，即促进产业间知识传播和互补性知识的结合，以降低创新过程中的"路径依赖"（柳卸林和杨博旭，2020）。无论何种产业集聚，均能够对知识溢出产生促进作用。创新网络效应方面，随着人流、物流、信息流等共同交织为城市创新网络，城市间创新交流活动日益频繁和密切，创设出大量知识溢出场景，不断推动创新系统中知识溢出规模和速率提升，最终对创新活动产生促进作用。

三、创新生态系统视角下交通基础设施的创新效应：以高铁为例

在创新生态系统中，交通基础设施通过缩短通勤时间或提升邻近程度来促进要素流动，进而影响区域创新。本部分以高铁为例，选取空间计量模型探究我国高铁大规模建设对区域创新的空间效应与增长效应。

（一）实证设计

模型构建方面，目前学术界常用空间计量模型主要有三种：空间滞后模型（Spatial Lag Model，SLM）、空间误差模型（Spatial Error Model，SEM）和空间杜宾模型（Spatial Durbin Model，SDM）。此处基于上述三种主要空间计量模型开展实证研究。其中，空间滞后模型的回归方程如式（3-7）所示（埃尔霍斯特，2015）。

$$Y_t = \alpha\tau_N + \rho WY_t + X_t\beta + \mu + \xi_t\tau_N + u_t \tag{3-7}$$

空间误差模型的回归方程如式（3-8）和式（3-9）所示。

$$Y_t = \alpha\tau_N + X_t\beta + \mu + \xi_t\tau_N + u_t \tag{3-8}$$

$$u_t = \lambda Wu_t + \varepsilon_t \tag{3-9}$$

空间杜宾模型的回归方程如式（3-10）所示。

$$Y_t = \alpha\tau_N + \rho WY_t + X_t\beta + WX_t\theta + \mu + \xi_t\tau_N + u_t \tag{3-10}$$

上述回归方程中，Y_t 表示被解释变量，τ_N 表示单位向量，WY_t 表示被解释变量的空间滞后项；X_t 表示解释变量，WX_t 表示解释变量的空间滞后项；ξ_t 表示时间固定效应，μ 表示个体（空间）固定效应，u_t 和 ε_t 均为随机误差项，ρ、β 和 θ 均为待估参数。当 $\theta=0$ 时，SDM 可简化为 SLM，SLM 也称空间自回归模型（SAR）；当 $\theta+\rho\beta=0$ 时，SDM 可简化为 SEM。

变量选择方面，由于研究时间跨度较长（2004~2020 年）且变量较多，在剔除缺失值严重的城市后，以 146 个城市面板数据为样本开展研究。被解释变量为专利申请授权数，用来表示城市创新产出。核心解释变量包括研发要素投入、政府支持、有效需求。研发要素投入使用 R&D 资本投入和 R&D 人员全时当量表示，因《中国城市统计年鉴》从 2018 年才开始公示 R&D 资本投入和人员全时当量数据，故此处使用城市所在省份的均值替代。政府支持使用各城市政府财政支出中的科学技术支出表示。有效需求用城市人均消费支出表示。除了核心解释变量，此处还控制了外商直接投资，用当年实际利用外商直接投资额表示，是常用的经济层面控制变量。所有数据均进行对数化处理。数据来源为 EPS 数据库以及各年度的《中国城市统计年鉴》。

空间计量模型的关键在于选择空间权重矩阵。本部分实证估计包含 3 个空间权重矩阵，分别是地理距离空间权重矩阵、基于公路通勤时间测算的空间权重矩阵，以及基于高铁通勤时间测算的空间权重矩阵。其中，地理距离空间权重矩阵通过 STATA 和 Matlab 对城市经纬度坐标计算得出，各城市经纬度来自 1∶100 万公众版基础地理信息数据（2021）。为了更准确地反映民众的实际通勤成本状况，时间距离正被越来越多的研究采用（龙玉等，2017），因此本部分分别使用了基于公路和高铁通勤时间测算的空间权重矩阵，通勤时间数据分别通过对百度地图和 12306 网站的数据抓取过程获得。在后续实证过程中，高铁对城市创新的影响主要体现为在基于高铁通勤时间测算的空间权重矩阵下，创新要素对城市创新产生的直接效应和空间溢出效应。其余两种空间权重矩阵下的效应测算结果用于对照和稳健性检验。

（二）实证结果分析

在进行空间面板回归之前，首先，进行不加入空间效应的普通面板模型回归，发现模型总体拟合良好，主要解释变量的回归系数均通过显著性水平检验，说明这些变量是影响城市创新的重要因素。其次，以地理距离空间权重矩阵为例，对普通面板模型的空间相关性进行 LM 检验，发现空间滞后性检验（LM test no spatial lag）和空间误差性检验（LM test no spatial error）结果均在 5% 和 1% 的水平下显著，说明解释变量和被解释变量均存在显著的空间自相关，由于需要同时考虑解释变量的空间滞后项和被解释变量的空间滞后项，故采用空间计量模型进行分析。最后，依据前文定义的 3 种空间计量模型分别进行回归，并依据 Wald 检验、LR 检验、LM 检验结果对模型形式进行甄别，结果如表 3-10 所示。其中，"Wald spatial lag"和"LR spatial lag"结果用于甄别 SDM 模型和 SAR 模型，"Wald spatial error"和"LR spatial error"结果用于甄别 SDM 模型和 SEM 模型，LM 检验结果用于甄别 SEM 和 SAR 模型。根据表 3-10 中 LR 和 Wald 的检验结果，SDM 模型不能简化为 SEM 模型或 SAR 模型。综上所述，采用 SDM 模型进行实证分析。

表 3-10　Wald、LR、LM 检验

变量	统计值	Prob	变量	统计值	Prob
Wald spatial lag	17.32	0.004	Wald spatial error	3.26	0.659
LR spatial lag	21.91	0.001	LR spatial error	1.16	0.947
LM test no spatial lag	6.95	0.008	robust LM test no spatial lag	0.01	0.934
LM test no spatial error	16.89	0.000	robust LM test no spatial error	9.95	0.002

注：检验结果以地理距离空间权重矩阵为例计算得出。

资料来源：笔者整理。

为避免由于模型存在滞后项导致普通最小二乘法（OLS）的参数估计结果有偏或无效，使用极大似然估计（ML）方法对 SDM 模型进行估计，具体结果如表 3-11 所示。

表 3-11　SDM 模型估计结果

模型	(1)	(2)	(3)	(4)	(5)	(6)
空间权重	地理距离		公路距离		高铁距离	
政府支持	0.208*** (0.015)	0.212*** (0.016)	0.262*** (0.018)	0.274*** (0.019)	0.145*** (0.019)	0.141*** (0.021)
有效需求	0.498*** (0.073)	0.478*** (0.077)	0.305** (0.098)	0.285** (0.103)	0.525*** (0.082)	0.506*** (0.086)
R&D 资本投入	0.339*** (0.067)	0.317*** (0.070)	0.325*** (0.081)	0.282** (0.086)	0.516*** (0.115)	0.552*** (0.119)
R&D 人员全时当量	0.161** (0.051)	0.171** (0.054)	0.266*** (0.059)	0.239*** (0.062)	-0.034 (0.093)	-0.039 (0.096)
对外投资	0.008 (0.008)	0.010 (0.009)	0.029* (0.013)	0.023 (0.013)	-0.008 (0.009)	-0.008 (0.009)
W×政府支持	0.044 (0.183)	-0.262*** (0.027)	-0.257 (0.210)	-0.310*** (0.031)	0.081 (0.159)	-0.131 (0.139)
W×有效需求	1.466 (0.850)	-0.418** (0.162)	1.434 (1.268)	0.470 (0.260)	0.684 (0.602)	-0.810*** (0.190)
W×R&D 资本投入	1.640* (0.720)	0.488* (0.240)	2.676** (0.938)	0.135 (0.334)	-0.390 (0.928)	0.432 (0.316)
W×R&D 人员全时当量	-0.328 (0.593)	-0.552* (0.278)	0.640 (0.836)	-0.598 (0.413)	-0.032 (0.788)	-0.206 (0.288)
W×对外投资	-0.102 (0.073)	-0.030 (0.039)	0.317* (0.135)	0.048 (0.092)	-0.011 (0.066)	0.004 (0.044)
ρ	-1.073*** (0.171)	0.602*** (0.052)	-0.838*** (0.181)	0.514*** (0.074)	-0.212 (0.127)	0.566*** (0.064)
R^2	0.918	0.923	0.893	0.904	0.832	0.857
σ^2	0.093	0.105	0.087	0.099	0.074	0.084
个体—时间双固定	是	是	是	是	是	是
双向固定效应偏差修正	否	是	否	是	否	是

资料来源：笔者整理。

根据表 3-11 结果，在各组回归中，R^2、σ^2 的结果比较理想，说明空间计量模型的使用具有合理性。具体来看，首先，政府支持、有效需求和 R&D 资本投入的回归系数在各组回归中显著为正，R&D 人员全时当量的回归系数在列（1）至列（4）中显著为正，表明上述变量对城市创新产出具有显著的促进作用。其次，从空间滞后项看，政府支持的空间滞后项对应的回归系数在列（2）和列（4）中显著为负，有效需求的空间滞后项的回归系数在列（2）和列（6）中也显著为负，即其他城市财政创新支出的增加、人均消费支出的提升会对本城市的创新活动产生抑制作用，反映出政府支持和有效需求对城市创新的影响存在"竞争效应"。这种现象的可能成因在于，城市中政府支持力度的增加、有效需求的提升会对其他城市的创新主体产生"虹吸"，使创新主体向拥有大规模创新投入和需求市场的城市集中，其他城市的创新绩效则因此受到抑制。相反，R&D 资本投入的空间滞后项对应的回归系数在列（1）至列（3）中均显著为正，表明其他城市 R&D 资本投入的增加能够对本城市的创新活动产生促进作用。这种现象的可能成因在于，R&D 资本投入具有"正外部性"，单个城市中的 R&D 投入所形成的创新产出能够通过区域产业链合作、知识溢出等渠道向外辐散，为其他城市的创新活动提供支持，进而促进其他城市创新产出的提高。最后，空间自回归系数 ρ 在多数回归中显著，且在修正偏差后显著为正，表明其他城市的创新产出提高对本城市的创新产出提高具有促进作用。当前，不同城市的创新活动日益呈现以合作创新、协同创新为纽带的"互利共生"关系，通过共享创新要素、开展互补性知识溢出等方式，实现不同城市创新绩效的共同提升。

鉴于本部分主要关注高铁对城市创新的影响，下面对列（6）进行进一步分析。与其他模型相比，列（6）中政府支持变量的回归系数有所下降，但仍然显著为正；居民消费支出、R&D 资本投入变量的回归系数得到提升，其中 R&D 资本投入的回归系数数值最高，表明在考虑高铁的影响作用后，政府支持、有效需求和 R&D 资本投入依然是城市创新产出的重要驱动因素。空间滞后项中，有效需求的空间滞后项显著为负且绝对值较大，表明高铁开通可能加剧城市间在创新产品市场层面的竞争态势，其中有效需求水平较高的城市在创新竞争中的优势更加明显。此外，空间自相关系数 ρ 的回归结果显著为正，表明在考虑高铁的影响作用后，不同城市间的创新产出依然呈现出共同提升的态势。

在使用空间计量模型时，为了避免点估计结果可能导致的偏误，通常还需要进行效应分解。效应分解是指依据选用的空间权重矩阵，计算解释变量变化对被解释变量产生的边际影响，分为直接效应、间接效应（空间溢出效应）和总效应。其中，直接效应指解释变量变动对本地区被解释变量的边际影响，间接效应指解释变量变动对邻近地区被解释变量的边际影响，总效应在数值上等于直接效应与间接效应之和。根据 LeSage 和 Pace（2009）的做法，采用偏微分方法估计高铁对城市创新的直接效应和间接效应，具体结果如表 3-12 所示。

表 3-12 SDM 的效应分解

模型		（1）	（2）	（3）	（4）	（5）	（6）
空间权重		地理距离		公路距离		高铁距离	
直接效应	政府支持	0.211*** (0.016)	0.210*** (0.017)	0.267*** (0.018)	0.272*** (0.019)	0.145*** (0.020)	0.141*** (0.022)
	有效需求	0.485*** (0.071)	0.473*** (0.074)	0.289** (0.095)	0.288** (0.099)	0.519*** (0.079)	0.493*** (0.083)
	R&D 资本投入	0.332*** (0.066)	0.334*** (0.068)	0.309*** (0.079)	0.293*** (0.082)	0.528*** (0.111)	0.576*** (0.115)
	R&D 人员全时当量	0.161*** (0.048)	0.159** (0.050)	0.257*** (0.054)	0.228*** (0.058)	−0.043 (0.086)	−0.052 (0.089)
	对外投资	0.010 (0.008)	0.009 (0.008)	0.027* (0.012)	0.024 (0.013)	−0.008 (0.008)	−0.008 (0.009)

续表

模型		(1)	(2)	(3)	(4)	(5)	(6)
空间权重		地理距离		公路距离		高铁距离	
间接效应	政府支持	−0.087 (0.086)	−0.333*** (0.057)	−0.261* (0.114)	−0.346*** (0.054)	0.048 (0.129)	−0.096 (0.328)
	有效需求	0.455 (0.430)	−0.327 (0.379)	0.643 (0.733)	1.256** (0.429)	0.476 (0.521)	−1.195** (0.414)
	R&D资本投入	0.608 (0.348)	1.664** (0.541)	1.305** (0.504)	0.538 (0.645)	−0.448 (0.753)	1.643** (0.606)
	R&D人员全时当量	−0.223 (0.287)	−1.074 (0.671)	0.269 (0.454)	−0.905 (0.838)	0.021 (0.652)	−0.466 (0.625)
	对外投资	−0.055 (0.036)	−0.063 (0.097)	0.165* (0.077)	0.115 (0.192)	−0.007 (0.055)	−0.003 (0.102)
总效应	政府支持	0.124 (0.087)	−0.123* (0.056)	0.006 (0.115)	−0.073 (0.052)	0.193 (0.133)	0.046 (0.336)
	有效需求	0.940* (0.431)	0.146 (0.381)	0.933 (0.737)	1.544*** (0.428)	0.995 (0.529)	−0.702 (0.418)
	R&D资本投入	0.940** (0.347)	1.998*** (0.542)	1.614** (0.504)	0.831 (0.645)	0.081 (0.768)	2.220*** (0.607)
	R&D人员全时当量	−0.062 (0.285)	−0.915 (0.678)	0.526 (0.455)	−0.677 (0.847)	−0.022 (0.668)	−0.518 (0.633)
	对外投资	−0.045 (0.035)	−0.054 (0.098)	0.191* (0.076)	0.139 (0.193)	−0.015 (0.056)	−0.011 (0.104)
个体—时间双固定		是	是	是	是	是	是
双向固定效应偏差修正		否	是	否	是	否	是

资料来源：笔者整理。

从表3-12结果来看，首先，直接效应的估计结果中，政府支持、有效需求和R&D资本投入在所有类型的矩阵加权下均显著为正。从列（6）结果来看，R&D资本投入产生的直接效应最高：R&D资本投入每增加1%，本地区创新产出增加0.576%，与列（2）和列（4）的同类结果相比，分别增加了约0.24个、0.28个百分点，再次说明了R&D资本投入对城市创新的促进作用。其次，间接效应的估计结果中，在加入基于高铁通勤时长的空间权重矩阵之前，政府支持的间接效应显著为负，说明邻近地区政府投资增加会降低创新要素的地区间流动强度，抑制知识溢出；而列（6）中，政府支持的间接效应变得不显著，反映出高铁的开通增强了地区之间的流动性，降低了知识溢出成本，有效缓解了各地"各自为政"所带来的负向影响。同样是在列（6）中，有效需求和R&D资本投入的间接效应分别显著为负或为正，说明其他地区人均消费水平的提升、创新投入的增加分别对本地区创新产出产生负向和正向的空间溢出效应，意味着如何缓解不同城市在消费市场上的竞争态势、提升市场一体化水平将是未来高铁发展过程中需要解决的问题。最后，总效应估计结果中，R&D资本投入的总效应在列

（6）中显著为正，其原因在于 R&D 资本投入的直接效应和间接效应在该回归中均显著为正，说明无论是本地区还是邻近地区的 R&D 资本投入都对本地区创新具有明显的促进作用，并且高铁开通强化了 R&D 资本投入对城市创新产出的正向作用。

综合上述结果，高铁的开通有助于强化城市有效需求和 R&D 资本投入对城市自身创新活动的促进作用，增强 R&D 资本投入对其他城市创新活动的正向空间溢出效应，进而对城市创新产出产生提升作用。但同时，高铁对消费市场一体化的促进作用尚未充分显现，导致有效需求的空间溢出效应显著为负，可能加剧不同城市间的竞争态势。未来，可探索发挥高铁对消费市场的链接、整合功能，推动高铁网络与物流网络联动式发展，以高铁为轴线布局产城融合式创新园区，激发统一大市场对创新活动的引导作用，实现城市创新发展。

第四章 "创新生态系统2.0"的理论框架构建

随着科技创新在广度和深度上的日益扩展，创新活动正在从创新要素的"线性组合"向"非线性融合"转变，创新生态系统也从一种对创新范式的概念性描述转化为对创新活动产生深刻影响的独立力量。"创新生态系统1.0"理论尽管就创新生态系统的概念、特征、功能等内容做了深刻阐释，但也存在一些不足和局限。本章提出的"创新生态系统2.0"理论框架，从创新主体、创新方式、创新条件、创新环境等方面对"创新生态系统1.0"作出重要修正，并在核心概念、功能效应、演化路径等层面进行了深入探索，有助于为回答"创新为什么能够发生"等问题提供新的思路。

第一节 "创新生态系统1.0"的理论框架

本章将 Moore（1993）提出的"商业生态系统"、Adnerr（2006）提出的"企业创新生态系统"、Adner 和 Kapoor（2010）提出的"产业创新生态系统"及相关的一系列经典研究统称为"创新生态系统1.0"理论，其特点是将生态学思想融入对创新活动的解释中，通过关注创新主体的相互依存关系、创新主体与环境的相互作用，进而总结创新系统发展规律（赵放和曾国屏，2014）。这为包括"创新生态系统2.0"在内的后续研究提供了重要的理论视角。

一、"创新生态系统1.0"的产生背景

20世纪末以来，全球科技创新格局发生深刻变革，促使经济学、管理学等学科对创新活动及创新范式重新加以理解。创新链条的高度细分化、创新活动的非线性特征、创新主体行为逻辑的转换、创新环境重要性的凸显，成为"创新生态系统1.0"产生的重要时代背景。

（一）创新链条呈现高度细分趋势

长期以来，创新活动日益呈现细分化、专业化特征。一方面，随着产业分工的完善和模块化生产方式的推广，单一企业越来越难以"包揽"特定价值链条的全部环节，而是聚焦于某一个或某几个具有比较优势的生产过程。另一方面，随着产品技术复杂度的提升，创新主体越来越难以具备完成产品创新所需要的全部信息、知识和技术储备，独立创新的门槛持续提高。创新链条的细分意味着亟须建立一种新的治理机制，

能够在传统的"市场力量"和"政府力量"之外实现创新主体的组织化，从而将高度分散的创新活动统一到完整的创新链和价值创造行为上。

（二）创新活动表现出非线性特征

随着创新步伐的加快，创新活动的非线性特征逐渐显现。从投入产出关系看，创新产出不再由某一种或某几种创新投入直接决定，而是更多取决于创新要素之间的联系、组合与集成水平（朱文涛和孙珠峰，2017）；同时，为了取得"边际突破"，创新通常面临巨大的风险和不确定性，高创新投入未必对应高创新产出。从创新对经济的影响看，创新行为存在"涌现性"，即少数高质量创新产出使经济系统塑造新的结构、增加新的功能（孙烨，2020），通过新结构和功能的叠加推动创新产出的爆发式增长，并转化为海量的新产业、新业态、新商业模式等，从而加速社会生产力提升，互联网技术的应用就是典型例证。创新活动的上述非线性特征凸显了创新体系作为复杂系统的本质，也促使创新主体更加关注如何运用系统思维提高创新质量和效率。

（三）创新主体间关系发生转换

近年来，创新主体的关系正在由基于利益分配的竞争关系向基于利益共享的竞合关系转变（温科等，2020）。在传统关系范式下，创新主体遵循新古典经济学中"原子式个体"的行为逻辑，其从创新产出中的获益程度主要取决于创新带来的成本优势、效率优势等，彼此缺乏合作基础。因此，传统关系范式下的创新主体间关系主要表现为以争夺科技资源和市场占有率为核心的"零和博弈"。然而，在现代经济体系下，创新主体在关键共性技术研发、标准制定、服务共享等方面存在大量共同利益，其从创新产出中的获益程度不仅取决于创新产出自身的价值，通常还取决于其合作伙伴、互补性资产和技术等因素（Teece，2018）。因此，创新主体间关系逐渐表现为创新主体广泛开展创新合作，同时采取竞争行动，从而在价值创造和价值获取之间寻求平衡（柳卸林和王倩，2021）。如何在新的竞合关系基础上建构具有持续创新能力的创新主体及创新体系，成了理论和实践共同面对的问题。

（四）创新环境的重要性日益凸显

创新环境作为支撑和保障创新活动的各类条件的集合，正在受到各界关注。自20世纪70年代以来，美国硅谷在国际高技术领域崭露头角，促使很多国家纷纷提出富有雄心的创新战略，希望复制硅谷的成功经验（Carlino and Kerr，2015）。然而事实证明，硅谷的成功并非可以轻易复制，其中基础设施条件、政府政策支持、知识产权制度乃至创新文化（萨克森尼安，2020）等"硬环境"和"软环境"因素都会导致"橘生淮南则为橘，生于淮北则为枳"的现象出现。同时，随着对创新人才需求的增长（杨开忠等，2021），与吸引高层次人才相关的自然环境、公共服务等"空间品质"因素也已成为创新环境的构成要件。创新环境的重要性意味着创新活动必须考虑创新主体和创新环境的协调互动关系。

二、"创新生态系统 1.0"的核心内容

"创新生态系统 1.0"理论所要回答的核心问题是如何形成长久、持续的创新动力。为了解决该问题，研究者类比生物生态系统提出了"创新生态系统"概念，借鉴生物生态系统所具有的自主进化、动态适应环境等特征（高山行和谭静，2021），探讨创新

持续演化的条件。自"创新生态系统1.0"提出以来，在理论基础、研究方法等层面积累了大量研究成果，如图4-1所示。

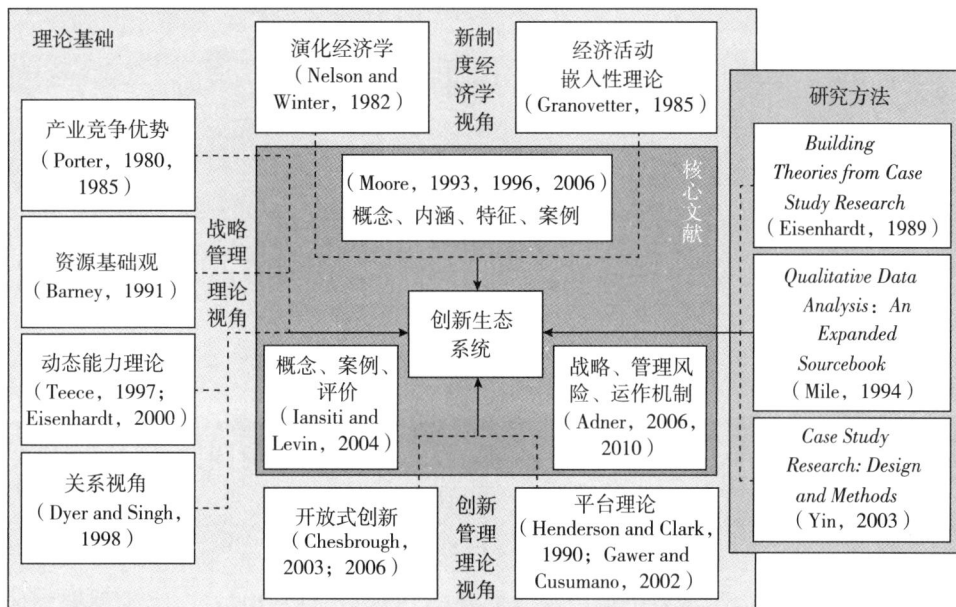

图4-1 "创新生态系统1.0"的理论基础

资料来源：梅亮，陈劲，刘洋. 创新生态系统：源起、知识演进和理论框架［J］. 科学学研究，2014，32（12）：1771-1780.

其核心内容主要体现在以下四个方面：

（一）创新生态系统是"利益相关者"构成的复杂系统

"创新生态系统1.0"认为，利益相关者构成了创新生态系统的基本单元。这些利益相关者通常包括供应商、生产者、竞争者、风险承担者和消费者，以及政府部门、立法者、协会、标准制定机构等组织成员（穆尔，1999），如图4-2所示。同时，创新生态系统并非利益相关者的简单加总，而是建构在利益相关者之上的一种"利益联合体"。一方面，创新生态系统具有社群属性，即利益相关者之间存在高度密切的互动，利益相关者在进行经济、创新等决策前必须考虑其在社群以及整个创新生态系统中的地位和作用（Iansiti and Levien，2004）。另一方面，创新生态系统具有松散性，其发展状况取决于不同利益相关者对系统的贡献程度，通常借助大量非正式治理方式加以维系，这也使创新生态系统具有灵活的伙伴选择和系统设计能力（Li，2009）。

（二）创新生态系统的基本功能是实现价值主张

在"创新生态系统1.0"中，价值主张是指创新主体就创新活动预计实现的价值所提出的某种愿景和承诺（Antonopoulou and Begkos，2020）。一个完整的价值主张通常需要明确价值创造的目标群体、价值内涵、实现方式，即从整体层面解决"为谁创造价值""创造什么价值"（刘丰和邢小强，2023）以及"如何创造价值"等问题。在创新生态系统中，关键创新主体的价值主张往往起到引领、维系作用，进而上升为系统成

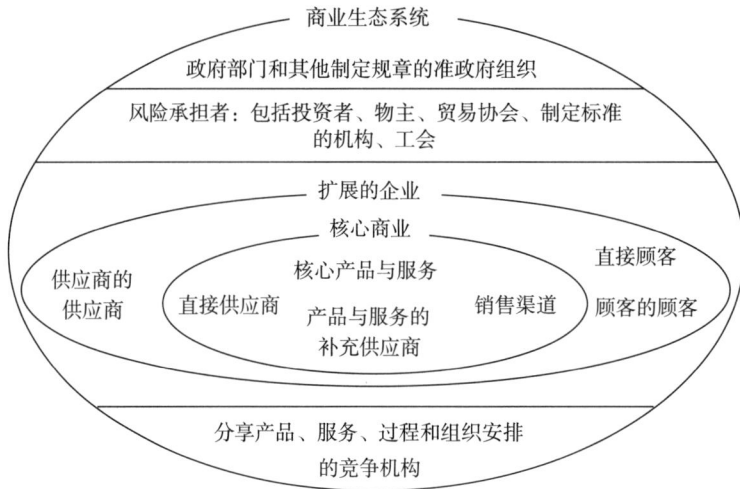

图4-2 "创新生态系统1.0"中的主要利益相关者

资料来源：詹姆斯·弗·穆尔．竞争的衰亡：商业生态系统时代的领导与战略［M］．梁骏，杨飞雪，等译．1版．北京：北京出版社，1999：19-20.（与原图相比有改动）

员的共同价值主张。创新生态系统中的不同主体围绕共同的价值主张进行资源整合和新生态的建构，最终向消费者提供产品及解决方案（Adner，2006），实现系统整体的价值输出。

（三）创新生态系统中的主体存在共生演化关系

"共生演化"概念在"创新生态系统1.0"中具有重要地位。生物生态系统中的共生演化描述了两个物种的进化路径互为促进、相互依存的循环过程，即"物种A的变化为物种B变化的自然选择奠定了基础，反之亦然"（Moore，1993）。相似地，创新生态系统中的共生演化是指创新主体在适应环境变化过程中产生新的结构和功能（或称"变异"），其中有利于创新主体与创新生态系统相互匹配并建立协同关系的"变异"得以保留，从而推动创新主体进化（李涛，2015）。在这种共生演化关系中，"共生"的形成基础是创新主体间的互补性，即创新主体能够通过合作关系获得自身所不具备的资源和能力（陈雪琳等，2023）；"演化"的实质则是竞合关系的演变，即在不同的演化阶段，创新主体会在创新生态系统内部或外部采取不同的竞合策略（见表4-1），使创新主体间关系呈现出在竞争中合作、在合作中竞争的复杂特征。

表4-1 创新生态系统的演化阶段及对应的创新主体竞合策略

演化阶段	合作策略	竞争策略
诞生阶段	与客户和供应商合作，定义新的价值主张	保护自身创意不被正在定义相似价值主张的竞争者使用；保住重要消费者、关键供应商和重要渠道
扩张阶段	与供应商和商业伙伴合作，将新的价值主张推向市场，以扩大市场供给	击败相似的价值主张，通过在关键市场取得主导地位，确保自身的生产方式成为市场标准、行业标准
领导阶段	提供令人信服的发展愿景，从而鼓励供应商和消费者共同协作，继续改善价值主张	保持对生态系统中其他主体（包括关键消费者和重要供应商等）的强大议价能力

续表

演化阶段	合作策略	竞争策略
自我更新阶段	与创新者合作，从而将新的创意引入现有的生态系统	维持高准入门槛，从而防止创新者构建其他生态系统；维持高昂的用户转移成本，为在自身产品和服务中引入新创意争取时间

资料来源：Moore J F. Predators and prey：A new ecology of competition [J]. Harvard Business Review, 1993, 71 (3)：75-86.

（四）创新生态系统已成为影响创新的独立力量

"创新生态系统1.0"强调了创新生态系统作为一种新创新范式的重要性。一方面，不同于以往的模块化生产、产业链等单向关系网络，创新生态系统是一种超模块、跨主体、多向互动的关系网络（柳卸林等，2022），在创新主体间构建起超越单纯市场买卖关系的长期信任关系（吴金希，2014），实质上是介于企业与市场之间的第三种治理机制，对创新具有独特的驱动作用。另一方面，创新生态系统的出现促使创新竞争形态发生深刻变革：市场竞争不仅仅表现为企业之间的竞争，而是表现为创新生态系统之间的竞争（Moore，1993）；创新生态系统的协同效应开始取代传统经济学意义上的规模经济、范围经济，成为受到广泛关注的创新形态（王寅等，2021）。

三、"创新生态系统1.0"存在的不足

"创新生态系统1.0"的提出，揭示了现代经济条件下创新范式的生态化趋向，为我们理解创新主体的创新行为提供了重要的理论视角。同时，"创新生态系统1.0"尚存在一些局限和不足，亟须在后续研究中予以修正。

（一）理论架构的体系化程度不高

"创新生态系统1.0"的研究存在碎片化特征，理论的系统化程度有待提升。其一，相关研究大量借助案例分析的方式，且研究对象多为高科技产业的大型企业（邵云飞等，2022），导致不同的研究内容较为分散，行业选择的代表性不足，缺少关于创新主体行为逻辑的一般性分析框架。其二，相关研究通常基于不同的知识基础，涵盖新制度经济学、战略管理、创新管理等多个流派（梅亮等，2014），在理论层面缺乏互通与整合。其三，相关研究的关注点主要集中在微观维度，即研究企业的生态化战略及竞合策略选择，但对产业、区域、国家等中观和宏观维度的创新生态系统关注较少，理论框架的层次性存在缺失。

（二）研究范式的合理性需要增强

从研究范式看，"创新生态系统1.0"主要采用隐喻、类比的方法，在生物生态系统与创新生态系统之间建立指代关系。然而，生物生态系统和创新生态系统在演化逻辑上存在显著差异。这种差异集中体现在目标函数上：依据赵放和曾国屏（2014）的观点，生物生态系统的目标底线是"生存"，即在保证物种延续的基础上维持数量的动态平衡；创新生态系统的目标底线则是"有效"，即在提高创新效率的同时实现特定的价值主张。不同的目标函数决定了个体在系统中的不同行为方式。高山行和谭静（2021）的研究进一步指出，生物生态系统强调进化过程的"因果性"，即前一个物种或种群的行为决定着生态链上后一个物种或种群能否获得相应的能量，从而实现能量

的循环流动；而创新生态系统强调进化过程的"目的性"，即创新主体的产生总是基于特定的目的（Adner and Kapoor，2016）。这就要求研究范式避免对生物生态系统的简单套用，而是在借鉴生态学思想的基础上把握创新生态系统的特殊功能和机制。

（三）对创新生态系统的"核"界定模糊

创新生态系统中，不同成员因其角色不同，在重要性上也会有所差异，其中对创新生态系统的形成和演化起决定作用的成员构成了创新生态系统的"核"。"创新生态系统1.0"的相关研究也注意到，少数关键主体（"基础组织"）的价值创造和价值分享活动维系着整个创新生态系统的运行，并决定着创新生态系统整体的健康程度（Iansiti and Levien，2004）。然而，对于什么样的创新主体能够成为创新生态系统的"核"、"核"自身具有怎样的演化乃至更迭规律等问题，"创新生态系统1.0"尚未做出明确的界定和阐释。此外，相关研究大多自发遵循了"单核"创新生态系统的思维范式，但现实中的创新生态系统也可能由多个核心创新主体共同主导（王海军等，2021），进而形成不同于"单核"模式的运行方式。从现有研究看，"创新生态系统1.0"对于"多核"模式的关注相对不足，影响了相关理论架构的完整性。

（四）对理论机理的内涵阐述不充分

总体上看，"创新生态系统1.0"理论以"关系型"研究为主，即注重揭示创新生态系统中不同主体之间存在的竞合共生关系。但是，相关研究对这类关系的阐述具有较强的概括性，对于创新生态系统的结构、作用机制（高伟，2021）、演化路径（项国鹏等，2016）等理论机理问题的分析仍存在不明确、不细化的问题。在学科交叉趋势日益凸显的背景下，创新生态系统的理论机理研究既需要从复杂系统理论、协同理论等视角出发，对创新过程中呈现的非线性动态、自组织等特征进行合理解释；又需要借鉴经济学等的研究视域，从动态最优化等角度构建创新活动的微观基础。这对相关理论的建构提出了更高要求，反映出"创新生态系统1.0"在向"内涵型"研究深化方面仍有完善空间。

第二节　创新发展的最新特点及趋势

进入21世纪以来，全球科技创新正在呈现新的特点及趋势，也对既有的创新生态系统理论提出了挑战。把握这些新特点和新趋势，对于理解创新生态系统发展的新特征和新规律，进而构建"创新生态系统2.0"理论框架，具有重要意义。

一、数字技术兴起引发创新逻辑变革

数字技术是信息、计算、沟通和连接技术等构成的组合（Bharadwaj et al.，2013），按照功能和形式可划分为数字工具和基础设施、数字制品和平台、数字产品或服务等不同应用类型（邵云飞等，2022），如表4-2所示。随着信息化水平的提高，数字技术正在对创新形态产生颠覆性的影响。

表4-2 数字技术的分类和定义

类型	定义
数字工具和基础设施	具有沟通、协作和计算能力的数字技术工具或系统
数字制品和平台	用于提供共享的、通用的产品及服务的架构
数字产品或服务	基于信息和通信技术实现的产品或服务

资料来源：邵云飞、周湘蓉、杨雪程. 从0到1：数字化如何赋能创新生态系统构建？[J]. 技术经济，2022，41（6）：44-58.

其一，数字技术激发了创新的"涌现效应"。数字技术具有"通用目的技术"属性，通过在各类应用场景中广泛引发创新"突变"，加速颠覆式创新的产生，促使创新活动日益呈现创新频率高、影响效应强、辐射范围大等显著特征（李晓华，2019）。当前，以物联网、云计算、大数据、人工智能、区块链为代表的新兴数字技术正处于技术爆发阶段，多元化技术路线和商业模式加速布局，相关领域的高科技企业持续涌现（马名杰等，2021）。未来，新兴数字技术向社会各领域的扩散，将带动以场景化应用为核心的新创新模式的生成（梁正和李佳钰，2021），因而成为各国数字技术竞争的新焦点。

其二，数字技术推动数据向创新要素转变。数字技术的发展为以往未被充分收集、开发的数据提供了利用途径，并使大规模、低成本使用数据成为可能。从创新投入看，数据不仅对既有创新要素产生替代效应，而且能通过与算法、算力的结合，对其他创新要素实施整合，从而提升创新效率（洪银兴和任保平，2023）。从创新产出看，企业等创新主体利用数据提供精准化、定制化产品与服务，或基于数据优化生产流程、提升预测精度等，是当前创新迭代的重要体现（徐翔等，2023）。可见，在数字技术驱动下，数据已成为不可或缺的创新要素。

其三，数字技术加速了创新管理策略的重构。数字技术所具有的衍生性、汇聚性、异质性等特点，要求创新主体建立新的组织逻辑和管理策略（杨伟和刘健，2021），以适应数字化发展的需要。只有具备对海量数据资源的采集、整合、调用能力，创新主体才能更好地发掘数据中的潜在价值创造空间。以近年来兴起的数字平台为例，数字平台实质上是围绕数据生成和配置所形成的数字信用体系（黄阳华，2023），在平台的规范下，使数据呈现出虚拟化生产、去中心化管理、协作式共享（单子丹等，2022）等有别于传统要素的新特征，从而使创新主体的创新方式产生变革。

其四，数字技术促使创新主体的关系形态产生变革。数字技术一定程度上克服了物理距离的约束，能够在创新主体之间创设泛在连接，依托海量信息流、数据流形成创新网络。此时，创新主体由创新过程中的"散点"转化为创新网络中的"节点"乃至"枢纽"，彼此基于共同利益形成互惠关系，利用多向链接共享和"借用"（姚常成和宋冬林，2019）创新要素，实现系统性、集成式创新。

二、社会机制成为创新的重要驱动力

当前，创新活动的参与主体已不再仅限于科研人员和机构，社会创新机制正在成为一种不可或缺的创新动力，其中最突出的表现就是用户创新的兴起。

用户创新是指用户作为创新主体直接参与创新过程。传统的创新过程中，用户处于相对被动的地位。企业等创新主体通过市场调研确定创新方向，在开发出新产品或新服务后，通过市场试错过程吸收用户反馈，对新产品或新服务加以改进，最终实现完整的创新流程（王珍愚等，2021）。然而，这种反馈机制需要高昂的试错成本，并且存在滞后性，难以适应用户需求瞬息万变、高度个性化的现代社会。用户创新的出现，为供给端创新提供了新的实现形式，并使创新过程呈现出一系列新特点。首先，用户需求对创新模式的再造能力增强。近年来，在社会需求的驱动下，公益创投、开源创新等新型创新方式相继出现（吕晓静等，2021），用户为满足需求而结成的社群等组织成为创新策源地，使异质性需求在交流、共享中得到满足（Hippel，2007）。其次，企业的创新重点加快向提升用户体验转变。越来越多的企业开始采取需求导向的经营策略，小米、海尔等领军企业的成功案例也表明（解学梅和余佳惠，2021），提升用户体验正成为诸多渐进式创新乃至原始创新的动力，企业对用户知识和信息的依存度持续提高。最后，用户开始深度嵌入创新网络。企业与用户事实上共处于同一价值网络中，彼此相互创造价值（徐建平和梅胜军，2020）。反映在创新网络层面，用户不再是市场供给信息的被动接收者，用户与企业的关系正由"供给—反应"关系加快向合作关系转变。

事实上，用户创新中的"用户"并不单指创新产品的消费者，而是可以扩展至社会公众。在由大学、产业、政府和公民社会所构成的"四螺旋"创新生态系统中，公众正成为知识创新的催生者和知识生成的执行者（西桂权等，2020），从而在全社会范围内形成了多维度、开放式的新型创新形态。从这个意义上说，用户创新反映了社会机制对创新过程的全面参与，实现了创新过程的再造。

三、创新治理的重要性受到广泛关注

随着全球科技创新竞争的日益激烈，实现有效的创新治理成为各国创新战略的重要目标，也对各国的创新治理机制提出了新要求。

首先，有效的创新治理要求更好运用政府机制。以美国和日本的科技竞争为例，20世纪60~80年代，日本通过增加政府创新投入和制定产业政策等手段，在科技创新领域崭露头角；而到了20世纪90年代，美国采取了不同于日本的政策，通过支持建立创新生态系统等方式，有力提升了创新效率（王珍愚等，2021）。创新生态系统的兴起对于如何在创新过程中更好地发挥政府作用具有重要启示，即政府机制应跳出单纯依靠补贴、税收优惠的行为模式，向着优化创新环境、增强创新主体内生动力的方向转变。

其次，有效的创新治理要求着力规范市场机制。已有研究认为，创新生态系统应当避免"生态统治者"的出现，因为此类主体可能利用其在创新生态系统中的优势地位攫取绝大部分的创新价值（Iansiti，2004），造成"赢者通吃"的局面。近年来，随着数字经济的高速发展，平台型企业"二选一"垄断、企业间"数字壁垒""数据孤岛"等不正当竞争行为引发社会关注。鉴于市场竞争是创新生态系统持续演化的关键，

完善公平有序的市场竞争机制、合理规制"生态统治者"正在成为创新治理的重要课题。

最后,有效的创新治理要求持续完善社会机制。当前创新主体面临的更多是一种"VUCA世界",即充满不稳定性(Volatility)、不确定性(Uncertainty)、复杂性(Complexity)和模糊性(Ambiguity)的世界(温科等,2020)。在迅速扩张的创新网络里,仅靠市场契约或政府干预方式远不足以协调海量的、异质性的、实体或虚拟的创新主体,创新主体之间高速变动的"弱连带关系"也可能削弱对创新活动的激励(魏江和赵雨菡,2021)。这就要求在社会层面尽快形成一种公共治理机制,帮助创新主体在面对风险和不确定性时仍能形成稳定的合作预期,从而保证创新生态系统的良性运转。

上述创新发展的最新特点及趋势,集中反映了当前科技创新活动的开放化、生态化、规范化趋势,也意味着对创新生态系统的理解应当由"关系型"研究加快向"内涵型"研究转变。这也是"创新生态系统2.0"提出的核心初衷。

第三节 "创新生态系统2.0" 的提出及构成要件

"创新生态系统2.0"是在"创新生态系统1.0"的基础上,对创新生态系统中的创新主体、创新方式、创新条件、创新环境等要件加以扩充、重组,并以系统化理论建构的方式明确创新生态系统的核心概念、功能效应和演化路径的一种理论框架。与"创新生态系统1.0"相比,"创新生态系统2.0"更加关注创新过程和事件(张贵等,2018),注重创新生态系统的动态演化及其治理过程,强调创新生态系统与外部环境的关系,是对"创新生态系统1.0"的继承和发展。

一、"创新生态系统2.0" 的理论基础

"创新生态系统2.0"根植于以复杂系统理论、演化经济学理论、流空间理论、社会网络理论等为代表的理论流派,这些理论基础也为"创新生态系统2.0"的构建提供了重要借鉴。

(一)复杂系统理论

复杂系统理论注重描述事物之间的非线性关系,并将事物归结为一系列存在嵌套关系的系统,研究母系统与子系统之间特定的层次结构(张贵等,2020)和功能实现机制。该理论认为,复杂系统具有以下共性特征(米歇尔,2011):它是由大量个体构成的自组织网络,不存在中央控制者,个体遵循相对简单的规则,但个体的集体行为能产生复杂且难以预测的行为模式;它既是内外部环境信号的利用者,也是信号的发出者;它能够通过学习和进化过程来适应环境。近年来,复杂系统理论中最具代表性的分支之一是复杂适应性系统(Complex Adaptive System,CAS)。与CAS相关的研究认为,复杂性产生于适应性,系统中的适应性主体靠不断变换规则来适应别的适应性主体,使系统表现出复杂、动态行为模式(霍兰,2019)。复杂系统理论为分析创新生态

系统的运行提供了重要的理论视角。

（二）演化经济学理论

演化经济学是运用生物学隐喻，将经济事物与自然生态系统进行类比，注重从时间和历史维度研究经济事物的演化过程及其规律的理论（邓久根，2021）。演化经济学的基本特征体现在以下方面：以达尔文的生物进化论为基础，认为经济系统是一个具有不可逆性的动态演化过程；借鉴拉马克的遗传基因理论，将制度、组织架构等"惯例"视为创新主体的"基因"，且"基因"在面对经济系统中未被预知的新变化（被称为"新奇"）时会产生"变异"；重视个体行为和群体行为之间的关系，认为个体偏好及行为的异质性在创新中发挥着重要作用；重视随机因素的影响，认为演化过程存在不容忽视的不确定性；强调历史因素的影响，从时间维度揭示经济系统的演化规律（贺灿飞，2018）。演化经济学在某种意义上超越了新古典经济学的"静态的、原子论的和机械的宇宙观"（贾根良，2011），重视历史和制度变迁对创新过程的影响，为理解创新生态系统的产生和进化提供了重要参考。

（三）流空间理论

"流空间"是相对于"场所空间"的新型空间组织形式。按照卡斯特提出的观点，"流空间"指的是一种使社会实践能够在不具备地域邻近性的条件下同时开展的物质组织（卡斯特，2001）。构成"流空间"的四个层次包括：通信设施、信息系统等技术基础设施，具有信息处理能力的节点和枢纽，网络运作者的生活空间，以及互联网等电子空间（Castells，1999）。在传统的"场所空间"中，创新要素流动较慢，此时地理邻近性、交通成本等成为决定创新空间格局的主要因素；而在"流空间"中，创新要素高速流动并实现跨地域组合、匹配，形成了创新主体间广泛的创新关联，推动创新空间格局由严格遵从"中心—外围"模型的"树形"结构向更加复杂的"非树形"结构转变（晏龙旭，2021）。随着知识流、信息流的日趋活跃，流空间理论在解释创新格局的演化等方面具有广阔的应用场景。

（四）社会网络理论

社会网络理论关注社会中不同的"节点"和"边"构成的复杂互动关系及其对社会活动的影响。其中，"节点"为个人或组织，"边"为各种社会关系（范如国，2014）。按照 Granovetter（1985）的观点，个体的行为决策或多或少地受到习惯、习俗、价值规范等因素影响，使个体行为结果不仅取决于个体自身，而且取决于其与外界的社会关系，由这些社会关系建构成的相对稳定的系统就是社会网络（Kadushin et al.，1990）。在此基础上，社会网络理论进一步发展出嵌入性理论、"结构洞"理论和社会资本理论等理论范式，并形成了社会网络分析法（SNA）的定量分析框架，构建了节点度、网络密度、平均路径长度、聚集系数等定量指标（王文宇和贺灿飞，2022），为创新生态系统的空间结构特征研究提供了工具支撑。

二、"创新生态系统 2.0" 的构成要素

创新生态系统就其本质而言，是企业聚类与政策体系的运行集合，其构成要素包括创新主体、创新方式、创新条件和创新环境（张贵等，2018）。相对于"创新生态系

统 1.0",本书对创新主体、创新方式、创新机制作出重要修正,提出了"创新生态系统 2.0"理论框架,对创新生态系统进行了丰富与拓展,具体如图 4-3 所示。

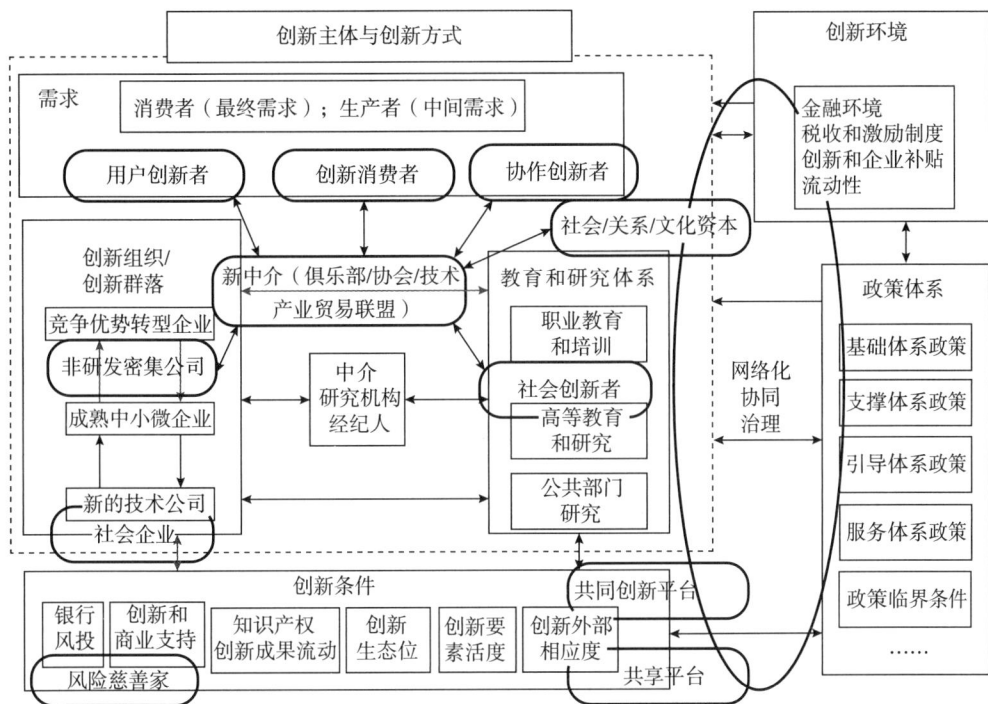

图 4-3 "创新生态系统 2.0" 的一般与特殊结构

注:图中粗线框中内容为"创新生态系统 2.0"的新增内容。

一是对创新主体定义的修正,突出社会大众参与创新活动。既有理论往往仅考虑工业界、研究机构或传统中介商会、专利转让机构等创新主体或参与者。事实上,越来越多的创新是由非经济主体、社会大众等新的参与者群体针对特定问题提出和推动的(张贵等,2020)。另外,支持其成员特定利益的社群、集群和网络管理组织等也是一类新型创新组织,尚未被纳入到传统创新系统中。"创新生态系统 2.0"从创新活动的新趋势出发,对创新主体的定义加以扩充,使其与创新生态系统的功能特征和演进规律更加适应。

二是对创新方式变化的丰富,突出社会机制引发创新行为。新一轮科技革命和产业变革正在深刻改变传统的产业组织方式和创新组织方式。例如,用户对创新过程的参与成为提升创新活力、降低创新风险的重要途径(任声策等,2018);由社会需求和创新者自身需求引发的社会创新、公益创投,由"互联网+"引发的协作创新、开源创新等创新方式方兴未艾。又如,在区域创新生态系统中,集群既是一种高度网络化的产业组织,也是高效协同、开放共享、富有活力的新型创新生态系统。通过在集群构建包含网络治理、层级治理和市场治理的多元化、共生化、网络化治理模式,能够整合和协调产业集群涉及的类型各异、数量众多的组织及主体,促进空间集聚、创新网络、集群网络等协同发力,形成集群网络化发展格局(赵璐和赵作权,2018)。"创新生态系统 2.0"着重从创新要素的内涵、外延、组织形式及创新内容等角度,对创新方式及其变革进行理论界定,有助于更好地把握创新的生态化、网络化趋势。

三是对形成机制的修正,强调以生命周期为视角,突出内部和外部机制的转换及影响。"创新生态系统 2.0"认为,创新生态系统的构建应抓住系统演化的内在异质性和影响根源,在充分考虑特定制度、文化、经济等情景因素的基础上,在不同生命周期演化阶段采取不同的推进机制,从"外部驱动力"和"内部驱动力"的有序转换与协调推进入手,实现创新生态系统的自主演化。鉴于此,创新生态系统应具有较为明显的政策导向,应尽可能出台相关措施,制定新型创新政策;也应充分注重市场机制、创新精神、创新氛围、隐性知识、文化环境等的能动作用,将注意力集中在塑造政府、市场及社会治理结构上,使政府与市场、社会之间保持协调一致和有效平衡。

概括起来,"创新生态系统 2.0"是在经典理论基础上,以培育原生创新基因为基础,以产业生态化为取向,以具有竞争优势转型能力的企业为系统"核",多元主体参与,多种创新方式并进,具备高创新密度、浓度、活跃度和响应度,旨在实现多维网络化协同治理的复杂适应性系统。

"创新生态系统 2.0"的构成要件内涵丰富,以下分别从创新主体、创新方式、创新条件和创新环境四个方面进行分析。

1. 创新主体

创新主体是创新生态系统的基本单元。创新生态系统之所以表现出复杂性,是因为创新主体的种类及行为规则呈现出复杂性。本部分将主要借助数理逻辑方法,概括不同创新主体的一般化行为规则,从而为后续分析提供思路。

一是商业参与者。商业参与者是创新主体最广泛的存在形式之一,一般为从事商业经营活动的企业,其基本行为规则是考虑生产率进步效应后的利润最大化原则,相关数理分析框架详见附录 A。根据特定的量化指标可对商业参与者分类,如根据研发投入占比将企业分为"研发密集企业"和"非研发密集企业"。这种区分有利于理解不同类型商业参与者在行动规则上的异质性。例如,资本密集型企业或技术密集型企业出于提升定价能力、开辟新消费市场等考虑,需要维持较高的研发密集度;而劳动密集型企业由于产品差异程度低,研发成果极易被模仿,反而适于维持较低的研发密集度(胡晨光等,2020)。在"创新生态系统 2.0"中,研发密集度差异本质上是商业参与者一般行为规则的不同体现,从而改变了"创新生态系统 1.0"过于关注研发密集企业中少数"塔尖"企业的做法,增强了分析范式的普适性。

二是社会参与者。社会参与者在广义上指公众,即无须借助企业、政府等正式组织就可参与创新过程的主体。例如,在互联网社群中,大量用户自发进行代码开源、程序开发、资源分享等活动,实现了对创新过程的参与,这些用户可以被称为"用户创新者"。狭义的社会参与者指消费者,即创新产品的需求方。在创新过程中,创新产品的供给方获得来自需求方的意见反馈,对产品或服务进行优化,从而使消费者成为"创新消费者"。当前,数字经济的发展为社会参与者的意见表达提供了便利,极大地降低了社会参与者对创新过程的"参与成本",社会参与者已成为建构"创新生态系统 2.0"的关键主体。对社会参与者基本行为规则的数理表征详见附录 B。

三是公共部门参与者。公共部门提供与创新相关的公共服务。政府就是典型的公共部门参与者，其行为规则遵循社会福利最大化目标，通过采用税收减免、补贴等特定政策工具，影响创新主体的创新决策，从而实现对社会福利水平的引导和调节。实现社会福利最大化本质上取决于决策者对社会福利函数的认识。这里可以使用阿特金森社会福利函数加以说明（汪毅霖和张宁，2021），如式（4-1）所示。

$$W = \sum_{i=1}^{n} \frac{1}{1-\rho} U_i^{1-\rho}$$ (4-1)

其中，ρ 为决策者的不平等厌恶系数，n 为社会成员的数量。社会总体福利水平取决于所有个体的福利水平。可以证明，当 ρ 取特殊值时，阿特金森社会福利函数会退化为三种特殊形式，如式（4-2）所示。

$$W = \begin{cases} \sum_{i=1}^{n} U_i & \rho = 0 \\ \prod_{i=1}^{n} U_i & \rho = 1 \\ \min\{U_1, U_2, \cdots, U_n\} & \rho = -\infty \end{cases}$$ (4-2)

当 $\rho = 0$ 时，社会福利等于个体福利水平的加总，此时的社会福利函数为功利主义福利函数；当 $\rho = 1$ 时，社会福利等于个体福利水平的乘积，此时的社会福利函数为纳什福利函数；当 $\rho = -\infty$ 时，社会福利等于社会中福利水平最低个体的福利水平，此时的社会福利函数为罗尔斯福利函数。

公共部门参与者并不局限于政府。近年来，在创新生态系统中出现了一类"社会企业"，其特点是不以利润最大化为目标，而是致力于实现特定的社会目标，增进社会福利。在创新生态系统中，社会企业能够借助与政府部门、非营利组织、志愿者、客户等形成的丰富的"关系资本"（万希和彭雷清，2011），为创业者提供信息咨询、创业培训、生活保障等服务，在鼓励创新等方面具有重要潜力（田雪莹等，2022）。有关公共部门参与者行为规则的数理分析框架详见附录 C。

四是研究和发明者。研究和发明者是具有独立的知识生产功能、以知识生产为主业的组织或个人，涵盖了大学、科研机构、企业实验室等不同主体，是创新生态系统中知识的主要来源。知识生产过程一般可由知识生产函数刻画。以使用较为广泛的 Romer-Jones 函数为例，该函数假设新知识的生产主要取决于人力资本投入和既有知识存量，具体形式如式（4-3）所示（王丽君等，2022）。

$$\dot{A}_i(t) = G_i(t) T_i(t)^{\varepsilon_1} A_i(t)^{\varepsilon_2}$$ (4-3)

其中，$\dot{A}_i(t)$ 表示个体 i（可以是某研究机构、某地区等）在第 t 年产出的新知识，$G_i(t)$ 是影响知识生产的因素，$T_i(t)$ 是个体 i 在第 t 年的科技人员投入量或称"全时当量"，$A_i(t)$ 是个体 i 在第 t 年的知识存量，ε_1 和 ε_2 分别为弹性系数。

当然，个体的知识创造过程不是取决于个体自身的知识存量，而是通常取决于全社会知识存量。由此，可以对上述知识生产函数进行修改。假设存在 I 个地区，令地区 i 在第 t 年所能调用的知识存量为 I 个地区知识存量的加权值，则式（4-3）可调整为式（4-4）中的形式。

$$\dot{A}_i(t) = G_i(t)T_i(t)^{\varepsilon_1}\left(\sum_{j=1}^{I}\sigma_{ij}(t)A_j(t)\right)^{\varepsilon_2} \tag{4-4}$$

通常可以假设，当 $i=j$ 时，$\sigma_{ij}(t)=1$，即一地区能够完全调用本地区的知识存量；当 $i\neq j$ 时，$\sigma_{ij}(t)\in(0,1)$，此时 $\sigma_{ij}(t)$ 反映了地区 i 对地区 j 知识存量的"吸收能力"。既有研究表明，地区吸收能力会受当地研发投入规模、人力资本存量、开放程度、基础设施、政府治理水平等多重因素影响（朱俊杰和徐承红，2017）；具体到企业等微观组织层面，知识吸收能力则受到组织掌握的相关知识（Cohen and Levinthal，1990）、创新氛围（张爽和陈晨，2022）等因素影响。通过将吸收能力记作关于一系列影响因素的函数，便可从数理角度正式考察吸收能力对地区知识创造过程的影响。

五是资本提供者。资本提供者是以资本保值增值为目标、投资于创新活动的组织或个人，包括银行、证券、基金等金融机构，以及天使投资者、风险投资者等。由于科技型企业大多具有高风险、低资产特征（李媛媛等，2022），充足的资金来源对提升创新活动成功率、缓解初创企业资金压力具有重要作用。与商业参与者相似，资本提供者遵循收益最大化的行为规则，相应数理分析框架详见附录 D。

六是创新中介。创新中介是指在两个或多个创新主体间充当第三方的主体，如行业协会、创新俱乐部、创新联盟以及一些平台型企业等，通过促成交易或合作意愿得到收益。由于创新过程存在创新主体多元化、创新内容复杂度高、创新需求异质性强等特征（涂锦等，2021），创新主体间直接建立创新联系可能面临高昂的搜寻、匹配等交易成本。创新中介的出现，有助于合作各方相互理解、吸收、利用各自的知识（董睿和张海涛，2022），从而提升创新质量和成功率。有关创新中介行为规则的数理框架分析见附录 E。

从创新生态系统视角看，创新中介的功能在于填补创新网络中的"结构洞"，以弥补创新网络的缺陷（黄波，2013）。如图 4-4 所示，创新主体 A 和创新主体 B 各自联结着一部分创新主体，但在创新中介 C 出现前，A 和 B 之间不具有任何直接或间接的创新联系，即创新网络在 A 和 B 之间存在"空洞"，或称"结构洞"（Burt，1992）；直到 C 出现，才使 A 和 B 之间的创新联系成为可能。由此，创新中介的意义在于：一方面，创新中介通常不仅充当"桥梁"和"纽带"，自身也是知识生产者（秦洁和王亚，2015），此时创新中介的信息优势将使其更易产生较高的创新绩效（Liu，2010）；另一方面，创新中介使以往相互隔绝的创新主体及其所在的创新子网络实现整合，能够显著增加其中每个创新主体在创新网络中的可利用资源，即提升了每个创新主体的"关系资本"（曾德明等，2022），从而为科技的持续进步奠定了基础。

2. 创新方式

创新方式反映了创新投入以何种形式、何种过程转化为创新产出，依据不同标准可以划分为不同类型。此处介绍常见的四组创新方式。

首先，按创新主体范围划分，创新包括自主式创新与合作式创新。自主式创新和合作式创新分别代表了两种不同的创新策略，如表 4-3 所示。自主式创新指创新主体集中自有资源开展的、以自身为知识产权主要归属者的创新活动，有利于确保创新战

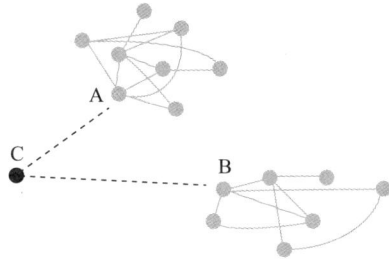

图4-4 创新网络中的初级关系和次级关系

资料来源：黄波，赵绍成．结构洞理论对培育与发展科技中介机构的启示［J］．软科学，2013，27（7）：138-141．（与原图相比有改动）

略的长期性与创新投入的连续性、稳定性，因而适用于创新主体的核心竞争力培育战略。合作式创新指两个或多个创新主体基于特定共识、协议而共同开展的创新活动，有利于高效率地解决创新过程中面临的障碍，因而适用于创新主体的中长期创新策略。

表4-3 自主式创新与合作式创新的比较分析

	自主式创新	合作式创新
目标	长期战略	中长期战术策略
地位和作用	技术创新的基础和源泉	解决自主创新过程中的障碍
性质	集成性的创新活动	群体性的创新活动

资料来源：张贵，温科，宋新平，等．创新生态系统：理论与实践［M］.1版．北京：经济管理出版社，2018：115.

在创新生态系统中，创新主体经常需要在自主式创新与合作式创新之间做出选择。针对不同的创新问题，创新主体可能采取不同的创新方式；对于同一创新问题，创新主体间对合作意向的动态调整最终会使得创新趋于某种稳定的合作或非合作状态。附录F展示了相关的演化博弈分析过程。

其次，按创新主体范围的稳定性划分，创新包括封闭式创新与开放式创新。封闭式创新是指参与主体限定于某个或某几个创新主体的创新活动，特点是参与主体的范围具有确定性、固定性，创新知识来源具有清晰的边界，适用于某些关键核心技术的开发过程，有利于保守技术秘密和创新过程中的"隐性知识"。开放式创新概念源于切萨布鲁夫（2005）的研究，是指创新主体综合利用内部和外部资源开展创新活动的过程，特点是参与主体的范围具有不确定性、可变性，知识来源的边界较为模糊，且通常允许知识在创新主体间自由流动。现实中，开放式创新多表现为企业与高校、研究机构等异质性创新主体之间的联合创新过程（温科等，2020），适用于市场应用导向的创新活动，有利于创新主体更好地把握市场机遇（董睿和张海涛，2022），抵御创新过程中的风险及不确定性。一般而言，在只考虑市场效益的情况下，开放式创新具有相对更优的创新绩效，附录G提供了相关的数理证明过程。

再次，按创新过程的特征划分，创新包括探索式创新与开发式创新。前者是指突破既有知识和技术，推出全新产品来挖掘新的市场和客户群体，以满足创新主体的长期发展需要；后者是指挖掘既有知识和技术，改进生命周期内产品的质量和生产效率，以满足用户的短期需求和使用体验（王寅等，2021）。通过调查创新主体对不同创新目标（见表4-4）的重要性评价情况，研究者可以判断创新主体更倾向于哪种创新方式。

表4-4 探索式创新和开发式创新的区分依据

目标类型	目标内容	目标类型	目标内容
探索式创新	开发新一代产品	开发式创新	改善现有产品质量
	增加产品种类		提高生产活动灵活性
	拓展新的市场		降低生产成本
	进入新的技术领域		提高产量或降低物资消耗

资料来源：He Z, Wong P. Exploration vs. exploitation: An empirical test of the ambidexterity hypothesis [J]. Organization Science, 2004, 15 (4): 481-494.

现实中，受市场环境影响，创新主体特别是科技型企业会采用探索式创新和开发式创新相结合的创新策略，即"双元创新"策略（Tushman and O'Reilly, 1996）。"双元创新"的意义在于，一方面，使创新主体既能够利用探索式创新形成长期竞争优势，又能够通过开发式创新获得短期经济效益，从而增强创新的可持续性（王志玮等，2022）；另一方面，探索式创新与开发式创新之间存在互补关系，故相较于仅倚重其中一种创新方式的做法，"双元创新"策略可能实现更高的创新收益（Bierly and Daly, 2007）。然而，在科技资源总量有限的情况下，探索式创新和开发式创新也存在竞争关系。对创新主体而言，倾向于哪种创新方式，取决于创新主体所在行业、发展阶段等多种因素的影响。

最后，按创新成果的特征划分，创新包括渐进式创新与颠覆式创新。前者指在既有知识和技术存量基础上，通过经验的积累产生新知识，进而对现有知识和技术进行完善，从而提高创新主体技术效率的过程（李玉花和简泽，2021）。后者由 Bower 和 Christensen（1995）提出的"颠覆性技术"概念演变而来，是指基于完全不同的技术和商业模式提供新产品或服务，然后从主导非主流的低端市场或新兴市场开始，逐步削弱在位企业的竞争力，最终替代在位企业、颠覆现有市场结构的创新方式（王海军等，2021）。

从技术演化角度看，渐进式创新和颠覆式创新的关系体现了创新过程中"量变"和"质变"的关系。如图4-5所示，特定技术范式对生产率的促进作用总体上呈现出"S"形曲线特征，渐进式创新的作用是积累与技术应用相关的知识，从而使技术范式的促进作用沿着曲线渐进提升。然而，任何技术范式对生产率的促进作用都存在着极限，当既有技术范式无法满足更高生产率的发展要求时，必须通过颠覆式创新，促成旧技术范式向新技术范式的跃迁；新技术范式的出现又会催生下一轮渐进式创新，最终形成生产率的持续增长路径（简泽等，2020）。反映到创新生态系统层面，当某种技术范式的潜力达到极限时，基于该技术范式构建的创新生态系统将面临创新思路固化、成果质量下滑等衰退风险；但如果能够产生颠覆性创新，那么原本趋于衰退的创新生态系统将进入新一轮生命周期循环（董睿和张海涛，2022）。

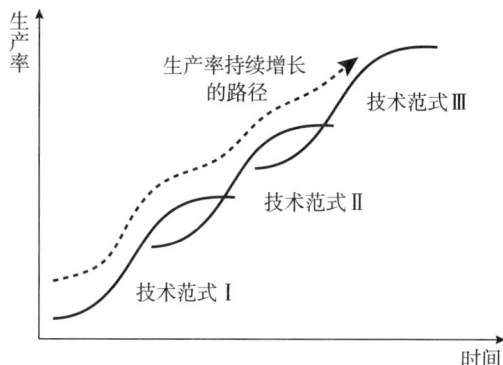

图4-5 技术范式变革与生产率增长的关系

资料来源：简泽，徐扬，李玉花，等. 生产率困境的形成与治理机制：一个新的理论框架［J］. 管理世界，2020，36（1）：187−205+242.

现实中，创新方式的划分标准具有多样性，如依据创新主体结构特征划分的集中式创新与分布式创新等，此处不再一一列举。创新方式划分标准的多样性，一定程度上体现了创新生态系统类型的多样性。在不同的创新生态系统之间、同一创新生态系统的不同发展阶段之间，创新生态系统主要依循的创新方式通常存在差异，需要在研究过程中具体加以把握和分析。

3. 创新条件

创新条件是指创新投入向创新产出转化时需要具备的因素及其状态。创新主体及要素只有在创新条件的作用下，才能够形成创新产出，否则只能构成物理层面的"邻近""聚集"等状态，而无法产生知识交流、整合、重构、转化等"化学反应"。创新条件主要包括创新的位势条件、流动条件、传导条件和临界条件。

（1）创新的位势条件。它是指创新主体在创新生态系统中的地位及其创新潜力。位势条件决定了创新主体之间是否具有合作基础，并决定了创新活动的质量和可持续性。

位势条件的核心指标主要是创新生态位。创新生态位是指创新主体对科技资源的利用程度以及对环境适应性的总和（张贵等，2018），反映了创新主体的创新领域及其跨度（解学梅等，2022），进而反映了创新主体在创新生态系统中的创新优势大小。处于优势生态位的创新主体具有更广阔的合作渠道、更广泛的产品体系和更强的资源配置能力（解学梅等，2022），能够在创新过程中发挥主导作用。区域创新生态系统的生态位提升可以对系统内部的创新效率产生提升作用，落后的生态位对于系统内部的创新效率则会产生负面影响（张贵和吕长青，2017）。创新生态位通常由"四度"衡量，即高度、宽度、重叠度和适宜度，如图4-6所示。

创新生态位的"高度"指创新主体对科技资源及要素的可支配程度，体现了创新主体在创新过程中所处的地位。创新主体可支配的科技资源数量越多、质量越高，创新生态位的高度就越高，创新主体在创新过程中就越倾向于占据主导地位。从测算指标看，设系统中存在 N 个主体，其中 Z_i 表示第 i 个主体创新生态位的高度，则 Z_i 的计算公式如式（4-5）所示（徐君等，2022）。

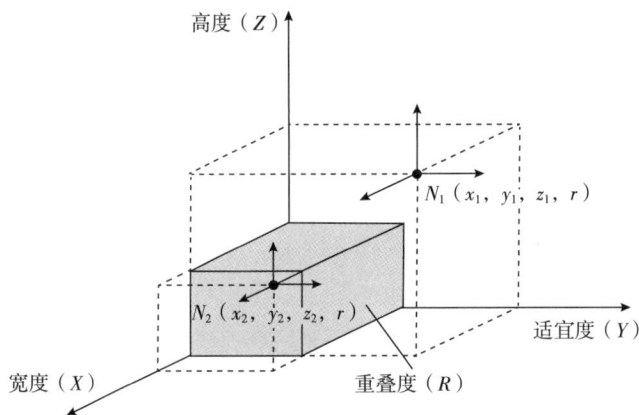

图 4-6 创新生态位"四度"示意

注：N_1 和 N_2 分别表示创新主体 1 和创新主体 2 的生态位。为便于阅读和理解，此处没有采用四维坐标系，而是将创新生态位的个体属性（高度、宽度、适宜度）表征在三维坐标系中，再通过创新生态位之间的交叠关系表征创新生态位的关系属性（重叠度）。

$$Z_i = \frac{T_i + A_i S_i}{\sum\limits_{j-1}^{N}(T_j + A_j S_j)} \tag{4-5}$$

其中，A_i 表示量纲转化系数，若指标已经过标准化，那么 A_i 值为 1。T_i 被称为创新生态位的"态"，反映了创新主体在某一静态时点的可支配科技资源；S_i 被称为创新生态位的"势"，即可支配科技资源的动态变化程度。T_i 和 S_i 计算公式分别如式（4-6）和式（4-7）所示。

$$T_i = \sum_{m=1}^{M}(W_m b_{im}) \tag{4-6}$$

$$S_i = \sum_{m=1}^{M}(W_m v_{im}) \tag{4-7}$$

其中，M 为科技资源指标的个数，W_m 为第 m 个指标的权重，b_{im} 和 v_{im} 分别是第 m 个指标及其变化量经过标准化后的值。由此，Z_i 的取值范围为 $[0，1]$。Z_i 越高，意味着创新主体 i 相对于系统中其他创新主体的创新地位越突出。

创新生态位的"宽度"指创新主体所能支配的科技资源的范围及多样化程度（陈文娟，2019）。多样化的科技资源组合能够提升创新主体对创新环境的适应性，支持创新主体应对复杂度更高、资源要求更高的创新活动。创新生态位的宽度通常可借助 Shannon-Wiener 指数进行测度，其计算公式如式（4-8）所示（申红艳，2022）。

$$X_i = -\sum_{m=1}^{M} q_{im} \log q_{im} \tag{4-8}$$

其中，X_i 表示创新主体 i 的生态位宽度，q_{im} 代表创新主体 i 能够支配的第 m 种科技资源占创新主体 i 能够支配的科技资源总数的比重。X_i 越高，意味着创新主体 i 可支配的科技资源多样性越高。

创新生态位的"重叠度"是指创新主体在创新生态位上的相似程度。在创新生态系统中创新主体都占据着各自的生态位，与自然生态系统类似，由于系统内的创新资源是有限的，当重叠度较高时，创新主体的创新优势及创新地位高度相似，可能产生激烈竞争；当重叠度较低时，创新主体尽管避免了激烈竞争，但对创新环境的共同适应能力不强（顾力刚等，2016）。因此，比较合理的创新策略是追求生态位的适度分离。创新生态位的重叠度通常由 Pianka 公式测算，具体公式如式（4-9）所示（温科和张贵，2020）。

$$R_{ij} = \frac{\sum_{m=1}^{M} q_{im} \times q_{jm}}{\sqrt{\left(\sum_{m=1}^{M} q_{im}^2\right) \times \left(\sum_{m=1}^{M} q_{jm}^2\right)}} \tag{4-9}$$

其中，R_{ij} 表示创新主体 i 和 j 的生态位重叠度，取值范围为 [0，1]。重叠度为0时表示完全分离，为1时表示完全重叠。

创新生态位的"适宜度"是指创新主体所需要的科技资源与实际可获得的科技资源之间的匹配程度（金莉等，2021）。适宜度主要反映了创新生态系统对创新主体所需要的创新资源的满足程度，并在一定程度上体现了创新生态系统的创新资源供给量与最适资源量的贴近程度（张贵和吕长青，2017）。适宜度越高，表明创新主体越适应当前的创新环境。承接上文变量设定，对于经过标准化的科技资源指标 b_{im}，定义 b_i^* 为科技资源指标中的最大值，如式（4-10）所示。

$$b_i^* = \max\{b_{im}\} \tag{4-10}$$

定义 Y_i 为生态位适宜度，测算公式如式（4-11）所示。

$$Y_i = \sum_{m=1}^{M} W_m \frac{\min\{|b_{im}-b_i^*|\} + \varepsilon\max\{|b_{im}-b_i^*|\}}{|b_{im}-b_i^*| + \varepsilon\max\{|b_{im}-b_i^*|\}} \tag{4-11}$$

其中，W_m 为第 m 个指标对应的权重。ε 为模型参数，通过式（4-12）得出：

$$\varepsilon = \frac{\frac{1}{MN}\sum_{i=1}^{N}\sum_{m=1}^{M}\{|b_{im}-b_i^*|\} - 2\min\{|b_{im}-b_i^*|\}}{\max\{|b_{im}-b_i^*|\}} \tag{4-12}$$

Y_i 的取值范围为 [0，1]。Y_i 越高，表明生态位适宜度越高，即科技资源越能满足创新主体的需要。

（2）创新的流动条件。它是指创新主体之间关于知识和技术的输入、输出关系。如同自然生态圈存在复杂的能量流动一样，创新主体为获得创新所需的互补性知识及技术，需要开展知识的合作、溢出、扩散、转移、吸收等活动（苏屹等，2020），以保证创新的顺利进行。这种知识流动通常表现为创新成果的流动，如论文、专利的引用和被引用，技术交易，以及联合发表论文、合作专利等。参考数学中"矢量"的概念，可以将流动条件细分为两个维度：知识流向的规定性和知识流量的规定性。

一方面，知识流向的规定性要求创新主体应当与其他创新主体存在知识交换，即既要有知识输出，又要有知识输入。只有输入而没有输出的创新主体构成了创新生态系统中的"黑洞"，导致了该创新主体过度汲取附着在知识流动中的知识价值（Iansiti and Levien，2004），但不能为创新生态系统的运转贡献价值，其结果是对其他系统成员产生"挤出作用"。相反,只有输出而没有输入的创新主体构成了创新生态系统中的"白洞",此时该创新主体成为完全的正外部性来源,易被其他创新主体过度汲取价值,导致"公地悲剧"的出现。这两种情况下的创新生态系统都是难以为继的。良性循环的创新生态系统,要求创新主体通过知识的双向流动促进思想、创意、概念架构等的碰撞,推动系统成员的互利共生,从而提升创新生态系统的内在稳定性。

另一方面,知识流量的规定性要求创新主体的知识交换应当维持一定的强度。"强度"又可以分为两个维度,即知识交换的数量和质量。数量方面,知识的高频率、大规模交换是支撑关键创新活动的必要条件(Zhang et al.,2022),使知识交换不再是个别创新主体之间偶发的交流活动,而是基于稳定的创新联系所形成的创新环节。质量方面,知识因其在人类知识体系中的地位差异而存在质量的异质性,如高被引论文与非高被引论文等。高质量创新成果随知识交换实现传递,有利于创新主体围绕高质量知识形成认知基础,从而为开展高水平创新活动提供条件。

从定量分析角度看,知识交换可被抽象化为以创新主体为节点的加权有向图,不同节点因其发送和接收知识的强度不同,在创新网络中的相对重要性也会存在差异。基于社会网络分析方法,这种差异可通过计算节点的"中心度"表示(宋琼等,2018)。设节点 i 与节点 j 之间的联系强度是节点间知识交换数量和质量的正相关函数,即 $F_{ij} = F_{ij}(N_{ij}, Q_{ij})$。定义 $C(n_i)$ 为节点 i 的"入中心度",即节点集聚来自其他节点的知识流的能力,则 $C(n_i)$ 的计算方法如式(4-13)所示。

$$C(n_i) = \sum_{j=1}^{n} F_{ji} \tag{4-13}$$

其中,F_{ji} 为从节点 j 到节点 i 的创新联系强度。若 $C(n_i)$ 表示节点 i 的"出中心度",即节点向其他节点发出知识流的能力,则 $C(n_i)$ 的计算方法如式(4-14)所示。

$$C(n_i) = \sum_{j=1}^{n} F_{ij} \tag{4-14}$$

其中,F_{ij} 为从节点 i 到节点 j 的创新联系强度。

(3)创新的传导条件。它是指创新生态系统中创新主体交流互动的通畅程度和效率。在创新生态系统中,知识等创新要素伴随着创新主体间的交流行为而发生流动,并在流动中实现价值增值。因此,传导条件关系价值增值过程能否实现、实现程度如何。传导条件中的核心指标是创新自由度和创新响应度。

创新自由度是指创新要素流动所受到的干预及规制程度。常见的干预及规制措施包括知识产权法律、贸易政策、货币政策、特殊商业管制等(郭卫军和黄繁华,2019),其作用相当于在创新主体的最优化决策中增加约束条件,以限定可行集的范围。创新自由度的大小可由式(4-15)衡量(张贵,2014)。

$$df(t) = n - k \tag{4-15}$$

其中,n 是指在 t 时刻影响创新要素流动的因素的数量,k 为同期受到限制的因素数量。

创新自由度对创新活动的影响存在两面性。适当的干预和规制能够削弱创新主体的机会主义动机,从而降低"非合意解"出现的概率。然而,约束条件越多,可行集的范围越小，创新自由度越低，个体就越有可能从最优决策转向次优决策。关于判断干预和规制是否合意，思路是进行"反事实"分析。设社会福利函数为 W，对于限定条件 k_i，令其他限定条件（记作向量 k_{-i}）保持不变，评估该条件由实施（$k_i=1$）转向不实施（$k_i=0$）时，社会福利水平产生的变化量（ΔW）。若 $\Delta W > 0$ 且数额较大，说明该限定条件对社会福利改进的限制作用显著，则该限定条件是非合意的。上述思路可由式（4-16）表示。

$$\Delta W = W(k_i=0, \ k_{-i}) - W(k_i=1, \ k_{-i}) \tag{4-16}$$

创新响应度是指创新要素发生一定比例变化时所引致的创新生态系统价值输出水平的变化比例。创新生态系统需要实现创新要素投入向价值输出的转变，这一过程通常由多个创新主体共同参与。当特定创新主体的创新投入增加时，增加的创新投入所形成的创新成果会通过创新主体协作网络传导至其他创新主体。如果其他创新主体及时做出响应，如相应增加创新投入、提高合作创新频率等，那么增加的创新投入所产生的成果将顺畅地向价值输出转化，最终体现为创新生态系统整体的价值增值；否则，受"短板效应"等影响，上述价值增值过程将无法实现。因此，创新响应度越高，说明创新要素向价值输出的转化过程越顺畅，创新生态系统的发展潜力也就越大。借鉴经济学中的"弹性"概念，创新响应度可由式（4-17）表示。

$$dr(t) = \frac{\Delta I(t)/I(t)}{\Delta x(t)/x(t)} \tag{4-17}$$

其中，$I(t)$ 和 $\Delta I(t)$ 分别为创新生态系统的价值输出水平及其变化量，$x(t)$ 和 $\Delta x(t)$ 分别为创新要素投入及其变化量。

（4）创新的临界条件。它是指创新行为发生时，创新的各影响因素所需要达到的阈值。影响因素只有达到阈值水平时，才能发生创新行为，或是以较高概率发生。现实中，此类临界条件通常具有不可观测性，但可通过经验或模型预测等方式加以把握。以潜变量模型为例（陈强，2014），令二值变量 Y 表示"创新行动是否发生"，其中 $Y=1$ 表示"发生"，$Y=0$ 表示"不发生"。定义不可观测（至少是对研究者而言）的潜变量 Y^* 为创新净效益，并且假设 Y^* 是关于一系列影响因素（记作向量 x）和随机误差项 ε 的线性函数。当创新净效益高于 0 时，创新主体开展创新行动，否则不开展。上述模型可由式（4-18）所描述的方程来表示。

$$Y = \begin{cases} 1 & Y^* > 0 \\ 0 & Y^* \leq 0 \end{cases} \tag{4-18}$$

其中，$Y^* = x\beta + \varepsilon$，此时 $Y^* > 0$ 构成了创新行动发生所需满足的临界条件。

在创新生态系统中，临界条件通常更为复杂，其中核心条件包括创新催化条件和政策临界条件。

创新催化条件是指创新生态系统中的催化主体所需满足的数量及状态。在创新生态系统中，一部分创新主体会转化为催化主体，为系统成员的创新活动创造可行性并提供支持（Tortoriello et al.，2015）。催化主体的形成条件在于，催化主体需要有分享知识的意愿，意识到系统成员的知识需求，并且拥有差异化的知识（魏龙等，2021）。催化主体既能为创新活动贡献信息、知识和技术等（张晓丹和蔡双立，2022），又能激发系统成员的活力和创造力（魏龙和党兴华，2022），已成为创新生态系统中的重要组成部分。

政策临界条件是指为促进创新生态系统发展而实施的政策所应满足的数量及力度。创新生态系统尽管是具有自组织性的系统，但并非不需要政策支持和引导。当创新生态系统的要素条件尚未达到系统形成和存续的临界值时，政府政策可以起到"扶上马，送一程"的作用，通过外生力量的介入，使创新主体移动到创新生态系统的形成和演化路径上。此时，政策能否达到预期调控目标，取决于政策力度能否达到政策起效所要求的临界水平。达到这种临界水平通常有两种思路：一种是通过足量政策投入加大政策力度，或利用政策组合形成"叠加效应"；另一种是对重点领域、重点主体率先予以政策支持，进而带动创新生态系统要素条件的自主提升，再基于改善后的要素条件优化政策支持方向，通过"循环累积因果效应"逐步满足创新生态系统的形成条件，最终以有限政策投入实现更高的创新效益。

4. 创新环境

创新环境是指创新主体通过相互学习和协同形成的非正式复杂社会关系（孙继德和计喆，2022）。创新活动以及整个创新生态系统的发展时刻受到创新环境的影响。以式（4-3）为例，在经典的 Romer-Jones 知识生产函数中，$G_i(t)$ 被用于解释新知识增量中无法由人力资本 $T_i(t)$ 和知识存量 $A_i(t)$ 解释的部分，而 $G_i(t)$ 的大小主要与创新环境相关。若 $G_i(t)>1$，说明创新环境对创新生态系统总体上起促进作用，使创新投入实际产生的创新产出高于其理论上能够产生的创新产出；反之，若 $G_i(t)<1$，说明创新环境对创新生态系统总体上起阻碍作用。按照环境要素的影响范围，创新环境可分为内部环境和外部环境。

（1）创新的内部环境。它是指创新生态系统内部形成的创新主体间非正式社会关系，特点是作用范围限于该创新生态系统内的全部或部分成员，主要影响该创新生态系统内部成员间的创新联系。这类因素主要包括政策环境、人文环境等。

创新的政策环境是政策制定者关于创新的一系列认知及政策主张的集合。与前文提到的具体政策措施不同，政策环境更多是从价值观层面传达政策制定者有关创新的看法、态度，以及在鼓励创新方面的积极性。政策环境与创新生态系统存在协同演化关系：政策环境中有关政策方向、力度及侧重点的认知基于创新生态系统的状态而产生，同时创新生态系统的状态也会因政策环境影响而产生变化（张锦程和方卫华，2022）。总体来说，政策环境应当对创新持支持、鼓励态度，对创新产生的潜在风险持包容审慎态度，并且这种政策取向应当具有稳定性和连续性，从而稳定创新主体预期，支持创新主体开展长周期、非短视性的创新活动。同时，在创新生态系统的不同发展阶段，政策支持的侧重点可以相机调整，以更好顺应市场变化和实现政策愿景。

创新的人文环境是创新生态系统成员关于创新的价值观点的总和，在不同创新主体、不同区域乃至不同国家之间均存在广泛差异，因而具有高度的异质性。从创新相关的文化元素看，将创新视为爱国主义行为、崇尚科学及科学家、善于学习、敢想敢试、宽容失败、团队协作、诚实守信等文化元素被视为创新的积极因素，而追求短期利益、迷信权威、反对冒险等文化元素被视为创新的消极因素（吴金希，2012）。人文环境对创新生态系统的影响来自"社会学习"和"组织结构"两种渠道：前者指通过社会成员间的交流、模仿，将特定文化特征传递给其他社会成员；后者指推动形成有效的治理结构（如将大量创新者汇集到某个创新主体中），从而为创新的发生奠定基础（Petrakis et al.，2015）。创新生态系统可以对原生人文环境进行批判继承，从其他人文环境中吸收可供借鉴的文化元素，同时发掘原生人文环境中特有的积极文化元素，根据创新的需要赋予其新的内涵，达到扬长补短的效果。

（2）创新的外部环境。它是指创新生态系统与外部创新主体及其他创新生态系统形成的非正式社会关系，影响范围更为广泛。外部环境主要包括科技环境、宏观经济环境和市场环境。

创新的科技环境是由科技发展规律所决定的科技创新特征及趋势。借鉴图 4-5 对创新和生产率关系的描述，当重大科技变革尚未出现、创新形态以渐进式创新为主时，科技环境总体呈现"渐变"特征，创新发展的趋势集中于探索生产率的"边际提升"，包括生产技术的改进以及应用场景的拓宽等；而当重大科技变革出现、颠覆式创新及其相关创新激增时，科技环境总体呈现"激变"特征，创新发展的趋势体现在创新主体大量涌入新领域，抢占"先发优势"。受此影响，创新生态系统的发展也会存在"渐变—激变"循环。创新生态系统应当及时顺应科技环境变化，缩小与国际前沿科技水平之间的差距，在细分领域争取"领跑"地位，以维持创新生态系统的核心竞争力。

宏观经济环境是由经济规律决定的经济发展的整体特征和趋势，可以分为国际经济环境和国内经济环境。近年来，宏观经济环境中突发性事件及行为的影响持续加剧，对创新生态系统的影响日益明显：国际方面，受西方国家贸易保护主义做法等因素影响，世界经济不稳定性、不确定性显著增强，部分行业供应链面临"断链"风险，部分关键核心零部件进口压力增大；国内方面，对创新质量提出更高要求。宏观经济环境变化将广泛影响创新主体的创新决策及创新方向，从而对创新生态系统的功能和形态产生深远影响。

市场环境是创新主体面临的市场特征和趋势。创新主体面临的市场分为商品市场和要素市场。其中，与商品市场环境相关的指标主要包括营商活跃度、消费者偏好及其对创新产品的接受程度等（赵艺璇等，2022），与要素市场环境相关的指标主要包括劳动力、资本、土地、数据、技术等要素的市场化交易程度。同时，任何市场都需要统一的价格调节机制，发挥价格的信息传递、资源配置、激励约束和收入分配功能（刘志彪，2022）。因此，市场机制的完善程度从整体上影响着创新主体的交易质量和交易意愿，进而影响创新生态系统的发展。

第四节 "创新生态系统2.0"的基本原理

"创新生态系统2.0"是对创新生态系统的再认识。从核心概念来看，创新生态系统中的主体遵循着"创新源—创新组织—创新物种—创新种群—创新群落—创新网络—创新生态系统"的链式建构顺序,并呈现出互利共生关系。从功能效应来看,创新生态系统具有自我组织效应、协同进化效应、平台赋能效应和价值共创效应这四大效应。从演化路径来看,创新生态系统以核心价值主张的产生为根本成因,按照"初创期—成长期—成熟期—转型期"的路径持续演化。上述内容构成了"创新生态系统2.0"的基本原理。

一、"创新生态系统2.0"的核心概念

"创新生态系统2.0"认为,创新生态系统不是创新主体间的无序组合过程,而是创新主体以价值为纽带的动态竞合过程,最终实现创新行为由"自发性"向"自组织性"的转变。"创新生态系统2.0"强调创新生态系统是一个由创新源、创新组织、创新物种、创新种群、创新群落和创新网络组成的类似自然生态的复杂性系统,又是一个不断演化和自我超越的"技术—经济—管理—社会"系统。创新源、创新组织、创新物种、创新种群、创新群落和创新网络因而构成了"创新生态系统2.0"的核心概念。

1. 创新源

创新源是有关创新的信息、知识,以及创新者的思想、创意、灵感等。完整的创新源应当涉及三个方面:为什么要进行创新、创新内容是什么、由谁进行创新(张贵等,2018)。上述三个问题构成了创新源向创新组织、创新物种、创新种群等组织化、体系化形态转变的必要条件。按照来源,创新源可分为内部创新源(如创新者自行开展的研发活动)和外部创新源(如科学文献、数据库、客户、其他合作创新者等)(Arundel,2001)。作为创新活动的起点,创新源对创新活动的类型(Demircioglu et al.,2019)、质量乃至创新生态系统的发展水平均具有重要影响。

2. 创新组织

创新组织是以创新为共同目标、由多个个体或群体形成的、具有相对明确的边界的实体,如科技型企业、高校、科研机构等。与其他组织不同,创新组织的特点体现在两个方面:一是创新组织中的参与者多为知识工作者或工作团队;二是创新组织高度依赖知识共享,特别是"隐性知识"共享(Wang,2019)。因此,创新组织也可被视为以提高创新成功率、降低创新过程的沟通及交易成本为目标的特殊实体。创新组织的规模、类型、组织形式并非一成不变,而是受特定技术范式及其派生的创新需求的影响。当前的创新组织形态正在呈现开放式、扁平化、网络化等新特点(江飞涛,2022)。创新组织作为创新源的载体,是创新源向创新产出转变的重要媒介,也是创新生态系统的基本构成单元。

3. 创新物种

创新物种是具有相似科技资源和产品创新能力的创新组织所构成的集合。例如,汽车制造业中的发动机生产企业可以构成一个创新物种。创新组织上升为创新物种,表明该种创新组织由创新过程中的偶然现象转变为具有一定必然性和主流性的生态要件。现实中,重大科技成果的诞生、新业态的出现等往往催生新的创新物种,同时导致旧的创新物种"灭绝"或降格为偶然现象。例如,汽车的出现使人类社会出现了与汽车设计、制造、利用、保养维护等相关的新创新组织,进而构成不同的新创新物种;

同时,与马车相关的创新组织逐渐消亡,或是仅在个别环境中得以存续。创新物种对于整体把握创新生态系统的结构和功能特征具有重要参考意义。

4. 创新种群

创新种群是由同类创新物种(马宗国,2019)在特定空间内形成的群体。例如,医药制造业中的企业创新主体构成一个种群。"特定空间"是对创新主体所处环境边界的限定,既可以是"场所空间"也可以是"流空间"。例如,"某城市""某园区"是在"场所空间"维度上、以地理区块为载体的场域限定;而在数字经济背景下,创新物种中的创新组织能够借助数字平台实现沟通,此时"某数字平台"就是在"流空间"维度上、以组织间"信息流"形成的信息网络为载体的场域限定。

创新种群一经形成,就开始具有独立的种群特征,包括量的规定性和质的规定性两个方面。量的规定性是对创新种群数量特征的描述,其中最主要的是创新种群中创新组织的个数和密度。创新组织的个数特征可由数量变化曲线刻画。受科技资源有限性影响,特定创新环境所能容纳的创新组织个数是有限的,即创新组织个数不会无限制地增加。[①] 创新组织密度是单位空间内创新组织的个数,不同种群有其最适宜的密度值,密度过低或过高均不利于种群的存续,表明种群存在"密度控制效应"(王兴元,2019)。创新种群量的规定性处于动态演化中,表现为创新组织的不断进入和退出,实质上是种群的合法性和竞争关系的相互作用(Ong et al.,2022)。合法性指创新种群得到其他利益相关者的认可和接纳的程度(陈扬等,2012),创新组织的增加能够增强其所在种群在创新生态系统中的合法性,进而吸引更多创新组织加入该种群。竞争关系是创新组织之间围绕有限资源展开的对抗行为,创新组织的增加导致竞争强度增大,进而使部分创新组织退出种群。由此,合法性和竞争共同调节着创新种群量的规定性。

质的规定性是对创新种群性质特征的描述。同一种群中的创新组织尽管在类属关系上一致,但在规模、结构、组织形式等方面存在显著异质性,并且这种异质性呈现动态演化特征。按照组织生态学模型观点(Hannan and Freeman,1977),创新种群在特定阶段表现出的质的规定性由"变种—选择—保留"过程所决定(McDonagh,2021):当创新环境发生变化时,创新种群中的创新组织会产生新的形态特征,即"变种";在应对创新环境变化的过程中,不适应环境变化的"变种"会被剔除,以实现创新种群的"选择"过程;最终,适应环境变化的"变种"得以保留和复制,使创新种群质的规定性随之发生改变。

创新种群是理解创新生态系统功能效应的重要逻辑基础。它不是创新组织或创新

---

① 定义 $n(t)$ 为创新种群中创新组织的个数,则 $n(t)$ 随时间 t 的演化方程可表示为:

$$n(t) = \frac{\mathrm{d}n(t)}{\mathrm{d}t} = R(t)$$

其中,$R(t)$ 为具体函数形式。以经典的 Logistic 方程为例,$R(t)$ 的表达式为:

$$R(t) = \frac{rn(t)(k-n(t))}{k}$$

其中,r 为创新组织个数的潜在增长率,k 为特定创新环境所能容纳的创新组织个数的最大值。可知在 Logistic 方程下,$n(t)$ 关于时间 t 的曲线呈 "S" 形,即创新组织个数的增长速率先增加后减小,最终使创新组织个数趋于最大值 k。

物种的简单加总，而是创新生态系统呈现复杂性、自组织性等重要特征的前提条件。

5. 创新群落

创新群落是指由两个或多个创新种群组成的种群集合，通常以集群的形态呈现。例如，特定区域内的高校、科研院所和企业共同构成一个群落。在创新群落发展过程中，不同创新种群在地位上出现分化。一类种群构成了群落的"基层结构"，另一类构成了群落的"上层结构"（Lynn et al.，1996）。"基层结构"是创新活动的具体实施者，决定了创新群落的整体功能。通常在产业创新中同时存在研究、开发和应用三大群落（Estrin，2008），其中研究群落主要从事知识生产及其体系化，开发群落从事知识向具体产品的转化，应用群落从事具体产品的规模化生产及推广。"上层结构"是创新活动的组织协调者，通常为行业协会、产业联盟、产学研合作平台等具有跨种群调节功能的机构或组织，其作用是引导不同种群之间的知识共享、知识转移，是创新群落存在和发展的重要决定因素。

在创新群落的动态演化过程中，创新种群之间会呈现三种基本关系：竞争、合作与共生（Wang and Lu，2021）。种群竞争是指不同创新种群争夺有限创新要素的过程，其结果是某些种群占据优势地位，成为特定创新功能的主要承担者。例如，高校被认为是基础研究群落的主体，但一些自主创新能力强、创新要素完备的科技领军企业同样可能成为基础研究的主要承担者。种群合作是指不同创新种群为满足共同利益而采取的一致行动，这种行动不会改变各创新种群的独立性。产学研合作就是一种典型的种群合作。种群共生是指创新种群基于密切的相互作用达到相互依存的状态，通常分为寄生共生、偏利共生、互惠共生等不同模式（张影等，2022）。不同模式下，不同创新种群在共生行为中的利益增损状况存在差异（见表4-5）。综上所述，创新群落是在创新种群基础上，以知识流为基础、以功能分异为导向而对创新组织进行的再整合，为创新网络的建立准备了条件。

表4-5 共生关系的不同模式及其含义

共生模式	具体含义
寄生共生	一部分创新种群利益增加，另一部分创新种群利益受损
偏利共生	一部分创新种群利益增加，另一部分创新种群利益不受影响
互惠共生	各创新种群利益增加，实现互利共赢

资料来源：张慧，刘婷，周泯非. 价值共创视角下区块链产业生态系统的共生演化研究：基于 Logistic 的实证分析 [J]. 科技管理研究，2022，42（12）：99-106.（内容有改动）

6. 创新网络

创新网络是不同创新主体通过构建稳定、持续的互动关系（梁丽娜和于渤，2021）而形成的复杂组织。创新网络的成因在于，一方面，创新主体只有与其他创新主体广泛互动才能完成创新过程，如以提升用户体验为导向的创新要求企业与大量消费者保持联系（Leite，2022）；另一方面，创新主体期望在更大范围内搜寻创新源，或者获取更多科技资源、信息，克服自有科技资源的有限性、单一性等局限（李培哲和菅利荣，2022）。就本质而言，创新网络是价值创造过程的物质载体，反映了价值创造由单过程到多线程、由封闭到开放、由简单到复杂的演化趋势。

与其他演化形态一样，不同的创新网络存在高度的异质性，这种异质性的根源是创新网络主导者的多样性。创新网络主导者的作用是提出更具包容性、集成性的价值主张，并且围绕价值主张决定创新网络中需要容纳的成员范围（Hurmelinna-Laukkanen et al.，2022）、确定合作主题，再进行跨群落、跨种群、跨组织的资源整合。因此，创新网络主导者需要具有更为强大的愿景驱动能力（葛爽和柳卸林，2022），并且具有相应的社会渠道资源、平台建构能力、组织协调能力、资源整合能力等，从而对创新网络的形成和发展起决定性作用。

创新源、创新组织、创新物种、创新种群、创新群落和创新网络共同构成了创新生态系统的微观基础，而促使微观基础具备创新功能的关键在于创新链的建立。创新链是指创新价值的转化过程，是涵盖创新源的形成，创新方案的构思、设计、孵化，创新成果的形成、检测、生产、交易等各环节在内的完整链条（张贵等，2018）。从创新主体看，创新链是基于价值创造目标而对创新源、创新组织、创新物种、创新种群、创新群落和创新网络进行的某种链接、赋能；从知识要素看，创新链是通过特定的价值创造路径（林润辉等，2022），对知识流动施加的质或量的规定性，促使知识流由无序状态向有序状态转变。

现实中，创新链广泛分布于创新生态系统的不同微观基础之间及内部，其价值创造功能来自两个方面：一是创新链主导者的价值编排行动。创新链主导者是指对创新链的形成和发展产生决定作用的创新主体。它可以是某个创新群落、创新种群，也可以是某个创新能力突出的创新物种、创新组织；可以是高校、研究所等创新源的所有者，也可以是跨国公司等创新源的使用者、集成者。创新链主导者首先形成关于创新源的价值主张，即从事价值增值的动机；再通过用户的选择过程（Guo et al.，2021），使其价值主张上升为优势价值主张；最后按照价值主张编排创新链条并选择创新链成员。如果创新链主导者不复存在，那么其建构的创新链也会很快瓦解。二是其他创新链成员对价值编排的响应。其他创新链成员尽管创新功能存在差异，但均应认同主导者的价值主张，能够从价值创造活动中获益，并应避免可能威胁价值创造的机会主义行为，共同促成价值创造过程的实现。总之，创新链将价值导向引入创新活动中，为创新生态系统功能效应的形成创造了条件。

二、"创新生态系统2.0"的功能效应

"创新生态系统2.0"的功能效应体现在四个方面：自我组织效应、协同进化效应、平台赋能效应和价值共创效应。

1.自我组织效应

自我组织效应是指创新生态系统中的创新主体能够通过良性互动（张贵等，2022）自主形成有序结构。根据自组织理论的观点，复杂系统产生自我组织效应的四个基本条件是开放性、非线性、突变性和涨落（方曦等，2020）。创新生态系统通过满足这些基本条件，为系统成员的自组织行为提供基础。

从开放性角度来看，创新生态系统的开放性体现在对外和对内两个方面。对外部

世界，创新生态系统的构成要件具有可变性，以确保系统能够吸收来自外部的知识、技术、信息等潜在创新源（韩少杰等，2020）；当创新环境发生变化时，创新生态系统能够从外部引入新成员，系统成员也可实现灵活的身份转变（Bremner and Eisenhardt，2022），反映了创新生态系统对外部世界的开放性。对内部世界，创新生态系统的创新要素对系统成员开放，能够实现系统成员对创新要素的相互"借用"，极大扩展了系统成员的选择集，从而为聚合性、复杂性创新过程提供条件。

从非线性角度来看，创新生态系统中的创新主体和知识、技术、信息等处于动态反馈而非单向传递中，呈现复杂的动态非线性过程（王珍愚等，2021）。产生这种非线性的根源在于，创新主体是以网络嵌入的形式进入创新生态系统的，嵌入形式主要包括结构嵌入、关系嵌入和认知嵌入等。其中，结构嵌入性是创新主体由其所处的社会网络所赋予的特定地位和属性（Granovetter，1985），关系嵌入性是网络关系为创新主体提供的获取信息及资源的渠道（Liu and Tang，2020），认知嵌入性是创新主体通过相互理解、共同学习所积累的资源（宋志红等，2022）。因此，创新生态系统中网络关系的泛在性与嵌入形式的多样性，使创新的投入产出关系很少遵循"规模报酬不变"式的等比例增长关系，很少呈现"规模报酬递增"式的清晰的、确定的关系，而是呈现出不确定性的关系，并伴随着周期性的"涌现"特征。

从突变性来看，创新生态系统存在内生的突变过程。生态学视域下的"突变"是指当资源、环境要素的缓慢变化累积到一定程度时，会引发生态系统结构和功能的转折性变迁，体现出过程的连续性和结果的不连续性（徐兴良和于贵瑞，2022）。创新生态系统中的突变主要体现在两个方面，即创新的突发性和随机性（苏屹等，2019）。突发性表明创新要素的积累在浓度、高度、活跃度、响应度等方面（吕晓静等，2021）存在着特定的"临界状态"，体现为创新生产函数中存在"尖点"[①]。当创新要素的积累达到"尖点"时，创新产出将以"迸发"的形式出现（苏屹等，2016）。随机性是指创新的产生无法被精准地预测（Kerr and Robert-Nicoud，2020），最终取决于在高度异质的创新要素所构成的时空演化过程中，创新要素在何时、何地率先达到"临界状态"。突变的存在，决定了创新生态系统自组织路径的多样性。

从涨落趋势来看，创新生态系统的涨落是创新主体最终趋向自组织状态的关键。根据普利高津的耗散结构理论，一个远离平衡态的系统通过与外界的物质、能量交换，能够逐步由无序状态向时间、空间或功能层面的有序状态转化（吴颖和车林杰，2016）。而在达到平衡态后，系统在微观层面仍然存在对平衡态的随机性偏离，这种偏离即为"涨落"（尼科里斯和普利高津，2010）。创新生态系统中，创新要素通过非线性互动形成高频率的创新行为，持续产生新创意、新知识、新思想等，构成了创新生态系统中普遍存在的"涨落"。随着新创意、新知识、新思想等的交流、传播、转化和应用，这些"微涨落"逐渐放大为"巨涨落"（王崇梅和毛荐其，2007），直至形成具有颠覆性的新技术范式和生产方式，促使创新生态系统发生自我变革、重构，向着与

① "尖点"在数学上指使函数曲线瞬间改变方向的点。由于函数曲线在尖点位置不可导，基于微分求导法则的"边际分析法"在解释创新过程时存在不适用性。

新技术范式和生产方式相适应的新平衡态趋近。可见，"涨落"对于创新生态系统的进化路径具有重要的塑造作用。

在上述四个基本条件的作用下，创新生态系统在高度复杂的演化过程中趋于有序，形成创新功能相对完备、创新主体高频互动、创新成果持续产出的自组织体系。同时，这种自组织状态是相对的，因为创新要素的连续积累会在特定临界状态下推动整个创新生态系统由旧稳态向新稳态跃迁，引发创新主体间关系的重构，使创新生态系统的结构和功能由旧的自组织状态向新的自组织状态转变，形成"无序—有序—无序—有序……"的螺旋式上升过程。

2. 协同进化效应

协同进化效应是指创新生态系统中的创新主体能够达到彼此依存、共同进化的良性状态（靖鲲鹏和宋之杰，2022），实现更加合意的进化过程，进而推动创新生态系统的整体进化。协同进化效应以创新主体自主进化能力为基础，融合了创新生态系统对创新主体进化路径的影响作用，构成了创新过程中"个体进化"与"整体进化"的纽带。

在进化论视角下，"进化"反映了个体或系统的自我优化趋向。就"个体进化"而言，创新主体的进化过程源于前文所提到的"变种—选择—保留"过程，即创新主体在应对创新环境变化时持续产生"变异"，经过自主选择和环境选择等筛选过程，使创新主体产生了自我优化趋向。这种自我优化趋向表现在两个层面。一是本体层面的优化，可细分为功能和结构两个方面。例如，创新主体具备以往所不具备的创新功能，或者强化市场竞争力等"动态能力"，属于功能优化；创新主体形成更为高效的内部治理结构属于结构优化。二是关系层面的优化，可细分为主体间关系和"主体—环境"关系两个方面。例如，创新主体在创新网络中由非核心位置向核心位置移动，主要体现了主体间关系的优化；创新主体的环境适应力增强主要体现了主体与环境之间关系的优化。

就"整体进化"而言，创新生态系统的进化过程同样符合"保留对自身有利'变异'"这一特征，其自我优化趋向也相应地体现在本体优化和关系优化两个层面。其中，创新生态系统在本体层面的优化包括功能的新增、结构的完善两个方面。前者的具体表现包括产生新的创新模式或新兴业态（柳卸林等，2022）、形成更强的价值创造能力等，后者的具体表现包括系统结构清晰度和完整性的改善（谭劲松等，2021）等。创新生态系统在关系层面的优化包括系统地位的提升和"系统—环境"关系的协调两个方面。前者的具体表现包括本系统在国家乃至全球创新竞争中居于领先地位、在更高层级创新生态系统中的地位提升等，后者的具体表现包括系统在面对外部环境冲击时表现出更强的韧性和稳定性等。

协同进化效应之所以能成为"个体进化"和"整体进化"的纽带，其核心在于协同关系的创设。根据协同理论的观点，"协同"反映了多个创新主体通过相互作用（Yu et al.，2018），使创新主体的总体创新成效大于个体创新成效之和的状态（Harrigan et al.，2017）。在创新生态系统中，创新主体不会处于"原子式"的、彼此孤立的状态，而是处于紧密的"共演"（Fritsch et al.，2019）中。这种"共演"过程不论是何种表现形式，实质上都是创新主体所处的创新生态位由低阶向高阶演变的过程。创新主体能够在创新生态系统中实现更加合意的进化，本质上是源于创新主体之间在生态位意义上的协同关系。这种关系可以从生态位的"四度"加以理解。

第一，从生态位的"高度"看，不同"高度"的创新主体能够实现纵向创新协同。其中，生态位较高的创新主体通常为关键产品、服务或创新基础设施（Xie and Wang, 2021）的提供者，可通过预判创新方向、主导创新分工等途径影响其他主体的创新路径选择；生态位较低的创新主体可通过参与生态位较高主体所主导的创新过程，调整创新要素配置方向和模式。在一个良性运转的创新生态系统中，生态位较高的创新主体将通过知识积累和试错建构创新优势，进而实现自我进化；而生态位较低的创新主体在创新过程中，通过降低技术风险、减少重复投入等途径提升创新效益，进而实现同步进化，达到两类创新主体的协同进化效果。

第二，从生态位的"宽度"看，不同"宽度"的创新主体存在横向创新协同空间。其中，生态位宽度较高的主体通过知识、技术的多样化积累和差异化组合（申红艳，2022），使其创新职能逐步转向更加依赖知识综合与重组的复杂性创新（王俊松和颜燕，2022）；生态位宽度较低的主体则转向技术路线相对清晰的专业化创新活动。由此，两类创新主体的创新职能分异，使创新生态系统的创新能力在广度和深度两个维度实现延伸，形成创新生态系统进化的结构基础。同时，这种创新职能分异使两类创新主体采取了与自身资源禀赋特征更为适配的进化路径，从而推动主体实现优化。

第三，从生态位的"重叠度"看，生态位的适度重叠是创新主体实现协同的基础。创新主体之间的生态位"重叠度"与创新主体绩效存在倒"U"形关系（陈彦文，2017）：生态位的高度重叠意味着创新主体处于完全竞争状态，导致主体间难以实现创新协同（何郁冰和伍静，2020）；但当生态位没有重叠时，创新主体的相似性较低，缺乏基于共同知识的合作基础，对创新协同具有阻碍作用。因此，创新主体需要寻找"最适重叠度"以实现创新绩效的优化。在"最适重叠度"下，创新主体基于技术、认知层面的邻近性开展创新合作，经过长期博弈、协调，逐步由合作关系向协同关系转变，最终呈现出以共同决策、利益分享、风险共担等为特征的共生状态。这种共生状态伴随着创新主体效能的同步改善，是创新主体实现共同进化的条件（孙耀吾等，2014）。

第四，从生态位的"适宜度"看，提升"适宜度"为创新主体的协同提供了方向遵循。在创新主体的纵向或横向创新协同中，创新生态系统通过引入正式或非正式治理机制，就科技资源的共享、利用、协调等在创新主体之间生成资源编排方案，推动创新主体从资源"拥有观"向资源"利用观"转变（梁丽娜等，2022），进而突破单一创新主体的资源禀赋约束，弥合协同过程中各方所需要的科技资源与其实际可获得的科技资源之间的差距，体现为生态位适宜度的同步提升，为创新生态系统参与者创新能力的整体提升及进化提供了条件。

综上所述，创新主体在创新生态位层面存在进化路径的相互作用，构成了创新生态系统进化路径的微观基础。创新生态系统的进化又能为创新主体的协同进化提供更优条件，从而形成"个体进化"与"整体进化"之间的正向"循环累积因果"过程。

3. 平台赋能效应

平台赋能效应是指创新生态系统在发展过程中呈现"平台化"趋势，依托平台对创新生态系统成员实施赋能，进而实现平台与系统成员在能力和价值上的增进（许晖等，2021）。近年来，无论是基于数字技术建立的虚拟平台，还是创新主体基于特定契约形成的实体平台，均在创新活动中产生了重要作用，某种意义上呈现出"无平台不生态"（王海军等，2021）的特征。而创新平台的赋能效应作为平台价值的重要来源（Jiao and Chen，2021），为创新生态系统成员的协同行动准备了条件，实现了创新主体由"被动进化"向"主动进化"的转变。

从组织基础来看，平台型企业是平台赋能效应形成的关键，创新生态系统中存在"平台型企业—创新平台—平台生态系统"的演化路径。"平台型企业"是指能够有效生成对资源、惯例和结构的新组合，从而不断适应竞争环境变化（Ciborra，1996）的商业组织。为了达到上述目的，平台型企业在价值创造逻辑上表现出一系列特殊性：从创造主体来看，平台型企业的价值创造过程从依靠单一价值链实现转向依靠复杂价值网络实现（孙新波等，2022）；从价值目标来看，平台型企业的行为规则从自身利益最大化转向价值网络利益最大化；从价值载体来看，平台型企业的竞争策略从生产消费品转向为消费者、其他生产者等各类主体提供差异化产品及体系化、集成化的创新创业生态服务。

作为上述价值创造逻辑的实现基础，"平台"是能使不同价值创造主体之间、价值创造主体和特定产品及服务之间实现连接的标准化、开放化界面（Shipilov and Gawer，2020）；特别地，"创新平台"是使创新主体以低交易成本相互交流，促进技术、知识及创新产品的交互供给的关系形式（Zeng et al.，2021）。尽管创新平台与平台型企业之间某种程度上存在"'鸡生蛋'还是'蛋生鸡'"的关系，但创新平台一经产生，便不再局限于平台型企业的商业属性，而是成为商业属性和公共属性的统一体：一方面，创新平台仍服务于平台型创新企业的价值创造过程；另一方面，创新平台充当着重要的科技基础设施（柳卸林等，2022），通过减轻创新中的信息不对称、针对创新主体共性需求提供互补性资产（曲永义，2022）、承载公共科学数据开发活动等方式，实现公共利益的创造（梁正和李佳钰，2021）。

随着创新平台的完善，创新平台将由单纯的"平台参与者构成的集合"向成熟的平台生态系统转变。"平台生态系统"是基于共同愿景形成的、通过主体间创新协作实现共同进化的组织结构（Fu and Li，2022），是创新生态系统的一类特定形态，其核心是将各系统成员的协同互动统一到完整的价值创造过程中。其中，平台型企业作为生态系统的主导者、协调者和匹配者（王海军等，2021），通过对用户群体的服务、对合作者的吸收和对竞争者的接纳（宁连举等，2022），实现已有价值网络的延伸和新价值网络的生成；各创新主体作为参与者，彼此交换技术资源和隐性知识，进而建构起技术匹配及互利关系（赵艺璇和成琼文，2022）。

在这种"平台型企业—创新平台—平台生态系统"的演化路径中，平台的作用不仅在于搭建沟通渠道，而且构成了各创新主体进化过程中的独立影响力量，或者说平台对创新主体产生了"赋能"作用。所谓"赋能"是指为创新主体提供有利于实现其目标的动力及能力（冯蛟等，2022）。就创新生态系统而言，平台赋能效应主要体现在以下四个方面：

一是"结构赋能"。它是指在平台生态系统中，作为主导者的平台型企业与其他平台参与者共享其创新决策权、资源使用权等权力，赋予平台参与者更多行动自主权（周文辉等，2018）。结构赋能体现了创新平台权力结构的扁平化过程，强调通过合理制定平台契约和规则，既保证各创新主体围绕统一的价值创造过程开展协同行动，又能充分考虑创新的随机性和不确定性，对预期外的创新行为采取包容审慎态度，支持创新主体的试错过程，从而保持创新主体的积极性、主动性。

二是"资源赋能"。它是指平台生态系统为平台参与者开放知识、技术、科学设备等资源权限，为其创新活动提供互补性资产。一方面，创新平台能够"撬动"（张镒和刘人怀，2020）来自不同创新环节、不同群体的创新要素，支持平台参与者获取多样化的创新投入，并从差异化技术路线中获得经验和启发，推动企业实现其创新目标。另一方面，创新主体加入创新平台后，通过与其他参与者的创新合作得到平台认可，同时借助平台的社会声誉得到公众认可（杨芳芳和许治，2021），达到巩固组织合法性的目标，从而为创新主体从平台内部和外部获得后续科技资源注入提供保证。

三是"数据赋能"。它是指平台生态系统为所有参与者提供涵盖数据生产、收集、开发、保护等过程的产权契约（刘方龙等，2023），以促进利益共同体的形成。当数据被视为创新投入时，平台生态系统对数据的运用是其资源赋能过程的表现。而在数字经济时代，数据已经扩展为整个创新治理过程的基础性支撑，在创新战略制定、技术预见、价值链管理中发挥着至关重要的作用（蔡跃洲，2021）。创新平台通过界定数据权属，能够充分挖掘平台参与者的数据潜力，使每个参与者不仅能够从创新平台所汇集的"数据池"中获益，而且能够从数据对创新治理水平的提升作用中获益，这是创新平台得以维系巨量参与者的互动关系的关键。

四是"认知赋能"。它是指平台生态系统能够创造平台参与者对共同价值主张的认同，并使平台参与者建立有关创新有效性的信念等（Offergelt et al.，2019）。结合社会认同理论，"认同"意味着平台参与者对所从事的创新活动持积极态度，并将创新视为对自我的定义的核心部分（刘晔等，2022），是平台参与者自觉维护平台共同利益的主要动机（郭晟豪和胡倩倩，2022）。在一个健全的平台生态系统中，平台参与者形成的相对清晰、稳定的价值网络，使平台型企业能够有效传递其价值主张，加速其他参与者对创新理念及目标的认同；不同参与者因同处于一个创新平台而建立身份认同，进而形成共同合作愿景（杨芳芳和许治，2021）。因此，通过创新平台与平台参与者之间的信息交流，有助于形成平台参与者的共同价值观和心智模式（喻登科等，2021），推动创新协同行动的产生。

综上所述，平台赋能效应反映了平台在创新生态系统构建中发挥了重要的作用，强调了平台影响创新主体进化的四类赋能渠道，是创新生态系统的功能效应的重要体现。

4. 价值共创效应

价值共创效应是指在创新生态系统中，不同主体基于共同的价值主张，形成以主体间交互连接（赵艺璇等，2022）为特征的协同创新行动，进而共同创造价值的过程。

"创新"不等于"发明",而是新的思想、创意从产生到市场化应用的完整过程(Carlino and Kerr,2015)。这决定了创新生态系统的落脚点是价值的实现与创造,即通过新知识、新技术及其组合,更好地满足不同主体的需要,既可以体现为新产品销售收入等经济价值,又可以体现为塑造创新文化、提高社会福利等社会价值。价值共创效应指出了创新生态系统中价值形成的两个关键基础,即共同价值主张和价值共创模式。

共同价值主张是创新生态系统得以形成和维系的前提。价值主张是指面向价值接收对象做出的关于价值提供的目标、内容、途径等的声明(Pieppomen et al.,2022),其提出者通常是创新生态系统的主导者。这里的"价值接收对象"主要包括两类:价值主张的提出者所面对的客户,以及价值主张提出者所在的创新生态系统中的其他成员①。对于客户,价值主张的侧重点是明确如何创造新的价值,即如何"把蛋糕做大";对于创新生态系统成员,价值主张的侧重点是明确如何与各利益相关者分享价值,即如何"把蛋糕分好"(Granstrand and Holgersson,2020)。价值主张的提出者通过向创新生态系统内部和外部输出其价值主张,能够筛选出与其志同道合的合作者(姜忠辉等,2022)。价值主张的提出者与合作者的互动,促使双方的价值主张产生交流,从中发现双方的共同利益,最终形成共同的价值主张,构成了双方的合作基础。

价值共创模式是不同创新生态系统成员在实现共同价值主张的过程中所形成的组织化形式。对创新生态系统而言,价值"共创"体现在价值创造过程并非出自少数创新生态系统成员的自发行动,而是需要所有成员的共同参与。价值共创模式由两个基本机制构成,即资源整合机制和主体互动机制(Razmdoost et al.,2019)。其中,资源整合机制强调创新生态系统成员出于实现共同价值主张的需要,能够自主搜寻、识别新的合作者(赵艺璇和成琼文,2022),使创新生态系统及时接入所需的异质性、互补性科技资源,以维持对价值主张的实现能力。主体互动机制强调创新生态系统成员之间的关系体现为某种"交换"(陈衍泰等,2018),即系统成员彼此满足创新需要的过程(孙庆民,2009)。从交换内容来看,系统成员的价值交换分为经济交换和社会交换(孙静林等,2023)。前者指系统成员之间发生的经济利益流动,如产权的有偿让渡等;后者指系统成员之间的非经济利益流动,如思想交流、自发的科技资源共享等②。从交换形式看,系统成员的价值交换分为协商型交换和互惠型交换。前者指系统成员基于合同等正式契约达成的有关价值创造权利及义务的约定,体现为根据合同规定实行的履约行为;后者指系统成员基于信任等非正式契约达成的有关价值创造权利及义务的约定,体现为自愿的互利及利他行为(孙静林等,2023)。现实中,不同创新生态系统中的成员所形成的资源整合机制和主体互动机制迥异,构成了价值共创模式的多样性和复杂性。

共同价值主张与价值共创模式之间存在相互影响的关系。共同价值主张对潜在合作者的识别和筛选,能够使价值共创模式建立在价值主张相对接近的创新主体基础之

---

① 现实中,这两种价值接收对象之间可以相互转化。一种比较常见的情况是:在"用户创新"模式下,消费者已由单纯的"客户"转变为创新过程的参与者,即创新生态系统成员。

② 不同于孙静林等(2023)的研究,这里依照发生交换的价值类型定义"经济交换"和"社会交换",从而与前文关于"经济价值"和"社会价值"的区分相对应。

上，进而保证创新生态系统价值共创过程的稳定性。而价值共创模式的形成和进化，有利于系统成员加深相互理解，形成更为一致的价值观和心智模式，继而建构更具吸引力和包容性的共同价值主张。共同价值主张与价值共创模式的互动，最终使系统内创新主体创造出相对于系统外创新主体而言更高的价值水平（Benitez et al.，2020）。

三、"创新生态系统 2.0" 的演化路径

创新生态系统不会自然形成，而是需要满足若干使之得以形成的前提。创新生态系统一经形成，便时刻处于动态演化中，这构成了创新生态系统复杂性的重要来源。创新生态系统的演化尽管形式上千差万别，但本质上都是其构成要件运动变化的结果，在机理层面体现为不同驱动力的共同作用。

1. 创新生态系统的形成

创新生态系统的形成并非一个自然过程。从构成要件视角来看，创新生态系统的形成需要满足以下四大前提：

一是存在多样化的创新主体。创新生态系统的形成需要商业参与者、社会参与者、公共部门参与者、研究和发明者、资本提供者和创新中介等各类创新主体的共同参与，且同一类型的创新主体在规模、所属行业等方面也应保持一定的多样化特征。创新主体多样化的意义主要体现在两个方面：一方面，多样化是互补性产生的基础。创新主体面对的潜在合作者越是多样，互补性创新主体出现的概率则越大。创新生态系统需要创新主体之间的多边互补关系（Shipilov and Gawer，2020）加以维系，创新主体的多样化程度越高，创新生态系统就越能满足创新主体对互补性资源的需要。另一方面，多样化具有正外部性。创新过程中的大量试验、试错，导致创新投入品存在一定的不可预知性。此时，创新主体的多样化有助于创新者及时取得"或有的"创新投入品（Duranton and Puga，2001）。同时，多样化的创新主体能够促进异质性知识的交流、重组，促使创新主体激发创新灵感，构成了创新活动中的"Jacobs 外部性"（Carlino and Kerr，2015）。

二是选择合意的创新方式。创新方式的选择取决于创新生态系统所要实现的价值主张及其对应的技术特性。例如，以提升用户体验为核心的价值主张通常要求增加产品功能、改善产品质量等，对应的技术特性表现为对成熟技术的边际改进，因而在创新方式的选择上以探索式创新为主；而以开辟新消费市场为核心的价值主张通常要求提供新颖的产品、吸引新兴消费群体等，对应的技术特性表现为按照商业化要求和应用导向改造新技术，因而在创新方式的选择上以开发式创新为主。更进一步地讲，创新生态系统所面对的技术特性既取决于技术自身的发展规律，又取决于创新生态系统确立的技术突破路径（葛爽和柳卸林，2022），因而是客观性和主观能动性相统一的结果。可见，技术发展规律及突破路径共同决定了技术特性，技术特性与价值主张的结合决定了创新方式，进而塑造了创新生态系统的形态。

三是具有完备的创新条件。创新生态系统的形成需要以位势条件为基础、以流动条件为关键、以传导条件为纽带、以临界条件为契机。其中，位势条件要求实现生态位的分离栖息（张贵等，2018），即创新主体采取差异化的创新策略，利用市场需求的"长尾效应"发现市场"缝隙"（朱桂龙等，2018），使生态位适度分离，以避免重复

建设、恶性竞争等问题。流动条件要求实现创新主体间知识、技术、要素流动的有序化。"流"产生于创新主体的多边互补性,"流"的有序化是指"流"应当尽可能满足创新主体的互补性需求,使创新网络向价值创造效率最大化、技术扩散成本最小化方向演化(董津津和陈关聚,2020)。因此,创新生态系统中的"流"通常不会均质分布,而是以少数创新优势突出的创新主体为枢纽,带动创新生态系统整体发展。传导条件要求"流"在创新生态系统内部能够正常传递。从创新治理角度看,创新主体间联系既可以建立在合同、协议等正式契约基础上,也可以建立在信任、声誉等非正式契约基础上。其中,非正式契约因其灵活性、柔性化等特点,能够减少创新主体之间的摩擦,约束机会主义行为,是创新生态系统治理中不可或缺的部分(王涛等,2022)。临界条件相当于创新生态系统的"触发"机制,需要达到创新生态系统形成所需的阈值。现实中,达到阈值的路径通常有两种:一种是以外生力量推动量的持续累积。例如,政府可逐步加大创新政策力度,或者发挥多项政策的"叠加效应",直至创新政策达到足以使创新生态系统生成的程度。另一种是以内生力量诱发"循环累积因果效应"。例如,政府或平台型企业在培育创新催化主体时,可集中优质资源培育一批成熟创新催化主体,通过其自主的市场行为引育新的创新催化主体,直到创新催化主体在数量和结构上满足创新生态系统形成的需要。选择何种路径通常是创新主体结合实际、相机抉择的结果。

四是处于适宜的创新环境。创新环境是内部环境与外部环境、必然性与偶然性的统一。一方面,适宜的创新环境要求发现创新环境中的"短板"并加以弥补。创新环境总体上应当向开放、合作与共赢的方向发展(吴欣望和朱全涛,2022),形成尊重科学、鼓励创新的氛围,克服阻碍创新的地方保护主义和不正当竞争等做法。另一方面,适宜的创新环境还要求准确识别和把握创新环境中的特异性因素。例如,在新兴技术革命浪潮出现时,一部分创新主体能够敏锐感知到科技环境变化,并将感知转化为创新策略的调整,从而促使新兴创新生态系统的产生;另一部分创新主体因错失技术变革机遇而未能形成创新生态系统,甚至已经形成的创新生态系统也会因创新竞争力的消失而瓦解。因此,准确识别创新环境变化对于创新生态系统的形成具有至关重要的影响。

在具备上述四大前提的情况下,创新生态系统开始形成和发展。其形成和发展过程表现出循序渐进特征,并通常遵循着"创新源—创新组织—创新物种—创新种群—创新群落—创新网络—创新生态系统"的顺序(张贵等,2018),如图4-7所示。首先,新技术浪潮等创新环境变化会催生大量创新源,创新源通过向实体组织汇集、与实体组织结合,促使实体组织向创新组织转化,表现为创新型企业、高校、科研机构等的出现,进而由同种创新组织构成相对独立的创新物种。其次,相似创新物种中的多个创新组织在特定空间集聚,构成了创新种群;相关创新物种中的多个创新组织通过跨界合作,形成了包括中介种群、企业种群、金融种群、科研种群、政府种群等在内的创新群落。同时,在创新群落建构创新活动的过程中,创新种群之间、同一种群的创新组织之间基于多边互补关系,产生了知识、信息、技术、成果等层面的"流",形成了复杂的创新网络。最后,创新网络孕育出协同创新、集成创新等单个组织、单个种群所不具备的创新功能,促使创新生态系统形成。就系统内部来看,创新生态系统借助创新平台的力量，将主导企业、竞争企业、配套企业、金融机构、科研机构、中介机构等联结起来，基于"流空间"实现密切的资源整合、匹配和共享。就系统外部来看，创新生态系统与外部环境发生资源和要素交换，实现开放、动态发展。其中，人才与资金、创新基础设施、创新政策、创新文化乃至偶发事件、经济景气波动等，都会对创新生态系统的结构和功能产生影响，进而造就了创新生态系统的多样化。

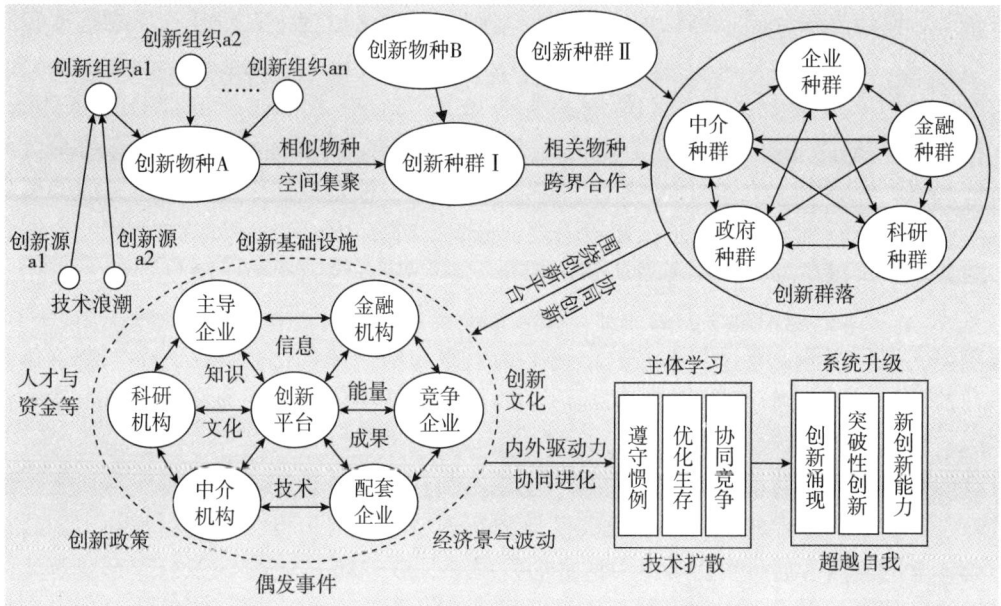

图 4-7 创新生态系统的组织演化机理

资料来源：张贵，温科，宋新平，等.创新生态系统：理论与实践［M］.1 版.北京：经济管理出版社，2018：78.

2. 创新生态系统的演化

创新生态系统一经形成，便依照自我组织效应、协同进化效应、平台赋能效应和价值共创效应，对创新活动产生影响。在此过程中，创新主体、创新方式、创新条件、创新环境等创新要件的动态变化，将持续影响创新生态系统的动态变化，进而影响其作用效果的实现。从这个意义上说，创新生态系统是不断演化的系统。如图 4-7 所示，一个健康的创新生态系统能够在内外驱动力的共同作用下实现进化，其中创新主体通过自主学习过程实现结构和功能的优化，进而使创新生态系统的结构和功能实现演化。创新生态系统的演化涉及两个重要问题：一是演化的"因"，即演化的驱动力来源；二是演化的"果"，即演化的结果。

从演化的"因"来看，创新要件的动态变化表现为一系列内部或外部驱动力的非线性叠加（张贵和刘雪芹，2016）。其中，外部驱动力相当于创新生态系统演化的"外因"，主要由创新环境中外部环境的变迁构成，如全球性技术变革的出现、改革举措的出台以及突发事件的影响等。尽管外部环境变迁相对于创新生态系统而言是客观存在，但其能否构成系统演化的外部驱动力，根本上取决于创新生态系统的"内因"，即内部驱动力。内部驱动力主要由创新主体、创新方式、创新条件以及内部创新环境的变迁构成。这些变迁通常是创新生态系统主动变革的结果,其共性特征是体现创新生态系统演化的"目的性",即创新生态系统成员就创新生态系统的发展方向和愿景所形成的共同意志。因为创新生态系统总是以实现特定的价值主张为基点(Shipilov and Gawer,2020),所以与自然界的演化过程不同,创新生态系统的演化过程总是围绕着更好实现其价值主张而展开,这是"目的性"在系统演化过程中的主要体现。基于此,可将系统演化的内部驱动力分为两类:一类是为更好实现既有价值主张而产生的内部创新要件变迁,其"目的性"体现为促成创新生态系统的"螺旋式上升";另一类是由价值主张更迭所引致的内部创新要件变迁,其"目的性"体现为促成创新生态系统的"赛道转换"。创新生态系统对于其"目的性"的不断实现,以及不同"目的性"之间的顺畅转换(高山行和谭静,2021),构成了创新生态系统持续演化的必要条件。创新生态系统也因此可被视为基于价值主张特别是核心价值主张的技术演化过程(柳卸林和王倩,2021)。

从演化的"果"来看,创新生态系统的演化过程使创新生态系统呈现出"初创期—成长期—成熟期—转型期"的演化路径。对于任一演化阶段,创新生态系统演化结果的一般表现是创新生态系统成员的生态位变迁。其中,原有成员的生态位可能相对不变,也可能出现增减、互换、相互替代等;系统中可能出现新成员,以填补原有成员空出的生态位,或者取代原有成员的生态位、开辟系统原本没有的生态位等;生态位的大幅变迁甚至有可能导致主导者和参与者的身份更迭和逆转(谭劲松等,2021)。具体到各个演化阶段,生态位的不同分布状态对应着创新生态系统的不同发展状态。在初创期,创新生态系统成员的数量、种类有限,对应的生态位处于稀疏、离散分布状态,仅能满足少数基本的创新功能,此时创新生态系统的"目的性"在于尽快形成稳定结构以维持系统存续(张贵等,2018)。在成长期,创新生态系统的"目的性"转向快速完成自我建构以抢占创新领先地位,此时大量新成员进入系统并初步形成竞合共生关系,促使系统知识水平迅速提升(董睿和张海涛,2022),生态位分布趋于连续,创新功能更加丰富。在成熟期,创新生态系统的"目的性"转向维持在现有创新领域中的领先优势,此时系统在规模上趋于峰值,创新主体间关系更为稳定、持续,系统内部呈现出"热带雨林式"(黄和霍洛维茨,2015)的自组织形态,体现为系统内部生态位连续分布,并且形成富有韧性的自我稳定机制,即任何生态位的空缺都能及时被创新主体补足。同时,在功能层面,成熟期的创新生态系统不仅能够提升其原有的创新功能,而且能够具备协同创新、集成式创新等更加复杂的创新功能。在转型期,创新生态系统的"目的性"转向寻找新的创新优势,以避免衰亡的命运(顾桂芳和胡恩华,2020)。此时系统成员的生态位会依照新创新优势的建构要求而发生大范围变动,创新功能也随之面临重构。总的来说,生态位变迁构成了创新生态系统结构和功能变迁的微观基础,进而实现创新生态系统自身生态位的变迁。一个良性发展的创新生态系统能够实现由低生态位向高生态位的转变(张贵等,2018),具体表现为创新的涌现、突破性创新的产生、创新功能的增加等,并最终体现为价值主张实现能力的提升。创新生态系统也因此可被视为基于生态位变迁的价值演化(李佳钰等,2021)过程。

第五节 "创新生态系统2.0"的层次结构

创新生态系统呈现出一定的层次结构。根据层次尺度的不同，可将创新生态系统分为企业创新生态系统、产业创新生态系统、城市创新生态系统、区域创新生态系统和国家创新生态系统，如图4-8所示。这五大层次的创新生态系统在空间上逐层嵌套，在逻辑上相互关联，每一层次的创新生态系统都对其他层次的创新生态系统产生显著影响，同时具备自身特有的结构与功能。

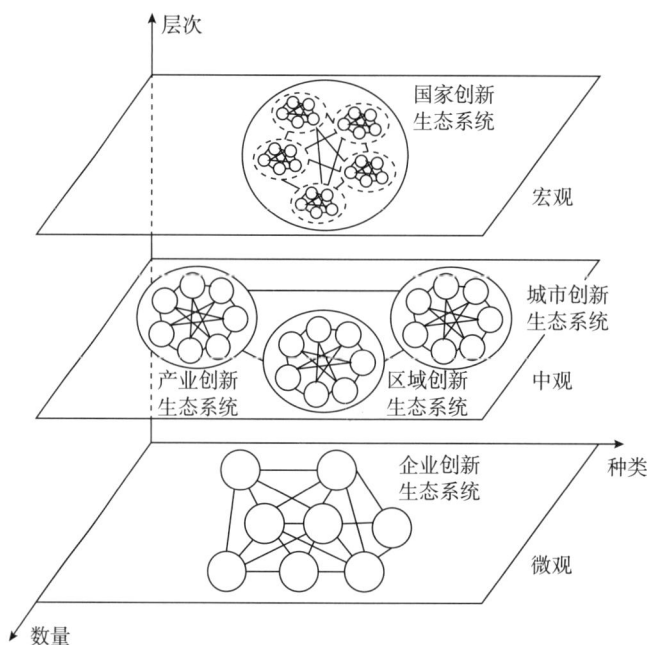

图4-8 创新生态系统的层次结构

资料来源：张贵，温科，宋新平，等.创新生态系统：理论与实践［M］.1版.北京：经济管理出版社，2018：219.（与原图相比有改动）

其一，企业创新生态系统在创新生态系统的层次结构中处于基础地位。企业创新生态系统是从微观视角界定的创新生态系统，是企业以实现价值主张为目标、基于利益相关者构建的系统结构。企业创新生态系统的产生由特定价值主张驱动，是创新生态系统的"核"企业寻找互补性创新主体的过程。因此，企业创新生态系统的基本结构表现为"核"企业与互补性创新主体的"互利共生体"，如图4-9所示。"核"企业通常是具有竞争优势和转型能力的企业，其职能是提出明确的价值主张，并且基于内部和外部创新要素，构建由创新源到创新成果再到创新价值的完整价值实现路径，因而在企业创新生态系统的形成和治理中发挥决定性作用。互补性创新主体包括与价值主张的实现相关的知识种群、服务种群、制度和环境种群等，其中主要是高校、科研机构等以知识创造为主业的创新主体；互补性创新主体的职能是在"核"企业的引导、协调下，发挥自身独特优势，与其他互补性创新主体共同完成价值创造过程。在价值共创过程中，"核"企业与互补性创新主体通过"核"企业构建并主导的资源共享平台实现互动、协同，同时基于平台实现双向识别、筛选，最终从知识种群中筛选出与"核"企业价值主张一致的外部创新企业、团队，成为创新的直接参与者、资源共享平台的直接贡献者，为企业创新生态系统的长期发展准备条件。

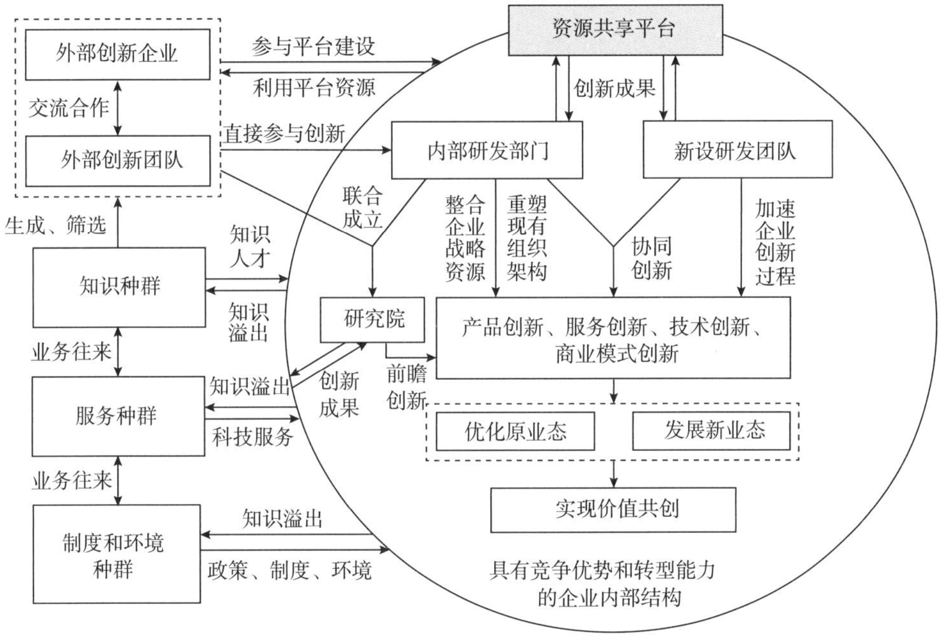

图 4-9　企业创新生态系统的基本结构

资料来源：张贵，温科，宋新平，等 . 创新生态系统：理论与实践 ［M］. 1 版 . 北京：经济管理出版社，2018：226.（与原图相比有改动）

企业创新生态系统通常具备三种基本功能：一是整合创新资源。出于提升创新成功概率、适应复杂性创新等考虑，"核"企业通常需要跨行业、跨领域搜寻创新主体，以确保创新资源的异质性（赵艺璇和成琼文，2022）。"核"企业通过建立企业创新生态系统，能够克服自有创新资源的局限，搜索能够满足自身创新需求的其他创新主体，与这些创新主体拥有的创新资源建立稳定链接，从而有效扩展创新资源边界。二是提供解决方案。解决方案是对客户特定需求的回应，表现为一系列产品和服务供给的集合，是价值主张的实现载体（Dedehayir et al.，2018）。在企业创新生态系统中，"核"企业与互补性创新主体之间的互动集中体现为用户需求解决方案的制定、分工和实现，从而形成价值创造闭环。三是形成竞合优势。就竞争而言，企业创新生态系统的建立，促使企业竞争战略从企业个体的效率最大化转向发挥多主体的协同效应（苏策等，2021），为所有系统成员提供应对市场内生和外生冲击的组织基础，在"核"企业参与市场竞争的过程中发挥"护城河"作用。就合作而言，企业创新生态系统的网络化结构为系统成员提供了"关系资本"，能够提升系统成员对潜在优质合作者的吸引力，对

"核"企业融入更高层次的创新生态系统具有促进作用。

其二，产业创新生态系统在创新生态系统的层次结构中处于关键地位。产业创新生态系统是从中观视角界定的创新生态系统，是以价值创造为导向（商亮和赵晖，2021）、由产业内和产业间创新主体在特定时空范围内形成的共生系统，代表了产业创新的发展方向。产业创新生态系统的价值创造导向决定了其基本结构能够覆盖价值的物质载体（产品和服务）的完整创造过程，这一价值创造过程需要由研究群落、转移群落、开发群落和市场群落等创新群落共同完成①，如图4-10所示（以产品创造为例）。其中，研究群落从事知识生产和升级，包括以理论建构为主的科学群落和以应用转化为主的技术群落。转移群落促进知识从供给端向需求端的转移，包括以营利方式转移知识的商业群落和以非营利方式转移知识的公益群落。开发群落将知识转化为具体产品，实质上对应价值的发现和形成过程，因而按照新产品的开发顺序（王宇凡等，2020），可以分为设计群落、测试群落和生产群落。市场群落从事市场供需的匹配，实质上对应价值的实现过程，根据需求类型的不同可分为消费者市场群落和产业市场群落，前者将产品作为最终消费品提供给用户，后者将产品作为中间品提供给其他产品和服务的生产主体。因此，在产业创新生态系统中，来自不同产业、不同群落的创新主体共同实现知识向价值创造过程的嵌入，依循创新群落及创新主体之间形成的创新

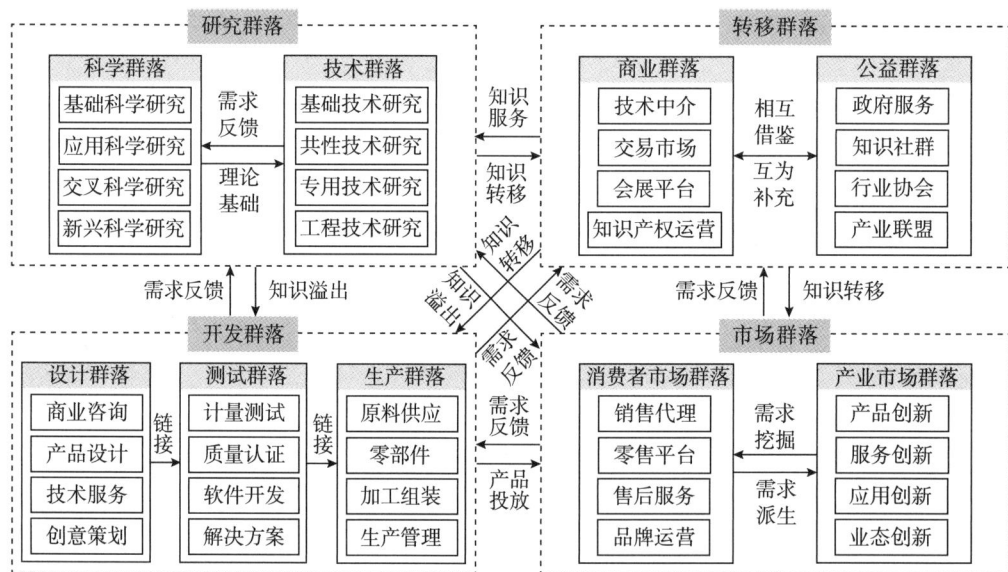

图 4-10 产业创新生态系统的基本结构

注：其中技术群落的构成借鉴了古志文（2016）的相关研究，对需求反馈的作用认识借鉴了张锦程和方卫华（2022）的相关研究。

① 这四类群落的划分标准借鉴了以下文献：张贵，温科，宋新平，等. 创新生态系统：理论与实践 [M].1 版. 北京：经济管理出版社，2018：19；李菲菲，崔金栋，王胜文，等. 复杂系统视角下我国汽车产业技术创新网络演进研究 [J]. 科技管理研究，2019，39（21）：154-159.

网络，最终形成价值共创的闭环，实现传统"链式生态"向"网状生态"的转变。[①]

产业创新生态系统的功能体现在三个方面：一是推动价值开发。通过知识的商业化实现价值增值是产业创新生态系统的基本功能。在产业创新生态系统的作用下，来自不同产业、不同经济部门的创新主体通过确立价值创造目标、共享技术与技能等方式（牛媛媛和王天明，2020），将知识的生产、转移、应用、转化联结为一个整体，充分挖掘知识向价值的转化潜力。二是促进产业融合。随着产业分工的细密化与产品复杂度的提升，创新主体既面对大量跨产业协作场景，又面对产业间协作由偶发性向常态性转变的趋势。产业创新生态系统通过在创新群落、创新主体之间形成多维互补关系，能够构建紧密且稳定的产业关联，通过多主体协作打破产业间知识壁垒、技术壁垒，从而促进产业融合化发展，推动传统业态升级和新业态出现。三是推动产业升级。产业创新生态系统形成的价值创造闭环具有自主进化能力：一方面，产业创新生态系统中广泛存在的知识溢出和知识转移过程，有利于推动新产品的诞生、生产过程的优化以及商业模式的重构等，从而提升价值创造效率；另一方面，产业创新生态系统以需求反馈的方式引导知识生产和升级方向，使知识在内容和利用形式上更加符合价值创造的需要。上述两个过程在价值创造闭环的基础上，形成了知识创造与价值创造的"正向循环累积因果"，从而构成了产业升级的内生动力。

其三，城市创新生态系统在创新生态系统的层次结构中处于重点地位。城市创新生态系统是城市中各类创新主体通过相互作用形成的复合系统（吕拉昌和赵彩云，2021），是城市创新活力和竞争力的集中体现，其基本结构如图4-11所示。一个完备的城市创新生态系统始终以具有强大创新引领力的"核"企业为基石，统筹"有效市场"和"有为政府"的治理功能，联动大学和研究机构、中介机构、创新社群、人才等创新要件，通过创新主体之间开放、灵活的关系建构行为，形成创新要素涌流、创新成果涌现的自主创新循环。不同创新主体在参与构建城市创新生态系统的同时，借助城市创新生态系统所搭建的跨主体、跨群落沟通及交流场域，获取创新资源"池"、成长平台、市场空间等发展动力，从而在创新要件之间自发形成的创新关联基础上，为创新要件之间更为广泛的互动提供渠道，最终形成城市创新生态系统的网络化格局。

城市创新生态系统一经建立，便能够具备单一创新主体及创新要件所难以具备的创新功能，突出表现在以下三个方面：

一是提升"集聚外部性"。"集聚外部性"强调城市中的产业集聚通过促进基础设施共享、人力资本流动和知识溢出效应等渠道（柳卸林和杨博旭，2020），使城市创新活动呈现规模报酬递增特征。集聚外部性的三种常见形态包括"MAR外部性""Jacobs外部性"和"Porter外部性"，分别对应专业化集聚、多样化集聚、竞争性集聚的作用效果，如表4-6所示。城市创新生态系统通过集结多类型创新资源、建立开放式社群

[①] 产业生态化正在成为产业发展的重要趋势。例如，2020年由国务院办公厅印发的《新能源汽车产业发展规划（2021—2035年）》指出，随着汽车动力来源、生产运行方式、消费使用模式全面变革，新能源汽车产业生态正由零部件、整车研发生产及营销服务企业之间的"链式关系"，逐步演变成汽车、能源、交通、信息通信等多领域多主体参与的"网状生态"。

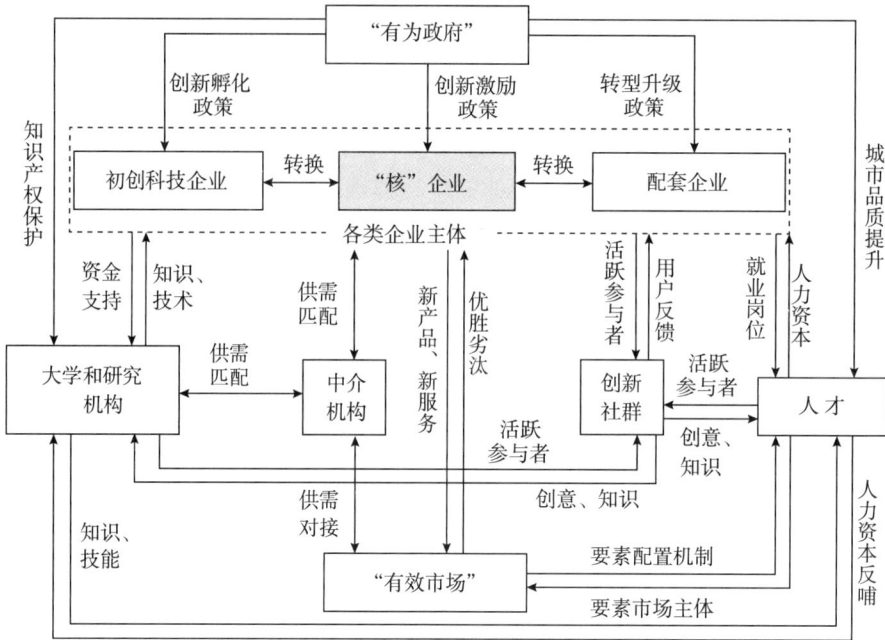

图 4-11 城市创新生态系统的基本结构

资料来源：笔者自绘。

等方式，为集聚外部性在创新主体中的"内部化"提供了更为多元、灵活和柔性的方式，构成了对市场调节、政府调节等传统创新治理方式的重要补充，进而成为促进集聚外部性持续迸发的重要动力。

表 4-6 城市集聚对应的外部性类型及含义

集聚类型	专业化集聚	多样化集聚	竞争性集聚
对应的外部性	MAR 外部性	Jacobs 外部性	Porter 外部性
含义	相同产业在特定地区的集聚有利于促进业内知识溢出，形成更为紧密且细化的产业链，通过"劳动力池"和"干中学"效应促进创新。	不同产业在特定地区的集聚有利于促进行业间知识溢出，加速新创意的产生；多样化的产业组合还能够提高创新成功的可能性及效率。	高强度的市场竞争促使企业加大研发投入，从而实现知识的快速积累和增长。

资料来源：根据程中华和刘军（2015）以及王鹏和李军花（2020）等文献整理。

二是强化"网络外部性"。"网络外部性"强调城市通过嵌入创新网络，能够"借用"其他城市的创新资源，同时避免集聚可能产生的"拥挤效应"，从而实现超出当地资源禀赋的创新绩效（曹文超和韩磊，2022）。作为支撑区域和国家创新的基本单元（Liu et al.，2021），城市为创新主体的网络嵌入行为提供了平台与渠道；城市的要素禀赋等经济社会属性以及网络中心度等网络属性，决定了该城市所能获得的网络外部性大小（姚常成和吴康，2022）。城市创新生态系统的建立，有助于提升当地创新主体的开放化程度，支持当地创新主体链接更大范围、更高层次的创新网络，从中寻求更大的价值创造空间，增强主体抗风险能力。长期来看，城市创新生态系统的泛在关联特性能够提升城市在创新网络中的中心度和连通性，持续扩大当地创新主体的创新资源借用规模，从而提升创新主体从网络外部性中的获益水平。

三是促进城市转型发展。城市在发展过程中时刻面临创新路径的选择问题。面对创新环境的不断变化，城市需要在"路径依赖"与"路径突破"之间（李伟和贺灿飞，2021）寻求平衡，特别是当传统创新路径的价值创造空间趋于饱和时，城市应突破既有创新路径的限制，通过催生新业态、新产业，及时创造新的创新路径（钱肖颖和杨宇，2022），探索和开辟新的价值创造空间，从而实现转型发展。城市创新生态系统是具有内生进化动力的系统，通过在创新主体之间形成生态位的交错分布及动态演化关系，为创新主体的"变种—选择—保留"过程创设包容性环境，促进新的创新源出现，构成了城市转型的必要条件。同时，在城市创新生态系统的自组织特征下，不同创新主体所形成的协同治理关系有助于为创新环境感知、创新观点交互提供空间，基于创新主体的共同利益取向，对潜在创新路径进行筛选，从而为城市的转型发展提供基础。

其四，区域创新生态系统在创新生态系统的层次结构中处于支柱地位。区域创新生态系统是在较大空间范围内实现创新主体的相互连接，基于物质、能量、信息流动所形成的具有相互依存、动态演化特征的复杂系统结构（张贵等，2022）。从基本结构看，区域创新生态系统是由构成该区域的多个地区中不同创新主体所形成的多重网络空间，不仅包括由科研单位、政府、科技型企业、创新平台等主体主导的创新网络，而且包括由地理区位、基础设施、营商环境等构成的创新环境，如图4-12所示。在区域创新生态系统中，不同的创新网络处于交织并存的状态，其中科技型企业主导的创新网络通过在纵向上实现产品、服务和生产信息的链式流动，在横向上实现多地区的企业动态竞合与共生，在区域创新生态系统的价值创造过程中居于关键地位。同时，不同创新网络之间存在由共同价值主张所维系的交互作用，其中科研单位、政府、创新平台主导的创新网络分别为科技型企业主导的创新网络提供科技资源、实物资源和资源渠道，并接收来自后者的需求反馈，帮助后者嵌入平台式、协同式创新过程之中。总之，区域创新生态系统的建立，将以往分散或分立的创新活动依照共同价值主张聚合起来，使创新生态系统形成的"生态租"在空间上延展、辐散，最终影响整个区域的创新绩效和创新路径。

区域创新生态系统的功能体现在以下三个方面：

一是协同创新功能，这也是区域创新生态系统最重要的创新功能。协同创新强调基于创新主体的共同价值创造愿景，依托创新主体之间的互利共生关系，实现创新活动从无序向有序的转变（叶伟巍等，2014），从而形成创新合力。特定区域内的创新主体出于开发新产品、提高市场份额等需要，存在广泛的创新合作需求及价值创造空间。区域创新生态系统通过创设协同创新平台、创新协作联盟、区域创新走廊等合作形式，能够为满足创新主体的合作需求提供解决机制，抑制行政边界、政策边界、地理边界、文化边界等对创新合作的潜在阻碍（韩明珑等，2021），逐步推动创新主体在合作中实现创新分工的明晰化，达到系统化的创新组织形式。

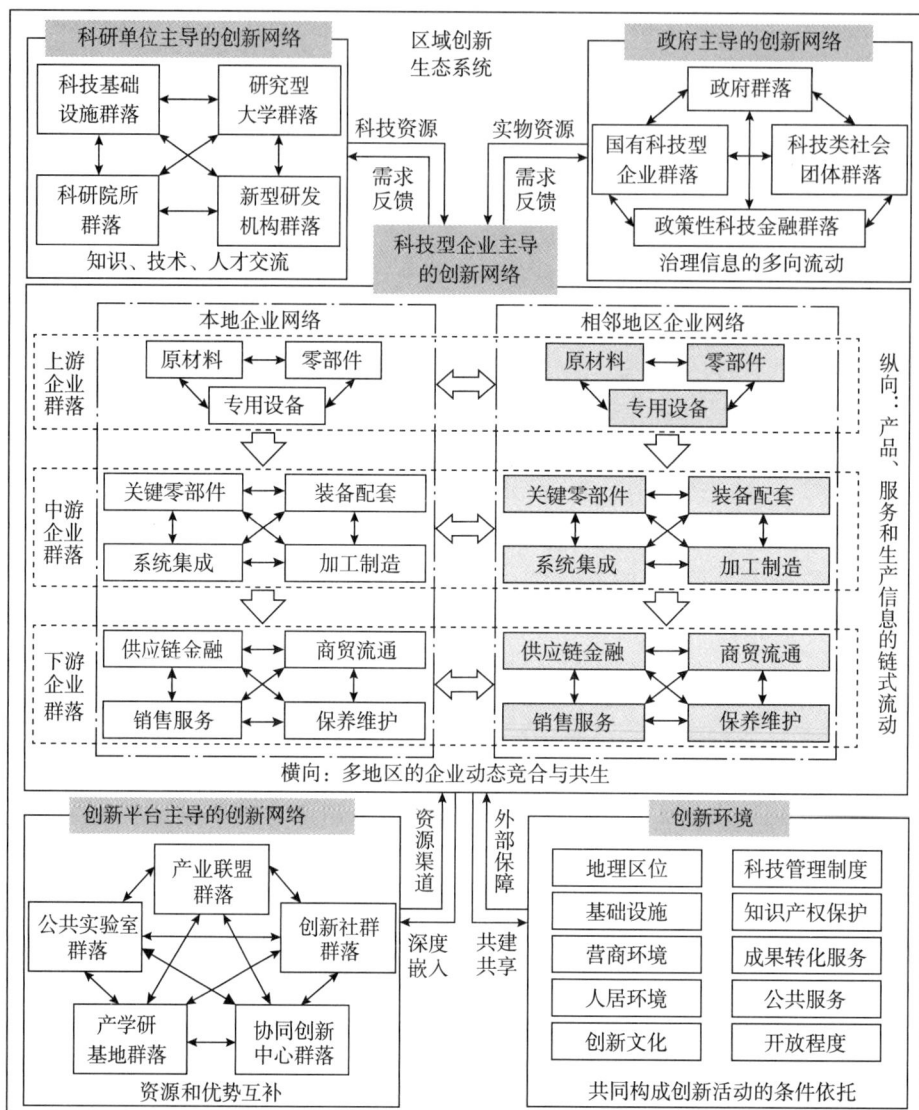

图 4-12 区域创新生态系统的基本结构

资料来源：笔者整理。

二是集成创新功能。集成创新是指某项创新成果需要在汇集多学科、多行业、多生产部门的创新成果基础上产生，对所集成的创新主体及成果的质量、相关性等均有较高要求（刘霁堂和李旺倬，2020），正在成为新型高科技产品、高端装备、复杂装备等大量采用的创新形式。区域创新生态系统联结着较大空间范围内的创新主体，基于系统自身的流动性、包容性特点，能够容纳大量多样化、异质性创新要素，为集成创新提供广阔的"知识池"等创新源。同时，区域创新生态系统出于提升要素承载力的需要，还会同步推动区域性知识产权交易市场、区域性人才市场等交易平台建设，有助于快速聚焦和识别集成创新过程中的薄弱环节，提高创新要素匹配效率，降低集成创新主体在知识、技术领域面临的不确定性，从而为集成创新提供更为扎实的实现条件。

三是创新扩散功能。科学技术变革只有经过广泛传播和扩散，与潜在应用场景和市场空间充分结合，才能最终发挥对经济社会发展的促进作用（Woo and Magee，2022）。区域创新生态系统能够从内容和渠道两个层面提升创新扩散能级。就创新扩散的内容而言，区域创新生态系统通过对信息流、知识流、技术流、人才流、资金流的融合、嵌套，不仅能够实现科技创新成果在创新主体之间的高速扩散，而且能够推动创新文化在社会域面的广泛传播，培育以富有远见、持续创新、敢于变革为特征的创业精神（李钟文等，2002），为创新的持续涌现提供"土壤"。就创新扩散的渠道而言，区域创新生态系统通过调动知识产权运营平台、专业化交易中介、非营利组织、行业协会和产业创新联盟等多元主体力量，为创新扩散提供了基础载体；并且，相对于创新主体间自发形成的创新联系，区域创新生态系统在合作关系的稳定性、交易平台的专用性、治理规则的明晰性等方面具备突出优势，有利于更好地发挥创新扩散对区域协调发展的驱动作用。

其五，国家创新生态系统是各层次创新生态系统的归宿。国家创新生态系统是国家为实现科技创新目标而建立的、以多主体复杂共生关系（王珍愚等，2021）为基本形态的创新系统。它既不是对局部场域中创新生态系统的简单扩大，也不是对某一国家内所有创新生态系统的线性相加，而是通过宏观与微观层面的科技创新治理，实现对国家创新活动的方向导引和秩序建构。国家创新生态系统的基本结构如图4-13所示。其中，创新主体依据其所承担职能的不同，可划分为"五大内核"，即基础教育内核、研究与开发内核、产业化与商业化内核、市场服务内核、政府引导与服务内核。从内部看，每个内核均由具有相同类型功能的创新主体构成，同一内核中的创新主体共同开发、利用该内核所对应的潜在价值创造空间，彼此存在竞合关系。从外部看，不同内核之间存在以信息流、知识流、技术流、人员流、资金流为载体的密切沟通，共同发现、利用价值创造空间与价值增值机会。国家创新生态系统一经形成，便能够对不同内核发挥引导激励、组织协调、过程催化等作用，从而将创新主体之间自发形成的创新联系上升为具有自主进化能力的创新生态系统，逐步实现创新功能的跃迁。

国家创新生态系统的基本功能体现在以下三个方面：

一是战略引领功能。国家创新生态系统作为国家意志融入创新生态系统建设的产物，始终以实现国家在科技领域的战略目标为根本导向。国家创新生态系统的战略引领功能体现在三个层面：首先，国家创新生态系统的战略引领目标以该国创新主体的共同利益为出发点，旨在统筹科技进步与经济社会发展之间的关系，协调不同区域、不同行业、不同领域创新主体的耦合关系，最终形成有关国家创新目标的全局性、总体性认识。其次，国家创新生态系统的战略引领载体主要为创新战略、创新规划等，体现着一个国家在科技事业发展领域的顶层设计。最后，任何创新主体所形成的微观的、具体的价值创造目标及创造行为，不仅以国家创新生态系统战略引领的实现为发展基础，而且受到国家创新生态系统的引导、调节和规范。国家创新生态系统的战略引领功能为实现完善、高效的国家创新治理奠定了坚实基础。

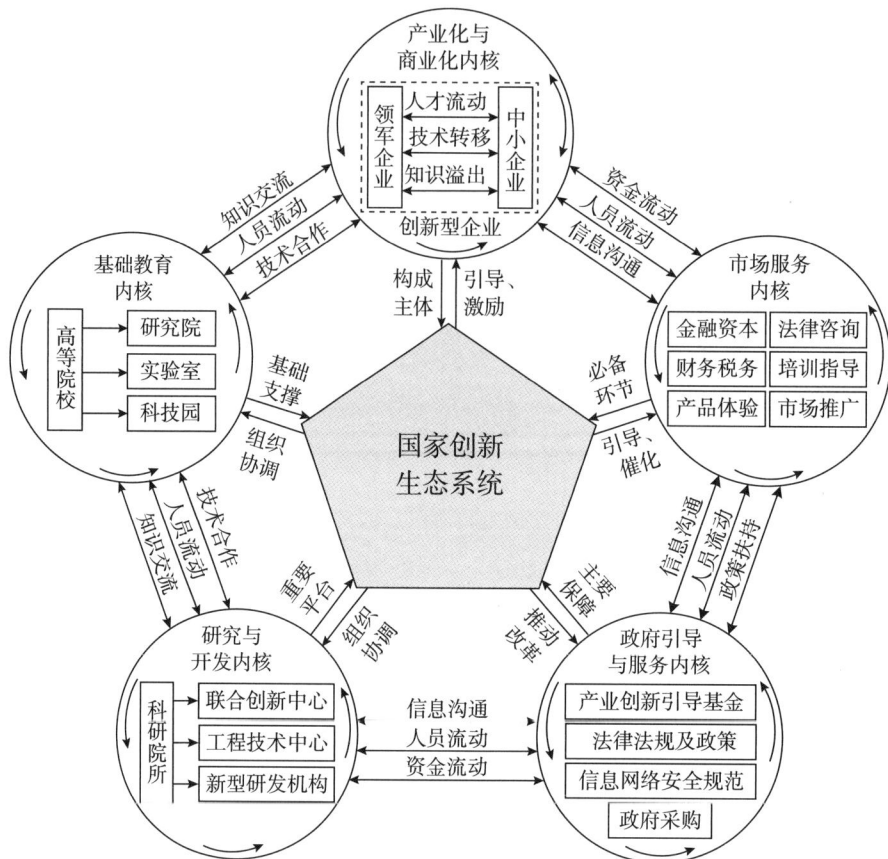

图 4-13　国家创新生态系统的基本结构

资料来源：张贵，温科，宋新平，等. 创新生态系统：理论与实践［M］.1 版. 北京：经济管理出版社，2018：248.（与原图相比有改动）

　　二是创新力量整合功能。国家创新生态系统所要解决的科技问题通常具有高度前沿性、复杂性，决定了国家创新生态系统必须具备大规模、高效率调动科技资源的能力。国家创新生态系统的创新力量整合功能体现在两个方面。一方面，国家创新生态系统中存在着科技创新的主干力量（如国家科技创新基地，见表 4-7），在面对重大科技创新任务时，能够从系统工程角度预测创新趋势、明确创新方略、制订攻关计划，对不同创新力量在特定创新项目中的分工做出清晰安排，确保各方创新活动最终能够以"模块化"（张帏等，2023）的方式构成作为整体的创新成果，如我国的大飞机项目、空间站建设等。另一方面，国家创新生态系统以国家范围内的"流空间"为物质载体。这种"流空间"涵盖人才、技术、资金、管理等多要素（高山行和谭静，2021），囊括产业、区域、科技领域等多层次，因而是各类"流网络"叠加、融合所形成的高维"流空间"。在高维"流空间"中，国家创新生态系统综合利用政府和市场两种创新要素配置机制（唐伟等，2022），将"整体思维"和"动态灵活"两种优势有机结合，能够在短时间内广泛调集各方创新力量，实现既定创新目标。国家创新生态系统的力量整合功能，使创新生态系统成为"新型举国体制"的重要组织形式（高菲等，

2023）和实现路径，也使国家创新生态系统具备了"集中力量办大事"的内在属性。

表4-7 国家科技创新基地及其分类

	分类	内容	总体定位
国家科技创新基地	科学与工程研究类	国家实验室	体现国家意志、实现国家使命、代表国家水平的战略科技力量，参与国际科技竞争，保障国家安全
		国家重点实验室	开展基础研究、应用基础研究等，发挥原始创新能力的引领带动作用
	技术创新与成果转化类	国家工程研究中心	开展关键技术攻关和试验研究、重大装备研制、重大科技成果的工程化实验验证等，突破关键技术和核心装备制约
		国家技术创新中心	开展重大共性关键技术和产品研发、成果转化及应用示范
		国家临床医学研究中心	开展大样本临床循证、转化医学和战略防控策略研究，推动医学科技成果转化推广和普及普惠
	基础支撑与条件保障类	国家科技资源共享服务平台	提供网络化、社会化的科技资源共享服务
		国家野外科学观测研究站	获取长期野外定位观测数据并开展研究工作

资料来源：根据《科技部 财政部 国家发展改革委关于印发〈国家科技创新基地优化整合方案〉的通知》（国科发基〔2017〕250号）整理。

三是自主创新功能。实现科技自立自强，特别是在关系国家核心利益的重要领域掌握自主知识产权，是国家创新生态系统发展的落脚点。一方面，国家创新生态系统对自主创新的支持以完备的创新治理体系为保障。从"刚性"角度来看，国家创新生态系统对自主创新活动不仅予以法律法规、规章细则、政策文件等制度层面的支撑，而且通过设立科技项目、科学基金、人才计划、奖助政策等方式加以引导和支持，相关工作机制的建立在法律、行政程序等方面亦具有充分的合规性保证，从而为从事自主创新的创新主体建立稳定预期。从"柔性"角度来看，国家创新生态系统能够对全社会自主创新氛围进行营造，包括科学家精神培育、学术道德与学风建设、科技伦理治理等，对于创新型国家建设具有不可替代的作用。另一方面，国家创新生态系统对自主创新的培育体现为一系列能动的创新策略。例如，我国在汽车、高铁、核电等领域采取了"引进—消化—吸收—再创新"策略，通过实施"逆向工程"、成立合资品牌等做法，逐步克服创新主体对外来既有技术的依赖性和"创新惰性"（柳卸林和葛爽，2023），联动提升系统内各主体的自主创新能力。此外，根据不同的技术特点和创新规律，国家创新生态系统可以采用多样化的组织形态（见表4-8），全面推进科技攻关。

表4-8 不同技术类型及相应的创新生态系统组织形态

技术类型	集成型技术	攻关型技术	开放型技术	探索型技术
技术发展规律	技术路线明确，依靠系统集成和协调	技术路线明确，依靠基础研究和应用经验	可能同时存在多条技术路线	技术路线不明确，具有未来导向性

技术类型	集成型技术	攻关型技术	开放型技术	探索型技术
重点突破路径	提升核心组织系统集成能力	推动产学研紧密合作	在巨大研发风险中探索正确的技术路线	集聚顶尖人才进行充分试错
创新生态系统核心组织	政府	科研院所	技术领军企业	非营利机构
适用研发模式	新型举国体制	放权式产学研合作模式	核心企业领导模式	非营利机构主导模式

资料来源：葛爽，柳卸林．我国关键核心技术组织方式与研发模式分析——基于创新生态系统的思考［J］．科学学研究，2022，40（11）：2093-2101.（与原表相比内容有改动）

第五章 创新生态系统的构建与运行机制

本章基于系统动力学原理，通过借鉴生态学中有关生态系统的研究，分析了创新生态系统的生态特性，建立了创新生态系统的运行机制框架，提出了创新生态系统的五种运行机制，即竞合与共生机制、扩散与捕获机制、催化与涌现机制、学习与反哺机制、开放与共享机制，最后针对不同机制的具体内涵和运行规律进行理论分析和数理推演。

第一节 创新生态系统运行机制的基本原理

创新生态系统的运行机制是创新生态系统的关键部分，决定着创新生态系统功能的实现程度。任何创新生态系统都不是主体间的无序组合，而是遵循特定生态位形成的有序结构。创新生态系统的运行机制就是以有序化为目标、围绕特定价值主张而对创新主体施加的规定性。创新生态系统在运行过程中，通过激发物质流、能量流、信息流，实现内部创新源、创新组织、创新物种、创新种群、创新群落、创新网络之间的复杂交互作用，推动创新主体与创新环境之间的物质、能量和信息交换，并在维持系统稳定性和高效性的基础上，通过创新要素的集聚、催化、聚合反应，构造新的创新价值链与价值网络，进而形成开放化系统（曾国屏和苟尤钊，2013），从而实现自主演化。因此，构建完备的创新生态系统运行机制，对于创新生态系统发展具有十分重要的意义。

一、创新生态系统运行机制的概念

创新生态系统的运行机制是指在一个特定的环境中，不同的创新主体通过合作、竞争、学习和交流等方式建立的相互作用关系，使创新主体能够形成一个有机整体，共同推动创新活动的发展和创新效率的提高。在创新生态系统视域下，创新活动是一个动态、自组织、非线性、开放和复杂的系统，基于"目的性"实现创新主体的联结及创新行为的有序化。因此，创新生态系统的运行机制强调创新主体之间的互利依存关系，注重把握创新环境对创新活动的影响和反馈。厘清创新生态系统运行机制的概念，有助于深入理解创新生态系统的本质和特征，探索创新生态系统的优化设计和管理方法，促进其健康发展和高效运行。

创新生态系统运行机制主要包括以下三个方面：一是创新主体。如前文所述，创新主体是参与创新活动的各种组织和个体，如企业、政府、科研机构、高校、社会团体、消费者等。创新主体是创新生态系统的基本单元，它们具有不同的角色、功能、目标和能力，通过各种方式参与创新过程，实现自身的价值和利益。二是创新环境。创新环境涵盖了政策法规、市场需求、技术水平、文化氛围、社会信任等影响创新活动的各种外部因素，是创新生态系统的背景和条件，为创新活动提供了支持和约束，同时受到创新活动的反作用。三是创新互动。创新互动是指创新主体之间、创新主体与创新环境之间的各种联系和影响，如合作、竞争、学习、交流等。创新互动是创新生态系统的核心和动力，决定了创新生态系统的结构和功能，促进了创新资源的流动和配置，以及创新知识的产生和传播。从这个意义上说，创新生态系统运行机制是由特定创新主体在一定创新环境下形成的常态性、规律性、持续性的创新互动，是创新生态系统中能量流动的渠道，因而成为创新生态系统形成和维系的基础。

二、创新生态系统运行机制的类型

创新生态系统运行机制的类型可以划分为竞合与共生机制、扩散与捕获机制、催化与涌现机制、学习与反哺机制、开放与共享机制，每个机制都是组态形式，不再单纯强调某个重点，而是事物辩证的两个方面，既强调主体的能动性，又重视主体的协调性，如竞合与共生机制；既强调主体行为，也重视客体作用，如扩散与捕获机制；既强调主体量的积累，也重视主体质的跃升，如催化与涌现机制；既强调主体正向发展，也重视主体作用反馈，如学习与反哺机制；既强调系统运行的闭合性，也重视系统运行的目的性，如开放与共享机制。

1. 竞合与共生机制

该机制是指创新主体之间通过竞争和合作达成的互为依存、相互平衡的状态，目的是激发创新动力和协同能力（何得雨等，2022）。竞合与共生机制可以根据竞争程度、合作程度、竞争目标、合作目标等属性加以描述。竞合与共生机制能够促进创新主体互相学习和借鉴，增强创新主体之间的互相支持和配合，优化创新主体之间的互相竞争和激励，提高创新活动的效率和质量。在建立竞合与共生机制的过程中，创新生态系统需要平衡竞争与合作的关系，协调不同维度、不同形式的创新主体间关系，以增进创新活动中的协同共演。

2. 扩散与捕获机制

该机制是指创新成果在不同的领域、地域、行业内实现跨主体传播和应用，目的是实现创新价值和创新影响（龙思颖等，2021）。扩散与捕获机制可以根据扩散方向、扩散路径、扩散速度、捕获方式等属性加以描述。扩散与捕获机制能够增加创新成果的使用者和受益者，扩大创新成果的市场和社会效益，促进创新成果的改进和更新，激发更多的创新需求和活动。在构建扩散与捕获机制的过程中，创新生态系统应当平衡扩散与控制之间的关系，协调创新要素的输出与输入，保持创新生态系统的价值创造能力和创新影响力。

3. 催化与涌现机制

该机制是指创新生态系统中的各种要素可以通过外部或内部的激励或干预产生突

变（魏龙和党兴华，2017）。它是一种动态、非线性、自组织、多层次、多维度、多元化的运行机制，强调系统内部和外部各种要素之间的协同作用和相互影响能够带来系统整体性能和功能的跃迁。催化与涌现机制能够促进系统内部创新要素的有效配置和利用，激发系统外部资源的参与动力，扩大创新活动的影响和价值；能够增强系统自适应能力和抗干扰能力，提升创新活动的稳定性和可持续性；能够促进知识的突破和革新，引发创新的变革力和颠覆力。同时，催化与涌现机制是一种不确定和随机的过程，受到多种因素影响，具有不可预测性和不可复制性，是创新生态系统复杂性的主要体现。

4. 学习与反哺机制

该机制是指异质性创新主体之间发生的知识转移及逆向知识转移行为（王慧等，2018），目的是塑造和更新创新生态系统的创新能力。学习与反哺机制可以根据学习对象、学习方式、学习效果、反哺对象、反哺方式、反哺效果等属性加以描述。学习与反哺机制能够增加创新主体的知识储备，促进创新主体的知识更新、知识运用和知识创造（王建军等，2020），激励创新主体之间的知识交流和知识共享，形成有利于知识产生和传播的创新网络和创新社群。在建立学习与反哺机制的过程中，创新生态系统应当平衡获取与贡献，协调系统内部与外部，确保创新主体在创新生态系统中的成长度和贡献度相匹配。

5. 开放与共享机制

该机制是指创新主体之间以及创新主体与创新环境之间在信息、知识、技术、资源等层面的开放交流和共享利用，目的是提高创新效率和质量（韩少杰和苏敬勤，2023）。开放与共享机制可以根据开放程度、共享范围、共享方式等属性加以描述。开放与共享机制有助于扩大创新资源的来源和范围，增加创新知识的多样性和丰富性，降低创新成本和难度，提高创新速度和水平。在构建开放与共享机制的过程中，创新生态系统应当平衡开放与保护之间的关系，协调共享与利益，保障知识安全和质量。

三、创新生态系统运行机制的特征

与熊彼特创新理论等传统创新理论不同，创新生态系统在重视企业等主体的创新活动基础上，更加强调创新主体的多元化（Kazan et al.，2018）、创新环境的开放化、创新互动的长效化，通过创新主体、创新环境、创新互动的耦合提升系统的价值创造能力。基于此，在实践中，创新生态系统运行机制通常呈现出复杂性、有序性和演化性等主要特征。

1. 复杂性

创新生态系统是一个由多种创新主体和创新要素构成的复杂系统，不同主体和要素之间存在多样化的关系和相互作用，形成了复杂的创新网络和创新模式（董睿和张海涛，2022）。这些创新主体和创新要素不仅遵循自身的特性和发展规律，还受到其他要素的影响和制约，导致创新生态系统的行为和结果具有一定的随机性和不可预测性。因此，创新生态系统的运行机制需要考虑多种因素的综合作用，不能简单地用线性模型或机械模型来描述或解释。这要求创新生态系统的参与者应当具有开放的视野和思维，能够从多角度和多层次分析、理解创新问题，灵活地应对不确定性和风险，有效地协调和整合各种创新资源。

2. 有序性

创新生态系统运行机制以实现创新生态系统的有序化为基本目标。从系统动力学角度看，创新生态系统是体现非平衡、开放、非线性及涨落等特征的耗散结构（苏屹和闫玥涵，2021）。创新主体的非线性交互、创新主体与创新环境之间的多向能量流动，使创新生态系统长期处于非平衡态，体现为新创新源的持续涌现以及新技术、新产品、新业态对旧技术、旧产品、旧业态的替代。但是，在创新生态系统运行机制作用下，创新生态系统将从中筛选和保留符合系统价值主张的创新产出，促使创新主体根据价值主张变化做出相应调整，将不同创新主体从事的多目标、多领域、多投入和产出类型的创新活动统一到核心价值主张的实现过程上来，使创新行为由松散走向有序。因此，实现创新生态系统的有序化是创新生态系统运行机制形成和发展的必然要求。

3. 演化性

创新生态系统是一个具有特定进化历程和进化方向的系统。它能够通过学习、反馈、迭代等方式，不断更新和完善自身的结构和功能，实现创新要素的升级和转型。因此，创新生态系统的运行机制也会随时间和环境的变化而变化，能够持续进行自我调整和适应，实现创新要素的动态配置和优化。从微观视角看，创新主体在面对创新环境的变迁时，对原有的价值主张、技术轨迹和创新范式（刘雪芹和张贵，2022）进行调整、改进甚至颠覆，使创新互动产生联动变化，继而促使创新生态系统运行机制的内容与形式发生重构，推动系统向更能适应新环境的状态演进。因此，创新生态系统的运行机制需要考虑历史条件和未来趋势，不能简单地用静态模型或平衡模型来描述或解释。这也要求创新生态系统的参与者应当具有创新的精神和能力，能够不断学习、反馈、迭代，更新和完善自身的结构和功能，实现创新能力的升级和转型。

第二节　竞合与共生：创新生态系统构建的关键

竞合与共生刻画了创新生态系统中创新主体间关系的基本内涵。在创新活动中，创新主体间既不会只有竞争，也不会只有合作，而是在价值主张的引导下，呈现出竞争与合作交织并存的关系。这种关系在一定程度上呈现出动态特征，即在某些发展阶段或创新场景中，竞争倾向可能大于合作倾向；而在其他发展阶段或创新场景中，合作倾向可能大于竞争倾向。理解创新主体之间的竞合与共生关系，对于把握创新生态系统形成与维系的内在动因，有效协调创新主体间关系具有重要意义。

一、创新生态系统中的竞合

1. 竞合的内涵

"协同合作、互利共生"是创新生态系统的底色，本质上源于创新主体间竞合关系的辩证统一。从"竞合"的概念看，以 Brandenburger 和 Nalebuff（1995）为代表的早期文献认为，竞合是市场主体的竞争与合作交替出现与并存的现象，体现出主体间关系的复杂特点。近期研究强调，竞合是一种具有价值创造功能（吴东等，2022）的关系形式。一方面，创新主体通过合作实现对创新要素的共享、协调和支配（段玉婷等，2021），促进主体间共同利益的实现；另一方面，创新主体利用竞争产生的激励、倒逼作用，产生创新积极性和动力。由此，创新主体间关系从单纯竞争情境下的"零和博弈"转变为竞合情境下的"正和博弈"（邸昂等，2023）。综上，竞合是创新主体之间以实现共同利益为导向、以竞争与合作的交织并存为形式的价值创造行为，是创新生态系统功能的重要体现。

2. 竞合的类型

根据竞合关系的形成条件和表现形式，可将创新主体间的竞合关系分为四种类型：网络型竞合、集中型竞合、分散型竞合和连续型竞合（Luo，2007）。

网络型竞合是指多个创新主体在一个高度竞争的市场中进行的竞合行为，如互联网行业的各类公司之间的竞争与合作。网络型竞合的特点是创新主体的竞争和合作均较为强烈：创新主体在市场份额、创新溢价等方面受到来自其他创新主体的竞争压力，但同时需要通过合作共同应对行业不确定性等因素的挑战（单子丹等，2022），从而使不同创新主体处于复杂的网状关联中。因此，创新主体需要不断地调整自己的策略和行动，以适应市场的变化和潜在对手的举动。

集中型竞合是指少数几个创新主体在一个高度竞争的市场中进行的竞合行为，例如航空业的几家主要公司之间的竞争与合作。集中型竞合的特点是创新主体的竞争比合作更为强烈，各方需要保持高度的警惕和防范，以避免被潜在对手超越或削弱。

分散型竞合是指多个创新主体在一个低度竞争的市场中进行的竞合行为，如制造业的许多中小企业之间的竞争与合作，其特点是创新主体的合作比竞争更为强烈。分散型竞合多出现于产品互补性强而行业类型、市场区域、客户群体等差异较大的创新主体之间（余晓钟等，2015），需要创新主体建立稳定和长期的关系，以实现共同利益。

连续型竞合是指少数几个创新主体在一个低度竞争的市场中进行的竞合行为，如能源或通信业的几家主要公司之间的竞争与合作。连续性竞合的特点是创新主体的竞争和合作都不太强烈，各方需要保持一定程度的距离和平衡，以维持市场的稳定和秩序。

3. 竞合的特征

当前，有关创新主体间竞合关系的研究在定性和定量维度均取得了显著进展。在定性研究方面，相关文献集中于创新主体的竞合策略选择及其对创新种群发展的影响（吴文清等，2016）、竞合机制中恶性竞争与无序竞争等对创新生态系统的影响（陈璐等，2017）等方面。大量文献发现，创新生态系统自身的变化会迫使系统内部各方不断动态调整与其他相关方的竞合关系（Ramamurti and Williamson，2019）。在定量研究方面，相关文献显示，企业间竞合有助于削弱知识惯性对企业技术创新和市场扩张的负面影响，帮助企业通过产生冲突及早发现问题，在促进企业技术创新方面具有显著优势（刘瑞佳等，2022）。

通过对现有研究的梳理，可以发现创新生态系统的竞合具备以下几个典型特征：

一是整体性。竞合关系的建立使创新主体共同构成一个完整的创新单元，其中各主体的创新决策不仅基于自身的创新优势、劣势与目标，也要考虑其他主体的决策选择。整体性特征的形成基础是创新主体的共同价值目标（Liu et al.，2023），即通过竞合关系提升创新单元的整体竞争力和市场地位。因此，整体性要求有效平衡不同创新主体的利益和需求，避免"零和博弈"或其他矛盾问题的出现。

二是双元性。竞合的双元性特征是指创新主体的价值创造主要是一个合作过程，而价值获取必然是相互竞争的过程，竞争与合作并存于创新主体的创新联系之中。从资源依赖视角看（Pfeffer and Salancik，2003），创新组织对资源的依赖是合作的基本出发点，要在复杂多变的创新环境下谋求发展，就必须向外获取资源、技术、人才等必需资源。同时，由于资源的有限性和外部环境的难以掌控性，创新组织基于资源互补、共担风险的目标，必须与资源所有者建立良好的合作关系。但是，合作中的创新组织仍是彼此独立的经营个体，有各自的战略路径与利益追求，相互依赖程度也存在不对等的事实，因此存在一定分歧和利益冲突，进而形成竞争。因此，创新组织间对资源的依赖和相互利益冲突造成了竞合关系的双元特征。

三是互动性。创新主体在竞合关系中存在高频互动。其中，竞争的目的是维持创新主体的战略敏捷性和创新动力，避免出现"搭便车"问题；合作的目的是打破创新要素的阻隔，防止出现战略层面的短视性（刘瑞佳和杨建君，2022）。因此，互动性特征的实质是创新主体在利益的一致和分歧之间寻求平衡的过程。这就要求创新主体一方面坚持开放、包容的理念，增进彼此间了解和信任，促进资源流动与整合；另一方面合理利用竞争行为的"鲇鱼效应"，保护自身自主知识产权和核心竞争力（余晓钟等，2015）。

四是增值性。实现价值增值是创新生态系统的核心目的，也是竞合关系的落脚点。竞合关系的价值增值效应在于，创新主体能够获得有利于创新的互补性知识和技术，联合开发新的市场机遇（Barrales-Molina et al.，2023），同时提升风险抵御能力，进而在既定创新投入规模下实现更高的创新收益，最终实现互利共赢（万幼清和王云云，2014）。这就要求创新主体形成明确的资源共享、利益分配及风险共担机制，以激励各方的参与和贡献，保障各方的权益和责任。

二、创新生态系统中的共生

1. 共生的内涵

"共生"概念最早出现在生物学领域，是指不同的生物种类通过某种互利机制有机组合在一起，从而实现共同生存与发展的机制（Douglas，1994）。随后，"共生"概念开始在产业、创新等领域研究中得到采用。例如，Frosch 和 Gallopoulos（1989）提出了"工业共生"与"产业生态网络"的概念；Ehrenfeld（2003）明确了"产业生态系统"的概念，并率先把共生理论与产业生态结合在一起加以研究。创新生态系统中的创新主体广泛存在建立共生关系的需求。这是因为创新主体并非被动适应创新环境，共生关系的建立有助于缓解创新主体面临的竞争压力，通过深层次的利益关联提升创新主体的生存能力（Yang and Zhang，2022），使其能够自主改造自身所面对的创新环境，从而推动创新主体持续发展（张影等，2022）。综合来看，创新生态系统视域下的共生是指创新主体通过与其他创新主体建立联系，实现多主体共同生存、共同进化的过程。

2. 共生的类型

根据共生关系中双方的利益得失，创新生态系统中的共生可以分为寄生共生、偏利共生和互惠共生三种基本模式（孟方琳等，2022）。

寄生共生是指一方从另一方获得利益，而另一方受到损害的共生关系。在创新生态系统中，寄生共生通常表现为：作为"寄生者"的主体从作为"被寄生者"的主体中过度汲取创新资源，导致后者的创新能力和"自我造血"能力下降（宁连举等，2022）。在缺乏有效治理机制的情况下，寄生共生甚至可能表现为少数创新主体通过剽窃或盗用他人的创新成果来获取利益，或通过不公平的竞争手段来排挤、消灭其他创新主体，最终破坏创新生态系统的多样性和内部平衡。可见，寄生共生是一种不利于创新生态系统健康发展的共生模式，会导致创新资源的浪费和创新活力的衰退。

偏利共生是指一方从另一方获得利益，而另一方没有明显的损益的共生关系。在创新生态系统中，偏利共生通常表现为：一些创新主体通过借鉴或模仿他人的创新成果来获取利益，而不影响他人的创新活动；或者，一些创新主体通过与其他创新主体建立松散或短暂的合作关系来获取利益，而不承担相应的责任和风险。偏利共生是一种不稳定的共生模式，最终将向利益双向流动、主体协同演化的互惠共生状态趋近（解学梅等，2022）。

互惠共生是指双方都能从彼此获得利益，从而实现价值共创的共生关系。在创新生态系统中，互惠共生一般表现为：一些创新主体通过合作或协同来共享资源、知识、技术等，提高创新效率和质量；或者，一些创新主体通过与其他创新主体形成互补或互助的关系，增强创新能力和核心竞争力。互惠共生是一种有利于创新生态系统持续发展和优化升级的共生模式，会促进创新资源的有效配置和创新活力的持续释放。

3. 共生的特征

创新生态系统中的共生一般具有融合性、多样性、互动性、协同性等典型特征。

一是融合性。该特征表明共生关系是一种跨界、跨层、跨领域的关系，涉及不同类型、不同层次、不同领域的创新主体，如企业、科研机构、政府部门、社会组织等。这些创新主体通过共生关系实现了资源、知识、技术、市场等要素的融合，形成了更大的创新能力和创新价值。此外，创新生态系统中的共生关系还是一种静态与动态、分散与系统、竞争与合作等互逆属性的融合（苗泽华和彭靖，2012），既存在创新主体之间的竞争和冲突，又存在创新主体之间的合作和协调。

二是多样性。该特征表明共生关系是具有多种形式、内容、程度和效果的主体间关系，取决于创新主体的特性、需求、目标、策略等因素。这些因素会影响创新主体选择与哪些其他创新主体建立或解除共生关系，以及如何建立或解除共生关系。因此，对于特定环境和发展阶段中的创新生态系统，其共生关系可以是寄生共生、偏利共生、互惠共生等任意类型，也可以采取紧密或松散、长期或短期、单一或复杂等多种表现形式。

三是互动性。共生旨在实现物质、资源和能量的相互转移和交换，互动性是共生关系持续发展演化的物质基础和内生动力。良好的共生关系是参与共生的各方共同维系的结果。从价值创造看，共生框架下的物质信息交流、能量互换过程中存在相互促进、相互激发的力量，将影响参与共生的每个主体的创新活动，从而增进创新利益（胡晓鹏，2008）。但从价值分配看，由于共生下的互动关系具有多重特性，在不同主体、阶段、发展模式下有不同表现，因而利益分配可能呈现对称、偏利或非均衡等不同结果。

四是协同性。尽管从短期来看，共生关系导致的主体间博弈结果各不相同，有时甚至可能出现非合意结果；但从长期来看，在一个持续、健康发展的创新生态系统中，共生关系的演化方向是互惠共生，继而实现创新主体的协同。良性的共生关系是一种基于利益平衡、风险分担、共同进化原则的关系，能够在创新主体之间创设相对平等的合作地位（马光秋，2018），改变创新活动仅由少数创新主体驱动的固有格局，从而使各类创新主体共同参与创新进程，通过大量创新要素的非线性组合激发创新潜力。在此过程中，创新主体在具体创新活动中互相协调、耦合，在演化路径上同创新生态系统的价值创造需求逐步契合，从而建立"有序并具有良好机能"（哈肯，1989）的系统结构，实现多主体协同发展。

三、创新生态系统竞合与共生的关联分析

创新生态系统中各创新主体之间的竞争与合作通常是同时存在的。从生态位视角来看，竞合关系的实质是不同创新主体的生态位的互动作用。联系前文关于创新生态位的定义，创新生态系统中的生态位是在一定时空范围内，创新主体基于创新资源、创新功能以及创新环境等因素所占据的系统地位。因此，对于创新生态系统中的任意创新主体 A 和 B，可以根据其对创新资源的利用程度，绘制其各自的生态位栖息状况曲线，如图 5-1 所示。当创新主体的生态位边界出现重叠时，则会产生竞争；当生态位分离时，可以降低创新主体的竞争程度，创新主体便倾向于建立共生关系，或者产

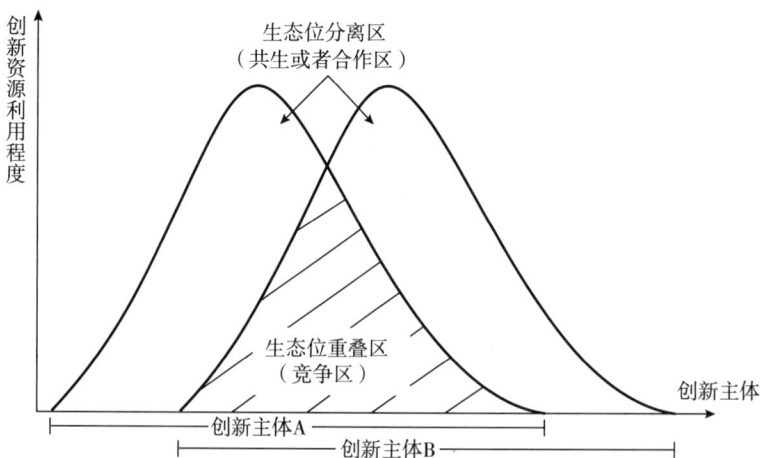

图 5-1　创新生态系统创新主体竞合关系

资料来源：张贵，温科，宋新平，等．创新生态系统：理论与实践［M］.1 版．北京：经济管理出版社，2018：123.（与原图相比有改动）

生创新合作（黄江明等，2016）。良性的竞合关系强调维持创新主体之间的适度竞争，并在合作中共同开发价值空间，实现各创新主体生态位的整体提升。

基于以上分析，本部分借鉴段文奇等（2021）的研究成果，基于 Lotka-Volterra 模型建立创新生态系统竞合共生关系模型。

假设存在创新种群 A 和创新种群 B，创新种群 A 包括 N_A 个创新主体，创新种群 B 包括 N_B 个创新主体，r_A 和 r_B 分别表示创新种群 A 和创新种群 B 的种群增长率，I_A 和 I_B 分别表示创新种群 A 和创新种群 B 的最大规模；α 表示创新生态系统中创新种群 A 和创新种群 B 之间的竞合共生关系产生的共同作用结果，当 α 为正数时，表明创新种群间的竞合共生关系以竞争为主，此时 α 被称为竞争系数，α_{12} 表示创新种群 A 对创新种群 B 的竞争系数，α_{21} 表示创新种群 B 对创新种群 A 的竞争系数。因此，竞合共生关系模型表示如下：

$$\frac{dN_A}{dt}=r_A N_A \frac{I_A-N_A-\alpha_{21}N_B}{I_A} \tag{5-1}$$

$$\frac{dN_B}{dt}=r_B N_B \frac{I_B-N_B-\alpha_{12}N_A}{I_B} \tag{5-2}$$

根据 Logistic 规律可知：创新种群 A 的每个个体对自身种群的抑制作用为 $\frac{1}{I_A}$；创新种群 B 的每个个体对自身种群的抑制作用为 $\frac{1}{I_B}$；创新种群 A 的个体对创新种群 B 的影响效果为 $\frac{\alpha_{12}}{I_B}$；创新种群 B 的个体对创新种群 A 的影响效果为 $\frac{\alpha_{21}}{I_A}$。

因此，当创新种群 A 的个体对创新种群 B 的抑制超过对自身种群的抑制，即 $\frac{\alpha_{12}}{I_B}>\frac{1}{I_A}$ 时，创新种群 A 能够抑制创新种群 B。

同理，当 $\frac{\alpha_{21}}{I_A}>\frac{1}{I_B}$ 时，创新种群 B 能够抑制创新种群 A。

由于 I_A、I_B、α_{12} 和 α_{21} 数值的变化，最终会产生如表 5-1 所示的结果矩阵。

表 5-1 竞合与共生的结果矩阵

		创新主体 A		
		A 能抑制 B $\left(\alpha_{12}>\frac{I_B}{I_A}\right)$	A 不能抑制 B $\left(0\leq\alpha_{12}\leq\frac{I_B}{I_A}\right)$	A 能促进 B $(\alpha_{12}<0)$
创新主体 B	B 能抑制 A $\left(\alpha_{21}>\frac{I_A}{I_B}\right)$	不稳定均衡	B 取胜	B 取胜
	B 不能抑制 A $\left(0\leq\alpha_{21}\leq\frac{I_A}{I_B}\right)$	A 取胜	稳定均衡	偏利共生
	B 能促进 A $(\alpha_{21}<0)$	A 取胜	偏利共生	互惠共生

资料来源：笔者整理。

　　根据上述模型结果分析，当创新主体 A 和创新主体 B 均能抑制对方时，二者处于不稳定均衡状态，最终结果由初始条件的优劣决定。当一方能够抑制另一方、另一方不能反向抑制时，最终结果将是抑制方完全胜利，被抑制方失败退出。当各创新主体既不能相互促进又不能相互抑制时，博弈结果将实现稳定均衡。当两个创新主体相互促进时，二者可实现互惠共生。若仅有一方处于促进地位，而另一方没有抑制能力时，二者处于偏利共生关系。

　　需要注意的是，I_A、I_B、α_{12} 和 α_{21} 的数值并不是一成不变的。I_A 和 I_B 会随着外部经济环境的改变而改变；α_{12} 和 α_{21} 不仅会受到外部环境的影响，也会随创新主体的数量变化而变化。例如，随着两个种群中创新主体数量的增加，种群间的竞争关系可能逐渐明显，但也有可能呈现出更高的合作需求，具体取决于参数的数值变化情况。

　　上述模型结果表明，共生形式的确立受到两方面因素影响：一是创新主体各自所在创新种群的整体特征，在本模型中表现为种群的最大规模；二是创新主体之间的竞合关系，在本模型中表现为反映竞争程度的竞争系数。互惠共生关系的确立，在主观上要求双方具有共同的合作意愿，而在客观上要求双方存在"双向互利"式的相互作用。否则，如果一方存在对另一方的明显依赖，使主体间相互作用呈现"单向获利"特点，那么主体间关系将更多体现为偏利共生；如果竞争程度过强，以至于双方均无法从对方的创新行为中获利，那么主体间关系将更多体现为相持或制衡。可见，是否满足"双向互利"条件，是影响创新主体能否建立良性共生关系的关键因素。

第三节　扩散与捕获：创新生态系统从孕育到成熟的基本要求

　　在创新生态系统中，不同创新主体由于先天因素不同，具有不同的创新势能。其中，创新势能相对较高的主体拥有丰富的知识、技术储备，在技术创新方面具有"先发优势"，因而容易成为创新生态系统中的"扩散主体"（或"扩散者"）。创新势能相对较低的主体则可以通过自主学习、模仿等途径，对来自扩散主体的知识、技术溢出进行"捕获"，因而容易成为创新生态系统中的"捕获主体"（或"捕获者"）。创新活动的扩散使创新成果通过系统内部的"流"实现跨主体运动，进而使系统中的捕获主体可以分享创新成果，提升自身的创新势能，这一过程就是创新生态系统中的扩散与捕获。

一、创新生态系统中的扩散

1. 扩散的内涵

　　创新生态系统中的扩散活动指的是创新技术、理念以及方法等基于时空条件的不断变化而持续延伸、演化并扩展其应用领域的过程。概括地说，扩散过程是技术在空间上的选择、移动和转移过程，是技术进步的重要内容（Papazoglou and Spanos，2018），其基本要素包括扩散内容、传播渠道、采纳与应用过程三个方面（何琦等，

2022）。在扩散过程中，各类创新灵感、观点、信息、知识、技术等扩散内容通过一定渠道，在潜在使用者之间传播和得到采用，并通过技术转移、成果转化和商品化等途径，实现技术创新的再次应用和多次再应用（张贵等，2018），从而对创新生态系统的知识能量循环产生促进作用。

2. 扩散的类型

在既有研究中，创新扩散通常被划分为以下三种类型：

首先，依据扩散与捕获主体的差异程度，可将创新扩散分为同质性扩散和异质性扩散（罗杰斯，2002）。同质性扩散是指扩散主体与捕获主体较为相似时发生的扩散行为，异质性扩散是指扩散主体与捕获主体不相似时发生的扩散行为。两类主体间的相似性可以体现在所属行业（领域）、创新理念、创新能力、市场地位等诸多层面，通常认为，同质性主体之间的信息重叠度高，异质性主体之间的信息重叠度低。同质性扩散尽管在现实中更容易发生，但过度依赖同质性扩散可能导致知识、技术的流动受限；反之，异质性扩散的实现相对困难，但有助于扩大扩散的范围，是创新生态系统优化提升的必要条件。

其次，依据扩散方向的明确程度，可将创新扩散分为有向扩散和无向扩散。有向扩散是基于特定目的、针对特定主体的扩散过程，有较为明确的扩散方向，如教师对学生的知识传授、创新主体之间的专利转移等。无向扩散是无特定目的、不针对特定主体的扩散过程，不遵循特定的扩散方向。例如，知识通过公共媒体广泛传播的过程是典型的无向扩散过程；又如，创新主体 A 的产品、技术被其他创新主体模仿、借鉴的过程，通常意味着该产品、技术中蕴含的创新知识实现了无向扩散，因为该扩散过程并非创新主体 A 有意推动的结果。

最后，依据扩散在空间中的表现模式，可将创新扩散分为扩展式扩散和等级式扩散（吴小玉，2010）。扩展式扩散是指扩散内容由扩散主体发出后，在空间上连续、均匀地向各个方向辐散，影响力随空间距离的增加而自然衰减。例如，某一城市的创新活动会对其周边城市的创新活动产生外溢影响。等级式扩散是指扩散内容由扩散主体发出后，按照等级由高到低的顺序依次传播至各个捕获主体，使创新扩散在空间上呈现非连续性跳跃。例如，在城市体系中，很多来自超大、特大城市的创新成果往往首先扩散至大城市，再扩散至中等城市，最后扩散至小城市。大城市在创新要素、市场规模等方面相对于中小城市的优势，是这种空间非连续性扩散模式的主要成因。

3. 扩散的特征

在创新生态系统中，扩散的特征体现在以下四个方面：

一是扩散具有明显的"正外部性"。扩散的实质是知识、技术以低边际成本甚至零边际成本在不同创新主体之间传播、复制的过程，实现了知识、技术的规模报酬递增（黄先海和刘毅群，2014）。从空间维度看，扩散促进了知识能量的流动，为周边地区分享先进技术、管理经验等提供了机会（毛琦梁和王菲，2018）。从产业维度看，扩散内容在捕获主体中得到应用后，会继续沿产业链、供应链影响其他创新主体的创新行为（李云鹤等，2022），甚至对其竞争对手的决策行为产生激励效应（Kertcher et al.，2020），从而使既有创新成果的影响范围持续扩大，带动更多创新主体的绩效提升。

二是扩散以社会网络为重要依托。扩散行为通常基于社会网络而产生（Papazoglou and Spanos，2018）。在网络中，扩散主体的扩散能力直接体现为该主体的中心性，捕获主体对网络的嵌入程度决定了其所能捕获的扩散内容的数量和质量，扩散主体和捕获主体之间联系的紧密程度则受到网络密度、网络集中化程度等多重属性的影响。创新生态系统中的扩散行为要求打破创新主体之间的隔阂，通过网状复杂关联，使得知识、技术在创新主体间充分流动，促进知识、技术的创造性组合与提升。

三是扩散对主体间邻近性有一定的要求。现实中，知识、技术具有"空间黏性"，即对特定区域的依赖性（陈奕嘉和谭俊涛，2022）。其中，显性知识的空间黏性一般较小，而隐性知识由于高度依赖"面对面"沟通、"干中学"等传播途径，通常空间黏性较大。空间黏性的存在，意味着创新的扩散范围不会无限制延伸，而是在地理空间衰减规律作用下，限定在特定的空间范围内。因此，捕获主体只有与扩散主体保持空间邻近，才能有效捕获创新扩散。近年来，相关文献进一步指出，在地理邻近性基础上，扩散主体和捕获主体还应具有认知、制度、文化等层面的邻近性（王腾飞等，2021），从而将主体间邻近关系扩展为"多维邻近性"。可见，邻近性条件是扩散行为产生的必要条件。

四是扩散对技术进化具有促进效果。创新扩散过程是新技术对老技术的替代过程，通过将新技术形式与创新生态系统中的其他要素相结合，使得技术水平、产业结构发生进化（钟章奇，2020）。在创新生态系统中，一项创新成果的出现将使创新扩散者与周围空间产生技术"势差"。此时，创新生态系统消除"势差"的内在动力会促使技术扩散者以产品、服务等形式扩散创新成果，创新捕获者对创新成果进行捕获，将其加工、转化为新的创新源。由此，知识、技术在创新生态系统内部完成了一次自我进化，使系统从原有知识结构下的均衡水平转移到新知识结构下的均衡水平。新旧技术的更替代表着创新的进步，是创新扩散的本质特征之一。

二、创新生态系统中的捕获

1. 捕获的内涵

创新生态系统的捕获活动是指系统主体在从外部获取创新资源的基础上，通过内部的学习机制对创新资源进行消化、吸收，从而提高自身创新能力的过程。捕获的意义在于使创新资源能够被有效接收并吸收，使创新主体能够将外部知识、技术等转化为自身的创新能力。因此，在一定意义上说，创新捕获是创新扩散的终点。创新捕获者通常需要具有冒险精神、广泛的社会关系以及内生的创新倾向，同时具有广泛、牢固的技术知识基础，提升知识能量内化的效率。

2. 捕获的类型

创新生态系统中，捕获创新资源的方式主要包括以下三种（张贵等，2018）：

一是创新学习。创新学习是指创新主体通过从外部获取创新资源，达到增加知识和技术储备、形成自有认知框架等目的的活动。完整的学习过程包括知识（"学习什么"）、联系（"向谁学习"）和行为（"如何学习"）三大要件（Liu，2019），其结果是将外部创新资源内化为自身的能力和竞争优势。

二是创新模仿。创新模仿是指创新主体通过重复其他创新主体的创新成果，从而以较低成本提升自身创新能力（李思慧和周天宇，2018）的过程。创新主体间的相互模仿行为被认为是技术知识扩散的主要途径之一（罗伯特·卢卡斯，2003）。简单的创新模仿更多表现为对已有创新成果的完全复制，或对不同创新成果的简单拼凑。随着创新主体发展，创新模仿将逐步体现为认识、掌握已有创新成果的底层逻辑、技术原理，并在此基础上进行再创新，对不同创新成果进行系统化组合，使之与创新主体的价值创造行为相适应。

三是创新获取。创新获取的方式主要包括内部获取和外部获取两类。其中，内部获取主要包括内部研发、内部整合等方式；外部获取一般包括外包研发、合资、收购、技术许可与购买设备等方式（刘洋，2014）。在创新网络持续健全的背景下，企业有效利用外部知识的能力日益成为价值创造的重要来源，要求企业必须充分获取外部创新源，并将其转化为内部知识（陈劲和阳银娟，2014）。

3. 捕获的特征

创新生态系统中，创新捕获通常表现出以下五个特征：

一是与创新感知密切相关。创新感知是指创新主体对创新的接受程度和采纳意愿（Gijón et al.，2023）。敏锐的创新感知意味着捕获主体对知识和技术变革持接受而非抗拒的态度，并能从大量创新成果中准确识别市场机遇。因此，捕获主体的知识基础和状态在实现创新确定性结果及减少不确定性上具有重要作用。

二是成本具有可负担性。创新捕获是对创新知识、技术、产品及服务的自愿连续使用。在不造成知识产权侵权问题的前提下，创新捕获的成本主要包括创新获取的成本和创新成果本身的不确定性成本，在一定程度上规避了原始创新所需要的大量固定成本，降低了捕获主体的研发难度和研发风险（王国红和王瑜，2023），从而有利于尚在发育阶段的创新主体在短时间内提升知识和技术水平。

三是注重知识的适配程度。扩散与捕获主体的适配程度决定了捕获主体是否做出创新捕获的行为。现实中，不同捕获主体因其知识基础、所处创新环境的不同，在最适配的创新活动方面存在显著差异（李振东等，2023）。其中，捕获主体的知识基础使其能够基于一定的创新倾向，感知到创新与其现有价值观、生活方式以及现实需求的适配程度；创新环境的突变或缓变、趋松或趋紧等特征，则直接影响捕获主体面临的创新压力，进而影响捕获主体的捕获对象和捕获频率。

四是存在时空上的连续循环性。创新捕获的对象多种多样，可以是理念、管理方法、技术等。创新捕获的发生既包括捕获主体对创新发明的初次捕获，也包括捕获者在创新捕获后进行的后期模仿、传播和扩散，从而成为新的扩散源，将创新成果再次扩散到别的区域，供新的捕获主体获取。因此，创新捕获行为在时间和空间上产生连续性和循环性。

五是存在内生的"路径突破"效应。从演化视角看，创新主体的持续成长必然以生态位原生优势的建立为基础，这决定了创新捕获不应局限于对扩散主体成长路径的简单复制，而是要将捕获行为嵌入捕获主体的"后发赶超"（欧阳桃花和曾德麟，2021）过程。对处在后发位置的创新主体而言，创新捕获不仅能弥补其与其他创新主体的技术差距，还能提升其知识整合、转化能力（王国红和王瑜，2023），激励创新主体对捕获到的知识进行改造、提升，并将其用于突破性创新活动中，形成"机械性技术吸收—维护性技术开发—创造性技术变革"（芮正云和马喜芳，2022）的发展路径，从而实现对既有知识体系、技术路线和创新路径的突破。

三、创新生态系统扩散与捕获的关联分析

本部分考察创新生态系统中扩散与捕获的发生过程，运用演化博弈分析方法建立创新生态系统中扩散与捕获发生机制的运行模型，并从微观视角出发说明扩散与捕获发生的均衡条件。

基于扩散与捕获的相关特征，同时借鉴相关研究成果（赵娟和卫志民，2021），做出如下假设：

假设1：创新生态系统中存在两个具有有限理性的博弈主体，分别是创新扩散者甲和创新捕获者乙。

假设2：创新扩散者甲的可选策略包括扩散新技术与提供原技术，且选择扩散新技术的可能性为 x，选择提供原技术的可能性为 $(1-x)$。创新捕获者乙的可选策略包括吸收新技术与维持原技术，且选择吸收新技术的可能性为 y，选择维持原技术的可能性为 $(1-y)$。

假设3：对于创新扩散者甲，在扩散新技术的策略下，其主要成本支出包括新技术研发成本 E_1 和新技术推介成本 C；在提供原技术的策略下，其主要成本支出仅有原技术研发成本 E_2，且 $E_2<E_1$。对于创新捕获者乙，在吸收新技术的策略下，如果恰好与创新扩散者甲达成交易，则创新捕获者乙需要付出新技术学习成本 K_1；反之，如果不发生交易，则创新捕获者乙不产生额外成本。在维持原技术的策略下，如果创新捕获者乙恰好与创新扩散者甲达成交易，则创新捕获者乙需要付出原技术的使用成本 K_2，且 $K_2<K_1$。

假设4：对于创新扩散者甲，选择扩散新技术策略将带来创新收益 D，这种收益主要来源于因创新而获得的专利、商誉等无形资产。另外，如果与创新捕获者乙达成交易，创新扩散者甲即可从相应交易中获得交易收益，出于简化考虑，该交易收益分别记为创新捕获者乙因交易而付出的成本 K_1 和 K_2。对于创新捕获者乙，如果成功从创新扩散者甲处吸收新技术，那么获得新技术的应用收益 R_1；如果仅成功维持原技术，则只获得原技术收益 R_2，且 $R_2<R_1$。

根据以上假设，可以得到创新扩散者甲与创新捕获者乙的博弈收益矩阵，如表5-2所示。

表5-2　扩散者与捕获者的收益矩阵

		捕获者	
		吸收新技术 （y）	维持原技术 （$1-y$）
扩散者	扩散新技术 （x）	K_1+D-E_1-C, R_1-K_1	$D-E_1-C$, 0
	提供原技术 （$1-x$）	$-E_2$, 0	K_2-E_2, R_2-K_2

资料来源：赵娟，卫志民．专利制度作用下创新扩散的演化机理研究——基于微观视角的分析［J］．河南大学学报（社会科学版），2021，61（1）：64-70.（结果有变动）

运用演化博弈的复制动态理论，可以得出创新扩散者选择技术创新扩散的复制动态方程为：

$$F(x) = \frac{dx}{dt} = x(1-x)\left[yK_1 + D + E_2 - E_1 - C - (1-y)K_2\right] \tag{5-3}$$

创新捕获者选择接受技术创新扩散的复制动态方程为：

$$F(y) = \frac{dy}{dt} = y(1-y)\left[x(R_1 - K_1) - (1-x)(R_2 - K_2)\right] \tag{5-4}$$

将式（5-3）和式（5-4）联立，从而设立创新扩散者甲和创新捕获者乙演化博弈的动态复制系统。依据博弈论相关理论可知，对于由微分方程组所刻画的群体动态，其局部平衡点的稳定状态需借助雅可比矩阵的局部稳定性来判断。接下来，对 $F(x)$、$F(y)$ 依次求出关于 x、y 的偏导数。简便起见，令 $\Pi = D + E_2 - E_1 - C$，$\pi_1 = R_1 - K_1$，$\pi_2 = R_2 - K_2$，得到雅可比矩阵为：

$$
J = \begin{bmatrix} \dfrac{\partial F(x)}{\partial x} & \dfrac{\partial F(x)}{\partial y} \\ \dfrac{\partial F(y)}{\partial x} & \dfrac{\partial F(y)}{\partial y} \end{bmatrix}
$$

$$
= \begin{bmatrix} (1-2x)\left[yK_1 + \Pi - (1-y)K_2\right] & x(1-x)(K_1+K_2) \\ y(1-y)(\pi_1+\pi_2) & (1-2y)\left[x\pi_1 - (1-x)\pi_2\right] \end{bmatrix} \tag{5-5}
$$

由此可得各均衡点处雅可比矩阵行列式［记作 det(J)］和迹［记作 tr(J)］的结果，如表5-3所示。

表5-3 各均衡点的行列式和迹

均衡点	det(J)	tr(J)
(0, 0)	$-\pi_2(\Pi - K_2)$	$\Pi - R_2$
(0, 1)	$\pi_2(K_1 + \Pi)$	$K_1 + \Pi + \pi_2$
(1, 0)	$-\pi_1(\Pi - K_2)$	$-\Pi + K_2 + \pi_1$
(1, 1)	$\pi_1(K_1 + \Pi)$	$-\Pi + R_1$
(x^*, y^*)	$\dfrac{\pi_1\pi_2(K_1+\Pi)(\Pi-K_2)}{(\pi_1+\pi_2)(K_1+K_2)}$	0

注：其中 $\Pi = D + E_2 - E_1 - C$，$\pi_1 = R_1 - K_1$，$\pi_2 = R_2 - K_2$。

资料来源：赵娟，卫志民. 专利制度作用下创新扩散的演化机理研究——基于微观视角的分析［J］. 河南大学学报（社会科学版），2021，61（1）：64-70.

当均衡点满足 det(J)>0，tr(J)<0 时，才能确保扩散者与捕获者之间的博弈处在局部渐进稳定状态，即行为主体选择演化稳定策略。依据博弈结果，对演化稳定性进行如下分析（结合现实情况，默认 $R_1 > K_1$，$R_2 > K_2$，即 $\pi_1 > 0$，$\pi_2 > 0$）。

情况1：当 $D - C - E_1 > K_2 - E_2$，也就是 $\Pi > K_2$ 时，（1，1）是演化稳定策略。该均衡点的经济含义为：当甲选择扩散创新时获得的净收益大于创新捕获者选择原有技术所带来的收益时，创新扩散者甲会选择扩散新技术，并且这一选择将会被创新捕获者乙准确预见，使乙选择吸收新技术。此时，技术创新的扩散与捕获同时发生，创新成果得到扩散。

情况2：当$-K_1-E_2<D-C-E_1<K_2-E_2$，也就是$-K_1<\Pi<K_2$时，（0，0）和（1，1）均是演化稳定策略。该均衡点的经济含义为：当创新捕获者乙选择使用原技术时获得的收益大于创新扩散者甲选择扩散创新时获得的净收益，并且甲选择扩散创新获得的净收益也大于乙学习新技术和开发原有技术的成本之和时，技术扩散者乙出于自身利益最大化的考虑，会作出和创新扩散者甲的行为相一致的策略选择。具体而言，当甲选择仅提供原技术时，由于$-K_1-E_2<K_2-E_2$，乙会选择维持原技术，此时博弈达到局部均衡；当甲选择扩散新技术时，由于$D-C-E_1<K_2-E_2$，乙将选择吸收新技术，此时博弈再次达到局部均衡。

情况3：当$D-C-E_1<-K_1-E_2$，也就是$\Pi<-K_1$时，（0，0）是演化稳定策略。该均衡点的经济含义为：当创新扩散者甲选择扩散创新时获得的净收益小于创新捕获者选择使用原有技术所带来的收益时，创新扩散者甲始终不会选择扩散新技术，创新捕获者乙也仅会选择维持原技术。技术创新停止时，博弈达到局部均衡。

综合上述分析，对扩散主体与捕获主体构成的动态演化系统而言，稳定均衡包含两种可能情况：第一种是创新扩散者选择扩散技术创新成果，创新捕获者相应地选择采纳技术创新成果；第二种是创新扩散者选择提供原有技术，而创新捕获者相应地选择维持原有技术。显然，第一种情况为最优均衡状态。达到该最优状态，要求扩散主体从事创新扩散时的净收益应高于捕获主体选择原有技术时的收益，以保证各行为主体均有充分的行动激励。在最优状态下，创新生态系统中的创新扩散与捕获得到实现，创新主体间形成密切的创新关联。

第四节 催化与涌现：创新生态系统从量变到质变的必经过程

随着创新生态系统的环境变化和竞争程度加深，创新主体需要及时对外界产生的信息、信号等进行吸收和反馈，不断提升自身适应外界的能力，这促使各类创新主体相互构建正式或者非正式的创新网络，从而对系统整体的创新活动产生催化作用。在创新主体与创新环境间连续不断的信息接收与反馈中，这些创新主体形成一个整体，而它们创新活动的共同产物被称为创新生态系统的涌现。

一、创新生态系统中的催化

1. 催化的内涵

完整的创新生态系统是由不同性质的多元参与者共同构建的，不仅要有引领创新的各类创新主体，还需要有能够发挥创新催化作用的辅助者或相关成分（Shipilov and Gawer，2020）。创新生态系统中的催化是指创新生态系统内外部的创新要素通过相互作用形成关联的、动态的、开放的有机整体，进而改变创新产出的生成方式的过程（张贵和张佳利，2012）。就其实质而言，创新生态系统的催化是一种以知识和技术为核心的创新辅助活动（宋昊阳等，2022），凡是能够体现催化功能的创新主体、技术、服务、政策等均可被称为创新生态系统的"催化剂"。创新主体运用创新资源产生预期创新成果的过程需要耗费大量的成本和要素，这些成本和要素相当于"活化能"。此时，"催化剂"能够从两个方面提高获得预期创新成果的速率。一方面，"催化剂"有利于降低"活化能"在数量、种类上的"门槛"，通过最大限度节省成本和要素，降低创新成果的生成难度，帮助创新主体高效调用创新要素。另一方面，"催化剂"有利于满足"活化能"的形成条件，通过为创新活动提供直接的技术、知识支持（魏龙和党兴华，2022），及时满足创新主体对创新投入的需求。可见，"催化剂"在提高创新要素向创新成果的转化速率方面具有突出作用。

2. 催化的类型

根据创新主体的不同，催化反应主要包括"瓶颈突破"式催化（张贵和张佳利，2012）、"分工推进"式催化、"一体协同"式催化和"环境提升"式催化。

首先，"瓶颈突破"式催化强调在既有创新资源不变的前提下，发挥政府、科技中介机构、创新社群等的引导作用，将创新资源的使用重点集中到对技术瓶颈的攻关，加快重大技术突破的产生速率，解决创新过程中遇到的技术难题或制度障碍。

其次，"分工推进"式催化指创新主体间通过垂直式、水平式和混合式分工模式延伸产业链条，从而更好地规避风险，提高创新效率。这种类型的催化反应通常发生在产业或组织领域，利用协作或竞争来促进创新资源或能力的整合或优化。

再次，"一体协同"式催化强调打破创新主体之间的边界，通过产教融合、产学研合作等形式，汇集共同的"创新资源池"，推动创新主体彼此提供知识支持（魏龙和党兴华，2018），以此实现不同创新物种之间的良性互动。这种类型的催化反应通常发生在科技或教育领域，利用多元互动的方式促进创新知识或成果的产生或转化。

最后，"环境提升"式催化强调发挥企业、政府等创新主体在创新环境建设中的主动性，通过构建完善的制度环境、政策环境、商业环境（耿燕等，2018）、市场环境、人居环境等方式，改善创新要素的"化学反应"所需要的发生条件，扭转因创新环境不完善导致的创新要素活力不足、资源闲置乃至错配等问题。

3. 催化的特征

催化主体的能动性。催化作用的形成基础是参与催化的创新主体的主观能动性。在创新生态系统中，创新主体可以自主选定"催化剂"，并根据系统的外部环境和内部要素之间的关系，判定如何将"催化剂"应用到系统运行的过程中，从而使系统按照自身需要的方向发展。这不仅有利于对创新生态系统进行良性治理，而且有利于创新主体更好地使用系统中的创新要素，是创新主体能动性的重要实现过程。

催化方式的组合性。创新生态系统中的"催化剂"通常表现为具有创新辅助功能的（陈玮，2015）技术、产品、服务、政策、制度、机构等多种形式，可根据系统的价值创造需要灵活组合，在实际使用中通常以"组合拳"的形式出现。同时，不同的"催化剂"组合可能产生不同的效果，因为"催化剂"的"成分"和"剂量"（如技术普及度、政策执行力度等）差异会对创新生态系统中的知识流动、资源配置和协作模式产生异质性影响。因此，创新主体需要根据自身的能力、需求和环境，选择适合自己的最优"催化剂"组合，从而实现创新绩效提升。

催化过程的连续性。创新催化的实质是技术知识的跨主体流动、转移与共享过程（宋昊阳等，2022），因此，催化既不局限于知识能量流动的个别阶段、个别主体，也不会采取间歇性、离散式的支持方式，而是完整、连续地覆盖知识能量流动全过程及创新活动的各方面。如同在生物学中，每一种催化酶的作用结果将作为下一阶段反应的基础原料，创新成果的孕育、形成、成熟、转化等过程依赖于多种"催化剂"的共同作用，某一阶段的催化结果将为下一阶段的创新活动提供经验、技术、资金支持，推动创新成果的加速产生。

催化结果的渐进优化性。催化作用可以通过不确定性的试错方式实现。尽管催化在实施阶段为创新主体提供了发挥主观能动性的空间，但是催化的结果是不确定的，即有风险的。在这种情况下，创新主体可以通过"试错—学习—再试错—再学习……"的方式，探索使用不同的"催化剂"或"催化剂"组合，注重总结不同催化条件下创新生态系统的创新绩效，从而使创新主体进入"变化—学习—改进—提高效能"的渐进式优化路径。

二、创新生态系统中的涌现

1. 涌现的内涵

从系统科学角度看，"涌现"是指当多个个体以某种方式组合为一个整体或者系统时，这个整体所具有的功能和特点是个体简单线性相加所无法具备的（杨桂通，2016）。从更具体的视角来看，创新生态系统中的涌现是指创新活动能够不断产生新产品、新服务、新模式、新价值等，它们不仅取决于单个创新主体或要素的能力和贡献，而且取决于创新主体与要素之间的协同效应和网络效应。因此，涌现在一定程度上构成了创新的核心内容，创新是多样化、异质性个体互动所产生的系统性涌现现象（代栓平，2018）。

2. 涌现的类型

创新生态系统中的涌现通常包括两种类型：复杂性增加的涌现和复杂性简化的涌现（Fromm，2005）。这两种类型的涌现有不同的特点和影响效果。

复杂性增加的涌现是指创新生态系统通过创新活动产生了更多的元素、关系或变量，如出现了更多的创新主体、创新要素或创新场景。这种形式的涌现产生的原因在于，创新生态系统中的创新主体存在巨量的动态交互过程，导致系统在演化过程中不断创造新的控制层级和控制关系（刘明广，2009），进而使作为价值的物质载体的创新成果在数量和质量上加速扩展，以适应创新生态系统的价值创造需要。这种形式的涌现可以增加系统的多样性、丰富性和灵活性，为系统提供更多的选择和可能性，也有利于提升系统的创新能力和创新效果。

复杂性简化的涌现是指系统通过创新活动减少了元素、关系或变量，如出现了更少的创新障碍、创新风险或创新成本。这种形式的涌现产生的原因在于，涌现在创造新事物的同时，也在推动创新范式、技术路线、创新理念等的更迭。这种更迭将有助于创新生态系统规避原有的障碍性因素，甚至将涌现产生的创新成果应用于对障碍性因素的消解、改造，更好地维持创新生态系统的发展。这种形式的涌现可以降低系统的复杂度、不确定性和不稳定性，为系统提供更清晰的目标和路径，也有利于提升系统的效率和质量。

3. 涌现的特征

对创新生态系统而言，涌现机制的特征主要体现在以下四个方面：

第一，涌现主体的系统性。由涌现的定义可知，涌现现象的基本属性是"整体大于部分之和"。一方面，涌现与整体有着密切关联（乌杰，2012），只有作为整体的系统能够具备。除此之外，系统中的任何单一子系统或者孤立的部分均不具备涌现功能，并且涌现功能无法从这些子系统或孤立部分的行为中推导和预测出来（胡有林，2013）。另一方面，涌现所产生的新的功能、结构、模式和性质一般体现在系统整体层面，通过系统对各个离散主体的聚合、组织、协同方能实现。因此，涌现是系统整体具有而局部不具有的特殊现象。

第二，涌现路径的非线性。从涌现机理来看，构成系统的主体在结构、性质、行为规则等方面往往非常简单，但能够生成极为复杂的结构（周迳和汤璇，2021）。这是因为系统中的任一主体都会同系统中其他主体产生双向适应性互动，随着系统中主体数量的增加，互动关系的数量将以乘积的形式迅速扩张（霍兰，2019）。因此，在这种非线性作用机制下，系统中各个主体之间以及主体与环境之间的关联关系将持续延展，进而使不同的系统表现为不同的涌现。

第三，涌现过程的突变性。从人类历史上的数次科技革命来看，涌现现象的诱因主要是颠覆性创新主体或成果的产生。这些颠覆性创新主体或成果在产生初期往往尚不成熟，需要经历一段时间的完善才能得到其他创新主体的认可。然而，一旦颠覆性创新主体或成果的发展条件趋于成熟，将会引发相关创新主体及成果的"爆发式增长"（吴士健等，2017），以迅速进入由颠覆性创新主体或成果所开辟的新价值空间，占据创新生态位中的优势位置。正因如此，抢抓创新机遇对于创新生态系统而言显得尤为关键。

第四，涌现结果的塌缩性（创造性破坏）（孙烨，2020）。当创新生态系统的旧发展路径所能容纳的价值空间趋于饱和时，创新生态系统通过产生涌现，引导创新主体建构新的关系样态和关系范式，持续生成一系列新现象、新结构和新机制（王新新和张佳佳，2021），如创新成果、创新功能、创新业态等。此时，创新生态系统的旧发展路径将被打破，导致基于旧发展路径形成的创新主体、创新联系、技术路线等发生大面积重构，通过"立"和"破"的矛盾运动，最终实现创新生态系统的价值创造逻辑、价值创造能力和价值创造绩效的重大飞跃。

三、创新生态系统催化与涌现的关联分析

在创新生态系统中，催化与涌现之间存在着相互依存关系。一方面，"催化剂"直接影响涌现效果的实现。创新生态系统中持续发生新知识对旧知识、新技术对旧技术

的改造和替代，其中"催化剂"的作用就在于自动识别创新主体所需要的新知识，摒弃不需要和老化的旧知识，从而加快知识、技术的改造和替代速度，支持创新主体依托新的知识基础、技术储备开展更为复杂的创新活动。这种"催化剂"对创新主体的赋能过程，有助于创新成果的产生由偶发的、无组织的行为转变为依循特定路径、覆盖各类主体的有组织活动，最终达到创新的涌现效果。另一方面，涌现对"催化剂"具有选择效应。在创新活动开展过程中，不同的"催化剂"可能产生不同的效果：正确的"催化剂"选择有利于增加创新主体对于环境刺激的反应速率，提升所有系统主体捕获知识的效率，进而提高创新成果"涌现"的概率；反之，错误的"催化剂"选择往往加速知识老化，进而阻碍创新成果的"涌现"。通过创新主体的自主学习过程，创新生态系统能够实现对不同"催化剂"的筛选，既考虑"催化剂"本身的催化效果，又考虑其所能实现的涌现效应，继而保留其中有利于系统发展的"催化剂"，使之嵌入创新生态系统的运行、治理过程。总之，催化作用通过知识、技术的新旧更迭调整创新生态系统的演化方向，涌现作用通过强化创新主体间的多层次交流实现创新成果产出，催化和涌现共同构成了创新生态系统的重要运行机制。

基于以上对催化和涌现的分析和解释，可以运用博弈论的思想方法建立创新生态系统催化与涌现的关系模型（李佳钰，2020），用以进一步说明催化与涌现活动的形成条件。根据创新生态系统催化与涌现的相关特征，本部分做出如下假设：

假设 1：定义创新生态系统的催化机制为 $A+B \overset{(1)}{\Longleftrightarrow} AB \overset{(2)}{\Longrightarrow} A+C$，其中，$A$ 表示催化剂，B 表示反应物，C 表示产物，（1）和（2）分别表示 AB 和 C 形成的时间。B 作为反应物在 A 的催化作用下，形成复合物 AB，在 AB 形成的同时必然会释放出一部分势能，使 B 的反应速率增快，之后进一步产生了新的产物 C，即实现了催化过程。

假设 2：令 $z_i(t)$ 表示在 t 时刻创新主体 i 对于选择某种"催化剂"的主观倾向程度，并且 $0 \leqslant z_i(t) \leqslant 1$。$\sum\limits_{(i,j)} m_i$ 表示与创新主体 i 知识结构相似的所有"催化剂"，m_j 表示创新主体 j 所选择的"催化剂"。$\bar{z}_i$ 表示创新主体 i 对于所有"催化剂"的平均主观倾向程度，$\bar{z}_i(t) = \dfrac{\sum\limits_{(i,j)} m_j z_j(t)}{\sum\limits_{(i,j)} m_i}$。

假设 3：创新主体 i 除了可以选择与其知识结构相似的"催化剂"外，也可以选择与其知识结构差异较大的"催化剂"。令 δ 表示基于知识结构差异选择"催化剂"的主观倾向水平，只有当创新主体对某"催化剂"的主观倾向程度与创新主体对所有"催化剂"的平均倾向水平相差不超过 δ 时，创新主体才会选择该"催化剂"。

综上所述，可得以下结果：

当 $|\bar{z}_i(t) - z_i(t)| \leqslant \delta$ 时，创新主体 i 对于"催化剂"的主观倾向水平与其对创新生态系统中所有"催化剂"的平均倾向水平相差不超过 δ，创新主体伴随创新成果的涌现进一步选择某种"催化剂"进行催化作用的主观倾向程度在"催化剂"知识结构层次较高时降低，在"催化剂"知识结构层次较低时升高。

当 $|\bar{z}_i(t) - z_i(t)| > \delta$ 时，创新主体 i 对于"催化剂"的主观倾向水平与其对创新生

态系统中所有"催化剂"的平均倾向水平相差超过 δ 时，创新主体伴随创新成果的涌现进一步选择某种"催化剂"进行催化作用的主观倾向程度在"催化剂"知识结构层次较高时升高，在"催化剂"知识结构层次较低时降低。

基于此，将（$t+1$）时刻创新主体 i 对于选择某种"催化剂"进行催化作用的主观倾向程度记作 $z_i(t+1)$，与基于知识结构差异选择"催化剂"的主观倾向水平 δ 进行比较，可以得到创新生态系统催化与涌现的策略矩阵，如表5-4所示。

表5-4　催化与涌现的策略矩阵

		创新涌现方	
		知识创新	知识老化
创新催化方	知识创新	涌现导向策略 $z_i(t+1)>\delta$	催化导向策略 $z_i(t+1)\leq\delta$
	知识老化	催化导向策略 $z_i(t+1)\leq\delta$	涌现导向策略 $z_i(t+1)>\delta$

资料来源：李佳钰．产业创新生态系统中的知识能量流动机理研究［D］．天津：河北工业大学，2020.

基于策略矩阵，可以得到如下结论：知识创新和知识老化在提升创新成果产出方面均具有稳定性，即创新主体很容易产生对知识创新或知识老化的依赖，影响不同情境下的创新成果提升策略。因此，本部分划分了创造破坏、稳健共存、弹性错觉、稳健弹性四种现实情境，以进一步说明。

一是创造破坏情境。当新知识催化的创新成果较少，旧知识涌现的创新成果较少时，新知识可以被预期在短时间内占据市场。在创造破坏情境下，创新主体提升创新成果产出的意愿很高，创新的竞争是创造性破坏的。知识创新提升创新成果产出的能力不会受到创新生态系统其他组分瓶颈的阻碍，而旧知识应对威胁的能力会受到限制。

二是稳健共存情境。当新知识催化后，旧知识通过改进能够涌现大量市场份额。尽管旧知识的涌现不可能逆转新技术的催化，但能够实质性地推迟新知识对主导地位的占领。在稳定共存情境下，创新涌现方研发新技术的意愿很低，推广来自创新催化方旧知识的倾向很高，因此创新的竞争是稳定的。

三是弹性错觉情境。当新知识催化的创新成果较多、旧知识涌现的创新成果较少时，在新知识催化的创新成果得到解决之前，新旧知识替代并不明显，但之后将是迅速的。在弹性错觉情境下，创新催化方研发新知识的意愿很高，推广来自创新涌现方的旧知识的倾向很高。

四是稳健弹性情境。当新知识催化的创新成果较多、旧知识涌现的创新成果也较多时，新旧知识替代速度将会非常缓慢。可以预期，在较长的时间内，旧知识将保持一个繁荣的领导地位。创新主体应积极投资于知识创新，并积极提高知识壁垒和对投资回报的耐心。

上述结果表明，创新生态系统借助催化与涌现机制实现新旧知识的交替，这种知识交替活动的速率取决于新知识催化与旧知识涌现的创新成果创造能力。在选择创新生态系统的"催化剂"时，需要考虑创新主体与"催化剂"之间在知识结构上的相似程度，这种相似程度影响着作为催化方的创新主体和作为涌现方的创新主体之间的策略选择结果。一个健康、良性发展的创新生态系统，不仅需要通过催化过程开发已有知识的价值空间，积累在新知识领域的创新优势，而且需要通过涌现过程加速价值实现，从而助推创新生态系统在不同的创新范式之间实现跃迁。

第五节　学习与反哺：创新生态系统充满活力、生生不息的根本所在

创新主体间学习与反哺的关系可被看作一种优势互补、风险共担、共同发展的合作关系。近年来，相关研究主要运用产业集群理论、知识管理理论、创新系统理论以及效用分析理论等，探讨学习与反哺行为的形成条件、发展环境、经济效应等。现实中，学习和反哺活动的各参与方很难具备完美的理性意识和分析能力，因此本节运用演化博弈理论，在有限理性条件下分析创新生态系统中创新主体的学习与反哺行为。

一、创新生态系统中的学习

1. 学习的内涵

创新生态系统中的学习是指创新主体彼此进行知识和信息的输入、输出和反馈，实现知识的开发、扩散和应用的过程（何铮和顾新，2014；张贵等，2020）。在网络化系统结构中，不同主体之间相互交换知识以达到合作共生的状态，形成知识流的双方既是知识的发起者，又是知识的接收者。系统中的主体自身和主体之间只有不断地进行学习，不断更新自身的创新知识，提高自身的创新能力，才能在系统中成长起来。这种学习活动可以实现创新主体知识的积累，克服创新主体之间的合作障碍，从而实现创新生态系统运行效率的整体提升。

2. 学习的类型

创新生态系统中的学习行为按照不同标准可划分为不同类型。现有研究中常用的分类方法如下：

首先，按照学习行为的发生范围，可将学习分为内部学习和外部学习（张雁和王涛，2012）。内部学习是指主要发生在创新主体内部的学习行为，通过促进创新主体内的人员交流、要素组合，依靠创新主体的自有知识进行开发和利用。外部学习是指主要发生在创新主体之间的学习行为，通过创新主体与其他创新主体的互动，对不同来源的创新资源进行整合，进而支撑创新活动。内部学习和外部学习能力分别反映了创新主体学习行为的"深度"和"广度"，对创新活动而言均不可或缺。

其次，按照所习得知识的不同属性，可将学习分为显性知识学习和隐性知识学习。显性知识学习指行为主体对较易通过文字、语言等形式表达的知识的学习，这种学习行为的优点是学习成本较低、受地理距离限制很小，缺点是学习成果容易被模仿，难以造就个体在创新生态系统中的独特优势。隐性知识学习指行为主体对那些不易表述

的体验、直觉、认知等经验类知识的学习。现实中，隐性知识往往具有高度个性化的特征，不易泄露给他人，只能通过面对面交流的方式进行传播（Polanyi，1958）。但是，对隐性知识的掌握是创新主体有效吃透显性知识并且实施再创新的关键（郑建阳，2017）。就学习过程而言，显性知识学习和隐性知识学习相辅相成，不可偏废。

最后，按知识新旧程度的不同，可将学习分为探索式学习和开发式学习。探索式学习是以开拓未知领域的知识为导向的学习（王东辉等，2023），要求创新主体积极寻求新的知识来源和新的创新领域，是探索式创新的重要基础。因此，这种学习方式侧重于对新知识的追求，具有收益和学习方向不确定的特点。开发式学习是指对现有知识加以重新组织和利用，从中发现"边际改进"的空间，从而为开发式创新提供支持。这种学习方式侧重于对已有知识的深度开发，因而更重视稳定和效率（March，1991；葛宝山等，2016）。

3. 学习的特征

在创新生态系统中，学习行为通常呈现出以下五个典型特征：

一是以知识势能为驱动。由于学习行为主体之间拥有的知识存量和创新能力不同，创新主体之间通常存在知识势能差。其中，知识势能较高的创新主体拥有较高的知识储备，能够向外分享和溢出知识；知识势能较低的创新主体拥有较低的知识储备，需要通过获取来自知识势能较高主体的知识溢出进行学习，从而快速提升自身的知识水平。同时，由于创新主体之间的知识结构不完全相同，部分知识也可能"逆流而上"，由知识势能较低的创新主体流向知识势能较高的创新主体。此外，知识分享活动也能使创新主体获得一定的报酬（赵勇和白永秀，2009），因而加大了创新主体的溢出动力。

二是以外向合作为导向。创新生态系统中的学习活动多以"核"企业为中心开展，需要创新主体之间进行紧密的合作，从而及时获取新的知识来源，促进已有知识的互补、互嵌。学习过程中的合作行为不仅发生在具有相同水平的创新主体之间，也会发生在不同水平的创新主体之间，呈现同质性和差异性并存的特点。学习过程的合作化有利于形成集聚效应和完备的产业链分工，推动不同创新主体为了共同目标而学习、合作（刘明宇和芮明杰，2012），更好地顺应创新活动中出现的知识高度复杂、高度集成等新趋势。

三是以互相协调为遵循。创新生态系统中的创新主体在相互学习的过程中，可以形成良好的互动关系，逐步适应彼此的知识结构、认知框架、学习方式，并调整彼此的学习目标，这种协调能力使不同创新主体之间的沟通合作摩擦和成本逐渐减少，实现协同学习。最终，不同创新主体在"核"企业的带动下协同，推动整个系统的创新效率和能力提升，并最终转化为各创新主体共同的竞争优势。

四是以体系建构为关键。有效的学习不是对碎片化信息、知识的简单堆砌，而是创新主体在吸收大量异质性知识基础上，基于一定的标准、逻辑、框架对学习内容加以甄别、整合、凝练，最终内化形成自身知识体系和技术体系的过程（王桂侠和万劲波，2014）。在习得知识后，创新主体既可以从无到有地构建知识体系，也可以对已有知识体系进行弥补、完善。因此，学习过程不仅是知识积累的过程，还是创新主体的知识体系不断演化、更新和迭代的过程。只有自主建立并更新知识体系，创新主体才能增强应对创新竞争的主动权、话语权。

五是以应用转化为落脚。对创新生态系统而言，学习是价值创造的基础，应用转化是学习的价值实现形式。创新主体需要将所学知识、技术应用于实际问题的解决，服务于核心价值主张的实现，并从中不断积累经验和提高能力（郭强等，2012）。这种应用转化导向又会反过来引导创新主体的学习行为，明确不同阶段学习的重点。因此，通过将知识学习与实际应用相结合，创新主体能够不断创造新的价值和解决方案，为创新生态系统的发展、创新能力的提升做出贡献。

二、创新生态系统中的反哺

1. 反哺的内涵

创新生态系统中的反哺是指创新主体在依托创新生态系统实现自身发展之后，利用自身所积聚的创新资源，反过来对创新生态系统进行援助或者帮助（刘雪芹和张贵，2016）。在现有研究中，创新生态系统的反哺又常被称为"反向知识溢出"（李腾和张钟元，2020）。作为与正向知识溢出相对的概念，反向知识溢出是以系统中的非"核"企业为起点，在通过知识集成行为大幅提升知识存量后，向"核"企业发起的知识溢出过程（Song et al.，2019）。从学习和反哺机制来看，创新生态系统中的任一创新主体在其发展过程中都会经历角色的转换：首先，创新主体在系统中向具有更高知识势能的创新主体学习，构成了系统中的"学习主体"；其次，创新主体在壮大之后以高知识势能回馈创新生态系统，构成了系统中的"反哺主体"；"反哺主体"作为被学习的对象，又会引发系统中新一轮的学习浪潮，催生新的"学习主体"。综上，反哺机制使创新主体之间的资源及要素流动由单向转变为多向、由链式传递转变为网状辐散，是创新生态系统构建动态复杂性结构的关键支撑。

2. 反哺的类型

创新生态系统中的反哺活动包含直接反哺和间接反哺两种类型（张贵等，2018）。

直接反哺是指反哺主体将其通过学习活动积累的人力、物力、技术以及知识等资源直接反作用于学习主体的过程。这种行为主要发生于反哺主体与学习主体同质性较强的情况，由于双方具有相似的认知框架、相通的技术原理、相近的知识储备，学习主体能够非常便利地利用来自反哺主体的各种支持。直接反哺有利于满足反哺主体和学习主体的即时性创新需求，支持双方创新要素的共享、兼容。

间接反哺是指反哺主体将其在学习活动中积累的人力、物力、技术以及知识等资源通过第三方间接反哺学习主体，以促进学习主体发展的过程。这种行为主要发生在学习主体与被学习主体异质性较强的情况，需要借助第三方中介的作用，使来自反哺主体的资源支持以更适于学习主体的方式输送至创新生态系统内。间接反哺有利于拓展反哺主体和学习主体的知识边界，提升其对异质性知识的吸收能力。

3. 反哺的特征

创新生态系统中的反哺行为具有以下特征：以共赢为导向、以"明星主体"为核心、过程呈现序贯性、关系存在自我强化倾向、行为受到制度约束。

反哺行为以共赢为导向。对反哺主体和学习主体而言，反哺行为不会造成反哺主体自身利益的明显损耗，反而有助于反哺主体与多样化、异质性的学习主体建立联系，更新反哺主体的知识来源，拓展反哺主体的创新分工、资源编排范围。学习主体的学习过程也不是单向吸收知识溢出的过程：从短期来看，学习主体通过与反哺主体的知识合作、交流与碰撞，能够为反哺主体的创新活动提供辅助与启发；从长期来看，学习主体将在未来转化为新的反哺主体，对包括原有反哺主体在内的创新主体实现反哺。可见，创新主体之间处于在反哺中学习、在学习中反哺的互动关系中。只有坚持共赢导向，才能确保双方共同利益的实现。

反哺主体以"明星主体"为核心。"明星主体"是指创新领域具有卓越才能、高社会知名度以及广泛示范效应的个体或团队，主要包括战略性科学家、战略性企业家、高层次紧缺人才等以人才培养、知识传播和技术创新为导向的创新主体。这些"明星主体"作为创新生态系统的少数关键创新主体，能够为创新活动提供前沿、独特的见解、经验和资源，引领创新的方向和路径，往往具有极强的思想启发作用（罗进辉，2014），并因此承担知识反哺的责任和使命。"明星主体"对创新生态系统的回馈与报答，将在创新生态系统中形成高能级的"创新场"，在前瞻性科学研究、未来产业孕育方面发挥战略性作用。可见，反哺机制的维系离不开"明星主体"的贡献，引育"明星主体"是创新生态系统产生持续生命力的重中之重。

反哺过程呈现序贯性。学习和反哺都不是"一次性"的过程，而是随着创新生态系统的发展不断延续。学习和反哺要形成一个连续的过程，必须保证学习主体在学习结束后仍有进一步学习的动力，并且对反哺主体具备一定的知识上的吸引力，即在学习过程中产生了新的独占知识或保有了旧的库存知识（吴晓波，1995）。因此，创新主体在作为学习主体时，处于"学习—受反哺—再学习—再受反哺……"的行为链条中；在作为反哺主体时，则相应地处于"反哺—被学习—再反哺—再被学习……"的行为链条中。学习主体和反哺主体的行为链条平行交织在一起，构成了序贯过程，也是学习与反哺机制得以持续运行的内生动力。

反哺关系存在自我强化倾向。反哺行为通常依托反哺主体在创新生态系统中的原有创新联系、社会关系产生，这些关系形成了反哺主体与创新生态系统之间的价值共识、利益联结、情感认同（刘可文等，2021），是反哺主体从事反哺的重要驱动力。同时，反哺行为本身又能创造与学习主体之间的新的创新联系、社会关系，利用关系本身具有的信息沟通与情感交流的双重功能（赵文等，2022），在输送知识、技术的同时，巩固与创新生态系统联系的紧密程度，为进一步反哺创造条件。这将使学习主体不仅在知识存量方面向反哺主体收敛，而且在认知邻近性、社会邻近性等方面向反哺主体趋近，使"学习—反哺"关系得到强化。最终，在这种循环累积因果作用下，反哺主体将对创新生态系统能力提升产生持续的积极作用。

反哺活动受到制度的约束。反哺行为能够持续产生的关键在于激发创新主体的反哺意愿（王斌和谭清美，2023）。现实中，创新主体的反哺意愿主要受到主观和客观两方面因素影响，其中主观因素主要包括创新主体的利他倾向、开放程度等，客观因素主要包括知识产权保护水平、市场化程度等。显然，如果创新主体在主观上存在高度的利己偏好，在客观上受环境压力影响采取"只购买、不研发"等短视性创新策略，那么创新生态系统的反哺行为将难以为继。因此，要保证反哺行为的实现，必须建立相关的正式或非正式制度，激发反哺主体的反哺意愿，降低反哺主体对反哺行为存在的顾虑，并且合理约束反哺主体可能出现的机会主义行为，维护创新生态系统的整体利益。

三、创新生态系统学习与反哺的关联分析

在创新生态系统中，创新主体之间学习与反哺的结果常常以组织惯例的形式出现。组织惯例是组织结构、流程和相互作用的直观体现。形成组织惯例是创新主体组织学习的结果，是创新生态系统的结构、运行和发展之间相互作用的结果。改进组织惯例是创新主体忘却学习①的结果，是创新生态系统面对发展问题和机遇时触发的创新组织调整和重组策略。由于创新主体在创新绩效与期望之间存在差异，在组织惯例的影响下，创新组织不会采用全新的方法来解决所有问题。而当创新绩效与期望之间的偏差足够大时，主动通过忘却学习的方式创造价值的创新组织会将价值通过创新生态系统网络反哺至组织惯例的缔结者，进而舍弃和替换传统的创新模式，以确保创新生态系统的可持续发展。

考虑到在现实中，学习和反哺活动的各参与方不具备强大的理性意识、分析能力、辨别能力以及记忆能力等，本部分尝试运用演化博弈理论，在有限理性条件下分析创新生态系统主体学习与反哺行为的复制动态策略调整过程以及解的稳定性问题（李佳钰，2020）。基本假设如下：

假设1：博弈双方分别为学习方和反哺方，双方基于有限理性，需要进行多次博弈。令 r_1 为学习方进行学习模仿的收益，且学习方选择此策略的概率为（$1-\alpha$）；r_2 为反哺方进行组织创新的收益，且反哺方选择此策略的概率为（$1-\beta$）；r_3 为学习方维持组织惯例的收益，学习方选择此策略的概率相应为 α；r_4 为反哺方维持组织惯例的收益，反哺方选择此策略的概率相应为 β。同时，假设维持组织惯例的价值收益大于进行组织惯例改变的价值收益，即 $r_3>r_1$，$r_4>r_2$。

假设2：创新主体维持组织惯例是创新生态系统整体影响下的被动行为，进行学习或创新是创新生态系统整体影响下的主动行为。在稳定的创新生态系统中，学习方和反哺方改变组织惯例的成本均为 c，率先主动改变组织惯例会使创新主体暂时失去部分市场份额，但创新主体可以通过形成新的组织惯例获益。因此，令 e_1 为学习方不满足于创新生态系统的现有惯例而进行学习模仿的潜在价值收益，l_1 为学习方继续维持组织惯例的潜在价值损失；e_2 为反哺方不满足于创新生态系统的现有惯例而进行组织创新的潜在价值收益，l_2 为反哺方继续维持组织惯例的潜在价值损失。

基于以上假设，得到创新生态系统学习与反哺的收益矩阵，如表5-5所示。

① "忘却学习"是指创新主体在面对创新环境变化时，通过对旧的组织惯例进行扬弃，剔除或"忘却"其中不适应环境变化的组织惯例，为新组织惯例的建立提供条件。参见郑明玉，徐梦丹，马文聪，等. 组织忘却学习如何影响绩效：基于元分析的证据 [J]. 科技管理研究，2021，41（13）：176-182.

表 5-5　学习与反哺的收益矩阵

		反哺方	
		维持惯例 (β)	组织创新 ($1-\beta$)
学习方	维持惯例 (α)	r_3，r_4	r_3-l_1，r_2+e_2-c
	学习模仿 ($1-\alpha$)	r_1+e_1-c，r_4-l_2	r_1，r_2

资料来源：李佳钰．产业创新生态系统中的知识能量流动机理研究［D］．天津：河北工业大学，2020.

学习方的期望 $E(A)$ 为：

$$E(A)=\alpha\big[\beta r_3+(1-\beta)(r_3-l_1)\big]+(1-\alpha)\big[\beta(r_1+e_1-c)+(1-\beta)r_1\big] \tag{5-6}$$

反哺方的期望 $E(B)$ 为：

$$E(B)=\beta\big[\alpha r_4+(1-\alpha)(r_4-l_2)\big]+(1-\beta)\big[\alpha(r_2+e_2-c)+(1-\alpha)r_2\big] \tag{5-7}$$

令式（5-6）和式（5-7）的偏导数等于 0：

$$\frac{\partial E(A)}{\partial \alpha}=\beta(e_1-c-l_1)+r_3-l_1-r_1=0 \tag{5-8}$$

$$\frac{\partial E(B)}{\partial \beta}=\alpha(e_2-c-l_2)+r_4-l_2-r_2=0 \tag{5-9}$$

解得：$\alpha^*=\dfrac{(-r_3+l_1+r_1)}{(e_1-c)}$，$\beta^*=\dfrac{(-r_4+l_2+r_2)}{(e_2-c)}$。

由于潜在的价值收益是时间的函数，因此选择使用动态微分方程进一步求解。

令 α 和 β 为关于时间 t 的动态函数，则学习方和反哺方的动态微分方程为：

$$\frac{\partial E(A)}{\partial t}=\alpha(1-\alpha)\big[\beta(e_1-c-l_1)+r_3-l_1-r_1\big] \tag{5-10}$$

$$\frac{\partial E(B)}{\partial t}=\beta(1-\beta)\big[\alpha(e_2-c-l_2)+r_4-l_2-r_2\big] \tag{5-11}$$

分别令 $L=l_1-e_1+c$，$M=r_3-l_1-r_1$，$N=l_2-e_2+c$，$Q=r_4-l_2-r_2$，则式（5-10）和式（5-11）可简化为：

$$\frac{\partial E(A)}{\partial t}=\alpha(1-\alpha)(\beta L+M) \tag{5-12}$$

$$\frac{\partial E(B)}{\partial t}=\beta(1-\beta)(\alpha N+Q) \tag{5-13}$$

令式（5-12）和式（5-13）的偏导数等于 0，解得均衡点为（0，0）、（1，0）、（1，1）、（0，1）、$\left(-\dfrac{Q}{N}，-\dfrac{M}{L}\right)$。依据雅可比矩阵的局部稳定性分析方法，对复制者动态微分方程求偏导数，得到创新生态系统学习与反哺的雅可比矩阵为：

$$J = \begin{bmatrix} \dfrac{\partial E(A)}{\partial t\partial \alpha} & \dfrac{\partial E(A)}{\partial t\partial \beta} \\ \dfrac{\partial E(B)}{\partial t\partial \alpha} & \dfrac{\partial E(B)}{\partial t\partial \beta} \end{bmatrix} \qquad (5\text{-}14)$$

当在均衡点（0，0）时：

$$J_{(0,0)} = \begin{bmatrix} r_3 - r_1 - l_1 & 0 \\ 0 & r_4 - l_2 - r_2 \end{bmatrix} \qquad (5\text{-}15)$$

当在均衡点（1，0）时：

$$J_{(1,0)} = \begin{bmatrix} -r_3 + r_1 + l_1 & 0 \\ 0 & -e_2 + c + r_4 - r_2 \end{bmatrix} \qquad (5\text{-}16)$$

当在均衡点（1，1）时：

$$J_{(1,1)} = \begin{bmatrix} e_1 - c - r_3 + r_1 & 0 \\ 0 & e_2 - c - r_4 + r_2 \end{bmatrix} \qquad (5\text{-}17)$$

当在均衡点（0，1）时：

$$J_{(0,1)} = \begin{bmatrix} -e_1 + c + r_3 - r_1 & 0 \\ 0 & -r_4 + l_2 + r_2 \end{bmatrix} \qquad (5\text{-}18)$$

在均衡点 $\left(-\dfrac{Q}{N}, -\dfrac{M}{L}\right)$ 时：

$$J_{\left(-\frac{Q}{N}, -\frac{M}{L}\right)} = \begin{bmatrix} 0 & -\dfrac{QL}{N}\left(1 + \dfrac{Q}{N}\right) \\ -\dfrac{MN}{L}\left(1 + \dfrac{M}{L}\right) & 0 \end{bmatrix} \qquad (5\text{-}19)$$

由于维持组织惯例的价值收益大于进行改变的价值收益，即 $r_3 > r_1$ 和 $r_4 > r_2$ 恒成立，则在式（5-15）至式（5-19）的基础上，比较学习方和反哺方不满足于创新生态系统的现有惯例而进行学习或创新的潜在价值收益 e 与进行忘却学习的成本 c 之间的大小，可以得到创新生态系统中学习与反哺的策略矩阵，如表5-6所示。

表5-6　学习与反哺的策略矩阵

		反哺方	
		$e_2 < c$	$e_2 > c$
学习方	$e_1 < c$	收敛于均衡点（0，0）	收敛于均衡点（0，0）
	$e_1 > c$	收敛于均衡点（0，0）	收敛于均衡点（0，0）或（1，1）

资料来源：李佳钰. 产业创新生态系统中的知识能量流动机理研究 ［D］. 天津：河北工业大学，2020.（有改动）

本部分建立的学习与反哺演化博弈模型是在二维非对称演化博弈模型的基础上构建的，故模型中学习方和反哺方均为有限理性，在进行决策时需要经过多轮学习和策略调整，最终的均衡状态取决于学习活动双方的受益与成本。在真实情况中，组织往往往没有足够的激励对组织惯例进行大的改变，因此普遍倾向于维持现状。综合学习和反哺活动双方的博弈矩阵，潜在的学习方和反哺方进行合作创新决策时，一般会出现以下两种情况。

当潜在合作双方中任意一方的合作策略回报与资金支持小于合作风险和惩罚时（即 $e<c$ 时），双方都无法建立起有效的合作，任何初始状态最终都将收敛于双方都选择不合作的稳定状态。潜在的学习方和反哺方都没有足够的激励去实现合作，长期处于这种情况将不利于系统的演化发展。

当潜在合作双方的合作策略回报与资金支持均大于合作风险和惩罚时（即 $e>c$ 时），双方既可能选择合作，也可能选择不合作，最终的稳定状态取决于双方的共同选择。当外部环境出现重大变动时（如科技革命、经济危机等），潜在的学习方和反哺方将不得不做出改变，学习与反哺的合作活动在此时成为最优选择。在这种情况下，无论初始状态如何，都将收敛于共同选择合作的均衡状态。

综合上述分析可知，如果学习方与反哺方中，至少有一方进行学习或创新组织惯例的价值收益小于其成本，那么创新生态系统选择学习模仿或组织创新策略将成为演化稳定策略。在形成组织惯例的前提下，创新主体非营利性的学习或创新行为是创新生态系统演化的动力，支持创新主体不断优化组织惯例。当且仅当创新主体改变组织惯例的价值收益大于其成本时，创新主体既可能因过度的学习与模仿使得维持组织惯例成为稳定策略，又可能因良性的学习与创新使组织破坏性变革成为稳定策略，进而导致创新生态系统选择学习模仿或组织创新策略。

第六节　开放与共享：创新生态系统良性循环的必备品质

近年来，随着经济全球化进程不断加深，创新主体之间交互日益频繁、界限逐渐模糊，开放式创新成为社会经济活动创新的主要范式。创新生态系统的开放与共享要求创新主体将其内部的创新需求与外部的创新资源进行有效结合。因此，创新生态系统的开放与共享需要建立一个由众多创新主体共同参与的平台，并且平台内部的创新行为不再是线性的、单一的过程，而是非线性的、复杂的、多元的、网络化的过程，从而实现创新生态系统的良性循环。

一、创新生态系统中的开放

1. 开放的内涵

随着创新生态系统的形成与发展，越来越多的系统成员通过跨边界合作，推动资源在生态系统中流动、聚集和整合（Öberg and Alexander，2019），使系统的开放性逐渐增强，共同构建了开放式创新生态系统（解学梅和王宏伟，2020）。开放式创新需要建立广泛的生态系统合作，利用可互操作的开放式技术，实现价值链内部和多个价值链之间的价值创造（王高峰等，2021），其主要作用是降低创新主体的交易成本，缩短创新成果的转化周期，提高创新活动的效率，因而成为越来越多的创新生态系统采用的创新方式。综上所述，创新生态系统中的开放是指创新主体跨越组织边界开展创新活动，促进创新资源、创新成果的独占性、排他性不断降低（蔡双立和马洪梅，2023）的过程。

2. 开放的类型

创新生态系统中的开放通常包含内向型开放和外向型开放两种类型。

内向型开放是指创新主体利用外部的创意、知识、技术等资源来改进自己的产品、服务或业务模式。内向型开放强调通过评估和获取外部知识或技术，并将其与内部资源相融合，实现创新绩效的提高（Manzini et al.，2017），达到"为我所用"的目的。内向型开放有助于创新主体突破内部研发的局限性，吸收外部知识并与内部知识相融合，从而丰富知识和技术的类型和多样性（Gómez et al.，2020）。

外向型开放是指创新主体将自身未能充分利用的内部想法、技术或资源转移给外部的合作伙伴，以实现更大的价值。现有研究认为，外向型开放对企业突破性创新绩效的影响机制主要包括竞争效应、创新联盟和知识外部性（陈志明，2016）。一方面，外向型开放使创新主体能够通过技术许可、特许经营等商业模式，最大限度地降低内部 R&D 成本，提高内部研发资源利用效率。另一方面，外向型开放使创新主体将内部创新资源向外部公开和共享，有助于建立起行业深度创新联盟，使创新主体与外部知识的连接更加灵活和系统，从而促进核心技术突破。

3. 开放的特征

创新生态系统中的开放一般具有多主体性、流动性、平衡性、相对性、创造性等典型特征。

一是多主体性特征。创新生态系统的开放要求广泛利用、整合分散于不同创新主体之间的内外部创新资源，通过创新资源的外部化和内部化，实现对创新成果的商业化（Chesbrough，2007）。这表明系统开放需要大量创新主体的共同参与，并将开放化作为创新主体的价值共识和行动原则。特别是在用户创新等新创新趋势下，以公众为载体的创新要素在创新活动中的参与度持续提高，推动创新生态系统的主体承载量大幅提升，促进创新生态系统向开放式创新生态系统转变（武学超，2016）。

二是流动性特征。创新生态系统的开放要求创新资源能够在组织之间自由流动、优化配置和有效利用，从而提高创新有效性（张永成等，2015）。在全球化和信息化背景下，知识信息成为创新的关键资源，知识信息的流动和转化成为创新的关键过程。创新生态系统的开放行为所形成的流动性体现在两个方面：一方面，创新生态系统的开放能够打破创新主体间要素壁垒，利用知识信息的流动实现资源整合，拓展创新参与者的知识基础（Duan et al.，2022），从而提高创新效率；另一方面，在开放化条件下，创新生态系统的边界也具有流动性，能够根据价值主张的实现需要，灵活吸纳新的创新主体，成为创新生态系统保持竞争力的重要原因。

三是平衡性特征。创新生态系统中的开放要求创新主体能够在竞争与合作、利益与风险、效率与效果等方面达到一种动态平衡，保持系统的稳定和可持续（王高峰等，

2021）。创新生态系统是一个多元化、多层次、多维度的系统，涉及多种利益相关者和多种资源要素。平衡性特征要求创新主体在开放的过程中，需要平衡创新主体本身与其他主体和整个系统的利益，避免因开放造成"赢者通吃"或"零和博弈"的局面；需要平衡多元异质性主体之间的关系，发挥开放带来的创新资源多样化优势，解决可能出现的协调难度加大、观念分歧加剧（李纪琛等，2023）等问题；需要平衡系统内部和外部的关系，根据内外部环境变化，不断调整自身的结构和功能，实现系统的自我更新和优化。

四是相对性特征。任何创新生态系统的开放都不是绝对的、完全的。开放的相对性在于，创新生态系统通常会对核心自主知识产权采取必要的保护措施，以免知识泄露。这不仅是保证创新生态系统自身发展利益的需要，也是维持鼓励创新的社会环境所必然遵循的要求。开放的相对性还体现在创新生态系统的开放程度和方式是随着时间和空间而变化的，不同阶段和不同领域的创新生态系统往往采取不同的开放策略和模式。创新生态系统需要根据自身的发展阶段、创新目标、竞争环境等因素，灵活调整开放的策略和模式，以实现最优的创新效果。

五是创造性特征。创新生态系统的开放是一种资源共享基础上的价值创造过程。从价值生成视角看，创新生态系统中的创新主体在价值主张的引导下，通过开放协作满足各自价值获取目标和创新生态系统的整体目标，从而实现价值共创（戴亦舒等，2018）。在此过程中，创新主体可以获取更多的外部知识和资源，也可以利用更多的外部渠道和平台，以实现更高水平和更广范围的创新。当前，数字经济发展所带来的即时性、交互性和共享性为分布式创新的大规模出现提供了可能性，将使开放式创新变得更为流行（杨震宁和赵红，2020），也将为提升创新生态系统的价值创造能力提供更多契机。

二、创新生态系统中的共享

1. 共享的内涵

创新生态系统中的共享是指创新主体互相交换知识、技术并共同创造新知识、新技术的过程（白景坤等，2022）。创新主体之间的共享行为是价值共创的必经环节。在共同价值主张的引导下，不同创新主体基于特定的契约安排，将各自拥有的异质性创新要素贡献出来，形成创新生态系统的"公共资源池"，为创新主体的协同创新提供基础。共享行为的产生取决于创新主体通过共享实现的自我效能（田轶等，2021），即共享行为对创新主体产生的效用多少。一个健康、可持续的创新生态系统应当使创新主体维持较高的自我效能，从而鼓励知识和技术共享，克服创新主体对知识和技术的"隐匿"倾向。

2. 共享的类型

创新生态系统中的共享通过不同的模式加以体现，常见的共享模式包括合同创新模式、联盟创新模式、平台创新模式以及网络创新模式四种类型。

合同创新模式，是指以合同形式确定的共享模式。合作双方根据自身的资源、能力和需求签订合同，明确创新目标、分工、成果归属、风险分担等事项，继而开展共享活动。这种模式的优点是合作关系明确、权利义务清晰且风险可控，但缺点是合作过程缺乏灵活性，难以应对不确定性和变化性（宋砚秋等，2011）。

联盟创新模式，是指以联盟形式进行的共享模式。合作双方或多方在保持各自独立法人地位的基础上，建立联盟组织，共同投入资源、分享信息、协调行动，实现既定的创新目标。这种模式的优势是合作过程具有灵活性，能够充分利用各方的优势和专长；而劣势是合作关系相对松散，可能存在利益冲突和知识泄露的风险（沈灏和李垣，2010）。

平台创新模式，是指以平台形式进行的共享模式。共享平台作为一种开放的、标准化的技术或服务基础，能够支持多方之间的交互和协作。平台创新模式通常由平台提供者和平台参与者构成，其中平台提供者负责提供平台基础设施和规则，平台参与者负责提供或使用平台上的产品或服务（刘家明和柳发根，2019）。这种模式的长处是能够实现规模效应，促进多样化和个性化的创新，短处是需要高昂的平台建设成本以及有效的平台治理机制。

网络创新模式，是指以网络形式进行的共享模式。网络作为由多个节点和连接构成的复杂系统，能够实现信息、资源和价值的流动和转化。网络创新模式通常由核心节点和边缘节点构成，其中核心节点负责整合和协调网络内外部的资源和能力，边缘节点负责提供或获取网络内部的知识和技术。这种模式的优点是能够实现快速响应，适应不断变化的市场需求，同时难点在于需要高度的信任和互动以及有效的网络管理机制（何郁冰和张迎春，2015）。

3. 共享的特征

一是共享行为普遍化。共享活动存在于创新过程中的各个阶段，并且每一阶段都有不同创新主体的参与（Fritschand and Lukas，2001）。具体而言，创新生态系统中的共享涵盖了创新过程中的各个环节，包括创意产生、技术开发、产品制造、市场营销等，并且在每个环节中都有多种形式和程度的合作。因此，建立广泛、良好的资源共享关系，对于意在保持创新优势的创新主体而言具有重要作用。

二是共享主体跨界化。共享可以不受组织边界、地域限制、行业界限等因素的影响，借助互联网等平台实现创新资源的全球化、网络化、开源化（唐丽艳等，2009）共享。跨界共享有助于扩大创新资源的来源和范围，增加创新活动的多样性和复杂性，促进创新主体之间的交流借鉴和学习效应，为创新要素的创造性组合与利用提供实现条件。此外，跨界共享有利于创新主体及时根据市场需求和技术变化，不断调整和优化创新活动的内容、方式、范围等，实现创新活动的持续改进，增强自身适应性和竞争力。

三是共享资源互补化。创新主体会同与其创新资源和能力具有一定互补性的创新主体开展共享，通过整合分散的资源和能力来提升创新绩效（冯泰文等，2013）。互补化通过实现不同创新主体之间的资源、能力的优化组合，使各方能够发挥自身长处，弥补自身不足，提高创新效率和质量。例如，企业可以与科研机构共享创新资源，利用后者的技术专长和设备条件，加速产品的研发和测试；科研机构可以与企业开展合作，利用后者的市场渠道和资金支持，促进技术的转化和推广。

四是共享关系动态化。共享活动随着创新环境的变化而不断调整和优化。创新主体可以根据自身在不同阶段的发展战略，选择与不同层次、不同领域的创新主体建立共享关系，或者根据创新活动中出现的问题，调整或完善共享的内容、重点、方式、范围等。例如，科技型企业可以在创意产生阶段重点增强与消费者或其他企业的创意、观点分享，在技术开发阶段加强与科研机构或高校的科研合作，在成果转化阶段强化与上下游企业及用户社群的信息、资源共享等。

五是共享风险共担化。创新生态系统中的共享要求各个主体在创新过程中不仅共享创新成果，也共担创新风险（林慧岳和李云飞，2021），形成一种基于合作和协调的风险管理机制。创新本身就是一种不确定的活动，可能会面临技术、市场、法律等方面的风险，而通过合作共享，各方可以契约、股权、分红等方式实现风险和收益的合理分配，并建立有效的风险防范和应对机制，通过信息共享、知识产权保护、法律咨询等方式预防和减少风险事件的发生。

三、创新生态系统开放与共享的关联分析

实践中，开放与共享更多地体现为一种博弈关系。为了更好地表现出创新生态系统中各主体之间的开放共享关系，本部分构建了创新主体之间的开放共享博弈模型（袁启刚和温科，2022），提出以下假设：

假设1：创新生态系统中存在两个具有有限理性的创新主体，分别是创新主体甲和创新主体乙；Q_1 表示创新主体甲拥有的创新资源总量，Q_2 表示创新主体乙拥有的创新资源总量。

假设2：创新主体均可根据自身情况决定是否开放，并且决定创新资源的共享比例。因此，假设创新主体甲选择开放的概率为 x，共享的创新资源比例为 j_1，创新主体乙选择参与共享的概率为 y，共享的创新资源比例为 j_2。

假设3：若创新主体甲选择不开放或者创新主体乙选择不参与，则视为未形成创新生态，双方的成本支出仅与自身原有业务相关，分别记为 C_{1a} 和 C_{2a}。若创新主体甲选择开放并且创新主体乙选择参与，则视为形成创新生态。在此过程中，双方均会在自身原业务成本的基础上增加两部分新的成本：一是双方各自付出的用于维护合作关系的交流成本 L_1 和 L_2，二是双方各自由于价值共创增加的成本与共创风险背后蕴含的潜在损失产生的成本之和（韩少杰等，2020）。需要注意的是，该成本为可变成本，与共享的创新资源量 $Q_1 j_1$ 和 $Q_2 j_2$ 直接相关。出于简化目的，假设成本的线性系数为 d，得到创新生态形成时创新主体甲和创新主体乙各自的总成本 C_{1b} 和 C_{2b}，其中 $C_{1b} = C_{1a} + L_1 + dQ_1 j_1$，$C_{2b} = C_{2a} + L_2 + dQ_2 j_2$。

假设4：若创新主体甲选择不开放或者创新主体乙选择不参与，即未形成创新生态，双方的收益也仅与自身原有业务相关，分别记为 R_{1a} 和 R_{2a}。若创新主体甲选择开放且创新主体乙选择参与，则形成创新生态，此时双方均可在创新资源的开放共享中得到额外收益，且这种额外收益与对方共享的创新资源量 $Q_2 j_2$ 和 $Q_1 j_1$ 满足线性关系。因此，假设收益的线性系数为 h，得到创新生态形成时，创新主体甲和创新主体乙各自的总收益 R_{1b} 和 R_{2b}，即 $R_{1b} = R_{1a} + hQ_2 j_2$，$R_{2b} = R_{2a} + hQ_1 j_1$。

根据以上假设，可以得到创新主体甲和创新主体乙的创新资源开放与共享的支付矩阵，如表 5-7 所示。

表 5-7　系统内开放与共享的支付矩阵

		创新主体乙	
		参与共享 （y）	不参与共享 （$1-y$）
创新主体甲	开放 （x）	$R_{1b}-C_{1b}$，$R_{2b}-C_{2b}$	$R_{1a}-C_{1a}-L_1$，$R_{2a}-C_{2a}$
	不开放 （$1-x$）	$R_{1a}-C_{1a}$，$R_{2a}-C_{2a}-L_2$	$R_{1a}-C_{1a}$，$R_{2a}-C_{2a}$

资料来源：笔者整理。

因此，创新主体甲的期望 $E(A)$ 为：

$$E(A)=x\big[y(R_{1b}-C_{1b})+(1-y)(R_{1a}-C_{1a}-L_1)\big]+(1-x)(R_{1a}-C_{1a}) \tag{5-20}$$

创新主体乙的期望 $E(B)$ 为：

$$E(B)=y\big[x(R_{2b}-C_{2b})+(1-x)(R_{2a}-C_{2a}-L_2)\big]+(1-y)(R_{2a}-C_{2a}) \tag{5-21}$$

令式（5-20）和式（5-21）的偏导数等于 0：

$$\frac{\partial E(A)}{\partial x}=y(R_{1b}-C_{1b})+(1-y)(R_{1a}-C_{1a}-L_1)-(R_{1a}-C_{1a})=0 \tag{5-22}$$

$$\frac{\partial E(B)}{\partial y}=x(R_{2b}-C_{2b})+(1-x)(R_{2a}-C_{2a}-L_2)-(R_{2a}-C_{2a})=0 \tag{5-23}$$

解得：$x^*=\dfrac{L_2}{hQ_1j_1-dQ_2j_2}$，$y^*=\dfrac{L_1}{hQ_2j_2-dQ_1j_1}$。

由于潜在的价值收益是时间的函数，因此选择使用复制动态方程进一步求解。

创新主体甲的复制动态方程为：

$$\begin{aligned}F(x)&=\frac{dx}{dt}\\&=x(1-x)\big[y(R_{1b}-C_{1b})+(1-y)(R_{1a}-C_{1a}-L_1)-(R_{1a}-C_{1a})\big]\\&=x(1-x)\big[y(R_{1b}-R_{1a}-C_{1b}+C_{1a}+L_1)-L_1\big]\end{aligned} \tag{5-24}$$

当 $y(R_{1b}-R_{1a}-C_{1b}+C_{1a}+L_1)-L_1=0$ 时，$F(x)$ 恒为 0，对于 x 的所有水平都是稳定态。这意味着当创新主体甲通过开放能够获得的价值增加的期望值与其为寻求合作而承担的成本相当时，企业选择开放策略的初始概率不会改变（闫晓勇等，2023）。

当 $y(R_{1b}-R_{1a}-C_{1b}+C_{1a}+L_1)-L_1\neq0$，令 $F(x)=0$，得到两个均衡点 $x=0$ 与 $x=1$。对 $F(x)$ 求导可得：

$$F'(x)=(1-2x)\big[y(R_{1b}-R_{1a}-C_{1b}+C_{1a}+L_1)-L_1\big] \tag{5-25}$$

由于演化稳定策略必须符合 $F'(x)<0$，因此存在如下两种情形：

第一，若 $y(R_{1b}-R_{1a}-C_{1b}+C_{1a}+L_1)-L_1<0$，则 $x=0$ 为演化稳定策略，这意味着当创新主体甲通过开放能够获得的价值增加的期望值小于其为寻求合作而承担的成本时，

创新主体甲最终将不开放任何合作机会。

第二，若 $y(R_{1b}-R_{1a}-C_{1b}+C_{1a}+L_1)-L_1>0$，则 $x=1$ 为演化稳定策略，即当创新主体甲通过开放能够获得的价值增加的期望值大于其为寻求合作而承担的成本时，创新主体甲将开放全部合作机会。

由于创新主体甲和创新主体乙具有同等地位，其成本与收益具有对称性，因此同理可得：当 $x(R_{2b}-R_{2a}-C_{2b}+C_{2a}+L_2)-L_2=0$ 时，创新主体乙选择参与共享的初始概率不会发生改变；当 $x(R_{2b}-R_{2a}-C_{2b}+C_{2a}+L_2)-L_2<0$ 时，创新主体乙将拒绝参与任何合作共享；当 $x(R_{2b}-R_{2a}-C_{2b}+C_{2a}+L_2)-L_2>0$ 时，创新主体乙最终将参与所有合作机会。

综上所述，创新主体之间的创新资源开放与共享如果要顺利开展，就必须使共享资源量和共享成本满足相应的数量关系，这也是创新生态系统开放与共享机制运行的前提。只有当双方的共享资源量比例能够使所有创新主体从共享方得到的收益大于共享的成本时，创新主体才可能会选择合作。除此之外，信息不对称导致的交流成本陡增，可能是造成合作无法达成的原因之一。

第六章　创新生态系统的治理

创新生态系统既是一种介于市场与政府之间的中间性组织，也是一种全新的治理机制变革。与以往的创新治理模式不同，创新生态系统通过实施正式和非正式治理，实现跨主体、跨组织、跨领域、跨区域的全方位网络化协作发展。本章在对创新生态系统治理理论进行分析的基础上，构建了创新生态系统治理的总体结构模型，重点分析了创新生态系统的正式治理与非正式治理的内涵与结构，并探讨了平台化治理、网络化治理、数字化治理等创新生态系统治理的新兴方向。

第一节　创新生态系统的治理理论与治理结构

创新生态系统治理是多主体通过正式或非正式制度设计，推动创新生态系统的价值共创功能从可能性转向现实性、从"应然权利"转向"法定权利"最后转向"现实权利"的动态演进过程（Wang，2021）。面对变幻莫测的创新环境，创新生态系统需要借助多维度、动态化的治理结构，形成政策、制度、规则等层面的平衡，以促进创新生态系统内部各主体之间的能量和信息交流（王影和苏涛永，2022），夯实系统治理效能提升的物质载体、技术准备和制度基础。

一、创新生态系统的治理理论

1. 创新生态系统治理的理论基础

"治理"是一个组织或系统用于管理和引导其参与者的一系列行为选择和制度安排。它通常涉及制定规则、建立权力结构、确定责任和权力分配等方面，强调参与者之间围绕利益关系进行互动、协商和合作，以达成共识、解决问题，从而确保组织或系统的正常运行和目标实现。可见，治理过程注重决策制定、资源分配、监督和执行等方面的具体行动。创新生态系统治理的发展，是创新活动的系统化、网络化、开放化趋势的必然要求，具有坚实的理论基础。

创新生态系统治理以多中心治理理论为建构基石。多中心治理理论认为，在决策过程中，可将决策权分配给若干独立的决策中心，使之在一定的制度框架下共同决策（李振华等，2016）。由于不同的决策中心具有不同的目标和资源，将它们聚集在一起可以实现资源的整合和协调，达到最高层次的决策目标（埃莉诺·奥斯特罗姆，2012）。这种治理模式能够更好地适应创新主体的多样性和异质性的需求，并提供更有效的公共服务。因此，创新生态系统治理在性质上是核心价值主张引领下的多中心治理体系，能够调动各个分散的决策中心，成功地达成一致决策和组织集体行动。通过持续地互动和合作，不同的决策中心能够更好地了解彼此的目标和利益，建立更完善的沟通平台和机制，增强相互信任，为进一步的合作提供基础。

创新生态系统治理以网络治理理论为行为依据。网络治理理论强调由多个利益主体基于共生依存关系建立网络化链接，在治理过程中动态调整网络构成，基于网络实现利益主体之间的协同进化（王进富等，2017）。网络化治理的关键是激发参与者的创造性适应能力，通过组织行为来促进创新发展。在创新生态系统中，网络化结构有助于增强不同创新参与者之间的合作和协调，弥补个体对系统整体价值主张的认知有限的缺点。对创新生态系统治理而言，网络治理理论强调建立包容性的价值主张实现过程，即鼓励各方参与和合作，通过建立多层次、多主体和跨边界的治理网络，实现创新生态系统的有效自组织。

创新生态系统治理以开放创新理论为路径参照。形成对高价值创新源的开放化获取渠道，是创新生态系统维持长期竞争优势的必然要求。开放创新理论是指创新生态系统在技术创新过程中，同时利用内部和外部相互补充的创新资源实现创新（切萨布鲁夫，2005）。在创新生态系统治理中，开放创新理论提倡建立积极的创新文化和灵活的组织结构，鼓励核心治理主体深度参与创新生态系统治理，并通过开放合作和共享平台，与外部各主体分享创新资源，加快治理速度，从而提高治理效能。

2. 创新生态系统治理的理论内涵

综合不同理论基础，结合现实背景和经验，创新生态系统治理正在面临深刻变革，具有持续丰富的理论内涵。

（1）从单一主导到多元协同。在传统的单一治理模式下，创新活动由一个中心化的机构或组织主导，其决策权和资源分配权集中在少数人或机构手中。这种模式存在信息不对称、资源浪费、创新能力受限等问题。创新生态系统治理理论的多元协同治理鼓励不同类型的参与者之间进行合作和协同，产生正向外部性，实现资源的有效配置和创新能力的提升（李瑞，2021）。通过多元协同治理过程，不同参与者之间得以共享市场信息、技术知识和经验，提高创新决策的准确性和效率，减少了信息不对称等问题。参与者之间的合作和知识交流带来新的观念、技术和商业模式，促进创新治理的多元化和跨界融合。

（2）从单向输出到多向交互。创新活动的复杂性决定了创新主体在创新活动中具有多重角色，使创新生态系统的治理有别于"自上而下"的层级型治理方式，而是更多依靠创新主体之间动员、交流等互动（范合君等，2022）。首先，创新生态系统的治理中很少存在完全意义上的治理者，创新主体可能在特定治理场景中主要充当治理者，并在其他治理场景中主要充当被治理者。其次，在依靠创新主体的自组织过程实现的治理行为中，创新主体在一定程度上既是治理者又是被治理者。最后，创新主体不再局限于被动接收治理信息，而是以其能动性进行信息反馈，从而在治理者的权威性和被治理者的自主性之间寻求适度平衡（韩志明，2022）。

（3）从碎片分治到整体统筹。从碎片到整体的治理注重运用系统性思维，将治理重点放在整个创新生态系统中的相互关联和相互作用上，统筹考虑系统与外部环境之间、系统内部不同主体之间的依存关系，从而更有效地进行治理。从碎片到整体的治理分析强调制度设计和规则制定的重要性。在整体治理中，需要设计和制定适当的制度和规则，以引导各个参与者的行为和相互作用，减少不确定性和摩擦，从整体层面改善系统运行，实现资源的有效配置、风险的共担以及创新能力的提升。

（4）从传统范式向现代转型。从传统到现代的转型治理，强调实现制度创新和制度转型，建立透明、高效和包容的制度环境，以促进创新市场的发展、资源的有效配置和公平竞争。现代治理强调统筹和平衡各方主体的治理资源和治理行为，形成程序化、制度化、规范化的治理框架（史永乐和严良，2022）。同时，现代治理强调适应科技创新发展趋势，有针对性地强化创新支持体系，包括知识产权保护、创新资金的提供和创新网络的搭建等，从而使社会各界参与创新决策和创新治理全过程，确保治理的公正性和透明度。

二、创新生态系统的治理结构

创新生态系统的治理结构可以从总体结构和构成要素两个维度加以认识。从总体结构维度来看，创新生态系统的治理结构是以多中心治理（张贵等，2018）为内核的自组织、自适应结构。从构成要素维度来看，创新生态系统的治理结构是治理主体、治理客体、治理目标和治理行为形成的复杂性系统。

1. 创新生态系统治理的总体结构

从总体结构看，创新生态系统的治理以多中心治理框架为内核，聚焦于研究群落、应用群落以及服务群落三大关键创新群落，通过人才链、创新链、产业链、服务链、政策链、资金链的链式联结，在正式规则与非正式规则的约束下，共同形成创新生态系统的多维治理网络体系，实现对知识、技术、行为、绩效等的全面整合（李振华等，2016），以实现创新生态系统稳定和可持续发展。创新生态系统治理的总体结构如图6-1所示。

2. 创新生态系统治理的构成要素

创新生态系统治理的构成要素包括四个方面：治理主体、治理客体、治理目标和治理行为。

一是治理主体。在创新过程中，不同创新主体可能存在利益竞争甚至冲突关系，单一治理主体往往难以全面应对这种复杂关系。创新生态系统通过引入多元治理主体平衡各方利益，可以促进资源的整合与共享，提供更灵活的决策机制和快速响应能力，激发创新活动的动力和效率，并确保制度规范的公正执行。因此，创新生态系统治理强调多元、多中心治理主体的广泛参与（温雅婷等，2021）。创新生态系统的治理主体是创新生态系统内的所有创新主体，依据其在治理中的地位和作用，可分为核心主体和辅助主体，具体构成如表6-1所示。

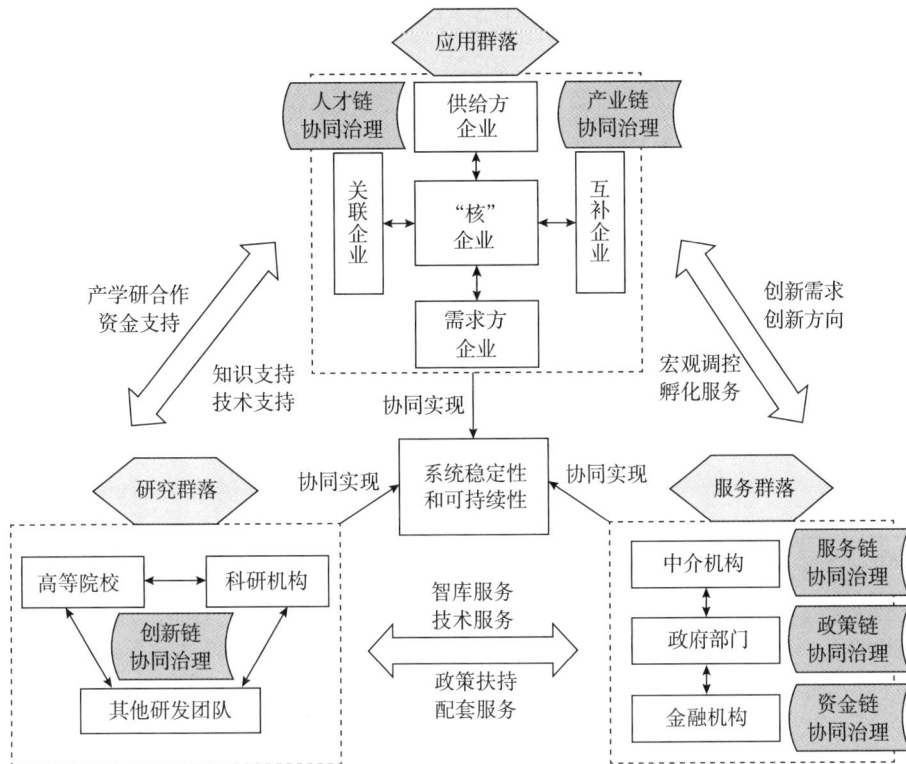

图 6-1 创新生态系统治理的总体结构

资料来源：笔者自绘。

表 6-1 创新生态系统治理主体的类型和内容

治理地位	治理主体	因素变量
核心主体	"核"企业	具有竞争优势和转型能力、在创新生态系统中发挥引领作用的创新型企业
	供给方企业	资本、技术、信息等生产要素的内部提供者
	需求方企业	新产品（中间产品）需求者
	关联企业	生产要素、基础设施等上下游链条的相关企业
	互补企业	在技术、产品、服务方面与"核"企业具有互补关系的企业
辅助主体	政府部门	法规、制度、政策的提供者
	科研院所、高校	知识创造、技术研发、人才培养、人才输出、创新合作、技术转移的枢纽
	金融机构	从事资金支持和投资、风险管理和评估的专业化主体
	中介机构	信息中介和沟通桥梁

资料来源：张贵，温科，宋新平，等.创新生态系统：理论与实践［M］.1版.北京：经济管理出版社，2018：219.（与原表相比有改动）

在不同的治理主体中，核心主体是创新生态系统治理的"枢纽"和"灵魂"，决定着系统治理的基本属性、发展方向和建设水平。特别是"核"企业作为首要的核心主体，在确立价值主张、部署创新分工、调节主体间关系等方面具有引领、示范作用。

辅助主体主要通过提供信息、专业知识或中间产品的方式参与创新生态系统的治理，是系统治理产出的推动者（侯二秀等，2022），对于延展治理领域及范围、增强核心主体的系统控制能力、保证各类主体对治理过程的有序参与均具有重要作用。完善的创新生态系统治理机制既需要高能级、高活跃度的核心主体，也需要高密度、高集成度、高响应度的辅助主体，从而形成治理合力。

二是治理客体。创新生态系统的治理客体是创新主体之间的关系。这种关系以价值主张的实现为导向，强调创新生态系统的价值在于其整体连接性，而不是简单追求对自身资源的反复利用，因而在关系样态上表现出多向而非单向、密集而非稀疏、频繁而非偶发、弹性而非固化等显著特征。因此，创新生态系统的治理要求促进系统内能够引发各种交互作用的网络关系及其结构的形成，通过各个主体之间的协同合作，实现信息、技术和市场等资源的"乘数效应"（刘丹等，2019）。通过规范引导、促进协调创新主体之间的关系，治理主体得以建立稳定而有核心竞争优势的创新生态系统，发挥关系网络的核心价值。

三是治理目标。创新生态系统的治理目标主要体现在以下三个层面。第一，维持系统的稳定性，通过协调创新主体之间的关系，减少创新过程中的不确定性和利益冲突，抑制创新主体可能存在的机会主义行为，确保系统平稳运行。第二，增强系统的创新优势，通过促进创新主体之间的互动和合作，实现资源共享、技术交流和市场拓展，提高系统的创新能力和创新效率，增强系统在市场竞争中的地位和优势。第三，推动系统向高级化跃迁。利用完备的治理机制有效应对创新环境变化，在规避内部风险（如合作关系破裂、资源分配失衡等）和外部冲击（如市场环境变化等）的同时，促进创新主体的自主学习和自我进化，从而推动系统从低级向高级演化，实现创新生态系统的可持续发展。

四是治理行为。治理行为是治理主体作用于治理客体的具体方式，是治理主体和客体用于实现治理目标的行为总和（温雅婷等，2022）。在创新生态系统中，治理行为就其本质而言，是治理主体通过一定的激励和约束机制设计，调整治理客体在创新决策中的效用函数及约束条件，引导其采取有利于创新生态系统长期发展的行动。同时，治理客体能够向治理主体反馈与治理行为相关的信息，促使治理主体对治理行为加以调整，从而使治理行为的实际效果与治理目标的实现需要逐步趋近。

第二节 创新生态系统的正式治理与非正式治理

创新生态系统的持续、健康发展要求所有创新主体协同参与到创新生态系统的治理过程中，其核心是建立有效的治理机制，即治理主体、治理客体、治理目标和治理行为在特定创新生态系统中呈现的关系形式。基于治理方式的差异，本节将创新生态系统的治理机制分为正式治理机制和非正式治理机制。正式治理机制主要是基于交易成本理论的契约治理机制，强调系统内各主体通过契约（如正式协议、具有法律效力的协议等）实现对主体间关系的治理（Cao and Lumineau，2015）。非正式治理机制主要是基于社会学理论的信任治理机制，强调营造相互信任的系统内整体氛围，引导系统内各主体诚信守诺、善意行动（Vaaland and Hakansson，2003）。正式治理和非正式治理在创新生态系统治理中均具有重要作用。其中，正式治理通过整合多元治理力量，保障创新生态系统内各创新主体之间合作、竞争、交易等关系的公平有序；正式治理的作用越强，系统内的机会主义风险就越小，创新生态系统运行就越顺畅。非正式治理通过信任、声誉、合作文化和联合惩戒等治理方式，引导创新主体在复杂的互动过程中实现合作，非正式治理发挥的作用越强，表明创新生态系统的凝聚力越强，则该系统的进入壁垒就越大。根据正式治理和非正式治理各自作用强度的不同，可将不同创新生态系统的治理方式对应入四个象限，如图6-2所示。

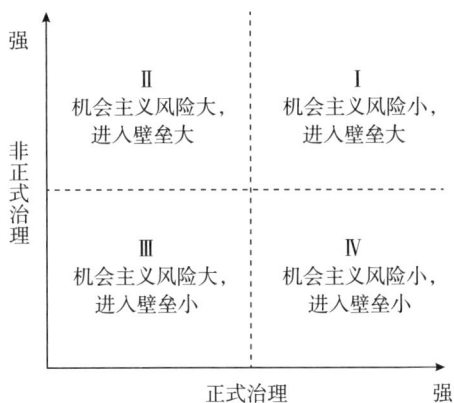

图6-2　正式治理和非正式治理的关系

资料来源：参考张贵等（2018）的相关研究进行绘制。

一、创新生态系统的正式治理

在创新生态系统中，正式治理主要体现为政府治理机制、市场治理机制和社会治理机制三种形式。本部分依据"治理主体—治理行为—治理客体—治理目标"的思路，分析不同正式治理机制的实现过程。

1. 创新生态系统的政府治理机制

创新生态系统中的政府治理机制是指政府以实现和维护特定创新主体的权益为目的，凭借其行政权力对系统内创新要素的使用和创新主体的行为所建立的规则（Black et al.，2021），具有较强的引导性和监管约束力。政府治理机制的构成如图6-3所示。具体而言，政府治理机制的治理主体包括中央政府和地方政府，由此形成纵向的央地政府关系和横向的地方政府间关系。纵向上看，中央政府承担着对国家科技发展的宏观规划、引领和治理任务。地方政府在治理实践中因地制宜采取具体政策，与中央政府保持协调一致，并得到其支持、认可和批复（王晓东和张昊，2023）；在一定条件下，地方政府采取的"摸着石头过河"性质的政策创新通过经验总结、复制和推广，能够上升为中央政府层面的政策（苗丰涛，2022）。横向上看，地方政府之间通常存在治理信息的交流、治理行为的模仿借鉴，并且针对具有一定外部性的治理事务，以政府间集体行动的形式开展府际合作，进而实现互利共生关系的建立（刘鑫等，2022）。

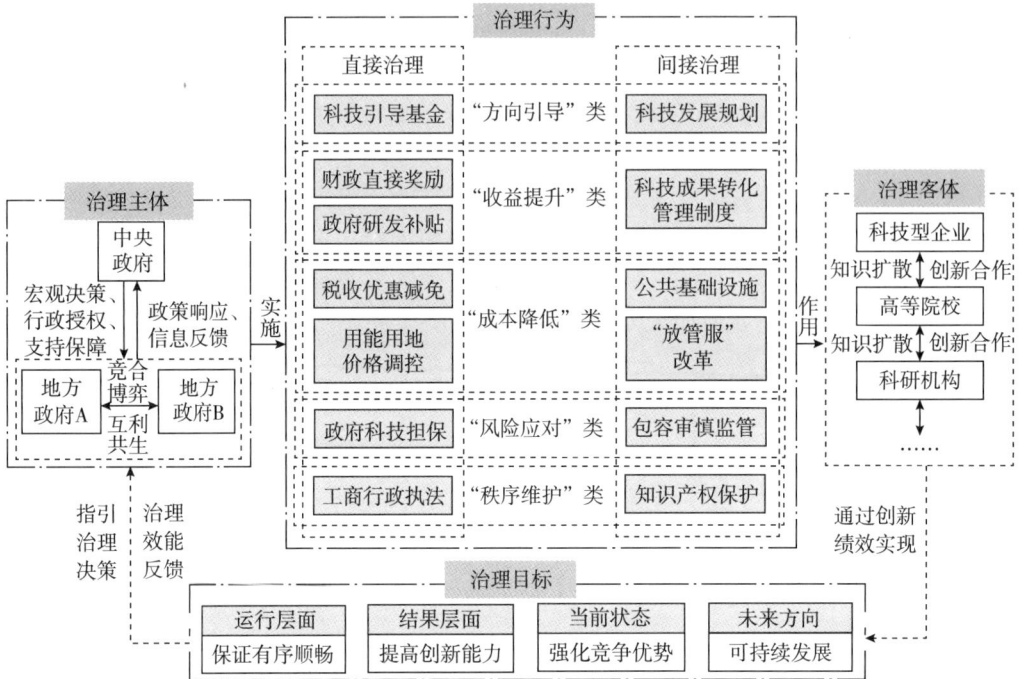

图 6-3　政府治理机制的构成

资料来源：笔者自绘。

政府对创新生态系统的治理主要有两种路径：直接治理和间接治理。直接治理指政府凭借其公共权力，以行政管理手段直接作用于治理客体，即创新生态系统中的创新主体及创新要素。间接治理指政府通过优化创新环境调节创新生态系统的运行状态和方式，进而间接作用于治理客体的过程。一般而言，直接治理机制和间接治理机制按照治理效果可以归为"方向引导""收益提升""成本降低""风险应对""秩序维护"五类（傅春等，2019；曾珍香等，2019）。"方向引导"类治理指政府通过成立科技引导基金、制定科技发展规划等直接或间接形式，推动创新主体的创新活动与国家和区域科技发展的战略性需求相结合，引导创新要素更多流向科技创新的关键领域。"收益提升"类治理指政府通过实施财政直接奖励、研发补贴及健全科技成果转化制度等方式，提高创新活动的经济收益，激发创新主体的积极性。"成本降低"类治理指政府通过采取税收优惠减免、用能用地价格调控、公共基础设施建设、"放管服"改革等举措，降低创新过程中的制度性交易成本（李青原等，2023），节约创新主体的时间和资源消耗，提升创新主体的创新意愿。"风险应对"类治理指政府通过提供科技担保、对新业态实行包容审慎监管等方式，帮助创新主体应对创新过程中的风险和不确定性，减轻风险性因素造成的消极影响。"秩序维护"类治理指政府执法部门依据《中华人民共和国民法典》《中华人民共和国知识产权法》《中华人民共和国反垄断法》《中华人民共和国反不正当竞争法》等法律法规要求，维护市场竞争秩序，打击侵权行为，进而激励企业等创新主体加大研发投入（蒋殿春和卜文超，2023），增强技术资源的市场供给和市场流动性，促进企业创新质量提升（周洲等，2023）。特别是在数字经济发展背景下，不同类型平台的垄断和不正当竞争等问题突出（江小涓和黄颖轩，2021），"秩序维护"类治理在政府治理机制中的作用将更加突出。

就治理目标而言，政府治理机制的四个基本目标体现为：保证系统运行有序顺畅、提高主体创新能力、强化系统竞争优势、实现系统可持续发展。在不同时期、不同阶段，上述目标的内容会发生变化，进而对政府的治理行为提出新要求。政府依循上述目标实施各种直接和间接治理行为，并通过与治理客体的相互作用，推动创新生态系统的价值共创进程，不断接近和实现治理目标。总的来看，政府治理机制有助于规范创新主体之间的关系，促进创新要素实现顺畅、有序流动，推动创新主体提升创新质量，最终实现价值共创。

2. 创新生态系统的市场治理机制

市场治理机制是正式治理机制的关键，是作为市场参与者的创新主体依据市场机制建立的行为模式和体系。市场治理机制的构成如图6-4所示。其中，治理主体是由市场参与者共同构成的市场，通常包括产品市场和要素市场；治理客体是所有的市场参与者。可见，治理主体与治理客体之间存在整体和部分的关系，市场治理机制一经形成，便基于大量市场主体的复杂互动，形成单一市场主体自身所无法具备的功能，即市场治理行为。

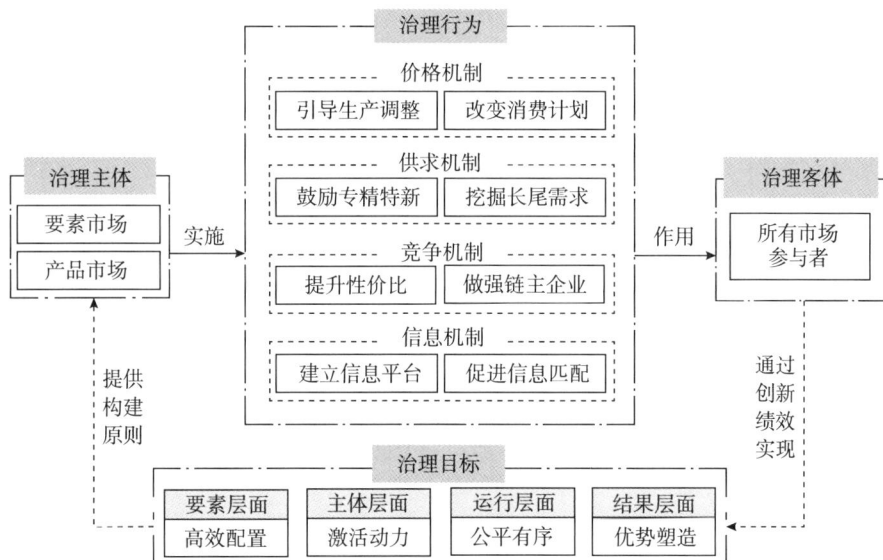

图6-4　市场治理机制的构成

资料来源：笔者自绘。

现实中，市场治理行为主要包括价格机制、供求机制、竞争机制、信息机制等（孙卫东，2021）。价格机制是指市场以价格为信号，从供给侧引导生产者调整生产方案，从需求侧影响消费者的消费决策，从而促使市场向均衡状态趋近。供求机制是指市场基于大量供给方和需求方信息形成"供给曲线"和"需求曲线"，促使产品或要素的供给者在"超额创新收益"驱动下，面向新的细分领域开发"专精特新"型产品、服务及业态，同时激发需求方的潜在"长尾需求"，从而提升供求匹配程度。竞争机制是指存在多个供给方的情况下[①]，市场机制能够促使质优价廉的产品在竞争中取得优势地位，激励供给方提高产品或服务的性价比；同时，面对当前复杂的市场环境，市场竞争从强调企业之间的竞争向注重创新链、生态链之间的竞争转变，促使大中小企业围绕"链主"企业形成相互补充关系（刘志彪，2022），通过服务于"链主"企业的发展，构建自身的市场竞争优势。信息机制是指市场在实现产品、要素等"物"的交易的同时，也在实现供求双方信息的"外显"。活跃的交易市场有助于交易双方形成密集的信息网络，逐步建立专门的信息交流平台，促进市场供求信息的生成、传播和匹配，从而降低各主体间因信息不对称造成的交易成本。

综合来看，市场治理机制在创新生态系统治理中具有不可或缺的作用，有助于提高创新要素配置效率，激发创新主体活力，维持供求匹配的公平、有序，引导创新主体塑造竞争环境下的创新优势。从创新生态系统的发展需要来看，市场治理机制的关键在于推动创新生态系统内的市场主体参与价值创造，并通过协调彼此关系实现价值共创，推动创新生态系统不断向高级化演化。

3. 创新生态系统的社会治理机制

创新生态系统的社会治理机制是指社会力量广泛参与到创新生态系统的治理中，填补市场和政府的部分职能"失灵"，通过发挥协调、沟通和服务作用，推动创新资源和要素的有效配置，从而维护创新生态系统的良好运行（张贵和尹金宝，2015）。社会治理机制的构成如图6-5所示。该机制的治理主体包括创新中介、行业协会、创新联盟、用户社群等新型创新主体，治理客体是由新型创新主体所关联的企业、高校、研究机构等创新主体。因此，社会治理机制的治理主体本质上是治理客体通过自组织过程建立的共治载体。

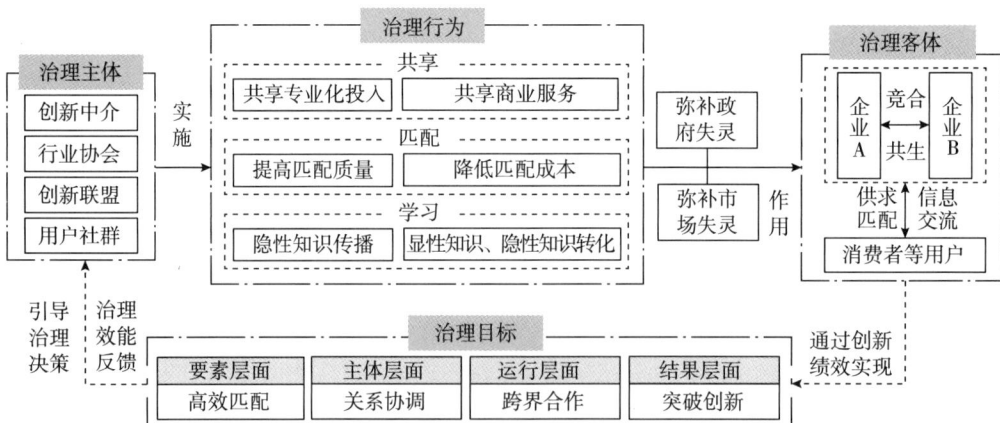

图6-5 社会治理机制的构成

资料来源：治理行为的划分依据借鉴了 Carlino 和 Kerr（2015）。

---

① 当市场中存在多个需求方时，需求方之间也会形成竞争关系。读者可类比正文中对多个供给方情形的讨论加以理解。

现实中，社会治理机制主要遵循共享、匹配和学习三种作用路径（Carlino and Kerr，2015）。共享机制是指在协同创新联盟、行业协会等社会治理主体的组织下，创新生态系统内的创新主体可以共享某些基础设施、创新人才、共性技术要素、配套公共服务等，形成具有一定程度公共属性的"科技资源池"，从而降低企业对创新要素的搜寻、使用成本。匹配机制是指社会治理主体能够跨界关联产品或要素市场中的供给方和需求方，实现供需双方快速匹配。学习机制是指社会治理主体能够为创新主体之间的知识、信息、观点、创意交流创设开放化环境，促进隐性知识的传播和扩散，从而为创新主体的创新活动提供借鉴。

社会治理机制是创新生态系统正式治理的重要组成部分，是对政府治理机制和市场治理机制的有益补充。它能够在弥补"政府失灵"和"市场失灵"的基础上，促进创新资源以更低成本、更高质量实现匹配，协调创新主体之间的关系，支持多元异质性主体实现跨界融合，通过对多源流知识、多样化主体的集成，为突破性创新成果的孕育创造条件。

二、创新生态系统的非正式治理

现实中，正式治理机制并不是万能的，因为正式治理机制的治理主体无法完全预判治理过程中所有可能发生的情况，也无法就所有可能情况预先做出正式安排（王涛等，2022）。此时，非正式治理机制作为一种弹性化治理模式，构成了正式治理机制的互补性机制。非正式治理机制主要依靠信任、声誉、创新文化、联合惩戒等手段，对创新生态系统成员间的组织模式、利益关系等产生影响，从而实现对创新生态系统的治理。

1. 创新生态系统的信任治理机制

信任治理机制是指创新生态系统中的各创新主体自愿相信任何一方都不会利用对方弱点去获取利益（Sabel，2019），并基于这种心理态度对创新生态系统实施治理的机制。信任治理机制的构成如图6-6所示。在创新生态系统中，信任治理机制的治理主体是施信主体，治理客体为被信任主体。施信主体和被信任主体之间的"信任—被信

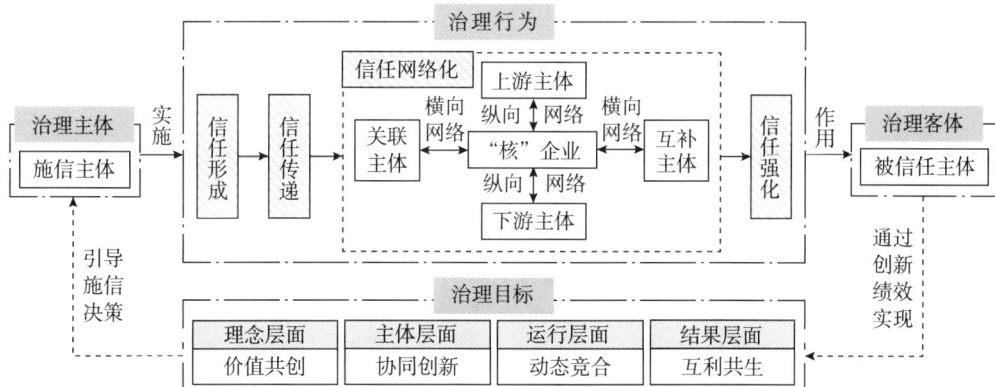

图6-6 信任治理机制的构成

资料来源：笔者自绘。

任"关系可能是单向的，也可能是双向的，即被信任主体反过来能够将施信主体视为可信任的对象，反映出信任关系的复杂性。

从治理行为看，信任治理过程包括信任的形成、传递、网络化和强化四个阶段。首先，在信任的形成阶段，施信主体基于自愿原则，决定施信对象及施信强度，即信任哪个创新主体、在多大程度上信任该创新主体。其次，在信任的传递阶段，成为被信任主体的创新主体不仅能得到施信主体的信任，还能得到信任施信主体的其他创新主体的信任，实现信任关系的"链条式"延伸。再次，在信任的网络化阶段，创新主体基于自身的信任和被信任关系搭建信任网络，在创新生态系统中主要体现为由"核"企业主导的信任网络。从横向看，"核"企业和其关联主体、互补主体等合作伙伴，能够基于彼此的共识和对对方行为的预期，降低合作过程中的沟通成本，保障创新合作的顺利进行。从纵向看，无论是在产业链上中下游主体之间还是在公司治理体系中的不同层级之间，信任关系的建立能够营造被信任主体对施信主体的稳定预期，为被信任主体的创新行为赋予一定的自由度和适度的行为约束，从而降低机会主义风险（吴绍波，2013）。最后，在信任的强化阶段，施信主体依据被信任主体在信任网络中的表现情况，决定是否强化、在多大程度上强化对被信任主体的信任。

综合来看，信任治理机制的建立，能够推动创新主体间关系由基于经济利益的简单关联向以价值共识为基础的深层次共生关联转变，由单纯的竞争关系向竞争与合作交织的竞合关系转变，进而演化为建构于协同创新活动上的价值共创关系，保障创新生态系统的持续健康运行。

2. 创新生态系统的声誉治理机制

声誉治理机制是利用创新主体的声望、名誉对其行为进行激励和约束的非正式机制。在创新生态系统中，创新主体的声誉是其过往行为及结果的综合体现，反映了其向各类利益相关者提供有价值产出的能力。声誉通常具有如下特点：①可积累，故拥有成本较高；②可观察，高声誉创新主体遵守承诺的概率更大，与之合作能够降低交易成本；③可传播，创新主体的声誉情况经过传播可成为创新生态系统中的"公共知识"，创新主体开展交易、合作时也会将交易对象、合作对象的声誉情况纳入成本收益考量。故就声誉治理机制而言，创新生态系统内各主体既是治理主体，也是治理客体（见图6-7）。

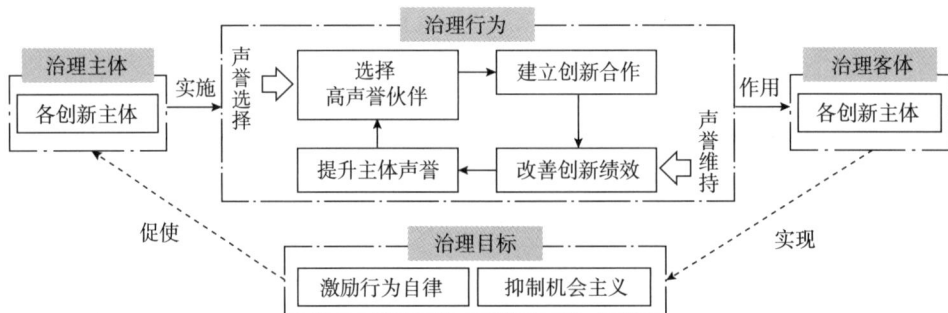

图6-7 声誉治理机制的构成

资料来源：笔者自绘。

声誉治理机制通常由声誉选择机制和声誉维持机制两部分构成。声誉选择机制强调在创新生态系统形成初期，声誉能够让素不相识、此前未合作过的创新主体在伙伴选择过程中建立信任关系，通过减少信息不对称促进创新绩效的提升（许荣等，2023；刘诚等，2023）。声誉维持机制是指随着创新生态系统的发展，创新主体逐渐意识到保持良好声誉的重要性，从而通过创新绩效的改善提升自身声誉。由于创新生态系统中广泛存在创新合作，创新主体通过寻求高声誉合作伙伴确保创新合作的顺利进行，进而实现自身声誉的提升；自身声誉的提升又为创新主体选择更高声誉的合作伙伴奠定了基础，支持创新主体开展更高水平的创新活动，由此实现声誉选择机制和声誉维持机制的良性循环。声誉治理机制的建立，有助于激发创新主体的自律行为，并为机会主义行为增加了"声誉成本"，从而有利于保障创新生态系统的稳定、可持续运行。

3. 创新生态系统的创新文化治理机制

创新文化是各创新主体所认同并接受的共同价值观念、行为标准、道德规范、历史传统等的总和，是各创新主体共建、共享并受其约束的软环境（余维新等，2016）。创新文化不会直接在各创新主体之间配置创新资源和要素，但能够影响创新主体的创新决策及创新主体之间的关系建构行为；良性的创新文化有助于强化创新活动的内生激励，在创新主体之间形成交互结构，减少甚至避免机会主义行为的发生（张敏和张一力，2014）。创新文化治理机制的构成如图6-8所示。因为创新文化通常由特定空间内的创新主体共同营造，形成后会对该空间内的创新主体产生普遍影响，具有一定程度上的自组织特征。因此，创新文化治理机制的治理主体和治理客体均为特定空间内的全部创新主体，各创新主体以创新文化为纽带产生潜移默化的交互作用。

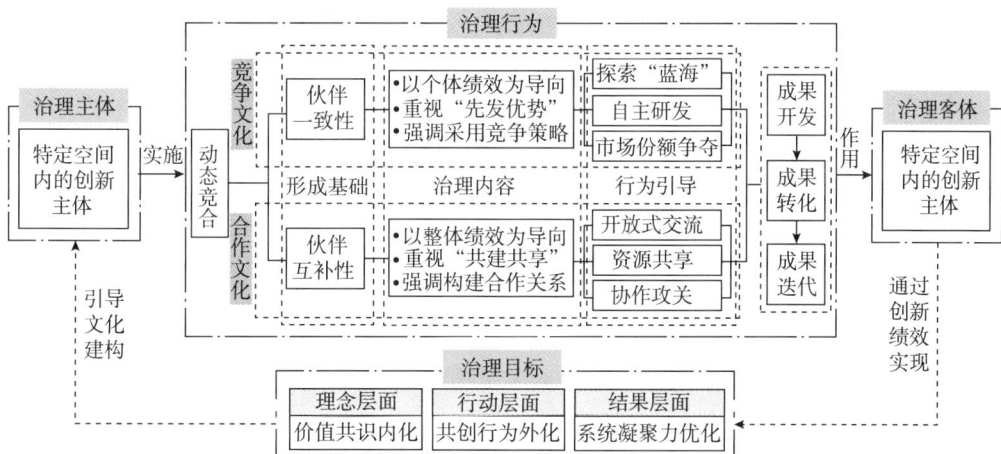

图6-8　创新文化治理机制的构成

资料来源：笔者自绘。

创新文化治理机制内嵌于创新主体之间的动态竞合关系中，就治理行为而言，可分为竞争文化治理和合作文化治理两类。竞争文化治理强调在研究领域、主营业务等方面存在一致性的创新伙伴之间形成竞争关系，倡导通过竞争获取科技资源，加大自主研发投入以积累知识和技术（王鹏和李军花，2020），进而抢抓市场中的"先发优势"。合作文化治理强调在具有互补性的创新主体之间搭建合作关系，主张开展科技资源共享，在创新过程中互帮互助，最终实现互利共赢。可见，竞争文化治理和合作文化治理对于维系创新生态系统的活力均发挥不可或缺的作用。现实中，两种文化治理行为通常并存于同一创新生态系统中。例如，腾讯等互联网企业设立了内部竞合机制，一方面，同时开发若干个具有竞争关系的产品或服务，促使对应的研发团队相互竞争，加快产品或服务的进化、迭代；另一方面，允许各研发团队共享企业的基础设施、共性技术等，要求研发团队之间互相提供必要的协助（曲永义，2022）。总的来看，创新文化治理机制的建立，有利于将创新生态系统的价值共识内化至系统内成员的认知中，进而外化为创新主体的竞合行为，从而显著推动各主体的创新绩效（解学梅和吴永慧，2013），推动创新主体以价值共创为目标强化系统凝聚力，持续巩固和深化互利共生关系。

4. 创新生态系统的联合惩戒治理机制

联合惩戒是指在创新生态系统运行过程中，具有惩戒职责的创新主体对其他创新主体进行警示、监督，并对行为失范主体进行联合约束与处罚的机制（余维新等，2016）。联合惩戒是创新生态系统中信任、声誉和文化等非正式治理机制发挥作用的保障，有助于规范生态成员行为。联合惩戒治理机制的构成如图6-9所示。

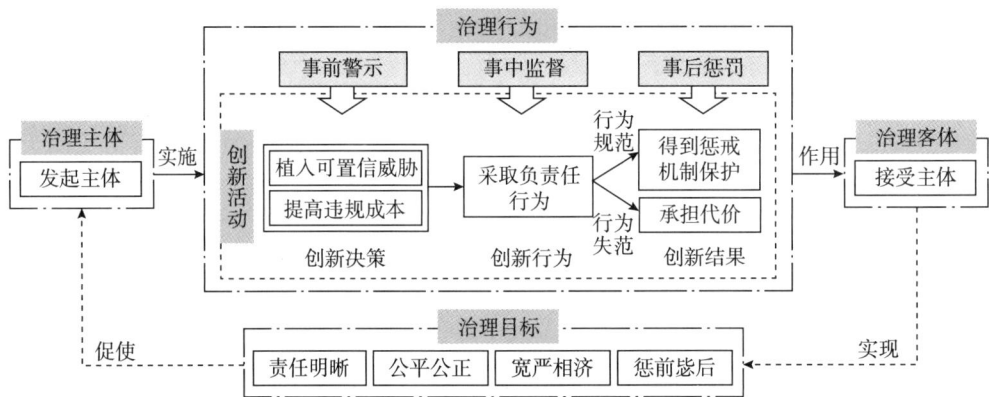

图6-9 联合惩戒治理机制的构成

资料来源：笔者自绘。

在创新生态系统治理中，联合惩戒治理机制通常由事前警示、事中监督、事后惩罚三部分构成。事前警示是指发起主体就创新主体应当遵守的行为规则做出明确约定，并就违反规则时的后果做出可置信威胁，从而使创新主体在开展创新活动前均认可警示内容。事中监督是指发起主体就创新主体对行为规则的遵守情况进行检查，确保创新主体负责任地开展创新活动。如果创新主体遵守规范，则该主体事实上从联合惩戒机制对其他主体行为的约束中获益，同时自身没有对其他创新主体的利益造成损害；如果创新主体行为失范，则事后惩罚机制开始发挥作用，使行为失范主体付出代价。

联合惩戒机制应坚持一定的治理目标，同时规避某些不良情形的出现。一是责任明晰，要求治理主体就惩戒内容、发生条件等做出预先声明，为其他生态成员建立明确、稳定的预期。二是公平公正。惩戒机制首先不应违背基本的公平竞争原则，如平台企业"二选一"垄断等问题（王岭和廖文军，2021）就是治理主体滥用其市场地位所采取的不公正治理手段；在此基础上，惩戒机制应对创新生态系统范围内的成员具有普遍约束力。三是宽严相济。惩戒机制过于严苛会降低创新主体从事创新活动的积极性，而惩戒机制过于宽松则难以达到足够的治理效果。合理的惩戒机制既要为创新主体善意的创新活动提供充足的容错空间，又要对机会主义性质的失范行为采取精准、严厉的惩罚。四是惩前毖后，即不应以惩罚本身为目的，而是通过惩罚达到警示效果，预防失范行为的再次出现。基于此，联合惩戒机制以市场内生选择的方式密切创新生态系统内成员间联系，激励各成员合作形成休戚与共的利益共同体。

三、创新生态系统的治理应用

在创新生态系统中，创新主体基于正式治理和非正式治理机制，形成了多层次、多中心的治理体系和治理网络，并在实践中具象为多种治理应用。其中，伙伴选择、激励相容、利益分配作为三种典型的治理应用，分别对应了创新生态系统在事前、事中、事后的治理场景，是创新生态系统治理体系的重要组成部分。创新生态系统的持续、高效、稳定运行，需要以伙伴选择为基础，以激励相容为关键，以利益分配为保障。

1. 创新生态系统的伙伴选择

创新伙伴的选择是创新合作的起点，不仅关乎创新主体自身的创新竞争能力提升，更关乎整个创新生态系统的内在竞争优势的可持续发展。伙伴选择是指在一个不断演化和自我超越的创新生态系统中，创新主体为了获得互补的创新资源，基于一定的标准和原则动态选择、调整其创新伙伴，继而实现资源整合和风险规避（张贵等，2018）。伙伴选择一般由明确选择标准、确定选项集合、进行互补匹配、动态调整结果四个步骤构成，如图 6-10 所示。

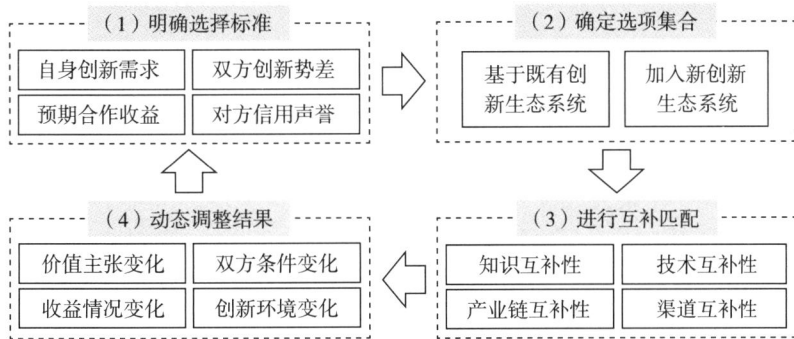

图 6-10　伙伴选择的实现路径

资料来源：笔者自绘。

首先，创新主体应就选择何种创新伙伴建立选择标准，主要包括：自身创新需求，即创新伙伴应能满足创新主体在创新过程中对知识、技术、解决方案等的需要；双方创新势差，即创新主体与创新伙伴的创新势差宜保持在一定范围内，否则难以建立合作关系（廖名岩和曹兴，2018）；预期合作收益，即创新主体一般应选择能够带来更大利益的合作伙伴；对方信用声誉，即创新伙伴应当得到创新主体的信任。此外，还可考虑创新伙伴在创新网络中的竞争优势、关系和位置等因素。

其次，创新主体需要确定从什么范围内选择创新伙伴。创新主体可以从其所在的创新生态系统中寻求创新伙伴，或者加入新的创新生态系统。创新主体面临的选项集合存在一定程度的"规模收益递增"特征，即选项集合包含的选项越多，从中匹配到高质量创新伙伴的概率越高（王俊，2021）。为扩大选项集合，创新主体可以选择加入产业集群及创新集群，或与创新网络中关系资本丰富、能够填补"结构洞"的创新主体建立联系。

再次，创新主体在确定选项集合后，开始基于互补性与潜在创新伙伴进行匹配。获得和分享互补配套性资源是伙伴选择的重要动机（唐辉等，2022），具体体现在知识互补性、技术互补性、产业链互补性和渠道互补性等层面。创新主体通过分享来自创新伙伴的知识、技术、生产环节、流通及销售渠道等，并为对方提供其所需的互补性创新要素，有助于实现风险及成本共担，提高创新要素的利用效率，为价值共创提供基础。

最后，创新主体还需要因时因势调整对创新伙伴的选择结果。相对固定的创新伙伴关系能够确保稳定的合作，但也可能阻碍多样化和异质性创新资源的流动（Bakker，2016；梁杰等，2022）。现实中，价值主张的变化、双方条件的变化、收益情况的变化、创新环境的变化等因素，都可能导致创新主体的选择标准发生定性或定量的改变，促使创新主体开始新一轮的创新伙伴匹配过程。总之，创新主体基于相互之间的共生关联，在创新生态系统中持续进行互动融合、伙伴选择、协同创新，不断提升其创新内生动力，推动创新生态系统持续发展。

2. 创新生态系统的激励相容

在创新生态系统中，创新主体时刻面临来自多元异质性主体的激励和约束，这些激励和约束相辅相成、叠加共振，共同塑造了创新主体的决策框架。相应地，创新生态系统通过调节激励和约束，能够对创新主体加以引导，使之更倾向于选择有利于创新生态系统持续发展的创新行为，规避利用不完全契约和不对称信息牟利的机会主义行为，实现系统的效率最大化和良性发展（张贵等，2018）。依据激励和约束各自的治理机制来源，可将创新主体面临的激励和约束划分为正式激励、非正式激励、正式约束、非正式约束四个象限，如图6-11所示。

从激励行为来看，创新生态系统中的正式激励主要由政府激励、市场激励、社会激励构成。其中，政府激励主要包括政府以其财政资金和公共资源提供的税费优惠、资金、土地、厂房等；市场激励主要包括创新主体通过市场竞争取得的经济收入、超额收益、市场地位等；社会激励主要包括创新联盟、创新社群等提供的正外部性。非正式激励主要由信任激励、声誉激励、文化激励构成。其中，信任激励主要是创新主体因守信行为获得的和谐的主体间关系（杨建君等，2013）；声誉激励主要是创新主体因声誉积累行为获得的高声誉、社会认可度及其带来的潜在合作机会等；文化激励主要是创新主体通过融入创新文化形成的价值共识、文化认同感等。

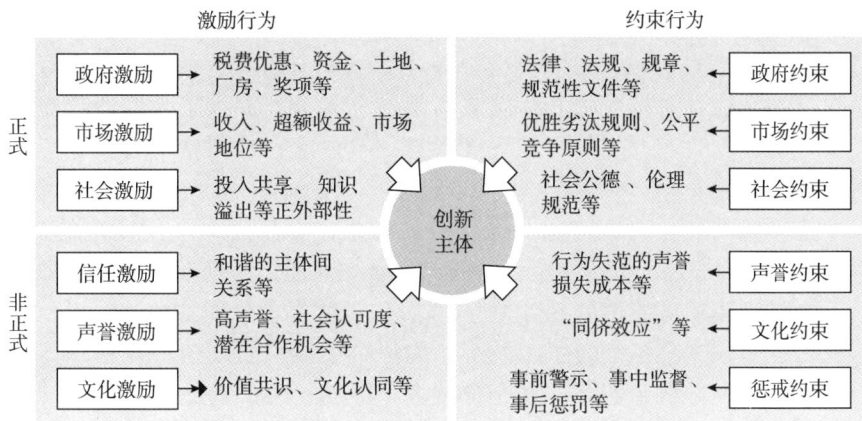

图 6-11 创新主体面对的激励和约束

资料来源：笔者自绘。

从约束行为来看，创新生态系统中的正式约束主要由政府约束、市场约束、社会约束构成。其中，政府约束主要包括政府依据法律、法规、规章和政策性文件开展的执法行为，用于打击科技创新领域的非法行为；市场约束主要是市场自发遵循的公平竞争原则、优胜劣汰规则等，促使创新主体遵守市场规律，减少创新过程中的主观随意性；社会约束主要是社会公德、伦理规范等。非正式约束主要由声誉约束、文化约束和惩戒约束等。其中，声誉约束是声誉以其可积累、可观察、可传播特性，为创新主体的失范行为增加的一项机会成本，能在一定程度上促使创新主体因不愿承担声誉损失成本而放弃采取失范行动。文化约束主要是创新文化传递给创新主体的"同侪效应"（又称"同群效应"），使创新主体一方面倾向于对同类创新主体的价值创造理念表示认同，以免遭到排斥（焦媛媛等，2022）；另一方面感受到来自同类创新主体的竞争压力（郭莉和程田源，2022），激发危机意识及竞争动力。惩戒约束是惩戒机制通过事前警示、事中监督和事后惩罚所施加的约束，在非正式约束中作用更为直接。

3. 创新生态系统的利益分配

创新利益在各创新主体之间的合理分配是保持创新生态系统活力的重要因素（张忠寿和高鹏，2019）。创新生态系统中的利益分配过程可从分配主体、分配对象和分配方式三个方面加以理解，如图 6-12 所示。

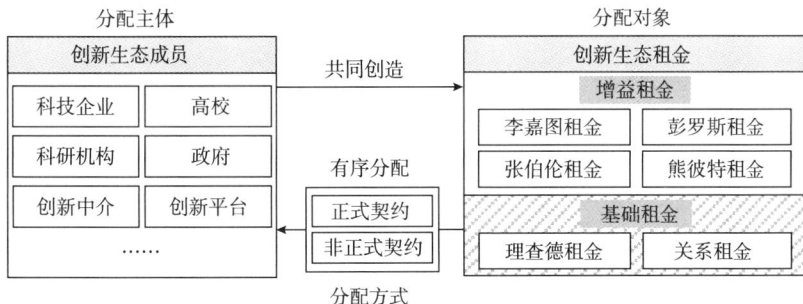

图 6-12 创新生态系统的利益分配过程

资料来源：笔者自绘。

创新生态系统中的利益分配主体是参与价值共创的全部生态成员，其价值共创的结果体现为新产品销售收入、技术成交额等经济收入。创新生态系统作为由创新主体共建共享的复杂适应性系统，为其生态成员参与利益分配提供了合理性基础；不同创新主体依据其对创新生态系统的贡献程度参与利益分配，是创新生态系统实现其价值共创属性的必然要求。

创新生态系统的利益分配对象是经济收入中由创新生态系统所创造的超额收益，即"生态租金"。换言之，生态租金反映的是创新主体通过与创新生态系统中利益相关者的共生互动所产生的价值增值（苏策等，2021）。生态租金通常由基础租金和增益租金两部分构成。基础租金指创新生态系统作为一个整体赋予其全部生态成员的共同性生态租金。典型的基础租金包括：理查德租金，即创新集群的品牌效应赋予集群中各创新主体的超额收益（刘雪芹，2021）；关系租金，即创新主体基于相互关联结成产业链、创新链，通过创新成本的降低而共同实现的超额收益（邢孝兵和明娟，2010）。可见，基础租金取决于创新生态系统的整体属性与特征，无法由单个创新主体独立创造。增益租金指创新主体依托创新生态系统中的资源、要素自主创造的生态租金。典型的增益租金包括：李嘉图租金，即创新主体凭借异质性资源和创新比较优势实现的超额收益（朱桂龙等，2018）；彭罗斯租金，即创新主体通过合理配置其内部资源及能力创造的超额收益（戴建平和骆温平，2015）；张伯伦租金，即创新主体凭借其市场力量获得的垄断租金（罗珉和夏文俊，2011）；熊彼特租金，即创新主体通过产品、服务、生产流程等方面创新实现的超额收益。增益租金使得创新主体有动力在创新生态系统普遍给予的租金基础上追求更高的超额收益。

创新生态系统的利益分配方式包括正式契约和非正式契约两种。正式契约是指通过订立合同、合约、协定等方式，形成具有法律效力的规范性文书，进而就不同生态成员之间的利益分配方案做出安排。非正式契约是指依照某种传统、惯例等进行利益分配行动。创新主体可以灵活选择正式契约或非正式契约方式完成利益分配。总之，创新生态系统基于新知识、新资源、新能力和新关系创造出生态租金，实现了系统中创新主体的普遍的利益增进。

第三节　创新生态系统治理的新兴方向

随着创新范式的持续变革，创新生态系统治理正在面临新的机遇与挑战。传统创新治理方式难以适应日益复杂和多元化的创新环境，因此出现了一系列新兴的治理方向，其中平台化治理、网络化治理和数字化治理成为引领创新生态系统治理的重要趋势。新兴治理方向的出现，为创新生态系统提供了更加丰富的治理场景，形成了更加高效、更加灵活和更为协同的治理模式。

一、平台化治理

平台化治理是伴随着互联网平台企业的兴起而出现的新型治理方式，在新技术、新产品开发及新商业模式应用等方面得到了日益广泛的应用，具有重要的创新治理效能。

1. 平台化治理的定义

平台化治理是相对于单中心治理、多中心治理和去中心化治理而言的一种新型创新治理形式，是多元创新主体基于多层次平台形成的治理关系的集合。在互联网经济背景下，平台成为汇聚资源和要素的独立节点，呈现出数据收集、交易撮合、信用管理、消费者保护等多功能集成的特征，构成了一个复杂的创新生态圈。基于此，平台化治理以平台型企业构建的创新平台为依托，允许各类创新主体通过标准化、开放化界面参与创新治理，针对不同的治理场景订立平台成员共同认可的平台规则，从而保证平台的平稳、有序运行（陈衍泰等，2021）。

2. 平台化治理的框架

平台化治理的框架主要由治理目的（Why）、治理主体及客体（Who）、治理时点（When）、治理手段（Way）和治理类型（Which）五大要素构成，如图6-13所示。

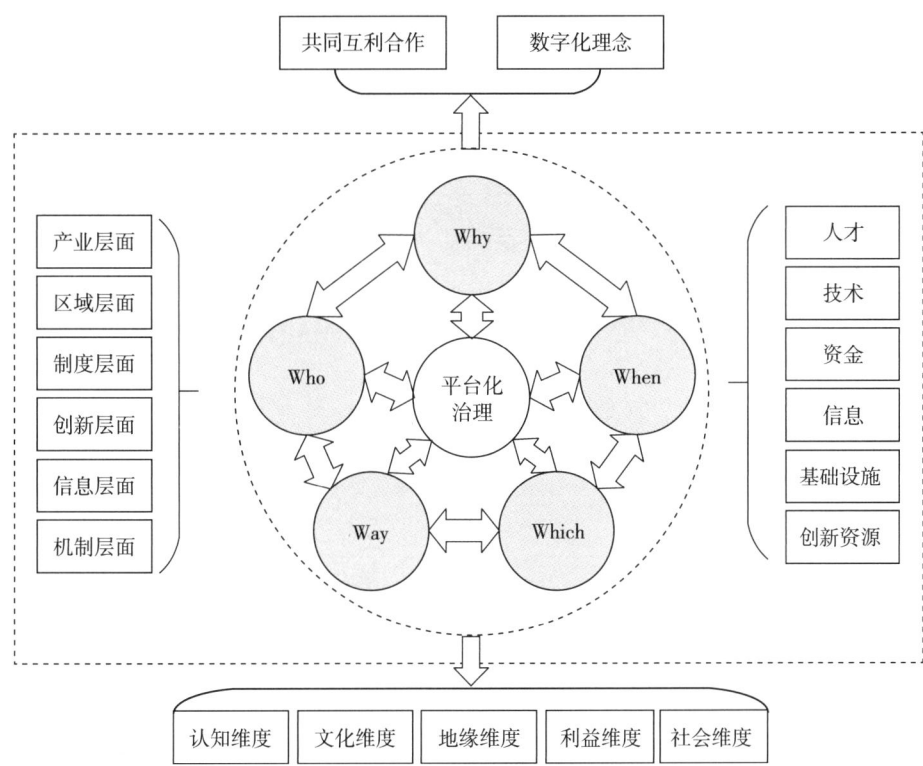

图6-13 平台化治理的框架

资料来源：笔者自绘。

一是治理目的，即"为什么要进行治理"。从宏观层面来看，创新生态系统的治理模式选择根植于系统中主导创新型产业的发展方向。就平台化治理而言，多数商业模式均围绕一个或多个创新平台构建而成，创新主体依靠创新平台实现价值创造和价值获取（Kapoor and Agarwal，2017）。因此，平台化治理模式应当与创新平台的可持续发展要求相适应。从微观层面来看，治理模式的选择服务于特定治理目标的实现要求。平台化治理通过在成员之间创设扁平化、交互式环境，旨在从治理客体的角度出发，切实解决平台运行中存在的具体问题，满足平台成员的个性化需求，进而实现平台的创新发展。

二是治理主体及客体，即"由谁参与治理"。平台化生态系统下产生的创新活动不仅是简单的内部化活动，而是内外交互式运作的生态建构行动（韩少杰和苏敬勤，2023）。因此，治理主体与治理客体也不再是监管机构对系统参与者的单向治理，而是不同创新主体之间的双向治理。平台成员通常在某些治理场景中充当治理主体，而在其他治理场景中充当治理客体；治理主体在对治理客体进行治理的同时，治理客体也通过信息反馈等形式作用于治理主体，双方通过反复的信息交互，最终形成相对最优的治理方案。

三是治理时点，即"何时介入治理"。平台化治理强调构建阶梯形、递进式治理体系，这是由其多主体参与和双向治理关系的特性所决定的（肖红军和李平，2019）。具体而言，面对特定的治理议题，平台化治理允许平台成员首先以内部协调的方式加以解决；在平台成员无法达成一致时，由中立的平台经营者进行第三方调解，依据平台规则加以解决；当上述环节依然无法解决问题时，平台中的行业协会、商会等社会力量可依据章程、标准等实行治理；当各主体仍无法达成共识时，再由政府等公共管理部门进行最终裁定。

四是治理手段。平台化治理手段旨在弥补传统治理手段的不足，更好适应创新型产业的发展需要。首先，针对治理信息化需求，积极引入数字技术手段，通过形成线上、线下相结合的治理场景，弥补传统线下治理措施难以向线上延伸、各方治理数据不兼容等问题。其次，针对治理动态化需求，推动平台规则的快速响应和迭代，在合规前提下先行探索新产品、新服务、新商业模式、跨界融合业态（何苗和任保平，2022）等，弥补传统监管体系可能出现的滞后性。最后，针对治理开放化需求，实行平台资源对平台成员开放共享，防止因"信息孤岛"等问题加剧平台成员之间的分歧，维护平台的稳定运行。

五是治理类型。平台化治理包括建设型治理、催化型治理、分权型治理等多种类型。其中，建设型治理强调由平台型企业等核心治理主体负责治理平台的体系设计、功能构建、运行维护、全周期保障等，以确保平台治理功能的正常发挥。催化型治理是指核心治理主体不参与平台及平台规则的具体构建，而是从价值主张层面对平台成员的治理行为加以引导，通过平台成员内生的秩序建构行动（孙韶阳，2022），最终形成相对完善的治理规则体系。分权型治理核心治理主体与其他平台成员划分治理过程中的权责关系，确保平台成员对平台建设和运行过程的广泛参与。

3. 平台化治理的特点

平台的价值在于对创新生态系统的支撑作用，这种支撑是靠规则、技术和服务完成的。实践中，平台化治理具有以下四个典型特点：

第一，规范化特点。创新生态系统的平台化治理具有一定的公共基础设施属性，需要以相应的法律法规、行政规章等为保障力量。在平台化治理中，平台自身通常只具有经济层面的规范和约束能力，一旦平台成员出现严重违法行为，平台在履行管理者责任的同时，需要得到立法部门、行政执法部门等的支持，即"政府管平台、平台管用户"（周毅和刘裕，2022）。因此，平台管理者、参与者和用户等的权利和责任都需要得到明确、规范的界定。

第二，技术化特点。数字技术的发展为平台采取多样化的激励相容手段提供了技术可行性。一方面，平台可以通过设置"平台货币"的方式规范平台成员的行为，如采用积分、会员级别等机制设定，并做好防舞弊的技术防御措施。另一方面，平台可以依据平台成员的行为信息、数据等对其进行"画像"，进而采取更为精准的治理措施。

第三，多元化特点。平台的价值创造活动需要多元平台成员的共同参与，因此，对多元平台成员的适应性是平台化治理的内在要求。一个良性运转的平台应当对不同利益目标、行为模式、价值理念的平台成员实现兼容，为治理目标与成员利益的潜在冲突提供解决方案，积极容纳第三方专业机构（罗珉和彭毫，2020）等新型治理主体对治理过程的参与，提升平台对创新环境的适应性。

第四，共治性特点。平台化治理要为平台成员提供分布式、透明化的共治模式。一方面，平台管理者应打破组织孤立化的本能，对平台成员之间的沟通、语言、流程、工具等进行标准化对接和处理。另一方面，在平台化决策中，平台管理者应提升各类平台成员的参与度，利用激励相容的平台管理策略（房银海等，2019），平衡不同类型、不同规模、不同市场地位的平台成员之间的关系，最大限度激发平台成员参与共治的积极性。

4. 平台化治理的数理模型

在数字化转型阶段，平台化治理已经成为创新生态系统治理模式创新的重要方向，对整个系统的创新发展发挥了重要的催化作用。为了研究平台化治理的创新效应，此处运用演化博弈论建立创新生态系统中企业间平台化治理选择行为的演化博弈模型（闫晓勇等，2023），并通过 Matlab 软件对企业平台化治理均衡的稳定性进行仿真模拟。

设创新生态系统中存在两个企业：企业 i 和企业 j。每个企业可以选择参与或不参与平台化治理。以企业 i 为例，若两个企业都选择不参与平台化治理，则企业 i 的成本为 π_i。若企业 i 未参与平台化治理，但企业 j 选择参与平台化治理，则企业 i 受到来自企业 j 的正外部性影响，节约的生产成本额度为 $r_i a_j b_j$，其中 r_i 为企业 i 对正外部性的吸收转化能力，a_j 和 b_j 分别表示企业 j 的平台化治理水平和对平台化治理的参与程度。此时，若企业 i 同样选择参与平台化治理，则企业 i 从其自身的参与行为中获得的成本节约额度为 $\phi_{ij} a_i b_i$，ϕ_{ij} 是企业 i 对成本节约效应的留存系数；同时，企业 i 需要承担参与平台化治理的成本，其额度为 $\sigma_i a_i b_i$，σ_i 表示成本加权系数。同理可推导出企业 j 的成本设定。

设企业 i 选择参与或不参与平台化治理的概率分别为 x 和（$1-x$），企业 j 选择参与或不参与平台化治理的概率分别为 y 和（$1-y$）。根据上述分析，得到两个企业成本博弈的支付矩阵，如表6-2所示。

表 6-2　企业成本博弈支付矩阵

策略选择		企业 i	
		平台化治理	非平台化治理
企业 j	平台化治理	$\pi_i - r_i a_j b_j - \phi_{ij} a_i b_i + \sigma_i a_i b_i,$ $\pi_j - r_j a_i b_i - \phi_{ji} a_j b_j + \sigma_j a_j b_j$	$\pi_i - r_i a_j b_j,\ \pi_j + \sigma_j a_j b_j$
	非平台化治理	$\pi_i + \sigma_i a_i b_i,\ \pi_j - r_j a_i b_i$	$\pi_i,\ \pi_j$

资料来源：闫晓勇，李烨，王刘伟，等．基于三方演化博弈的创新生态系统自组织集聚机制研究［J］．科学学与科学技术管理，2023，44（3）：63-79．（模型设定有改动）

进一步地，计算企业 i 的平均期望收益 E_1。令 E_{i1} 和 E_{i2} 分别表示企业 i 选择参与和不参与平台化治理时的期望收益，则 E_1 可由如下计算过程得出：

$$E_{i1} = y(\pi_i - r_i a_j b_j - \phi_{ij} a_i b_i + \sigma_i a_i b_i) + (1-y)(\pi_i + \sigma_i a_i b_i) \tag{6-1}$$

$$E_{i2} = y(\pi_i - r_i a_j b_j) + (1-y)\pi_i \tag{6-2}$$

$$E_1 = x E_{i1} + (1-x) E_{i2} \tag{6-3}$$

因此，企业 i 的复制动态方程为：

$$F(x) = \frac{dx}{dt} = x(1-x)[E_{i1} - E_{i2}]$$
$$= (\sigma_i a_i b_i - \phi_{ij} a_i b_i y) x(1-x) \tag{6-4}$$

同理可得出企业 j 的复制动态方程。

为了寻求演化博弈均衡点，令上述复制动态方程为 0，能够求得 5 个特殊均衡点：$(0,0)$、$(0,1)$、$(1,0)$、$(1,1)$、$\left(\dfrac{\sigma_j a_j b_j}{\phi_{ji} a_j b_j}, \dfrac{\sigma_i a_i b_i}{\phi_{ij} a_i b_i} \right)$。这说明在此模型中，企业共有 5 种均衡可能，不同均衡点的稳定性取决于对应的雅各比行列式结果。

为了更直观地展示不同模型设定对演化博弈结果的影响，本部分采用 Matlab 软件进行了仿真分析。图 6-14 表示当企业 i 和企业 j 实力相当时，两个企业在创新生态系统中进行平台化治理行为选择时的动态演化过程。可见，对于实力相当的企业来说，随着时间的推移，两个企业均倾向于进行平台化治理。

同时，模型参数的选择也会影响博弈均衡的动态演化过程。图 6-15 展示了改变成本加权系数时模型均衡结果的演化情况。尽管两个企业最终仍趋向于选择平台化治理，但成本加权系数越高，企业趋向平台化治理的速度越慢。

此外，通过局部稳定性分析可知，影响创新生态系统中企业是否选择参与平台化治理的因素包括企业成本 π_i、平台化治理水平 a_i、对正外部性的吸收转化能力 r_i、留存系数 ϕ_{ij}、成本加权系数 σ_i 等。首先，企业间实力越相近，在系统中参与互补性合作的概率越高，从而有利于企业合作参与平台化治理。其次，吸收转化能力 r_i 是将平台化治理融合为自身成本节约效应的重要途径，也是企业参与平台化治理的动力之一。最后，留存系数 ϕ_{ij} 和对平台化治理的参与程度 b_i 高度正相关，ϕ_{ij} 越高越有助于促进企业参与平台化治理。

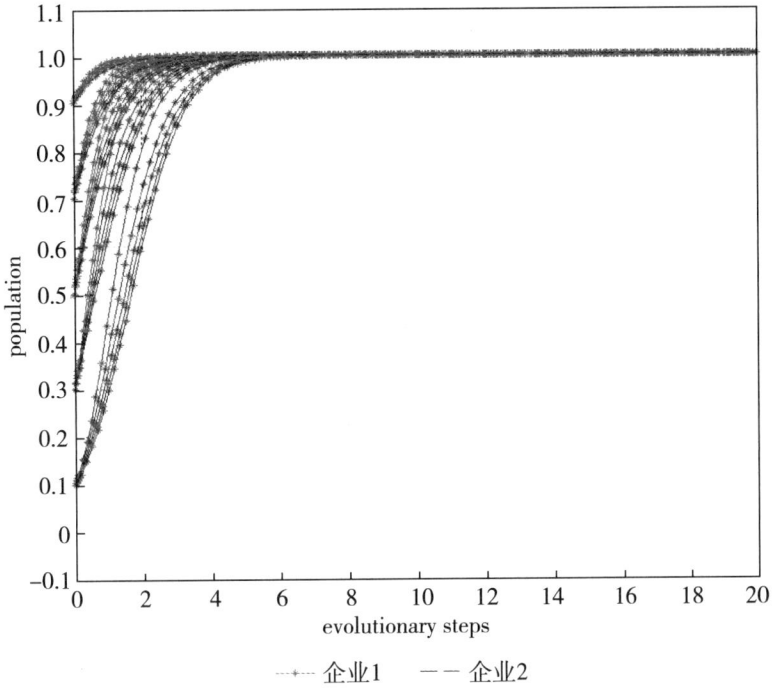

图 6-14　实力相当企业的动态演化过程

资料来源：基于闫晓勇等（2023）绘制。

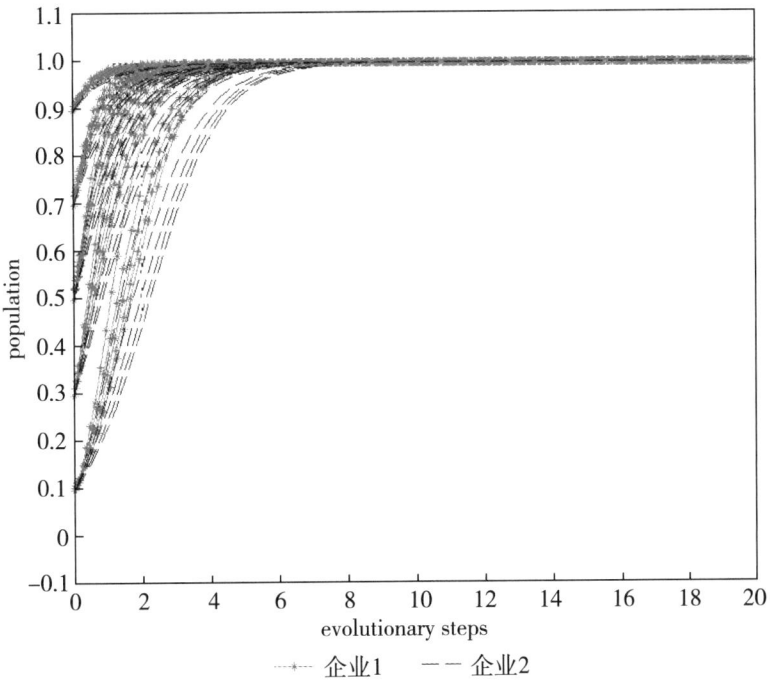

图 6-15　改变企业风险加权系数后的动态演化过程

资料来源：基于闫晓勇等（2023）绘制。

综上所述，通过对创新生态系统中企业间平台化治理行为带来的成本结果进行演化博弈研究，并对博弈模型的局部稳定性进行分析，可以识别出影响企业对平台化治理的参与程度的关键因素，包括企业成本水平、平台化治理水平、对外部性的吸收转化能力、成本优势的留存系数和治理成本的加权系数等。在构建平台化治理结构过程中，创新生态系统应着力提升平台成员之间在发展水平方面的相似性，增强不同平台成员对平台外部性的吸收转化能力，并通过合理的机制设计，确保平台成员能够从其对平台化治理的参与行为中获益，减少成员个体对平台化治理成本的过度负担，更好激发参与平台化治理的内生动力。

5. 平台化治理的方式

平台化治理的方式因平台特征的不同而存在异质性，可从平台设施、平台规则和平台运营三个维度加以理解。

从设施维度看，平台化治理的方式主要包括基于"硬平台"的治理方式和基于"软平台"的治理方式。

"硬平台"指平台以物理载体为创新要素的主要承载形式，如国家实验室、企业研发中心及各类创新园区等创新平台。"硬平台"的形成基础主要是"集聚经济"产生的报酬递增效应，该效应与平台要素承载强度之间通常存在倒"U"形曲线（刘信恒，2020）关系。因此，基于"硬平台"的治理方式本质上是以递增效应最大化为导向的治理方式：一方面，通过制订规划、设立集聚激励机制等方式，促进平台成员的有序进驻和退出，使平台中创新要素的浓度、高度等维持在最优集聚水平附近；另一方面，在要素过度密集时采取功能疏解、空间布局优化、创新分工细化等治理策略，缓解"拥挤效应"对平台发展的消极影响。

"软平台"指平台以虚拟载体为创新要素的主要承载形式，如互联网平台及"虚拟大学园"等。"软平台"的形成基础主要是以"梅特卡夫法则"（刘烨等，2023）为代表的价值增值规律，故基于"软平台"的治理方式本质上是以价值合理增值为导向的治理方式。在要素层面，"软平台"治理强调利用智能化手段实现对优质创新主体的发现、甄别、吸纳，提升平台成员质量和能级；在关系层面，注重实现创新要素的跨组织、跨地域共享，有效平衡平台内部的竞合关系，建立平台的原生性竞争优势（Porter，1998）；在功能层面，注重与"硬平台"形成联动，使虚拟空间中形成的治理决策作用于实体空间中的设备、产能等，形成价值创造的"闭环"。

从规则维度看，平台化治理的方式主要包括刚性规则主导型治理和柔性规则主导型治理。

刚性规则主导型治理指平台主要依照规定、规范、管理办法等具有一定强制性的治理规则（周毅和刘裕，2022）实施治理行为。该治理方式多适用于规模较大、成员众多、具有广泛影响力的平台，特点是通过明确的奖惩机制设计、标准化的业务流程，在平台成员中建立清晰、稳定的监管预期，引导各成员明确行为边界，有效管控道德风险行为。例如，平台规则制定主体在不同分平台之间设立经营边界，实现错位发展，避免出现"暗黑竞争""赢者通吃"等问题；政府作为对平台的监管者，根据市场监督执法规则保障平台行为的合法性、合规性，完善进入退出机制，打击"二选一"等不当竞争行为，引导平台良性健康发展（王勇和戎珂，2018）。

柔性规则主导型治理指平台主要依据价值主张、合作氛围、非正式惯例等（张敬博等，2022）非强制性方式实施治理行为。该治理方式一般适用于相对宽松的治理场景，如由用户社区、创新社群等演化而成的创新平台等，特点是注重设置具有较高自由度的治理规则，强调利用平台成员的可塑性，更多依靠感召、协调、启发等柔性化手段，激发平台参与者的内在潜力和创造力（刘文富，2020）。例如，在实施某一平台行为时，柔性规则倾向于鼓励平台成员自主探索，针对实践过程中发现的问题开展沟通，通过平等对话形成治理共识，进而建立促使各平台成员自我规范的创新环境。

从运营维度看，平台化治理的方式主要包括单一型治理和融合型治理。

单一型治理是指平台治理决策主要由性质和功能相对单一的治理主体完成。该治理方式的特点是价值创造目标相对统一，在平台功能上更强调发挥专业化优势，有利于形成更简洁的决策流程，降低沟通协调成本。单一型治理注重调动并强化不同平台成员实现共同价值目标的积极性，主要手段包括实行"标尺竞争"型（李乐乐和俞乔，2022）内部绩效考核制度、建立量化绩效评价指标体系等，从而激发平台成员之间的竞争动力。同时，单一型治理强调推动平台对外合作，与其他机构或平台实现优势互补。例如，科研平台通过与企业、产业平台等实现合作，能够打破创新生态系统中创新要素、创新环节之间的信息壁垒（王佳元和张曼茵，2023），为推进大型复杂创新工程创造条件。

融合型治理是指平台治理决策由性质和功能相对多元的治理力量共同完成。该治理方式的特点是价值创造目标和平台功能设计更加多样化，在决策流程方面更具开放性。最具有代表性的融合型治理平台之一是新型研发机构，其治理结构在多个方面呈现融合化特征（朱冰妍等，2023）（见表6-3）。例如，德国弗劳恩霍夫协会的资金来源包括政府基本经费、公共部门资助项目经费、产业部门经费以及协会自有资金等，在研究领域上相应呈现基础研究和应用研究并重、产学研交叉互动等特征（西鹏等，2022）；莱布尼茨学会、亥姆霍兹联合会及马克斯·普朗克学会等高端科研平台也采取了多元的投资主体布局和研究领域布局。融合型治理的核心是在不同治理主体的价值主张之间寻求平衡，主要做法包括设立专门协调机构，明确不同治理主体的功能定位和权力边界，避免因反复博弈造成治理效率低下；同时建立创新激励制度，鼓励不同治理主体的观点、意见及利益诉求表达，从而加速治理共识的形成。

表6-3 单一型治理和融合型治理比较：以研发机构为例

治理内容	单一型治理机构（传统研发机构）	融合型治理机构（新型研发机构）
功能导向	科研和教育功能	"科研+教育+产业+资本"的复合型功能
管理体制	多采用行政管理体制	采用协会、理事会等管理体制
人事制度	多采用事业单位编制	实行市场化管理

治理内容	单一型治理机构 （传统研发机构）	融合型治理机构 （新型研发机构）
工资制度	固定工资和绩效工资结合	市场化薪酬
资金来源	财政经费为主	竞争性经费为主
产业对接程度	相对较低	以产业需求为导向
资产管理	国有资产管理	相对灵活
主管部门	行政管理部门	业务指导部门及合作机构等

资料来源：朱冰妍，曾志敏，柴茂昌. 基于核心驱动力的科技成果转化模式比较研究［J］. 科技管理研究，2023，43（4）：39-47.（内容有改动）

二、网络化治理

近年来，创新网络的迅速发展创设出大量新的治理场景和治理问题，也为网络化治理的兴起提供了重要基础。网络化治理以创新主体的泛在关联为基础，强调构建具有复杂性特征的治理结构，在创新治理中具有日益突出的应用前景。

1. 网络化治理的定义

网络化治理是以网络社会全覆盖为基础，以信息技术为管理服务手段，通过资源、信息、权力的分散与贡献，以政府组织、经济组织、社会组织等多元主体形成的"一核多元"治理网络为核心的治理模式（张贵，2023）。网络化治理的理论来源可以追溯到企业管理理论中企业间利益相关者通过正式契约或隐性契约所构成的组织模式中的关系安排（韩兆柱和李亚鹏，2016），后逐渐被引入公共管理、政治学、组织学等领域，成为治理理论的重要组成部分。近年来，得益于信息通信技术的迅速发展，个体与个体之间、个体与组织之间、组织与组织之间开始呈现出网络化的关系形态，组织形态与运作机制迎来变革（唐亚林和王小芳，2020），为网络化治理的形成提供了现实基础。因此，从公共治理视角来看，网络化治理是建立在参与者相互依存的关系网络之上的一系列制度安排，其目的是为实现一定的公共价值而展开协同行动（陈剩勇和于兰兰，2012）。从创新治理视角来看，创新生态系统的网络化治理是指通过建立一种协作、互动和共享的网络结构，促进不同利益相关者之间的合作与协调，以推动创新生态系统的发展和运行。在这种治理模式下，不同的参与者，如政府机构、企业、创业者、投资者、学术界和社会组织等，通过网络平台或机制进行信息交流、资源共享和决策制定，以共同促进创新、创业和科技进步。通过网络化治理，创新生态系统可以更好地协调资源、整合优势、加速创新和实现可持续发展，推动经济增长和社会进步。

2. 网络化治理的治理框架

创新生态系统的网络化治理是创新治理的重要方向，对于完善创新生态系统内生演化机制与驱动路径具有重要的理论和现实价值。本部分构建基于"体制—机制—模式"（SMP）的理论分析框架（张贵，2023），以刻画创新生态系统网络化治理的内在机制，如图6-16所示。

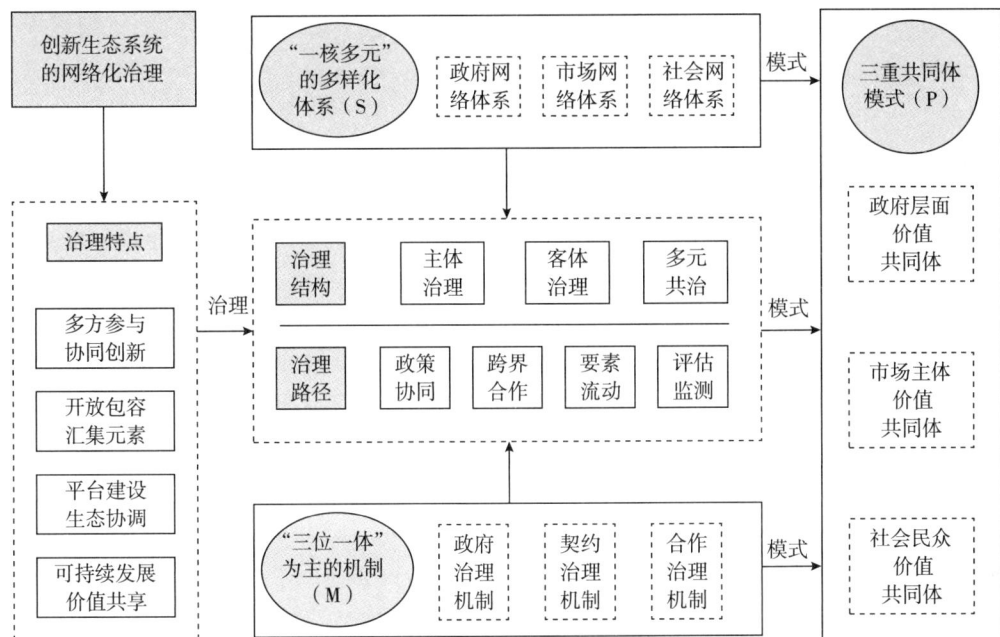

图 6-16　SMP 网络化治理模型的内容、特点与模式

资料来源：张贵．中国式区域治理体系、机制与模式［J］．甘肃社会科学，2023（3）：130-141.

　　创新生态系统的网络化治理需要建立一个以政府网络为核心、市场网络和社会网络共同参与的"一核多元"治理体系。这意味着政府、市场和社会各方在创新生态系统治理中扮演不同的角色，并形成多样化的治理结构。首先，从政府网络来看，政府在创新生态系统中发挥着组织者和协调者的作用。政府网络作为治理体系的核心，负责制定创新政策、提供创新资金和资源支持，以及搭建创新平台和孵化器，发挥对创新活动的引导作用，创造良好的创新环境，并推动政府间的协同合作。其次，作为"一核多元"治理体系的重要组成部分，市场网络是创新生态系统的动力来源，包括创新型企业、投资者和产业链上的各个参与者。市场网络通过提供资金支持、市场需求和商业机会，推动创新活动和商业化转化。创新型企业通过技术创新和商业模式创新，引领市场发展，吸引投资者的关注和资源投入。最后，社会网络包括学术界、社会组织、创业者和公众等各方，通过知识共享、技术交流和社会参与，为创新生态系统提供多元化的资源和支持。学术界通过研究和知识输出，为创新提供理论和实践基础；社会组织通过组织和协调社会资源，促进社会创新和社会责任实践；创业者通过创新创业，推动市场发展和产业升级；公众通过参与和反馈，影响政策决策和社会认可。

　　创新生态系统的网络化治理强调多元化的治理机制，即包括政府、契约和合作"三位一体"的多元化治理机制。政府机制是创新生态系统网络化治理的主导，通过特定政策、规划、规章和制度等发挥作用。政府应建立透明、高效和创新友好型的政策环境，完善创新政策的制定、执行和评估机制，推动政策协调和资源整合，促进政府与其他利益相关方之间的合作与协同。契约机制是创新生态系统中各方之间的合作和交流基础，通过合同和协议等形式建构创新联系。在契约机制作用下，各利益相关方可以明确权责关系、共享资源和分担风险，促进协作与合作。同时，契约机制可以在政府、企业、投资者和创业者之间建立互信和共识，减少信息不对称和交易摩擦，提高创新效率和资源利用率。合作机制是创新生态系统得以形成和维系的支柱，也是创新主体协同耦合的必要条件。合作机制可以提供信息共享、技术交流和资源整合的平台，支持创新主体共同参与创新活动和资源整合，促进创新要素的流动和合作创新的发展。上述机制互为补充、协同作用，共同解决创新生态系统中的治理问题，提升创新生态系统的治理效能。

创新生态系统的网络化治理通过引入"共同体"概念，构建中国式区域治理模式。这种模式以"三重共同体"为基础，即政府、市场和社会民众形成的价值共同体、经济共同体和命运共同体。从价值共同体维度来看，在政府层面形成的价值共同体强调利益相关方之间的共同目标和共享价值观。政府应提升相关政策措施的包容性，关注社会公正和可持续发展，促进利益相关方的参与和共同发展，形成价值共识和合作共赢格局。从经济共同体维度来看，在市场主体层面形成的经济共同体强调创新企业、投资者和产业链上的各方之间的合作与互动，通过资源整合、市场协同和商业合作，实现经济发展和商业化转化。从命运共同体维度来看，在社会民众层面形成的命运共同体强调公众参与、社会组织和创业者之间的合作与共享，通过社会参与、社会责任和共同利益，实现社会公平和共同富裕。

综上所述，创新生态系统的网络化治理框架强调政府网络、市场网络和社会网络的协同参与，通过政府机制、契约机制和合作机制，实现治理体系的多元化和协同化。同时，网络化治理强调构建以价值共同体、经济共同体和命运共同体为基础的治理模式，推动创新生态系统发展，推进系统架构、创新驱动、优势再造和共同富裕等治理任务，促进区域的高质量发展。这一治理模型与框架可为创新生态系统提供良好的治理基础，促进创新资源的整合和创新能力的提升，实现创新与可持续发展的良性循环。

3. 网络化治理的特点

第一，创新生态系统的网络化治理注重多方参与和协同创新。传统的治理模式往往是由政府主导或由少数权威机构控制，而网络化治理通过建立开放的合作平台，吸引多方参与者共同参与创新活动（唐皇凤和吴昌杰，2018）。不同领域的企业、研究机构、创业者、投资者等可以在平等的基础上共享资源、互通信息、共同协作，形成创新生态系统的网络效应。这种多元参与和协同创新的特点可以激发创新活力，加快知识和技术的传播和转化，推动创新生态系统的发展。

第二，创新生态系统的网络化治理强调开放性和包容性。网络化治理模式打破了传统的行业壁垒和组织边界，促进了不同行业、不同领域之间的交流与合作。各参与方可以自由流动、跨界合作（李东红等，2021），共同创造创新的机会和价值。这种开放性和包容性有利于吸引更多的创新主体加入生态系统中，促进创新要素的汇聚和优化配置，提升整个生态系统的创新能力和竞争力。

第三，创新生态系统的网络化治理注重平台建设和生态协调。网络化治理模式依托于信息技术的发展，通过建立和运营创新平台来连接各参与方，协调资源的共享和利用。这些平台可以提供数据、技术、金融、市场等多方面的支持和服务，促进创新主体之间的互动和合作。同时，网络化治理模式也注重生态系统内部的协调和调节，通过建立良好的规则和机制，引导各参与方形成合作共赢的关系，避免过度竞争和资源浪费，实现创新生态系统的健康发展。

第四，创新生态系统的网络化治理强调可持续发展和共享价值。网络化治理模式关注长期的发展目标和共同利益，强调可持续创新和可持续发展（孙永磊等，2023）。在创新生态系统中，各参与方通过共享资源、共同创造价值，形成了共同的利益体系。这种共同利益体系有助于促进知识的开放共享、技术的集成创新、成果的共同拓展，推动整个生态系统的可持续发展和繁荣。

这些特点共同构成了创新生态系统网络化治理的基本特征，使不同利益相关者能够在开放、协同、透明的环境中共同参与创新活动，促进资源整合、知识共享和技术转移，推动创新生态系统的发展和创新能力的提升。通过网络化治理，创新生态系统可以更好地适应变化的环境，实现创新与可持续发展的良性循环。

4. 网络化治理的数理模型

创新生态系统的网络化治理是一种多元共治的开放包容式治理模式，其主要参与者包括政府、高校研发机构以及企业等。如何发挥多元治理的最优效能，实现网络化治理过程中参与主体的价值最大化，是网络化治理过程中所要解决的主要问题。本部分参考相关研究成果（吴洁等，2019），构建了包括政府监管机构、高校研发机构以及核心企业在内的三方演化博弈模型，以刻画政府、高校与企业在网络化治理中扮演的角色。

为合理模拟系统运行，提出以下几个假设：

参与主体：在创新生态系统网络化治理博弈过程中，参与主体主要有三种，分别是政府（G）、高校（S）和企业（E）。政府采取积极监管和支持的治理策略，通过制定政策法规、提供资金支持、协调合作等方式来促进创新生态系统的健康发展；高校研发机构采取开放合作的治理策略，与政府和企业共享资源和知识，加强科研合作和技术转移，推动创新生态系统的创新和增长；企业采取负责任创新和合规经营的治理策略，遵守法律法规、保护知识产权、改善产品质量，以确保创新生态系统的可持续发展。同时，三方在博弈过程中都是有限理性的，通过多次博弈找到最优策略。

治理策略：在创新生态系统网络化治理博弈过程中，政府采取支持和监管的策略，为高校研发机构和企业提供政策支持、资金支持和市场准入等方面的合作机会，以促进科技创新和经济发展；或者可以选取不治理的策略，其策略集合为（治理，不治理）。高校与企业可以按照自身的需要选择参与治理，也可以选择不参与治理，其选择策略集合为（参与，不参与）。

治理成本：政府提供政策支持、资金支持和市场准入等方面的资源和投入，需要承担相应的成本 G_1；企业和高校作为网络化治理的主要参与者，存在相应的总成本，记为 C。当政府选择实施治理时，其提供的政策支持与制度保障会降低企业和高校的总成本 C，减少量记为 S。令二者的成本分摊比例为 t，则企业承担的成本为 tC 或者 $t(C-S)$，高校承担的成本为 $(1-t)C$ 或者 $(1-t)(C-S)$。

治理收益：假设政府选择"治理"策略时，其收益为 R_1，选择"不治理"策略时

的收益为 bR_1，b 的取值范围在（0，1）之间。令企业和高校参与治理之前的初始收益为 R_2 和 R_3，当企业和高校都选择参与网络化治理时，参与治理会为企业和高校的创新活动提供额外收益，记为 R，这部分收益的分摊系数为 a，即此时企业收益为 aR，高校收益为（$1-a$）R。当高校选择参与治理而企业选择不参与治理时，企业的收益为 L_1（通过"搭便车"行为产生的收益），当企业选择参与治理而高校选择不参与时，高校的收益为 L_2。此外，政府会对积极参与治理的高校给予政策补贴 G_2。

惩罚：在政府的监督下，当企业选择参与治理而高校选择不参与治理时，政府将会对高校施加惩罚并将这部分罚金补贴给企业，记为 W；当高校选择参与治理而企业选择不参与治理时，同样存在惩罚，即企业将会向高校支付 K。

在上述模型中，政府、企业和高校根据自身意愿进行策略选择。假设政府进行治理的概率为 x，则政府不参与治理的概率为（$1-x$）；企业参与治理的意愿为 y，则企业不参与治理的概率为（$1-y$）；高校参与治理的概率为 z，则高校不参与治理的概率为（$1-z$）。x、y 和 z 的取值范围均在 0~1 之间。

根据以上假设，可以表示出三方演化的收益函数。政府在博弈时选择"治理"策略的期望收益 U_{g1}、选择"不治理"策略的期望收益 U_{g2} 和平均期望收益 $\overline{U_g}$ 依次为：

$$U_{g1}=yz(R_1-G_1-G_2)+y(1-z)(R_1-G_1)+(1-y)z(R_1-G_1-G_2)+(1-y)(1-z)(R_1-G_1)$$

$$(6-5)$$

$$U_{g2}=yzbR_1+y(1-z)bR_1+(1-y)zbR_1+(1-y)(1-z)bR_1 \qquad (6-6)$$

$$\overline{U_g}=xU_{g1}+(1-x)U_{g2} \qquad (6-7)$$

企业在博弈时选择"参与治理"策略的期望收益 U_{e1}、选择"不参与治理"策略的期望收益 U_{e2} 和平均期望收益 $\overline{U_e}$ 分别为：

$$U_{e1}=zx[R_2+aR-t(C-S)]+(1-z)x[R_2-t(C-S)+W]+$$
$$z(1-x)(R_2+aR-tC)+(1-z)(1-x)(R_2-tC+W) \qquad (6-8)$$

$$U_{e2}=zx(R_2+L_1-K)+(1-z)xR_2+z(1-x)(R_2+L_1-K)+(1-z)(1-x)R_2 \qquad (6-9)$$

$$\overline{U_c}=yU_{e1}+(1-y)U_{e2} \qquad (6-10)$$

高校在博弈时选择"参与治理"策略的期望收益 U_{s1}、选择"不参与治理"策略的期望收益 U_{s2} 和平均期望收益 $\overline{U_s}$ 分别为：

$$U_{s1}=xy[R_3+(1-a)R-(1-t)(C-S)]+(1-y)x[R_3-(1-t)(C-S)+K+G_2]+$$
$$y(1-x)[R_3+(1-a)R-(1-t)C]+(1-y)(1-x)[R_3-(1-t)C+K] \qquad (6-11)$$

$$U_{s2}=xy(R_3+L_2-W)+(1-y)xR_3+y(1-x)(R_3+L_2-W)+(1-y)(1-x)R_3 \qquad (6-12)$$

$$\overline{U_s}=zU_{s1}+(1-z)U_{s2} \qquad (6-13)$$

进一步地，可以得到政府的复制动态方程为：

$$F(x)=\frac{dx}{dt}=x(U_{g1}-\overline{U_g})$$

$$=x(1-x)\{yz[(1-b)R_1-G_1-G_2]+y(1-z)[(1-b)R_1-G_1]+$$
$$y(1-z)[(1-b)R_1-G_1]+(1-y)z[(1-b)R_1-G_1-G_2]+(1-y)(1-z)[(1-b)R_1-G_1]$$

$$= x(1-x)\left[(1-b)R_1 - G_1 - zG_2\right] \tag{6-14}$$

企业的复制动态方程为：

$$\begin{aligned}
F(y) = \frac{dy}{dt} &= y(U_{c1} - \overline{U_c}) \\
&= y(1-y)\{xz[aR - t(C-S) - L_1 + K] + (1-z)x[t(C-S) + W] + \\
&\quad z(1-x)(aR - tC - L_1 + K) + (1-z)(1-x)(W-tC)\} \\
&= y(1-y)[xtS - tC + z(aR + K - L_1 - W) + W] \tag{6-15}
\end{aligned}$$

高校的复制动态方程为：

$$\begin{aligned}
F(z) = \frac{dz}{dt} &= z(U_{s1} - \overline{U_s}) \\
&= z(1-z)\{xy[(1-a)R - (1-t)(C-S) + G_2 - L_2 + W] + (1-y)x[K + G_2 - \\
&\quad (1-t)(C-S)] + y(1-x)[(1-a)R - (1-t)C - L_2 + W] + (1-y)(1-x)[K - (1-t)C]\} \\
&= z(1-z)\{x[(1-t)S + G_2] + y[(1-a)R + W - L_2 - K] + K - (1-t)C\} \tag{6-16}
\end{aligned}$$

为求得演化博弈的均衡点，联系上述复制动态方程并令其为 0，得到 8 个均衡点：$(0,0,0)$、$(0,0,1)$、$(0,1,0)$、$(0,1,1)$、$(1,0,0)$、$(1,0,1)$、$(1,1,0)$、$(1,1,1)$。根据演化博弈理论，均衡点 $(1,1,1)$ 对应的雅克比矩阵所有特征值都为非正，因而是系统的演化稳定点。

本部分继而采用 Matlab 软件对模型涉及的三方演化博弈模型进行仿真模拟，令 $R_1 = 40$，$G_1 = 5$，$S = 8$，$G_2 = 8$，$b = 0.5$，$C = 45$，$t = 0.5$，$R = 100$，$a = 0.5$，$L_1 = 25$，$L_2 = 30$，$K = 5$，$W = 5$，$x = y = z = 0.5$。为简化分析，此处主要讨论参与主体意愿同时变化时的演化结果。如图 6-17 所示，当参与意愿较低（低于临界值 0.5）时，博弈结果会收敛至 $(1,0,0)$，即政府参与网络化治理，而企业和高校趋向于不参与（即"搭便车"行为）；当参与意愿处于临界值 0.5 时，政府和高校的治理参与意愿均会上升，从而带动企业的参与意愿由下降转为上升态势，最终 x、y 和 z 收敛至稳定点 $(1,1,1)$；当参与意愿高于临界值 0.5 时，政府、高校和企业的参与意愿会直接上升，迅速收敛至稳定点 $(1,1,1)$，达到多元共治的网络化治理模式。由此可见，随着参与意愿的上升，三方会趋向于参与治理，以实现多方共赢。

图 6-18 分别展示了政府、企业和高校参与网络化治理的概率随时间的演化趋势。结果表明，随着时间推移，三方主体参与网络化治理的意愿逐步收敛至 1，形成创新生态系统多元共治的网络化治理模式。

综上所述，通过构建包含政府部门、高校研发机构、核心企业在内的三方演化博弈模型，同时分析不同主体对网络化治理的参与情况，可以发现政府在实施网络化治理中发挥关键作用，是多元共治的核心；高校和研发机构作为产学研协同创新与网络化治理的重要主体，在参与网络化治理行为中具有建设性作用；核心企业参与网络化治理有利于发挥治理的最优效能，多方协同治理有助于实现创新生态系统的健康发展。

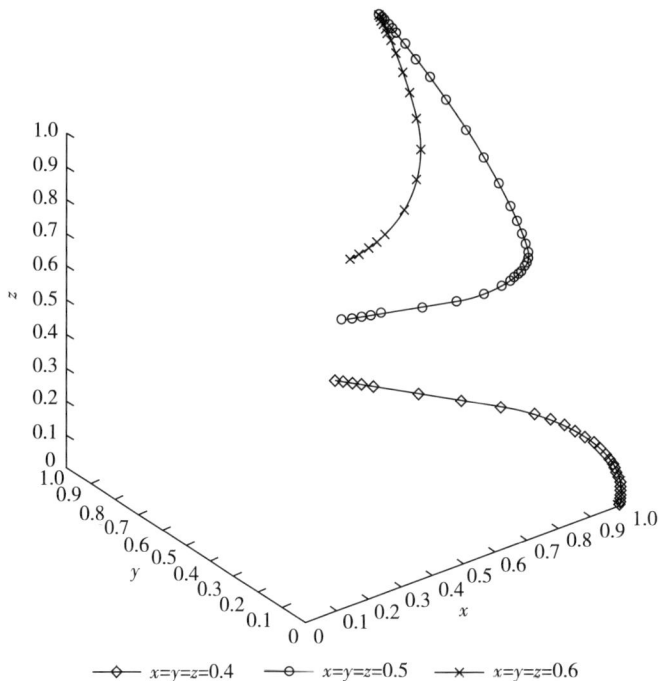

$\diamondsuit$ $x=y=z=0.4$ $\multimap$ $x=y=z=0.5$ $-\times-$ $x=y=z=0.6$

图 6-17 网络化治理中三方主体的演化博弈结果

资料来源：吴洁，车晓静，盛永祥，等. 基于三方演化博弈的政产学研协同创新机制研究［J］. 中国管理科学，2019，27（1）：162-173.（与原图相比有改动）

5. 网络化治理的方式

创新生态系统的网络化治理是基于复杂网络结构的治理模式，旨在促进不同利益相关者之间的合作与协调，以实现治理效能最优化。从网络的覆盖域面、形态结构与节点属性来看，不同特征的创新网络所对应的治理方式具有多样化特点（盛亚和于卓灵，2018）。

从网络的覆盖域面来看，网络化治理方式包括基于本地网络的治理方式和基于跨地网络的治理方式。本地网络是治理主体主要基于地理邻近性形成的网络，网络中的治理主体通常位于同一地理区域内，彼此之间地理距离较近，能够兼顾线上和线下治理场景。基于本地网络的治理方式注重在地理邻近性基础上，重点增强治理主体在认知、文化、制度等方面的邻近性。基于此，该治理方式通常采用搭建合作交流平台、破除地区间行政分割和制度壁垒等方式（张贵等，2022），为治理主体建立治理共识、深化治理沟通提供便利。跨地网络是由分散于不同地区的治理主体基于地理邻近性以外的其他多维邻近性形成的网络，如跨国公司及大型企业的"总部—分支机构"治理结构等。基于跨地网络的治理方式强调保证创新要素的跨主体、跨区域有序流动，弥补治理主体间距离较远造成的局限。基于此，该治理方式注重提升交通基础设施的密度和运力，同时依托信息技术手段，创设有助于人才等科技资源快速流动、即时交流的技术条件，以提升治理主体参与和利用网络的积极性。

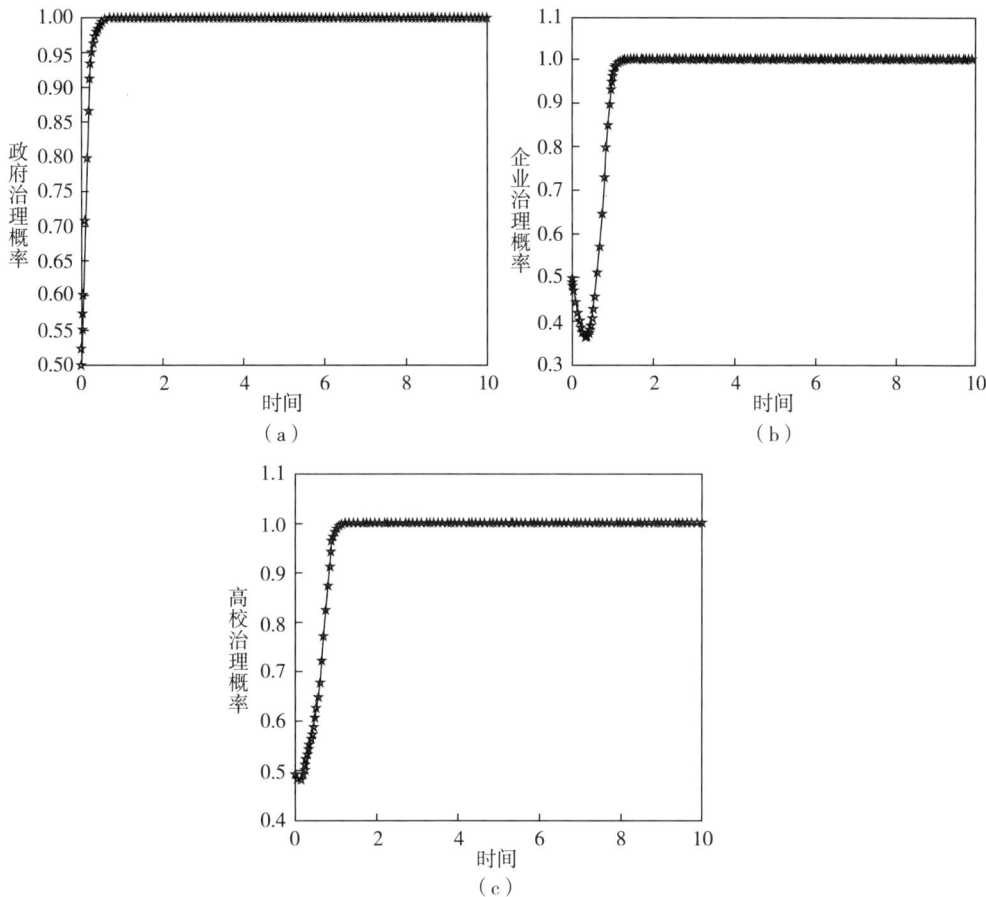

图6-18 政府、企业、高校治理意愿的演化趋势

资料来源：吴洁，车晓静，盛永祥，等．基于三方演化博弈的政产学研协同创新机制研究［J］．中国管理科学，2019，27（1）：162-173.（与原图相比有改动）

从网络的形态结构来看，网络化治理方式包括基于紧密网络的治理方式和基于松散网络的治理方式。紧密网络指网络中的节点之间通过高密度、高频率的交流活动紧密相连，使信息和资源在网络中迅速传播和扩散，有利于汇集不同治理主体的集体智慧（谢家平等，2019）。因此，基于紧密网络的治理方式注重通过构建协同创新联盟、开展研发合作项目、搭建科研互助机制等途径，鼓励治理主体之间循序开展高水平合作，促进知识的集成和创新能力的提升。松散网络指节点之间的连接较为松散，信息和资源在网络中的传播具有一定的随机性，但也具备更高的灵活性和创新潜力。因此，基于松散网络的治理方式注重构建开放化的交流平台和跨界合作机制，促进不同领域和行业的治理主体之间交流知识、观点、创意等，提升科技资源的多样化程度（党兴华和肖瑶，2015），为原创性科技成果的孕育提供相对宽松的环境。

从网络的节点属性来看，网络化治理方式包括"单核型"网络治理方式和"多核型"网络治理方式。"单核型"网络指在治理主体构成的网络中，存在一个具有强大影响力和控制力的核心节点或枢纽，其他节点的发展依赖于枢纽的资源供给和支持。"单核型"网络治理强调在"单核"带来的"辐射效应"和"虹吸效应"之间寻求平衡：一方面，该治理方式注重发挥枢纽型主体对其他治理主体的带动作用，依托枢纽型主体促进创新要素集聚、知识扩散和技术交易（杜勇宏和王汝芳，2021），引导其他主体沿枢纽型主体的优势领域进行创新布局，提高网络对协同创新活动的组织效率（白鸥和魏江，2016）；另一方面，抑制枢纽型主体对其他治理主体资源的过度汲取，通过搭建科技资源共享平台等方式，防止网络资源分布出现失衡。"多核型"网络指在网络中存在多个枢纽，各个枢纽具有相对独立的创新能力和资源，彼此之间动态竞合，共同推动创新系统发展。"多核型"网络治理强调在"多核"带来的"创新多样化"与"资源分散化"之间寻求平衡（王金哲和温雪，2022）：一方面，该治理方式侧重于完善多枢纽之间的创新职能分工，支持不同枢纽沿创新链的不同环节适度分离栖息，为网络中创新活动提供类型、规模、组织形式等方面的多种选择；另一方面，合理控制枢纽型主体数量，支持关键创新资源的适度集聚，防止因创新资源过于分散导致创新效率下降，保障网络创新功能的稳定运行。

三、数字化治理

随着新一代信息技术的持续演进，数字化治理作为数字技术支撑下的治理模式变革，正在得到社会的广泛关注。数字化治理的核心是利用数字及数字技术对治理主体、治理方式、治理路径等进行赋能，全面提升创新生态系统对创新要素的承载力，为孕育突破性技术变革准备条件。

1. 数字化治理的含义

在创新生态系统中，数字化治理的目的是利用数字化手段提升治理主体的协调性，促进信息流动和沟通，挖掘治理数据的价值性，提升治理过程的透明度，进而构建新的治理模式（Adner，2017）。随着互联网、大数据、人工智能、云计算、物联网等数字技术的快速发展，治理主体参与创新生态系统治理的信息成本和机会成本大大降低，治理主体参与价值创造的方式更加多元，使创新生态系统治理在治理范围、治理规模、治理途径以及治理速度等方面都得到了显著提升。因此，治理的数字化转型已成为新兴治理模式的突出特征和必然趋势（郑永兰和周其鑫，2023）。数字化治理过程中，数字平台企业、大数据中心等数字创新主体作为数字化治理的基础力量，为数字化治理提供知识、技术、解决方案等；政府、高校、企业及科研院所等生态成员通过数字化转型，形成与数字化治理相适应的数字能力，从而与数字创新主体共同构成数字化治理的新结构。

2. 数字化治理的治理框架

创新生态系统治理的数字化转型，本质上是通过对数据资源的采集、开发、存储，促使技术创新和实践应用相互结合，从而提升治理主体的链接、参与和协同能力。从要件构成来看，数字化治理主要由数字技术、数字平台、数据资源、治理行动和治理协同五个方面构成，如图6-19所示。其中，数字技术通过技术创新对数据资源实现赋能，为治理主体提供了更多的数据来源和更强的分析能力。数字平台作为数据资源的集散地和协同工具，通过集成多类型实践应用场景，对数据资源加以开发、应用，将其转化为实际的治理行动，并为不同治理主体的治理协同行为提供共享和协作机制。数据资源在数字化转型过程中起到关键作用，不仅为技术创新提供了基础和动力，也为实践应用提供了支持和驱动。综合来看，数字化治理以数据资源运用为主线，促使创新生态系统在理念、行为和制度等层面进行转化和升级，从而增强创新治理能力和适应性，实现真正意义上的数字化转型（侯二秀等，2022）。

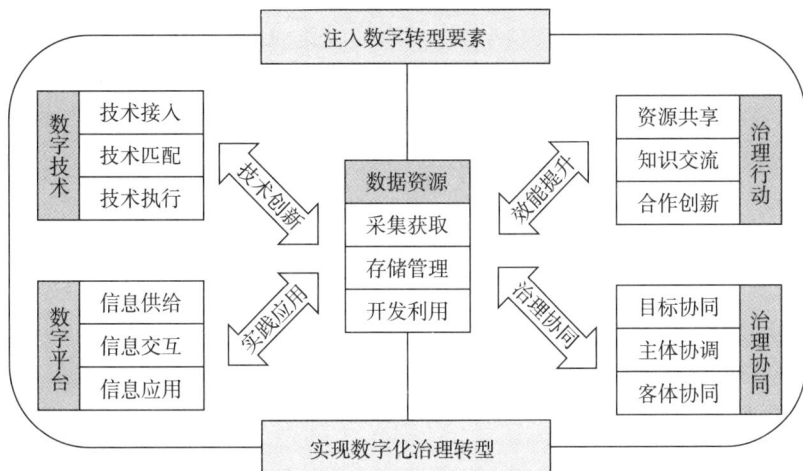

图6-19　创新生态系统数字化治理内容

资料来源：笔者自绘。

数字化治理的关键是形成对于数据资源的新型开发和利用模式，集中体现在以下四个方面：

第一，数据资源采集获取。与传统数据获取方式相比，数字技术发展提供了更多的数据来源和采集渠道，为创新生态系统的精准治理提供了丰富的信息源（任保平和王思琛，2023）。从获取来源看，数据资源通常包括企业在经营活动中产生的大量数据，涵盖了产品销售、市场趋势等方面的信息；不仅包括政府机构、数字平台等在管理和服务过程中产生的数据，还包括用户及用户社群通过社交媒体等传递的行为特征数据等。从获取方式看，数字技术借助传感器、物联网设备、在线交易平台、日志记录等方式，能够实现对数据的实时或定期获取，减少了传统手工采集的人力成本和时间消耗。数据资源的采集与归并，为创新生态系统的治理提供了重要参考和依据。

第二，数据资源存储管理。数字平台使数据存储和管理更为方便，提供了相应的手段和技术来保护数据的隐私性和安全性，如数据加密、访问控制、身份验证等措施，确保数据的合法获取和使用。

第三，数据资源开发利用。数字技术应用涵盖数据清洗加工、分析处理和应用导向的数据加工系统开发等，是数据资源价值实现的主体过程。从场景应用角度来看，数据资源开发利用的实质是将数据作为支撑场景的生产要素，利用巨量数据精准刻画用户需求，围绕产品和服务优化开展"全样本自然实验"（邹波等，2021），从而推动产品和服务供给与用户需求的精准匹配，实现数据要素的内在价值。在此过程中，治理主体通过数字平台及时了解和监测创新生态系统中的变化和趋势，并可及时做出调整和决策（资武成，2021）。

第四，经历上述治理过程，数字化转型将促使不同领域治理主体之间的界限模糊化，加速资源共享、知识交流和合作创新，从而推动治理效能的提升（柴国荣等，2023）。同时，数字化治理鼓励政府、企业、非营利组织、学术机构、数字平台等各种创新主体共同参与创新决策的制定和问题的解决，形成多元主体协同治理新模式，有利于提升数据资源的使用效益，加快管理与服务模式的创新、迭代。

3. 数字化治理的特点

（1）广域性。数字化治理通过营造"数字虚拟空间"，在较大程度上突破了治理主体之间在地理空间上的限制，允许来自不同地区的治理主体通过网络等实现合作，从而扩展了不同治理主体的行动空间。

（2）即时性。数字化应用以数据的海量高速传输为基本属性，为治理过程提供了及时传达治理信息的通道，使治理主体能够快速将治理任务传达给相关创新主体，加快治理过程的响应速度和执行效率。

（3）技术密集性。在线协作平台、社交媒体、云计算、大数据分析等治理工具的出现，为治理机制的设计提供了巨大的便利性。在数字化治理过程中，各治理主体可依托智能技术，对创新生态系统中的数据进行具有较高自由度的深度挖掘和分析，提供决策者和参与者所需的实时信息，实现精细化治理。

（4）交互性。借助数字化技术工具，多元主体得以在相互认同的基础上推进协同治理。例如，通过建立数字化平台和数据交换机制（孙永磊等，2023），不同主体能够共享数据资源，包括科研成果、市场信息、用户反馈等，并协同开展治理活动。

（5）延展性。数字化治理依托数字化工具实现了治理任务的扩展、交叉与合并，并通过数字化平台的协同合作功能，推动了不同治理任务的多线程并行，打破了不同治理主体之间的阻隔，实现了治理场域的扩展。数字化治理促使参与者在不同数字架构层面上进行活动，并且互动关系更加动态和开放，使得治理模式从传统的单一线性结构拓展为多层次网状模式（魏江和赵雨菡，2021）。

4. 数字化治理的数理模型

数字化治理的参与主体主要包括三个方面，即数字平台、治理主体和治理客体。基于此，可以构建三方主体的演化博弈模型（艾志红，2023），把握不同主体在数字化治理过程中发挥的作用。

假设在创新生态系统中，数字平台、治理主体和治理客体三方参与治理的概率分别为 x、y 和 z，且取值范围均为（0，1）。三方主体具有有限理性，可以选择不同的策略来参与博弈，具体的策略选择取决于创新生态系统的特定情境和目标。通过模拟博弈过程和参与者策略的变化轨迹，可以找到使系统最终达到演化稳定状态的策略组合。在演化稳定状态下，各方参与者不再有激励去改变其策略，因为任何单方面改变策略的行为都不会增加其收益。其他相关变量的设定如表6-4所示。

表 6-4 三方博弈主体相关参数设定说明

参数	参数含义
C_{p1}	数字平台固定运营成本
C_{p2}	数字平台参与数字化治理时的额外投入成本
R_p	数字平台参与数字化治理时获取的收益
L_p	数字平台不参与数字化治理时带来的损失
F	治理主体不参与数字化治理时数字平台收取的罚金
C_{q1}	治理主体初始固定成本
C_{q2}	治理主体参与数字化治理时的额外投入成本
R_q	治理主体参与数字化治理时获取的收益
E	为激励治理客体参与数字化治理，治理主体给予的奖励
L_q	治理主体不参与数字化治理时带来的损失
C_{u1}	治理客体固定付出成本
C_{u2}	治理客体参与数字化治理时的额外投入成本
R_u	治理客体参与数字化治理时获取的收益

资料来源：艾志红. 数字创新生态系统价值共创的演化博弈研究［J］. 技术经济与管理研究，2023（4）：25-30.（模型设定有改动）

根据上述设定可以得到三方参与者的期望收益。

数字平台"参与"和"不参与"协同治理时的期望收益 E_{p1}、E_{p2} 以及平均收益 E_p 分别表示为：

$$E_{p1} = yz(C_{u1}+R_p-C_{p1}-C_{p2}) + y(1-z)[C_{u1}+R_p-C_{p1}-C_{p2}] + $$
$$(1-y)z[C_{u1}+R_p+F-C_{p1}-C_{p2}] + (1-y)(1-z)[C_{u1}+R_p+F-C_{p1}-C_{p2}] \quad (6-17)$$

$$E_{p2} = yz[C_{u1}-C_{p1}-L_p] + y(1-z)[C_{u1}-C_{p1}-L_p] + (1-y)z[C_{u1}-C_{p1}-L_p] + $$
$$(1-y)(1-z)[C_{u1}-C_{p1}-L_p] \quad (6-18)$$

$$E_p = xE_{p1}+(1-x)E_{p2} \quad (6-19)$$

治理主体"参与"和"不参与"协同治理时的期望收益 E_{q1}、E_{q2} 以及平均收益分别表示为：

$$E_{q1} = xz[C_{u1}+R_q-C_{q1}-C_{q2}-E] + x(1-z)[C_{u1}+R_q-C_{q1}-C_{q2}] + $$
$$(1-x)z[C_{u1}+R_q-C_{q1}-C_{q2}-E] + (1-x)(1-z)[C_{u1}+R_q-C_{q1}-C_{q2}] \quad (6-20)$$

$$E_{q2} = xz[C_{u1}-C_{q1}-F-L_q] + x(1-z)[C_{u1}-C_{q1}-F-L_q] + $$
$$(1-x)z[C_{u1}-C_{q1}-L_q] + (1-x)(1-z)[C_{u1}-C_{q1}-L_q] \quad (6-21)$$

$$E_q = yE_{q1}+(1-y)E_{q2} \quad (6-22)$$

治理客体"参与"和"不参与"协同治理时的期望收益以及平均收益分别表示为：

$$E_{u1} = xy[R_u+E-C_{u1}-C_{u2}] + x(1-y)[R_u-C_{u1}-C_{u2}] + (1-x)y[R_u+E-C_{u1}-C_{u2}] + $$
$$(1-x)(1-y)[R_u-C_{u1}-C_{u2}] \quad (6-23)$$

$$E_{u2} = xy[R_u-C_{u1}] + x(1-y)[R_u-C_{u1}] + (1-x)y[R_u-C_{u1}] + $$

$$(1-x)(1-y)\left[R_u-C_{u1}\right] \qquad (6\text{-}24)$$

$$E_u=zE_{u1}+(1-z)E_{u2} \qquad (6\text{-}25)$$

根据复制动态方程原理，可得数字平台的复制动态方程为：

$$F(x)=\frac{dx}{dt}=x(E_{p1}-E_p)=x(1-x)\left[R_p+(1-y)F+L_p-C_{p2}\right] \qquad (6\text{-}26)$$

治理主体的复制动态方程为：

$$F(y)=\frac{dy}{dt}=y(E_{q1}-E_q)=y(1-y)(R_p-C_{p2}+L_q-zE+xF) \qquad (6\text{-}27)$$

治理客体的复制动态方程为：

$$F(z)=\frac{dz}{dt}=z(E_{u1}-E_u)=z(1-z)\left[yE-C_{u2}-C_{u1}\right] \qquad (6\text{-}28)$$

根据微分方程稳定性原理，令 $F(x)=0$，$F(y)=0$，$F(z)=0$，可得$(0,0,0)$、$(1,0,0)$、$(0,1,0)$、$(0,0,1)$、$(1,1,0)$、$(1,0,1)$、$(0,1,1)$ 和 $(1,1,1)$ 共 8 个均衡点。

接下来分析三方主体共同参与数字化治理的情形，即三方主体在演化博弈中趋于 $(1,1,1)$ 的理想策略状态。为验证此状态，给出如下初值设定：$L_p=40$，$C_{p2}=80$，$R_q=140$，$L_q=60$，$F=40$，$C_{q2}=120$，$E=40$，$C_{u1}=50$，$C_{u2}=20$。再将数字平台参与协同治理的收益初始值 R_p 分别设置为 100、150 和 200，通过 Matlab 计算仿真结果，如图 6-20 所示。

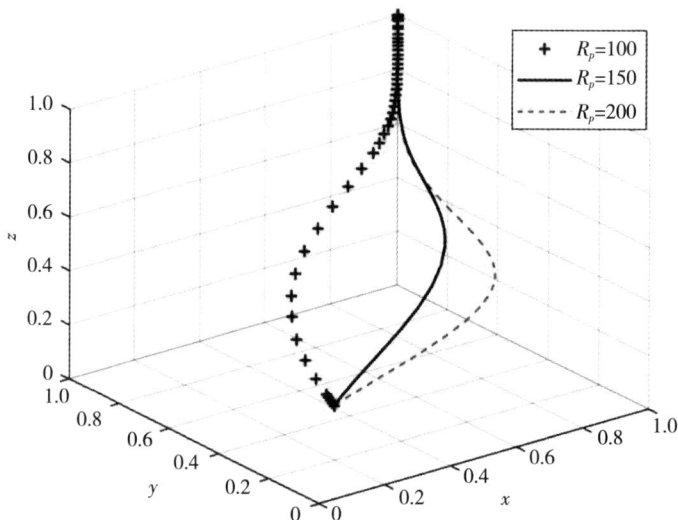

图 6-20 平台收益在不同初始条件下的治理策略的动态演化

资料来源：笔者自绘。

可以看出，虽然数字平台的初始收益设定不同，但三方博弈主体均最终演化至 $(1,1,1)$ 的理想状态，即三方都选择实行数字化治理。通过数字化治理，数字平台可以促进数据等创新资源的优化配置和合理分配，协调各方的行为和利益。因此，数字平台选择治理策略并与政府和利益相关者协同治理,可以实现创新生态系统的良性可持续发展,提高创新效率。

通过上述数理模型分析可知,当数字平台、治理主体和治理客体三方共同参与治理并达到均衡状态时,各方利益能够得到平衡和满足。其中,数字平台作为连接各方的桥梁和中介,能够促进数字信息流通和资源配置,发挥协调和整合作用。治理主体通过提供政策和资源支持,对创新生态系统进行有效监管和引导,避免数字平台企业滥用优势地位,确保创新生态系统健康发展。治理客体能够获得相应的收益和回报,实现自身利益最大化。三者之间实现互利共生,反映了创新生态系统数字治理的本质特点。

5. 数字化治理的方式

数字平台作为创新生态系统数字治理的基石,其核心价值主张是通过开放生态系统边界,平衡竞争与合作的关系,维护整个创新生态系统的长期繁荣和可持续发展。因此,面对新的治理趋势,创新生态系统的参与主体需综合运用正式治理与非正式治理方式,从数字资源协同、数字平台构建和数字技术应用三个维度嵌入数字化治理结构,如图6-21所示。

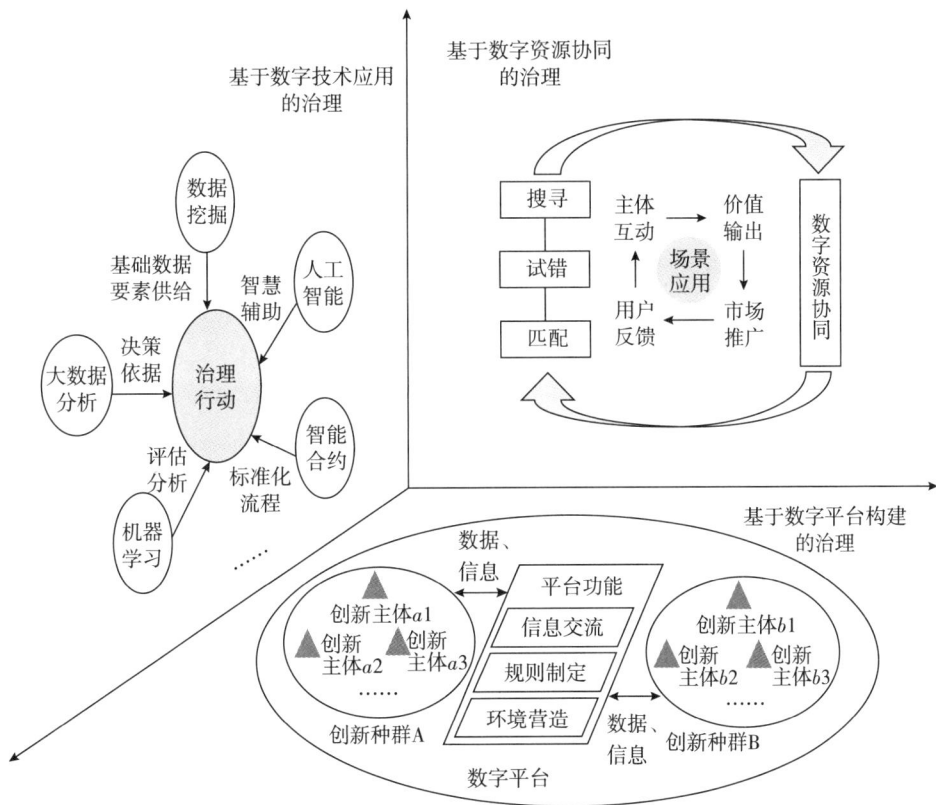

图6-21 创新生态系统的数字化治理方式

资料来源:笔者自绘。

一是基于数字资源协同的治理方式。该治理方式强调对不同治理主体拥有的数据、算力、算法等数字资源进行整合，并根据特定治理场景的应用需要，相互进行搜寻、试错、匹配，从多治理主体汇聚场景开发所需的各领域数字资源支持，从而形成解决方案。从治理过程看，治理主体以场景为媒介实现价值输出，并通过市场推广过程转化为产品或服务组合，接收来自用户的反馈，由场景开发者应用于解决方案的进一步优化中，继而开始新一轮的价值输出。因此，数字资源协同有助于治理主体迅速将场景应用推向市场，并且更快了解用户需求和反馈，快速调整相应产品或服务，达到缩短创新周期的效果（孙永磊等，2023）。从治理结果来看，数字资源协同使治理主体更快地获取市场信息、了解竞争动态，迅速识别创新资源需求和供给，将合适的资源与需求方进行匹配，从而提高数字资源的匹配和利用效率；数字资源协同也使得参与者能够跨越地域、组织和领域的界限，进行跨层次合作，共同参与持续的创新过程。

二是基于数字平台构建的治理方式。该治理方式强调发挥数字平台的标准化、规范化、模块化（曲永义，2022）优势，推动治理主体通过数字平台进行信息交流、规则制定、环境营造，降低治理过程的沟通协作成本，实现多方参与的价值共创。首先，通过数字平台，治理主体以实时交互的方式交流治理信息，有助于缩小治理主体之间的信息"势差"，加速治理信息的碰撞、整合，推动治理共识的形成。其次，数字平台通过制定运行规则和标准，如知识产权保护规则、合作伙伴关系管理规则、数据共享规则等，能够为不同治理者提供行为指导，抑制"搭便车"及其他道德风险行为，提高治理行为的一致性和兼容性，以确保参与者之间的合作和交流在合法、透明和可信的框架下进行（焦豪等，2022）。最后，数字平台依托在线社区、协作工具等形式，为创新生态系统的治理主体提供开放、高效的沟通和协作环境，使参与者能够快速连接和互动，有助于提升治理效率。

三是基于数字技术应用的治理方式。该治理方式强调利用数字技术的通用性、渗透性、精准性等特点（张雁等，2023），面向创新生态系统内外部建立集动态感知、分析预测、智能决策等功能为一体的智慧治理架构，嵌入并拓宽创新生态系统治理的新方式（孙卫东，2021）。代表性技术及应用包括利用大数据挖掘技术，收集和整合创新生态系统中的各种数据，包括参与者的行为数据、市场趋势数据、用户反馈数据等，建立基础数据"资源池"；利用大数据分析技术，对结构化或非结构化数据进行"细粒式"分析（邹波等，2021），建立对不同治理对象的高精度"画像"，识别和分析创新生态系统发展中的潜在问题，为治理决策提供依据；借助人工智能技术，开发智能决策支持系统，建立针对典型治理场景的智能决策流程，为治理主体提供实时的数据分析、预测和治理方案；依托机器学习技术，通过对数据模型的训练、强化，实现对不同治理方案的仿真模拟和评估，从而降低决策风险，提升治理方案的完备性、科学性，如华为的盘古大模型应用于天气预测、药物研发和选煤选矿等领域；利用智能合约技术，建立数字契约系统，实现自动化的合同执行和利益分配，确保各方权益得到保护。

第七章 创新生态系统的"核"：
具有转型升级能力的企业

本章提出创新生态系统的"核"是具有竞争优势和转型能力的企业。正是这个"核"推动了创新生态系统的形成与演化，并以转型升级能力为内动力，持续促进创新生态系统结构和功能的变迁，使之不断完善与优化。

第一节 创新生态系统"核"的提出

"创新生态系统"概念的提出体现了创新研究的范式转变。学者们从生态系统视角来分析认识企业、产业、区域、国家等层面的创新问题，提出了各种类型的创新生态系统。而无论何种类型的创新生态系统，其最终目的都是服务于创新型企业，以创新型企业为基础促进创新发展。因此，具有转型升级能力的创新型企业是创新生态系统的"核"。Ander（2006）就曾明确提出，创新生态系统是"一套协调一致、面向客户的解决方案"，其首要特征是其主体中的企业，表现为以一个成熟企业为核心进行运作和发展的生态系统。Dedehayir等（2018）也认为，核心创新主体在创新生态系统的合作关系构建、平台管理、价值管理等方面发挥着主导作用。核心企业作为整合者，定义了创新生态系统的基本架构，并吸引其他网络成员参与设计和开发系统的不同"组件"（Nambisan and Sawhney，2011）。换言之，创新生态系统是核心企业依其发展需要所构建的"微环境"，通过吸引生态成员的广泛参与，最终实现所有成员的利益（蔡莉等，2016）。作为创新生态系统的"核"，核心企业的功能体现在三个方面：一是作为"源"动力，推动创新生态系统基于"创新源—创新组织—创新物种—创新种群—创新群落—创新网络—创新生态系统"的路径孕育形成；二是作为"核"动力，形成以创新主体的动态非线性互动为主要特征的创新生态系统运行架构；三是作为"内"动力，持续不断促进创新生态系统的动态演化与发展。同时，这类企业具备"创新战略"和"竞争优势"两个方面的转型升级能力：一是企业基于所处发展情境及创新需求，能够主动选择适配的创新战略，即实现创新战略的转型升级；二是企业基于所处发展阶段及情境，能够通过适配的创新战略使企业逐步形成更高层次的竞争优势。

一、创新生态系统形成过程与"核"企业

创新型企业的出现是创新生态系统的形成关键。创新型企业最初通常产生于某个人、某个群体或某个机构的创新源，在技术浪潮、偶发事件或创业文化的熏陶推动下，

形成了具有价值实现能力的企业组织。随后，在经济社会环境的筛选作用下，企业组织中产生了一个或多个核心竞争力强、关联能力突出的创新型企业，具备了成为创新生态系统"核"的基本条件。不同的"核"企业在由点到群再到网络的集聚过程中，会形成错综复杂的技术创新关系，并且随着主体间复杂的创新关系演化，这一过程引发了不同创新物种的出现，相似物种的集聚形成创新种群，进而构建起了创新网络。不同创新种群与网络相互交织、跨界合作，从而构建起了创新生态系统（刘雪芹，2021）。以世界知名的硅谷创新生态系统为例，尽管学术界、企业界及政府社会团体等都一致认为，斯坦福大学和特曼教授的支持与参与对硅谷创新生态系统的形成起着不可或缺的作用，但从时间维度来看，苹果、谷歌、特斯拉等头部高科技企业的颠覆性创新（王海军等，2021），大企业和初创企业的"共生式"合作（郭丽娟和刘佳，2020），构成了硅谷得以长期保持全球竞争力的关键。这些头部高科技企业不仅衍生裂变出了更多的创新创业群体，还集聚或催生出了投资公司、研究机构、中介组织、咨询公司、非营利性组织等创新物种，不同创新物种、创新群落的集聚最终形成了硅谷创新生态圈。可见，创新生态系统的形成需要以"核"企业为基本支撑。

二、创新生态系统运行结构与"核"企业

从运行结构视角来看，无论是技术创新生态系统还是企业、产业、区域以及国家创新生态系统等，其主体都是相互关联的结构化企业（柳卸林等，2022），其实质是通过这些结构化企业实现科学、技术、市场间的联动协同（许冠南等，2020）。如果将要素、环境以及各类创新物种相互作用的创新生态系统层层剥开，其最内层的"核"是创新型企业，包括主导型大企业和各类配套互补型中小企业，它们或是竞争型企业关系，或是合作型企业关系。这些"核"的内层创新型企业相互交织，构建起竞合的企业网络。同时，在"核"的外层，各类创新组织与要素集聚于"核"内层企业周边，其中外层高校、科研机构为"核"企业提供知识与人才供给，中介组织、金融机构为"核"企业提供创新服务与资本支持，政府为"核"企业提供产业、金融、法律、文化等政策引导支持，用户使"核"企业的价值创造更加契合市场需求。创新生态系统的外层主体、要素围绕创新型"核"企业而聚集和交互，围绕"核"企业形成动态、非线性作用的生态结构。

三、创新生态系统演化发展与"核"企业

从演化视角来看，创新生态系统演化发展以"核"企业的技术更迭、商业模式变化、创新模式变革、产业变换等为主轴线展开，"核"外层的创新组织、创新环境要素围绕"核"企业的演化主轴线而演化发展。其中，高校基于"核"企业的需求变化培育新的技术研发与创新创业人才。科研机构的新产业知识和新关键技术供给虽然在一定程度上推动了"核"企业的技术更迭与产业变换，甚至是引发了"核"企业的兴衰更替，但从本质上来看，科研机构的知识发现与技术研发均围绕"核"企业的市场需求变化展开。政府为新技术、新产业情境下的"核"企业提供适宜的配套政策支持，对新技术、新商业模式所引发的商业现象的合法性进行判定，并在更大范围内推动社

会制度改革。中介组织、金融机构主要为"核"企业的创新模式变革、商业模式变化等提供特定形式的创新服务，甚至衍生出新的创新服务机构与服务形式。用户在"核"企业提供的新产品、新服务基础上，演化出新的市场需求，并在"核"企业提供的新的可融入的商业情境下参与共同价值创造。因此，正是"核"企业驱动其他生态主体演化，推动整个创新生态系统不断变换发展，持续形成新创新资源、新创新能力、新创新惯例，促进创新生态系统向更高级状态演进。

综合来看，基于系统形成、系统结构和系统演化三个视角的分析过程表明，创新生态系统是以创新型企业为"核"的复杂系统。如果没有创新型企业，创新生态系统就不复存在。正是因为创新型企业的存在，才能形成或演化出不同层级、不同类型的创新生态系统。

第二节　"核"企业视角的创新生态架构

自 Moore（1993）较早将生态学思想引入战略管理并提出"商业生态系统"概念以来，学界就创新生态系统的层次、类型等问题展开了深入探讨，为探究创新生态系统的结构与功能特征，理解"核"企业在创新生态系统建构中发挥的作用提供了坚实的学理支撑。

从已有研究看，根据系统层次的不同，一般将创新生态系统划分为企业创新生态系统、产业创新生态系统、城市创新生态系统、区域创新生态系统和国家创新生态系统。其中，以张利飞（2013）、柳卸林等（2022）为代表的企业创新生态系统研究认为，应以共同价值主张编排和协调生态成员的创新行为，构建由"平台企业+互补企业"组成的共存共生、共同进化的动态协调网络结构。以 Ander 和 Kapoor（2010）、林婷婷（2012）、许冠南等（2020）为代表的产业创新生态系统研究认为，应以企业与高校、科研院所为关键主体，依托技术创新群落与技术创新环境组成相互作用、相互依存的复杂交互系统。以隋映辉（2004）、邵安菊（2017）等为代表的城市创新生态系统研究认为，应统筹发挥城市对创新要素的集聚效应和扩散效应，提升城市在创新网络中的节点和枢纽地位，形成要素高效涌流、功能一体集成的城市创新体系。以黄鲁成（2003）、维克多·黄和格雷格·霍洛维茨（2015）为代表的区域创新生态系统研究认为，应在一定空间范围内形成创新物种丰富、相互联系作用的"热带雨林式"创新支持环境。以赵放和曾国屏（2014）等学者为代表的国家创新生态系统研究认为，要在以技术发展与创新为目标的参与者之间构建动态经济关系，形成基础研究系统和商业系统相融合的"技术—经济"社会景观。

同时，根据研究重点的不同，创新生态系统又可划分为基于产品的创新生态系统、基于平台的创新生态系统和基于用户的创新生态系统（柳卸林和王倩，2021）。其中，以张运生（2008）和 Adner（2017）为代表的产品创新生态系统研究认为，要围绕关键技术或产品，将上游生产配套商和下游应用互补商及用户共同纳入生态系统参与范围，形成协同互补的技术依存结构。以 Jacobides 等（2018）、Shipilov 和 Gawer（2020）、王欣欣和张佳（2021）、Wang 和 Miller（2020）等为代表的平台创新生态系统研究认为，要依托商业体系中的核心主体打造网络化、生态化平台，协同外部组织为平台提供优质配套产品及服务，从而更好地为用户创造价值。以柳卸林和王倩（2021）为代表的用户创新生态系统研究认为，应以用户需求为重点，将不同企业的产品或服务进行生态协同，以扩展核心产品功能，为用户提供全方位服务。

可见，基于不同系统层次的研究强调了创新生态系统在不同范围内的要素构成和结构框架，基于不同研究重点的文献则刻画了创新生态系统在不同应用场景下的生态特征与生态功能，这些研究均拓宽了创新生态系统的研究范围和认识视野。但是，不同创新生态系统的最终目的始终是服务于创新型企业，如果仅关注对创新生态系统的层次、对象划分，容易割裂创新生态系统对创新型企业影响作用的整体性认识。特别是在"核"企业日益成为创新生态系统的核心竞争力来源的背景下，从"核"企业视角理解创新生态系统的形成和演化过程，对于打破现有创新生态系统划分标准的局限性、从整体上把握创新生态系统的发展规律提供了新的理论视角，具有突出的重要性。

具体而言，"核"企业视角下的创新生态系统着重强调以微观层面的"核"企业为中心，结合特定市场类型和产业技术结构，注重研究"核"企业与外部创新环境的相互作用，分析"核"企业如何激发和促进创新的发展与变革。基于此，本部分综合现有学者对创新生态系统概念和内涵的认识，参照王伟楠等（2019）从不同情境化视角对创新生态系统内涵的梳理，从企业创新范式变革引发的组织情境、企业创新基因培育所需的环境情境、新旧技术更迭所引致的市场情境三个方面进一步认识创新生态系统。

一、组织情境与企业创新生态

从创新活动的组织情境来看，开放式创新、网络平台、价值共创、连接匹配、技术依存、用户参与等正在成为创新生态系统的创新协同功能的主导逻辑。创新生态系统强调以共同价值主张为主导，围绕关键技术或产品，将产业内外相关的创新型企业集合，构建起企业与企业间、企业与其他创新实体间合作的松散耦合协作组织。该组织具有非契约治理、非通用互补、多边依赖、边界动态模糊等生态特征，并主要以网络、平台等形式展现。从微观视角来看，对于创新生态系统中的某一具体"核"企业而言，创新生态系统的建构过程本质上是"核"企业对不同组织情境加以创设、组合，使其实现价值创造功能的过程。以芯片架构设计商 ARM 为例，在当前半导体创新日益复杂、技术全球化不断加深以及协同创新范式不断丰富的背景下，该企业作为半导体领域的"核"企业，以其自身的"精简指令集"技术产品为核心，延伸到芯片设计、芯片制造、终端设备、软件服务商等环节，构建起兼具高技术产品价值创造功能与共同价值分享功能的复杂协作系统。因此，从创新活动的组织情境来看，"核"企业视角下的创新生态系统侧重于分析创新型企业的个体行为、作用与愿景，反映了以某一具体企业或技术产品的价值创造为中心的组织协同行为（赵放和曾国屏，2014），其结果是在"核"企业所建立的企业创新生态系统内部和外部产生自组织性。这种自组织性的形成，进一步为中观层面的产业创新生态系统、城市创新生态系统、区域创新生态系统乃至宏观层面的国家创新生态系统提供内在规定性，决定着中观和宏观创新生态系统的形态、特征和发展规律。从这个意义上说，"核"企业是创新生态系统的源泉。

二、环境情境与外部创新生态

从创新活动所处的环境情境来看，创新能量传导、创新孵化、创新扩散与捕获、多样性共生、群居栖息、相互依存等正在成为创新生态系统的创新支持行为的主导逻辑。创新生态系统在其形成和发展的各个阶段均强调要素活跃度、知识密集度、经济自由度以及专业化的基础设施、完善的社会分工体系、风险资本与服务、冒险精神与文化基因等创新条件，注重在一定空间或产业内实现产业链、创新链、服务链和资金链的融合（李晓锋，2018），推动研究、开发和应用三大群落的栖息协同，具有繁荣而多产、复杂且难以复制等特征。现实中，创新生态系统既可能是在创新型企业所生存的特定外部地理空间内，以创新实体的邻近性为主要特征，以创新主体的相互作用为基础，不断进行信息、知识、成果等创新能量交换的区域生态循环有机体；又可能是创新型企业所栖息的外部特定空间内的产业聚集网络，即由产业内不同创新群落围绕研发设计、生产制造和营销服务所形成的产业协作生态体系，并且不同企业在其中拥有不同的产业生态位。因此，从创新活动所处的环境情境来看，"核"企业视角下的创新生态系统体现的是支持创新的社会网络空间，是对企业这一核心创新主体所提供的外部环境支撑与产业网络支持。

三、市场情境与创新生态演化

从创新活动所面对的市场情境来看，颠覆性创新、技术变革与产业更替、渐变和突变、自创生和自重组等正在成为创新生态系统演化的主导逻辑。在演化过程中，创新生态系统之间、创新生态系统内部不同主体之间经常发生角色的更替、地位的变迁，其实质是在面对市场情境变化时，不同创新主体的环境适应力的更替、变迁。完善的创新生态系统强调环境适配度的提升与新价值空间的创造，具有演化和迭代的功能（高山行和谭静，2021），同时具有内外部自适应、应势而动等特征。因此，创新生态系统必须被置于一定的市场技术情境中去考量。从"核"企业行为层面看，"核"企业能够基于产业内某一关键技术，构建起与当前市场需求和应用场景相适配的创新生态系统，并使其具备发展成为主流创新生态系统的可能性。然而，产业技术本身的颠覆性突破或激进式的产业技术重组，以及由此诞生的新商业模式与新应用场景，将使原有技术在其生命周期内的性能达到饱和上限，推动新旧创新生态系统更替，衍生出基于新的变革性技术与商业模式的新型创新生态系统。例如，天弘基金的余额宝变革了传统基金理财方式，数码相机技术颠覆了照片冲洗技术及相关产业，3D打印也显示出革新传统锻造、编制等精密加工制造业之势。特别是当前，随着以数字技术为核心的第四次工业革命与科技革命的到来，科技创新活动更加密集活跃，区块链、无人驾驶、物联网等技术迭代更新频繁发生，加速了创新生态系统的市场情境变换速度，并催生出一批数字经济领域的新型头部企业。上述案例表明，技术与商业变革能够引发产业与市场情境变化，进而推动创新生态系统的更替。因此，从创新活动所面对的市场情境来看,"核"企业视角下的创新生态系统是一个因势而谋、不断变革演化的系统,强调基于"核"企业的战略意识和主观能动性(Adner and Feiler, 2019),通过内外变革优化和重构创新生态系统的价值主张、关键技术产品、要素资源和生态伙伴关系等,进而演化出适应新市场情境且更具创新竞争力的新型生态系统。对创新生态系统而言,系统性动态演化是比合作和竞争更为重要的生态关系(柳卸林和王倩,2021),是创新生态系统中最引人入胜的核心要素,影响着"核"企业的可持续性发展。

由此,聚焦于企业的主观目的性与创新需求,"核"企业视角下的创新生态系统体现出三个方面的典型特征(见图7-1):一是基于共同愿景,强调围绕产业内主导企业或关键技术产品,持续贯通供给端与需求端,从而形成相互依存的企业协同创新网络,这构成了组织情境下创新生态系统的创新协同功能的形成路径;二是基于创新环境特性,打造支撑和激励组织创新的要素空间及创新网络,这构成了环境情境下创新生态系统的创新支持行为的基本内涵;三是基于市场适配程度,注重建设因势而谋、不断变革发展的动态系统,这构成了市场情境下创新生态系统的创新变革过程的内在动力。

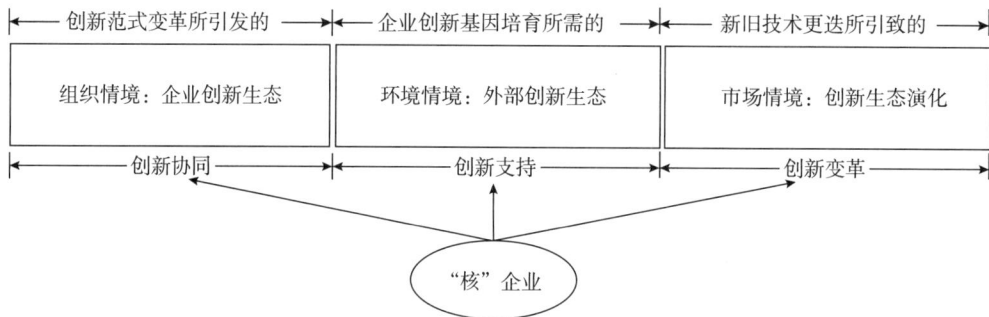

图7-1 "核"企业视角的创新生态系统框架

资料来源:刘雪芹.基于创新生态系统的企业竞争优势研究[D].天津:河北工业大学,2021.(与原图相比有改动)

第三节 "核"企业的生命周期与创新生态战略转型升级框架

从时间维度看,创新生态系统影响企业创新发展的机制不是唯一的。在创新生态系统发展的不同阶段,企业的行为逻辑及生态战略选择存在着明显差异(Enkel and Hengstler, 2016),使"核"企业采取的创新生态战略同样呈现出动态演化特征。本节主要从"核"企业的生命周期视角出发,构建有关"核"企业创新生态战略转型升级的分析框架,把握不同阶段"核"企业的战略行为特征及其对创新生态系统的影响。

一、"核"企业的生命周期

如同自然界的动植物一样,创新型"核"企业作为一个生命体,也要经历从出生到成长再到成熟的"类人口学"过程。主流研究主要以企业的组织演变和变革程度为标准对企业的生命阶段进行划分。例如，Greiner（1972）将企业生长过程划分为创建、存活、发展、扩张和成熟五个阶段。爱迪思（1997）将企业生命周期划分为成长阶段、再生与成熟阶段、老化阶段三大阶段。Galbraith（1982）构建了科技型企业的生命周期模型，将科技型企业的发展过程分为原理证明阶段、原型阶段、模型工厂阶段、启动阶段、自然成长阶段和战略动机阶段六个阶段。Kazanjian（1988）基于 Galbraith 的研究，根据科技企业在不同阶段侧重解决的问题不同，将其生命周期划分为定义及发展阶段、商品化阶段、成长阶段和稳定阶段。早期的企业生命周期研究为后续研究奠定了基础，现有研究关于企业生命周期的探讨也大多在已有框架下展开。因此，本部分主要借鉴 Greiner、爱迪思等学者的研究成果，结合所要探讨的企业生命周期内创新生态战略选择与竞争优势转型升级问题，将创新型企业发展划分成初创期、扩张期和成熟期三个阶段。

初创期是指企业的创业期，通常也被形象地称为企业尤其是创新型企业的"死亡谷"或"达尔文之海"。企业在初创期通常面临严峻的生存压力，且在创业条件方面往往存在大量劣势与不足。为避免创业失败，企业需要采取以下策略。一是产生好的创意，迅速、精准识别创业机会，并且匹配到志同道合的创新创业伙伴。二是聚力进行企业技术产品的开发与设计，实现由创意向产品的转化。三是寻求外部天使资本、风投基金、科技中介、创业政策等的支持，创建和形成新的创新型企业。四是不断地尝试、搜寻、创造最优的技术产品，通过搭建外部联系获得合作伙伴、客户等的外部支持，从而建立技术优势、获得市场份额和形成企业利润。

扩张期是指创新型企业已顺利度过初创期，并具有一定的独立发展能力的时期。在这一时期，创新型企业通常已拥有一定的经营规模、持续扩大的客户群体和市场份额，具备了支撑企业发展的关键竞争点，形成了较为突出的盈利水平，企业在资金等方面的约束也得到有效缓解。在这一时期，企业需要进一步完善自身的核心技术产品或服务，及时响应并处理与核心技术相关的创新难题，尤其是提升组织变革与外部协作能力，以扩大自身规模与市场规模，巩固和提高市场价值。可以说，此阶段的创新型企业已经进入高速发展、大幅扩张的时期。

成熟期是指创新型企业已经历快速增长并发展为行业领先企业，各方面发展在既有生产能力和技术边界内趋于稳定的时期。在这一时期，创新型企业通常拥有丰富而值得学习的生产经营经验、原创而领先的技术产品、高且稳定的市场份额、宽松而平稳的融资渠道，以及广泛而协调的协作网络。可见，这一阶段的创新型企业在市场、技术、协作、客户等方面都拥有较高的话语权，已有的成功实践经历也已"惯例化"为企业的发展模式与价值网络。在这一时期，企业需要采取的策略通常表现在：一方面，基于已有技术路径对自身产品或服务进行持续改进和优化，达到提升性能、降低成本的目的；另一方面，适度超前布局一些旨在拓展生产能力和技术边界的开发式创新、颠覆性创新活动，从而在面临产业和技术变革时积累"先发优势"。

二、"核"企业创新生态战略转型升级框架

创新生态系统的核心特征在于创新主体行为选择的"目的性"（赵放和曾国屏，

2014）。从"核"企业视角来看，创新生态系统战略持续演变升级的核心在于不同生命发展阶段"核"企业创新目的的实现和不同目的之间的衔接转换。基于某一生命阶段的发展特征和目的性需求，"核"企业需选择适宜的创新生态战略以加快特定创新目的的实现。随着"核"企业步入新的发展阶段，其特征需求和创新目的也随之发生转变，为此"核"企业的创新生态战略重点也将随之演变。因此，"核"企业的创新目的性是其选择创新生态战略和开展创新活动的根本，不同生命阶段创新目的之间的转换衔接是创新生态战略演变升级的重要机制（高山行和谭静，2021）。

基于"创新目的性—主导战略—适配机理—竞争优势"的演变逻辑，"核"企业的创新生态战略转型升级过程呈现出"初创期嵌入依附外部生态—扩张期构建主导企业创新生态—成熟期推进生态变革演化"的发展路径，如图7-2所示。

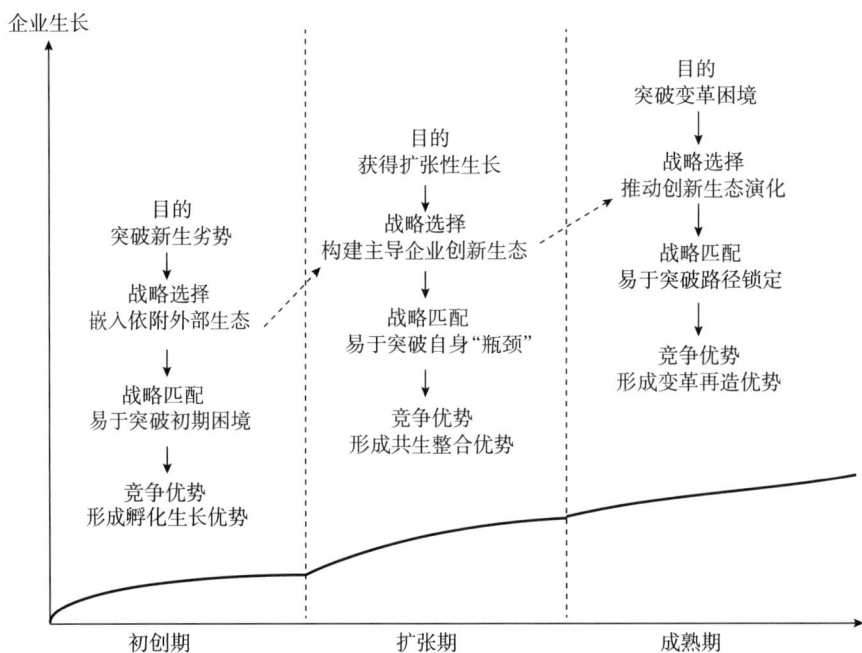

图7-2 "核"企业创新生态战略转型升级框架

资料来源：笔者自绘。

第四节 初创期外部创新生态嵌入战略与孵化生长优势

基于初创期"核"企业的创新情境与目的，"核"企业在初创期的重点战略选择是嵌入一个外部支持性创新生态系统，通过战略匹配突破初期困境，由此创造孵化生长优势，具体如图7-3所示。

情境与目的　　　　　　战略选择　　　　　战略匹配　　　　　　竞争优势

面临新生劣势,需要
突破初期困境,实现
生存性生长

嵌入外部创新生态,
栖息于地理创新孵
化空间和产业价值
虚拟网络

易于突破初期困境,
积累内部创新能量
并研发关键技术产品

形成内部异质性
资源能力差异,
孵化生长优势

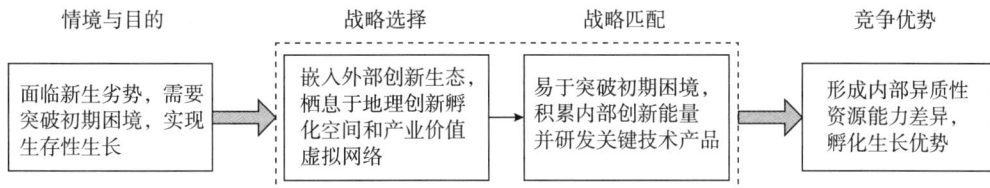

图 7-3 初创期企业的创新生态战略选择及影响

资料来源:笔者自绘。

一、初创期创新目的与创新生态战略选择

处于初创期的创新型企业,通常存活时间短、关闭率居高不下,难以跨越"死亡之谷"。一方面,这一时期的创新型企业由于"自给能力差",面临资本、人才、市场、合作伙伴、机会缺乏等"资源约束"难题,需要成长在一个营养丰富的"创新苗圃"空间。这个环境空间犹如空气、土壤养分、湿度温度巧妙嵌合在一起、物种异质丰富的"热带雨林",能够为创新活动提供长期目标激励、低社交壁垒、非正式规则规范等支持手段(黄和霍洛维茨,2015)。另一方面,这一时期的创新型企业由于"新生弱小",还面临着核心技术产品尚未形成、探索研发中的技术产品尚未获得行业市场合法性等"能力约束"难题,尚无力对外部创新要素或创新组织产生影响,使其与自身的创新过程和创新内容协同,也无法整合外部相关利益者及资源,构建一个自身主导的创新生态系统(刘雪芹,2021)。因此,在面临"资源约束"与"能力约束"难题的情况下,初创期企业的创新发展目的是克服初期困境,顺利跨越"死亡之谷",获得较好的生长绩效。由此,初创期企业需要嵌入一个具有比较优势要素的外部创新生态支持环境。这个外部创新生态系统可以是区域或城市的地理创新空间,也可以是基于某一产业链和价值链的虚拟网络,还可以是兼具地理空间或产业价值网络的生态混合体。受"新生弱势"的影响,初创期企业还无法对嵌入的生态系统产生显著影响,其行为主要是依附栖息,适应性利用外部创新生态。

因此,在初创期,"核"企业基于"突破新生弱性、获得生存性生长"的创新目的,通常会采取外部生态系统依附战略,即嵌入并栖息于一个具有孵化培育作用的外部支持性创新生态系统。

二、初创期创新生态战略适配机理与竞争优势

嵌入外部创新生态的创新战略能够与"核"企业在初创期的创新目的有效适配。良好的外部创新生态通常汇聚了创新、创业、创富的各类高端要素,有着适宜的基础设施、高密度的专业人才、成熟的金融资本体系、专业化的中介服务、可协作的战略伙伴、丰富的技术知识等要素优势;同时,外部创新生态还具有适度的多维邻近性、有利于创新创业的规范体制、活跃的技术创新氛围、可信任的网络关系、邻近大学等知识溢出源头的区位优势等,对初创期企业具有"孵化器""加速器"等作用。栖息于这样一个外部支持型创新生态空间,一方面有利于提升创业者对市场变化的警觉意识,感知和捕捉创新创业机会,发现和获取初期发展所需的资源及信息,获得专业化

的创新服务支持，寻求匹配到可协作伙伴和市场客户等，从而突破初期"资源约束"发展困境。另一方面，多样化的环境和丰富资源支持，有利于创业者在"干中学"的过程中不断地学习、模仿、搜寻、尝试、创造，加速新思想、新方法、新技术的产生（董晓芳和袁燕，2014），实现自身创新资源和创新能力的积累提升，研发出企业的关键技术产品，从而突破"能力约束"获得生存性生长。现实中，如小米、速感科技、蚁视科技和钛方科技等大科技公司或"独角兽"企业，都生长于创业文化浓厚、融资便捷、大学集聚、设施完善的中关村创新生态系统中，并在专业化分工的生态网络里因共享生产要素而降低创新成本，借助文化激励与资本支持把创新思想变为技术并推向市场，最终提升创新创业绩效。再如英特尔、苹果、谷歌、思科等美国大科技公司，都是生长于全球创新创业"圣地"——硅谷。这些公司在硅谷获得了风险融资、专业服务、市场机会等创新条件，容易接触到"飘荡在空中的行业秘诀"，获得与初期创业相关的知识，促使企业迅速发展。

所以，初创期企业通过嵌入一个良好的外部支持性创新生态，将其网络空间内的比较优势要素吸纳为自己的创新基因，有利于克服新生劣势、获取外部比较优势。嵌入外部创新生态系统的战略优势在于，它适配了初创期企业的发展情境与目的性需求，易于实现自身创新能量的快速累积，研发出产业所需的关键技术产品，推动内部异质资源能力差异的生成和积累，最终形成了孵化生长的比较优势生态租，即由外部创新生态系统所赋予的超额创新收益。

第五节　扩张期企业创新生态构建战略与共生整合优势

基于扩张期"核"企业的创新情境与目的，"核"企业在扩张期的重点战略选择是构建一个以自身为核心的企业创新生态系统，通过战略匹配突破自身生长"瓶颈"，在转型升级中形成共生整合优势，具体如图7-4所示。

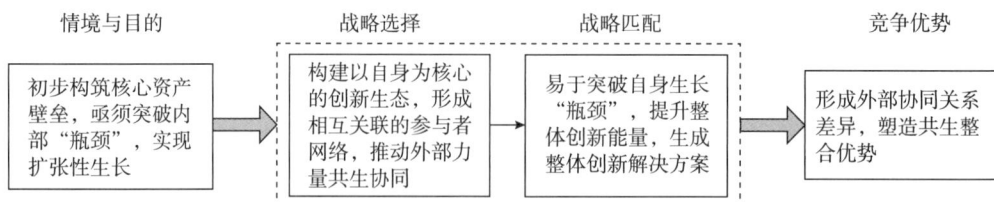

图7-4　扩张期企业的创新生态战略选择及影响

资料来源：笔者自绘。

一、扩张期创新目的与创新生态战略选择

进入扩张期的创新型企业，经过初创期的内能提升，已初步拥有市场竞争力较强的行业关键技术或产品，构筑起一定的核心资产壁垒（Oh et al.，2016）。一方面，得

益于内部异质性资源能力的构建，企业的外部市场影响力和号召力增强，表现为企业在其所属产业与技术领域产生了影响力和轴心力，并且跨越产业边界，直接或间接地将这种影响和联系拓展向更多创新力量与创新主体。另一方面，企业需要进行更加复杂的创新活动，基于关键技术或产品，为客户提供更加完整的市场解决方案。然而，随着企业扩张需求的提升，企业所面临的创新条件约束也更加复杂，不同环节的"瓶颈"都将可能限制企业核心技术产品的价值创造与价值捕获。其中，上游组件约束将限制企业技术产品的研发生产能力，下游应用挑战则可能限制企业价值的实现（Adner and Kapoor，2010）。为尽量克服外部条件的限制、最大限度拓展企业发展空间，企业在扩张期的创新发展目的主要体现为实现技术与市场内部的创新突破，在与大量合作者建立商业与技术联系的基础上（Oh et al.，2016），形成以自身关键技术或产品为核心的外部整体竞争优势。此时，企业在初创期所依附和栖息的创新生态系统已无法满足企业的扩张性需求，企业自身的异质性资源能力也难以独立支撑更加复杂的创新活动。由此，扩张期企业需要将创新的组件研发互补端、创新的应用场景构建及应用配套端、市场终端用户纳入其创新合作范畴，形成以关键技术产品为核心的创新生态系统。

因此，在扩张期，"核"企业的主要创新目的已由"突破新生弱性、获得生存性生长"转换为"突破内部'瓶颈'、获得扩张性生长"，其主要创新生态战略选择也由外部依附战略转为架构主导战略，即构建一个以自身为引领的企业创新生态系统。

二、扩张期创新生态战略适配机理与竞争优势

构建以自身为核心的创新生态系统这一创新战略能够与企业在扩张期的创新目的相适配。对于期望获得突破性生长，却因高技术创新的复杂性和自身资源能力的有限性而遭遇生长"瓶颈"的扩张期企业来说，以自身为核心构建的企业创新生态系统通过将创新链条的各环节与多方伙伴纳入创新管理范畴，使外部合作伙伴的资源能力建设、资本投资及努力方向与其一致，有利于增进企业内外部协同水平，扩展企业对外部环境的影响力和支配力。

首先，创新生态系统中的"核"企业通过共同的价值主张，使生态成员彼此形成清晰且统一的共同愿景与发展战略，激励合作伙伴对创新生态系统进行互补投资，由此形成"核"企业在创新生态系统中的"乘数效应"，即"核"企业以其自身资源进行的每一次增量投资都能在创新生态系统中产生投资规模的指数增长。其次，创新生态系统共同的愿景期望触发了基于核心技术产品的资源能力编排行动，实现了内外部资源能力的互补组合与传递匹配（王国红和黄昊，2021）。这使处于扩张期的企业可以系统化的方式去创造市场，提升其对创新生产端、创新应用端和终端用户的价值创造与捕获能力，扩展核心产品的功能与服务（柳卸林和王倩，2021），从而帮助"核"企业解决如何为客户提供更为复杂、完整的解决方案等难题。最后，创新生态系统中的"核"企业能够利用专业合作伙伴网络，以其内部资源能力撬动整个系统力量，创造出仅靠自身无法创造的技术、商业模式、知识相叠加的商业价值，即以系统的方式去抵御外部竞争，以内外部共生力量的协同放大与其他竞争者的水平差异。例如，ARM 作

为一家全球知名 RISC 处理器设计公司，利用创新生态系统战略来发展半导体业务，通过构建差异化的合作伙伴角色，持续吸纳合作伙伴的互补性投资，达到了提升资源配置的灵活性、推动共同学习、降低交易成本等目的；反过来，合作伙伴的参与不仅提升了 ARM 的销售额，而且为 ARM 提供了市场知识和见解，帮助 ARM 设计更适合未来市场和应用需求的芯片（Williamson and Meyer，2012），从而使 ARM 的市场份额增加到 90% 以上，成为企业创新生态系统的成功典型。

综上所述，扩张期企业通过构建一个以自身为引领的创新生态系统，以直接或间接的网络效应促进企业规模经济与范围经济的产生（葛安茹和唐方成，2021），实现自身创新能量的外部杠杆式扩展，从而促进了效率性协同和价值性协同的产生。可见，构建一个以自身为核心的创新生态系统的竞争优势在于，此时的创新生态系统能够与扩张期企业发展情境与目的性需求相适配，易于突破自身内部有限性"瓶颈"，在内部异质资源能力差异的基础上创造外部生态协同关系差异，最终形成了共生整合的竞争优势生态租。

第六节　成熟期创新生态演化重构战略与变革再造优势

基于成熟期"核"企业的创新情境与目的，"核"企业在成熟期的重点战略选择是推进创新生态系统的演化重构，通过战略匹配突破路径锁定，形成变革再造优势，具体如图 7-5 所示。

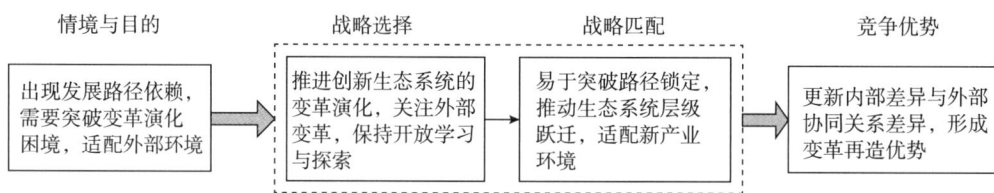

图 7-5　扩张期企业的创新生态战略选择及影响

资料来源：笔者自绘。

一、成熟期创新目的与创新生态战略选择

进入成熟期的创新型企业，在经过扩张期的创新生态系统建设后已获得突破式发展，凭借其拥有的核心技术、知识产权和完善的应用场景，能够有效抵御后进竞争者的追赶，因而在市场中占有持续性竞争优势。此时，创新型企业所处的创新生态系统已臻于成熟，形成了稳定的价值网络体系和优势创新生态惯例，使其在技术发展、行为认知、价值创造方面形成了一定的发展惯性和路径依赖，并沿着某个连续性的发展路径不断进行自我强化。由此，成熟创新的生态系统的发展路径通常表现出"锁定效应"（Gulati et al.，2000），具体表现为沉没成本、机会成本和转换成本三个方面的锁

定,其结果是抬高了创新生态系统脱离原有发展路径的成本。虽然在一定时期内,基于某一技术路径与价值范式的固定路径有助于实现与外部产业环境的连续性适配,能够带来更高的组织效率,但是在外部技术、商业模式、价值范式发生大的变革时,已经形成的锁定效应和路径依赖会抑制企业的试错和变革机会(唐朝永等,2018),使企业难以对创新环境变化做出有效响应。此时,来自外界的破坏性创新将导致创新生态系统已经建立的生态竞争壁垒失效,进而颠覆整个创新生态系统。现实中,如柯达、诺基亚、摩托罗拉等成熟大企业之所以走向衰落,重要原因之一在于过度遵循已有的创新生态惯例,在面对市场环境变化时缺乏适应性变革能力,以致被新兴市场力量颠覆。因此,成熟期企业的创新发展目的是要突破已有发展路径,以自身变革适应外部创新环境变化,重构企业竞争优势。由此,成熟期企业需要及时关注外部环境变革,保持其主导的创新生态系统的异质性、学习性和探索性,从而推动创新生态系统及合作伙伴进行生态演化,以技术、价值主张、商业模式等的自我颠覆重构推动创新生态系统的更新迭代。

综上所述,成熟期"核"企业的主要创新目的已由"突破内部'瓶颈'、获得扩张性生长"转换为"突破变革演化困境、适配外部产业环境",其主要创新生态战略选择也由架构主导战略转为变革演化战略,即以主动式创新生态系统演化重构创新生态系统。

二、成熟期创新生态战略适配机理与竞争优势

演化是创新生态系统最重要的特征之一,推进创新生态系统演化的创新战略能够与成熟期企业的创新目的有效适配。对于已处于长期稳定发展状态、亟须突破现有路径依赖和形成变革力量的成熟期企业来说,创新生态系统的自我修复、因势而谋、变革适应等演化特性,有益于企业突破已形成的路径锁定,对创新生态系统内部所承载的核心技术产品和外部协同力量进行更新升级,从而更好适应创新环境变化。

一方面,创新生态系统演化是内部创新主体和外部创新环境共同推动的结果,是以特定创新目的为引导、基于一定惯例产生的连续性或非连续性过程。具体来说,良好的创新生态系统具有开放、异质、学习与自由探索的特性。当外部环境发生变化时,"核"企业在感知到"在位者危机"后,会在改进与扩展原有核心技术产品的同时,加大对外部新技术、新知识、新动向的学习捕捉力度。通过这种学习捕捉过程,"核"企业将有机会突破路径依赖锁定,出现系统内创新物种的变异,形成对未来发展的新认知、新判断,进而推进变革行动,孕育和创造出能够适配新产业情境的新关键技术产品,从而实现"核"企业自身内部异质性资源能力的更新。另一方面,创新生态系统演化还是一个有机关联、相互依赖、动态发展的自组织现象(柳卸林和王倩,2021),其"核"企业的内在异质性资源能力与外在共生整合效应具有共同演化关系。具体而言,在创新生态系统的演化过程中,新关键技术产品的出现将引发原创新生态系统内研发端、生产端、配套端、应用端等互补环节的联动调整,互补环节联动调整的效果直接决定了关键技术产品的实际性能,进而决定了创新生态系统的演化速度和新旧系统更替速度(Adner and Kapoor,2016)。如果"核"企业能够成功实现路径变

革，那么企业内在异质性资源能力与外在共生整合效应的共同演化将创造出一个更具竞争力的新创新生态系统，重构核心技术产品的外在生态网络，最终实现企业外在协同能力差异的更新。例如，微软在人工智能等新一轮产业革命到来时，颠覆性地完成了由以 Windows 为核心的创新生态系统向以云计算为核心的新创新生态系统的演化，实现了创新生态系统的升级和重构，形成了与新环境相适配的新市场解决方案，由此带来了企业竞争优势的转化再造。

所以，在成熟期，"核"企业基于其在创新生态系统内的领导者地位，能够引领系统的演化发展，重构创新基因和创新路径，实现由原有竞争优势向新竞争优势的转换。由此，推动创新生态系统演化尤其是变革式演化的战略优势在于，这种战略选择能够让"核"企业突破路径依赖与锁定效应，形成与外部产业环境相适配的新资源能力差异和新生态协同关系差异，进而形成变革再造的竞争优势生态租。

第七节　基于创新生态战略的"核"企业竞争优势转型升级模型

创新生态系统的出现改变了企业的发展战略。从创新生态系统视角来看，"核"企业的转型升级战略就是从单纯依靠内部能力、内部研发、内部基础设施的状态中走出来，从传统的产品竞争、市场竞争、产业链竞争中走出来，以生态孕育、协同共生、演化变革的生态学思维和生态栖息、生态协同、生态演化的发展战略，应对外部竞争和环境变化（见表7-1）。

表7-1　创新生态系统竞争战略与传统竞争战略对比

	传统竞争战略	创新生态系统竞争战略
组织与环境的关系	内部效应	内部效应基础上的外部支撑效应
外部性	强调个体生长	强调嵌入、环境栖息与孵化
竞争的基础	内部拥有的资源和能力	连接、管理、使用好外部不具有的资源和能力
竞争的目的与方式	基于自我利益的恶性竞争、"零和博弈"	基于群体利益的共生、共赢、共享的合作式竞争，以共同成长、共同进化替代竞争
竞争的范围与主体	产品竞争、行业内企业个体间的竞争	跨越行业边界的系统群体的竞争、连接群体系统的体系之争
战略重点	培育自身核心竞争力	提升系统整体协同竞争力
价值	谁能获得最大价值	通过合作使系统总体价值最大，并共享价值
组织特征	机械、垂直一体化式组织	平台、有机、分散式网络组织
规则	固定的规则	灵活多变的动态规则
发展	强调结构和功能	强调动态与生长

	传统竞争战略	创新生态系统竞争战略
演化	强调自身的优化	强调变革与颠覆,引领产业结构演进

资料来源:笔者根据许芳(2006)、陈健等(2016)、廖建文和崔之瑜(2016)整理而得。

企业的创新生态系统战略选择与企业在不同生命阶段的发展需求相适配,在由"初创期嵌入依附外部生态"到"扩张期构建主导企业创新生态"再到"成熟期推进生态变革演化"的演化过程中,带动了企业创新能力的转型升级,进而实现了竞争优势的转型升级。由此,结合前文分析,构建基于创新生态战略的企业竞争优势转型升级模型(见图7-6)。

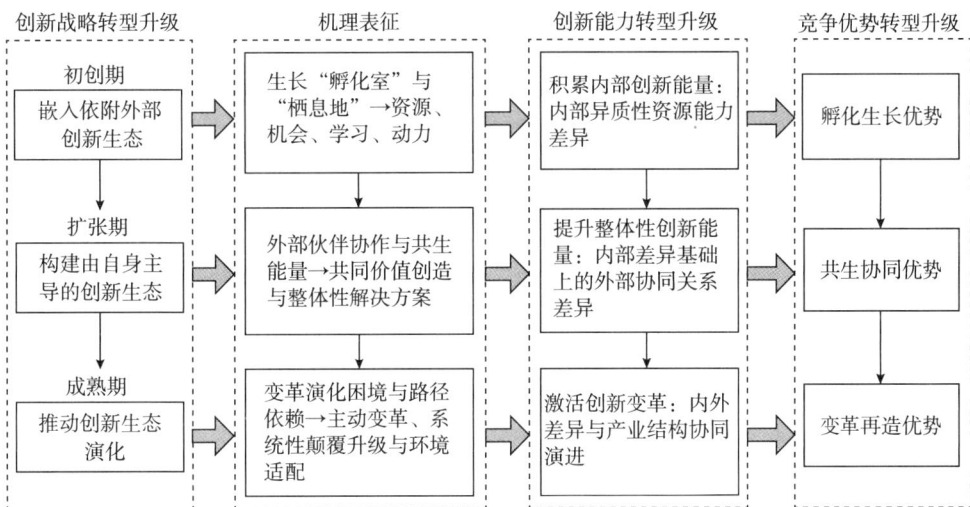

图7-6 基于创新生态系统战略的企业竞争优势转型升级模型

资料来源:刘雪芹.基于创新生态系统的企业竞争优势研究[D].天津:河北工业大学,2021.(与原图相比有改动)

根据此模型,在初创期,企业选择嵌入条件优良的外部创新生态系统,以获取资源、机会、学习、动力等方面的比较优势要素给养,进而实现自身创新能力提升,形成内部异质性资源能力差异,从而实现由新生劣势到孵化生长优势的转型升级。在扩张期,企业选择构建以自身为主导的创新生态,形成协作共生能量,进而实现创新能力的整体性、系统性提升,创造出外部协同关系差异,从而实现由孵化生长优势到共生整合优势的转型升级。在成熟期,企业选择主动推动创新生态系统演化,以突破锁定效应和路径依赖,实现动态环境适配,再造出新的内部资源能力差异与外部协同关系差异,从而实现由共生整合优势到变革再造优势的转型升级。

第八章 城市生态位与城市竞争策略

城市作为经济和社会活动的主要空间载体，其发展已不再局限于城市自身及周边腹地，而是在更广阔的地域范围内产生创新及产业联系。不同城市在创新生态系统中围绕生态位进行复杂互动，形成了既有合作又有竞争的动态关系网络。如何科学引导城市的竞争与合作，是推进城市化进程中的一个重要问题。与自然生态系统类似，城市作为一个错综复杂的生态系统，同样经历着生成、进化、兴衰和演变的过程。本章在创新生态系统理论、生态位理论等基础上，重点分析和把握城市在区域系统中的角色和地位，并从城市生态位概念出发，探究不同生态位的城市所适用的差异化竞争策略。具体而言，基于自然和人类生态系统等领域的生态位理论，对城市生态位的内涵和外延进行总结和分析，并从生态位状态、生态位功能和生态位关系三个维度入手，整合生态位宽度模型、生态位强度模型以及生态位重叠度模型，构建"状态—功能—关系"的城市生态位测度模型。同时，以京津冀、长三角和珠三角城市群为研究对象，运用 S-F-R 测度模型分析城市生态位空间格局，基于城市生态位宽度和强度特征对城市生态位类型进行划分，进而探讨不同类型城市生态位对应的竞争策略。

第一节 城市生态位的理论内涵

城市生态位是创新生态系统与城市相互作用的结果，在为城市赋予独特发展定位的同时，也是导致城市创新能力和水平差异的关键原因。深入理解城市生态位的概念和理论背景，对于构建全面的城市生态位量化研究框架至关重要，也对把握不同城市生态位下城市的创新竞争策略具有十分重要的意义。

一、生态位的概念

生态位理论作为生态学中一个重要的抽象概念，其内涵和测算方法随着时间的推移而不断得到完善与发展，形成了一个内容丰富、适用范围广泛的理论体系。本部分将介绍国内外具有代表性的生态位定义和学术观点，以便更加清晰地了解生态位相关概念的特征及其演变过程。

生态位是生态学中的核心概念和专有名词，也被称为"生态龛"。Grinnell（1917）认为，生态位主要关注物种之间的竞争和生物对环境的适应性特征等问题，其研究被公认为是生境生态位学说的重要组成部分。1927 年，英国学者 Elton 在《动物生态学》

一书中提出了"动物生态位"的概念，用以表示物种在生物环境中的地位，特别是与食物和捕食者的关系，强调了物种在群落营养关系中的角色。Elton（1927）的这一概念对于理解物种相互作用和群落结构具有重要意义。随着跨学科研究的不断深入，Hutchinson（1957）运用数学点集理论研究了环境变量对物种的影响，提出了生态位的多维超体积模式，将生态位定义为某一生物单位的生存条件的集合，并将其分为基础生态位和现实生态位。基础生态位被用于描述生物群落中某一物种所能栖息和利用的最大空间，因而可被视为生态位的理想状态。而现实生态位是基础生态位的子集，表示物种在物竞天择后实际获得和占据的生存空间。

自生态位概念提出以来，学者们从不同视角对其内涵进行了拓展，相关研究总体上分为四个阶段：一是生态位思想的萌芽阶段（1894~1917年），以对生态位现象的初步观察为主，生态位概念尚未完全形成。二是生态位理论的初步形成阶段（1918~1957年），包含了对生态位从空间、功能、营养等不同角度的描述，但在概念层面尚未达成一致。三是生态位理论的定量化研究阶段（1958~2003年），形成了以Hutchinson的n维超体积生态位为代表的理论成果，为现代生态位理论发展奠定了基础。四是生态位理论的成熟与应用阶段（2004年至今），生态位理论在城市与区域经济学、经济地理学等领域得到日益广泛的应用，形成了更为丰富的理论架构。

综合来看，上述观点对生态位的解释虽然各有侧重，但本质上都体现出生物在长期生态适应与进化中，与生态环境形成的共生改造与补给支持的对应关系。从现代生态学角度来看，现实生态系统中物种的生存环境和适宜性的边界会受到多种生态因子的影响，因此，n维超体积生态位概念相对而言更加合理，能够更好地描述这种多维生态位特征。

二、城市生态位理论

20世纪70年代后期以来，单一城市的有限资源逐渐难以满足经济发展与创新活动的需求，城市之间形成了广泛、大规模且影响深远的社会合作，这为城市生态位理论的拓展提供了现实基础。在此时期，国内学者开始借鉴国外研究成果，对城市竞合机制进行探索，关注城市生态系统层面的理论和实证研究。我国学者在20世纪80年代开始探索"城市生态位"概念，重点从人居环境角度展开研究（王如松，1988），强调城市生态位是城市规划发展中的一种重要的应用概念和组织形式。根据城市功能的不同，城市生态位可分为城市自然生态位、城市经济生态位和城市社会生态位。城市自然生态位聚焦人类活动对区域生态系统的影响，描述了城市在其所处区域内的自然系统中占据的生态位，表现为城市的自然地理特征（陈铭，2020；李荷和杨培峰，2020）。随着工业化的不断推进，城市经济生态位的重要性开始凸显，强调评估城市在经济系统中的地位和作用，体现为人口数量、GDP、对外贸易额等指标，反映了对城市经济活力、市民生活水平等的技术性认知，决定了城市的发展动力（白洁和王学恭，2009）。近年来，城市发展对资源协调性的要求显著提升，城市社会生态位逐渐引起关注。它是城市在社会学层面的生态位投射（康骞，2008），对于理解城市的社会结构及其发展具有重要意义（李建春等，2018）。城市自然生态位、经济生态位和社会生态位相互作用、彼此关联，共同构成了城市综合生态位，对城市的发展样态及路径产生重要影响。

国内对城市生态位的研究主要集中在两个方面：一是城市生态位的内涵及应用；二是生态位视角下的城市竞合机制（聂晓英等，2018）。在城市生态位的内涵及应用研究方面，王如松（1988）结合"社会—经济—自然"复合生态系统理论，指出城市生态位体现了城市为市民提供的各类生态因素和关系。王炜等（2017）构建了功能生态位宽度模型，对北京市的优势功能演变与相关规划情况进行了比较分析。刘斌等（2018）采用生态位态势理论，构建了厦门、漳州和泉州三个城市的经济与综合生态位评价体系，以此为基础提出了促进城市错位互补的协同发展策略。那守海等（2018）从生态位重叠角度对哈尔滨环城游憩带的空间布局进行分析。此外，郭笑东等（2019）从生态适宜性视角出发构建了耕地整治优先度模型，以评估现实生态位与最佳生态位之间的契合度。在城市竞合机制研究方面，聂晓英等（2018）以河西走廊县域城市为例，通过分析城市综合发展水平和生态位宽度变化，揭示城市在群落中的竞合关系，提出相应的发展策略。施建刚等（2018）从系统论视角论证了城市的新陈代谢、生长发育、遗传变异等生命特征，并对长三角城市群竞争生态位及城市群竞争策略进行了研究。申雅楠等（2020）以京津冀城市群为例，分析了城市扩展与生态位变化间的耦合协调关系。

综上所述，城市作为一个"特殊生命体"，在其形成和发展过程中呈现出特定的演化规律，并与其他城市发生复杂的相互作用。城市生态位展示了城市的成长水平及对社会发展的适应性，反映了城市在系统竞争中的优劣势地位，为城市竞合关系研究提供了新的视角和方法。

第二节　城市生态位 S-F-R 测度模型的构建

城市生态位的量化表征必须充分体现城市发展的丰富内涵，直观反映城市在城市体系中的地位和作用。本节针对城市生态位特点，构建 S-F-R 测度模型，并从理论依据、框架设计、指标分析等方面进行具体介绍。

一、城市生态位 S-F-R 测度模型的理论依据

生态位理论最初来源于鸟类种群生态学，但现已被广泛应用于动物生态学和社会科学领域。生态位理论主要基于进化论观点，强调物种间关系的演化构成了物种进化的重要内容，重在分析单个物种在生物群落中的功能地位（金治州等，2022）。生态位理论有三个重要的分支，包括生态位态势理论、生态位进化理论和种间关系理论。生态位态势理论关注的是生物单元在特定时刻的空间生态因子状态，并研究其对生存和繁殖的影响，即生态位随着环境条件变化的动态性、生物单元的适应能力和生存状况等，是对生态位"状态"的强调（孟方琳等，2020）。生态位进化理论关注物种在适应环境的过程中自身发生的遗传和变异等变化，即物种为提高其生存和繁殖的成功率和

适应环境而对其生态位功能和强度做出的改变，是对物种生态位"功能"的强调（张鹏等，2016）。种间关系理论关注物种在有限生态因子资源空间内相互作用的模式，强调生态系统由生物体之间的关联网络构成，这种关联性是对物种生态位的"关系"的强调。

在生态位理论的不同分支中，生态位态势理论不仅是生态位相关研究的基础理论，也为生态位进化理论和种间关系理论提供了关键的概念和框架。一方面，生态位态势理论强调物种通过适应特定的生态位来发展其生态角色和功能，并提出了一系列有关物种演化和多样性的重要假设。另一方面，生态位态势理论将特定的生态位作为物种之间相互竞争和协作的关键因素之一，认为其影响着物种间的关系和生态系统的稳定性。因此，生态位态势理论为理解物种进化和竞争的本质提供了理论依据。这种将状态、功能和关系综合分析的框架，为研究城市生态位提供了重要的思维启迪。作为区域聚落中的生态单元，城市的生存和发展与群落中物种的生存和发展有相似的特征。因此，将城市生态位研究置于"状态—功能—关系"理论框架中，能够更好地理解城市生态位特征和演化过程。

二、城市生态位 S-F-R 测度模型的框架设计

生态位理论认为，物种在群落中的生存和发展涉及三个关键维度：空间位置状态、生态位进化以及种间关系。这三个维度共同影响着物种在群落中的相互作用和适应性演变。同样地，本部分按照"状态—功能—关系"的逻辑，观察城市生态位发展状况，进而构建对城市生态位内涵的定量化描述。

1. 从生态位态势层面看，生态位具有宽度特征

生态位宽度代表城市对多维度资源的利用和积蓄能力，反映了城市有机生命体从其所属城市群或经济圈中所能获取的各种外部资源的类型、数量以及时空分布，包含自然资源、人力资源、经济资源和社会资源等。生态位宽度越大，意味着城市在与城市群中的其他城市发生资源竞争时，越能够从更优态势上强化对周边环境和资源的利用效率，具有更大的竞争优势且对自身的控制、调整及优化能力越强。同时，宽度特性也体现出多维特征，可以从自然、经济、社会、文化等多维度进行分解和细化，这种多维性与城市复杂属性的结合反映了城市发展及城市群演化过程中人类活动的决定性作用和多样性需求。

2. 从生态位功能层面看，生态位具有强度特征

生态位强度代表城市在城市群中对周边区域发展的辐射力和影响力。城市生态位本质上体现的是生命体在其所属城市群或经济圈中的性质、功能、地位和作用，通过衡量城市在城市群中占据资源的规模、等级、结构等指标，折射出城市的战略空间与资源支配力。城市生态位强度所代表的城市对区域的影响力程度，实质上是城市在空间互动中形成的互利依存关系。城市生态位强度差异源于城市聚集"向心力"和"离心力"的不同作用结果，对城市自身以及区域发展具有不同的影响。城市群中心城市聚集效应的有效发挥能够提升整体资源技术扩散水平和产业、经济升级速度，但过度聚集同样能够产生负外部性，对其自身而言容易导致城市环境恶化、生活成本提高，

进而导致人才流失；对周边地区而言，中心城市聚集效应过强将对周边地区的要素产生"虹吸效应"，削弱周边地区从事创新活动的要素基础，拉大城市间技术差距，从而不利于周边地区有效承接技术转移和产业配套。

3. 从生态位种间关系层面看，生态位具有重叠特征

生态位重叠特征反映了城市群中不同城市之间对有限资源的竞争关系和利益冲突。当两个城市对同一资源或环境变量具有相同的需求时，即产生生态位重叠，生态位的严重重叠会引发激烈的竞争和相互排斥。因此，生态位重叠是城市生命体生态位构建的结果，同时也是导致城市竞争的主因，要求解决城市群演化进程中的个体间协调问题。

综合上述探讨，城市生态位是城市发展优势和城市间关系形式的综合。在良性发展的城市群生态系统中，不同城市通过相互竞争或妥协的互动性适应过程，达到城市群系统结构秩序与安排的动态平衡。由此，可构建并整合生态位状态（S）、生态位功能（F）和生态位关系（R）于一体的城市生态位 S-F-R 测度框架，如图 8-1 所示。对于任一城市，可依据其生态位强度、宽度和重叠度[①]的数值结果，将城市生态位表征为 S-F-R 三维空间中的一个点，多个城市的生态位共同构成城市生态位曲面。不同城市在生态位曲面上的位置宜呈现相对分离栖息态势，如图 8-1 中的城市 A 和城市 B。同时，随着时间推移，城市生态位在生态位曲面上的位置会发生变化，如图 8-1 中城市 A 的生态位由点（S_1，F_1，R_1）向点（S_1'，F_1'，R_1'）移动，反映了城市生态位的进化过程。S-F-R 分析框架能够为理解城市生态位的形成和演化提供工具支撑。

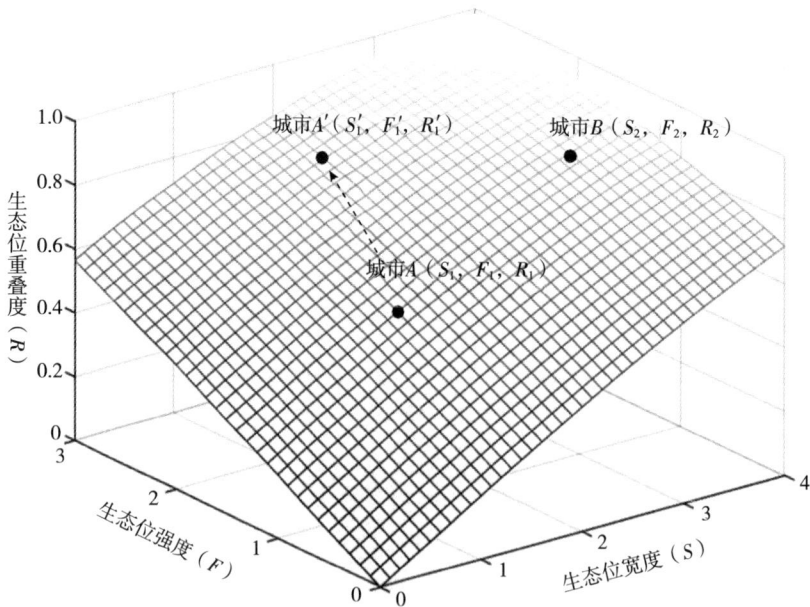

图 8-1　城市生态位 S-F-R 测度模型三维框架

资料来源：笔者自绘。

---

① S-F-R 测度框架适用的重叠度既可以是某城市与另一城市的生态位重叠度，也可以是该城市与其他城市生态位重叠度的平均水平。

三、城市生态位特征指标分析

城市生态位特征指标是基于 S-F-R 测度框架形成的一套量化指标，由生态位宽度指标、生态位强度指标和生态位重叠度指标构成，有助于对城市生态位特征进行全面评估。

1. 生态位宽度指标分析

城市是一个综合性的生态系统，涵盖自然生态、经济运行和社会保障等多个方面的相互作用。城市的生态位宽度受到各个子维度的生态因子影响，需要通过城市资源的多样性、数量变化、流动状况等特征综合反映（肖杨和毛显强，2008）。生态学理论认为，任何生物单元都具有"态"和"势"两方面属性。其中，"态"是生物单元在过往的生长、发育及当前的学习过程中所累积的资源要素，实质是以生物态反映生物体生长发育、演化运行以及环境交互等的累积；"势"是影响生物单元主动适应性与对潜在时空资源的支配力的环境要素，反映了生物单元未来的成长性。相应地，城市生态位宽度评价指标一般也从"态"和"势"两个方面表现城市功能特征。本节从城市生态位内涵出发，结合以往研究，认为"态"因子可以反映城市在过去发展中累积的资源占有量，"势"因子反映城市未来发展潜力和影响力；在此基础上，本部分还增加了"态"与"势"的交界面这一内涵层，从社会保障层面囊括既能表征区域资源占有情况又能影响城市发展趋势的相关指标。由此，本部分从生态资源、经济运行和社会保障三个维度探索城市群内不同城市之间由资源多样性导致的生态位宽度差异。

2. 生态位强度指标分析

作为活跃的有机生命体，城市在城市群等特定区域中的竞争优势既取决于其拥有的稀缺、难以模仿和不可替代的高价值资源（曾铖和开燕华，2021），也取决于其有效利用资源产生特殊效用的能力，包括自我稳定能力、动态适应能力、风险应对能力等。城市生态位强度表示城市在城市群生态系统中参与分工与竞争的能力，也反映了该城市对城市群整体竞争优势的贡献度。因此，本部分基于生态学和资源基础观，综合考虑城市群一体化发展策略和国内外现有研究对城市生态位测度指标的选取，将城市生态位强度分解为城市支配力、城市创新活力和城市进化潜力，并分设若干子维度评估指标体系，以全面衡量城市获取区域内优质要素、促进经济社会发展的能力。

3. 生态位重叠度指标分析

不同城市在经济互动和社会交往过程中，必然围绕各类发展资源形成竞合关系。从生态位视角来看，由资源稀缺性所导致的两个及以上城市共同占据同一资源位的现象即生态位重叠，反映了城市间竞争的激烈程度（朱正浩等，2021）。虽然城市生物单元表现出与自然界生物体相类似的性能，但是城市生态位所涵盖的维度更多，生态位重叠所反映的城市间竞合关系也更为复杂。重叠状态是城市生态位中某些维度的竞争消亡与自我更新，其最终目的是实现经济高质量增长。鉴于产业是城市发展的根基，建设现代化产业体系是实现城市现代化的必然要求（任保平和李婧瑜，2023），本部分以产业态势为切入点，对城市生态位重叠情况进行具体分析。延续前文中的生态位态势理论，本部分依据城市生态位重叠度"现状—时空—关系"分析思路，从"产业资源—市场环境—产业政策"三个基本层面对城市产业发展过程中的竞合关系进行分析。

总体而言，城市生态位重叠度以产业资源为基础，以市场环境为依托，以产业政策为保障，是城市间互动关系在产业发展层面的集中体现。

4. 指标体系的设定

基于城市群生态系统中不同城市的生态位特征，遵循客观性、可行性、系统性和数据可获得性等原则，最终确定城市生态位特征指标体系（见表8-1）。

表8-1　城市生态位指标体系

目标层	一级指标	二级指标	三级指标
生态位宽度	生态资源	水资源	人均水资源
		人口资源	人口密度
		绿地资源	人均公园绿地面积
	经济资源	生产资源	人均地区生产总值
		消费资源	人均城镇居民生活消费支出
	社会资源	电力资源	人均全社会用电量
		通信资源	人均邮电业务总量
生态位强度	进化潜力	人力资本水平	普通高等学校在校生数
			公共图书馆藏书量
		信息化水平	每百万人互联网接入用户
	创新活力	城市开放度	实际利用外资金额占 GDP 百分比
		城市创业活力	百度创业指数
		城市创新水平	发明授权专利数
	经济支配力	城市集聚效用	夜间灯光数据
		城市集散能力	人均城市客运量
			人均城市货运量
生态位重叠度	产业资源	发展资源	规模以上工业企业数
		人力资源	每万人大学生数
		科技资源	城际专利技术接收流量
	市场环境	贸易结构	出口总值占 GDP 比重
		销售渠道	社会零售品销售总额
		产业经营能力	主营业务收入
		市场占有能力	新产品销售收入
	产业政策	基础设施	全社会固定资产投资额
		政府投入	地方财政科技支出
			地方财政教育支出

资料来源：笔者整理。

第三节 城市生态位空间格局分析

当前，中心城市和城市群正在成为承载发展要素的主要空间形式（习近平，2019）。分析城市群中不同城市的生态位空间格局，对于把握当前城市和区域创新生态系统的发展现状，识别城市生态位分布的基本特征和发展趋势，具有十分重要的作用。本节基于 S-F-R 测度框架，构建了城市生态位宽度、强度与重叠度的测度模型，并以京津冀、长三角和珠三角三大城市群为研究对象，对各城市群中不同城市的生态位水平及其演化情况进行了评估。

一、城市生态位宽度、强度与重叠度测度模型的构建

1. 城市生态位宽度测度模型

城市生态位宽度评价是为了体现城市群内各城市对资源的占据情况，同时反映由资源占有多样性所导致的不同城市群的结构差异。本部分采用多样性指数来对城市生态位宽度进行测度。常用的多样性指数包含 Shannon-Wiener 指数和 Simpson 指数（马荣康和王艺棠，2020）。其中，Shannon-Wiener 指数可测算资源多样性的异质特征，用以描述资源多样性驱动下的生态位宽度差距。Shannon-Wiener 指数受到个体种类多样性和种类中个体分配均匀性的影响，一般而言，资源的种类越多，不同种类资源的占有量分布越均匀，城市生态位宽度越大。Shannon-Wiener 指数的计算公式如式（8-1）所示。

$$H = -\sum_{i=1}^{n} p_i ln p_i \tag{8-1}$$

其中，n 为资源品种数目，p_i 为城市或城市群对资源品种 i 的占有量占总资源品种占有量的比例，当各种类资源比重相等时，即 $p_1 = p_2 = p_3 = \cdots = \frac{1}{n}$ 时，Shannon-Wiener 指数达到最大值 lnn。

2. 城市生态位强度测度模型

城市生态位强度采用突变级数法加以测算。该方法依据系统状态变量特征对控制变量的依从关系，研究一种稳定组态跃迁至另一稳定组态的现象和规律，目前已被广泛应用于多目标评价决策、科学技术评价决策等，尤其适用于解决多目标和矛盾目标的评价决策问题（张光宇等，2021）。

根据突变理论，当状态变量为 1 维时，共有 4 种突变模型：

控制变量为 1 时，模型为折叠突变模型，势函数为 $V(x) = x^3 + ax$；

控制变量为 2 时，模型为尖点突变模型，势函数为 $V(x) = x^4 + ax^2 + bx$；

控制变量为 3 时，模型为燕尾突变模型，势函数为 $V(x) = \frac{1}{5}x^5 + \frac{1}{3}ax^3 + \frac{1}{2}bx^2 + cx$；

控制变量为 4 时，模型为蝴蝶突变模型，势函数为 $V(x) = \frac{1}{6}x^6 + \frac{1}{4}ax^4 + \frac{1}{3}bx^3 + \frac{1}{2}cx^2 + dx$。

其中，x 为突变系统的状态变量，a、b、c、d 为状态变量的控制变量。由突变系统的分歧方程，可以推导出模型的归一公式。常见的 4 种突变模型对应的归一公式分别如下。

折叠型：$x_a = \sqrt{a}$；

尖点型：$x_a = \sqrt{a}$，$x_b = \sqrt[3]{b}$；

燕尾型：$x_a = \sqrt{a}$，$x_b = \sqrt[3]{b}$，$x_c = \sqrt[4]{c}$；

蝴蝶型：$x_a = \sqrt{a}$，$x_b = \sqrt[3]{b}$，$x_c = \sqrt[4]{c}$，$x_d = \sqrt[5]{d}$。

使用该模型时，需根据初始隶属函数值，按归一公式计算各级评价指标突变级数值，逐步向上综合，直至得到最高层的总突变隶属函数值。

3. 城市生态位重叠度测度模型

在生态位重叠度的测算公式中，Pianka 公式的使用范围最为广泛。结合现有的研究成果，此处针对一维及多维生态位情形，选用不同的重叠度计算公式。

对于一维城市生态位重叠度的判断，本部分主要通过构建 $R \times S$ 阶生态位矩阵来对重叠度反映的城市竞争关系加以判别，矩阵基本结构如表 8-2 所示。其中，R 表示有 R 种资源，S 表示城市群内有 S 个城市，因此该矩阵反映了 R 种资源被 S 个城市利用的情况。

表 8-2　$R \times S$ 资源矩阵

		资源维度					
		资源 1	…	资源 j	…	资源 R	总计
城市维度	城市 1	N_{11}	…	N_{1j}	…	N_{1R}	Y_1
	…	⋮	⋮	⋮	⋮	⋮	⋮
	城市 i	N_{i1}	⋮	N_{ij}	⋮	N_{iR}	Y_i
	…	⋮	⋮	⋮	⋮	⋮	⋮
	城市 S	N_{S1}	⋮	N_{Sj}	⋮	N_{SR}	Y_S
	总计	X_1	…	X_j	…	X_R	Z

资料来源：笔者整理。

在此基础上，可以计算两两城市之间的生态位重叠度，计算公式为：

$$O_{ij} = \frac{\sum_{a=1}^{R} P_{ia}P_{ja}}{\sqrt{\left(\sum_{a=1}^{R} P_{ia}^2\right)\left(\sum_{a=1}^{R} P_{ja}^2\right)}} \tag{8-2}$$

其中，O_{ij} 代表城市 i 和城市 j 的生态位重叠度，P_{ia} 和 P_{ja} 分别表示城市 i 和城市 j

对资源 a 的利用情况①，$O_{ij} = O_{ji}$。生态位重叠度的取值范围为 $[0, 1]$，0 代表生态位完全分离状态，1 则代表生态位完全重叠。针对单维生态位的影响因素而言，式（8-2）能够相对客观地反映出城市群内不同城市间的资源利用和产业结构重叠情况，具有较强的实践性和实用性。

对于多维城市生态位重叠度的判断，本部分综合采用"和α法"和"积α法"（陈瑜，2014；江露薇等，2020）两种方法加以研究。

当城市生态位的各维度影响因素之间存在关联关系时，采用"和α法"判断重叠度。设生态位的维度数为 K，则城市生态位的多维重叠度为单一维度生态位重叠矩阵的算术平均值，具体公式为：

$$\alpha_{ij}^p = \frac{\left[\sum_{k=1}^{K} \alpha_{ij}(A_k) \right]}{n} \tag{8-3}$$

当城市生态位各维度的影响因素是相互独立的存在时，采用"积α法"判断生态位重叠度，即两两城市之间的多维生态位重叠度为单一维度城市生态位重叠度矩阵相同位置元素的乘积，具体公式为：

$$\alpha_{ij}^p = \prod_{k=1}^{K} \alpha_{ij}(A_k) \tag{8-4}$$

二、城市生态位宽度测度结果与空间格局分析

本部分根据城市生态位宽度模型，以 2011~2020 年京津冀、长三角和珠三角城市群的 63 个城市为研究对象，计算得到城市群及各城市的综合生态位宽度结果和各子维度宽度结果。计算过程中使用的指标数据经过标准化处理。由于无量纲化后的数据会出现 0，为消除 0 的影响，对数据进行平移，即令 $y_{(i,j)} = x_{(i,j)} + A$，其中 $y_{(i,j)}$ 和 $x_{(i,j)}$ 分别为平移后和平移前的数据，A 为平移幅度，且 $A = 0.001$。城市群综合生态位宽度的计算结果如表 8-3 所示。

表 8-3　三大城市群生态位宽度评价结果

年份	京津冀城市群	长三角城市群	珠三角城市群
2011	1.641	1.597	1.771
2012	1.631	1.571	1.759
2013	1.614	1.560	1.769
2014	1.575	1.625	1.781
2015	1.559	1.547	1.736
2016	1.519	1.600	1.766
2017	1.575	1.556	1.748

---

① 一般而言，P_{ia} 是指城市 i 利用的资源 a 的数量占资源总量的比重。参见：徐君，郭鑫，蒋雨晨. 区域创新生态圈自主进化能力评价及实证研究 [J]. 软科学，2022，36（1）：108-113+119.

年份	京津冀城市群	长三角城市群	珠三角城市群
2018	1.578	1.579	1.754
2019	1.515	1.538	1.744
2020	1.462	1.527	1.700
均值	1.567	1.570	1.753

资料来源：笔者整理。

由表8-3可知，在样本期间，京津冀、长三角和珠三角城市群的城市生态位宽度均呈现波动下降态势。其中，京津冀城市群的整体降幅最大：2011年京津冀城市群的城市生态位宽度值达到样本期间的最高值1.641，2020年则达到样本期间的最低值1.462，相较于2011年下降幅度达到11%。长三角和珠三角城市群的城市生态位宽度值均在2014年达到样本期间峰值，分别为1.625和1.781，随后出现波动，但下降幅度不大。从均值水平看，珠三角城市群城市生态位宽度最大，平均值达到1.753，其次是长三角城市群的1.570和京津冀城市群的1.567。上述结果显示，我国沿海经济带的城市群整体城市生态位宽度自北向南逐渐增加，珠三角城市群的城市生态位宽度值在样本期间始终处于三大城市群中的领跑地位，且整体变化幅度最小，说明珠三角城市群已经具有良好的城市发展资源积累，城市群发展现状平稳。

上述结果对于判断城市群创新生态系统的发育现状具有重要作用。从创新生态系统理论来看，生态位宽度反映了生物所能利用的各种资源的总和，城市生态位宽度反映了城市发展所能利用的多样化资源的综合。因此，城市群生态位宽度越宽，说明城市群的特化程度越小、泛化程度越大，城市系统对外部资源的获取能力也就越强。当城市群之间产生竞争时，生态位宽度较大的城市群能够从更大范围、以更高效率利用周围资源和环境，支撑城市高质量运行。上述测算结果表明，珠三角城市群与京津冀和长三角城市群相比具有更大的竞争优势，对生态环境、经济运行和社会保障等各方面资源的捕获能力更强。但是，从时间跨度来看，三大城市群城市生态位宽度的压缩趋势，反映出三大城市群均遇到不同程度的资源竞争，面临最适资源空间收缩的压力。因此，长期来看，提升城市发展资源的多样化程度，弥补城市群在新经济动能、城市生活品质等方面的"短板"，是提升城市群综合竞争力的应有之义。

利用ArcGIS软件，分别以2011~2015年、2016~2020年京津冀、长三角和珠三角城市群城市生态位宽度均值绘制空间格局图谱，并采用自然断点分级法将城市生态位宽度测度结果划分为低生态位宽度、较低生态位宽度、中生态位宽度、较高生态位宽度和高生态位宽度五种等级，以便表示三大城市群中63个城市的生态位宽度水平变化趋势，把握各城市生态因子资源梯度的变化路径和影响力转移方向。

从京津冀城市群来看，在2011~2015年和2016~2020年两个样本时期内，城市群中城市生态位宽度整体均呈现由中心向四周降低的趋势。其中，北京、廊坊和石家庄一直处于高生态位宽度状态，承德一直属于低生态位宽度状态。与2011~2015年相比，2016~2020年，位于沿海地区的秦皇岛、唐山、天津和沧州四市的生态位宽度等级均有不同程度的提升。此外，保定、邢台的生态位宽度等级出现下降。保定由 2011～2015 年的较高生态位宽度状态降至 2016～2020 年的中生态位宽度状态，邢台同期则由中生态位宽度状态降至较低生态位宽度状态。

从长三角城市群来看，在两个样本时期内，城市群中城市生态位宽度整体呈现出东高西低的空间格局，但城市生态位宽度等级的空间格局未随时间变化而发生明显变迁，只有小部分城市产生差异性变迁，进一步验证了长三角城市群非均衡发展状态的长期性。具体来看，浙江城市生态位宽度等级整体优于江苏，苏南地区城市生态位宽度等级整体优于苏北地区，安徽城市生态位宽度则相对落后。从安徽省内看，合肥和芜湖为城市生态位宽度的"高地"，皖南相对优于皖北，主要原因是皖南地理位置邻近长江且靠近苏浙经济发达地区，受到的辐射带动作用更加明显。

从珠三角城市群来看，在两个样本时期内，城市生态位宽度的空间格局变化相对明显。其中，广州、佛山和东莞的城市生态位宽度等级呈现上升态势，江门与珠海则出现下降态势。近年来，随着粤港澳大湾区的规划建设，佛山、东莞等城市积极推进大气污染防治、水资源保护、生态环境修复，通过提升城市品质有效补齐生态"短板"，增强对各类要素的集聚力，从而提升了城市生态位宽度。

三、城市生态位强度测度结果与空间格局分析

根据城市生态位强度测度模型，对生态位强度的评价从最底层基础指标开始向上层层推进，其中对突变模型的选择是测算过程的基础环节。以对城市生态位强度的"态"——进化潜力（X）的测算为例，由前文特征指标的构建结果可知，X 对应的三级指标包括普通高等学校在校生数（a）、公共图书馆藏书量（b）和每百万人互联网接入用户数（c）。所以，突变模型包含 1 个状态变量（X）和 3 个控制变量（a、b 和 c），应该选择燕尾突变模型。根据燕尾突变模型的归一公式，分别求出三个控制变量各自对应的进化潜力质态值为 x_a、x_b 和 x_c。鉴于三个变量对进化潜力的影响是互补的，因此，进化潜力质态值总值为 $X=\dfrac{(x_a+x_b+x_c)}{3}$。同理可以求出城市生态位强度的"势"（创新活力）以及"态""势"交界面（经济支配力）对应的质态值，计算结果如表 8-4 所示。从结果来看，2011～2020 年，"态"（城市进化潜力）的质态值最大，其次是"势"（城市创新活力），最后是"态""势"交界面（城市支配力），说明城市进化潜力对城市生态位强度提升的影响最为明显。

表 8-4　城市生态位强度质态值计算结果

年份	"态"	"势"	"态""势"交界
2011	0.409	0.359	0.233
2012	0.418	0.344	0.238
2013	0.415	0.321	0.264
2014	0.433	0.354	0.213
2015	0.427	0.345	0.228

续表

年份	"态"	"势"	"态""势"交界
2016	0.402	0.352	0.246
2017	0.404	0.348	0.248
2018	0.386	0.348	0.266
2019	0.371	0.352	0.278
2020	0.391	0.319	0.290

资料来源：笔者整理。

基于"态"和"势"及其交界的质态值结果，可以得到城市生态位强度的最终结果。依据模型测算原理，城市进化潜力（X）、城市创新活力（Y）、城市经济支配力（Z）作为城市生态位强度（S）的控制变量，符合燕尾突变模型特征。再次应用归一公式，求得控制变量对应的质态值 S_X、S_Y 和 S_Z，并根据互补原则得到城市生态位强度的最终质态值，结果如表8-5所示。

表8-5　三大城市群生态位强度值

年份	维度	京津冀城市群	长三角城市群	珠三角城市群
2011	进化潜力	0.664	0.632	0.699
	创新活力	0.660	0.659	0.724
	经济支配力	0.688	0.712	0.788
	生态位强度	0.863	0.860	0.891
2012	进化潜力	0.665	0.631	0.695
	创新活力	0.667	0.665	0.726
	经济支配力	0.689	0.713	0.786
	生态位强度	0.865	0.860	0.890
2013	进化潜力	0.579	0.546	0.571
	创新活力	0.629	0.621	0.671
	经济支配力	0.680	0.706	0.768
	生态位强度	0.840	0.835	0.855
2014	进化潜力	0.639	0.608	0.668
	创新活力	0.669	0.658	0.722
	经济支配力	0.706	0.729	0.790
	生态位强度	0.861	0.857	0.884
2015	进化潜力	0.643	0.614	0.688
	创新活力	0.670	0.657	0.721
	经济支配力	0.710	0.720	0.795
	生态位强度	0.863	0.856	0.889

年份	维度	京津冀城市群	长三角城市群	珠三角城市群
2016	进化潜力	0.660	0.642	0.699
	创新活力	0.663	0.652	0.697
	经济支配力	0.702	0.715	0.788
	生态位强度	0.865	0.861	0.887
2017	进化潜力	0.651	0.641	0.694
	创新活力	0.672	0.659	0.708
	经济支配力	0.706	0.721	0.791
	生态位强度	0.864	0.863	0.888
2018	进化潜力	0.650	0.640	0.687
	创新活力	0.674	0.658	0.712
	经济支配力	0.699	0.719	0.791
	生态位强度	0.864	0.862	0.887
2019	进化潜力	0.670	0.661	0.705
	创新活力	0.679	0.665	0.707
	经济支配力	0.705	0.719	0.787
	生态位强度	0.870	0.867	0.890
2020	进化潜力	0.670	0.673	0.696
	创新活力	0.695	0.684	0.710
	经济支配力	0.703	0.730	0.782
	生态位强度	0.872	0.874	0.888

资料来源：笔者整理。

在子维度方面，由计算结果可知，样本时期内，三大城市群的城市进化潜力、创新活力、经济支配力均值分别为 0.653、0.678 和 0.735，且经济支配力维度的数值变化趋势与生态位强度基本一致，侧面说明了经济支配力对提升城市生态位强度具有关键作用。从各子维度数值的空间分异情况看，三大城市群的进化潜力水平差异较小且变化趋势相近，说明东部沿海三大城市群的城市进化潜力水平相似，表明这些城市群在城市人口受教育水平、互联网普及度和文化基础环境等方面均实现了初步成熟配套。相较而言，三大城市群的创新活力水平差距较为明显：珠三角城市群创新活力的整体水平高于平均值，京津冀和长三角城市群低于平均值。主要原因在于，珠三角城市群受惠于改革开放等优势政策叠加，毗邻港澳，民营经济发展活跃，城市群创新氛围和创业热情高涨，在创新活力方面优势显著。与创新活力相类似，三大城市群的经济支配力同样存在较大差异，其中京津冀和长三角城市群整体上均低于三大城市群平均水平，但京津冀城市群的经济支配力水平最低且与均值有较大差距。这表明京津冀城市群的区域发展不平衡问题依然相对突出，在区域要素流动等方面仍存在一些亟待破解的问题。

在总维度方面，从时间上看，三大城市群的城市生态位强度在2011~2020年均以小幅度上升态势为主，其中2012~2014年出现明显的先下降后上升的波动；2014~2018年，城市生态位强度发展非常稳定但保持上升趋势；2018~2020年，城市生态位强度发展水平持续上升。从空间上看，2011~2020年，三大城市群城市生态位强度差异比较显著，珠三角城市群的城市生态位强度在样本时期内保持领先地位，京津冀城市群和长三角城市群在城市生态位强度方面表现相似。其中，2011~2019年，京津冀城市群的城市生态位强度指数略高于长三角城市群，2020年，长三角城市群指数小幅度超过京津冀城市群。总体来说，珠三角城市群的城市创新生态系统发展效果良好，整体竞争优势领先于京津冀和长三角城市群。

利用ArcGIS软件，分别以2011~2015年、2016~2020年三大城市群生态位强度均值绘制空间格局图谱，采用自然断点分级法将城市生态位强度测算值从低到高依次划分为低生态位强度、较低生态位强度、中生态位强度、较高生态位强度和高生态位强度五种等级，进而分析不同城市的生态位强度变化特征。

从京津冀城市群看，在两个样本时期内，北京和天津均保持在高生态位强度状态，石家庄、保定、廊坊和唐山均维持在较高城市生态位强度状态，秦皇岛、沧州和邯郸处于中等生态位强度，承德处于低生态位强度，衡水和张家口由低生态位强度上升为较低生态位强度。整体上，京津冀城市生态位强度空间格局随着时间演进表现出"整体均质、局部提升"的变化特征，多数城市的生态位强度等级未发生明显变迁，城市发展呈现稳步优化态势。

从长三角城市群看，在两个样本时期内，高生态位强度和较高生态位强度的城市未发生改变，其中高生态位强度的城市分别是上海、苏州、杭州和南京，较高生态位强度的城市是合肥、常州、无锡、嘉兴、舟山、宁波和温州。这些城市构成了长三角地区的经济增长极，在一定空间范围内所能承载的生物群落和生态系统在数量和质量上更为优越。同时，长三角地区北部城市的生态位强度等级整体上有所提升，地理范围集中在江苏和安徽北部区域，而浙江大部分地区的城市生态位强度等级无明显变化。

从珠三角城市群看，在两个样本时期内，广州和深圳维持在高城市生态位强度等级，佛山、江门的生态位强度等级提升，惠州、东莞的生态位强度等级出现下降。综上所述，城市生态位强度的变化受到多种因素的影响，需要从城市的自然环境、经济、社会、文化和城市规划管理等多个方面综合规划、整体提升。

四、城市生态位重叠度测度结果与空间格局分析

利用城市生态位重叠度模型，选用2011~2020年三大城市群城市数据，分别计算10年间市场环境、产业资源和产业政策等子维度的生态位重叠度。由于城市生态位重叠度的市场环境、产业资源和产业政策三个维度之间存在相互联系，共同影响城市产业结构和经济发展，因此选用"和α法"计算各城市生态位重叠矩阵。为便于从时间维度进行对比分析，将样本时期分为2011~2015年、2016~2020年两个时期，分别计算两个时期内各子维度生态因子重叠值平均值用于分析，并且选取城市群生态位重叠度均值作为判断区域内城市产业竞争关系强弱的标准。计算结果如表8-6所示。

表 8-6 城市生态位重叠度测度结果

年份	子维度	京津冀城市群	长三角城市群	珠三角城市群
2011~2015 年	产业资源	0.763	0.823	0.729
	市场环境	0.727	0.826	0.746
	产业政策	0.870	0.850	0.817
	综合生态位	0.786	0.833	0.764
2016~2020 年	产业资源	0.719	0.799	0.760
	市场环境	0.716	0.813	0.751
	产业政策	0.857	0.885	0.796
	综合生态位	0.764	0.832	0.769

资料来源：笔者整理。

从 2011~2015 年情况看，三大城市群综合生态位重叠度由高到低依次为长三角城市群（0.833）、京津冀城市群（0.786）、珠三角城市群（0.764），并且长三角城市群城市间生态位重叠水平均值大于 0.8，属于较高重叠关系。通过子维度得分情况可知，长三角城市群城市在市场环境、产业资源、产业政策方面均具有较高相似度，区域内大中城市密集，城市间经济合作历来较为密切。以汽车制造业为例，长三角城市群拥有规模较大、产业链条较为完整的汽车产业集群，集群规模是长三角城市群整车制造业的核心竞争力，城市相似度是城市间协同发展的基础条件。当然，较高的综合生态位重叠度也表明，在城市群建设中应注意避免城市间过度竞争现象的出现。同期，珠三角城市群综合生态位重叠度的平均水平在三个城市群中最低，表明珠三角城市群的差异化定位倾向更为明显。

从 2016~2020 年情况看，三大城市群综合生态位重叠度由高到低依次为长三角城市群（0.832）、珠三角城市群（0.769）、京津冀城市群（0.764），其中，京津冀城市群生态位重叠度的平均值较前五年有所降低，尤其是在产业资源方面重叠度降幅较大。自 2014 年京津冀协同发展上升为重大国家战略以来，功能互补、区域联动成为京津冀世界级城市群建设的重要主题，为京津冀地区实现大中小城市健康发展带来了重要机遇。珠三角城市群生态位重叠度的平均值与前五年相比有所提高，其中产业政策生态位重叠度有所下降并低于 0.8。结合现实背景，随着粤港澳大湾区战略的推进，珠三角城市群充分借助大湾区建设，将自身发展与大湾区整体环境有机结合，制定差异化的城市发展战略及产业政策，从而获得良好的产业发展外部环境，实现产业结构的优化调整。

利用 ArcGIS 软件，将城市生态位重叠度值作为空间联系权重数据源，分别以 2011~2015 年和 2016~2020 年三大城市群生态位重叠度均值绘制了空间网络图谱，以便从中识别三大城市群发展竞争程度的不同阶段性特征。根据生态位重叠度值的不同，使用自然断点分级法将其划分为三种重叠度等级类型：低生态位重叠度、中生态位重叠度和高生态位重叠度。

通过对比两个样本时期内生态位重叠度的空间变化情况，可以发现不同城市群中生态位重叠度的变迁特征。首先，对于京津冀城市群而言，随着时间推移，高重叠度和中重叠度的城市组合明显减少，说明不同城市在发展方向和资源利用方面的分化明显。随着京津冀协同发展的深入推进，不同城市的发展定位日益明确，一定程度上有利于各城市对自身独特发展资源深入开发，减缓城市群内部的相互竞争关系。

其次，对于长三角城市群而言，随着时间推移，中重叠度的城市组合明显减少，高重叠度的城市组合有所增加，且高重叠度的城市组合主要来自各省份内部。这种现象的主要成因可能在于，长三角一体化战略的推进使长三角地区内城市之间的经济联系更加紧密，进而使城市生态位呈现相互趋近态势，重叠程度提高。

最后，对于珠三角城市群而言，在样本时期内，城市生态位重叠度的空间网络分布结构整体变化不大，大部分城市之间的生态位重叠度由高水平降至中水平或低水平，尤其是东莞、惠州、中山和江门四个城市之间的生态位重叠度有所改善，城市间竞争关系得到了一定程度的缓和。

第四节　城市生态位竞争策略分析

生态位竞争策略是城市基于自身生态位所产生的适应性策略。现实中，城市需要通过分析市场环境和城市群整体发展现状，对自身的相对优势进行分析，并通过动态控制过程在城市群竞争中获得更有利的位置，实现对生态位的调整。因此，城市的生态位竞争不是"零和博弈"式的资源争夺行为，而是为了城市群综合实力提升和城市间合作发展（杨玄酯等，2019）而产生的竞合活动。面对城市之间存在的生态位过度重叠、层次不合理等现象，应对城市生态位进行合理调整，通过生态位的分离栖息，释放生态位压力。

一、城市生态位类型的划分

准确划分城市生态位的类型是分析不同城市竞争策略的前提。在城市生态位的不同表现维度中，生态位强度反映的是城市在生态圈中的自主进化能力；而生态位宽度体现了城市的发展潜力，在一定程度上代表了城市发展的提升速度。通过借鉴管理学领域的波士顿矩阵方法可知，在波士顿矩阵中，企业实力（即市场占有率）决定企业竞争力的强弱，市场引力（即销售增长率）决定产品结构合理性，可以分别对应城市生态位的强度和宽度。因此，参考波士顿矩阵的分析思路，可依据生态位强度和宽度高低，将城市生态位对应至四个象限之中。同时，为了保证研究的准确性，在波士顿矩阵的分类法基础上引入"中等类"，本书最终将城市生态位分类为"明星类""金牛类""中等类""幼童类""瘦狗类"，如图8-2所示。

"明星类"城市生态位是指拥有较高的生态位强度和宽度的城市生态位，表明城市在城市群中具备强大的竞争实力和潜力，已经成为城市群的"领头羊"，发展势头迅猛，经济实力和创新能力突出。

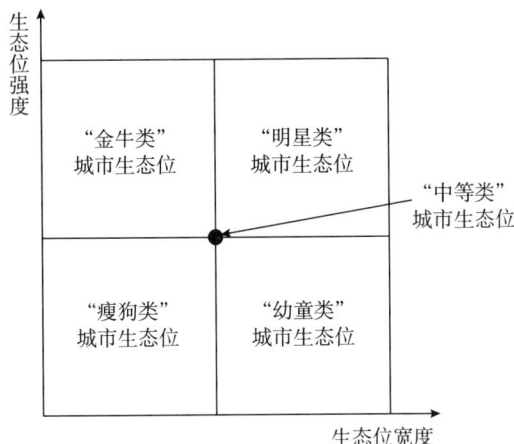

图 8-2　城市生态位类型划分图示

资料来源：笔者自绘。

"金牛类"城市生态位在生态位强度上相对较高，但生态位宽度相对较窄，表明城市在特定领域或行业中具备较强的竞争实力，但优势领域数量偏少，对整体发展潜力的提升产生制约。对于处在"金牛类"生态位的城市而言，主要的发展要求是扩大优势领域的数量和范围，同时弥补在其他领域的不足。

"中等类"城市生态位在生态位强度和宽度方面均为中等水平，处在"中等类"生态位的城市在城市群中具备一定的竞争实力和发展潜力。这些城市通常可以借鉴"明星类"和"金牛类"城市的成功经验，同时注重发展自身特色，从而在城市群竞争中取得更好的位置。

"幼童类"城市生态位在生态位宽度上相对较宽，具备较突出的发展潜力，但生态位强度相对较低，需要进一步提升竞争实力。处在"幼童类"生态位的城市在特定领域或行业中有着一定的优势和特色，具备较好的发展前景。

"瘦狗类"城市生态位在生态位强度和宽度上都相对较低，表明城市在城市群竞争中处于相对劣势地位，发展潜力有限。处在"瘦狗类"生态位的城市需要采取有效措施来提升竞争力，寻找新的发展机遇。

根据前文量化测度结果，依据上述分类方法，对城市生态位类型进行划分。具体步骤为：首先，计算 2011~2020 年三大城市群内部各城市的生态位强度均值和宽度均值；其次，计算各城市的强度均值和宽度均值，依此进行初步分类；再次，考虑到不同城市群中强度均值和宽度均值的离散程度不同，计算各城市群的平均生态位强度和平均生态位宽度，根据城市强度均值和宽度均值相对于城市群平均水平的大小，对初步分类结果进行优化；最后，整理形成五类城市生态位的最终分类结果，如表 8-7 所示。该结果与中华人民共和国科技部和中国科学技术信息研究所发布的《国家创新型城市创新能力评价报告 2020》、首都科技发展战略研究院课题组发布的《中国城市科技创新发展报告 2020》等评价结果相近，说明了分类结果的客观性和可靠性。

表 8-7　城市生态位类型划分

类型	城市群	城市
明星类	京津冀城市群	北京、天津
	长三角城市群	上海、南京、无锡、常州、苏州、杭州、宁波、温州、嘉兴
	珠三角城市群	广州、深圳
金牛类	京津冀城市群	石家庄、唐山、秦皇岛、沧州、邯郸
	长三角城市群	合肥、徐州、南通、扬州、芜湖
	珠三角城市群	东莞、佛山
中等类	京津冀城市群	保定
	长三角城市群	镇江、绍兴
	珠三角城市群	珠海
幼童类	京津冀城市群	廊坊
	长三角城市群	连云港、淮安、盐城、泰州、舟山、台州、金华、衢州、湖州
	珠三角城市群	中山、惠州
瘦狗类	京津冀城市群	邢台、张家口、承德、衡水
	长三角城市群	宿迁、丽水、蚌埠、淮南、淮北、铜陵、安庆、黄山、滁州、阜阳、宿州、六安、亳州、池州、宣城
	珠三角城市群	肇庆、江门

资料来源：笔者整理。

二、不同类型城市生态位对应的竞争策略

在城市群发展过程中，不同生态位类型的城市基于自身所面临的特定发展矛盾，倾向于采取不同的竞争策略选择。其中，"明星类""金牛类""中等类""幼童类""瘦狗类"城市生态位所对应的竞争策略分别为巩固提升、选择变异、适应调整、协同进化和延伸优化。

1. "明星类"城市生态位：巩固提升

根据表 8-7 结果，处于"明星类"生态位的城市主要是京津冀城市群的北京、天津，长三角城市群的上海、南京、无锡等城市以及珠三角城市群的广州、深圳。这些城市不仅在生态位宽度和强度方面表现出较高水平，而且城市整体基础设施完善，产业发展相对成熟，具备良好的生态环境和丰富的发展资源，能够快速进行自主进化和提升。同时，根据竞争排斥规律，如果在同一城市发展系统中出现了生态位相同或类似的同类产业，则这些产业及其所在城市在争夺市场的过程中必然发生激烈的竞争。竞争优势就是生态位适应深度的优势。为了保持竞争优势，这些城市在发展过程中必须具备环境适应能力，其城市发展策略需要根据环境变化灵活调整，并在合适的时机进行自我完善。因此，这些城市应当采取创新的手段，以适应不同特征和层次的生态位需求，并展现出更大的包容性。

2. "金牛类"城市生态位：选择变异

"金牛类"城市在城市生态位的强度和宽度上居于中间水平，且其生态位强度情况

优于生态位宽度情况。这表明这些城市具有相对较强的自主进化能力，能够适应不同特征和层次的生态位需求；但是它们所能利用的城市生态位资源相对有限，导致城市发展的广度较窄。因此，这些城市未来可以通过在特定领域集中资源，形成和巩固独具特色的发展路径。例如，合肥作为长三角地区的新兴城市，近年来专注于发展电子制造业和信息技术产业，形成了以"芯屏汽合、集终生智"为特色的产业链。然而，与长三角地区其他省会城市和一线城市相比，合肥在城市基础设施建设方面仍存在较大差距，并且在其他领域的发展仍有明显的提升空间。对于其他大部分"金牛类"城市来说，基础设施不足或老化导致城市发展需要尚未被充分满足，高端创新要素和产业资源分配不均衡，是这些城市在发展过程中面临的共性问题。因此，加快完善城市基础设施支撑、导入优质要素和产业，是这些城市破解发展"瓶颈"的关键。

3. "中等类"城市生态位：适应调整

"中等类"城市生态位是指生态位强度和生态位宽度的情况相近的城市生态位。在前文测算结果中，处于"中等类"城市生态位的城市包括保定、镇江、绍兴和珠海四个城市，这些城市的整体发展能力具有一定优势。其中，保定作为河北省的重要城市，地理位置优越，交通便利，拥有较好的基础设施、完善的城市功能、丰富的自然资源和历史文化资源，是华北地区的重要经济中心之一；当前发展的不足在于产业特色尚不够突出，尚未形成独特的发展优势。镇江位于江苏省中部，处于长江经济带的核心地区。该市拥有丰富的自然资源和区位优势，也是长三角地区的重要节点城市之一。镇江在航运、制造业和高新技术产业等领域有一定的发展基础，同时具备良好的城市基础设施和经济发展环境，但尚未形成明显、独特的优势。对于绍兴而言，尽管位于长三角地区但与周边城市的区域协同发展仍有提升空间，相较一些科技创新中心城市，在科技研发和创新能力方面还有待提升，需要加强与上海、杭州等大城市的合作与交流，形成区域联动效应，共同推动经济发展和产业升级，还可以加大对创新创业的支持力度，吸引更多的创新型企业和高层次人才，提升城市的科技创新能力和竞争力，实现可持续发展的目标。珠海位于广东省的珠江三角洲地区，是中国改革开放的重要窗口城市之一。珠海地处港澳台地区的交汇处，享有得天独厚的地理位置和资源优势。该市经济以旅游、服务业和高新技术产业为主，拥有较为完善的产业链和较高的发展水平，但在与周边地区的竞争中尚未形成明显的独特优势。因此，对"中等类"城市而言，应通过进一步挖掘本地资源和优势，培育和发展特色产业，加强与周边城市的合作，进而塑造发展优势。

4. "幼童类"城市生态位：协同进化

"幼童类"城市的生态位强度情况居于中等水平，但其生态位宽度情况却优于强度情况。这意味着这些城市拥有相对丰富的资源，具备较强的发展潜力，但整体发展起步较晚，其产业基础、创新实力有待进一步发育。以浙江省的台州和金华为例，这些城市拥有大量可开发的土地资源，并且城市发展配套设施相对完善，但由于地理位置的限制，城市交通条件一度相对落后。随着长三角一体化发展战略的实施，台州积极规划和布局交通网络，实现了区域间联动，促进了创新和产业协作格局的形成，成为长三角地区最具潜力的城市之一。因此，对于"幼童类"城市而言，应将夯实产业基础和提升产业能级作为发展的着力点，在优势细分领域形成主导性产品、服务和业态，从而促进生态位强度的持续提升。

5. "瘦狗类"城市生态位：延伸优化

"瘦狗类"城市是指生态位强度和宽度水平均缺乏竞争力的城市。这些城市的自主进化能力较弱，尚未形成具有明显竞争力的发展优势；并且，这些城市的发展资源相对匮乏，致使其生态位宽度狭窄。从前文测算结果来看，这一类城市包括邢台、张家口、承德、衡水、宿迁、丽水、蚌埠、淮南、淮北、铜陵、安庆、黄山、滁州、阜阳、宿州、六安、亳州、池州、宣城、肇庆、江门等城市。一方面，受经济基础不强、创新投入不足等因素限制，这些城市的自主进化能力相对较弱，在市场竞争中的地位和影响力不足。另一方面，较低的生态位宽度表明这些城市产业结构相对单一，缺乏高技术产业和创新型产业的支持。此外，这些城市的基础设施建设相对滞后，公共服务水平有待提高。总体上看，对"瘦狗类"城市而言，城市竞争策略的关键是加强合作，优化产业结构，提升技术创新能力以及加强人才引进和培养，从而实现可持续发展和经济繁荣。

第九章　集群演化与创新枢纽城市创新能力优化

进入新发展阶段，城市对区域经济社会发展正在产生深远影响。习近平总书记指出：“总的来看，我国经济发展的空间结构正在发生深刻变化，中心城市和城市群正在成为承载发展要素的主要空间形式。”当前，在推动创新发展的过程中，集群作为产业和创新活动在地理空间中形成的一种典型组织形态，正在成为众多新技术、新产品、新生产模式等的重要策源地（Kerr and Robert-Nicoud，2020），深刻塑造着区域经济格局。在新一轮科技革命和产业变革持续深化的背景下，集群的结构与功能也在发生深刻变革，其中产业集群向创新集群的转型已成为必然趋势（郑江淮等，2023）。基于此，能否持续推动产业集群向要素高阶化和价值量攀升的创新集群演进，更好地发挥创新集群在创新型国家建设中的作用，不仅关系我国能否在大国经贸博弈与秩序重构中占据优势，更关系我国能否如期实现国民经济和社会发展的各项战略性目标，这是当前创新研究所面临的重要时代课题。本章以创新枢纽城市为主要研究对象，基于空间经济学、城市经济学、创新生态系统等研究视角，着重探讨产业集群向创新集群的演化过程如何推动创新枢纽城市的创新能力优化，把握我国创新枢纽城市建设的现状和发展趋势，从而为研究创新生态系统的建设路径提供理论支撑和经验支持。

第一节　集群演化、创新型城市与创新枢纽城市发展

当前，全球科技创新的空间格局正在经历深刻调整与重构。随着创新网络在全世界范围内扩展和耦合，各类创新主体持续集聚，各种创新要素加速流动，各地创新活动密切协同，巨量创新成果不断涌现。在此起彼伏的创新浪潮中，各地产业集群加速向创新集群演化，依托其资源、产业、技术优势嵌入创新网络，形成以“本地蜂鸣—全球管道”（曹湛等，2022）为主要特征的开放式、生态化创新组织模式。在集群演化作用下，大批具有突出创新能力的创新型城市逐渐在创新网络中居于重要地位，其中一些创新能级高、创新活力强、对外辐射扩散范围广的城市更是成为创新枢纽城市，对创新网络的演化发挥主导作用。本节以集群演化为切入点，重点分析和梳理集群的演化阶段、创新枢纽城市的内涵与特征、集群演化促进创新枢纽城市形成的主要机理，以期为创新枢纽城市研究提供更为丰富的理论阐析。

一、产业集群的演化及其特征

产业集群是区域竞争力的核心。按照著名管理学家迈克尔·波特（Michael E. Porter，1998）的定义，"产业集群"是指在特定区域内的特定领域，存在一群由相互关联的创新主体所形成的地理集聚，构成了产业发展的一种创新模式。产业集群最初源于传统产业，强调以低成本价格、大批量生产、薄利多销的利润模式为竞争优势占领产品市场，具备外部经济、规模经济和地理集聚特性。随着企业集聚数量的增加造成同行竞争压力扩大，企业等主体的创新意识开始增强，创新投入不断增加，带动产业集群向创新集群升级转化（李政和杨思莹，2019）。进入创新集群阶段，在知识创造和技术应用的促进下，大量新产品、新服务、新业态不断涌现，创新主体之间形成合作共赢关系，创新环境持续优化。因此，创新集群源于产业集群，但又高于产业集群，是产业集群的高阶形式。产业集群可以通过强化技术研发和增加创新投入，实现向创新集群的演化。

产业集群向创新集群的演化存在着阶段性特征。与其他经济系统的演化过程一样，集群的演化是一个因果循环累积的过程（宋胜洲，2007），也是量变和质变的统一：在量变阶段，集群的演化主要体现为创新主体、创新投入等的数量增加、强度提升，推动创新主体自身及创新主体间关系联动调整；当这种量的积累达到一定程度时，将足以引发集群的质变，其标志是在集群中产生具有突破性乃至颠覆性的创新成果，实现产品或服务、生产方式、商业模式等的根本转变；集群的质变又为新的量变过程奠定了基础，推动更多创新主体和要素持续集聚，建构新的创新主体间关系形态，从而开启新一轮从量变到质变的演化过程，形成"量变—质变—量变……"的因果循环链条。可见，集群的演化呈现出整体渐进与局部突变相统一的特征，构成了集群的生命周期和发展规律。在以往研究的基础上（魏守华和吴贵生，2008），可将集群演化过程具体划分为四个阶段：产业集群形成阶段、产业集群成长阶段、产业集群成熟阶段（创新集群形成阶段）和创新集群发展阶段（李彩月，2021）。

1. 产业集群形成阶段

产业集群形成阶段是产业集群发展的原始阶段。在这一阶段，创新主体以及创新要素自发形成初态物理集聚，集群内部的企业等主体规模较小并且种类相对齐全，存在产业分工内部化趋势。然而，受集群整体的创新能力制约，在此阶段，集群内的创新主体尚未形成明确的产业和创新分工，产业链完整度不高，且业态大多集中于价值链的低端环节；新产品种类较少，产品同质化明显、附加值低，主要依赖成本价格优势立足国内产品市场。因此，在这一阶段，创新主体面临的主要任务是尽快提升知识和技术创新能力，拓展与其他创新主体的信息沟通网络，同时改善创新环境，从而加速产业集群的生长和市场竞争优势的生成。

2. 产业集群成长阶段

产业集群成长阶段是产业集群发展的上升阶段，该阶段的显著特征是集群内部的创新主体呈现"链式聚合"态势。产业集群成长过程中会逐渐吸引大量新创新主体的进驻，从前向关联、后向关联、旁侧关联等不同方向完善产业链分工合作，推动产业集群进入快速发展阶段。在产业链条逐步完善的情况下，创新主体通过集聚资金、技术、人才等创新要素，推动上游原材料和配套服务商、下游研发和营销企业以及横向供应商互动协作，初步形成具有一定规模的生产网络、创新网络；同时，积极吸纳科技型企业、高校、科研院所等各类创新主体，整合各方优质创新资源（张冀新和陈媛媛，2022），挖掘价值链中的增值空间。因此，在此阶段，产业集群的创新能力将得到显著提升。

3. 产业集群成熟阶段（创新集群形成阶段）

产业集群成熟阶段也是创新集群的形成阶段，标志着集群进入转型升级的关键时期。在该阶段，从集群内部看，不同创新主体基于价值链形成了较为完善的分工模式，产生了富有市场竞争力的技术和产品，单位产品的边际利润得到有效提高；从集群外部看，集群不断地与外界进行信息流、知识流、技术流、创新流等多源流的交换，为集群内创新主体发展提供开放化的创新环境。同时，集群在经历了长期以总量扩张为主的发展阶段后，开始更加注重结构优化。在此过程中，低成本竞争力的企业在相关产业转型进程中难以形成持续发展态势，集群的发展动力转向依托科技创新和产品附加值提升来占据高端市场，促使集群沿价值曲线整体"爬升"（兰娟丽等，2020）。此时，默会知识和复杂技术等信息的重要性愈益凸显，创新主体之间开始产生大量交流与合作需求。在创新主体的相互作用下，知识、技术、数据等要素在集群内部成员间快速扩散，创新氛围更加浓郁，产业集群逐渐升级为创新集群。总体来看，在该阶段，创新主体之间的互利共生关系更为明确，创新主体与创新环境的耦合程度明显增强，集群发展呈现自组织化特征，从而初步形成了复杂、动态的创新生态、创业生态、产业生态（郭丽娟和刘佳，2020），成为产业集群向创新集群转型的重要特征。

4. 创新集群发展阶段

在创新集群发展阶段，创新已不再是简单的线性过程，而是存在于集群各个领域、以创新要素的非线性互动（李洁等，2022）为典型特征的"复杂螺旋式"过程。在此阶段，创新活动覆盖包括研发、生产及销售等环节在内的全产业链条。当创新集群的优势产品和技术符合市场需求时，创新集群开始具备独立竞争优势，促使集群内各类创新主体围绕优势产品和技术形成"价值共同体"，在互利协作中共同获益。同时，集群对知识的利用能力得到明显增强。在创新向心力的作用下，企业、高校、科研机构、政府等创新主体围绕信息和知识的识别、获取、分享、转化等形成高效产业链，通过高层次、高频率的知识交流、溢出与扩散，加快新产品、新服务、新业态的生成效率，以确保创新集群能够长期保持其市场竞争力。总体来看，在该阶段，创新主体的互动关系日益密切，以标准化、模块化为特征的创新网络及产业网络逐步完善（凌永辉和查婷俊，2022），使基于创新集群形成的创新生态系统更加健全。

综合来看，产业集群向创新集群的演化进程实质上反映了价值创造模式的变迁。在产业集群阶段，影响集群演化的主导因素在空间层面体现为基于物理距离和交通成本形成的区位优势，在主体层面体现为要素集聚、专业化分工等带来的成本优势。此时，集群的价值创造行为总体上仍局限于集群中的少数创新主体，大量创新主体仅基于简单的经济利益关联，从事离散的价值生产活动，从价值链的各个增值环节获得递增收益。而在创新集群阶段，影响集群演化的主导因素在空间层面体现为集群在多重"流空间"中形成的资源汇聚、组合与再配置能力，在主体层面体现为创新主体生态化带来的创新优势。此时，集群的价值创造行为已扩展为集群中创新主体的共同行动，通过创新主体之间的共生耦合、复杂竞合关系，推动单向、线性的价值链转化为多层次的价值网络（依绍华和梁威，2023），将原本离散的价值生产活动统一到以优势技术和产品为载体的价值主张实现过程中，从而实现任何单一创新主体所无法实现的超额收益（即"生态租金"）。总之，产业集群向创新集群的演化与科技创新活动的开放化、生态化趋势深度契合，反映了集群发展路径的深刻跃迁。

二、创新型城市与创新枢纽城市生成

"创新型城市"与"创新枢纽城市"都是区域经济学、创新经济学等学科的重要研究对象。其中，创新型城市在狭义上指2008年以来我国实施的国家创新型城市试点（徐换歌和蒋硕亮，2020），在广义上指以科技创新为重要功能、具有突出创新能力并取得显著创新成效的城市，反映了创新活动向城市不断集聚的经济现实。本部分内容基于广义的创新型城市概念进行探讨。创新枢纽城市则在创新型城市基础上，更加突出"枢纽"属性，强调城市在创新网络和创新体系中的创新功能和创新影响力，是创新型城市的"升级版"。理解创新型城市与创新枢纽城市的形成过程，对于把握集群演化与城市创新演化之间的理论关联具有重要意义。

1. 创新型城市的产生

国内外学者通过"创新—创新体系—城市创新系统—城市创新生态系统—创新型城市"路径研究创新型城市源起。按照现有文献的观点，城市是国家产业创新与增长的主要动力（费希尔等，2006），也是区域乃至国家创新体系的重要空间载体。创新型城市一般包含创新主体、创新要素、创新制度和创新文化等组成部分，拥有开放的思想、高质量的人居环境以及全球化导向等内涵特征，有助于推动区域非平衡发展向协调发展状态转变，促进城市创新能力提升（Landry，2000）。在世界格局发生深刻变革的背景下，以科技创新驱动城市高质量发展，通过知识经济和城市发展相融合形成多元、复杂的创新生态系统，已成为一种新的城市创新模式，有助于增强创新型城市的创新活力和竞争力。

2. 创新枢纽城市的内涵

创新枢纽城市的概念来自"研发枢纽"城市。研发是实现创新的关键源泉，从深层次反映了创新型城市的基本职能和活动内容。"枢纽"用以描述重要事件的发生地以及事物间相互联系的核心节点，是交通、产业、贸易、创新等经济活动的组织中心或集散地（Rodrigue et al.，2006）。在信息技术时代，研发枢纽作为区域信息网络的节点，是推动区域信息网络中信息流、知识流、技术流等创新流持续聚集与扩散的核心节点（李兵等，2017）。随着创新范式由简单的线性范式向复杂的网络范式转变，政府、企业、高等院校、科研机构等创新主体之间的经济自由度、网络依存度、外部响应度、要素活跃度和辐射力度逐渐成为区域经济发展和创新能力的主要来源。在此背景下，枢纽城市的创新影响力已不再局限于研发环节，而是呈现多要素聚合、多主体协同、多功能集成的典型趋势，从而形成了创新枢纽城市。综合上述分析，并借鉴有关创新枢纽城市内涵与特征的研究成果，创新枢纽城市是指拥有多种创新功能并在创新网络中占据控制和支配地位的城市或地区（李彩月，2021）。

创新枢纽城市的主要特征体现在三个方面：以技术创新为核心、以产业集群为基础、以集聚扩散为表现。

（1）以技术创新为核心是指创新枢纽城市以技术创新为城市竞争力的基本来源，通过高频率、大范围的产品革新、工艺创新、业态更新和政策涌现，持续产生新技术、新产品、新工艺、新业态，推进产业基础高级化和价值链地位提升，在某一个或某几个高端前沿技术领域占据领先地位。因此，尖端科研力量及技术储备是创新枢纽城市在全国和国际经济竞争中占据话语权和主动权、实现支配和控制地位的前提条件，更是建设创新枢纽城市的核心。

（2）以产业集群为基础是指创新枢纽城市的形成通常以产业集群的健康发展和自主演化为必要条件。在创新枢纽城市形成之初，科技型企业等大量创新主体的涌入推动产业链不断延伸，直到形成比较稳定的产业集群（杨珍丽等，2018）。在此基础上，存在供应链关系的企业依托泛在关联形成创新网络，与外部环境进行密切的信息、知识、技术流动，吸引更多创新要素形成区域集聚，加速构建更为密集的网络结构（刘朝煜和黄桂田，2022）。因此，产业集群是城市创新枢纽建设的基础。

（3）以集聚扩散为表现是指创新枢纽城市通过在"流空间"中实现对创新要素的有序集散，发挥其对创新网络的影响力。由于创新要素特别是高端创新要素在全国范围内是稀缺的，城市创新能力依赖于其对创新要素的控制与支配能力（桂黄宝等，2022）。当前，随着创新复杂度的提升与空间异质性创新要素（杨开忠和范博凯，2022）的涌现，创新要素的流动需求迅速增长。创新枢纽城市依托其在创新主体质量、创新基础设施、创新体制机制等方面的优势，能够实现技术、信息、资金、人才等海量创新要素的高效匹配、灵活组合，为创新活动提供新型应用场景，因而对创新要素具有强大吸引力。同时，创新枢纽城市作为高端创新活动的集中承载地，具有丰富的隐性知识、复杂信息、先进技术、高附加值产品等，能够通过研发合作、协同创新、成果转化等途径实现知识溢出和扩散，辐射和带动创新网络中其他城市的发展。因此，创新枢纽城市在创新网络中的辐射范围与强度决定了其影响力和控制力，进而决定了其在创新网络中的地位。

综合来看，创新枢纽城市是创新网络中依托政府、企业、高等院校及科研机构等创新主体，以技术创新为核心、以产业集群为基础、以集聚扩散为表现，实现技术、信息、人才与资本等创新要素合理有序流动的重要枢纽。它不仅是各类创新要素的重要集聚地，而且对创新网络及创新体系具有强大的支配和控制能力，通过主导交通流、信息流、知识流、人才流等多源流，实现创新要素的合理流动和高效配置，为区域、国家乃至世界提供新产品、新技术、新信息等创新产出，因而在创新网络中处于关键地位。

3. 创新枢纽城市的特征

创新枢纽城市通常具备五个显著特征：集聚性、扩散性、网络性、平台性和生态性（李彩月，2021）。

（1）集聚性。创新枢纽城市集聚了大量高质量创新要素，内部汇聚了企业、政府、科研院校等多元化创新主体，整合了人才、资金、信息等海量创新资源，在城市内部形成了高浓度、高层次、高活跃度、高响应度的创新集群。在技术和知识外溢的地理邻近规律下，创新企业和研发机构大多趋向集聚，分享先进的知识和技术，产生具有关联的上下游企业，从而使创新枢纽城市多位于区域内交通流、技术流、信息流等创新流集聚与扩散的核心位置。

（2）扩散性。创新枢纽城市具有依托品牌、产业、企业家、高等院校及科研机构等创新载体，向其他地区扩散其先进技术、高附加值产品与服务的能力；同时，创新枢纽城市通过主导协同创新活动，对区域创新要素加以统筹、协调（Chowdhury et al.，2023），能够使周边城市同步参与创新枢纽城市的价值共创进程。因此，创新枢纽城市在强化自身创新能力的同时，还能对周边节点城市的创新活动产生辐射带动作用，使周边城市的创新水平得到显著提升。

（3）网络性。创新枢纽城市是推动城市创新空间格局向网络结构演变的关键性因素。具体而言，创新主体通过创新网络及时获取信息、技术、资金等要素，实现创新要素的相互"借用"与共享，形成网络间的创新溢出效应，使创新网络中的边缘城市有机会分享创新收益。同时，边缘城市通过结构嵌入和关系嵌入方式，能够主动与枢纽城市建立联系，构筑彼此间网状互动关系，加速城市间创新要素流动和配置，最终实现区域创新能力的全面提升。

（4）平台性。创新枢纽城市在主动汇聚各类优质创新要素的过程中，充分发挥自身作为创新能量"场源"的平台优势，实现不同节点之间的能量交换。实践中，创新枢纽城市能够为创新要素的流动、匹配、交易等提供正式或非正式的活动场域，并以平台规则为基准，为创新主体提供资源整合、功能协同、开放共享、配套服务等（韩凤芹等，2023）创新支持，通过信息平台、金融平台、供需平台、资金平台等各种平台叠加对外进行创新辐射（胡斌和王莉丽，2020），为其他城市特别是创新要素欠缺城市输出所需创新要素，形成新的创新资源配置格局。

（5）生态性。创新生态是创新枢纽城市高质量发展的核心竞争力。创新枢纽城市中，创新主体、创新要素、创新环境等不断产生非线性互动，逐渐从经济利益的简单关联上升为价值创造过程中的深度耦合，形成相互作用的创新生态系统。系统内部要素之间通过知识流、信息流以及技术流等创新流的相互联系、相互作用，建立密切的共生联系，通过组织知识能量流动推动知识创新价值的累积与转化（李佳钰等，2021），从而使创新枢纽城市释放出发展的巨大潜力和强大动能，使创新生态系统具备自主演化能力。

三、集群演化促进创新枢纽城市创新能力提升的机理分析

创新枢纽城市的创新能力提升是全方位、动态化的过程。集群演化升级是城市创新能力提高的主要推动力，能够使初始规模狭小、创新范式单一、经济社会功能简单的创新型城市迅速吸引大量创新要素在区域内部集聚，加速新知识、新技术向新产业

的转化（祝影等，2019），逐渐形成创新规模巨大、创新范式复杂、经济社会功能齐全的创新枢纽城市。在集群演化升级的过程中，上下游企业进行资源信息共享、创新主体共生、技术转让捕获，消化吸收原始创新，革新优化创新方式，持续产出创新成果；同时，依托产业集群在创新网络中形成的开放化创新联系，不断向周边城市进行信息、知识、技术等的扩散和辐射，带动区域内部创新能力提升。基于上述分析，本部分将集群演化对创新枢纽城市创新能力的影响概括为四个机理，即规模效应、集聚效应、结构效应和生态效应（李彩月，2021），如图9-1所示。

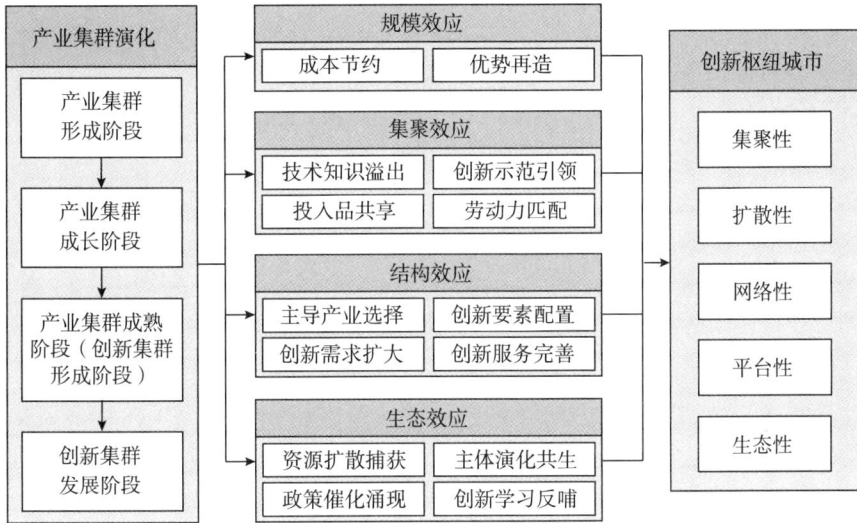

图9-1　集群演化促进创新枢纽城市创新能力机理分析

资料来源：笔者自绘。

1. 规模效应

集群演化过程中的规模效应可分为内部规模效应和外部规模效应。内部规模效应主要是指由于企业等创新主体的生产规模扩张，导致平均成本下降的效应；外部规模效应是指创新主体在空间上的集中达到一定规模后，将产生显著的经济外部性。根据新经济地理学理论，产业集群拥有的市场潜力各不相同，其中拥有较大市场规模和较低市场准入门槛的产业集群会吸引更多的企业集聚，使本地市场进一步扩大，形成正反馈效应。在创新主体的集聚过程中，上下游企业结成竞合与共生关系，共同推动生产合作、技术沟通、协同创新，演化出多层次企业链、产品链、供应链与价值链，实现优势互补与价值共创，构成了集群创新能力提升的微观基础。

在创新枢纽城市创新能力提升过程中，规模效应的作用机理主要体现在成本节约和优势再造两个层面。

从成本节约层面看，其一，集群演化增加了城市内部创新投入（梁娟等，2022），通过产品、工艺、生产流程等方面的革新和再造，提升投入向产出的转化效率，为内部规模效应的实现提供技术支撑，从而提高创新枢纽城市的边际创新产出；其二，产业集群能够发挥广泛联结各类创新主体的优势，推动创新主体通过生产网络、创新网络实现沟通，为研发、生产环节提供大规模"要素池"，帮助创新主体更有效地降低生产成本，扩大利润空间；其三，产业集群为知识和经验溢出、扩散提供了丰富的场景，有利于创新人才通过学习效应（张东旭，2019），学习先进研发知识和管理经验，利用先进技术优化要素配置、增加产品种类、扩大生产规模，促使集群所在城市提升在创新网络中的地位。

从优势再造层面看，市场环境下创新的本质是创新主体通过将创意、知识、技术转化为新产品或服务，形成独特竞争优势，从而在市场竞争中获取超额收益（杨娟等，2015）。在集群演化过程中，大量科技型企业能够从集群中获得关键共性技术、配套生产基地、风险投资等科技、产业资源，有利于其迅速发展壮大，利用其资源和技术优势提升并巩固市场占有率，产生一批"独角兽"企业和"隐形冠军"企业（贾依帛等，2022），提升企业核心竞争力，从而为创新枢纽城市整体创新实力的提升奠定基础。

因此，产业集群通过规模效应中的成本节约效应和市场垄断竞争效应，对城市创新能力及创新枢纽性的提升具有促进作用。

2. 集聚效应

集群演化过程中，创新要素和创新资源在各个创新主体间不断进行交互，基于主体间相互作用在特定地理区域内形成产业集群，并通过知识创新和技术进步推动集群高阶化，进而演变为创新集群，向区域内其他城市进行创新溢出。在集群演化的过程中，专业化创新要素、创新资源、高端创新研发中心和创新服务机构会在节点城市持续汇聚，在集聚外部性作用下实现收益递增，促使节点城市升级为知识创造、信息传播以及技术研发的关键节点，即创新枢纽城市。因此，节点型城市能否成为创新枢纽城市，将取决于该城市促进创新资源汇聚、创新要素集聚、知识信息传播、技术创新研发、劳动力匹配以及创新成果转换的能力。

具体而言，集群演化对创新枢纽城市创新能力的提升作用集中表现在技术知识溢出、创新示范引领、投入品共享、劳动力匹配等方面。

从技术知识溢出角度看，集群演化升级能够在某一区域内聚集产业人才、资金、知识等创新要素。这些创新要素会随着创新主体之间的业务关联、创新合作甚至"意料之外的沟通"（Carlino and Kerr，2015）而发生高频流动，促进科学知识、研发技术和管理经验在创新主体间快速传播和扩散，最终提升城市整体创新能力。

从创新示范引领角度看，产业集群中创新能力强劲的企业对地区增长路径选择、产业结构升级等具有"头雁"效应，能够带动周围企业开展技术研发，完善企业文化和创新环境，开发新产品，从而推动区域创新。

从投入品共享角度看，产业集群的集聚效应能够吸引企业等创新主体沿供应链、产业链、价值链上下游密切联结，通过共享区域基础设施、完善中间品供给体系（刘维刚，2022）等方式，便于创新主体获取原材料、基础设施等物质资本和知识信息，增加选择空间，降低创新成本，从而促进创新生产效率提高。

从劳动力匹配角度看，产业集群在演化过程中，通过吸引企业家、科研人员、技能型劳动力等人才，创造出庞大的城市内部劳动力市场，有效缓解劳动力市场的信息不对称问题，降低企业交易成本和劳动力转换成本（贺灿飞等，2021），提升匹配质量和效率。此外，地方政府为鼓励集群发展而采取人才引进政策，有助于增加城市人才资源储备，提升城市人力资本水平，从而为城市创新注入新的活力，最终形成城市的可持续创新优势。

综上所述，产业集群升级通过集聚效应中的技术知识溢出、创新示范引领、投入品共享、劳动力匹配等渠道，对城市创新活跃度的提升产生正向影响，促进创新城市枢纽性的提升。

3. 结构效应

结构变革是集群演化的典型表征，也是集群演化作用于创新枢纽城市创新能力的重要渠道，其中最主要的是产业层面的结构变革。集群演化的本质在于，通过持续的创新投入促进产业组织结构升级，引致产业知识结构更新，继而实现产业结构优化。现实中，集群演化对集群中创新主体的功能和结构演化产生引导作用，促进产业和创新布局发生变迁；产业和创新布局的变迁，使依托创新成果转化而成的创新产出结构相应调整，表现为新兴产业和服务业比重上升（姚战琪，2020），推动城市产业结构高级化、合理化，最终提升城市的创新枢纽程度。

具体来看，集群演化的结构效应主要体现在主导产业选择、创新要素配置、创新需求扩张、创新服务完善等方面。

从主导产业选择角度看，在集群演化过程中，创新主体之间围绕不同的价值主张形成动态竞合关系，在创新环境和产业集群资源禀赋的内生选择作用下，筛选出居于主导地位的价值主张，进而发展成为产业集群以及城市的主导产业，如战略性新兴产业、高技术产业、未来产业等，推动城市产业结构的高级化进程。

从创新要素配置角度看，集群演化过程通过变革主导产业调整投入产出结构，根据不同创新要素的边际生产率和使用成本变化，灵活选择创新投入组合，进而提高创新主体的创新效率。

从创新需求扩张角度看，组织结构变迁和产业结构升级使上下游企业和消费者需求发生改变，依托创新主体积累的技术和信息优势，在产品和要素的利基市场持续发掘用户需求（杨菲和钟书华，2022），进而拓展产业集群所面对的潜在客户群体，引发创新需求扩张。与此同时，产业集群中的创新主体为持续发展壮大，将在既有产品和要素市场参与竞争，倒逼企业通过创新增强客户吸引力，实现创新能力的提升。

从创新服务完善角度看，随着产业集群的逐渐成熟，集群内部的产业布局将由单一走向多元。特别是随着创新链的完善，与创新相关的研发服务、技术交易、小试与中试、检验认证、风险投资等创新服务体系将不断健全，吸引更多创新主体涌入，为畅通科技成果转化路径、推动大中小企业融通发展提供良好的创新环境，最终形成促进城市创新能力提升的持续动力。

综上所述，集群演化能够促进创新枢纽城市的产业结构优化升级，从主导产业选择、创新要素配置、创新需求扩张以及创新服务完善四个方面，为城市创新能力的提升提供坚实支撑。

4. 生态效应

创新生态是创新枢纽城市高质量发展的基石。创新枢纽城市通过整合多个创新生态系统，逐渐形成以企业为关键创新主体、以技术研发为创新基础、以产业集群为创新生态源、以知识进步为创新动力的创新生态圈。集群演化通过创新生态效应广泛联结价值链条上的不同主体，提升创新主体在创新生态圈中的生态位，加强创新主体间的多方位、多方面沟通，引导创新枢纽城市的资源配置和功能演进。因此，生态效应强调产业集群在通过创新技术研发升级为创新集群的同时，能够推动创新生态系统成为城市内生增长的源泉，以生态位为基础、以生态场为承载平台，持续保持创新枢纽城市创新活力。

具体而言，集群演化的生态效应体现在资源扩散捕获、主体演化共生、政策催化涌现、创新学习反哺等方面（李彩月，2021）。

从资源扩散捕获看，集群演化促使创新主体通过内部学习和交流等机制对创新资源进行吸收、消化、运用，推动创新主体与创新资源加速耦合、复杂互动，从而促进创新主体的能力提升，带动整个区域向更高科技创新水平发展。

从主体演化共生看，创新枢纽城市中各创新主体居于创新生态系统中的不同生态位（余东华和李云汉，2021）。当产业集群向创新集群演化时，创新主体的生态位高度、宽度、重叠度、适宜度发生动态变化，引导创新主体以适度竞争为原则实现生态位的分离栖息（张贵等，2018），从中识别主体间共同利益，推动主体间优势互补，从而实现创新能力的整体提升。

从政策催化涌现看，集群演化过程中，政府科技政策、财政政策、税收政策、产业政策等政策工具对创新活动具有重要催化作用，通过完善政策支持体系和激励约束机制，保障创新参与者的创新利益，维护良好的市场秩序和创新环境，为创新主体提供专业化创新服务与辅助，从而促进创新枢纽城市创新涌现，加快创新枢纽城市创新能力提升。

从创新学习反哺看，创新生态系统中的不同创新主体在产业集群升级过程中进行知识、信息的输入、输出，通过学习机制建立知识共享，并以自身所具备的科技资源反作用于其他创新主体，推动创新主体之间的相互交流、借鉴，形成高效运转的城市创新生态系统，提高城市创新能力。

综上所述，集群演化有利于建立有效的创新生态系统，通过资源扩散捕获、主体演化共生、政策催化涌现、创新学习反哺等渠道促进城市创新能力提升。

第二节　创新枢纽城市识别与空间格局

上一节内容主要从理论层面对创新枢纽城市的形成和演化进行阐析。本节主要基于区域创新联系等相关理论，采用修正的引力模型方法，对中国城市创新网络空间格局进行刻画，并运用社会网络分析法构建创新网络结构分析模型，探讨我国城市创新网络结构特征，识别我国创新枢纽城市及其空间布局特点。

一、数据和研究方法

1. 研究对象与数据来源

本部分的研究对象来自《中国城市统计年鉴 2021》中统计的地级及以上城市，在剔除极个别数据缺失的城市后，将 289 个地级及以上城市作为研究对象，样本年份为 2020 年。数据来源包括《中国城市统计年鉴 2021》、《中国区域经济统计年鉴 2021》、《中国火炬统计年鉴 2021》、《中国科技统计年鉴 2021》、2021 年各省统计年鉴、2021 年各省科技统计年鉴、2021 年各市统计年鉴以及各市统计局网站等。距离数据根据高德地图提供的地理信息计算得到。对于个别缺失数据，本部分通过插值法、拟合计算等方法做了近似处理。

2. 研究方法

本部分采用修正的引力模型方法刻画城市间创新联系。城市之间存在着普遍的相互作用，创新网络在实证层面即体现为城市节点与城市间相互作用连线形成的网状图。网络城市间创新联系是指城市间创新要素流动所构成的城市之间在地理空间层面的联结（苗长虹和王海江，2006）。衡量城市间创新联系强度的基本指标是创新网络中创新联系值，反映了创新枢纽城市对区域内其他城市的辐射强度以及其他节点城市对创新枢纽城市的反作用力。就目前的研究来看，定量测度城市间创新联系的方法主要有网络联系强度模型以及引力模型等。鉴于城市之间真实的创新联系数据难以获得，本部分采用在城市创新联系研究中相对成熟的引力模型进行测度。

引力模型是空间相互作用分析的基本工具，也是城市地理学和区域经济学中经常运用的模型。但是，传统引力模型多以城市间人口或经济指标差异片面指代城市间相互作用，且在表征城市间空间距离时普遍使用难以反映真实通勤状况的物理距离，不利于全面反映城市间创新联系。基于上述考虑，本部分参考蒋天颖等（2018）构建的模型，采用复合指标刻画城市间创新联系，同时采用通勤时长表征城市间的真实空间距离，以弥补经典引力模型中的缺陷。修正后的引力模型如式（9-1）所示。

$$R_{ij} = k \times \frac{\sum\limits_{p} w_{ip} M_{ip} \times \sum\limits_{q} w_{jq} M_{jq}}{D_{ij}^{\frac{1}{4}}} \qquad (9-1)$$

其中，R_{ij} 为城市 i 与 j 之间创新联系强度；k 为引力系数，通常取 1；$\sum\limits_{p} w_{ip} M_{ip}$、$\sum\limits_{q} w_{jq} M_{jq}$ 分别为城市 i 和 j 的创新能力；M_{ip}、M_{jq} 分别为城市 i、j 的第 p、q 个创新指标的大小；w_{ip}、w_{jq} 分别为城市 i、j 的第 p、q 个创新指标对应的权重；D_{ij} 为城市 i 和 j 之间的通勤时间距离，考虑到各个城市间距离差异较大，式中使用的是城市间通勤时间距离的四次方根结果。

城市创新能力通常可以由创新投入和创新产出两个维度加以刻画。本部分选用各城市教育支出占 GDP 的比重、R&D 经费支出占 GDP 的比重分别表示创新投入中的人力资源投入和物质资金投入；选用各城市的国内专利授权数、专利申请数、规模以上工业企业数衡量创新产出。同时，鉴于创新驱动发展背景下，科技创新已成为城市经济发展的关键贡献因素，将城市 GDP 同步纳入产出指标。此外，由于各城市的对外联系水平在一定程度上影响着创新联系强度，本部分选取公路客运量、公路货运量、邮电业务总量以及国际互联网用户衡量城市的对外联系水平（李彩月，2021）。

指标权重的设定方面，本部分参考《中国城市科技创新发展报告（2022）》《国家创新型城市创新能力评价报告（2022）》等权威指数的权重设定思路，基于项目调研、访谈等情况，构造并形成了城市创新联系强度指标体系及权重设定结果，如表 9-1 所示。

表 9-1　城市创新联系强度指标体系

一级指标	二级指标	衡量指标	指标权重
城市创新联系强度	创新投入	教育支出占 GDP 比重（M_1）	0.10
		R&D 经费支出占 GDP 比重（M_2）	0.08
	创新产出	专利授权数（M_3）	0.06
		专利申请数（M_4）	0.08
		规模以上工业企业数（M_5）	0.04
		城市 GDP（M_6）	0.30
	对外联系水平	公路客运量（M_7）	0.04
		公路货运量（M_8）	0.10
		邮电业务总量（M_9）	0.10
		国际互联网用户（M_{10}）	0.10

资料来源：李彩月. 集群演化视角下我国创新枢纽城市的创新能力提升研究（导师：张贵教授）[D]. 天津：河北工业大学，2021.

在得到引力模型测算结果的基础上，本部分采用社会网络分析方法研究城市间创新联系的网络特征。社会网络分析方法是社会学家根据物理学中适应性网络等研究提出的定量分析方法，能够研究社会网络及其各节点的空间结构，进一步揭示节点之间的空间关联。自 Ter Wal 和 Boschma（2009）首次将社会网络分析法运用于区域创新网络分析研究以来，社会网络分析法已成为创新网络可视化表达方面普遍采用的方法之一，得到国内外学者的广泛借鉴与运用。例如，李琳和牛婷玉（2017）运用该方法分析了中国各省市创新产出的空间关联及空间格局演化规律；王聪等（2017）从人才集聚效应角度分析了山西省地级市层面的区域协同创新网络结构等。

在本部分研究中，不同城市的网络结构特征可以通过网络密度、中心度等指标来刻画，有助于识别出不同层次的创新枢纽城市。其中，中心度指标因其定义的简明性和可视化结果的直观性，得到现有研究的普遍采用。中心度指标具体包含点度中心度、中间中心度和特征值中心度等不同类型。本部分运用点度中心度刻画城市的枢纽性，以便简单明晰地识别节点城市是否位于中心位置。

二、中国城市创新空间特征分析

利用改进后的引力模型计算出各节点城市间的创新联系强度，基于 Arcgis10.6 软件对中国城市创新空间联系结构进行分析。从整体来看，中国城市创新联系空间格局呈现东强西弱、东密西疏的地理分布特征，中国城市创新网络存在明显的"核心—边缘"结构分布特征。

1. 城市创新网络联系呈现东强西弱特征

根据自然间断点，将网络联系强度划分为七个等级：城市间创新联系强度低于 19 时表示创新联系强度"极弱"，介于 19~46 时表示创新联系强度"较弱"，介于 46~94 时表示创新联系强度"弱"，介于 94~181 时表示创新联系强度"中等"，介于 181~350 时表示创新联系强度"强"，介于 350~881 时表示创新联系强度"较强"，介于 881~1390 时表示创新联系强度"极强"。

我国城市间创新联系呈现明显的东密西疏、东强西弱的地理分布特征，在地理空间上存在显著的不均衡性（李彩月，2021）。从整体上看，创新联系强度从东部沿海向西部内陆递减，东部平均联系强度显著高于中部和西部。从区域看，我国创新联系强度较高的城市主要分布于京津冀城市群、长三角城市群、珠三角城市群，且大多为直辖市、省会城市以及经济发展较高的城市等，城市间创新联系在空间上形成了以"北京—上海""北京—天津""北京—重庆、成都""广州—深圳"等为"干流"的菱形结构。

2. 城市创新等级呈现东高西低特征

在计算得出两两城市间创新联系强度的基础上，对创新联系强度按城市进行汇总，可以得到城市的对外创新联系总量。此处将城市对外创新联系总量划分为 7 个等级：网络联系总量低于 3348 时表示城市创新等级"极低"，介于 3348~5549 时表示城市创新等级"较低"，介于 5549~8124 时表示城市创新等级"低"，介于 8124~11990 时表示城市创新等级"中等"，介于 11990~17912 时表示城市创新等级"高"，介于 17912~29336 时表示城市创新等级"较高"，介于 29336~50192 时表示城市创新等级"极高"。在此基础上，对城市创新等级进行了可视化分析。

城市创新等级与城市创新网络的空间分布特征相似，整体上呈现东高西低态势，并且存在明显的等级分化。其中，创新等级为"高"和"较高"的城市大多分布在东部地区，主要集中在京津冀、长三角、粤港澳大湾区城市群中，地理位置较为松散，呈现"大分散、小集聚"的分布特征；西部地区只有重庆为创新等级较高城市，除成都、兰州、乌鲁木齐外的其他城市创新等级偏低，反映出东、西部地区城市创新能力差距明显。整体来看，创新等级居前的城市均为行政等级较高、经济发展较为迅速的城市。2020 年，中国城市创新联系总量居前 10 位的城市为上海、深圳、北京、广州、重庆、苏州、杭州、南京、武汉、天津，这些城市在各城市中处于绝对领先位置，显示出较强的创新活跃度。值得注意的是，上海、深圳的创新联系总量高于北京。尽管北京科学教育资源极为丰富，但是由于京津冀城市群在创新密度、创新资源方面存在的显著"落差"（杨开忠和范博凯，2022），北京与周边城市的创新联系强度相对不足，导致北京的创新枢纽功能受到一定的制约。这也契合了本章理论部分的观点，即创新枢纽城市不是单一强调城市自身创新能力的提升，而是注重发挥城市对其他城市特别是周边城市的辐射带动作用，使更多城市能够从创新枢纽城市的发展中共享创新利益。

3. 城市创新网络存在"核心—边缘"结构

城市创新中心度是反映城市在创新网络中的地位的重要指标。在区域创新网络中，处于核心位置的城市更容易获得创新资源，对区域内其他城市具有更强的影响力。通过将引力模型计算得出的城市创新联系强度代入 UCINET 软件，同时计算各城市在创新网络中的点度中心度，可将各城市划分为 5 个层级：将创新中心度指标值 42000 以上的城市划入"强核心层"，指标值介于 23500~42000 的城市划入"核心层"，指标值介于 9800~23500 的城市划入"强半边缘层"，指标值介于 6000~9800 的城市划入"弱半边缘层"，指标值 6000 以下的城市划入"边缘层"。分层结果如图 9-2 所示。

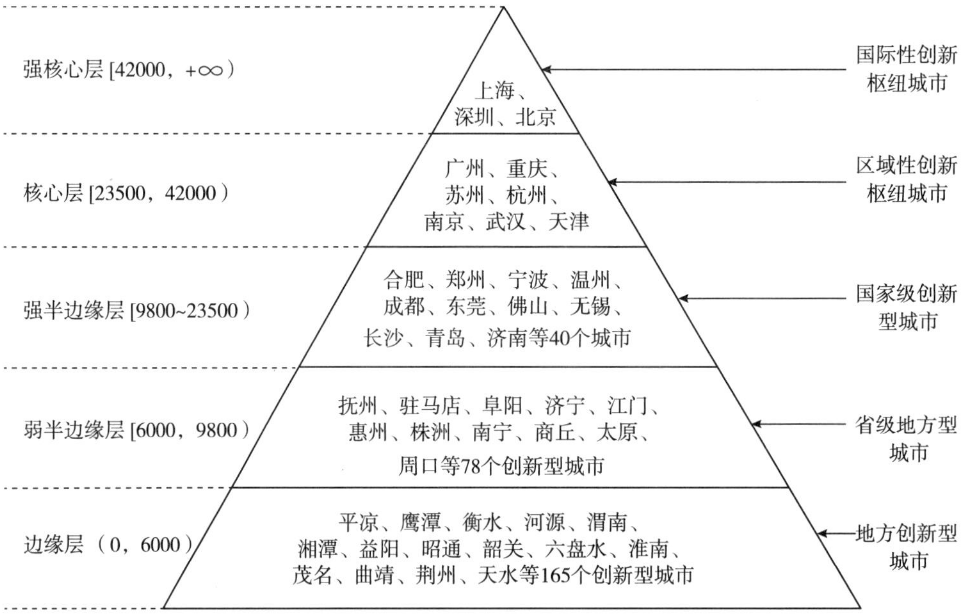

图 9-2 中国城市创新网络层级划分

资料来源：笔者自绘。

由图 9-2 可知，中国城市创新空间联系格局存在明显的"核心—边缘"结构特征。结果显示，上海在城市创新网络中处于绝对核心层级，创新点度中心度最高，是国际性创新枢纽城市，构成了整个创新网络的动力引擎。上海作为我国经济和创新中心，集聚了大量优质创新主体和高端创新要素，在创新基础设施、创新文化等创新环境方面具有领先优势，因而其城市创新联系引力值居于首位，具有强劲枢纽性和外向辐射能力。深圳和北京在创新要素禀赋、生产配套网络、创新创业环境等方面同样具有明显优势，故与上海同样位于创新网络的强核心层，是我国的国际性枢纽城市。创新网络的核心层包括广州、重庆、苏州等 7 个区域性创新枢纽城市，这些城市创新能级较高，拥有较强的对外合作能力，与周边节点城市存在广泛的创新合作关系，有能力吸引创新研发能力强的科技型企业、科研院所和跨国企业进驻，同时带动周边城市。创新网络的强半边缘层主要涵盖合肥、郑州、成都等 40 个城市。这些城市总体上位于创新型城市向创新枢纽城市转型的发展阶段，创新活动较频繁，创新主体比较活跃，在全国范围内具有相对显著的创新影响力，因而可将其定义为国家级创新型城市。创新网络的弱半边缘层和边缘层主要包括点度中心度在 9800 以下的城市。这些城市尽管具有一定创新能力，但创新主体间由于经济因素、政策环境以及地理距离等多种原因，尚未形成稳定的创新联系及创新生态，创新要素利用能力相对不足，整体创新能力有待提升。

综上所述，根据城市网络联系、城市创新等级以及城市创新中心度量化分析，将上海、深圳、北京、广州、重庆、苏州、杭州、南京、武汉、天津作为我国创新枢纽城市。这些城市在创新功能和结构层面符合创新枢纽城市的典型特征，并在创新网络中居于关键节点位置，是后文实证检验的重要研究对象。

第三节　集群演化与创新枢纽城市创新能力优化

本节主要对集群演化能否促进创新枢纽城市的创新能力提升进行实证探讨，具体内容包括模型的建立、指标构建与数据来源、实证结果及其含义等。

一、模型的建立

本部分实证模型主要以 Cobb - Douglas 生产函数为基准进行设计，生产函数见式（9-2）：

$$Y = A(t)L^{\alpha}K^{\beta}\mu \tag{9-2}$$

其中，Y 表示总产值，$A(t)$ 表示综合技术水平，L 表示人力资本，α 表示人力资本的弹性系数，K 表示研发经费投入，β 为研发经费投入的弹性系数，μ 为随机干扰项的影响，$\mu \leqslant 1$。

基于上述内容，本部分参考国内外已有研究，通过改进 Cobb-Douglas 生产函数形式来分析集群演化对创新枢纽城市的影响。为了进一步反映集群在演化过程中实现的发展水平提升，本部分将产业集群发展水平作为中介变量，建立中介效应模型，如式（9-3）至式（9-5）所示。

$$lnInno_{it} = \alpha_0 + \alpha_1 lnClu_{it} + \alpha_3 lnGov_{it} + \alpha_4 lnGdp_{it} + \alpha_5 lnFdi_{it} + \alpha_6 lnHum_{it} + \alpha_7 lnEdu_{it} + \mu_{it} \tag{9-3}$$

$$lnInclu_{it} = \alpha_0 + \alpha_1 lnClu_{it} + \alpha_3 lnGov_{it} + \alpha_4 lnGdp_{it} + \alpha_5 lnFdi_{it} + \alpha_6 lnHum_{it} + \alpha_7 lnEdu_{it} + \varepsilon_{it} \tag{9-4}$$

$$lnInno_{it} = \alpha_0 + \alpha_1 lnClu_{it} + \alpha_2 lnInclu_{it} + \alpha_3 lnGov_{it} + \alpha_4 lnGdp_{it} + \alpha_5 lnFdi_{it} + \alpha_6 lnHum_{it} +$$
$$\alpha_7 lnEdu_{it} + \epsilon_{it} \tag{9-5}$$

其中，$Inno_{it}$ 表示创新枢纽城市创新能力，i 表示地区，t 表示年份，Clu_{it} 表示集群演化，$Inclu_{it}$ 表示集群发展。其余变量为模型采用的控制变量，其中 Gov_{it} 表示政府参与程度，Gdp_{it} 表示城市市场潜力，Fdi_{it} 表示外商直接投资，Hum_{it} 表示人力资本水平，Edu_{it} 表示城市教育水平，α 为待估参数，μ_{it}、ε_{it}、ϵ_{it} 为随机误差项。回归方程中的

"ln"表示该变量经过对数化处理。

二、指标构建与数据来源

指标构建方面，本部分针对前文构建的实证模型，详述被解释变量、核心解释变量、中介变量和控制变量的选择情况。

1. 被解释变量

模型采用的被解释变量为创新枢纽城市创新能力（$lnnot_{it}$）。度量城市创新能力的方法有多种，大多数学者主要使用三类指标（李彩月，2021）：全要素生产率、专利授权量和专利申请量。其中，全要素生产率使用率较高，但是全要素生产率同时受多种因素影响，与真实创新能力之间可能存在一定误差。相比之下，专利指标更能准确反映真实的创新能力发展水平且数据可得性高。在专利指标中，专利授权量是实际通过国家知识产权部门审查的专利的数量，更能体现知识创造的"含金量"。因此，本部分选取专利授权量表征创新枢纽城市的创新能力。

2. 核心解释变量

模型采用的核心解释变量为集群演化（Clu_{it}）。根据前文分析，集群演化变量应能量化表征产业集群向创新集群演化的程度和所处阶段。考虑到数据可得性，此处采用城市中创新型产业集群的净利润与创新型产业集群的数量之比衡量集群演化，数据来源为中华人民共和国科技部。创新型产业集群是经科技部批准设立的、旨在发挥创新驱动作用和强化科技服务能力的示范性产业集群，以战略性新兴产业集群为主，也包括部分正在转型的传统产业集群。数据显示，截至2020年年底，我国的创新型产业集群数量共计108个，能够满足实证需要。

3. 中介变量

模型采用的中介变量为集群发展水平（$lnclu_{it}$）。结合前文有关集群演化促进创新枢纽城市发展的机理的讨论，此处通过构建指标体系来衡量产业集群发展水平，基本思路是选用产业规模、产业集聚、产业结构和产业生态四个指标，分别对应规模效应、集聚效应、结构效应和生态效应，最后使用熵值法进行度量。有关指标体系构成的说明如下。

一是产业规模（Sca_{it}）。以往研究中，产业规模一般用资本存量和企业数量来代表。鉴于工业企业是城市创新的重要载体，同时考虑到数据的可获取性，此处选用城市工业企业数量占全国工业企业数量的比重表征产业规模。

二是产业集聚（Spe_{it}）。此处选取区位熵表征产业集聚水平。区位熵由哈盖特提出，用于反映某一产业部门的专业化程度，形式如式（9-6）所示。

$$Spe_j = \frac{E_{ij}/E_j}{E_{ki}/E_k} \tag{9-6}$$

其中，E_{ij}表示j城市i产业的就业人数，E_j表示j城市所有产业就业人数，E_{ki}表示全国i产业就业人数，E_k表示全国所有产业就业人数。此处采用第二产业和第三产业从业人员区位熵表示产业集聚水平。

三是产业结构（Str_{it}）。产业是区域经济高质量发展的支撑力量和城市创新能力提升的重要基础，产业结构优化有利于城市创新能力提升。此处使用各城市第二产业生产总值占 GDP 的比重表征产业结构指标。

四是产业生态（Sec_{it}）。产业生态形成的基础条件是创新主体和创新要素达到一定的浓度。只有到达一定的浓度，产业生态才能在生态系统内部形成非线性复杂交互作用，对生态系统外部产生创新溢出和辐散。此处采用所在团队计算的创新生态系统浓度值衡量产业生态指标。

4. 控制变量

为了尽可能考虑其他经济社会变量对城市创新能力的影响，此处加入若干与城市创新能力相关的控制变量，具体说明如下：

一是政府参与程度（Gov_{it}）。政府对科技创新活动的投入在城市创新能力建设中具有重要作用，此处采用财政科技支出比重衡量政府对科技创新的支持力度。

二是市场发展潜力（Gdp_{it}）。从一般规律看，市场潜力高的城市往往是资本、人才、创新要素等集聚的地区。这些城市能够依托庞大的市场容量形成"本地市场效应"，支持大量异质性创新主体开展密集的创新活动，搭建密切的创新联系，从而有利于城市创新水平的提升，故此处使用 GDP 规模表征市场发展潜力。

三是外商直接投资（Fdi_{it}）。外商直接投资（FDI）的提升，有利于外部先进技术等创新要素进入本地市场，产生知识和技术溢出，倒逼本地企业加大创新投入，并通过学习、吸收和再创新过程，提升自身创新能力。但是，FDI 还可能对城市创新能力产生消极影响：FDI 可能导致本地企业形成对外部技术的依赖（石大千和杨咏文，2018），并可能凭借市场垄断优势，挤占本地人力资本和创新投入（李政等，2017），抑制城市创新动力。因此，FDI 对创新枢纽城市创新能力的实际影响效果有待实证结果检验。为消除汇率变动带来的不稳定因素，此处使用各市 FDI 年流入量乘以当年人民币兑美元的平均汇率，将 FDI 数额换算成人民币表示，再与各市当年地区生产总值求比值，以衡量 FDI 的影响程度。

四是人力资本水平（Hum_{it}）。人力资本要素是创新要素的核心组成部分，包括企业家、研发人员和技术人员等在内的人力资本是衡量一个城市创新能力的重要指标。考虑到创新能力强的城市能够吸引高等院校和科研机构的人才进驻，且受过高等教育的人相对更容易进行创新，此处使用高等学校在校大学生数与城市总人口的比重表示城市人力资本水平。

五是城市教育水平（Edu_{it}）。教育投入是创新研究中不可忽视的影响因素之一，教育水平是衡量城市创新能力水平高低的基础指标之一，创新型城市对教育的投入越高，越能够促进城市创新能力提升。故此处使用地方财政教育事业支出占 GDP 比重表征城市教育水平。

综合上述分析，将模型的指标构建方案进行整理，如表 9-2 所示。

表 9-2　变量选取与计算方法

变量类别	一级指标	二级指标	英文符号	度量指标
被解释变量	创新枢纽城市创新能力	—	$Inno$	城市专利授权数（件）
核心解释变量	集群演化	—	Clu	创新型产业集群净利润/数量（万元/个）

续表

变量类别	一级指标	二级指标	英文符号	度量指标
中介变量	集群发展（Inclu）	产业结构	Str	第二产业生产总值/GDP（%）
		产业集聚	Spe	区位熵（第二产业和第三产业）
		产业规模	Sca	工业企业数/全国工业企业数（%）
		产业生态	Sec	生态浓度指标
控制变量	政府参与程度	—	Gov	科学与技术支出/政府财政支出（%）
	市场发展潜力	—	Gdp	GDP 规模（亿元）
	外商直接投资	—	Fdi	外商直接投资额/GDP（%）
	人力资本水平	—	Hum	每万人普通院校在校生数量（人/万人）
	城市教育水平	—	Edu	教育事业支出/GDP（%）

注：生态浓度指标的测度方法来源于《京津冀蓝皮书：京津冀经济社会发展报告（2019）》。

样本选择方面，根据前文对创新枢纽城市的识别结果，本部分基于上海、深圳、北京、广州、重庆、苏州、杭州、南京、武汉和天津 10 个创新枢纽城市构造面板数据，样本年份区间为 2014~2020 年。数据来源方面，模型中使用的专利授权数、创新型产业集群总产值及数量、R&D 人员数，R&D 经费投入等数据来自《中国高技术产业统计年鉴》、《中国火炬统计年鉴》、各市统计年鉴、各市《国民经济与社会发展统计公报》以及各市统计局，其余指标原始数据来自《中国统计年鉴》、《中国城市统计年鉴》、国家统计局以及各市统计局。对于个别缺失数据，采用插值法、拟合计算等方法做近似处理。

三、实证结果及其含义

本部分根据前文模型设定，采用 Stata 软件定量估计模型结果，并对估计结果进行分析。根据面板模型的豪斯曼检验结果，检验统计量对应的 P 值为：$Prod > chi^2 = 0.7435$，即接受原假设，因此本部分选择随机效应模型进行分析。

表 9-3 展示了实证回归结果。其中，模型（1）结果显示，集群演化变量的回归系数为 0.046，在 10% 的水平上显著，表明集群演化对创新枢纽城市的创新能力提升具有显著促进作用。模型（2）结果显示，集群演化变量的回归系数在 5% 的水平上显著，表明集群演化显著促进了集群发展水平的提高，核心解释变量与中介变量具有显著的相关关系。模型（3）结果显示，集群演化变量和集群发展水平变量对创新枢纽城市创新能力的回归系数均显著为正。综上分析，集群演化推动了集群发展水平提升，进而提升了创新枢纽城市的创新能力。

表 9-3 集群演化与创新枢纽城市创新能力面板回归结果

	lnInno	lnInclu	lnInno
	（1）	（2）	（3）
lnClu	0.046* (0.025)	0.036** (0.017)	0.044** (0.019)

	lnInno	lnInclu	lnInno
	（1）	（2）	（3）
lnInclu	—	—	0.319 **
			（0.159）
lnGov	−0.108	0.146 **	−0.234
	（0.276）	（0.073）	（0.248）
lnGdp	1.335 ***	−0.264	1.329 ***
	（0.421）	（0.260）	（0.374）
lnFDI	−1.040	−0.616 **	−0.800
	（0.845）	（0.290）	（0.736）
lnHum	0.150	0.015	0.116
	（0.247）	（0.216）	（0.231）
lnEdu	1.508	1.249 ***	1.010
	（1.238）	（0.475）	（1.192）
c	−4.593	6.833 ***	−5.568 **
	（3.840）	（2.272）	（2.806）
R^2	0.190	0.279	0.335

注：笔者根据计算结果整理，其中 ***、** 和 * 分别表示在1%、5%、10%的水平上显著。

控制变量方面，市场潜力变量即城市 GDP 规模在模型（1）和模型（3）中显著为正，表明市场潜力的提升对创新枢纽城市的创新能力发展具有正向促进作用。但是，FDI 变量的回归系数在各模型中为负甚至显著为负，反映出在样本时期内，FDI 对创新枢纽城市的创新能力提升产生了抑制作用。结合近年来的相关研究判断，FDI 对创新能力的影响存在倒"U"形曲线特征（张涵和李晓澜，2020），即当 FDI 达到一定规模或比重时，继续扩大 FDI 不仅难以提升 FDI 的正向溢出作用，反而可能加剧 FDI 的"挤出效应"（田毕飞和陈紫若，2016）。因此，此处回归系数为负说明创新枢纽城市的 FDI 比重已经处于倒"U"形曲线的右侧，导致 FDI 最终表现出对创新能力的抑制作用。最后，人力资本水平、城市教育水平的回归系数在各模型中均为正或显著为正，表明城市人才资源和教育水平的提升可以改善劳动力素质，加速知识传播和技术创新，促进城市创新能力的提高和技术水平的提升，为创新枢纽城市发展提供智力支持。

综合上述分析结果，产业集群向创新集群的演化对创新枢纽城市的创新能力提升产生了正向促进作用。从机理上看，集群演化通过实现规模效应、集聚效应、结构效应和生态效应，强化了集群在城市和区域创新中的"引擎"作用，增强了创新枢纽城市对创新要素的配置能力，从而提升了创新枢纽城市在科技创新格局中的地位。

第十章 产业创新生态系统及其韧性分析

当前，国内外发展环境发生了深刻复杂变化，经济发展面临着较大的不确定性和风险，冲击与扰动层出不穷。在此背景下，如何降低不确定性因素对产业发展的消极影响，确保产业创新生态系统的稳定运行，已经成为我国产业发展过程中面临的突出问题。本章旨在为产业创新生态系统的构建与治理提供新思路与新途径。首先，将韧性理论引入产业创新生态系统研究领域，通过对产业创新生态系统韧性的概念界定及系统韧性特征分析，对韧性与产业创新生态系统之间的关系进行阐释。其次，分析了产业创新生态系统韧性机理，对产业创新生态系统演化研究进行了有益的理论补充。再次，构建了产业创新生态系统韧性测度模型，并以高新技术产业为例，开展了对该产业的评估分析。最后，基于本章的研究结论，总结了系统韧性对产业创新生态构建与优化的启示。

第一节 韧性与产业创新生态系统的关系

韧性是产业创新生态系统的基本特征，反映了产业创新生态系统对环境突变的抵御和适应能力。强大的生态韧性是产业创新生态系统持续、高效运行的必要保证，也对产业创新生态系统的结构完整性、功能完备性提出了更高要求。理解系统韧性对于认识、把握产业创新生态系统的演化机理具有重要意义。

一、产业创新生态系统韧性的含义

韧性和创新生态系统是当前学术界的研究热点，相关学者围绕各自的研究领域形成了丰富的研究成果。当前，产业创新生态系统韧性是韧性理论与产业创新生态系统交叉领域具有较大理论与实践价值的研究缺口。通过检索国内外相关文献可知，目前学术界尚未对产业创新生态系统韧性概念进行明确界定，部分研究仅涉及产业系统韧性等内容。事实上，韧性理论关注如何增强系统抵御冲击和扰动的能力、促进系统自我适应性进化，对于增强创新的连续性、促进产业创新生态系统良性演化发展具有重要意义。因此，亟须将韧性理论扩展到产业创新生态系统研究领域，从而更好地理解冲击、产业创新生态系统良性演化和产业高质量发展三者之间的关系。

在社会生态系统韧性研究方面，国内外学者从不同的研究视角和研究范式出发，对韧性的概念与内涵作出了不同的界定。例如，"经济韧性"被定义为经济系统受到冲击和干扰后进入一个新的更好经济状态的能力；"城市韧性"被定义为衡量一个城市在遭受外界冲击和扰动时的适应调整能力；"社区韧性"被定义为群体或社区应对因社会、政治和环境变化而产生的压力和干扰的能力。尽管上述定义的侧重点不尽相同，但从实质看都是强调系统对冲击和不确定扰动的抵御、吸收、恢复与更新能力。一方面，相关文献对韧性理论的研究范式经历了"工程韧性—生态韧性—演化韧性"的转变，体现了学术界对韧性认知的逐步深入，为"产业创新生态系统韧性"概念的提出奠定了坚实的理论基础。另一方面，韧性理论在社区管理、工程管理、城市发展与规划、经济发展等领域的应用，为产业创新生态系统韧性理论的建立提供了广阔的实践借鉴与应用空间。

基于上述相关定义以及韧性理论在社会经济领域中的应用，本部分从韧性理论的最新研究范式——演进韧性出发，认为产业创新生态系统韧性是指该系统在面对冲击和不确定扰动风险时，通过自组织、自适应、自学习、系统记忆和惯性等方式恢复到更高功能水平的能力。产业创新生态系统韧性的内涵如下：

首先，基于韧性理论，产业创新生态系统韧性是对创新生态系统健康度、成熟度、适宜度、共生度、有机度等创新生态系统演化思想的继承与发展，能够为实现产业可持续健康发展提供新思路，也是产业创新生态系统构建与治理研究领域的新范式和新途径。产业创新生态系统稳定性、协同度、共生度、健康度等实质上是对系统内部运行状况的表征，而产业创新生态系统韧性是对系统面对不确定性冲击和扰动时产生的抵御风险、自主适应及跨越发展能力的表征。

其次，从冲击过程来看，产业创新生态系统韧性可以解构为抵御冲击能力、吸收扰动能力、组织重构能力与系统更新能力，如图 10-1 所示（赵玉帛等，2022）。当冲击和扰动出现时，系统凭借抵御能力承受直接冲击和扰动，减弱其对系统的破坏性影响；系统的吸收能力负责分散和消解冲击，缓解系统中创新主体面临的生存压力；组织重构能力是系统在受到冲击后产生的组织再造和内部优化能力，目的是将冲击和扰动转化为有利于系统进化的积极因子，实现"在危机中育新机"；系统更新是系统通过自组织、自学习进化到一种全新状态的能力，能够使系统发展水平达到甚至高于受冲击前水平。抵御能力、吸收能力、组织重构和系统更新四种能力相辅相成、互为促进，共同构成了系统韧性。基于此，产业创新生态系统韧性是动态系统具有的持续调整与适应、不断实现自我组织与进化学习的属性，其目的在于降低系统遭受冲击后的崩溃概率，减少系统出错空间，缩短系统恢复到初始状态所需的时间，进而达到新的系统平衡状态，是一种产业创新生态可持续发展的新路径。

最后，传统的产业发展理论虽然普遍认识到产业环境复杂多变、较难预测的特点，并主张产业生态的发展要与环境相适应，但在面对产业创新生态系统的冲击与扰动等不确定性风险时，其应对策略本质上仍基于概率分析抑或"成本—效益"分析的风险研究范式，宗旨在于降低不确定性风险和提高系统抵抗风险的能力。该范式把冲击与扰动看作对产业创新生态发展的负面、不利影响，是应该积极调动系统内外的能力、动力来化解和防范的对象，实质上是一种消极应对冲击的研究范式。与传统范式不同，产业创新生态系统韧性概念凸显了企业、政府、高校、科研院所和金融机构等产业创新

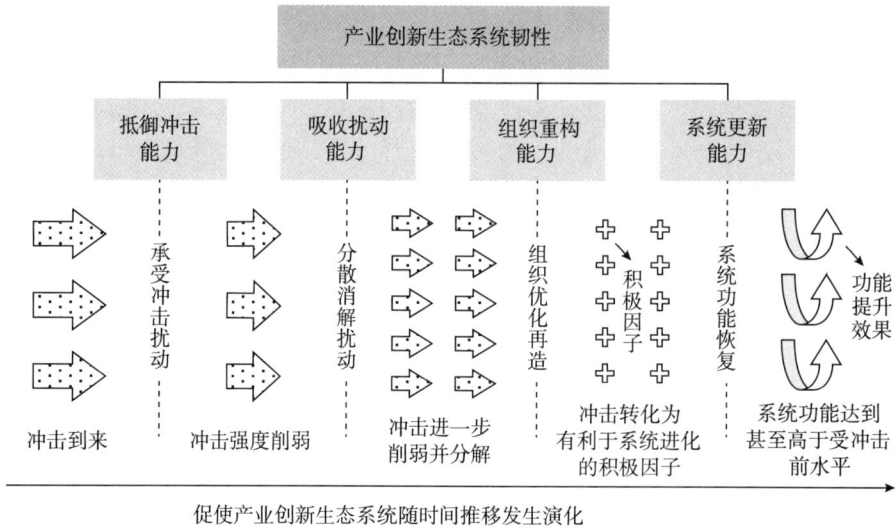

图 10-1　产业创新生态系统韧性能力解构

资料来源：笔者自绘。

主体在面对冲击与扰动时的主导性作用，强调通过产业创新主体的不断学习与自我适应，将冲击和扰动内化为产业创新生态内的经验积累、制度安排乃至法律法规，最终形成系统记忆，从而体现了对冲击和扰动的积极应对策略。

二、产业创新生态系统韧性的特征

产业创新生态系统是指以企业、高校、科研院所、金融机构、政府、行业协会和社会公众等为创新主体，通过创新资源支撑和创新要素流动，在特定区域环境内以产品、服务等创新解决方案来满足社会公众和市场需求的复杂系统。系统韧性由抵御、吸收、组织重构与系统更新四种能力合力而成，并随着系统演化形成了多样性、进化性、流动性、缓冲性、网络性五个维度的基本特征（赵玉帛等，2022）。系统韧性及其空间载体是对产业创新生态系统中的创新主体、创新基因、创新要素、创新基础和创新空间的特殊要求，二者之间具有一一对应关系。

1. 吸收能力——创新主体的多样性

从创新生态视角来看，多样性是指生态系统中存在着多种类型的创新主体与创新活动。创新物种的多样性是创新生态系统进化的前提，创新物种越多、创新活动的多元化程度越高，系统的"创新基因库"（李万等，2014）就会越丰富。从物种到种群再到群落的进化路径中，多样性越强，创新主体就越可能获得更多的试错与环境应答空间，从而有利于系统演化。

从韧性理论视角来看，多样性表征着系统对冲击的吸收能力。对创新生态系统而言，多样性承担着"冲击吸收器"的角色，能有效地将冲击转移和分散到多个不同子产业。这一功能的意义在于，冲击和扰动可以被多元、异质的产业创新生态系统组成部分充分"稀释"和削减；反之，较为单一的产业结构在面对冲击和扰动时缺乏缓冲余地，因而会增加衰退风险（苗长虹等，2018）。两种视角下产业创新生态系统的多样性特征阐释如图 10-2 所示。

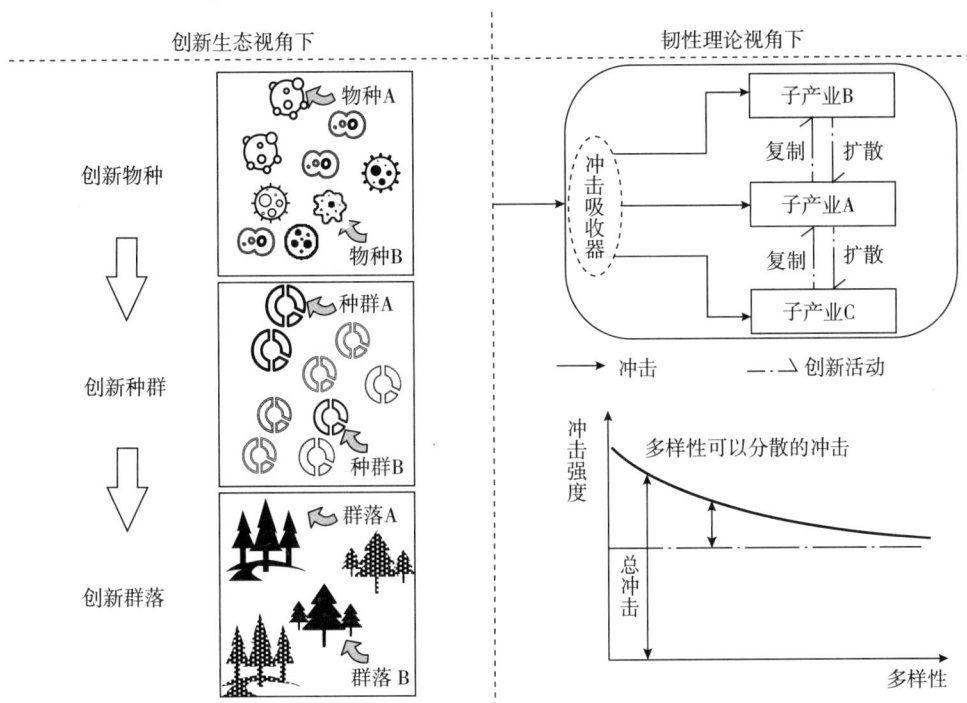

图 10-2　不同视角下产业创新生态系统的多样性特征阐释

资料来源：赵玉帛，张贵，王宏. 数字经济产业创新生态系统韧性理念、特征与演化机理［J］. 软科学，2022，36（11）：86-95.（与原图相比有改动）

2. 系统更新——创新基因的进化性

从创新生态视角来看，进化性是指系统内主体为适应环境变化，通过不断自我调整、改变基因形态和结构，不断促进优势物种的成长和自我超越的能力（曾国屏等，2013），使系统内主体的功能水平在时空维度上呈现出螺旋式上升趋势。

从韧性视角来看，进化性表征着系统的组织更新能力，说明系统在受到冲击和扰动后，仍能不断进行自学习、自调整、自适应，最终实现要素优化和更新，表现为系统功能水平的不断提高。两种视角下产业创新生态系统的进化性特征阐释如图 10-3 所示。

3. 组织重构——创新要素的流动性

从创新生态视角来看，系统构建的目的是要加强各要素、主体和地区之间的流动性。人才流、技术流、资本流等创新要素的高速流动促进了创新生态系统内部循环（杨剑钊和李晓娣，2016），保障了创新生态系统的开放性和动态性的功能。产业创新生态系统需要具有优越的系统流动特征，建设完善的创新服务体系，保证人才流、物资流、信息流、价值流的顺畅，才能使系统创新不断发生（刘志春和陈向东，2015）。

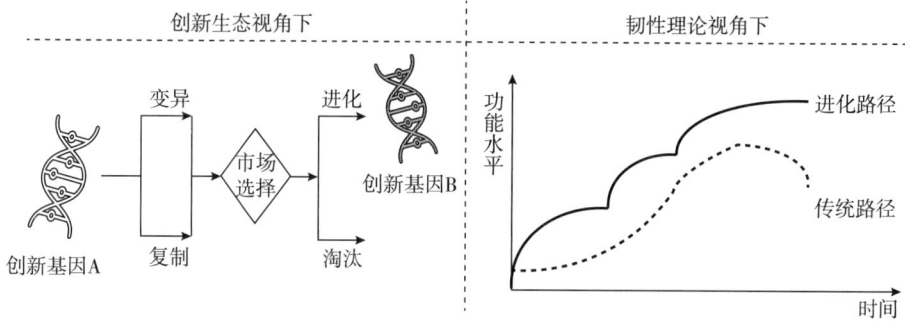

图 10-3 不同视角下产业创新生态系统的进化性特征阐释

资料来源：赵玉帛，张贵，王宏. 数字经济产业创新生态系统韧性理念、特征与演化机理［J］. 软科学，2022，36（11）：86-95.

从韧性视角来看，流动性表征了系统的自我修复和恢复能力，其意义在于破除系统内要素流动壁垒，通过对要素的调动，以填补系统受到冲击后出现的各种缺口（Wildavsky，1988）。不同的行业在面临冲击时的反应不同，受到特定冲击的特定行业通过促进创新要素（人才、资本等）向另一个行业的流动，使整个产业创新生态系统更具适应性，从而更好地应对冲击。同时，不同行业之间的知识差异显著，创新要素流动能够促进知识组合（Manniche et al.，2017），带来更多激进式创新（Castaldi et al.，2015）。两种视角下产业创新生态系统的流动性特征阐释如图 10-4 所示。

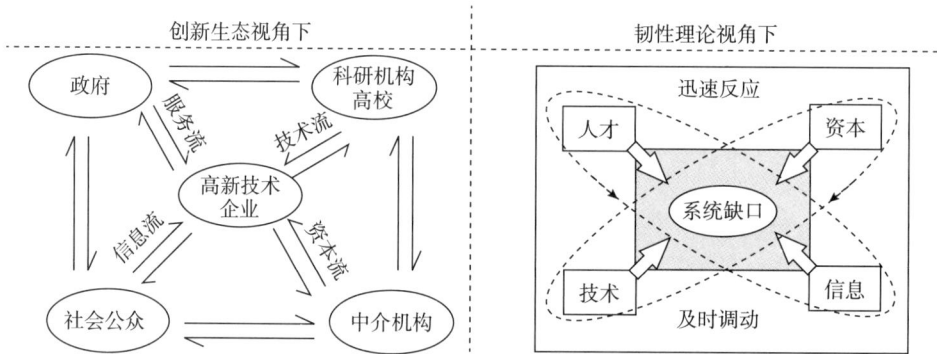

图 10-4 不同视角下产业创新生态系统的流动性特征阐释

资料来源：赵玉帛，张贵，王宏. 数字经济产业创新生态系统韧性理念、特征与演化机理［J］. 软科学，2022，36（11）：86-95.

4. 抵御能力——创新基础的缓冲性

从创新生态视角来看，缓冲性来源于系统内部资源的冗余和结构的复杂程度。系统通过内部创新基础的积累和多元连接的复杂结构整合，形成先发资源禀赋优势，进而对提高创新能力产生正向影响。创新生态系统的创新基础可划分为经济、自然、社会、技术等类型（宋洋，2017）。创新基础是创新生态系统中参与创新活动以及为创新活动提供相关辅助的要素，既包括研发中心、数据库和科研设备等基础设施，也包括政策法规、文化水平等创新环境。创新环境是创新生态系统中的环境要素，为创新主体的生存发展、创新活动的有序进行提供各种资源。

从韧性视角来看，缓冲性表征了系统的抵御能力，其意义在于，系统必须具备超出自身需求的一定量的资源冗余以及多元的连接结构，从而为抵御冲击风险提供充足的"弹药"。当系统遭受到冲击时，丰富的资源储备能够延缓系统功能水平下降的速度和削减系统功能水平下降的幅度，从而延长系统应对冲击的"窗口期"，给创新主体集思广益和采取措施留出更多的时间，提高系统承受冲击的能力，避免因系统脆弱性导致系统崩溃。综上所述，两种视角下产业创新生态系统的缓冲性特征阐释如图10-5所示。

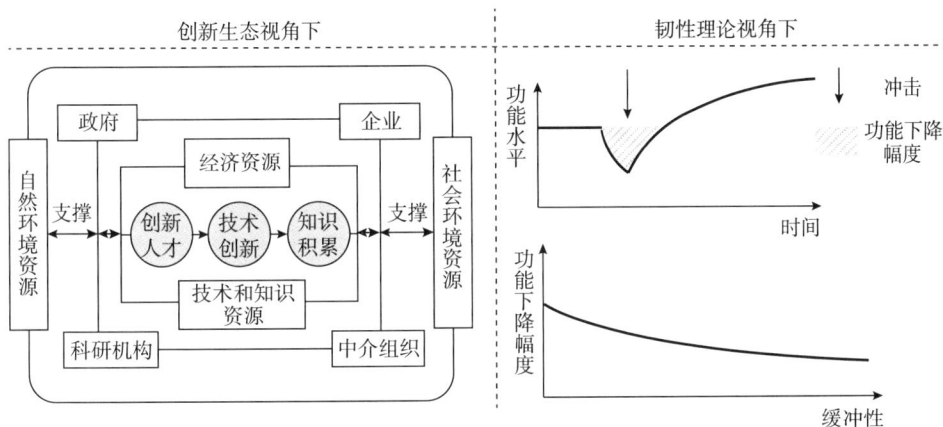

图10-5 不同视角下产业创新生态系统的缓冲性特征阐释

资料来源：赵玉帛，张贵，王宏. 数字经济产业创新生态系统韧性理念、特征与演化机理［J］. 软科学，2022，36（11）：86-95.

5. 空间载体——创新空间的网络性

从创新生态视角来看，产业创新生态系统通过相互交织的利益关系形成创新网络，利用创新网络来维持开放式环境，促进系统成员由低向高、由简单向复杂的协同进化（曹如中等，2015）。类似于自然生态系统中的食物链，产业创新生态构筑了一种基于人才链、金融链、价值链等横向和纵向生态链的网络关系，从而提高产业绩效并推动技术进步，创造更高价值（Adner and Kapoor，2010）。

从韧性视角来看，网络性表征了系统的弹性结构，其意义在于塑造多元的路径连接和开放、异配性的网络特征结构。这种网络结构使系统内的各种要素能够在"核心—边缘"间的渠道循环流动（谢永顺等，2020），从而在网络核心与外围之间形成紧密联系。当系统遭受到冲击时，一方面，在具有高弹性、高流动性的网络结构中，核心节点的破坏或者功能缺失对整个网络的影响相对有限，网络的恢复力较强、恢复周期较短。另一方面，产业创新网络中各创新主体节点之间可以相互协作，形成网络协同效应，通过调整节点之间的联系强度和优化网络拓扑结构来共同应对冲击。基于上述分析，两种视角下产业创新生态系统的网络性特征阐释如图10-6所示。

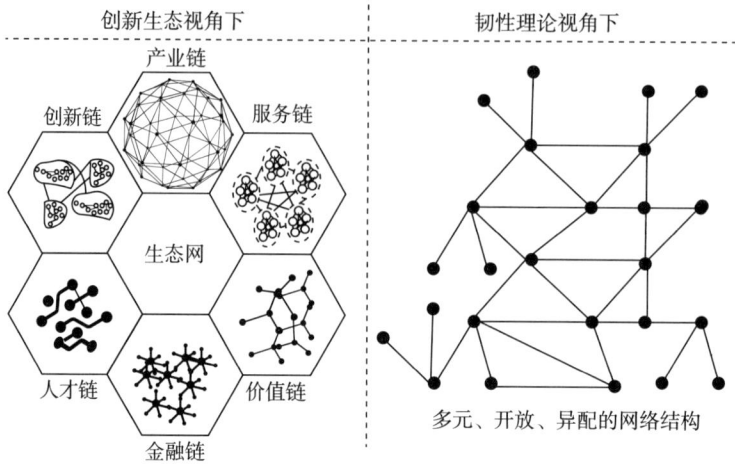

图 10-6 不同视角下产业创新生态系统的网络性特征阐释

资料来源：赵玉帛，张贵，王宏．数字经济产业创新生态系统韧性理念、特征与演化机理［J］．软科学，2022，36（11）：86-95.

综合来看，产业创新生态系统韧性是系统的抵御冲击能力、吸收扰动能力、组织重构能力与系统更新能力所形成的多维合力，具有多样性、进化性、流动性、缓冲性、网络性的基本特征。上述分析有助于将系统韧性特征纳入到统一的创新生态系统韧性研究框架内，明确系统韧性与产业创新生态系统之间的关系，从而为产业创新生态系统韧性的机理分析和实证测度奠定基础。

第二节　产业创新生态系统韧性的机理分析

面对冲击和扰动，产业创新生态系统需要凭借自身韧性，适应冲击和扰动所导致的环境突变，并通过对系统结构和功能的调整实现自我演化，该过程即系统的韧性演化过程。现实中，不同产业创新生态系统的韧性存在差异，决定了不同系统的韧性演化路径及其结果通常各不相同。成功的韧性演化过程需要满足一定的先决条件，以保证系统能够向更高功能水平趋近。

一、产业创新生态系统韧性的演化机制

冲击主要从需求和供给两方面影响产业创新生态系统，其中需求方面的影响主要来自社会公众和政府，供给方面的影响主要来自企业和金融创新服务等中介机构。由于系统承受的压力是有限的，系统在面对冲击时存在多种演化路径和发展方向（王子龙和许箫迪，2012）。只有在满足特定条件的前提下，系统才能在受到冲击后及时调整至新的发展路径，而不至于走向崩溃和毁灭。因此，系统的演化结果不但取决于冲击力度的大小，也取决于系统本身的韧性水平。不失一般性地将 u 记为冲击和扰动的力度值，v 为产业

创新生态系统韧性值，$\Delta(u, v)$ 为系统实现韧性演化成功的条件。当冲击 u 和系统韧性值 v 满足条件 $\Delta(u, v)$ 时，系统将实现产业创新生态系统的韧性演化成功，即系统在不断受到冲击的过程中实现发展路径的不断突破，促使系统功能水平不断得到提升。

产业创新生态系统韧性演化机理可分为路径创造、破坏创新和路径锁定三大机制（赵玉帛等，2022）。其中，路径创造和破坏创新机制有助于系统实现韧性演化的成功，路径锁定机制则会导致韧性演化的失败，如图 10-7 所示。

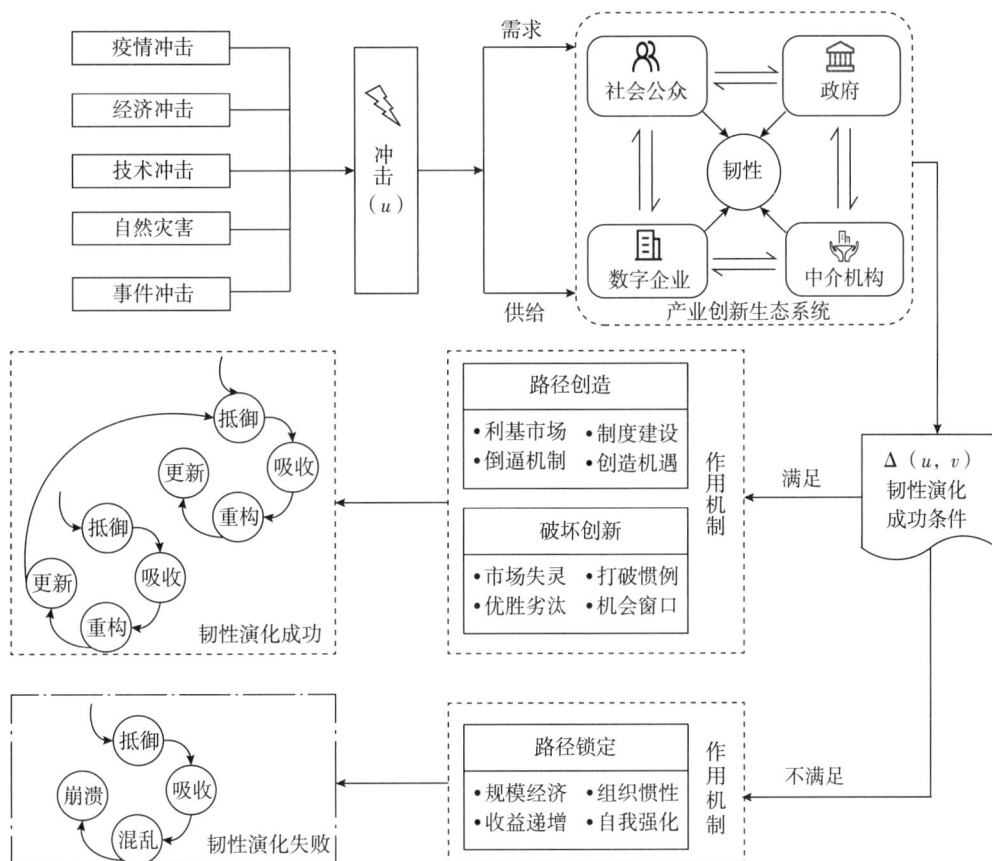

图 10-7　产业创新生态系统韧性演化机理

资料来源：赵玉帛，张贵，王宏．数字经济产业创新生态系统韧性理念、特征与演化机理 [J]．软科学，2022，36（11）：86-95.

1. 路径创造

产业创新生态系统在稳定的内外部环境下容易陷入路径锁定的困境。经典路径依赖理论认为冲击是系统演化路径突破的重要动力。在不确定性冲击下，系统原有的问题解决方案往往失效，促使产业生态内的创新主体开始对失败的经验进行反思，寻找问题的根源。冲击虽然为系统路径创造提供了机遇和契机，但更需要系统内主体之间整合资源、自我学习，以实现发展思路的分叉（Garud and Karnøe，2001）。而具有较高韧性的创新生态系统能够产生具有路径创造特质的行为主体。对企业而言，冲击使企业对各类威胁和机会进行扫描和识别，尝试新的方法，从而产生与以往完全不同的问题解决方案（Mueller and Shepherd，2016）。此时，冲击带来的产业发展环境的剧烈变化为企业在技术创新领域增加了新的创造机会和利用路径，从而为企业经营发展提供了一个全新的盈利增长点（Yam et al.，2011）。对政府而言，冲击构成了政府制度建设与议程设置的重要动因（王伟进，2020）。政府面对冲击造成的舆论压力和改革呼声，开始总结经验教训，制订和预防应对与冲击同类的事件的工作方案，有利于政府开展改革实践和制度建设，提高政府抵御冲击与风险的能力。对社会公众而言，冲击会对社会公众的消费偏好和习惯产生影响，进而改变用户的消费行为。众多社会公众消费行为的变化汇聚成产品和服务市场的新需求，最终表现为利基市场的形成和发展。利基市场中的顾客比较倾向于接受新产品和新服务，并且会主动为企业的创新行为买单，进而激发企业的技术创新。综上所述，产业创新生态系统内创新主体的积极行为，会使产业创新生态系统演化路径偏离现有轨道，实现路径突破。

2. 破坏创新

冲击对原有的制度体系和利益分配造成破坏，导致市场出现"失灵"现象。在此背景下，原有的技术、产品和企业由于效率低下、抗风险能力不足、产需不匹配等原因不能满足市场的需求和预期，促使产业创新生态系统寻求变革。具有较高韧性的产业生态系统能够在系统遭遇冲击时，通过持续的制度变革和资源配置，激发创新主体的适应力和创造力。对企业而言，冲击有利于企业优胜劣汰和企业颠覆性、破坏性创新行为的出现。机会感知能力强的企业会根据冲击造成的内外部发展环境变化重新分配企业发展资源，通过开展市场洞察、增加研发经费投入、开展持续的跨技术搜寻等活动来实现冲击后的应对和恢复（Teece，2007）。生存下来的企业将实现持续的盈利和规模扩张，更愿意尝试新技术以及新方案，有利于颠覆性创新行为的出现。总而言之，冲击促进了有韧性的产业生态系统中创新活动的涌现和颠覆性创新行为的出现。

3. 路径锁定

当冲击 u 和系统韧性值 v 不满足条件时，在路径锁定机制的作用下，产业创新生态系统将趋向于混乱崩溃，即韧性演化失败。路径锁定作用机制的原理在于，当产业生态内的创新技术和制度规则被采用后，随着时间的推移，创新生态中的主体开始产生习惯和依赖。一方面，规模经济、范围经济等收益递增机制和网络外部性会进一步强化该技术和制度规则的主导地位，从而使其他潜在的、更优越的技术和制度安排难以替代原有的技术和制度。另一方面，考虑到巨大的沉没成本代价，创新主体很难放弃最初选择的路径，即使这种路径与未来的环境不匹配。在缺乏冲击的情形下，系统惯性会在累积和自增强过程的作用下不断增大，并在达到一定水平后使整个系统形成路径锁定，导致产业生态系统内部制度选择和技术变迁轨道的多样性被抑制和抹杀，进而使系统难以进入有效的可替代轨迹，陷入低效率的发展路径。

二、产业创新生态系统韧性演化成功的条件

基于产业创新生态系统韧性演化机理分析，利用突变论中的尖点突变模型，进一步深入研究产业创新生态系统韧性演化成功的条件，为实证研究冲击、系统韧性与系

统功能水平三者之间的定量关系奠定数理基础。

突变论可以将冲击与系统的内部状态联系起来，以分析和研究系统运行变化的不连续问题。假定产业创新生态系统韧性演化势函数方程如式（10-1）所示。

$$F(x) = x^4 + ux^2 + vx \tag{10-1}$$

其中，x 表示系统功能水平，u 表示冲击的力度值，v 表示系统韧性值。

根据突变论，对系统韧性演化势函数求一阶和二阶导数，联立消去状态变量 x，可以推导出分叉集方程，如式（10-2）所示。

$$\Delta = 8u^3 + 27v^2 \tag{10-2}$$

令 $F'(x) = 0 \Rightarrow 4x^3 + 2ux + v = 0$，得到势函数的平衡曲面 L，令 $F''(x) = 0 \Rightarrow 12x^2 + 2u = 0$，得到势函数的奇点集 M，结合上述分叉集的分析，在三维空间绘制尖点突变模型，如图 10-8 所示。图中上方的曲面是系统演化的尖点突变模型的平衡曲面 L，由上叶、中叶褶皱和下叶构成。三者分别表示系统的良好发展、混乱无序和系统衰落状态。图中下方的平面是控制变量冲击力 u 和系统韧性值 v 所在的控制平面，控制平面上的曲线是分叉集 A，即 $\Delta = 8u^3 + 27v^2 < 0$，也是中叶褶皱在控制平面上的投影。

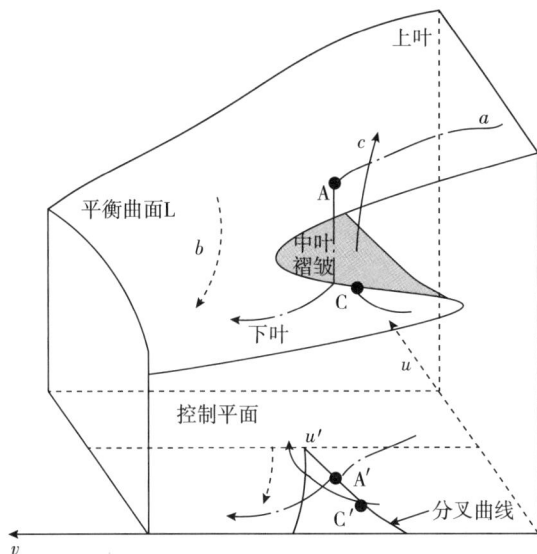

图 10-8 产业创新生态系统韧性演化路径

资料来源：赵玉帛，张贵，王宏. 数字经济产业创新生态系统韧性理念、特征与演化机理［J］. 软科学，2022，36（11）：86-95.

系统功能水平 x 在冲击力 u 和系统韧性值 v 作用下，在平衡曲面 L 内运动变化。冲击力 u 使产业发展环境发生变化，并对系统本身造成剧烈的冲击和扰动，而系统韧性值 v 的大小决定了系统的韧性能力。在冲击力 u 和系统韧性值 v 的共同作用下，产业创新生态系统韧性演化可以划分为韧性演化失败、韧性演化依赖和韧性演化成功三种主要形式（赵玉帛等，2022）。

1. 系统韧性演化失败

当 $\Delta = 8u^3 + 27v^2 < 0$ 时，图 10-8 中路径 a 刻画了系统韧性演化失败的轨迹。路径 a 表

示在系统演化初期，冲击力 u 大致不变，即系统的外部发展环境并未发生显著恶化，而系统韧性值 v 在不断上升。此时，系统韧性值 v 决定着系统的演化。随着时间的推移，系统功能水平 x 沿着势函数曲线向平衡曲面 L 的不稳定区域运动，系统功能水平开始呈现恶化的态势。若系统韧性值 v 继续增加或冲击力 u 没有显著增大，则系统功能水平 x 会达到平衡曲面 L 褶皱的折痕处。此时，系统功能水平 x 达到稳定状态阈值的上限，并且发生突变，在点 A 处由稳定的上叶平衡状态跌落至接近崩溃状态的下叶，表现为韧性演化失败。路径 a 说明系统韧性并非越高越好，过高的韧性值可能会使系统内部资源闲置和浪费，造成产业创新生态系统的创新效率低下，最终导致系统功能水平 x 趋向崩溃。同理可得，过高的冲击力会超出系统本身的承受能力，使系统内部结构遭到破坏，造成产业创新生态系统自我更新和修复能力的丧失，也会导致系统功能水平 x 趋向崩溃。

2. 系统韧性演化依赖

当 $\Delta = 8u^3 + 27v^2 > 0$ 时，图 10-8 中的路径 b 刻画了系统韧性演化依赖的轨迹。路径 b 表示在系统演化初期，冲击力 u 不断下降，即系统的外部发展环境趋向稳定，而系统韧性值 v 在不断上升。此时，冲击力 u 和系统韧性值 v 共同决定着系统的演化。随着时间的推移，系统功能水平 x 沿着势函数曲线向平衡曲面 L 的稳定区域运动，一直处于平衡曲面 L 的下叶，系统功能水平开始不断下降。若系统韧性值 v 没有显著减少或冲击力 u 没有显著增大，则系统功能水平 x 一直处于平衡曲面 L 的下叶，即一直处于稳定状态的阈值区间内，不会发生突变，表现为韧性演化依赖。路径 b 说明过低的冲击或者过高的系统韧性值都会使系统功能水平 x 停留在原来的发展路径上，既不会使系统发展步入新的发展路径，也不会使系统陷入崩溃。

3. 系统韧性演化成功

当 $\Delta = 8u^3 + 27v^2 < 0$ 时，图 10-8 中路径 c 刻画了系统韧性演化成功的轨迹。路径 c 表示在系统演化的初期，冲击力 u 不断增大，即系统的外部发展环境发生显著恶化，而系统的韧性值 v 也在不断上升。此时，冲击力 u 和系统韧性值 v 共同决定着系统的演化。随着时间的推移，系统功能水平 x 沿着势函数曲线向平衡曲面 L 的不稳定区域运动，系统功能水平开始呈现上升的态势。若系统韧性值 v 或冲击力 u 没有显著减小，则系统功能水平 x 会达到平衡曲面 L 褶皱的折痕处。此时系统功能水平 x 达到稳定状态阈值的上限，并且发生突变（于海峰，2013），在点 A 处由接近崩溃状态的下叶跃迁至稳定的上叶平衡状态，表现为韧性演化成功。路径 c 说明在满足一定条件下的高韧性和高冲击时，系统将在内部韧性能力以及冲击因素的催化下，打破原有发展路径，步入到新的发展路径上，实现系统演化的成功。

三、产业创新生态系统韧性影响产业发展的 SD 仿真分析

基于系统韧性机理分析，在分析产业创新生态系统韧性对产业发展的反馈机制基础上，按照系统动力学建模步骤，构建系统韧性影响产业发展的动力学模型，通过调节仿真模型中的决策参数，探究韧性对产业发展的影响及作用路径，实现对不同产业政策实施效果的评估，为产业高质量发展提供理论依据和实证支撑。

1. 系统韧性影响产业发展的机理分析

产业创新生态系统作为创新生态系统的一种，是多个子系统融合交汇的复杂系统。其中，产业创新主体子系统主要以企业和科研院所为代表，是系统创新活动和创新动力的主要来源。产业创新环境子系统主要以经济环境、自然环境、社会文化环境等为代表，是吸引产业人才、营造创新创业氛围的主要物质载体。产业创新调节子系统主要以系统的多样性、进化性、流动性、缓冲性和网络性等系统韧性特征为代表，既是对系统中创新基因丰富程度及创新基因变异进化、创新要素流动顺畅、创新资源冗余、创新网络链接程度的度量，也是系统的吸收分散、更新重构、恢复响应、抵御延缓、网络协同等能力的体现。

2. 系统韧性影响产业发展的动力学模型构建

在基于子系统视角的机理分析基础上，构建系统韧性影响产业发展的系统流，如图 10-9 所示。

图 10-9　系统韧性影响产业发展的系统流

资料来源：赵玉帛．高新技术产业创新生态系统韧性研究［D］．天津：河北工业大学，2022.

在动力学模型的构建方面，本模型的运行时间为 2005~2035 年，模型的仿真步长为 1 年，时间单位为年。考虑到广东省是我国沿海改革开放最早的地区之一，高新产业发展起步最早，产值最高，产业创新生态系统也更为完善成熟，故采用广东省相关历史数据作为模型数据的来源。模型相关历史资料数据来自《中国高技术产业统计年鉴》《中国火炬统计年鉴》《中国教育经费统计年鉴》《广东统计年鉴》和国家统计局官网。模型方程综合采用统计回归法、算术平均法、发展趋势外推法、参考历史资料和表函数等方法，经过不断调整和测试得到（牟新娣等，2020；Yao et al.，2021）。

3. 系统韧性影响产业发展的仿真分析

为探究产业创新生态系统韧性对产业发展的影响，需要对不同程度的系统韧性对产业发展的影响情境进行仿真模拟。将系统韧性在基准模型的基础上提高 20%，记为高韧性；在基准模型的基础上降低 20%，记为低韧性；基准模型记为中韧性。分析结果如图 10-10 所示。

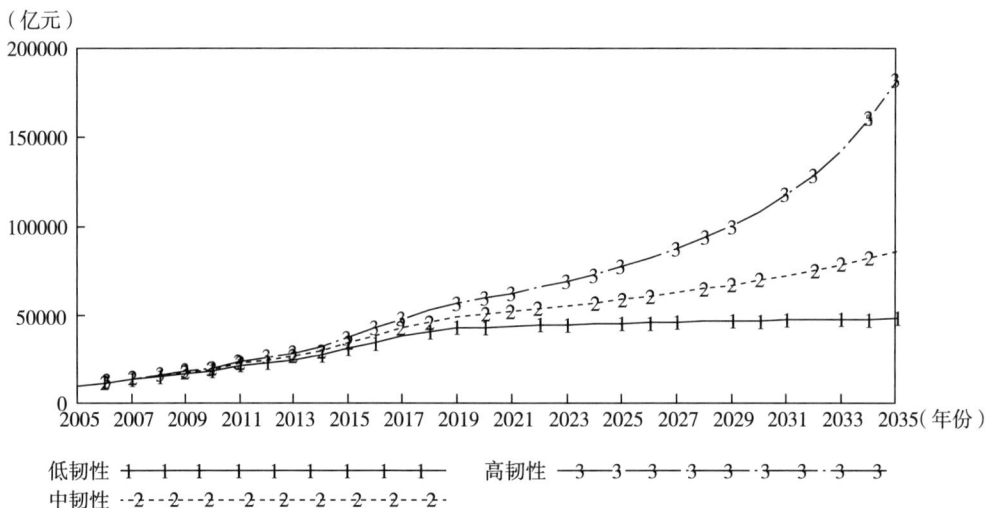

图 10-10 系统韧性仿真情形

资料来源：赵玉帛. 高新技术产业创新生态系统韧性研究[D]. 天津：河北工业大学，2022.

仿真结果表明，韧性的提高能够显著促进产业发展。由图 10-10 可知，高韧性仿真情形下的产业产值与中韧性和低韧性情形下的产业产值在 2017 年之后开始拉开差距，且呈现逐年扩大趋势。2035 年，高韧性仿真情形下的产业产值达到 182204 亿元，而低韧性仿真情形下的产业产值仅为 48284 亿元。上述仿真结果印证了本章的理论观点，即产业创新生态系统韧性是系统在遭受内外冲击时，通过自组织、自适应、自学习、系统记忆等方式恢复到更高功能水平的能力，通过多样性、进化性、流动性、缓冲性和网络性五大韧性特征作用机制，对产业发展有正向的促进作用。

第三节 产业创新生态系统韧性测度与评估

科学测度产业创新生态系统韧性水平，把握系统韧性变化态势，是促进产业创新生态可持续健康发展的重要前提。本节以高新技术产业为例，选取我国省级面板数据，通过测度和评估省域高新产业创新生态系统韧性，识别当前我国高新产业创新生态构建和发展中的问题与不足，继而为产业创新生态系统的构建与优化提供实践启示。

本节首先基于系统韧性测度的五个维度分析，构建了高新技术产业创新生态系统韧性测度的指标体系。其次基于改进的Shannon-Weiner指数、突变级数等模型，构建高新技术产业创新生态系统韧性测度综合模型。最后对我国省域高新技术产业创新生态系统韧性进行测度与评估。

一、高新技术产业创新生态系统韧性测度体系设计

高新技术产业创新生态系统韧性测度涉及多样性、进化性、流动性、缓冲性、网络性五个韧性特征，每个韧性特征都需要不同性质类别的指标来衡量，更需要使用统一的指标体系框架对选取的指标进行连接和组织。系统韧性指标的选取遵循科学性、系统性、代表性、可操作性等原则。

1. 多样性维度指标

高新技术产业创新生态系统的主体多样性是系统进化的前提和基础条件。创新主体的数量级和多样性是保障"创新基因库"丰富的前提。创新生态系统的创新主体主要由高新技术企业、高等院校、产业组织、人才团队等构成。其中，不同种类、不同层次的企业和高等院校有利于知识的溢出和良性创新生态的形成；人才多样性带来的专业知识和创新理念的差异有利于原始创新的萌生（Duranton and Puga，2001）；多元异质的行业结构有利于打破路径锁定，激发不同行业领域知识的碰撞，有助于新路径的创造。鉴于数据的可得性和测度的可操作性，本部分从人才多样性、企业多样性、高校多样性、行业多样性四个方面来表征高新技术产业创新生态系统的多样性维度指标。

2. 进化性维度指标

进化性表征了高新技术产业创新生态系统的组织更新能力。创新生态系统的演化过程是指创新主体随着外界环境的变化，通过优化创新环境、聚集创新要素等动态调整和改善，提高创新投入产出比，进而促进系统创新资源配置能力的提升（梁林等，2020）。通常来说，创新投入指标主要包括人才投入、资金投入等，创新产出指标主要包括基础创新产出和应用创新产出（颜莉，2012）。鉴于数据的可得性和测度的可操作性，本部分从创新人力投入、创新资金投入、基础创新产出、应用创新产出四个方面来表征高新技术产业创新生态系统的进化性维度指标。

3. 流动性维度指标

流动性表征了系统的修复和恢复能力。创新要素在创新主体及各地域之间的流动

是创新生态系统保持开放性和动态性的保障。创新要素的流动主要以流空间的形式表现出来，根据 Castells 的流空间理论，创新流主要由人才流、资金流、技术流等构成（王垚等，2017）。多元、异质的创新流可以避免单一流空间存在的全面性和代表性不足等局限。鉴于数据的可得性和测度的可操作性，本部分从人才流、资金流、技术流、信息流四个方面来表征高新技术产业创新生态系统的流动性维度指标。

4. 缓冲性维度指标

缓冲性表征了系统的抵御能力。丰富的创新基础及其所形成的多元连接的复杂结构，一方面，可以降低系统遭受冲击时的功能水平下降速度和幅度，延长系统应对冲击的"窗口期"；另一方面，能够形成先发资源禀赋优势，进而对提高创新能力具有正向影响（倪鹏飞等，2011）。创新生态系统的创新基础可划分为经济、自然、社会、技术等类型（宋洋，2017）。其中，发达的经济体系和良好的自然生态环境可以吸引创新、创意人才的聚集，为高新技术产业创新生态系统提供人才支撑；健全发达的公共服务体系和包容开放、充满活力的社会环境是留住人才的根本，为高新技术产业创新生态系统提供环境支撑。知识和技术基础的积累有利于创新生态系统在遭受冲击后提出新观点和新解决方案，通过知识共享和技术组合来促进创新。鉴于数据的可得性和测度的可操作性，本部分从经济资源基础、自然环境基础、社会环境基础、知识基础、技术基础五个方面来表征高新技术产业创新生态系统的缓冲性维度指标。

5. 网络性维度指标

网络性表征了系统的弹性结构。高新技术产业创新生态系统内部通过相互交织的利益关系，形成以创新技术、创新产品等为构成要素的创新合作网络。多元连接且联系密切的创新网络为网络中的各个主体伙伴提供良好的渠道和机会，为构建动态知识基础、转移复杂操作原理知识及专业技术、促进渐进性创新提供渠道支撑（王石磊等，2021）。创新生态系统的网络一般包括创新主体间基于正式关系（研发合作网络、专利合作关系等）和非正式关系（成员间的社会网络）构成的网络（李晓娣等，2020）。鉴于数据的可得性和测度的可操作性，本部分从知识研究创新网络（武兰芬和姜军，2020）、应用研究创新网络（王黎萤等，2021）两个方面来表征高新技术产业创新生态系统的网络性维度指标。

基于系统韧性特征和韧性测度指标的分析，遵循韧性测度原则，最终确定了高新技术产业创新生态系统韧性测度指标体系，如表 10-1 所示。

表 10-1　高新技术产业创新生态系统韧性测度指标体系

特征维度	一级指标	二级指标	指标属性
多样性	人才多样性	高技术产业 R&D 人员分布	正向指标
	企业多样性	高技术产业企业规模分布	正向指标
		高技术产业企业类型分布	正向指标
	行业多样性	高技术产业行业分布	正向指标
	高校多样性	高等院校分布	正向指标

特征维度	一级指标	二级指标	指标属性
进化性	创新人力投入	高技术产业 R&D 活动人员折合全时当量(人年)	正向指标
	创新资金投入	高技术产业 R&D 经费支出(万元)	正向指标
		高技术产业新产品开发经费支出(万元)	正向指标
	基础创新产出	高技术产业发明专利数(件)	正向指标
	应用创新产出	高技术产业新产品销售收入(万元)	正向指标
流动性	人才流	高技术产业 R&D 人才流动(人)	正向指标
	资金流	高技术产业投资(亿元)	正向指标
	技术流	高技术产业技术交易输出技术合同数(项)	正向指标
		高技术产业技术交易吸纳技术合同数(项)	正向指标
	信息流	宽带接入用户数(万户)	正向指标
		电信业务总量(亿元)	正向指标
缓冲性	经济资源基础	人均高技术产业利润总额(元)	正向指标
		人均高技术产业主营业务收入(元)	正向指标
	自然环境基础	每万人二氧化硫排放量(吨)	负向指标
		人均水资源(立方米)	正向指标
		人均森林面积(平方米)	正向指标
		人均绿地面积(平方米)	正向指标
缓冲性	社会环境基础	每百万人拥有本科院校(所)	正向指标
		每万人拥有医疗卫生机构床位数(张)	正向指标
		每百万人拥有公共图书馆数量(个)	正向指标
		每百万人拥有博物馆数量(个)	正向指标
		每百万人拥有艺术表演场馆(个)	正向指标
		每万人拥有公交车辆(标台)	正向指标
		高技术企业活力指数	正向指标
		市场化指数	正向指标
	知识基础	每百万人发表高技术产业 SCI 论文数(篇)	正向指标
	技术基础	每百万人拥有高技术产业发明专利数(件)	正向指标
网络性	知识研究创新网络	高新技术产业合作论文创新网络	正向指标
	应用研究创新网络	高新技术产业合作专利创新网络	正向指标

资料来源:赵玉帛.高新技术产业创新生态系统韧性研究[D].天津:河北工业大学,2022.

表 10-1 中部分指标的具体说明如下。高新技术产业 R&D 人员分布是指该产业 R&D 人员的类别和数量的多样化程度,按照《中国高技术产业统计年鉴》,划分为医药制造业 R&D 人员、航空航天器制造业 R&D 人员、电子及通信设备制造业 R&D 人员、电子计算机及办公设备制造业 R&D 人员、医疗设备及仪器仪表制造业 R&D 人员

等。高新技术产业企业规模分布是指该产业企业规模的类别和数量的多样化程度，按照《中国高技术产业统计年鉴》划分为大型企业、中型企业、小型企业。高新技术产业企业类型分布是指该产业企业类型和数量的多样化程度，按照《中国高技术产业统计年鉴》划分为内资企业、港澳台企业、外商投资企业。高新技术产业行业分布是指该产业行业的类别和数量的多样化程度，按照《中国高技术产业统计年鉴》划分为医药制造业、航空航天器制造业、电子及通信设备制造业、电子计算机及办公设备制造业等。高等院校分布是指高等院校的层次和数量的多样化程度，按照《中国教育统计年鉴》划分为中央部委所属本科、普通本科院校、高职专科院校。高新技术产业 R&D 人才流动的数据较难获得，而高新技术产业 R&D 人才数量越多，表明该地区对 R&D 人才吸引力越强，继而反映出该地区的 R&D 人才流动情况。故参考徐倪妮和郭俊华（2019）的做法，利用高新技术产业 R&D 人才存量数据来衡量高新技术产业 R&D 人才的流动情况。高新技术企业活力指数表征了高新技术企业的活跃程度和能量级，利用非国有（国有控股）高技术企业数量占高技术企业总量的比重来衡量。市场化指数作为地区治理水平的衡量指标，在学术界得到广泛的认可。参考于鹏等（2020）的做法，采用樊纲市场化指数衡量地区市场化水平。高新技术产业合作论文创新网络是指由不同地区之间的高新技术产业 SCI 论文合作构成的网络。高新技术产业合作专利创新网络是指由不同地区之间的高新技术产业发明专利合作构成的网络。

二、高新技术产业创新生态系统韧性测度模型构建

与自然生态系统类似，高新技术产业创新生态系统的各个维度具有较大独特性，分别侧重于创新主体、创新要素、创新基础等不同方面。此时，采用单一模型难以全面科学地测度出高新技术产业创新生态系统的韧性状况，故参考社会生态系统多模型的综合测度做法（王玉冬等，2017），根据高新技术产业创新生态系统韧性特征的性质建立不同的测度模型，在此基础上构建该产业创新生态系统韧性测度综合模型及预警模型。

1. 韧性特征的测度模型

一是多样性维度测度模型。多样性指数是测度系统结构组成复杂程度的指数，最初来源于信息论。在多样性度量方面，常用的多样性指数包括 Simpson 指数和 Shannon-Weiner 指数。其中，Simpson 指数计算的是数值 1 与评价对象各类别所占比重的平方和之间的差值，较易受占比过小或者过大的数值影响，因而实际测算出的多样性值客观程度较低。Shannon-Weiner 指数最初被用于测算生物多样性，后来被广泛应用于产业多样性、人员来源多样性（刘沛罡和王海军，2016）等的测度。Shannon-Weiner 指数的计算公式如下：

$$H' = -\sum_{i=1}^{n} p_i ln p_i \tag{10-3}$$

其中，p_i 表示 i 种类的个体数量占个体总数量的比重，n 表示种类数目。当各种类数量比重相等时，即 $p_1 = p_2 = \cdots = p_n = \frac{1}{n}$ 时，Shannon-Weiner 指数 H' 达到最大值，最大值为 $ln n$。

需要说明的是，多样性指数不仅要考虑种类的多样性，还要考虑个体数量的大小，而原有的 Shannon-Weiner 指数测度中，当 $p_1 = p_2 = \cdots = p_n$ 时，不论 i 种类个体的数量取值为多少，计算出的指数均相等，这不符合高新技术产业创新生态系统多样性的测度要求。故对多样性的测算公式进行改进，采用改进的 Shannon-Weiner 指数来测量创新生态系统韧性的多样性维度。改进后的公式如下：

$$H = \left(- \sum_{i=1}^{n} p_i ln p_i \right) x' \tag{10-4}$$

其中，H 表示多样性，x' 表示个体总数的标准化取值结果，其他变量的含义同上。

二是进化性维度测度模型。突变级数法是以突变理论和模糊数学为基础，对评价目标进行多层次分解的一种综合评价方法，其优点在于更加客观、科学和综合性地考虑了各评价指标的相对重要性，且计算过程相对容易操作。因此，借鉴李柏洲和董恒敏（2018）做法，通过改进突变级数模型，构建创新生态系统进化性监测模型，来测度高新技术产业创新生态系统的资源配置能力，计算过程如下（梁林等，2020）。

第一步，确定评价指标体系的突变系统类型。突变系统类型一共有七种，常见的三种突变系统类型如下：

$$f(x) = \begin{cases} x^4 + ax^2 + bx & \text{（尖点突变）} \\ \dfrac{1}{5}x^5 + \dfrac{1}{3}ax^3 + \dfrac{1}{2}bx^2 + cx & \text{（燕尾突变）} \\ \dfrac{1}{6}x^6 + \dfrac{1}{4}ax^4 + \dfrac{1}{3}bx^3 + \dfrac{1}{2}cx^2 + dx & \text{（蝴蝶突变）} \end{cases} \tag{10-5}$$

其中，$f(x)$ 表示系统状态变量 x 的势函数，a、b、c、d 依次表示状态变量 x 的控制变量。利用熵权法确定指标权重，根据权重值排序对各指标进行先后评价，把重要控制变量置于前面，次重要控制变量置于后面，以此确定控制变量的顺序。

第二步，由分叉方程导出归一公式。突变系统的归一公式为：

$$\begin{cases} x_a = a^{\frac{1}{2}}, \ x_b = b^{\frac{1}{3}} & \text{（尖点突变）} \\ x_a = a^{\frac{1}{2}}, \ x_b = b^{\frac{1}{3}}, \ x_c = c^{\frac{1}{4}} & \text{（燕尾突变）} \\ x_a = a^{\frac{1}{2}}, \ x_b = b^{\frac{1}{3}}, \ x_c = c^{\frac{1}{4}}, \ x_d = d^{\frac{1}{5}} & \text{（蝴蝶突变）} \end{cases} \tag{10-6}$$

第三步，计算各高新技术产业创新生态系统的进化性 E。对同一高新技术产业创新生态系统，设 A_1、A_2、$\cdots$、A_m 为模糊目标，则理想的策略为：$I = A_1 \cap A_2 \cdots \cap A_m$，其隶属函数为：$\mu(x) = \mu_{A_1}(x) \wedge \mu_{A_2}(x) \wedge \cdots \wedge \mu_{A_m}(x)$，$\mu_{A_i}(x)$ 为 A_i 的隶属函数，也是该高新技术产业创新生态系统的隶属函数。

设 G_1、G_2、$\cdots$、G_n 为 n 个高新技术产业创新生态系统评价对象，记 G_i 的隶属函数为 $u(G_i)$，则进化性的计算公式如下：

$$E = \frac{u_{out}(G_i)}{u_{in}(G_i)} \tag{10-7}$$

其中，E 表示进化性；$u_{out}(G_i)$ 表示创新产出指标的隶属函数；$u_{in}(G_i)$ 表示创新投入指标的隶属函数。

三是流动性维度测度模型。传统的流动性测度多是对存量大小的测度，而高新技术产业创新生态系统的韧性内涵要求创新要素具有高流动性，创新生态系统内部之间具有高频率的互动和响应。当系统受到冲击时，创新生态系统内部的某个地方会形成要素缺口，高流动性保证了其他地方的要素能够迅速补充缺口，从而能够促进系统在较短时间内恢复到原来的状态。因此，韧性维度的流动性更侧重于对流量速率的衡量。鉴于此，利用速度动态综合评价模型（刘微微等，2013）来测度创新生态系统要素的流动性。对 m 个评价对象 S_1、S_2、$\cdots$、S_m 在连续 n 个相同时间间隔的时期 t_1、t_2、$\cdots$、t_n 的变化速度进行动态评价。记评价对象 S_i 在 t_k 时期的评价结果为 $x_{ik}=x_i(t_k)$，其中 $i=1,2,\cdots,m$；$k=1,2,\cdots,n+1$，从而得到一个 $m\times(n+1)$ 型评价结果原始矩阵。

$$A=\left[x_{ik}\right]_{m\times(n+1)}=\begin{bmatrix} x_{11} & x_{12} & \cdots & x_{1(n+1)} \\ x_{21} & x_{22} & \cdots & x_{2(n+1)} \\ \cdots & \cdots & \cdots & \cdots \\ x_{m1} & x_{m2} & \cdots & x_{m(n+1)} \end{bmatrix} \tag{10-8}$$

记评价对象 S_i 在 $[t_k,t_{k+1}]$ 时期的变化速度为 v_{ik}，其中（$i=1,2,\cdots,m$；$k=1,2,\cdots,n$），得到一个 $m\times n$ 型的变化速度时序矩阵。

$$V=\left[v_{ik}\right]_{m\times n}=\begin{bmatrix} v_{11} & v_{12} & \cdots & v_{1n} \\ v_{21} & v_{22} & \cdots & v_{2n} \\ \cdots & \cdots & \cdots & \cdots \\ v_{m1} & v_{m2} & \cdots & v_{mn} \end{bmatrix} \tag{10-9}$$

其中，$v_{ik}=(x_{i,k+1}-x_{ik})/(t_{k+1}-t_k)$，且（$i=1,2,\cdots,m$；$k=1,2,\cdots,n$）。当 $v_{ik}>0$ 时，表示变化速度为正值，评价对象处于增长态势；当 $v_{ik}<0$ 时，表示变化速度为负值，评价对象处于下降态势；当 $v_{ik}=0$ 时，表示变化速度为 0，评价对象处于不变态势。

以 t 为横坐标轴，以 v 为纵坐标轴，将两个相邻时间段（$[t_k,t_{k+1}]$，其中 $k=1,2,\cdots,n-1$）内评价对象的变化速度值 v_{ik} 与 $v_{i,k+1}$ 在坐标轴上用直线连接，则动态速度综合评价值可以表示为折线与横坐标轴所围成的面积。计算公式如下：

$$S_i^v(t_k,t_{k+1})=\int_{t_k}^{t_{k+1}}\left[v_{ik}+(t-t_k)\times\frac{v_{i,k+1}-v_{ik}}{t_{k+1}-t_k}\right]dt \tag{10-10}$$

设 a_{ik} 为第 i 个评价对象变化速度在 $[t_k,t_{k+1}]$ 内的线性增长速率，即斜率。计算公式如下：

$$a_{ik}=\begin{cases} 0, & t_{k+1}=1 \\ \dfrac{v_{i,k+1}-v_{ik}}{t_{k+1}-t_k}, & t_{k+1}>1,i=1,2,\cdots,m;k=1,2,\cdots,n-1 \end{cases} \tag{10-11}$$

根据变化速度发展趋势，构造变化速度趋势测度函数 $g(a_{ik})$，$g(a_{ik})$ 为关于自变量 a_{ik} 的函数，具体如下：

$$g(a_{ik})=\frac{2}{1+e^{-a_{ik}}} \tag{10-12}$$

结合变化速度状态和变化速度趋势，流动性动态综合评价结果可以表示为：

$$F = k_k \times S_i^v(t_k, t_{k+1}) \times g(a_{i_k}) \quad (k = 1, 2, \cdots, n-1) \tag{10-13}$$

其中，F 表示流动性，k_k 恒等于 1，$S_i^v(t_k, t_{k+1})$ 表示变化速度的状态，$g(a_{i_k})$ 表示变化速度的趋势。在变化速度的状态 $S_i^v(t_k, t_{k+1})$ 一定的情况下，流动性 F 与变化速度的趋势 $g(a_{i_k})$ 成正比；在流动性 F 一定的情况下，变化速度的趋势 $g(a_{i_k})$ 与变化速度的状态 $S_i^v(t_k, t_{k+1})$ 成反比。

四是缓冲性维度测度模型。高新技术产业创新生态系统韧性的缓冲性维度测度实质上是对系统拥有资源的富裕程度的度量，这些资源构成了系统的创新基础。常见的资源富裕评价法包括因子分析法、主成分分析法、层次分析法、网络分析法、德尔菲法、熵值法等。其中，层次分析法、网络分析法、德尔菲法都是采用专家评价的形式，主观性较强，且不能对以往的情况做出评价。而因子分析法、主成分分析法对指标的相关性要求较高，因此利用熵权 TOPSIS 模型对缓冲性维度进行评价，可以避免以上方法的不足，能够较好地实现客观评价且具有较高的可信度。计算步骤如下（梁林等，2020）：

第一步，将原始数据按 Min-Max 法无量纲化处理。设 $x_{ij}(i = 1, 2, \cdots, m; j = 1, 2, \cdots, n)$ 为第 i 个评价对象中第 j 项指标的观测值。记 X'_{ij} 为无量纲化后的观测值。为了避免原始指标单位不同的影响，采用 Min-Max 法对原始数据进行无量纲化处理。其中，对于正向指标采用如下公式处理：

$$X'_{ij} = \frac{x_{ij} - \min\{x_{1j}, x_{2j}, \cdots, x_{mj}\}}{\max\{x_{1j}, x_{2j}, \cdots, x_{mj}\} - \min\{x_{1j}, x_{2j}, \cdots, x_{mj}\}} \tag{10-14}$$

对于逆向指标采用如下公式处理：

$$X'_{ij} = \frac{\max\{x_{1j}, x_{2j}, \cdots, x_{mj}\} - x_{ij}}{\max\{x_{1j}, x_{2j}, \cdots, x_{mj}\} - \min\{x_{1j}, x_{2j}, \cdots, x_{mj}\}} \tag{10-15}$$

第二步，计算第 i 个评价对象的第 j 项指标的特征比重 P_{ij}。

$$P_{ij} = \frac{X'_{ij}}{\sum_{i=1}^{m} X'_{ij}} \tag{10-16}$$

第三步，计算第 j 项指标的熵值 e_j。

$$e_j = -k \sum_{i=1}^{m} P_{ij} ln P_{ij} \tag{10-17}$$

其中，$k = \frac{1}{lnm}$，$0 \leq e_j \leq 1$。当 $P_{ij} = 0$ 或者 $P_{ij} = 1$ 时，规定 $P_{ij}lnP_{ij} = 0$。

第四步，计算各项指标的熵权 W_j。

$$W_j = \frac{g_i}{\sum_{j=1}^{n} g_j} \tag{10-18}$$

其中，g_j 为差异系数，$g_j = 1 - e_j$。差异系数越大，则该指标提供的信息量越大，该指标在整个评价体系中的权重越大。

第五步，无量纲化数据的加权。设 r_{ij} 为第 i 个评价对象的第 j 项指标的无量纲化数据加权值。r_{ij} 的计算公式如下：

$$r_{ij} = W_j X'_{ij}(i=1,\ 2,\ \cdots,\ m;\ j=1,\ 2,\ \cdots,\ n) \tag{10-19}$$

第六步，确定评价对象的正理想解 S_j^+ 和负理想解 S_j^-。

$$\begin{cases} S_j^+ = \max_{1 \leqslant i \leqslant m} \{r_{ij}\},\ j=1,\ 2,\ \cdots,\ n \\ S_j^- = \min_{1 \leqslant i \leqslant m} \{r_{ij}\},\ j=1,\ 2,\ \cdots,\ n \end{cases} \tag{10-20}$$

第七步，计算评价对象与理想解之间的欧氏距离。

$$\begin{cases} Sd_i^+ = \sqrt{\sum_{j=1}^{n}(S_j^+ - r_{ij})^2},\ i=1,\ 2,\ \cdots,\ m \\ Sd_i^- = \sqrt{\sum_{j=1}^{n}(S_j^- - r_{ij})^2},\ i=1,\ 2,\ \cdots,\ m \end{cases} \tag{10-21}$$

其中，Sd_i^+ 是第 i 个评价对象与正理想解之间的欧式距离，Sd_i^- 是第 i 个评价对象与负理想解之间的欧式距离。

第八步，计算各评价对象与理想解的相对贴近度 B，即缓冲性。

$$B = \frac{Sd_i^-}{Sd_i^+ + Sd_i^-},\ i=1,\ 2,\ \cdots,\ m \tag{10-22}$$

五是网络性维度测度模型。网络性表征系统的弹性结构。高新技术产业创新生态系统的网络性是基于各创新主体间在知识创造、技术研发、产品开发等创新阶段所形成的协作和互补的创新网络关系，在遭受冲击时能够抵御、响应和适应冲击的影响并从中恢复或转换的能力（魏冶和修春亮，2020）。已有创新网络的研究模型大多是从网络规模、网络结构、网络特征、网络演化（鲁若愚等，2021）等角度对创新网络进行分析探究，较少有关于创新网络抵御冲击和扰动的量化模型。当前我国经济发展环境面临着较大的不确定性，如何以调整和优化网络节点自身位置、节点间关系以及网络整体结构等网络化应对策略来预防、抵御、应对冲击，并进化跃升到新的发展状态，是亟待解决的问题。鉴于此，基于结构洞理论和关联度理论提出高新技术产业创新生态系统的网络性测度模型，以此从网络角度来量化高新技术产业创新生态系统抵御、适应冲击的能力。

第一步，基于改进的引力模型构建创新网络。引力模型作为研究各个主体之间联系的常用模型，以其简单、易用等特点，广泛应用于区域贸易、资源流动、城市网络、创新网络等方面研究。引力模型的计算公式如下：

$$L_{ij} = g \times \frac{M_i M_j}{D_{ij}^2} \tag{10-23}$$

其中，L_{ij} 表示节点 i 与节点 j 之间的联系度；g 表示引力系数，是常数，一般取值为 1；M_i、M_j 分别表示节点 i、j 的质量指标；D_{ij} 表示节点 i 与节点 j 之间的距离。

在创新网络的研究中，以往学者主要从以下两个方面对引力模型进行改进：一方面主要通过经济发展水平、高素质人才等（邵汉华等，2018）指标来表征该地区的创新质量；另一方面从最短公路交通里程（刘兰剑和葛贝贝，2019）等方面表征地区间的创新距离。但是，较少有研究对引力系数进行改进。在已有对引力系数的改进研究中，学者大多是利用地区 i 的经济发展或创新发展指标与地区 i 和地区 j 的经济发展或创新发展指标之和的比重来改进引力系数，缺少对创新成果异质性的考虑。

鉴于此，本部分主要从创新距离和引力系数两个方面来改进引力模型。一方面，对创新距离参数进行改进。先前的研究大多使用地理距离来表征各地区之间的距离，如地区间直线距离或"大圆距离"，难以刻画地区间联系的实际距离。随着交通运输技术的迅速发展，考虑由时间成本和货币成本体现的经济距离更符合创新联系的实际发展情况。因此，本模型使用经济距离来刻画地区之间的创新距离。另外，由于公路和铁路是中国的主要交通方式，因此在距离参数的计算中仅考虑这两种交通方式。另一方面，对引力系数进行改进。不同的创新质量对地区间创新联系的作用不同，故需要考虑到创新质量的异质性引力，从而提高模型对创新网络空间和结构的解释能力。改进后的引力模型如下：

$$Link_{ij} = \left(\frac{\sum\limits_{i=1}^{n} x_{ij}}{\sum\limits_{i=1}^{n} y_{ij}} \right) M_{ij}M_{ji} \left(\sqrt{(Cosa_{ij}Tima_{ij})(Cosb_{ij}Timb_{ij})} \right)^2 \tag{10-24}$$

其中，$Link_{ij}$ 表示地区 i 与地区 j 之间的创新联系度；$\sum\limits_{i=1}^{n} x_{ij}$ 表示地区 i 与地区 j 之间的某类创新合作成果之和，$\sum\limits_{i=1}^{n} y_{ij}$ 表示地区 i 与地区 j 之间的创新合作成果之和；M_{ij}、M_{ji} 表示地区 i 与地区 j 之间的创新合作成果，$Cosa_{ij}$ 表示地区 i 与地区 j 之间的公路旅行的货币成本，$Tima_{ij}$ 表示地区 i 与地区 j 之间的公路旅行时间；$Cosb_{ij}$ 表示地区 i 与地区 j 之间的铁路旅行的货币成本，$Timb_{ij}$ 表示地区 i 与地区 j 之间的铁路旅行时间。

第二步，构建创新网络联系矩阵。基于改进的引力模型，构建 $n×n$ 型的创新联系多值矩阵。

第三步，计算网络性指标 N。现有网络韧性能力的测度主要集中在基础设施网络（如电力、交通等）、经济网络（如企业经营网络、供应链网络等）（Rose and Wei，2013）、组织网络（如疫情防控网络、防洪组织网络等）、社会网络（如社交网络、创客网络等）等方面，研究侧重点各有不同：基础设施网络强调网络的稳定性和抗打击能力，经济网络侧重节点连接的多样性和适应性，组织网络侧重网络核心节点的协调引导能力，而社会网络侧重网络节点的资源控制及迅速反馈能力。虽然不同网络弹性能力的侧重点不尽相同，但总的来说都关注对网络拓扑结构和整体网络弹性能力的测度（Crespo et al.，2014）。前者强调网络节点自身的链接冗余性、抗打击能力和多样性，后者强调整体网络的稳定性和关联程度。基于此，本部分从关注网络拓扑结构的结构洞理论和关注整体网络的关联度理论出发，构建测度创新网络弹性能力的网络模型。

网络拓扑结构测度方面，结构洞理论认为，网络中行为主体拥有结构洞（与许多彼此不相连的行为主体有联结）的数量对该行为主体的风险分散、创新能力呈现显著的正向影响（Pan et al.，2019）。占据结构洞位置的行为主体一方面可以与更多不同类型的行为主体产生互动，进而获得更多的知识、技术、信息资源，从而巩固竞争优势

（Yan et al.，2019）；另一方面可以嵌入不同的网络类型，扩大知识搜索范围和技术资源储备，以促进创新能力提升（Rojas et al.，2018；Zhang et al.，2019）。结构洞的测量主要分为两种方法，一种是伯特的结构洞指数，另一种是弗里曼的中间中心度模型。伯特的结构洞指数模型包括有效规模、效率、等级度、限制度等指标，其中限制度是最重要的模型指标（曲如晓和李婧，2020），计算公式如下：

$$N_1 = \sum_{j=1}^{n} \left(P_{ij} + \sum_q P_{iq} P_{qj} \right)^2 \qquad (10-25)$$

其中，N_1 表示限制度，限制度越小，则创新网络中该地区运用结构洞的能力越强；P_{ij} 是在行动者 i 的全部关系中投入 j 的关系占总关系的比例。P_{iq} 和 P_{qj} 同上。

为了便于对不同网络进行比较，采用弗里曼的标准化中间中心度模型，计算公式如下：

$$N_2 = \frac{2 \sum_{j}^{n} \sum_{k}^{n} b_{jk}(i)}{n^2 - 3n + 2} (j \neq k \neq i, \ j < k) \qquad (10-26)$$

其中，N_2 表示中间中心度，中间中心度越大，则创新网络中该地区运用结构洞的能力越强；$b_{jk}(i)$ 表示 i 地区能够控制 j 地区和 k 地区之间交往的能力，n 表示创新网络中的地区数目。

整体网络测度方面，整体网络的关联度主要包括两种指标：一种是网络关联度，表示创新网络中地区与地区之间的可达程度。网络关联度越大，则网络的稳健性越强；网络关联度越小，则网络的脆弱性越强。计算公式如下：

$$N_3 = 1 - \frac{V}{\left[\frac{m(m-1)}{2} \right]} \qquad (10-27)$$

其中，N_3 表示创新网络关联度；V 表示创新网络中不可达的成员对数目；m 表示创新网络的规模。

另一种是网络效率。网络效率用于刻画整体网络在多高程度上存在多余的行动者连接。当网络效率较低时，表明网络中存在较多的多余行动者连接，网络结构较稳定；当网络效率较高时，表明网络中存在较少的多余行动者连接，网络中溢出效应的多重叠加现象较弱，网络稳定性较低。计算公式如下：

$$N_4 = 1 - \frac{K}{\max(K)} \qquad (10-28)$$

其中，N_4 表示创新网络的网络效率；K 表示多余的行动者连接；$\max(K)$ 表示最大可能的多余行动者连接。

综合上述分析，构建网络性测度模型，如下所示。

$$N = (1 - N_1) N_2 N_3 (1 - N_4) \qquad (10-29)$$

其中，N 表示网络性；N_1 表示限制度；N_2 表示中间中心度；N_3 表示创新网络关联度；N_4 表示创新网络的网络效率。

2. 韧性测度模型

以往文献在系统韧性的评价问题上，大多简单采用各韧性维度值的和、乘积、之比等方法来计算系统的韧性（Renschler et al.，2010）。以上方法虽然计算简单，具有可操作性，但是系统韧性并非各个维度的韧性的简单相加，各个维度之间也并非相互独立。具有良好韧性的高新技术产业创新生态系统，必然是五个韧性维度的有机耦合，各个维度都不能偏废，只有形成合力，才能打造韧性强劲的高新技术产业创新生态系统。因此，本部分在借鉴耦合协调度等（葛鹏飞等，2020；何源等，2021）研究的基础上，提出高新技术产业创新生态系统韧性测度模型，具体构造如下：

分别记 $R_1 = H$、$R_2 = E$、$R_3 = F$、$R_4 = B$ 和 $R_5 = N$，H 为高新技术产业创新生态系统韧性的多样性维度值，E 为高新技术产业创新生态系统韧性的进化性维度值，F 为高新技术产业创新生态系统韧性的流动性维度值，B 为高新技术产业创新生态系统韧性的缓冲性维度值，N 为高新技术产业创新生态系统韧性的网络性维度值。计算公式如下所示（梁林等，2020）：

$$\begin{cases} C = \left[\dfrac{R_1 \times R_2 \times R_3 \times R_4 \times R_5}{\left(\dfrac{R_1 + R_2 + R_3 + R_4 + R_5}{5} \right)^5} \right]^{\frac{1}{5}} \\ T(R_1，R_2，R_3，R_4，R_5) = \alpha R_1 + \beta R_2 + \gamma R_3 + \lambda R_4 + \eta R_5 \\ D = \sqrt{C \times T} \\ R = D \times T \end{cases} \qquad (10\text{-}30)$$

其中，R_1 表示多样性值，R_2 表示进化性值，R_3 表示流动性值，R_4 表示缓冲性值，R_5 表示网络性值，R_1、R_2、R_3、R_4、R_5 全不为 0。C 表示系统韧性在五个维度上的协调水平，取值范围为 $0 < C \leqslant 1$。当 $R_1 = R_2 = R_3 = R_4 = R_5$ 时，C 为最大值 1，表示韧性在五个维度上处于最佳的相互协调状态；当 R_1、R_2、R_3、R_4、R_5 不相等时，五个维度的差异越大，C 值越小。T 表示韧性在五个维度上的综合水平，α、β、γ、λ、η 为待定系数，由于多样性、进化性、流动性、缓冲性、网络性五个维度同等重要，故 $\alpha = \beta = \gamma = \lambda = \eta = 0.2$。$D$ 表示耦合协调度，可以反映复合维度之间的整体协调耦合发展情况（洪雪飞等，2021）R 为高新技术产业创新生态系统韧性值，R 越大表示高新技术产业创新生态系统的韧性越好。

三、数据来源与计算过程

1. 数据来源

鉴于西藏地区数据缺失严重，此处选取了除西藏以外的我国 30 个省份的高新技术产业创新生态系统作为研究对象，样本年份区间为 2005~2020 年。常规指标的数据主要来自统计年鉴数据，具体包括《中国高技术产业统计年鉴》《中国火炬统计年鉴》《中国环境统计年鉴》《中国教育统计年鉴》《中国统计年鉴》和国家统计局官方网站。30 个省份之间的公路里程数据来自《国家公路网地图集》《中国高速公路及城乡公路网地图集》《中国公路网速查地图集》。在计算公路行程的时间成本时，依据《中华人民共和国公路工程技术标准》，将公路行车速度设定为 80 千米/时。公路货币成本数据来自汽车票查询网（http：//www.checi.org）、铁友查票查询网（http：//qiche.tieyou.com）

等。30 个省区市之间的铁路时间成本数据和货币成本数据来自中国铁路客户服务中心网（https：//www. 12306. cn/）。市场化指数数据来自《中国分省份市场化指数报告》（王泽宇等，2019）。高新技术产业 SCI 论文数和高新技术产业合作论文数据来自 Web of Science 数据库，通过高级检索得到。高新技术产业 SCI 论文的判断标准根据《中国高技术产业统计年鉴》中对高技术产业的分类，参考 OECD 划分标准，同时考虑统计口径一致性和数据可获得性，将高新技术产业划分为计算机及办公设备制造业、医疗仪器设备及仪器仪表制造业、航空航天器及设备制造业、电子及通信设备制造业等（李健等，2021）。通过论文研究领域的精练条件①，得到高新技术产业 SCI 论文数和 30 个省区市之间的高新技术产业 SCI 合作论文数。30 个省区市之间合作专利数据来自国家知识产权局网站。个别年份或者地区缺失数据根据指标的性质和变化趋势，采用序列平均值填补、线性插值等方法补全。

2. 计算过程

本部分采用客观赋权法中的熵权法来确定各个维度指标的权重。熵权法的优点在于避免了传统赋权方法易受主观性影响的缺陷，能比较客观地确定权重（刘兰剑等，2020）。此外，熵权法在创新评价领域应用也较为广泛，如杜丹丽和曾小春（2017）通过熵权法确定我国高新技术企业创新能力的各指标权重，对我国高新技术企业创新能力进行评价。具体计算过程如下（梁林等，2020）：第一步为多样性维度值计算。首先，将各个省份的多样性指标的原始数据代入多样性测度模型，得到 H；其次，乘以相应的指标权重；最后，将乘以各自权重后的指标数值加总，即为各省份的多样性维度值。第二步为进化性维度值计算。首先，按 Min-Max 法将原始数据进行无量纲化处理；其次，代入进化性测度模型，即可得到各省份的进化性维度值。第三步为流动性维度值计算。首先，按 Min-Max 法将原始数据进行无量纲化处理；其次，代入流动性测度模型，得到各指标的流动性动态综合评价结果 F，再乘以相应的指标权重；最后，将乘以各自权重后的指标数值加总，即为各省份的流动性维度值。第四步为缓冲性维度值计算。将各指标的原始数据直接代入缓冲性测度模型，即可得到各省份的缓冲性维度值。第五步为网络性维度值计算。对于高新技术产业合作专利创新网络，需要先构建高新技术产业合作专利创新网络联系矩阵，再将矩阵代入网络性测度模型，最后计算得出所用指标。对于高新技术产业合作论文创新网络，直接代入网络性测度模型，计算得到所用指标。第六步为各个省份高新技术产业创新生态系统韧性计算。考虑高新技术产业创新生态系统韧性五个维度值的计算结果取值范围各不相同，故先对五个维度的计算结果进行归一化处理，使其取值范围均在 [0，1] 区间内；又因韧性测度模型中五个维度的取值不能为 0，故将归一化后的数值全部加 1，使其取值范围均落到 [1，2] 区间内；最后代入韧性测度模型，得到各个省份高新技术产业创新生态系统韧性值。

---

① 对应的条件语句为："Instruments Instrumentation or Telecommunications or Engineering Electrical Electronic or Pharmacology Pharmacy or Engineering Mechanical or Computer Science Information Systems。"

四、高新技术产业创新生态系统韧性评估分析

为了全面直观地分析我国各省份高新技术产业创新生态系统韧性的测度结果，对于 2005 年、2010 年、2015 年和 2020 年的测度结果，基于自然间断点分级法，将韧性划分为低级、较低、中级、较高、高级五个阶段，利用 ArcGIS 分级色彩工具，展示 30 个省份高新技术产业创新生态系统韧性在全国地理空间的分布情况。

从时间发展趋势看，我国高新技术产业创新生态系统韧性总体上呈现波动上升态势。2005 年各省份韧性平均值为 1.1738，2010 年上升到 1.1873；2015 年达到 1.2588，比 2010 年上升 6.02%；2020 年上升速度略微加大，韧性平均值达到最高值 1.42，比 2015 年上升 12.8%。从空间分布看，2005 年，高新技术产业创新生态系统韧性相对较高的地区均集中在沿海省份，且多为中级阶段；中西部地区除了陕西等省份外，处于系统韧性的低级阶段。2010 年，高新技术产业创新生态系统韧性的空间分布状况与 2005 年相近，并在 2005 年的基础上进一步强化。2015 年，系统韧性的空间非均衡分布状况得到了很大的改善，中西部地区的系统韧性显著提升，河南、湖北、湖南、重庆等省市的系统韧性跃升到中级阶段。2020 年，我国高新技术产业创新生态系统韧性得到了一定程度的提升，除了新疆仍然处在低级阶段外，其他省份均为低级阶段以上。其中广东、江苏、北京三地高新技术产业创新生态系统韧性处于高级阶段水平。

基于上述测度过程和结果可以看出，近年来我国高新技术产业创新生态系统韧性显著提高，反映出我国高新技术产业的新兴业态持续丰富，创新基因加速培育，创新要素趋于活跃，产业基础不断夯实，创新联系日益紧密。同时，我国高新技术产业创新生态系统韧性仍有进一步提升空间，系统韧性的省际差距依然明显，系统韧性向系统演进动力的转化路径亟待探索。当前，增强发展的安全性、主动权已成为构建新发展格局的必然要求。把握我国高新技术产业创新生态系统韧性的成长、演化规律，对于提升我国产业创新生态系统韧性具有重要参考意义。

第四节　产业创新生态系统韧性的提升路径

在加快构建现代化产业体系的背景下，提升产业创新生态系统韧性，对于增强我国发展的安全性主动权具有重要意义。结合韧性理论，产业创新生态系统韧性的提升路径主要包括以下四个方面：

其一，将多样性、进化性、流动性、缓冲性和网络性五维韧性特征作为打造产业创新生态系统的基本方向。忽视创新生态的抗冲击能力和主动适应性是现阶段我国产业创新生态系统发展的薄弱点，部分地区存在产业链脆弱、供应链混乱、创新资源分布不均衡、经济发展严重下滑等诸多问题。当前，产业创新生态系统亟须将五维韧性特征融入系统规划、建设全过程。以多样性为例，一方面，要意识到产业的多元异质性对分散冲击、扰动以及打破路径锁定的重要作用，既要避免盲目倚重服务业、忽视

制造业发展，也要发挥服务业的支撑作用。另一方面，要加强对产业生态多样性的顶层设计。多样性与产业聚集的协同发展是大势所趋，应注重高校、企业等创新主体的多样化集聚，形成以适度多元为基本特征的产业布局、创新布局、功能布局，防止出现过于"押注"某类产业而忽视其他产业发展的现象，推动各类知识和技术充分涌流、交流碰撞、融合重构。

其二，动态监测产业创新生态系统的韧性水平，完善系统韧性预警机制。坚持"全国一盘棋"，建立完备的系统韧性测度体系，依据定量评价指标，持续监测产业创新生态发展状况，预测系统韧性水平的发展趋势，从而为产业创新生态治理提供依据。同时，根据韧性测度的历史数据，结合相关专家分析，确定系统韧性的合理阈值和预警区间，从而实现对产业创新发展状况的及时研判。根据韧性警情状态的变化态势，分类采取响应措施，重点针对产业链、供应链、创新链的"断链"等风险，通过精准招商引资、适度超前布局等方式进行主动防范，提升风险应对能力。

其三，辩证看待冲击的负面效应，提供包容审慎的监管空间。冲击虽然对产业投资、扩大再生产和创新活动带来显著的负面影响，但在某种意义上是创新过程尤其是颠覆性创新过程中必须付出的"代价"，需要辩证加以看待。冲击是对"旧"的破坏过程。如果能够利用冲击带来的机遇和契机，有效应对冲击所带来的各种变化，并为这种新旧更替和变化提供包容审慎的制度环境，便可以在一定意义上缩短"创造性破坏"的周期。一方面，先发企业往往拥有技术领先优势，通常会采取利益保护措施，设置市场进入障碍。冲击的出现，能够打破现有利益格局，消解市场进入的隐性障碍，从而让更多创新主体进入市场，促进市场充分竞争。另一方面，冲击可以实现资源优化和市场出清。部分僵化企业因难以突破体制机制障碍而出现发展滞后问题，占据大量社会公共资源，造成资源错配。冲击力度越大意味着破坏力越强，可以加速僵化企业的淘汰并为其他创新主体带来更大的发展空间。

其四，匹配系统韧性与冲击强度，因时制宜制定产业生态韧性提升政策。系统韧性不可或缺，但也并非越大越好。系统韧性的提升首先应满足防范化解风险的基本需要，在此基础上做到与冲击相匹配、与创新发展目标相适应。为此，需要构建多元包容的产业创新生态韧性政绩考核体系，在考核指标、权重等的设计中充分体现高质量发展要求，结合要素禀赋优势、产业环境以及产业结构特点制定产业创新生态韧性目标，提升政策执行结果与政策目标的耦合性，提升韧性治理绩效。同时，应以防止重大风险的复发、联动和外溢为重点，综合采用产业、经济、社会等多源数据，提高冲击强度和影响范围预测的科学性、精准性，进而相机抉择、及时作出干预冲击的预判，维护经济社会大局稳定。

第十一章　城市创新生态系统的三维评价分析

对创新生态系统的定量表征与评价是准确研判创新生态系统发展现状、演化趋势的前提。近年来，诸多分析工具被用于评价和追踪创新生态系统，通过定性和定量相结合的研究方法，对创新生态系统如何动态作用于创新过程进行深入考察。结合前文理论分析可知，无论选择哪种评价方法和评价指标体系，在具体实践过程中均应充分考虑评价主体的系统特征，采取尽可能全面的评估策略，进而满足评价的特定需求。因此，本章聚焦城市创新生态系统的三维评价（以下简称"城市创新生态指数"）分析，围绕创新生态系统的成长性、活跃性和适宜性三个关键特征，尝试建立相应的理论基础和评价指标体系，分别构建城市创新生态系统的成长指数、活跃指数和适宜指数，以我国创新型城市为研究对象进行实证分析，并基于此实证结果构建综合发展指数，从整体角度对城市创新生态系统的发展状态做出综合评估。另外，从促进创新生态系统成长、保持创新生态系统活跃、提升创新生态系统适宜性等方面总结经验启示。

第一节　城市创新生态系统评价体系的构建

城市创新生态系统评价体系是为衡量城市创新生态系统的发展水平而制定的、定性与定量相结合的评价标准，其目的是更加科学地考察创新生态系统对城市创新过程的动态影响，并且识别城市创新生态系统存在的缺陷和面临的问题。本节主要从指标设计和样本选择两个方面介绍所构建的城市创新生态系统评价体系。

一、城市创新生态系统评价的指标设计

指标设计是城市创新生态系统评价过程的核心。近年来，不少政府、高校和科研机构开发设计了诸多分析工具来评价和追踪创新生态系统的发展，其中较为权威的评价机构包括百森商学院、美国竞争力委员会、乔治梅森大学和经济合作与发展组织（OECD）等。这些评价机构对创新生态系统的评价要素普遍聚焦在政策、金融、基础设施、市场、人力、文化、研发、文化等方面，将定性研究和定量研究相结合，突出评价指标的一般性，进而提升评价结果的准确性。

借鉴相关研究中成熟指标体系的做法，本部分构建了城市创新生态系统评价指标体系。本指标体系从城市创新生态系统的成长性、活跃性和适宜性三个关键特征出发，

根据评价内容的特点，对应地从纵向时序维度、横向绝对发展维度和横向相对发展维度三个维度对城市创新生态系统的发展态势做出全方位立体评价。具体指标体系的建构逻辑如图 11-1 所示。

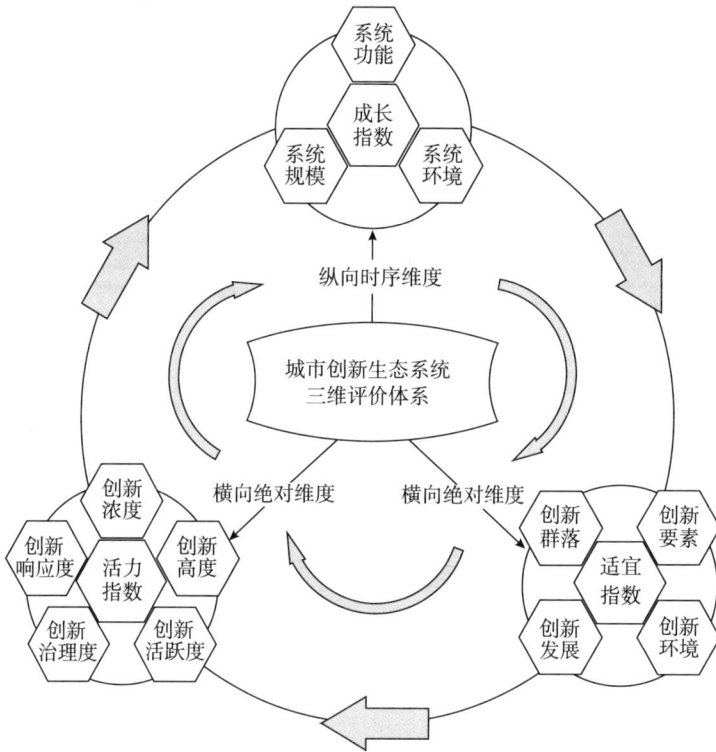

图 11-1 城市创新生态指数评价体系建构逻辑

资料来源：笔者自绘。

首先，成长指数注重评价城市创新生态系统的成长态势和发展阶段，是时序型的指数评价方式。在本指标体系中，成长指数围绕系统规模、系统功能和系统环境 3 个维度的一级指标构建，并逐级划分为 8 个二级指标和 25 个三级指标，从而对创新主体规模、创新能力强度、创新环境质量进行多维评价。

其次，活跃指数注重评价城市创新生态系统的创新活跃程度，不仅需要体现城市创新生态系统的创新资源集聚情况，而且需要体现城市创新生态系统的创新环境治理和创新成果涌现水平，因而是绝对型的指数评价方式。在本指标体系中，活跃指数围绕创新浓度、创新高度、创新活跃度、创新治理度和创新响应度 5 个维度的一级指标构建，并逐级划分为 11 个二级指标和 32 个三级指标，从而对城市创新生态系统的活力程度进行多维评价。

最后，适宜指数注重评价城市创新生态系统的环境供给与最高环境需求之间的匹配程度，因而是相对型的指数评价方式。在本指标体系中，适宜指数围绕创新群落、创新要素、创新发展和创新环境 4 个维度的一级指标构建，并逐级划分为 13 个二级指标和 38 个三级指标，从而对城市创新生态系统中不同创新要素之间、系统与外部环境之间的适配性进行综合评价。

上述三维指标体系立足"过程导向"，针对城市创新生态系统的发展质量、政策成效等内容形成动态评估机制，旨在从纵向上判断城市创新生态系统的成长态势，明确城市创新生态系统的竞争力来源；从横向上比较不同城市创新生态系统的发育水平，从而为政府部门、创新组织等制定相关决策提供科学依据。

二、城市创新生态系统评价的样本选择

样本选择是城市创新生态系统评价过程的关键，需要综合考虑样本城市的代表性、样本分布的均衡性、选择过程的可靠性等。结合我国城市创新发展现状，本部分从城市范围、年份区间、数据来源等方面介绍样本选择过程。

从样本城市范围看，本部分将评价范围确定为我国的 101 个创新型城市（昌吉市和石河子市因数据完整度不足，故未被纳入评价范围），城市名录根据《科技部 国家发展改革委关于印发建设创新型城市工作指引的通知》（国科发创〔2016〕370 号）中的"创新型城市试点建设名单"、《科技部 国家发展改革委关于支持新一批城市开展创新型城市建设的函》（国科函创〔2018〕59 号）和《科技部关于支持新一批城市开展创新型城市建设的通知》（国科发区〔2022〕5 号）等文件确定，如表 11-1 所示。[①]这些城市广泛分布于我国华北、东北、华东等七大地理区域，普遍具有优良的创新基础、要素禀赋和创新环境，有利于精准反映我国城市创新生态系统的发展水平。

表 11-1　研究样本及其区域划分

区域	城市
华北地区	北京、天津、唐山、石家庄、邯郸、保定、太原、长治、包头、呼和浩特
东北地区	沈阳、大连、营口、长春、吉林、哈尔滨、秦皇岛
华东地区	烟台、济南、青岛、济宁、潍坊、东营、淄博、威海、日照、临沂、德州、上海、无锡、南京、苏州、常州、镇江、连云港、南通、扬州、盐城、泰州、徐州、宿迁、淮安、宁波、嘉兴、杭州、湖州、绍兴、金华、温州、台州、厦门、福州、泉州、龙岩、合肥、芜湖、马鞍山、铜陵、滁州、蚌埠、南昌、景德镇、萍乡、新余
华中地区	洛阳、郑州、南阳、新乡、武汉、宜昌、襄阳、荆门、黄石、长沙、株洲、衡阳、湘潭
华南地区	深圳、广州、佛山、东莞、汕头、海口、南宁、柳州
西南地区	重庆、成都、绵阳、德阳、贵阳、遵义、昆明、玉溪、拉萨
西北地区	兰州、西宁、银川、乌鲁木齐、西安、宝鸡、汉中

资料来源：笔者整理。

从样本年份区间看，综合考虑数据的可得性、完整性，本部分选取 2014～2020 年作为城市创新生态系统成长指数的评价周期，活跃指数和适宜指数则以 2020 年为评价时点。

从样本数据来源看，各年度城市数据的主要来源为国家统计局或国家相关部委正

---

① 考虑数据的连续性、可获得性以及研究的便捷性等因素，将创新型城市名录中的北京市海淀区扩展到整个北京市范围，天津市滨海新区扩展到整个天津市范围，上海市杨浦区扩展到整个上海市范围，重庆市沙坪坝区扩展到整个重庆市范围。

式出版、国家知识产权局网站和各城市正式发布的统计资料，具体包括《中国城市统计年鉴》（2015~2021年）、《中华人民共和国国民经济和社会发展统计公报》（2014~2020年）、《中国科技统计年鉴》（2015~2021年）、各市统计年鉴（2015~2021年）。部分城市的缺失数据根据各地对所在省GDP的贡献率，乘以所在省份的对应指标得到。另外，一些未经披露的指标的数据来源和经过二次计算数据的计算方法分别在三个指数对应的指标体系列表中注明。

第二节　城市创新生态系统成长性评价

城市创新生态系统的成长性评价主要围绕以下内容展开：首先归纳城市创新生态系统成长性的相关理论，其次介绍城市创新生态系统成长指数的评价方法和指标体系，最后展示评价结果及分析结论。

一、城市创新生态系统成长性的相关理论

与自然生态系统类似，创新生态系统总是处于不断变化中。在自然生态系统中，导致生态系统发生变化的原因在于体系内部发展过程与外部影响因素之间的相互作用。当系统的能量输入大于能量输出时，其余能量将被用来改变系统内部结构，这一过程即系统的成长过程。城市创新生态系统的成长过程主要体现为系统规模由小到大、系统功能由弱到强、系统内外环境由劣到优，一般需要经历系统形成期、加速成长期、缓速成长期和成熟稳定期等阶段。在城市创新生态系统的整个成长过程中，随着创新组织、创新物种、创新种群和创新群落的持续扩张，系统内和系统间形成愈加复杂的合作网络，并在竞合机制、技术传导机制和协调保障机制的共同作用下耦合演进、持续优化。在这个过程中，城市创新生态系统始终维持开放性和自组织性，呈现出动态和非线性特征，并且由于不同发展阶段各自具有的独特特征，在特定阶段呈现出一定的发展规律。随着时间的推移，城市创新生态系统通常会随个体适应度变化、系统外界环境变化而演变，系统内技术创新主体之间通过竞争与合作、创新资源流动和扩散等，实现了创新主体之间的共同演进。

城市创新生态系统的成长是一个漫长的演化过程，包括从形成阶段到成熟阶段的四个阶段，分别为系统形成期、快速成长期、缓速成长期和成熟稳定期。遵循生命周期理论，城市创新生态系统的成长路径曲线如图11-2所示，其中 T 为时间，G 为城市创新生态系统成长所对应的经济指标。

二、成长指数的评价方法

本部分重点介绍城市创新生态系统成长性评价所使用的量化分析策略。为了确保在个体上和时间上都具有可比性，此处采用熵权法和线性加权法测算101个创新型城市2014~2020年的创新生态系统成长指数。

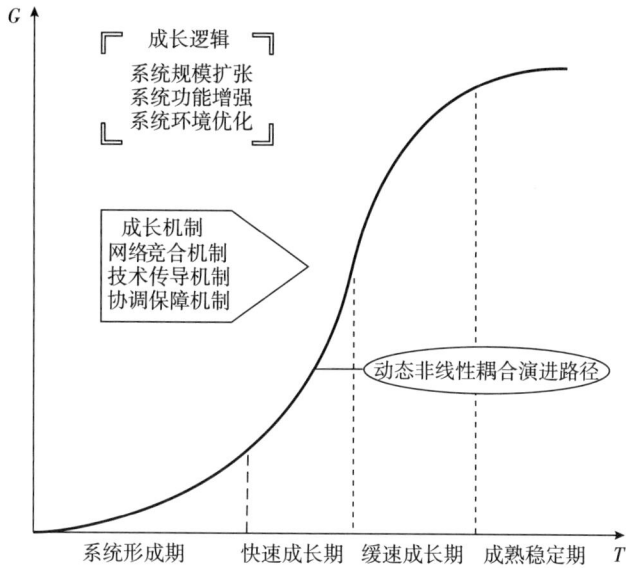

图 11-2　城市创新生态系统成长路径曲线

资料来源：笔者自绘。

熵权法的目的是利用一组统计指标生成反映城市创新生态系统成长水平的数值，其基本步骤如下。

设有 m 个城市创新生态系统，有 n 个评价指标，时间长度为 y 年，则原始矩阵 $X_1 = (x_{i_y j})_{my \times n} (i_y = 1_1, \ 2_1, \ \cdots, \ m_1, \ 1_2, \ 2_2, \ \cdots, \ m_y; \ j = 1, \ 2, \ \cdots, \ n)$，$x_{i_y j}$ 是 y 年 i 城市创新生态系统的第 j 个评价指标的实际值。

首先，对矩阵 X_1 进行标准化以便去除不同量纲带来的误差。若指标是正向指标，采用的标准化方法为：

$$r_{i_y j} = \frac{x_{i_y j} - \min_j (x_{i_y j})}{\max_j (x_{i_y j}) - \min_j (x_{i_y j})} \tag{11-1}$$

若指标是逆向指标，采用的标准化方法为：

$$r_{i_y j} = \frac{\max_j (x_{i_y j}) - x_{i_y j}}{\max_j (x_{i_y j}) - \min_j (x_{i_y j})} \tag{11-2}$$

对矩阵 X_1 标准化得到 $R_1 = (r_{i_y j})_{my \times n}$，$r_{ij} \in (0, \ 1)$，为正向指标。

其次，为使各指标权重更加客观，采用熵权法计算各指标权重。对于指标 r_j，令 E_j 为其信息熵，w_j 为其权重，计算过程分别如式（11-3）和式（11-4）所示。

$$E_j = -\frac{1}{\ln m} \sum_{i_y = 1}^{my} p_{i_y j} \ln p_{i_y j} \tag{11-3}$$

其中，$p_{i_y j} = \dfrac{r_{i_y j}}{\sum\limits_{j=1}^{n} r_{i_y j}}$，若 $p_{i_y j} = 0$，则令 $p_{i_y j} \ln p_{i_y j} = 0$。

$$w_j = \frac{1 - E_j}{\sum_{j=1}^{n} (1 - E_j)} \qquad (11-4)$$

最后，采用线性加权法计算各城市创新生态系统的成长指数 G_{i_y}：

$$G_{i_y} = \sum_{j=1}^{n} (r_{i_y} \times w_j) \qquad (11-5)$$

在运用熵权法的基础上，为探究影响城市创新生态系统成长的关键因素，本部分定义 y 年 i 城市创新生态系统的三级指标 $C_{i_y,j}$ 占其成长指数 G_{i_y} 的比重为其个体贡献率，设为 $\eta_{i_y,j}$，则：

$$C_{i_y,j} = r_{i_y} \times w_j \qquad (11-6)$$

$$\eta_{i_y,j} = \frac{C_{i_y,j}}{G_{i_y}} \times 100\% \qquad (11-7)$$

从整体角度来看，探究三级指标 C_{j_y} 对城市创新生态系统成长的年度平均贡献率 η_{j_y} 具有普遍意义，其计算方法为：

$$\eta_{j_y} = \frac{\sum_{i=1_y}^{m_y} \eta_{i_y,j}}{m} \qquad (11-8)$$

三、成长指数指标体系的构建

城市创新生态系统成长指数的指标体系要能够全面、综合地反映评价主体的成长状况，不仅要体现出系统的成长规模，而且要体现出系统成长的质量。因此，本部分从系统规模、系统功能和系统环境三个维度的一级指标出发，根据 8 个二级指标和 25 个三级指标，构建了城市创新生态系统成长指数的指标体系，指标体系如表 11-2 所示。部分指标的计算公式如表 11-3 所示。

表 11-2　城市创新生态系统成长指数指标体系

一级指标	二级指标	三级指标
系统规模（A_1）	经济规模（B_1）	地区生产总值（C_1）
		人均地区生产总值（C_2）
		规模以上工业企业利润总额（C_3）
	资源规模（B_2）	R&D 人员（C_4）
		R&D 内部支出经费（C_5）
		普通高等学校专任教师数（C_6）
		普通高等学校在校学生数（C_7）
		雏鹰瞪羚独角兽企业合计（C_8）
	规模潜力（B_3）	规模以上工业企业数（C_9）
		全市常住人口数（C_{10}）
		地区生产总值增长率（C_{11}）

续表

一级指标	二级指标	三级指标
系统功能（A_2）	创新功能（B_4）	专利申请数（C_{12}）
		发明专利申请数（C_{13}）
		专利授权数（C_{14}）
		发明专利授权量（C_{15}）
	协同功能（B_5）	专利合作数量（C_{16}）
		Web of Science 论文合作数量（C_{17}）
	开放功能（B_6）	实际利用外资比重（C_{18}）
		外商和港澳商投资企业比例（C_{19}）
系统环境（A_3）	政策支持环境（B_7）	地方一般预算支出中教育支出占比（C_{20}）
		地方一般预算支出中科学支出占比（C_{21}）
	人才吸引环境（B_8）	建成区绿化覆盖率（C_{22}）
		人均医院、卫生院床位数（C_{23}）
		人均中小学数量（C_{24}）
		职工平均工资（C_{25}）

资料来源：笔者整理。

表 11-3　成长指数部分指标计算公式

指标	统计方式
"雏鹰""瞪羚""独角兽"企业合计	通过"企查查"网站查询得出
专利合作数量	本城市创新主体与其他城市创新主体共同署名的专利数量总和
Web of Science 论文合作数量	Web of Science 核心合集中本城市创新主体与其他城市创新主体共同署名的论文数量总和
实际利用外资比重	当年实际使用的外资金额/GDP
外商和港澳商投资企业比例	（外商投资企业数+港澳投资企业数）/规模以上工业企业数
地方一般预算支出中教育支出占比	地方一般预算支出教育支出/地方一般预算支出
地方一般预算支出中科学支出占比	地方一般预算支出科学支出/地方一般预算支出
人均医院、卫生院床位数	医院卫生院床位数/全市常住人口数
人均中小学数量	（普通小学数+普通中学数）/全市常住人口数

资料来源：笔者整理。

四、成长指数的评价结果

本部分主要从以下方面介绍成长指数的评价结果：首先根据熵权法结果，进行指标权重分析；其次基于我国七大地理区域的划分标准，分析城市创新生态系统成长指数的区际差异；再次依据城市层面评价结果，解析城市创新生态系统的发展现状及空间分异规律；最后依照指标贡献率情况，识别城市创新生态系统成长的主要动力。

1. 指标权重分析

指标权重分析有助于初步探索城市创新生态系统成长指数的重要影响因素，同时探究其成长逻辑。在计算指标权重过程中，三级指标权重由熵权法计算得出，一级指标和二级指标权重由三级指标逐级加总得出，如表 11-4 所示。其中，权重最大的 5 个三级指标分别为规模以上工业企业数（C_9，17.96%）、Web of Science 论文合作数量（C_{17}，11.44%）、专利合作数量（C_{16}，8.39%）、发明专利授权量（C_{15}，6.88%）和 R&D 内部支出经费（C_5，5.72%），它们分布在资源规模（B_2）、竞争潜力（B_3）、创新功能（B_4）和协同功能（B_5）等与创新高度相关的二级指标中，这几个二级指标也是同级指标中影响权重最大的指标，符合现实逻辑，因而从侧面印证了指标选取的合理性。另外，系统规模（A_1）和系统功能（A_2）影响权重相当，且远高于系统环境（A_3），这说明在样本时期内，创新环境在城市创新生态系统成长过程中的作用相对有限。结合熵权法的建模逻辑，指标内部数据离散程度与熵权权重呈正相关关系，说明系统环境（A_3）下的子指标在个体间和年份间差异不显著。这在一定程度上说明现有城市创新生态系统在创新环境优化方面有待进一步增强。

表 11-4　创新型城市创新生态系统成长指数指标权重

一级指标	一级指标权重	二级指标	二级指标权重	三级指标	三级指标权重
系统规模（A_1）	47.68%	经济规模（B_1）	6.88%	C_1	2.88%
				C_2	1.29%
				C_3	2.70%
		资源规模（B_2）	21.03%	C_4	4.31%
				C_5	5.72%
				C_6	4.52%
				C_7	3.97%
				C_8	2.51%
		竞争潜力（B_3）	19.77%	C_9	17.96%
				C_{10}	1.66%
				C_{11}	0.14%
系统功能（A_2）	47.38%	创新功能（B_4）	22.06%	C_{12}	4.75%
				C_{13}	5.59%
				C_{14}	4.84%
				C_{15}	6.88%
		协同功能（B_5）	19.83%	C_{16}	8.39%
				C_{17}	11.44%
		开放功能（B_6）	5.49%	C_{18}	2.71%
				C_{19}	2.77%

续表

一级指标	一级指标权重	二级指标	二级指标权重	三级指标	三级指标权重
系统环境 (A₃)	4.94%	政策支持 环境（B₇）	2.34%	C_{20}	0.53%
				C_{21}	1.81%
		人才吸引 环境（B₈）	2.60%	C_{22}	0.08%
				C_{23}	1.15%
				C_{24}	1.02%
				C_{25}	0.35%

资料来源：笔者整理。

2. 区域层面评价结果

从区域层面把握城市创新生态系统的成长性现状，对于分析和理解区域科技发展水平的差距及其成因具有重要意义。图11-3将样本中的101个创新型城市依照其地理位置划入我国七大地理区域，进而生成我国区域层面城市创新生态系统成长指数的变化趋势。结果显示，从总体均值看，2014～2020年101个城市的创新生态系统成长指数平均水平介于0.076～0.100，均值为0.088，呈现平缓上升的发展轨迹，年均增长5.66%。其中，2014年城市创新生态系统成长指数的总体均值为低点（0.076），后由2015年的0.079平缓上升到2020年的高点（0.100）。这缘于近年来地方政府致力于打造城市创新生态系统，发展具有丰富创新要素、合理创新结构、优越创新环境和强大创新功能的城市创新空间。

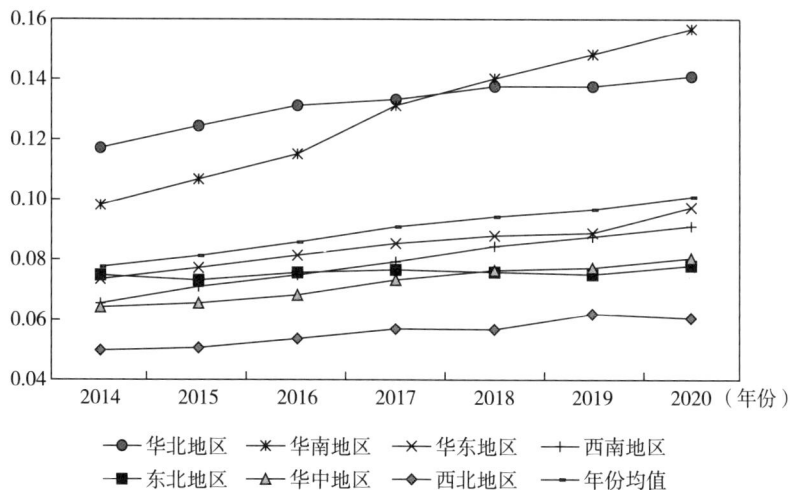

图 11-3　分区域的创新型城市创新生态系统成长指数变化轨迹

从分区域情况看，在城市创新生态系统成长水平方面，2014～2020年，我国七大区域城市创新生态系统成长指数的均值由高到低分别是华北（0.132）、华南（0.128）、华东（0.084）、西南（0.079）、东北（0.076）、华中（0.072）和西北（0.056）地区，表明我国华北、华南、华东等地城市创新生态系统成长水平较高，东北、华中和西北等地城市创新生态系统成长水平则相对滞后。在成长速度方面，样本时期内我国七大区域城市创新生态系统成长指数的年均增长率由高到低分别是华南地区（9.82%）、西南地区（6.84%）、华东地区（5.78%）、华中地区（4.63%）、西北地区（4.00%）、华北地区（3.76%）和东北地区（0.82%），其中华南、华东等地城市的创新生态系统成长水平和成长速度呈现"双高"态势，主要原因是这些区域的创新型城市地处长三角、珠三角、山东半岛等我国重要城市群，具有创新要素密集、创新主体活跃、创新环境优越等优势，为城市创新生态系统发展提供了重要支撑。同时值得注意的是，东北地区城市创新生态系统成长指数虽处于中等水平，但在2017年后较其他地区相比下降趋势明显，先后被西南和华中地区反超，主要原因是东北地区传统产业结构日益萎缩，面临着经济增长率低、人口流失、基础设施滞后等问题。因此，东北地区需要全面深化改革，提高自主创新能力，打破原有利益格局，优化经济结构，更好发挥市场作用，提高城市的创新能力和吸引力，建立完善的产业链、供应链、创新链支撑体系，打造更加完善的城市创新生态系统。

3. 城市层面评价结果

本部分具体分析101个城市创新生态系统成长指数评价结果，如表11-5所示。根据结果，2014~2020年，我国101个创新型城市中，有31个城市的创新生态系统成长指数平均值高于同期所有创新型城市的平均水平，这些城市包括华北地区的2个城市、东北地区的4个城市、华东地区的15个城市、华中地区的3个城市、华南地区的4个城市、西南地区的2个城市、西北地区的1个城市。其中，创新生态系统成长指数前10位的城市依次是北京（0.566）、天津（0.331）、上海（0.330）、深圳（0.281）、广州（0.272）、杭州（0.260）、苏州（0.212）、南京（0.198）、武汉（0.196）和成都（0.195），主要分布在华东和华南地区。低于同期所有创新型城市平均水平的城市共有70个，这些城市包括华北地区的8个城市、东北地区的3个城市、华东地区的32个城市、华中地区的10个城市、华南地区的4个城市、西南地区的7个城市、西北地区的6个城市。整体来看，我国不同创新型城市的创新生态系统成长指数呈现出明显差距，一些经济后进地区仍缺乏具有强劲引领作用的区域创新中心，需要提升科技资源与创新活动分布的空间均衡性。

表11-5　创新型城市创新生态系统成长指数评价结果

地区	年份							平均成长指数	年均成长幅度（%）
	2014	2015	2016	2017	2018	2019	2020		
全国	**0.076**	**0.080**	**0.084**	**0.089**	**0.092**	**0.094**	**0.100**	**0.088**	**5.50**
北京	0.503	0.545	0.548	0.551	0.568	0.614	0.636	0.566	4.78
天津	0.278	0.308	0.356	0.365	0.370	0.320	0.321	0.331	2.91
唐山	0.052	0.048	0.051	0.054	0.059	0.061	0.064	0.056	4.05
石家庄	0.076	0.080	0.084	0.091	0.092	0.095	0.098	0.088	5.18
邯郸	0.037	0.035	0.036	0.037	0.038	0.040	0.044	0.038	3.46

地区	年份							平均成长指数	年均成长幅度（%）
	2014	2015	2016	2017	2018	2019	2020		
保定	0.050	0.053	0.057	0.054	0.054	0.058	0.059	0.055	3.39
太原	0.069	0.067	0.067	0.072	0.087	0.078	0.079	0.074	2.78
长治	0.026	0.026	0.028	0.026	0.026	0.025	0.027	0.026	1.14
包头	0.037	0.036	0.038	0.038	0.035	0.035	0.033	0.036	−2.22
呼和浩特	0.045	0.045	0.047	0.046	0.047	0.050	0.050	0.047	2.35
华北地区	**0.117**	**0.124**	**0.131**	**0.133**	**0.138**	**0.138**	**0.141**	**0.132**	**3.76**
沈阳	0.113	0.114	0.115	0.124	0.113	0.113	0.123	0.116	1.65
大连	0.117	0.105	0.114	0.120	0.128	0.121	0.129	0.119	1.99
营口	0.031	0.025	0.022	0.025	0.027	0.027	0.026	0.026	−3.57
长春	0.094	0.095	0.096	0.098	0.096	0.099	0.103	0.097	1.81
吉林	0.039	0.035	0.042	0.033	0.032	0.035	0.033	0.036	−3.11
哈尔滨	0.086	0.095	0.092	0.090	0.089	0.086	0.088	0.089	0.51
秦皇岛	0.044	0.044	0.048	0.046	0.046	0.044	0.044	0.045	−0.01
东北地区	**0.075**	**0.073**	**0.076**	**0.077**	**0.076**	**0.075**	**0.078**	**0.076**	**0.82**
烟台	0.079	0.081	0.085	0.083	0.086	0.079	0.086	0.083	1.57
济南	0.117	0.119	0.134	0.119	0.122	0.131	0.148	0.127	4.96
青岛	0.128	0.139	0.140	0.142	0.144	0.152	0.163	0.144	4.85
济宁	0.050	0.050	0.051	0.053	0.053	0.049	0.055	0.051	1.93
潍坊	0.081	0.073	0.075	0.074	0.072	0.072	0.103	0.079	4.95
东营	0.052	0.048	0.046	0.048	0.043	0.041	0.043	0.046	−3.62
淄博	0.057	0.059	0.062	0.060	0.058	0.051	0.054	0.057	−1.15
威海	0.056	0.059	0.061	0.061	0.058	0.057	0.057	0.059	0.52
日照	0.031	0.031	0.033	0.032	0.035	0.035	0.039	0.034	4.71
临沂	0.048	0.050	0.050	0.051	0.052	0.048	0.056	0.051	3.12
德州	0.039	0.040	0.041	0.039	0.040	0.037	0.041	0.040	0.70
上海	0.268	0.284	0.308	0.326	0.347	0.375	0.403	0.330	8.51
无锡	0.109	0.113	0.121	0.128	0.134	0.123	0.131	0.123	3.79
南京	0.168	0.178	0.180	0.194	0.203	0.219	0.243	0.198	7.63
苏州	0.181	0.194	0.194	0.216	0.219	0.225	0.256	0.212	7.12
常州	0.086	0.087	0.092	0.092	0.089	0.092	0.107	0.092	4.49
镇江	0.067	0.070	0.074	0.074	0.066	0.063	0.065	0.068	−0.86
连云港	0.040	0.040	0.041	0.041	0.039	0.040	0.043	0.041	1.34
南通	0.083	0.089	0.084	0.096	0.090	0.081	0.086	0.087	0.84
扬州	0.058	0.058	0.061	0.065	0.066	0.064	0.067	0.063	2.91

地区	年份							平均成长指数	年均成长幅度（%）
	2014	2015	2016	2017	2018	2019	2020		
盐城	0.050	0.053	0.057	0.062	0.062	0.058	0.063	0.058	4.61
泰州	0.050	0.055	0.061	0.065	0.061	0.057	0.060	0.058	3.49
徐州	0.064	0.065	0.070	0.073	0.070	0.075	0.075	0.070	3.48
宿迁	0.038	0.036	0.036	0.035	0.037	0.037	0.042	0.037	2.00
淮安	0.042	0.044	0.044	0.045	0.044	0.043	0.045	0.044	1.24
宁波	0.114	0.121	0.125	0.131	0.139	0.148	0.154	0.133	6.29
嘉兴	0.073	0.073	0.077	0.085	0.096	0.096	0.121	0.089	10.65
杭州	0.165	0.206	0.239	0.291	0.316	0.311	0.293	0.260	12.12
湖州	0.052	0.055	0.056	0.059	0.066	0.063	0.080	0.062	9.01
绍兴	0.071	0.079	0.083	0.086	0.087	0.088	0.096	0.084	6.30
金华	0.055	0.053	0.055	0.059	0.064	0.070	0.077	0.062	6.88
温州	0.061	0.066	0.071	0.074	0.079	0.086	0.100	0.077	10.24
台州	0.049	0.051	0.053	0.056	0.062	0.068	0.073	0.059	8.64
厦门	0.084	0.087	0.091	0.091	0.095	0.101	0.117	0.095	6.86
福州	0.088	0.091	0.096	0.104	0.110	0.113	0.112	0.102	5.03
泉州	0.083	0.090	0.093	0.100	0.105	0.107	0.140	0.102	11.08
龙岩	0.033	0.034	0.035	0.037	0.038	0.042	0.045	0.038	6.01
合肥	0.097	0.108	0.127	0.137	0.146	0.152	0.156	0.132	10.13
芜湖	0.065	0.068	0.080	0.082	0.089	0.075	0.085	0.078	5.55
马鞍山	0.041	0.043	0.047	0.049	0.052	0.051	0.058	0.049	7.31
铜陵	0.039	0.034	0.032	0.031	0.032	0.032	0.038	0.034	-0.42
滁州	0.034	0.036	0.039	0.040	0.043	0.043	0.048	0.041	7.29
蚌埠	0.042	0.045	0.047	0.044	0.045	0.045	0.049	0.045	2.86
南昌	0.090	0.091	0.099	0.096	0.098	0.101	0.110	0.098	4.05
景德镇	0.027	0.028	0.027	0.029	0.026	0.028	0.030	0.028	2.43
萍乡	0.025	0.027	0.028	0.028	0.029	0.030	0.033	0.029	5.27
新余	0.024	0.025	0.026	0.025	0.025	0.026	0.028	0.026	2.97
华东地区	**0.073**	**0.077**	**0.081**	**0.085**	**0.088**	**0.089**	**0.097**	**0.084**	**5.78**
洛阳	0.054	0.054	0.057	0.057	0.061	0.062	0.061	0.058	2.46
郑州	0.174	0.165	0.166	0.194	0.195	0.181	0.177	0.179	0.35
南阳	0.042	0.042	0.041	0.040	0.040	0.043	0.045	0.042	1.43
新乡	0.046	0.047	0.049	0.053	0.053	0.052	0.055	0.051	3.50
武汉	0.166	0.176	0.183	0.196	0.211	0.215	0.223	0.196	6.10

地区	年份							平均成长指数	年均成长幅度（％）
	2014	2015	2016	2017	2018	2019	2020		
宜昌	0.036	0.039	0.044	0.043	0.044	0.045	0.042	0.042	3.59
襄阳	0.040	0.039	0.041	0.044	0.045	0.045	0.044	0.043	1.86
荆门	0.022	0.023	0.025	0.028	0.029	0.029	0.028	0.026	5.46
黄石	0.029	0.027	0.031	0.032	0.032	0.032	0.034	0.031	2.71
长沙	0.116	0.123	0.130	0.142	0.148	0.158	0.174	0.141	8.47
株洲	0.036	0.037	0.039	0.042	0.048	0.049	0.056	0.044	9.45
衡阳	0.036	0.039	0.040	0.040	0.041	0.043	0.050	0.041	7.14
湘潭	0.038	0.039	0.040	0.043	0.047	0.049	0.056	0.045	8.04
华中地区	**0.064**	**0.065**	**0.068**	**0.073**	**0.076**	**0.077**	**0.080**	**0.072**	**4.63**
深圳	0.191	0.214	0.243	0.274	0.317	0.351	0.377	0.281	14.63
广州	0.204	0.222	0.243	0.258	0.303	0.320	0.354	0.272	11.62
佛山	0.099	0.110	0.120	0.138	0.149	0.150	0.154	0.131	9.20
东莞	0.114	0.126	0.131	0.189	0.161	0.166	0.160	0.149	7.01
汕头	0.036	0.037	0.039	0.040	0.041	0.042	0.044	0.040	4.39
海口	0.046	0.046	0.042	0.042	0.044	0.048	0.052	0.046	2.25
南宁	0.060	0.063	0.067	0.070	0.068	0.072	0.077	0.068	4.91
柳州	0.035	0.036	0.037	0.040	0.038	0.036	0.037	0.037	0.89
华南地区	**0.098**	**0.107**	**0.115**	**0.131**	**0.140**	**0.148**	**0.157**	**0.128**	**9.82**
重庆	0.156	0.178	0.181	0.187	0.197	0.209	0.222	0.190	7.39
成都	0.156	0.168	0.182	0.206	0.212	0.217	0.228	0.195	7.91
绵阳	0.040	0.041	0.043	0.043	0.052	0.051	0.052	0.046	5.73
德阳	0.028	0.030	0.032	0.033	0.035	0.035	0.038	0.033	6.35
贵阳	0.063	0.065	0.068	0.069	0.078	0.081	0.079	0.072	4.52
遵义	0.031	0.033	0.036	0.039	0.045	0.042	0.044	0.038	7.00
昆明	0.075	0.080	0.081	0.084	0.090	0.102	0.104	0.088	6.80
玉溪	0.025	0.027	0.029	0.029	0.027	0.029	0.033	0.028	5.27
拉萨	0.016	0.018	0.022	0.023	0.024	0.022	0.021	0.021	5.23
西南地区	**0.065**	**0.071**	**0.075**	**0.079**	**0.084**	**0.088**	**0.091**	**0.079**	**6.84**
兰州	0.053	0.056	0.059	0.062	0.062	0.066	0.063	0.060	3.65
西宁	0.025	0.027	0.029	0.029	0.030	0.031	0.032	0.029	4.65
银川	0.030	0.033	0.035	0.038	0.039	0.041	0.037	0.036	4.42
乌鲁木齐	0.049	0.044	0.045	0.049	0.051	0.052	0.047	0.048	-0.71
西安	0.137	0.144	0.157	0.168	0.159	0.189	0.185	0.163	6.14

地区	年份							平均成长指数	年均成长幅度（％）
	2014	2015	2016	2017	2018	2019	2020		
宝鸡	0.031	0.026	0.029	0.030	0.033	0.031	0.033	0.030	0.97
汉中	0.023	0.023	0.023	0.023	0.023	0.024	0.026	0.023	3.22
西北地区	**0.050**	**0.051**	**0.054**	**0.057**	**0.057**	**0.062**	**0.060**	**0.056**	**4.00**

资料来源：笔者整理。

从时间变化趋势看，在样本时期内，绝大部分城市的创新生态系统成长指数保持增长态势，其中成长指数涨幅前 10 位的城市依次是深圳（14.63%）、杭州（12.12%）、广州（11.62%）、泉州（11.08%）、嘉兴（10.65%）、温州（10.24%）、合肥（10.13%）、株洲（9.45%）、佛山（9.20%）和湖州（9.01%）。通过对指标层评价值的分析，这些城市创新生态系统成长指数的增长是由多重因素造成的。首先，这些城市表现出较高的创新投入强度，即投入创新中的资金和人力资本等资源数量较高，有力促进了其创新生态系统成长指数的提升。其次，这些城市表现出较高的创新服务水平，通过孵化器、加速器和"双创"导师计划等服务，为创新活动提供投融资对接、技术中介、法律咨询、市场推介等全方位服务。再次，这些城市在创新能力方面有较大提升，集聚大批科技型企业、"专精特新"企业等，能够高效将创新投入转化为产出。最后，这些城市的创新环境得到显著优化，形成了鼓励创新创业的文化环境和社会氛围，持续吸引创新型人才。但同时，在样本时期内，个别城市亟须强化创新生态系统营造，通过增加科技投入、加大招才引智力度、优化营商环境等方式，克服创新主体流失、创新人才吸引力下滑等问题。

为了更直观地观察城市创新生态系统成长指数的空间演化趋势，本部分选取 2014 年、2017 年和 2020 年三个时间节点，对评价结果进行地理可视化处理，其中分级阈值采用自然间断点分级法生成。通过对比观察，得出以下结论。第一，创新型城市空间分布不均匀，中部地区和东部地区的创新型城市远多于西部地区，其中华东地区的创新型城市数量最多。第二，城市创新生态系统发展速度不均衡，华东地区和西南地区的重点城市群创新生态系统成长水平相对较高，如成渝城市群和长三角城市群。第三，城市创新生态系统的成长水平呈现"核心—边缘"状的极化趋势。综合来看，北京、天津、上海、广州、深圳、杭州、重庆等城市的创新生态系统成长水平显著高于周边创新型城市，在空间上形成了若干个城市创新生态系统的"高地"。现实中，创新资源更偏好流向创新生态系统相对完善的城市，导致城市创新生态系统的成长出现分异。就"核心—边缘"结构而言，这种现象一方面要求充分发挥"核心"城市的创新引领作用，依托资源优势、效率优势、环境优势，提升在全国科技创新格局中的贡献度；另一方面要求缩小"核心"城市与"边缘"城市在城市创新生态系统方面的差距，为周边城市特别是中小型城市提供更多发展机遇。

4. 指标贡献率分析

根据成长性评价三级指标的得分和增长率，分别计算出各级指标的贡献率和带动率，如表 11-6 所示。从整体数值大小可以看出，对城市创新生态系统成长贡献率较大的指标多为系统规模类（A_1）和系统环境类（A_3）因素指标，具体包括：经济规模类（B_1）指标，如地区生产总值（C_1）、人均地区生产总值（C_2）、规模以上工业企业利润总额（C_3）；资源规模类（B_2）指标，如普通高等学校专任教师数（C_6）、普通高等学校在校学生数（C_7）；规模潜力类（B_3）指标，如规模以上工业企业数（C_9）、全市常住人口数（C_{10}）；开放功能类（B_6）指标，如实际利用外资比重（C_{18}）、外商和港澳商投资企业数（C_{19}）；政策支持环境类（B_7）指标，如地方一般预算支出中教育支出占比（C_{20}）、地方一般预算支出中科学支出占比（C_{21}）；人才吸引环境类（B_8）指标，如人均医院、卫生院床位数（C_{23}）和人均中小学数量（C_{24}）。此外，从多年变动趋势可以看出，第一，在一级指标中，系统规模类（A_1）指标的成长贡献率整体较高且发展平缓，是关键的影响因素；系统功能类（A_2）指标的成长贡献率总体呈上升态势，表明功能的完备性、高效性正在成为城市创新生态系统建设的重点。第二，在二级指标中，创新功能类（B_4）和协同功能类（B_5）指标对系统成长的贡献率呈明显递增趋势，而开放功能类（B_6）和人才吸引环境类（B_8）指标对系统成长的贡献率呈递减趋势。这说明在创新生态系统发展早期，外部环境发挥显著影响，更偏向出口导向型和利润导向型的城市创新生态系统竞合模式；当创新生态系统发展到中后期阶段，传统竞合模式不再适应新产品的更新速度，提升系统竞争活力、创新协作能力和创新成果质量成为促进创新生态系统成长的新的着力点。第三，在三级指标中，除前文提到的指标外，专利授权数（C_{14}）、发明专利授权量（C_{15}）等指标的重要性得到较大幅度提升，表明城市创新生态系统需要注重成果产出特别是高质量成果产出能力建设。

表 11-6　各级指标的创新生态系统成长贡献率　　　　　单位：%

指标		年份						
		2014	2015	2016	2017	2018	2019	2020
一级指标	A_1	49.50	49.07	49.37	50.60	49.11	49.07	47.52
	A_2	24.37	24.89	25.31	25.46	26.56	26.37	29.56
	A_3	26.13	26.05	25.32	23.94	24.33	24.56	22.92
二级指标	B_1	13.81	13.90	14.70	15.81	15.37	15.24	14.74
	B_2	27.22	26.92	26.68	26.95	26.46	27.31	26.96
	B_3	8.48	8.24	8.00	7.83	7.29	6.52	5.83
	B_4	8.18	10.24	11.49	12.33	13.83	13.49	15.85
	B_5	2.37	2.52	2.60	2.89	3.36	3.95	4.44
	B_6	13.82	12.12	11.22	10.24	9.37	8.93	9.27
	B_7	9.94	9.66	9.57	9.59	9.67	9.79	9.05
	B_8	16.19	16.39	15.75	14.35	14.66	14.77	13.87
三级指标	C_1	3.75	3.90	4.03	4.24	4.47	4.64	4.52
	C_2	4.83	5.09	5.42	6.52	6.33	6.53	6.22
	C_3	5.23	4.92	5.25	5.06	4.57	4.06	4.00

指标		年份						
		2014	2015	2016	2017	2018	2019	2020
三级指标	C_4	3.43	3.38	3.40	3.96	3.73	4.09	3.57
	C_5	2.41	2.38	2.60	3.22	3.14	3.35	3.22
	C_6	7.83	7.72	7.63	7.39	7.34	7.55	7.68
	C_7	6.81	6.80	6.73	6.46	6.49	6.73	7.00
	C_8	2.22	2.24	2.27	2.25	1.88	1.22	1.04
	C_9	6.73	6.65	6.32	5.93	5.75	5.60	5.49
	C_{10}	4.14	4.04	3.92	3.83	3.75	3.76	3.70
	C_{11}	2.12	1.96	1.80	1.76	1.66	1.55	1.09
	C_{12}	2.49	2.96	3.29	3.77	4.09	4.40	4.98
	C_{13}	2.34	2.73	3.23	3.70	3.98	3.23	3.33
	C_{14}	2.15	2.73	2.73	2.62	3.47	3.57	4.87
	C_{15}	1.21	1.83	2.24	2.23	2.30	2.30	2.68
	C_{16}	1.42	1.52	1.51	1.70	1.88	2.13	2.49
	C_{17}	0.95	1.01	1.09	1.19	1.48	1.82	1.95
	C_{18}	5.43	4.46	4.10	3.75	3.44	3.33	4.29
	C_{19}	8.39	7.67	7.13	6.49	5.93	5.60	4.98
	C_{20}	5.04	5.01	4.85	4.71	4.48	4.28	4.08
	C_{21}	4.90	4.65	4.72	4.88	5.19	5.51	4.97
	C_{22}	0.56	0.53	0.52	0.53	0.51	0.51	0.48
	C_{23}	5.16	5.76	5.88	4.76	5.14	5.27	4.90
	C_{24}	8.83	8.26	7.44	6.99	6.74	6.50	5.95
	C_{25}	1.64	1.83	1.91	2.07	2.26	2.48	2.53

资料来源：笔者整理。

第三节 城市创新生态系统活跃性评价

城市创新生态系统活跃性评价主要围绕以下内容展开：首先梳理城市创新生态系统活跃性的相关理论，其次介绍城市创新生态系统活跃指数的评价方法和指标体系，最后列示评价结果及分析结论。

一、城市创新生态系统活跃性的相关理论

随着城市化进程的加速和科技创新的不断涌现，构建富有活力和竞争力的城市创

新生态系统已成为城市发展的重要战略。城市创新生态系统的活跃性反映了城市孕育原生创新活动的程度和潜力，是创新主体之间的相互作用强度、创新环境对创新创业的支持程度的直观反映。借鉴生态学理论对生态活力的定义，城市创新生态系统的活跃性是评价创新空间质量的重要标准，是创新人文生态和创新自然生态协同演化的结果，使创新活动呈现出复合化、生态化趋势。其中，创新人文生态的营造要素包括大众创新氛围、社会价值观念、主体创新方式、政府保障性措施等；创新自然生态的营造要素主要包括各子系统创新主体的生境，即主体和要素的聚集程度（梅亮等，2014）。李春成（2018）认为，营造有活力的创新创业生态是推动经济转向高质量发展的关键，当前创新资源和主体要素的非均衡化布局主要体现在空间载体质量方面，只有在局部区域形成有密度、有高度、有浓度、有社会支持度的创新共同体生态，才能相应提高要素自由度，同时加快空间范围内交流碰撞和跨界融合，激发创新的"催化反应"。陈丽君等（2022）通过梳理国内外创新高地的创新生态系统发展经验，指出激发人才创新活力的关键是构建以多主体协同、共生式演化为特征的创新生态系统，具体包括要素层、制度层和空间层等圈层的交互影响。柳卸林等（2022）在量化评估城市创新生态系统时，将创新活力分为创新企业的成长性以及新创企业的涌现行为，强调了创新主体活跃程度在推动城市创新生态系统自我变革、自我超越中的重要作用。

结合创新生态系统的基本结构及其自组织属性（吴菲菲等，2020），本部分认为城市创新生态系统的活跃性评价主要应考虑创新浓度、创新高度、创新活力度、创新治理度和创新响应度五个方面（张贵等，2020；吕晓静等，2021）。

1. 创新浓度

创新浓度是指城市中不同创新主体及创新要素的空间集聚程度。在创新活动中，高度的空间集聚能够降低创新主体之间的交流成本，提高"意料之外"的交流机会发生的概率（Eppelsheimer et al.，2022），从而加速知识和观点的溢出、碰撞，起到激发创新灵感、挖掘合作空间等重要作用。当系统内异质性创新主体的空间集聚程度达到一定阈值时，创新要素将趋于自由、高速流动，通过知识、能量和信息交换互通形成"场效应"，从而释放出创新爆发力。按照演化经济学理论观点，创新生态系统在随时间变化的过程中将存在多变可能性和客观动态性（Nelson and Winter，1985；Dosi and Nelson，1994），任何单一创新主体都不可能在脱离其他创新主体的情况下实现自身的最优化，并且任何创新主体的变化都会不同程度地引起其他创新主体的适应性变动。因此，结构完整的创新群落和高密度创新要素是打造城市创新生态系统的前提和基础。

2. 创新高度

创新高度是指城市中的创新平台和创新要素的层级、质量及价值创造潜力。如果说创新浓度是创新实现的前提，那么创新高度就是创新实现效果的主要影响因素。高端创新活动必然以高端创新要素为基本保证，空间内高端要素的集聚是城市创新竞争力提升的有效临界点（解学梅和王宏伟，2020；武学超和罗志敏，2020）。当经济发展模式由"数量"范式向"质量"范式逐渐过渡时（田晖和宋清，2018），高校、研发机构和企业作为城市创新生态系统的"发动机"，需要提升对高端、优质创新要素的蓄积能力，使创新主体更多从事体现原创性贡献的创新活动，摆脱对已有创新成果的低端复制和简单模仿，从而确保城市创新生态系统运转规则和子系统在合理轨道平稳持续运行。因此，凝聚高水平科研队伍作为"创新源"，引进和建设具有世界影响力的创新型企业和科研创新平台作为"创新组织"，吸纳和鼓励用户、社会资本和非营利性组织等多元创新主体参与，通过知识链、技术链、产业链等形成创新网络，是创造战略性、前沿性和颠覆性技术的重要战略支撑。

3. 创新活力度

创新活力度是指创新主体参与城市创新生态系统建构的积极性和主动性。城市创新生态系统的活跃性根源于创新主体的积极性。如果创新主体的积极性不足，那么城市创新生态系统尽管有可能实现创新主体或创新要素的空间集聚，但创新活动仍将处于互不关联的割裂状态，城市创新生态系统也将停留在"物理整合"阶段而无法进入"化学融合"阶段。从城市创新生态系统的功能建构需要出发，保持创新主体积极性的关键在于促进创新资源多样化，支持各类创新主体开展知识合作活动。这是因为创新资源的多样化使得大量来源不同、功能异质的创新主体共存于城市创新生态系统中，为知识、技术的相互启发、结合乃至跨领域重组提供动力（柳卸林和杨博旭，2020）；同时，多样化的创新主体分布使得任一创新主体均有可能面临来自其他创新主体的差异化竞争压力（甚至是跨界竞争压力），从而激励创新主体积极参与创新竞合，以巩固其在城市创新生态系统中的生态位。创新主体间的知识合作则是创新主体面临复杂创新活动的必然选择，通过利用创新主体的多样化分工所形成的技术互补（郑江淮等，2023），将不同创新主体所从事的创新活动整合到共同的创新过程中，以共同创新利益激励创新主体提升在创新活动中的参与度和贡献度，最终为城市创新生态系统增加活力。因此，提升资源多样化程度和知识合作强度是提升创新能力的重要途径，也是获取阶段性竞争优势的重要渠道。

4. 创新治理度

创新治理度是指城市创新生态系统综合运用政府、市场和社会治理机制，使系统中创新主体及要素始终向有序状态趋近的能力。与其他经济社会系统一样，城市创新生态系统的活跃性满足系统的耗散特征：当环境条件达到一定阈值时，处于非平衡态的系统能够通过内部的非线性自组织过程，逐步向新的、更高级的有序状态趋近（苏屹和闫玥涵，2021）。创新的随机性、偶发性等特点，决定了创新主体和创新要素的流动及相互作用在一定时空范围内呈现无序特征，例如，城市中可能同时存在多条技术演化路径，或在短时间内涌现出大量有待检验的新产品、新服务、新业态等。此时，创新治理作为创新环境的重要组成部分，实质上是在政府规制、市场竞争、社会引导的作用下，通过规则设计、场景建设、氛围营造等具体手段，使创新环境能够对创新过程发挥有效的检验、筛选作用，在城市创新生态系统中形成"变种—选择—保留"的闭环，确保创新产出符合城市创新生态系统的价值主张，继而引导创新主体自主调整创新活动和主体间关系，最终实现创新活动的有序化。因此，城市创新生态系统就其实质而言，是一种全新治理机制的深入变革（纪承，2015）。由于城市创新生态系统的演化表现为内部作用力的非线性叠加，在不同生命周期发展阶段，政府、市场和社会三种治理机制的转换序列存在差异。因此，在城市创新生态系统治理中，除了发挥政策导向作用，还要充分注重市场机制、创新精神、创新氛围与知识、文化环境的能动作用，使政府与市场、社会之间保持协调一致和有效平衡。

5. 创新响应度

创新响应度是指城市创新生态系统内部与外部之间的相互作用，主要表现在创新输出能力和吸纳能力方面。在城市创新生态系统发展初期，创新主体主要基于自组织机制对来自系统外部的创新源进行消化和吸收（许庆瑞等，2013），此时学习与捕获能力能够加速创新要素物理集聚，同时有序调控系统内同质创新物种之间的优胜劣汰。随着城市创新生态系统的成熟，前期累积的创新能量集中爆发，此时创新主体依托前期学习过程所积累的经济和社会资源，不仅能够自主开展创新活动，还能够对学习或模仿的对象进行成果、技术和理念的反向输出（张贵等，2020）。这种反哺行为为非正式契约关系建立奠定了基础，促进隐性知识进一步转移，最终形成系统能量流动的良性循环。因此，学习与反哺机制的交互作用促使创新主体的自我进化能力实现螺旋式上升，塑造知识、信息、资本、文化"流"空间，从而推动城市创新生态系统走向长期均衡状态。

综合上述讨论，城市创新生态系统如图 11-4 所示。城市创新生态系统活跃性的形成前提是城市中创新主体和创新要素达到一定浓度，提升条件是创新平台和创新产出的高规格、高质量发展，关键基础是由资源多样性和知识合作行为所维系的创新主体活力度，基本保障是政府、市场、社会层面的创新治理度，检验标准是创新生态系统在知识获取和扩散活动中展现出的响应度。创新浓度、创新高度、创新活力度、创新治理度和创新响应度"五度"尽管在内容上各有侧重，但都统一于城市创新生态系统的功能使命中，即在城市中实现有效的价值共创。在此过程中，"五度"在数量上应满足体系内指标相互独立原则，但在逻辑上存在着关联关系。这是因为城市创新生态系

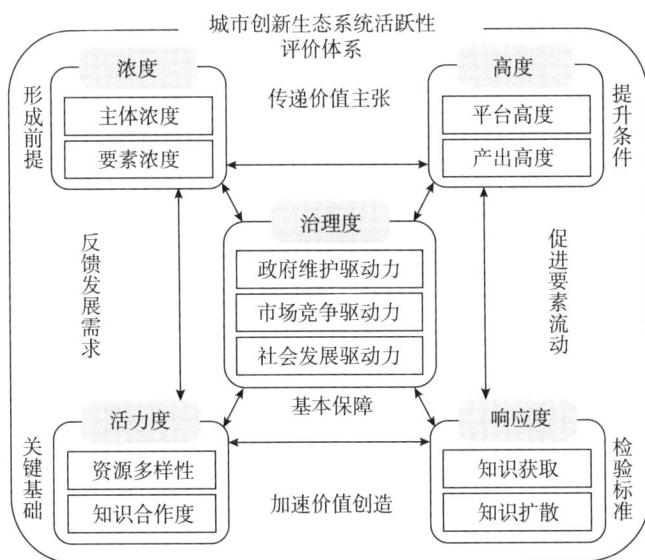

图 11-4　城市创新生态系统结构

资料来源：笔者自绘。

统的结构或功能演化必然直接体现为"五度"的动态变化，使"五度"呈现出与城市创新生态系统的特定演化阶段相适应的数量特征。相应地，城市创新生态系统的演化也会对"五度"的变化施加要求或规定性，具体表现在通过"五度"的耦合式调节，达到传递价值主张、反馈发展需求、促进要素流动和加速价值创造的目的，从而为城市创新生态系统的良性发展奠定基础。

二、城市创新生态系统活跃指数的评价方法

1. 活跃指数的计算

本部分采用熵权 TOPSIS 方法测算 2020 年城市创新生态系统的活跃指数。该方法是处理多目标决策问题的常用方法，也称"优劣解距离法"，其核心思想是按照评价对象与理想解的接近程度对评价对象进行排序。由于 TOPSIS 方法的有效性取决于对准则的适当选择和加权，因此本部分选用熵权法对指标进行客观赋权，以规避主观性带来的弊端，具体操作步骤如下：

设有 m 个城市创新生态系统，有 p 个评价指标，则原始矩阵 $X_2 = (x_{ij})_{mp}$（$i = 1, 2, \cdots, m$；$j = 1, 2, \cdots, p$），x_{ij} 是城市 i 创新生态系统的第 j 个评价指标的实际值。首先，运用熵权法计算指标权重 w_j，计算方法参照前文式（11-3）和式（11-4）。进一步对 X_2 进行无量纲化处理，得到矩阵 $Z = (z_{ij})_{mp}$，计算方法为：

$$z_{ij} = \frac{x_{ij}}{\sqrt{\sum_{i=1}^{m} x_{ij}^2}} \tag{11-9}$$

进一步确定各评价指标的正理想解 z_j^+ 和负理想解 z_j^-，其中：

$$z_j^+ = \max_j (z_{ij}) \tag{11-10}$$

$$z_j^- = \min_j (z_{ij}) \tag{11-11}$$

其次，分别计算各评价对象到正理想解的欧式距离矩阵 d_i^+ 和到负理想解的欧式距离矩阵 d_i^-，其中：

$$d_i^+ = \sqrt{\sum_{j=1}^{p} w_j (z_{ij} - z_j^+)^2} \tag{11-12}$$

$$d_i^- = \sqrt{\sum_{j=1}^{p} w_j (z_{ij} - z_j^-)^2} \tag{11-13}$$

最后，计算各评价对象与正理想解的贴近度 h_i：

$$h_i = \frac{d_i^-}{d_i^+ + d_i^-} \tag{11-14}$$

显然 h_i 是取值范围为 $[0, 1]$ 的正向化指标。

此外，计算 h_i 的变异系数 CV，其中 σ_{h_i} 是 h_i 的标准差，μ_{h_i} 是 h_i 的平均值。

$$CV = \frac{\sigma_{h_i}}{\mu_{h_i}} \tag{11-15}$$

2. 障碍因子的诊断

通过测量指标层对系统整体功能的制约水平，能够从指标中确定障碍度和障碍因子，有针对性地查明造成系统活力水平差异的因素（杨秀瑞和栗继祖，2020）。首先，计算指标偏离度 h_{ij}，计算公式为：

$$b_{ij} = 1 - z_{ij} \times w_j \tag{11-16}$$

其次，基于指标偏离度，构建个体障碍度模型：

$$f_{ij} = \frac{b_{ij} \times w_j}{\sum\limits_{j=1}^{n} b_{ij} \times w_j} \tag{11-17}$$

最后，在个体障碍度模型的基础上，计算平均障碍度 f_j：

$$f_j = \frac{\sum\limits_{i=1}^{n} f_{ij}}{n} \tag{11-18}$$

三、城市创新生态系统活跃指数指标体系的构建

城市创新生态系统活跃指数的指标体系要能够全面反映评价主体的创新活跃程度，不仅要求体现出系统的创新资源集聚情况，而且要求能够体现出系统的创新环境治理和创新成果涌现水平。因此，本部分围绕创新浓度、创新高度、创新活力度、创新治理度和创新响应度五个维度的一级指标构建城市创新生态系统评价指标体系，并逐级划分为 11 个二级指标和 32 个三级指标，从而进行多维评价，指标体系如表 11-7 所示。部分指标的计算公式如表 11-8 所示。

表 11-7　城市创新生态系统活跃指数指标体系

一级指标	二级指标	三级指标
创新浓度（A_1）	主体浓度（B_1）	每百万人规模以上工业企业数（C_1）
		每百万人国家级高新区企业数（C_2）
		每百万人高等学校数（C_3）
		每百万人科技企业孵化器数（C_4）
		每百万人众创空间数（C_5）
	要素浓度（B_2）	每百万人 R&D 人员（C_6）
		每百万人高新区从业人员数（C_7）
		R&D 内部支出经费占 GDP 比重（C_8）
		高新区科技活动经费内部支出占 GDP 比重（C_9）
		每万人普通高等学校专任教师数占人口比重（C_{10}）
创新高度（A_2）	创新平台高度（B_3）	"双一流"高校数（C_{11}）
		创新型产业集群数（C_{12}）
		专精特新企业数（C_{13}）
		工程技术研究中心（C_{14}）

一级指标	二级指标	三级指标
创新高度（A_2）	创新产出高度（B_4）	发明专利授权量（C_15）
		国家级高新区企业技术收入（C_16）
		规模以上工业企业新产品销售收入（C_17）
创新活力度（A_3）	资源多样性（B_5）	实际利用外资金额（C_18）
		外商和港澳商投资企业数（C_19）
		国家级高新区留学归国人员和外籍常驻人员（C_20）
	知识合作度（B_6）	专利合作数量（C_21）
		Web of Science 论文合作数量（C_22）
创新治理度（A_4）	政府维护驱动力（B_7）	地方一般预算支出教育支出（C_23）
		地方一般预算支出科学支出（C_24）
	市场竞争驱动力（B_8）	营商环境指数（C_25）
		专利申请数（C_26）
	社会发展驱动力（B_9）	人口吸引力指数（C_27）
		公共图书馆图书藏量（C_28）
创新响应度（A_5）	知识获取（B_10）	同城专利流接收量（C_29）
		城际专利流接收量（C_30）
	知识扩散（B_11）	同城专利流发起量（C_31）
		城际专利流发起量（C_32）

资料来源：笔者整理。

表 11-8　活跃指数部分指标计算公式

指标	部分数据来源或二次统计方式
每百万人规模以上工业企业数	规模以上工业企业数（个）/全市常住人口数（百万人）
每百万人国家级高新区企业数	国家级高新区企业数（个）/全市常住人口数（百万人）
每百万人高等学校数	普通高等学校数（个）/全市常住人口数（百万人）
每百万人科技企业孵化器数	科技企业孵化器数（个）/全市常住人口数（百万人）；科技企业孵化器数通过"企查查"网站查询得出
每百万人众创空间数	众创空间数（个）/全市常住人口数（百万人）；众创空间数在"企查查"网站查询得到
每百万人 R&D 人员	R&D 人员（人）/全市常住人口数（百万人）
每百万人高新区从业人员数	高新区从业人员数（人）/全市常住人口数（百万人）
R&D 内部支出经费占 GDP 比重	R&D 内部支出经费（万元）/GDP（万元）
高新区科技活动经费内部支出占 GDP 比重	高新区科技活动经费内部支出（千元）/GDP（千元）
每万人普通高等学校专任教师数占人口比重	普通高等学校专任教师数（人）/全市常住人口数（百万人）
"双一流"高校数	根据《教育部　财政部　国家发展改革委关于公布第二轮"双一流"建设高校及建设学科名单的通知》（教研函〔2022〕1 号）公示结果，分城市统计得出

续表

指标	部分数据来源或二次统计方式
创新型产业集群数	根据科技部火炬中心《关于开展创新型产业集群总结评价工作的通知》（国科火字〔2020〕92号）和《关于开展2021年度创新型产业集群试点（培育）的通知》（国科火字〔2021〕123号）公示结果，分城市统计得出
专精特新企业数	通过"企查查"网站查询得出
专利合作数量	本城市创新主体与其他城市创新主体共同署名的专利数量的总和
Web of Science 论文合作数量	Web of Science核心合集中本城市创新主体与其他城市创新主体共同署名的论文数量的总和
营商环境指数	引用粤港澳大湾区研究院、21世纪经济研究院联合发布的《2020年中国296个城市营商环境报告》评价结果
人口吸引力指数	引用百度地图慧眼发布的《2020年度中国城市活力研究报告》评价结果

资料来源：笔者整理。

四、城市创新生态系统活跃指数的评价结果

1. 指标权重分析

指标权重分析有助于初步探明城市创新生态系统活跃指数的重要影响因素，探究城市创新生态系统创新活跃的内在逻辑。三级指标权重由熵权法计算得出，一级指标和二级指标权重由三级指标逐级加总得出，结果如表11-9所示。从表中可以看出，各级指标的权重分布比较均衡，指标前五位的为每百万人国家级高新区企业数（C_2）、国家级高新区企业技术收入（C_{16}）、国家级高新区留学归国人员和外籍常驻人员（C_{20}）、"双一流"大学（C_{11}）和Web of Science论文合作数量（C_{22}），其中与国家级高新区相关的指标较多，一定程度上反映了国家级高新区为城市创新生态系统注入了强大活力。

表11-9 活跃指数指标权重

一级指标	一级指标权重（%）	二级指标	二级指标权重（%）	三级指标	三级指标权重（%）
A_1	21.13	B_1	12.01	C_1	1.16
				C_2	7.22
				C_3	1.22
				C_4	1.08
				C_5	1.33
		B_2	9.12	C_6	0.97
				C_7	4.37
				C_8	0.62
				C_9	1.78
				C_{10}	1.38

一级指标	一级指标权重（%）	二级指标	二级指标权重（%）	三级指标	三级指标权重（%）
A_2	27.69	B_3	15.03	C_{11}	6.32
				C_{12}	1.74
				C_{13}	3.37
				C_{14}	3.61
		B_4	12.67	C_{15}	3.69
				C_{16}	6.88
				C_{17}	2.09
A_3	23.81	B_5	14.05	C_{18}	3.79
				C_{19}	3.86
				C_{20}	6.40
		B_6	9.76	C_{21}	3.96
				C_{22}	5.80
A_4	14.98	B_7	5.39	C_{23}	2.00
				C_{24}	3.38
		B_8	4.42	C_{25}	1.81
				C_{26}	2.60
		B_9	5.17	C_{27}	1.69
				C_{28}	3.49
A_5	12.39	B_{10}	6.12	C_{29}	3.22
				C_{30}	2.90
		B_{11}	6.27	C_{31}	3.22
				C_{32}	3.05

资料来源：笔者整理。

2. 区域层面评价结果

图 11-5 报告了七大区域的城市创新生态系统活跃指数和一级指标得分的数值分布状况。从活跃指数来看，七大区域的活跃指数得分由高到低依次为华南地区（0.154）、华北地区（0.113）、华东地区（0.083）、西南地区（0.077）、华中地区（0.061）、西北地区（0.059）和东北地区（0.049），其中活跃指数高于整体均值（0.085）的区域仅有华南和华北地区。这表明华南和华北地区在城市创新生态系统活跃性方面处于全国"领跑"位置，但城市创新生态系统活跃性的区际差异仍较为明显。从一级指标得分来看，以整体均值为例，创新浓度（A_1）和创新高度（A_2）的指数平均值与活跃指数的平均值持平，创新治理度（A_4）和创新响应度（A_5）的指数平均值显著高于活跃指数的平均值，创新活跃度（A_3）的指数平均值整体偏低。这说明从宏观角度来看，城市创新生态系统的创新主体和创新要素浓度适宜、结构良好，创新平台能够稳健发

挥其培育和催生创新的作用，创新环境治理得宜，知识流动顺畅频繁；但是，创新活力度相对较低，主要体现在非本土资源匮乏、跨组织合作创新不足，制约了城市创新生态系统的创新活力。分区域看，华南和华北地区的一级指数得分普遍高于整体均值，是城市创新生态系统较为活跃的区域，其中华南地区在多个维度上处于领先地位，这与活跃指数的观测结果相一致；但是，东北地区的发展水平整体偏低，创新活力亟待增强。

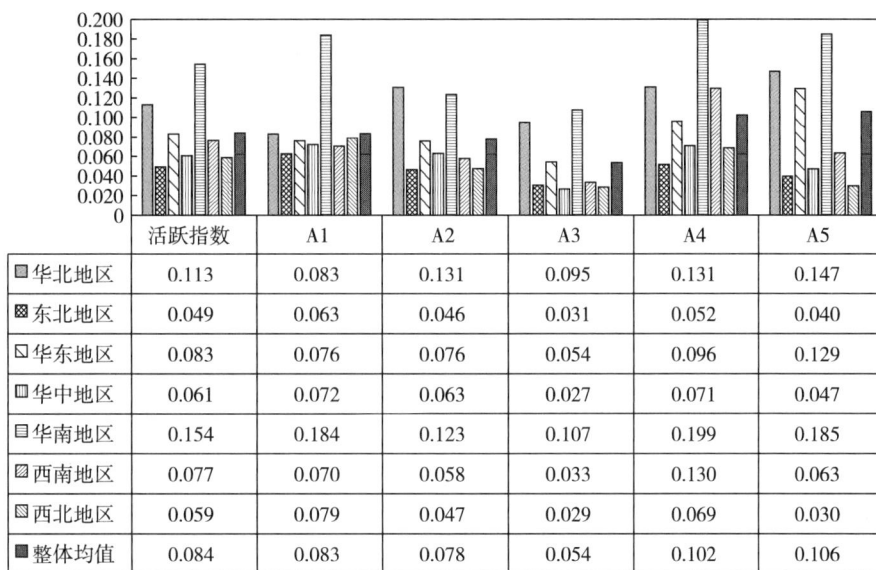

	活跃指数	A1	A2	A3	A4	A5
华北地区	0.113	0.083	0.131	0.095	0.131	0.147
东北地区	0.049	0.063	0.046	0.031	0.052	0.040
华东地区	0.083	0.076	0.076	0.054	0.096	0.129
华中地区	0.061	0.072	0.063	0.027	0.071	0.047
华南地区	0.154	0.184	0.123	0.107	0.199	0.185
西南地区	0.077	0.070	0.058	0.033	0.130	0.063
西北地区	0.059	0.079	0.047	0.029	0.069	0.030
整体均值	0.084	0.083	0.078	0.054	0.102	0.106

图 11-5 七大区域城市创新生态系统活跃指数和一级指标指数

资料来源：笔者自绘。

表 11-10 报告了七大区域城市创新生态系统活跃指数的变异系数。其中，整体变异系数为 1.085，高于绝大部分区域内部的变异系数，说明城市创新呈现空间集聚的特点。从一级指标维度来看，创新浓度（A_1）指数的整体变异系数较低，而创新活跃度（A_3）的整体变异系数相对较高，说明与创新要素集聚的空间分异程度相比，创新主体活力具有更高的空间分异程度，即便是在集聚程度相似的城市，创新主体的活力也可能存在显著差异。城市创新生态系统不是创新资源的简单堆砌，而是具备整体性和交互性的统一体，因此，保证创新主体在城市创新生态系统中的活力，最大限度提升"生态租金"，是城市创新生态系统建构的关键。从区域来看，华北地区的活跃指数变异系数以及创新高度（A_2）、创新活力度（A_3）和创新响应度（A_5）的变异系数均居全国首位，说明区域内部城市存在极大的差异性甚至"两极分化"现象，表明对华北地区而言，增强创新要素分布的均衡性，缩小城市间在创新平台能级、创新主体活力、学习与反哺能力等方面的差距，是华北城市创新生态系统建构的重点。

表 11-10 七大区域城市创新生态系统活跃指数的变异系数

地区	变异系数	A_1	A_2	A_3	A_4	A_5
华北地区	1.527	0.745	1.798	2.266	1.347	1.982

地区	变异系数	A_1	A_2	A_3	A_4	A_5
东北地区	0.412	0.297	0.491	0.896	0.674	0.616
华东地区	0.839	0.428	1.169	1.365	1.127	0.977
华中地区	0.661	0.416	0.933	1.249	0.950	0.969
华南地区	0.944	1.043	0.889	1.012	0.926	1.069
西南地区	0.792	0.486	0.965	1.055	1.424	1.427
西北地区	0.755	0.407	1.018	1.513	1.578	0.985
整体变异系数	**1.085**	**0.851**	**1.394**	**1.787**	**1.281**	**1.415**

资料来源：笔者整理。

3. 城市层面评价结果

表 11-11 报告了 101 个创新型城市的创新生态系统活跃指数评价结果。从活跃指数来看，超过 101 个城市整体均值（0.084）的城市共有 29 个，包括华北地区的 2 个城市、华东地区的 17 个城市、华中地区的 3 个城市、华南地区的 4 个城市、西南地区的 2 个城市、西北地区的 1 个城市。其中，创新生态系统活跃指数前 10 位的城市依次是北京（0.622）、广州（0.412）、上海（0.410）、深圳（0.376）、苏州（0.248）、成都（0.227）、南京（0.214）、杭州（0.182）、青岛（0.180）和东莞（0.167），主要分布在华东和华南地区。活跃程度低于城市整体均值的城市共有 72 个，包括华北地区的 8 个城市、东北地区的 7 个城市、华东地区的 30 个城市、华中地区的 10 个城市、华南地区的 4 个城市、西南地区的 7 个城市、西北地区的 6 个城市。总体上看，城市创新生态系统活跃指数的地区间极差较大，华南和华东地区整体发展水平较高。值得注意的是，东北地区是唯一全部创新型城市的活跃程度均低于整体均值水平的区域，缺乏能够发挥强劲创新溢出和创新带动作用的中心城市，制约了该区域城市创新生态系统的协同进化。

表 11-11　创新型城市创新生态系统活跃指数评价结果

城市	活跃指数	A_1	A_2	A_3	A_4	A_5
北京	0.622	0.244	0.823	0.735	0.629	1.000
天津	0.147	0.088	0.173	0.104	0.243	0.224
唐山	0.032	0.032	0.034	0.015	0.058	0.041
石家庄	0.056	0.067	0.048	0.028	0.081	0.088
邯郸	0.035	0.021	0.055	0.010	0.052	0.015
保定	0.038	0.043	0.038	0.019	0.071	0.032
太原	0.077	0.125	0.063	0.015	0.068	0.045
长治	0.024	0.036	0.026	0.004	0.015	0.006
包头	0.049	0.082	0.026	0.007	0.072	0.006
呼和浩特	0.051	0.094	0.018	0.012	0.020	0.013

续表

城市	活跃指数	A_1	A_2	A_3	A_4	A_5
华北地区	**0.113**	**0.083**	**0.131**	**0.095**	**0.131**	**0.147**
沈阳	0.060	0.071	0.061	0.029	0.092	0.064
大连	0.075	0.078	0.068	0.083	0.072	0.049
营口	0.023	0.033	0.026	0.006	0.007	0.010
长春	0.064	0.067	0.056	0.058	0.096	0.068
吉林	0.037	0.064	0.027	0.005	0.019	0.013
哈尔滨	0.066	0.087	0.076	0.023	0.061	0.060
秦皇岛	0.022	0.037	0.011	0.010	0.015	0.014
东北地区	**0.049**	**0.063**	**0.046**	**0.031**	**0.052**	**0.040**
烟台	0.046	0.048	0.047	0.036	0.064	0.054
济南	0.095	0.100	0.097	0.041	0.134	0.168
青岛	0.180	0.079	0.258	0.080	0.148	0.321
济宁	0.039	0.054	0.039	0.010	0.054	0.031
潍坊	0.090	0.062	0.064	0.110	0.076	0.157
东营	0.032	0.050	0.021	0.018	0.019	0.036
淄博	0.043	0.067	0.040	0.010	0.037	0.032
威海	0.042	0.069	0.032	0.020	0.030	0.024
日照	0.027	0.041	0.026	0.007	0.017	0.029
临沂	0.037	0.050	0.036	0.011	0.063	0.020
德州	0.031	0.040	0.037	0.007	0.031	0.032
上海	0.410	0.170	0.486	0.407	0.634	0.616
无锡	0.107	0.094	0.121	0.084	0.145	0.132
南京	0.214	0.165	0.288	0.123	0.229	0.332
苏州	0.248	0.132	0.245	0.237	0.374	0.459
常州	0.097	0.114	0.108	0.056	0.089	0.118
镇江	0.052	0.079	0.039	0.023	0.048	0.063
连云港	0.033	0.054	0.025	0.011	0.033	0.017
南通	0.089	0.074	0.071	0.052	0.097	0.221
扬州	0.067	0.077	0.089	0.023	0.056	0.057
盐城	0.118	0.047	0.197	0.022	0.068	0.082
泰州	0.055	0.060	0.052	0.020	0.046	0.122
徐州	0.062	0.042	0.049	0.018	0.081	0.167
宿迁	0.031	0.038	0.030	0.009	0.041	0.049
淮安	0.026	0.030	0.027	0.014	0.035	0.033
宁波	0.121	0.104	0.091	0.097	0.192	0.242

续表

城市	活跃指数	A_1	A_2	A_3	A_4	A_5
嘉兴	0.113	0.099	0.047	0.130	0.099	0.221
杭州	0.182	0.125	0.173	0.108	0.299	0.395
湖州	0.077	0.110	0.028	0.058	0.054	0.130
绍兴	0.077	0.087	0.046	0.043	0.087	0.177
金华	0.061	0.057	0.041	0.015	0.099	0.152
温州	0.086	0.067	0.069	0.014	0.131	0.223
台州	0.062	0.055	0.040	0.020	0.083	0.166
厦门	0.097	0.096	0.066	0.118	0.099	0.098
福州	0.061	0.069	0.045	0.037	0.105	0.090
泉州	0.137	0.052	0.035	0.208	0.105	0.171
龙岩	0.022	0.038	0.006	0.007	0.023	0.020
合肥	0.138	0.122	0.120	0.128	0.204	0.197
芜湖	0.064	0.096	0.039	0.025	0.069	0.089
马鞍山	0.046	0.082	0.019	0.020	0.024	0.033
铜陵	0.041	0.077	0.007	0.003	0.014	0.035
滁州	0.036	0.042	0.019	0.013	0.033	0.090
蚌埠	0.044	0.058	0.029	0.010	0.028	0.099
南昌	0.076	0.117	0.053	0.036	0.076	0.061
景德镇	0.040	0.073	0.027	0.003	0.015	0.003
萍乡	0.019	0.035	0.009	0.003	0.016	0.006
新余	0.040	0.072	0.027	0.007	0.010	0.006
华东地区	**0.083**	**0.076**	**0.076**	**0.054**	**0.096**	**0.129**
洛阳	0.048	0.076	0.042	0.010	0.056	0.021
郑州	0.124	0.098	0.170	0.053	0.175	0.126
南阳	0.030	0.024	0.038	0.003	0.061	0.009
新乡	0.045	0.041	0.070	0.010	0.037	0.017
武汉	0.160	0.126	0.209	0.109	0.238	0.146
宜昌	0.033	0.060	0.014	0.006	0.030	0.012
襄阳	0.042	0.069	0.031	0.020	0.040	0.015
荆门	0.036	0.064	0.027	0.003	0.013	0.013
黄石	0.032	0.045	0.027	0.003	0.014	0.062
长沙	0.104	0.113	0.098	0.088	0.148	0.088
株洲	0.058	0.095	0.030	0.014	0.048	0.075
衡阳	0.024	0.035	0.011	0.014	0.039	0.018
湘潭	0.056	0.091	0.054	0.013	0.024	0.013

城市	活跃指数	A₁	A₂	A₃	A₄	A₅
华中地区	**0.061**	**0.072**	**0.063**	**0.027**	**0.071**	**0.047**
深圳	0.376	0.428	0.332	0.217	0.553	0.551
广州	0.412	0.583	0.256	0.302	0.440	0.469
佛山	0.127	0.132	0.117	0.094	0.193	0.171
东莞	0.167	0.112	0.158	0.198	0.204	0.166
汕头	0.031	0.028	0.033	0.013	0.044	0.056
海口	0.036	0.058	0.020	0.018	0.047	0.008
南宁	0.046	0.061	0.042	0.013	0.085	0.028
柳州	0.040	0.069	0.030	0.005	0.028	0.029
华南地区	**0.154**	**0.184**	**0.123**	**0.107**	**0.199**	**0.185**
重庆	0.131	0.049	0.142	0.061	0.278	0.219
成都	0.227	0.086	0.175	0.111	0.604	0.244
绵阳	0.060	0.099	0.053	0.013	0.033	0.029
德阳	0.032	0.054	0.027	0.005	0.019	0.013
贵阳	0.056	0.091	0.036	0.018	0.070	0.020
遵义	0.040	0.015	0.005	0.065	0.051	0.011
昆明	0.054	0.081	0.039	0.020	0.080	0.033
玉溪	0.021	0.029	0.026	0.001	0.015	0.002
拉萨	0.070	0.129	0.017	0.005	0.018	0.001
西南地区	**0.077**	**0.070**	**0.058**	**0.033**	**0.130**	**0.063**
兰州	0.059	0.103	0.034	0.021	0.038	0.030
西宁	0.043	0.059	0.054	0.013	0.017	0.009
银川	0.044	0.080	0.020	0.009	0.025	0.011
乌鲁木齐	0.049	0.085	0.034	0.016	0.035	0.012
西安	0.163	0.134	0.161	0.133	0.333	0.091
宝鸡	0.041	0.068	0.028	0.005	0.019	0.053
汉中	0.013	0.024	0.003	0.002	0.015	0.004
西北地区	**0.059**	**0.079**	**0.047**	**0.029**	**0.069**	**0.030**
整体均值	**0.084**	**0.083**	**0.078**	**0.054**	**0.102**	**0.106**

资料来源：笔者整理。

从一级指标得分来看，为了详细剖析城市创新生态系统的活力来源，根据不同城市活跃指数和一级指标得分与其对应的整体均值的数量关系，将不同活跃程度的城市创新生态系统划分为四类，如表 11-12 所示。其中，极具创新活力型城市指的是城市创新生态系统活跃指数和五个一级指标得分均大于对应的整体均值水平的城市。此类城市具备创新资源高度集聚、创新平台发挥重要承载扩散作用、创新主体间合作活跃度高、创新环境治理综合效能高、创新成果丰富且转化率高等特点，在创新型城市中处于前沿梯队。较高创新活力型城市指的是城市创新生态系统活跃指数高于整体均值水平，且仅有 1~2 个维度的一级指标得分低于各自对应的整体均值水平的城市。此类城市的创新生态系统活跃程度总体较高，但也不同程度地存在着局部"短板"。具体来看，青岛、重庆和泉州的创新活力偏低，嘉兴和常州的创新活力低于平均水平，济南和郑州缺乏创新活跃度，常州和嘉兴的创新治理度有所欠缺，长沙和西安的创新响应度不高。各城市应注重因势利导，做到发挥优势与补齐"短板"并重，提升创新生态系统活力。局部创新活力型城市包括两种情况：一是城市创新生态系统活跃指数高于整体均值水平，但有三个及以上维度的一级指标得分低于各自对应的整体均值水平；二是城市创新生态系统活跃指数低于整体均值水平，但有两个及以上维度的一级指标得分高于各自对应的整体均值水平。这两类城市的共同特点在于，城市创新生态系统尽管发展不充分，但在局部具备比较优势，活跃程度存在较大的提升空间，可以作为系统构建过程中的抓手。较低创新活力型城市是指城市创新生态系统活跃指数低于整体均值水平，并且最多只有一个维度的一级指标得分高于对应的整体均值水平的城市。通过观察表中结果可以发现，此类城市的创新生态系统活跃程度及细分领域发展情况与整体均值水平均存在较大差距，在创新高度和创新治理度方面的差距尤为突出。由此可见，在市场活力与社会创新动力相对不足的城市，地方政府依然是创新发展的重要动力。因此，这些城市的地方政府亟须转变职能，注重推动治理体系与治理能力现代化，提升创新平台高度，激发创新主体动力，形成大众创业、万众创新的氛围，解决城市创新困境。

表 11-12 按创新活力类型划分的城市创新生态系统

创新活力类型	城市创新生态系统
极具创新活力型	北京、上海、无锡、南京、苏州、宁波、杭州、天津、合肥、武汉、深圳、广州、佛山、东莞、成都
较高创新活力型	济南、青岛、常州、郑州、长沙、重庆、西安、嘉兴、泉州
局部创新活力型	湖州、潍坊、温州、厦门、绍兴、南通、盐城
较低创新活力型	太原、呼和浩特、大连、长春、哈尔滨、扬州、泰州、徐州、金华、台州、福州、芜湖、南昌、株洲、湘潭、绵阳、贵阳、遵义、拉萨、兰州、乌鲁木齐、唐山、石家庄、邯郸、保定、长治、包头、沈阳、营口、吉林、秦皇岛、烟台、济宁、东营、淄博、威海、日照、临沂、德州、镇江、连云港、宿迁、淮安、龙岩、马鞍山、铜陵、滁州、蚌埠、景德镇、萍乡、新余、洛阳、南阳、新乡、宜昌、襄阳、荆门、黄石、衡阳、汕头、海口、南宁、柳州、德阳、昆明、玉溪、西宁、银川、宝鸡、汉中

资料来源：笔者整理。

4. 障碍因子诊断

结合以往研究，本部分将"障碍度≥（100%/本级指标个数）"的要素因子定义为障碍因子。由于共有 11 个二级指标，因此判定障碍因子的阈值约为 9.1%。图 11-6报告了分区域的二级指标障碍度诊断结果。结果表明，主体浓度、要素浓度、创新平台高度、创新产出高度、资源多样性和知识合作度是绝大部分城市创新活力的障碍因子，主要来源于创新浓度、创新高度和创新活跃度等一级指标。上述现象表明在城市

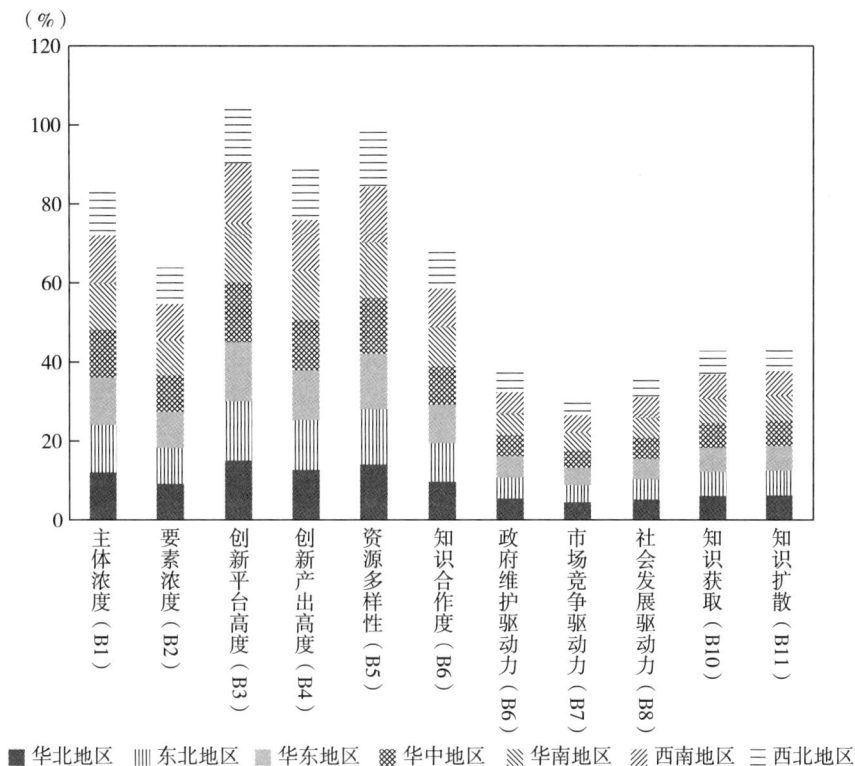

图 11-6　城市创新生态系统各级指标活力障碍度

资料来源：笔者自绘。

创新生态系统形成过程中，需要进一步完善系统内部的创新物种、创新群落和创新链结构等，着重凝聚高端创新要素，由数量和规模范式过渡为质量和能量范式，扩大社会和大众创新导向作用，推动形成功能完备、要素齐全、更加开放的复杂生态系统；在系统运行机制方面，需要更加重视创新平台建设，引导知识能量在生态系统中充分流动和循环。

第四节　城市创新生态系统适宜性评价

城市创新生态系统的适宜性评价主要从以下内容展开：首先梳理城市创新生态系统适宜性的相关理论，其次介绍城市创新生态系统适宜指数的评价方法和指标体系，最后展示适宜指数的评价结果及分析结论。

一、城市创新生态系统适宜性的相关理论

"适宜性"是一个与"生态位"密切相关的概念，因此在总结适宜性的相关理论前，有必要简单回顾与生态位相关的研究。作为生态学的核心概念，生态位在不同

研究中大体形成了三种具有代表性的定义方式：生境生态位、功能生态位和多维超体积生态位（Grinnell，1917）。根据朱春全（1997）提出的生态位态势理论，社会中的生物单元与自然生物单元相似，都存在"态"和"势"两方面的属性。生态位理论被广泛应用于解释生态学领域的物种、种间、种群、群落等各层次的关系，也被应用于区域经济（欧阳志云等，1996；于婧等，2006）、城市发展（王莉莉，2007）以及创新管理等社会领域研究。李自珍等（1993）提出生态位适宜性的概念，并对自然生态系统进行测度，从而在适宜性和生态位之间建立学理关联。生态位适宜性是指一个物种居住地的现实条件与最适条件之间的贴近程度，用来表征生物物种对其生存环境的适宜性，即生存环境的资源条件对物种特定需求的满足程度（张贵等，2020），从而为多维超体积生态位模型构建提供了一种合理的测度方法。

就创新领域而言，创新生态系统的生态学特征强调系统的自组织性、多样性、平衡性以及创新主体的共生共荣，并且更加关注系统内外部资源环境对系统生长的影响，生态位适宜性概念对于理解创新生态系统的形成和演化同样具有适用性。其中，城市发展对创新资源的要求构成需求生态位，城市创新资源现状也可以构成对应的创新资源空间，两者之间的匹配关系反映了城市创新资源现状对城市发展的适宜性程度，因而可被视为对城市创新生态系统生态位适宜性的量化表征。

目前，创新生态位及其适宜性得到了国内学者的广泛重视。在生态位适宜性指标的构建和评价方面，周青和陈畴镛（2008）从经济和技术环境视角构建适宜性评价指标体系，测度和分析了我国区域技术创新生态系统；芮千里（2012）构建了区域创新生态系统适宜度评价指标体系，并以河南省地级市为样本进行实证研究；刘洪久等（2013）在构建区域创新生态系统适宜度评价指标体系的基础上，以长三角城市为样本分析了生态位适宜度与地区 GDP 的关系；解学梅和刘晓杰（2021）对中国 30 个省份 2009~2018 年的区域创新生态系统生态位适宜性进行了评价，并基于此结果进行预测。生态位适宜度的模型修正方面，覃荔荔等（2011）引入绝对和相对两个维度构建了综合生态位适宜度模型，并对湖南省的区域创新系统可持续性进行评价；郭燕青等（2015）对传统生态位适宜度模型进行了优化，弱化了系统外部环境资源和时间因素的影响，并进行了数值算例验证；姚远（2016）将直觉模糊集理论推广应用到生态因子赋值阶段。另外，陈浩义（2010）提出创新信息生态位，并基于创新信息对企业创新能力的影响，构建了企业技术创新能力模型；李华军等（2012）认为战略性新兴产业创新系统应通过战略生态位管理，实现技术生态位到市场生态位的过渡，以促进产业技术突破和变革。

综合既有研究可以发现，创新生态系统生态位适宜度评价方法大多被用于对系统的创新成果、健康程度、可持续性和运行风险等方面进行评价。从城市创新生态系统的功能和结构特征出发，城市创新生态系统适宜性应侧重于关注城市系统内要素之间以及系统与外界环境的匹配问题。随着传统创新理论及其应用研究向更为广泛和深入的创新领域拓展，创新生态系统的生态位适宜性评价具有愈益重要的理论和实践指导意义。

二、城市创新生态系统适宜指数的评价方法

1. 适宜指数的测度模型

为从生态学视角评价城市创新生态系统的发展态势和可持续性，本部分借鉴现有的生态位适宜性及进化动量评价模型，依照如下测算过程进行量化研究。

设有 m 个城市创新生态系统，q 个创新生态因子，原始生态位空间是 $m \times q$ 维的矩阵 $X_3 = (x_{ij})_{mq}(i=1, 2, \cdots, m; j=1, 2, \cdots, q)$，$x_{ij}$ 是第 i 个创新生态系统的第 j 个生态因子的实际生态位。因为各生态因子均存在最优生态位，所以适宜指数测度的是实际生态位与最优生态位之间的贴近程度。

首先，为去除不同量纲带来的误差，对矩阵 X_3 参照式（11-1）和式（11-2）方法进行标准化处理，得到 $R_3 = (r_{ij})_{mq}$，$r_{ij} \in (0, 1)$，且为正向指标。

其次，设各生态因子的最优生态位为 r_{aj}，$r_{aj} = \max_j (r_{ij})$。令城市创新生态系统 i 的适宜指数用 S_i 表示，并在假定 $S_i = 0.5$，$w_j = \frac{1}{n}$，$\gamma_{ij} = \overline{\gamma}_{ij}$ 的情况下计算出 ε，则 S_i 的计算公式如下：

$$S_i = \sum_{j=1}^n w_j \frac{\gamma_{\min} + \varepsilon \gamma_{\max}}{\gamma_{ij} + \varepsilon \gamma_{\max}} \tag{11-19}$$

其中，$\gamma_{ij} = |r_{ij} - r_{aj}|$。考虑到现实中各生态因子对系统的影响程度并不均等，式（12.19）中使用的生态因子权重 w_j 不应采用 $w_j = \frac{1}{n}$ 的假定，而是改由相对客观的熵权法计算，计算方法如前文所述。

2. 进化动量测度

上述测算过程主要反映的是特定时间截面上的生态位适宜水平。从演化视角出发，为了表征城市创新生态系统 i 的进化空间，参照既有研究，还可以构建进化动量模型，计算方法为：

$$EM_i = \sqrt{\frac{\sum_{j=1}^n \gamma_{ij}}{n}} \tag{11-20}$$

三、城市创新生态系统适宜指数指标体系的构建

城市创新生态系统生态位适宜指数指标体系应全面反映系统内部及其与环境之间的关系。不同于之前的成长指数和活跃指数侧重于评价各城市创新生态系统的绝对发展水平，适宜指数更注重反映创新主体的最适资源位与现实资源位之间的贴近度。基于此，本部分围绕创新群落、创新要素、创新发展和创新环境四个维度构建城市创新生态系统适宜指数的指标体系，并逐级划分为13个二级指标和38个三级指标，指标体系如表11-13所示。部分指标的计算公式如表11-14所示。

表 11-13　城市创新生态系统生态位适宜指数指标体系

一级指标	二级指标	三级指标
创新群落（A_1）	创新生产者种群（B_1）	专精特新企业数（C_1）
		国家高新区企业数（C_2）
		"双一流"高校数（C_3）
		工程技术研究中心数（C_4）
		科技"小巨人"企业数（C_5）
		瞪羚独角兽企业合计数（C_6）
	创新分解者种群（B_2）	科技企业孵化器数（C_7）
		众创空间数（C_8）
	创新消费者种群（B_3）	规模以上工业企业数（C_9）
		创新型产业集群数（C_{10}）
创新要素（A_2）	人力要素（B_4）	R&D 人员（C_{11}）
		国家高新区 R&D 人员全时当量（C_{12}）
	资本要素（B_5）	R&D 内部支出经费（C_{13}）
		国家高新区 R&D 经费内部支出（C_{14}）
		国家级高新区科技活动经费内部支出（C_{15}）
	要素储备（B_6）	普通高等学校在校学生数（C_{16}）
		普通高等学校专任教师数（C_{17}）
创新发展（A_3）	市场增长力（B_7）	地区生产总值（C_{18}）
		地区生产总值增长率（C_{19}）
		规模以上工业企业利润总额（C_{20}）
	知识生产力（B_8）	发明专利申请数（C_{21}）
		发明专利授权数（C_{22}）
	创新收益力（B_9）	规模以上工业企业新产品销售收入（C_{23}）
		国家级高新区企业技术收入（C_{24}）
创新环境（A_4）	政策支撑度（B_{10}）	公共财政科技支持力度（C_{25}）
		公共财政教育支持力度（C_{26}）
		营商环境得分（C_{27}）
	城市宜居度（B_{11}）	建成区绿化覆盖率（C_{28}）
		人均道路面积（C_{29}）
		每万人医院、卫生院床位数（C_{30}）
		每万人中小学数量（C_{31}）
	人才吸引度（B_{12}）	人口吸引力指数（C_{32}）
		高新区企业留学归国人员（C_{33}）
		高新区企业外籍常驻人员（C_{34}）

一级指标	二级指标	三级指标
创新环境 （A_4）	系统开放度 （B_{13}）	对外贸易依存度（C_{35}）
		实际利用外资比重（C_{36}）
		外商和港澳台商投资企业比例（C_{37}）
		规模以上工业企业新产品销售收入（C_{38}）

资料来源：笔者整理。

表 11-14　生态位适宜指数部分指标计算公式

指标	部分数据来源与二次统计方式
"专精特新"企业数	通过"企查查"网站查询得出
"双一流"高校数	根据《教育部　财政部　国家发展改革委关于公布第二轮"双一流"建设高校及建设学科名单的通知》（教研函〔2022〕1号）公示结果，分城市统计得出
工程技术研究中心数	通过"企查查"网站查询得出
科技"小巨人"企业数	通过"企查查"网站查询得出
"瞪羚""独角兽"企业合计数	通过"企查查"网站查询得出
科技企业孵化器数	通过"企查查"网站查询得出
众创空间数	通过"企查查"网站查询得出
创新型产业集群数	根据科技部火炬中心《关于开展创新型产业集群总结评价工作的通知》（国科火字〔2020〕92号）和《科技部火炬中心关于开展2021年度创新型产业集群试点（培育）的通知》（国科火字〔2021〕123号）公示结果，分城市统计得出
公共财政科技支持力度	地方一般预算支出科学支出/地方一般预算支出
公共财政教育支持力度	地方一般预算支出教育支出/地方一般预算支出
营商环境得分	引用粤港澳大湾区研究院、21世纪经济研究院联合发布的《2020年中国296个地级市及以下城市营商环境报告》评价结果
每万人医院、卫生院床位数	医院卫生院床位数/全市常住人口数（万人）
每万人中小学数量	（普通小学数+普通中学数）/全市常住人口数（万人）
人口吸引力指数	引用百度地图慧眼发布的《2020年度中国城市活力研究报告》评价结果
对外贸易依存度	进出口总额/GDP
实际利用外资比重	当年实际使用的外资金额/GDP
外商和港澳台商投资企业比例	（外商投资企业数+港澳投资企业数）/规模以上工业企业数

资料来源：笔者整理。

四、城市创新生态系统适宜指数的评价结果

1. 指标权重分析

指标权重分析有助于初步探索城市创新生态系统适宜指数的重要影响因素。三级指标权重由熵权法计算得出，一级指标和二级指标权重由三级指标逐级加总得出，如表 11-15 所示。结果表明，各级指标的权重分布比较均衡，生态位适宜指数前五位的指标为国家高新区企业数（C_2）、瞪羚独角兽企业合计数（C_6）、高新区企业留学归国人员（C_{33}）、国家级高新区企业技术收入（C_{24}）和科技"小巨人"企业数（C_5）。二

级指标中，创新生产者种群（B_1）、人才吸引度（B_{12}）和资本要素（B_5）这三个指标具有较大影响。一级指标中，权重最大的是创新群落（A_1）和创新环境（A_4），表明创新主体丰富程度和环境支撑力是影响城市创新生态系统适宜性的关键因素。

表 11-15　生态位适宜指数指标权重

一级指标	一级指标权重（%）	二级指标	二级指标权重（%）	三级指标	三级指标权重（%）
A_1	40.85	B_1	33.80	C_1	2.86
				C_2	8.78
				C_3	5.37
				C_4	3.07
				C_5	5.65
				C_6	8.08
		B_2	4.22	C_7	2.26
				C_8	1.95
		B_3	2.83	C_9	1.35
				C_{10}	1.48
A_2	19.50	B_4	5.19	C_{11}	1.96
				C_{12}	3.23
		B_5	10.33	C_{13}	2.58
				C_{14}	3.70
				C_{15}	4.05
		B_6	3.98	C_{16}	1.94
				C_{17}	2.05
A_3	16.65	B_7	3.20	C_{18}	1.48
				C_{19}	0.15
				C_{20}	1.57
		B_8	5.89	C_{21}	2.75
				C_{22}	3.13
		B_9	7.57	C_{23}	1.78
				C_{24}	5.79
A_4	23.00	B_{10}	2.83	C_{25}	0.94
				C_{26}	0.35
				C_{27}	1.54
		B_{11}	1.48	C_{28}	0.04
				C_{29}	0.30
				C_{30}	0.42
				C_{31}	0.72

一级指标	一级指标权重（%）	二级指标	二级指标权重（%）	三级指标	三级指标权重（%）
A₄	23.00	B₁₂	12.08	C_{32}	1.43
				C_{33}	5.81
				C_{34}	4.84
		B₁₃	6.60	C_{35}	1.39
				C_{36}	2.24
				C_{37}	1.19
				C_{38}	1.78

资料来源：笔者整理。

2. 整体适宜性评价结果

2020年，创新型城市的创新生态系统适宜指数如表11-16所示。从整体来看，101个创新型城市的创新生态系统适宜指数的平均水平为0.482，其中高于平均水平的城市仅有24个，表明城市创新生态系统适宜性整体偏低。具体来看，北京、上海、广州、深圳、苏州、武汉、合肥、天津、南京和杭州是适宜指数前十位的城市，大部分分布在华东、华南和华中地区，说明城市创新生态系统适宜性的区域发展不均衡。

表11-16 城市创新生态系统生态位适宜指数

城市	适宜指数	城市	适宜指数
北京	0.768	新乡	0.466
上海	0.651	洛阳	0.466
广州	0.616	金华	0.465
深圳	0.616	济宁	0.465
苏州	0.575	保定	0.465
武汉	0.564	德州	0.465
合肥	0.544	襄阳	0.464
天津	0.541	台州	0.464
南京	0.530	湘潭	0.464
杭州	0.515	临沂	0.464
成都	0.510	株洲	0.464
西安	0.508	唐山	0.464
重庆	0.506	淄博	0.464
郑州	0.504	兰州	0.463
厦门	0.502	马鞍山	0.463
青岛	0.502	蚌埠	0.463
东莞	0.498	镇江	0.463
嘉兴	0.493	邯郸	0.463

续表

城市	适宜指数	城市	适宜指数
长沙	0.491	海口	0.462
宁波	0.490	绵阳	0.462
佛山	0.490	南阳	0.462
泉州	0.490	景德镇	0.461
无锡	0.487	衡阳	0.461
济南	0.485	呼和浩特	0.461
福州	0.480	滁州	0.461
潍坊	0.478	吉林	0.460
常州	0.478	宿迁	0.460
盐城	0.477	汕头	0.460
南昌	0.475	淮安	0.460
大连	0.475	日照	0.460
扬州	0.475	秦皇岛	0.460
绍兴	0.473	乌鲁木齐	0.460
长春	0.473	宜昌	0.460
南通	0.472	柳州	0.460
石家庄	0.472	玉溪	0.459
温州	0.471	宝鸡	0.459
沈阳	0.471	西宁	0.459
湖州	0.471	黄石	0.459
昆明	0.470	萍乡	0.459
哈尔滨	0.470	银川	0.459
芜湖	0.469	长治	0.459
威海	0.469	铜陵	0.459
太原	0.469	德阳	0.459
龙岩	0.469	包头	0.458
遵义	0.469	东营	0.458
贵阳	0.469	营口	0.458
连云港	0.469	新余	0.457
烟台	0.468	荆门	0.457
徐州	0.468	汉中	0.456
南宁	0.468	拉萨	0.455
泰州	0.467		

资料来源：笔者整理。

城市创新生态系统适宜指数及其变异系数的分区域计算结果如表 11-17 所示。七大区域中，只有华南和华北地区的适宜指数高于全国平均水平，其中华南地区城市创新生态系统适宜指数居领先位置；华东地区略低于全国平均值，华中和西南地区适宜指数接近，东北和西北地区适宜指数持平。从变异系数看，华北地区的变异系数居七大区域之首，说明该区域创新型城市的创新生态系统适宜性差异较大。未来应发挥区域创新生态系统优势，重点激发珠三角、长三角、京津冀等区域的创新优势，带动其周边区域协同创新、联动发展。

表 11-17　城市创新生态系统生态位适宜指数及其变异系数分区域计算结果

区域	适宜指数	变异系数
华北地区	0.502	0.183
东北地区	0.467	0.014
华东地区	0.481	0.071
华中地区	0.476	0.060
华南地区	0.509	0.125
西南地区	0.473	0.040
西北地区	0.466	0.036
全国	0.482	0.093

资料来源：笔者整理。

3. 细分维度评价结果

为了深入探究城市创新生态系统适宜指数的内在形成逻辑，精准识别特定地区的适宜性"短板"，本部分进一步结合适宜性涵盖的四个维度——创新群落、创新要素、创新发展和创新环境，分别测算了细分维度的生态位适宜指数，并从区域和城市层面展开分析。

从区域层面看，我国七大区域的整体及四维创新生态位适宜指数如图 11-7 所示。从各区域的四维创新生态位适宜指数看，创新要素和创新群落维度的生态位适宜指数较高，创新发展和创新环境维度的生态位适宜指数较低。说明各区域的创新型城市仍需进一步提升知识创造和成果转化能力，加强创新相关的环境建设和氛围营造，从而进一步满足城市创新生态系统的发展需要。具体到各个区域，华南地区无论是整体创新生态位适宜指数还是四维生态位适宜指数均居国内第一，紧随其后的是华北地区，这两大区域的创新生态位适宜指数整体高于全国平均水平。华东地区的创新环境生态位适宜指数高于全国平均水平，其他维度及整体生态位适宜指数与全国平均水平持平。华中、西南、东北和西北地区的创新生态位适宜水平较低，各个维度的创新生态位适宜水平均低于全国平均水平，其中东北地区的城市创新生态位适宜指数全部低于均值，缺乏发挥创新带动作用的中心城市。为此，应加快提升大连、沈阳、长春和哈尔滨等区域内适宜指数相对较高城市的创新生态系统建设，以点带面，辐射周边，带动东北地区创新生态位适宜指数提升，强化其在我国科技创新全局中的作用。

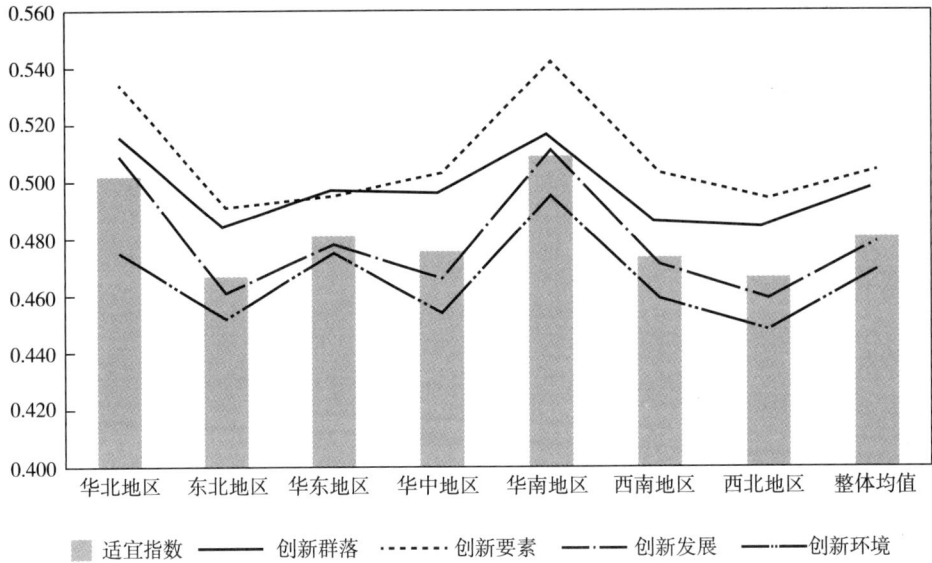

图 11-7 七大区域的四维创新生态位适宜指数分布

资料来源：笔者自绘。

　　从城市层面看，分维度城市创新生态系统生态位适宜指数如表 11-18 所示。在整体生态位适宜指数高于平均值的 24 个城市中，有 15 个城市的四维生态位适宜指数均分别高于各自维度的全国平均水平，且各维度发展较为均衡，分别为北京、上海、广州、深圳、苏州、武汉、合肥、天津、南京、杭州、成都、西安、重庆、青岛和东莞。其中，天津、武汉和青岛的四维生态位适宜指数发展水平相对参差，应着重从提升创新政策支撑力度、改善城市宜居程度、提升经济开放程度等方面提升城市创新生态系统环境，增强对创新主体和创新型人才的吸引力。另外 9 个整体生态位适宜指数高于平均值的城市分别有各自的"短板"。此外，华北地区的四维创新生态位适宜指数异质性最为显著，制约了创新效能和创新发展。

表 11-18 分维度城市创新生态系统生态位适宜指数

城市	创新群落	创新要素	创新发展	创新环境
全国均值	**0.497**	**0.504**	**0.479**	**0.469**
北京	0.677	0.923	0.917	0.708
天津	0.617	0.525	0.495	0.475
唐山	0.481	0.481	0.467	0.447
石家庄	0.485	0.510	0.467	0.449
邯郸	0.484	0.476	0.458	0.449
保定	0.483	0.486	0.460	0.450
太原	0.489	0.498	0.459	0.448
长治	0.479	0.474	0.454	0.444

城市	创新群落	创新要素	创新发展	创新环境
包头	0.480	0.481	0.455	0.434
呼和浩特	0.480	0.484	0.454	0.444
华北地区	**0.516**	**0.534**	**0.509**	**0.475**
沈阳	0.486	0.501	0.468	0.450
大连	0.487	0.498	0.468	0.472
营口	0.479	0.473	0.452	0.442
长春	0.489	0.501	0.469	0.454
吉林	0.480	0.479	0.452	0.449
哈尔滨	0.489	0.505	0.462	0.445
秦皇岛	0.478	0.476	0.456	0.450
东北地区	**0.484**	**0.491**	**0.461**	**0.452**
烟台	0.484	0.488	0.468	0.455
济南	0.495	0.539	0.482	0.455
青岛	0.531	0.513	0.489	0.477
济宁	0.483	0.482	0.460	0.455
潍坊	0.487	0.493	0.466	0.493
东营	0.479	0.474	0.456	0.438
淄博	0.484	0.486	0.459	0.444
威海	0.482	0.481	0.458	0.479
日照	0.480	0.474	0.456	0.448
临沂	0.484	0.479	0.460	0.451
德州	0.482	0.477	0.456	0.461
上海	0.592	0.650	0.720	0.744
无锡	0.501	0.491	0.502	0.478
南京	0.534	0.596	0.529	0.495
苏州	0.566	0.552	0.561	0.651
常州	0.498	0.490	0.479	0.461
镇江	0.482	0.479	0.463	0.445
连云港	0.499	0.479	0.459	0.445
南通	0.491	0.479	0.48	0.457
扬州	0.511	0.479	0.466	0.442
盐城	0.516	0.478	0.465	0.444
泰州	0.486	0.478	0.465	0.455
徐州	0.486	0.484	0.466	0.455

续表

城市	创新群落	创新要素	创新发展	创新环境
宿迁	0.481	0.475	0.459	0.444
淮安	0.479	0.475	0.459	0.445
宁波	0.495	0.510	0.507	0.485
嘉兴	0.506	0.483	0.473	0.526
杭州	0.502	0.552	0.554	0.509
湖州	0.483	0.476	0.463	0.481
绍兴	0.484	0.484	0.473	0.478
金华	0.483	0.480	0.466	0.452
温州	0.488	0.487	0.477	0.453
台州	0.483	0.477	0.468	0.449
厦门	0.522	0.499	0.469	0.527
福州	0.499	0.501	0.473	0.463
泉州	0.495	0.485	0.480	0.529
龙岩	0.481	0.474	0.456	0.486
合肥	0.601	0.537	0.493	0.510
芜湖	0.483	0.488	0.464	0.465
马鞍山	0.479	0.478	0.460	0.455
铜陵	0.478	0.474	0.453	0.447
滁州	0.480	0.475	0.460	0.447
蚌埠	0.481	0.477	0.455	0.457
南昌	0.486	0.519	0.467	0.457
景德镇	0.479	0.475	0.453	0.457
萍乡	0.477	0.473	0.453	0.450
新余	0.479	0.475	0.453	0.439
华东地区	**0.497**	**0.495**	**0.478**	**0.475**
洛阳	0.485	0.491	0.460	0.446
郑州	0.519	0.565	0.483	0.469
南阳	0.482	0.478	0.455	0.448
新乡	0.486	0.482	0.456	0.456
武汉	0.620	0.604	0.523	0.482
宜昌	0.479	0.481	0.458	0.439
襄阳	0.481	0.483	0.458	0.455
荆门	0.480	0.475	0.453	0.435
黄石	0.479	0.476	0.451	0.446

城市	创新群落	创新要素	创新发展	创新环境
长沙	0.491	0.551	0.487	0.475
株洲	0.481	0.487	0.458	0.45
衡阳	0.479	0.48	0.457	0.449
湘潭	0.483	0.484	0.457	0.452
华中地区	**0.496**	**0.503**	**0.466**	**0.454**
深圳	0.555	0.740	0.683	0.601
广州	0.638	0.659	0.586	0.586
佛山	0.500	0.499	0.502	0.488
东莞	0.517	0.506	0.489	0.495
汕头	0.481	0.474	0.457	0.445
海口	0.478	0.479	0.455	0.457
南宁	0.482	0.500	0.462	0.450
柳州	0.480	0.482	0.457	0.438
华南地区	**0.516**	**0.542**	**0.511**	**0.495**
重庆	0.503	0.555	0.526	0.487
成都	0.506	0.58	0.509	0.489
绵阳	0.484	0.487	0.457	0.438
德阳	0.480	0.478	0.454	0.438
贵阳	0.483	0.496	0.461	0.457
遵义	0.478	0.475	0.462	0.486
昆明	0.484	0.511	0.463	0.449
玉溪	0.479	0.473	0.453	0.451
拉萨	0.478	0.472	0.453	0.434
西南地区	**0.486**	**0.503**	**0.471**	**0.459**
兰州	0.482	0.492	0.456	0.443
西宁	0.482	0.475	0.452	0.442
银川	0.482	0.477	0.454	0.436
乌鲁木齐	0.482	0.482	0.454	0.438
西安	0.501	0.580	0.495	0.497
宝鸡	0.480	0.479	0.454	0.441
汉中	0.477	0.473	0.452	0.44
西北地区	**0.484**	**0.494**	**0.459**	**0.448**

资料来源：笔者整理。

4. 进化动量分析

城市创新生态系统适宜指数进化动量能够直观地反映该城市的创新生态系统适宜

性的进化空间，进化动量越高，说明该城市创新生态系统的提升空间越大。2020 年，城市创新生态系统生态位适宜指数进化动量如表 11-19 所示。

表 11-19 城市创新生态系统生态位进化动量

城市	进化动量	城市	进化动量	城市	进化动量
荆门	0.958	马鞍山	0.930	芜湖	0.910
西宁	0.953	兰州	0.930	大连	0.909
拉萨	0.952	邯郸	0.929	威海	0.907
汉中	0.950	哈尔滨	0.929	南昌	0.905
营口	0.950	德州	0.928	南通	0.905
宜昌	0.948	株洲	0.928	绍兴	0.902
包头	0.948	湘潭	0.928	潍坊	0.897
银川	0.947	景德镇	0.928	常州	0.896
黄石	0.947	唐山	0.927	福州	0.895
呼和浩特	0.947	淄博	0.925	嘉兴	0.885
新余	0.946	新乡	0.925	济南	0.884
乌鲁木齐	0.943	台州	0.925	无锡	0.876
德阳	0.943	蚌埠	0.924	泉州	0.875
长治	0.943	泰州	0.924	佛山	0.874
东营	0.942	保定	0.924	厦门	0.873
柳州	0.942	洛阳	0.923	宁波	0.871
襄阳	0.941	临沂	0.922	长沙	0.871
吉林	0.941	扬州	0.921	东莞	0.866
淮安	0.940	金华	0.921	郑州	0.863
宝鸡	0.940	沈阳	0.921	青岛	0.860
玉溪	0.940	南宁	0.920	西安	0.860
汕头	0.940	盐城	0.918	天津	0.848
萍乡	0.939	遵义	0.917	合肥	0.845
铜陵	0.939	济宁	0.917	成都	0.842
秦皇岛	0.938	烟台	0.916	重庆	0.841
海口	0.937	昆明	0.915	武汉	0.833
日照	0.937	徐州	0.915	杭州	0.821
衡阳	0.936	太原	0.915	南京	0.810
宿迁	0.934	湖州	0.914	苏州	0.762
镇江	0.933	龙岩	0.913	广州	0.732
绵阳	0.933	温州	0.913	深圳	0.718
连云港	0.932	贵阳	0.912	上海	0.674

城市	进化动量	城市	进化动量	城市	进化动量
滁州	0.931	长春	0.911	北京	0.609
南阳	0.931	石家庄	0.911		

资料来源：笔者整理。

从整体上看，101 个城市创新生态系统生态位适宜性进化动量平均值为 0.904，共有 73 个城市高于平均值，说明大部分城市的创新生态系统生态位适宜性具有较大的进化空间。为了更好地提升城市的整体创新生态系统生态位，需要生态位较高的区域发挥其拉动及辐射作用，以便建立良好的区域创新生态系统，进而促进城市创新生态系统可持续发展。例如，就华北地区而言，北京的进化动量为 0.609，是国内生态位适宜性进化动量最小的城市，此外只有进化动量为 0.848 的天津低于全国平均值，其余分布在河北省、山西省和内蒙古自治区的 8 个城市的进化动量都高于均值，创新生态位适宜性进化空间较大，是区域协同创新发展的"短板"。因此，需要促进北京创新成果在华北地区内周边城市落地转化，加快创新资源整合，提升区域整体协同创新能力，拉动周围城市创新生态位适宜性进一步贴近最适生态位。

第五节　城市创新生态系统综合发展评价

本章第二节至第四节分别围绕城市创新生态系统的成长性、活跃性和适宜性三个关键特征，构建相应的评价指数，从不同角度对城市创新生态系统的发展态势进行了评估。在此基础上，本节进一步构建了城市创新生态系统综合发展指数，通过对前述评估结果的归并、整合，意在从整体上对城市创新生态系统的发展状态作出评价。

一、综合发展指数评价方法

本部分重点介绍城市创新生态系统综合发展评价所使用的量化分析策略。假设城市 i 的创新生态系统成长指数为 G_i，活跃指数为 C_i，适宜指数为 S_i，设定综合发展指数 D_i 如式（11-21）所示。

$$D_i = w_G \times G_i + w_C \times C_i + w_S \times S_i \tag{12-21}$$

为了剔除主观性影响，本部分采用相对客观的熵权法确定指标权重 w，并用线性加权法测算 101 个创新型城市的创新生态系统综合发展指数。综合考虑数据完整性、可得性以及与前文评价结果的衔接性，本部分评价的样本时期为 2020 年。根据熵权法的测算结果，成长指数所占权重（w_G）为 28.36%，活跃指数所占权重（w_C）为 28.21%，适宜指数所占权重（w_S）为 43.43%，权重分布大体均衡。该权重结果同时说明，我国创新型城市的创新生态系统在适宜度得分方面变异程度较高，适宜度在决定城市创新生态系统综合发展水平方面具有关键作用。

二、综合发展指数的评价结果

本部分主要从区域和城市两个层面展示我国创新型城市的创新生态系统综合发展指数评价结果。根据综合发展指数的构成方法，该指数的细分维度评价结果已在第二节至第四节列示，不再赘述。

1. 区域层面评价结果

七大区域的城市创新生态系统综合发展指数的数值分布状况如图 11-8 所示。结果显示，2020 年我国七大区域的综合发展指数得分由高到低依次为华南地区（0.202）、华北地区（0.166）、华东地区（0.103）、西南地区（0.087）、华中地区（0.077）、东北地区（0.059）和西北地区（0.055），其中得分高于整体平均综合发展指数（0.106）的区域仅有华南和华北地区，华东地区的综合发展指数与全国平均水平极为接近。这表明华南和华北地区的城市创新生态系统综合发展水平处于全国"领跑"位置，但综合发展水平的区际差异仍较为明显。

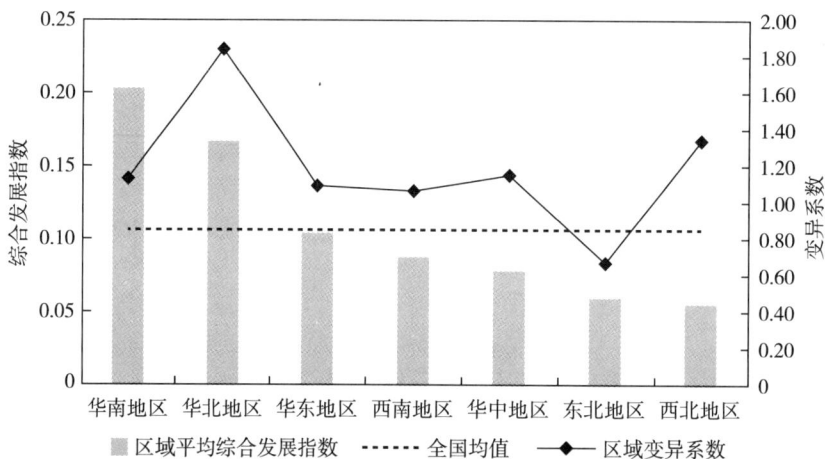

图 11-8　七大区域的城市创新生态系统综合发展指数及变异系数分布
资料来源：笔者自绘。

图 11-8 同时展示了七大区域综合发展指数的变异系数计算结果。结果显示，创新型城市综合发展指数的整体变异系数为 1.385，表明创新生态系统的综合发展水平存在较大差异。具体来看，七大区域的内部变异系数由高到低依次为华北地区（1.841）、西北地区（1.340）、华中地区（1.149）、华南地区（1.132）、华东地区（1.092）、西南地区（1.064）和东北地区（0.668）。其中，华北地区是唯一内部变异系数超过整体变异系数的区域，除北京、天津外没有综合指数高于整体平均水平的城市，表明华北地区创新生态系统发展水平的不均衡程度较高，亟须增强区域科技发展的协调性。东北地区虽然内部变异系数最低，但这源于东北地区少有创新生态系统发展水平较高的城市，尚需推动区域内城市创新生态系统发展向高水平均衡状态转变。

2. 城市层面评价结果

2020 年我国创新型城市的创新生态系统综合发展指数如表 11-20 所示。从整体来看，101 个创新型城市的创新生态系统综合发展指数的平均水平为 0.106，其中高于平均水平的城市仅有 26 个，表明城市创新生态系统综合发展水平整体仍然较低。具体来看，综合发展指数前十位的城市分别是北京（1.000）、上海（0.632）、广州（0.562）、深圳（0.555）、苏州（0.383）、天津（0.319）、武汉（0.312）、南京（0.299）、杭州（0.286）和成都（0.270），这些城市大部分分布在华东、华南和华中地区，进一步表明我国创新型城市的创新生态系统综合发展水平呈现区域不均衡状态。

表 11-20　城市创新生态系统综合发展指数

城市	综合发展指数	城市	综合发展指数
北京	1.000	洛阳	0.049
上海	0.632	镇江	0.048
广州	0.562	株洲	0.048
深圳	0.555	湘潭	0.048
苏州	0.383	绵阳	0.046
天津	0.319	新乡	0.045
武汉	0.312	马鞍山	0.043
南京	0.299	保定	0.043
杭州	0.286	遵义	0.042
成都	0.270	济宁	0.041
合肥	0.244	淄博	0.040
重庆	0.218	唐山	0.040
西安	0.217	临沂	0.039
青岛	0.207	呼和浩特	0.038
东莞	0.194	连云港	0.038
郑州	0.190	蚌埠	0.037
佛山	0.162	襄阳	0.037
长沙	0.162	乌鲁木齐	0.035
泉州	0.161	海口	0.035
宁波	0.161	龙岩	0.034
厦门	0.148	邯郸	0.031
嘉兴	0.144	滁州	0.031
济南	0.138	德州	0.030
无锡	0.138	南阳	0.028
常州	0.109	衡阳	0.027
大连	0.106	银川	0.026
潍坊	0.106	拉萨	0.026
盐城	0.098	包头	0.026

续表

城市	综合发展指数	城市	综合发展指数
福州	0.098	汕头	0.026
南昌	0.098	柳州	0.026
温州	0.092	宜昌	0.025
沈阳	0.090	景德镇	0.025
绍兴	0.089	铜陵	0.025
南通	0.088	宿迁	0.025
长春	0.086	吉林	0.024
湖州	0.078	西宁	0.024
昆明	0.078	宝鸡	0.024
石家庄	0.078	淮安	0.024
哈尔滨	0.076	东营	0.022
太原	0.076	日照	0.021
扬州	0.073	德阳	0.021
芜湖	0.072	秦皇岛	0.021
徐州	0.065	黄石	0.020
贵阳	0.065	新余	0.018
烟台	0.063	荆门	0.016
金华	0.062	玉溪	0.015
台州	0.059	萍乡	0.013
南宁	0.058	长治	0.012
泰州	0.053	营口	0.010
兰州	0.052	汉中	0.004
威海	0.050		

资料来源：笔者整理。

综合适宜指数、活力指数、成长指数三个分维度和综合发展指数四项研究结果来看，北京、上海、广州、深圳等城市的创新生态系统无论在分维度上还是在总体发展情况上始终在所有创新型城市中占据领先地位，苏州、杭州、南京、成都、天津等城市的创新生态系统取得了长足进展，对全国创新型城市具有重要引领和示范作用。城市创新生态系统的健康发展需要从成长性、活跃性、适宜性方面协调发力，既要"扬长"也需"补短"，推动创新生态系统中的各个子系统相互耦合（张贵等，2020），发挥出最优创新效能。

第六节　城市创新生态系统三维评价分析的总结与启示

城市创新生态系统以成长性、活跃性、适宜性为关键特征，这些关键特征是构建城市创新生态指数的出发点。本章基于城市创新生态指数，总结其理论基础和依据，构建相应的评价方法及指标体系，并以我国创新型城市为研究对象进行量化分析。结果表明，近年来我国城市创新生态系统发展成效显著：系统成长性持续提升，加快从创新生态系统形成期、快速成长期向缓速成长期和成熟稳定期演进；系统活跃性不断增强，在创新浓度、高度、活力度、治理度和响应度"五度"层面呈现"数量型"发展向"质量型"发展的转型态势；系统适宜性稳步提高，对创新主体需求的满足能力进一步强化。同时，不同创新型城市的创新生态系统发育水平存在明显差异，其中华北、华东、华南地区的创新型城市更具"先发优势"，其他地区尤其是东北地区城市的创新生态系统亟待加强。本章内容还表明，城市创新生态系统的功能强化、结构优化是复杂的系统性工程，应从各维度、诸方面统筹施策，注重把握不同子系统之间的耦合协调关系，从而对各类创新力量加以整合，最大限度发挥城市创新生态系统对"生态租金"的创造能力。

依据上述结论，本章进而得到如下政策启示：

其一，培育创新群落，增强创新活力。壮大区域创新发展基础，培育引进优质创新主体，加快高端创新要素扩散与捕获。聚焦高等院校、科研院所、创新实验室等创新策源地，带动平台型企业，"专精特新"企业，"雏鹰""瞪羚""独角兽"企业等创新组织集聚，逐步形成科技型创新种群，同步导入科技金融、现代物流、电子商务等产业环节，多维度促进"产业链""创新链"向"产业生态""创新生态"转变。同时，建立以企业为主体、市场为导向、产学研用全域融合的创新生态体系，搭建良好的知识溢出与捕获平台，通过打造大学科技产业园、工程技术研究院和院士流动工作站等途径，构建国际一流的科技创新服务体系，建设与世界创新集群的连接窗口。

其二，培植创新基因，提高创新高度。搜寻识别创新生态系统源动力，培植原生创新基因，是创新主体进行创新活动的基本条件。首先，重视输入性创新基因与原生创新、绿色发展和产业生态建构相结合，通过重点搜寻和识别高水平科技、人才、资本、企业和平台，尤其是具有竞争优势转型能力的核心企业、平台型企业、创新型企业、"独角兽"企业等，构建具有内生动力的创新生态系统，整体提升区域综合创新实力。其次，加大创新基础设施、科研经费等创新投入的力度，推动科研资金更多向基础研究、关键核心技术等领域倾斜，为创新型人才的培养发展提供更多有利条件，让创新人才为企业的经营发展贡献智慧，为企业带来创新思路，注入新能量。实施人才资源优先开发战略，更快、更有效地将人才资源转化为丰富的创新资源，从而在企业内形成良好的人才创新发展格局。最后，着力引进战略型企业家、科学家，以及关键性、高能级创新平台（实验室、研究机构、课题团队等），重点培育和发展新型研发机构、工程技术研究院和产业创新中心等，加快科技创新成果孵化转化。牢牢抓住创新驱动"牛鼻子"，深植"创新基因"，加速整合内外部资源、集聚创新技术要素，打造发展新引擎，创造发展新优势，激发创新的新动能。

其三，促进"五链"融合，激发协同进化。破除要素流动体制障碍，支持具有"先发优势"的城市和区域牵头建设资源共享载体平台，共建创新创业孵化中心，促进城市创新生态系统向城市群创新生态系统延展。探索形成围绕关键核心技术和重要共性技术的完备产业链，与产业链需求完整衔接的创新链，多层次、全方位、宽领域的金融链，源头化、产业化、商业化的服务链和贯穿产业链全过程的价值链，以"产业链—创新链—金融链—服务链—价值链"为主线，渐进突破技术"短板"和弱项，强化科技引领和产业渗透。以合理的机制体制和协作计划，促进"五链"高度融合发展，共同推动价值链整体提升和产业创新生态系统演化，创造出活跃的新型业态和新商业模式。

其四，拓宽融资渠道，吸收多元资金。多元化的融资结构和健康的融资体系能够提升融资的及时性和可靠性，为创新生态系统提供可靠的物质基础和保障。要建立完善的科技金融服务体系，从直接和间接融资两个方面扩大科技投入的来源和渠道，充分吸收社会上的多元资金，获得当地银行、基金、天使投资机构、风险投资机构等各类商业金融机构的支持。加大科技金融产品投入，探索为进行创新活动的企业提供低息借贷，对信誉好的创新企业提供担保并可适当增加借贷金额数量，及时为创新企业提供高效优质的金融服务，以解决创新企业在资金上的困扰，同时激发企业的创新活力，提高创新水平和质量。

其五，深化创新治理，打造协同格局。充分发挥政府在区域创新生态系统治理体系构建中的主导作用，积极调动社会力量和民众参与创新生态系统建设，形成多主体参与的治理结构。首先，深化科技管理机制体制改革，加速推动政府服务职能由研发管理向创新服务转变，积极推进"放管服"改革，促进政府、市场、社会及科研主体间信任与合作。其次，打造网络化治理结构，建立以"核"企业为依托的平台式治理体系，引导创新服务网络有序嵌入，充分发挥行业联盟和自治组织的治理能力，减少系统成员之间合作交流成本和功能建设成本，激发社会创新活力、创业动力，形成有机、协同、互动的创新主体关系网络新格局。再次，完善成果保护机制，贯彻落实相关知识产权以及创新领域的法律法规，打击相关违法犯罪活动，推进创新成果的专利化和标准化，有效促进创新成果的转化和保护，在全社会形成公平、和谐的创新氛围。最后，设立创新激励机制，保障创新主体的劳动成果，在职称评审、科研立项、人才政策等方面加大对原始创新、基础创新的鼓励力度，以奖金、企业股份等形式激励创新，形成崇尚创新的社会氛围和企业文化，保障科技创新活动的顺利进行。

附　录

附录A　对商业参与者的数理分析框架

本部分建立的数理分析框架借鉴张玉昌等（2022）的研究。假设商业参与者包括中间产品 $x_i(t)$ 和最终产品 $Y_i(t)$ 的生产商，且中间产品只有一种，中间产品只使用劳动力一种投入品，如式（A1）所示。

$$x_i(t) = f[l_i(t), a_i(t)] \tag{A1}$$

其中，$a_i(t)$ 代表生产率水平，反映了技术进步对生产率的提升效应。$l_i(t)$ 为 t 时刻用于生产中间产品的劳动力投入。

最终产品生产函数的一般形式可以表示为：

$$Y_i(t) = g[x_i(t), L_i(t), a_i(t)] \tag{A2}$$

根据 $a_i(t)$ 纳入函数形式的方式，可将技术进步分为三种，即"希克斯中性"（Hicks-neutral）技术进步、"索洛中性"（Solow-neutral）技术进步和"哈罗德中性"（Harrod-neutral）技术进步（Acemoglu，2009）。定义函数 $h(x_i(t), L_i(t))$，"希克斯中性"是指技术进步导致产量的等比例放大，而"索洛中性"和"哈罗德中性"分别指技术进步增强了中间产品和劳动力的生产效率，从而改变了二者的投入比率，如式（A3）所示。

$$Y_i(t) = \begin{cases} a_i(t)h(x_i(t), L_i(t)) & \text{希克斯中性} \\ h(a_i(t)x_i(t), L_i(t)) & \text{索洛中性} \\ h(x_i(t), a_i(t)L_i(t)) & \text{哈罗德中性} \end{cases} \tag{A3}$$

鉴于商业参与者的行为规则是利润最大化，可以写出中间产品生产商的利润最大化函数：

$$\pi_i(t) = \max_{x_i(t) \geq 0} \{p_i(t)x_i(t) - w_i(t)l_i(t)\} \tag{A4}$$

最终产品生产商的利润最大化函数为（简便起见，将最终产品的价格标准化为1）：

$$\varphi_i(t) = \max\{y_i(t) - p_i(t)x_i(t) - w_i(t)L_i(t)\} \tag{A5}$$

现实中，企业的生产率和利润水平不可能无限扩大，而是受到当时技术条件的约束，如式（A6）所示。

$$y_i(t) \leq Y_i(t) \tag{A6}$$

其中，$Y_i(t)$ 表示以 t 时点的技术条件所能达到的最大产量。对于最终产品生产商而言，式（A5）和式（A6）描述了其基本行为规则。

接下来考虑研发活动的影响。设最终产品生产商的研发投入为 R_i。由于研发结果存在不确定性，设研发成功的概率为 $\theta(t)$；① 如果研发获得成功，那么生产率水平将以 γ 的速率增长，否则会维持在与 $a_i(t)$ 相等的水平。因此，生产率的变化可由式（A7）刻画：

$$a_i(t+\Delta t)=\begin{cases}(1+\gamma)a_i(t)\,,\ \theta(t)\\ a_i(t)\,,\ 1-\theta(t)\end{cases} \tag{A7}$$

仍以最终产品生产商为例，其期望生产率水平如式（A8）所示。

$$E(a_i(t+\Delta t)\mid a_i(t))=\theta(t)(1+\gamma)a_i(t)+(1-\theta(t))a_i(t) \tag{A8}$$

由此，最终产品生产商的利润函数是用期望利润水平扣除作为成本的研发投入，如式（A9）所示。

$$\Psi_i=E(\varphi_i(t+\Delta t))-R_i \tag{A9}$$

此时，最终产品生产商的行为规则可由式（A6）和式（A9）共同刻画。

附录 B 对社会参与者的数理分析框架

简便起见，这里借鉴薛军等（2021）的分析框架，说明狭义社会参与者即消费者的行为规则。假设创新体现为产品质量的改进，对消费者 i 而言，借鉴动态最优化思路，可将其效用函数写成如下形式：

$$U_i=\int_0^\infty e^{-\rho t}\log u_i(t)\,dt \tag{B1}$$

如果消费者 i 消费 j 种不同的产品，那么消费者 i 的瞬时效用为：

$$\log u_i(t)=\int_0^1\log\Big[\sum_m q_m(j)Y_{mt}^i(j)\Big]dj \tag{B2}$$

其中，ρ 为反映消费者 i 跨期消费偏好的效用贴现因子，$q_m(j)$ 为产品 j 的质量，$Y_{mt}^i(j)$ 为第 t 年消费者 i 对质量提升了 m 次的产品 j 的消费量。如果只消费一种产品，则函数形式更为简单：

$$\log u_i(t)=\log(q_m Y_m^i(t)) \tag{B3}$$

同时，消费者 i 的消费行为面临着预算约束，即在不考虑消费信贷时，总消费［记作 $C_i(t)$］不超过总收入［记作 $W_i(t)$］。具体方程如式（B4）所示。

$$\int_0^\infty e^{-\int_0^t r(s)ds}c_i(t)\,dt\leqslant\int_0^\infty e^{-\int_0^t r(s)ds}w_i(t)\,dt \tag{B4}$$

---

① 在实际分析中，还可以考虑创新主体所处的创新生态系统对研发成功率的影响。一般而言，当创新主体加入创新生态系统后，受益于系统内密切的知识溢出和成果共享，研发成功率会增加。

其中 $c_i(t)$ 满足：

$$c_i(t) = \int_0^1 \left[\sum_m p_{mt}(j) Y_{mt}^i(j) \right] dj \tag{B5}$$

其中，$p_{mt}(j)$ 为第 t 期经过 m 次质量改进后的产品 j 的价格。

由此，消费者的行为规则可以表述为如下效用最大化问题：

$$\max U_i(q_m(j), Y_{mt}^i(j))$$

$$\text{s. t. } C_i \leqslant W_i \tag{B6}$$

此时，消费者对产品质量的偏好决定了均衡条件下的技术进步水平。在理性消费条件下，消费者会选择 $p_{mt}(j)/q_m(j)$ 最小（质最优、价最廉）的产品。

附录 C　对公共部门参与者的数理分析框架

对于公共部门参与者中的政府，这里以补贴政策为例展示政府调节社会福利水平的一般原理。假定在由生产者和消费者构成的二元经济系统中，生产者生产某种技术密集型商品，其价格为 p 且产量为 q，生产成本由函数 $c(q)$ 表示。假定政府为鼓励该产品生产，决定为每件产品向生产者支付数额为 τ 的补贴。社会总福利等于生产者利润（φ）和消费者剩余（Consumer Surplus, CS）之和再减去用于支付补贴的资金成本，如式（C1）所示。

$$W = \varphi + CS - \tau q \tag{C1}$$

生产者面临的利润最大化决策为[1]：

$$\varphi = \max\{(p+\tau)q - c(q)\} \tag{C2}$$

此时，理论上存在着使社会福利最大化的最优补贴规模 τ^*。政府可通过补贴调节技术密集型产品的产量，进而调节生产者利润和消费者剩余。

对于公共部门参与者中的社会企业，这里借鉴汪忠等（2016）构建的三级价格歧视福利约束模型说明其基本行为规则。假设社会企业面临两类消费者群体：普通群体（记作 A）和特殊群体[2]（记作 B）。社会企业为两类群体提供相同的产品或服务，对普通群体收取正常价格 p_A，对特殊群体收取低价格 p_B，企业成本函数记作 $C(Y_A, Y_B)$。设两类群体的总效用函数为 $U(Y_A, Y_B)$，其中 Y_A 和 Y_B 分别为普通群体和特殊群体的需求量，对应的需求函数为 $p_A = \partial U(Y_A, Y_B)/\partial Y_A = p_A(Y_A, Y_B)$ 和 $p_B = \partial U(Y_A, Y_B)/\partial Y_B = p_B(Y_A, Y_B)$。假设两类群体之间不存在产品或服务的倒卖行为。

根据前文关于社会福利函数的介绍，如果社会福利函数表达式为：

$$W = U(Y_A, Y_B) - C(Y_A, Y_B) \tag{C3}$$

此时，社会企业的定价行为应当使社会福利得到改进。设初始状态下，社会企业

---

[1]　如果生产者存在研发行为，那么利润表达式中还需扣除研发投入。

[2]　例如，当社会企业提供创业服务时，一些缺乏本金和创业经验的初级"创客"可能属于此类群体。

面向两类群体制定的价格组合为 (p_A^0, p_B^0)，对应的产量组合为 (Y_A^0, Y_B^0)；随后，企业将价格组合调整为 (p_A^1, p_B^1)，对应的产量组合为 (Y_A^1, Y_B^1)。则社会福利的变化量为：

$$\Delta W = [U(Y_A^1, Y_B^1) - U(Y_A^0, Y_B^0)] - [C(Y_A^1, Y_B^1) - C(Y_A^0, Y_B^0)] \tag{C4}$$

显然，社会福利改进的充要条件是 $\Delta W > 0$。然而，社会福利不可能无限制地提升，其中必然存在着某些约束条件。基于社会福利函数常用的"凹函数"假设，根据凹函数性质可知：

$$U(Y_A^1, Y_B^1) \leq U(Y_A^0, Y_B^0) + (\partial U(Y_A^0, Y_B^0)/\partial Y_A)(Y_A^1 - Y_A^0) +$$
$$(\partial U(Y_A^0, Y_B^0)/\partial Y_B)(Y_B^1 - Y_B^0) \tag{C5}$$

可以将其简记为：

$$\Delta U(Y_A, Y_B) \leq p_A^0(Y_A^0, Y_B^0)\Delta Y_A + p_B^0(Y_A^0, Y_B^0)\Delta Y_B \tag{C6}$$

同理还可以得出：

$$\Delta U(Y_A, Y_B) \geq p_A^1(Y_A^1, Y_B^1)\Delta Y_A + p_B^1(Y_A^1, Y_B^1)\Delta Y_B \tag{C7}$$

此时，综合式（C4）至式（C7），社会福利约束条件可表示为：

$$p_A^1\Delta Y_A + p_B^1\Delta Y_B - \Delta C \leq \Delta W \leq p_A^0\Delta Y_A + p_B^0\Delta Y_B - \Delta C \tag{C8}$$

其中，$\Delta C = C(Y_A^1, Y_B^1) - C(Y_A^0, Y_B^0)$。

为了更清楚地表现社会福利约束条件的作用，假设成本函数为包含固定成本的线性函数，如式（C9）所示。

$$C(Y_A, Y_B) = v(Y_A + Y_B) + F \tag{C9}$$

将其代入式（C8），可得此时的社会福利约束条件为：

$$(p_A^1 - v)\Delta Y_A + (p_B^1 - v)\Delta Y_B \leq \Delta W \leq (p_A^0 - v)\Delta Y_A + (p_B^0 - v)\Delta Y_B \tag{C10}$$

继续假设生产者在初始状态采用的是单一定价策略，即 $p_A^0 = p_B^0 = p^0$，并且 $p^0 > v$。将该条件代入式（C10），可得：

$$(p_A^1 - v)\Delta Y_A + (p_B^1 - v)\Delta Y_B \leq \Delta W \leq (p^0 - v)(\Delta Y_A + \Delta Y_B) \tag{C11}$$

由此可知，$\Delta W > 0$ 的必要条件是 $(p^0 - v)(\Delta Y_A + \Delta Y_B) > 0$，即 $\Delta Y_A + \Delta Y_B > 0$，要求社会企业对两类群体的总供给应当增加。$\Delta W > 0$ 的充分条件是 $(p_A^1 - v)\Delta Y_A + (p_B^1 - v)\Delta Y_B > 0$，因而要求社会企业对两类群体的供给的变化量的加权值应当为正。

附录 D   对资本提供者的数理分析框架

此处借鉴朱桂龙和程强（2015）的分析框架，以创新领域常见的专利权质押基金为例，对资本提供者的一般行为规则进行说明。

设某企业将真实价值为 t 的专利权质押给某专利权质押基金。该基金经过评估后，决定为该企业提供额度为 k 的贷款，按照 $\lambda : (1-\lambda)$ 的比例分两阶段发放。企业在初始阶段可以接受或者拒绝此贷款。企业利用贷款开展项目可获得收益 y，y 取决于贷款额度 k、努力程度 e 和不确定因素 μ，函数形式为 $y = \mu F(e, k)$，其中 $\mu \geq 0$ 并且服从分

布 $G(\mu)$。企业成本是关于努力程度的函数，记作 $c(e)$。项目完成后，全部收益按照 $s:(1-s)$ 的比例在企业和基金之间分成。

该基金的博弈关系如图 D1 所示。在第 0 阶段，基金提出方案（λ，s），由企业选择是否接受。若"接受"，则博弈进入第 1 阶段；若"拒绝"，则双方收益均为 0。在第 1 阶段，基金发放额度为 λk 的贷款，企业选择努力程度 e；在第 2 阶段，基金通过考核企业决定是否继续发放贷款。若"是"，则项目完成并按约定比例分成，此时基金和企业的净收益分别为 $(1-s)y-k$ 和 $sy-c(e)-t$；若"否"，则项目中止，此时基金和企业的净收益分别为 $t-\lambda k$ 和 $\lambda k-t$。

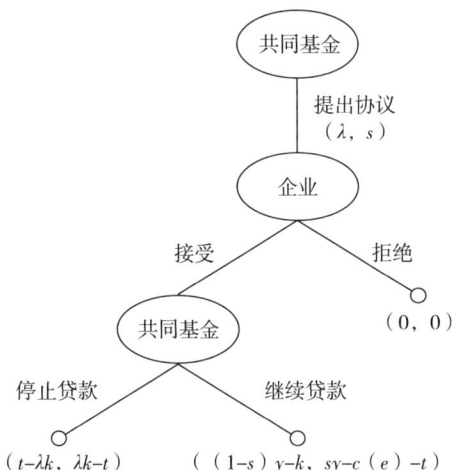

图 D1　专利权质押基金的博弈规则

资料来源：朱桂龙，程强．专利权质押基金分阶段贷款模型 [J]．科技管理研究，2015，35（2）：118-121.（与原图相比有改动）

在表示基金的收益最大化问题前，首先要表示出企业的收益最大化问题。根据逆向归纳思路，在第 2 阶段，基金愿意继续发放贷款的条件是继续发放贷款时的收益不低于停止贷款时的收益，即：

$$(1-s)y-k \geq t-\lambda k \tag{D1}$$

代入 $y=\mu F(e, k)$，可以解出不确定因素 μ 的取值范围：

$$\mu \geq m = \frac{t+(1-\lambda)k}{(1-s)F(e, k)} \tag{D2}$$

此时，企业的决策是选择努力程度 e 使得自身收益最大化，如式（D3）所示。

$$\varphi_q = \max_e \left[\int_m^{+\infty} s\mu F(e, k)dG(\mu) - c(e) - t \right] \tag{D3}$$

由此倒推至第 1 阶段，基金预期到企业将要采取使得企业收益最大化的努力程度时，其决策是选择 λ 和 s，使得基金收益最大化，据此得到基金的收益最大化问题为：

$$\varphi_f = \max_{\lambda, s} \left\{ \int_m^{+\infty} [(1-s)\mu F(e, k) - (1-\lambda)k]dG(\mu) - \lambda k \right\} \tag{D4}$$

同时还需要施加两个约束条件：

$$\int_{m}^{+\infty} s\mu F(e, k)dG(\mu) - c(e) - t \geqslant 0 \qquad (D5)$$

$$\max_{\widetilde{e}} \int_{m}^{+\infty} s\mu F(\widetilde{e}, k)dG(\mu) - c(\widetilde{e}) - t \qquad (D6)$$

其中，式（D5）用于保证企业的净收益为非负数；式（D6）被称为激励相容约束（Mas-Colell et al.，1995），即企业能够选择最优的努力程度。至此，式（D4）至式（D6）共同构成了基金的收益最大化问题。该问题的解（λ^*，s^*）是满足基金利益最大化要求的最优方案。

附录 E 对创新中介的数理分析框架

创新中介广泛存在于创新过程中，此处以科技成果转化市场为例，参考戚湧等（2015）的研究，对创新中介的行为规则进行说明。

在科技成果转化市场中，高校、科研机构等科技成果生产方（以下简称"成果方"）可以选择直接从事科技成果转化交易，也可以选择委托科技服务中介（以下简称"中介方"）从事转化交易。在后一种情形中，成果方和中介方会形成"委托—代理"关系。假设成果方和中介方均为"理性经济人"，双方之间存在信息不对称，作为委托人的成果方无法观测到作为代理人的中介方的全部行为。成果方和中介方具有不同的风险偏好类型，成果方为风险中性型，中介方为风险规避型。双方的定量特征假设遵循表 E1 的设定。

表 E1 模型的函数形式假设

函数	表达式
成果收益函数	$y=\gamma+\varepsilon$，其中 $\varepsilon \sim N(0, \sigma^2)$。$y$ 为科技成果收益，γ 和 ε 分别表示中介方的努力程度和外生不确定因素
中介方的效用函数	$U=-e^{-\rho w}$。U 为效用水平，ρ 为绝对风险厌恶系数，w 为中介方获得的报酬
中介方的努力成本函数	$C(\gamma)=\gamma^2/2$，满足边际成本递增属性
成果方向中介方支付的报酬函数	$w(y)=\alpha+\beta y$。α 为中介方获得的固定收入，β 为中介方从成果收益中分得的比例

资料来源：戚湧，朱婷婷，郭逸. 科技成果市场转化模式与效率评价研究［J］. 中国软科学，2015（6）：184-192.

下面分析成果方和中介的行为规则。成果方有两个选择：不委托和委托。不委托时，成果方面临两种结果：如果交易成功，则获得预期收益 E_g；如果交易失败，则预期收益为 0。委托时，成果方的预期收益是成果收益减去支付给中介方的报酬后的净收益，如式（E1）所示。

$$E_w[y-w(y)]=\gamma(1-\beta)-\alpha \qquad (E1)$$

中介方同样有两个选择：不接受委托和接受委托。不接受委托时，中介方的预期收益为0；接受委托时，中介方的预期收益是中介方所获报酬减去中介方的努力成本后的净收益，如式（E2）所示。

$$E_{\pi}=w(y)-C(\gamma)=\alpha+\gamma\beta-\gamma^2/2 \tag{E2}$$

假设成果方选择委托，且中介方选择接受委托，此时需要确定中介方的"确定性等价收益"，即中介方的预期收益减去风险成本后的净额。其中，中介方的风险成本如式（E3）所示（Arrow，1965）：

$$\frac{\rho\mathrm{var}[w(y)]}{2}=\frac{\rho\mathrm{var}[\alpha+\beta y]}{2}=\frac{\rho\beta^2\mathrm{var}[y]}{2}=\frac{\rho\beta^2\sigma^2}{2} \tag{E3}$$

进而可得到确定性等价收益，如式（E4）所示。

$$Q_{\pi}=E_{\pi}-\frac{\rho\beta^2\sigma^2}{2}=\alpha+\gamma\beta-\frac{\gamma^2}{2}-\frac{\rho\beta^2\sigma^2}{2} \tag{E4}$$

在这个"委托—代理"关系中，成果方和中介方面对的最优化问题如式（E5）至式（E7）所示。

$$\max_{\alpha,\beta,\gamma}E_w[y-w(y)]=\max_{\alpha,\beta,\gamma}[\gamma(1-\beta)-\alpha] \tag{E5}$$

$$\alpha+\gamma\beta-\frac{\gamma^2}{2}-\frac{\rho\beta^2\sigma^2}{2}\geq0 \tag{E6}$$

$$\alpha+\gamma\beta^*-\frac{\gamma^2}{2}-\frac{\rho\beta^2\sigma^2}{2}\geq\alpha+\gamma\beta-\frac{\gamma^2}{2}-\frac{\rho\beta^2\sigma^2}{2} \tag{E7}$$

在式（E5）中，目标函数为成果方选择委托时的预期收益，即成果方建立"委托—代理"关系的目的是实现科技成果转化收益的最大化。式（E6）是该最优化问题的"参与约束"，即中介方接受委托时所能得到的确定性等价收益不低于中介方的保留效用（简便起见设为0，即中介方不接受委托时的预期收益），否则中介方不会有接受委托的动机。式（E7）是该最优化问题的"激励相容约束"，即成果方希望中介方达到的努力程度γ^*应当同时使中介方的确定性等价收益最大化，以确保成果方和中介方的目标一致。

接下来求解最优努力程度。对确定性等价收益求一阶最优条件，如式（E8）所示。

$$\frac{\partial Q_{\pi}}{\partial\gamma}=0 \tag{E8}$$

解出γ^*即最优努力程度，如式（E9）所示。

$$\gamma^*=\beta \tag{E9}$$

将式（E9）代入目标函数，也就是成果方的预期收益，如式（E10）所示。

$$E_w[y-w(y)]\big|_{\gamma=\gamma^*}=\beta(1-\beta)-\alpha \tag{E10}$$

值得注意的是，式（E10）中的α并非取任意值，需要服从参与约束。根据式（E6），成果方为使中介方接受委托所需支付的最低报酬应当使参与约束刚好为"硬约束"。据此对式（E6）取等号，可得α的表达式如式（E11）所示。

$$\alpha=-\gamma\beta+\frac{\gamma^2}{2}+\frac{\rho\beta^2\sigma^2}{2} \tag{E11}$$

将式（E11）代入式（E10），并再次代入式（E9），结果如式（E12）所示。

$$E_w[y-w(y)]\big|_{\gamma=\gamma^*} = \beta - \frac{\beta^2}{2} - \frac{\rho\beta^2\sigma^2}{2} \tag{E12}$$

将式（E12）对 β 求一阶最优条件，如式（E13）所示。

$$\frac{\partial E_w[y-w(y)]\big|_{\gamma=\gamma^*}}{\partial\beta} = 0 \tag{E13}$$

求解式（E13），可得到使成果方收益最大化的 β^*，如式（E14）所示。

$$\beta^* = \frac{1}{1+\rho\sigma^2} \tag{E14}$$

因为中介方是风险厌恶型，所以 $\rho>0$，进而得出 $\beta^* \in (0, 1)$，这与本模型的初始假设相对应，即中介方以 β^* 的份额分享成果转化收益。此时，将式（E14）分别代入式（E12）和式（E2），可以求出成果方和中介方的预期收益，分别如式（E15）和式（E16）所示。

$$E_w^* = \frac{1}{2(1+\rho\sigma^2)} \tag{E15}$$

$$E_\pi^* = \frac{\rho\sigma^2}{2(1+\rho\sigma^2)^2} \tag{E16}$$

容易看出，$E_w^* > E_\pi^* > 0$。该结果表明，相较于成果方直接从事科技成果转化交易，借助中介方从事交易可能达到更高的收益水平。这是因为对成果方而言，若不进行委托，则预期收益应为介于 0（对应转化失败情形）和 E_g（对应转化成功情形）之间的加权平均值。但考虑到成果方在市场上存在信息劣势，与专业中介机构相比，在从事成果转化交易时可能面临更高的信息搜寻成本、交易成本等，因此存在 $E_g < E_w^*$ 的可能。此时，成果方直接从事科技成果转化的预期收益必然低于委托中介从事转化时的预期收益，成果方将选择委托。对中介方而言，由于 $E_\pi^* > 0$，显然与不接受委托时相比，中介方有动机接受委托。总之，创新中介正在成为科技成果转化过程中不可或缺的成员。

附录 F 对创新方式选择的演化博弈分析

根据演化博弈论的观点，博弈中的个体并非完全理性，而是处于"有限理性"中。此时个体会对其行动策略进行边际调整，使其效用得到改善，直至达到一种动态平衡状态，即任何个体都不愿意单方面地改变其行动策略（孙庆文等，2003）。创新主体的合作过程也是各方长期博弈的过程，此处借鉴吴军等（2020）构建的模型加以分析。

设存在创新主体 i 和创新主体 j，双方在创新过程中均可选择"非合作"（用上标"0"表示）或者"合作"（用上标"1"表示），则双方的策略空间分别表示为 $\{S_i^0, S_i^1\}$ 和 $\{S_j^0, S_j^1\}$。如果双方均选择"非合作"，此时双方获得的收益分别为 r_i^0 和 r_j^0，此处假设 r_i^0, $r_j^0 > 0$ 并且通常情况下，$r_i^0 \neq r_j^0$。如果双方均选择"合作"，那么双方需要承担合作创新的总成本 c，其中创新主体 i 的分担比例为 α，创新主体 j 的分担比例为 $(1-\alpha)$。同时，创新使得单位产品产生超额收益 M，新产品需求量为 q_c。创新收益将由双方共享，其中创新主体 i 的分配比例为 β，创新主体 j 的分配比例为 $(1-\beta)$。如果双方起初选择"合作"，但其中一方退出合作（假设退出成本为 0），那么另一方只能将部分创新成果转化为产出，此时单位产品的超额收益为 m。创新主体 i 退出时，新产品的需求量为 q_i；创新主体 j 退出时，新产品的需求量为 q_j；此外，$q_i < q_c$，$q_j < q_c$。设创新主体 i 选择"合作"的概率为 x_i，选择"非合作"的概率相应为 $(1-x_i)$；同理，创新主体 j 选择"合作"的概率为 x_j，选择"非合作"的概率为 $(1-x_j)$。

根据上述分析，双方的收益矩阵如表 F1 所示。

表 F1　考虑合作式创新情形时的收益矩阵

		创新主体 j	
		合作（x_j）	非合作（$1-x_j$）
创新主体 i	合作（x_i）	$r_i^0 + \beta Mq_c - \alpha c$， $r_j^0 + (1-\beta) Mq_c - (1-\alpha) c$	$r_i^0 + mq_i - \alpha c$，r_j^0
	非合作（$1-x_i$）	r_i^0，$r_j^0 + mq_j - (1-\alpha) c$	r_i^0，r_j^0

资料来源：吴军，郝伟怡，张天星，等. 基于演化博弈的企业合作创新策略研究［J］. 系统科学与数学，2020，40（10）：1766-1776.

进一步假设 $(1-\beta)Mq_c - (1-\alpha)c > 0$，$\beta Mq_c - \alpha c > 0$，即创新收益高于创新成本；假设 $\alpha c > mq_i$，$(1-\alpha)c > mq_j$，即在任一方退出合作时，另一方尽管仍能实现创新收益，但收益无法覆盖其分担的创新投入；最后，假设上述参数均大于 0。

通过分析模型可知，创新主体博弈的长期演化会形成 5 个博弈均衡点（吴军等，2020），如图 F1 中的 O、A、B、C、D 点所示，其中稳定点只有 O（0，0）和 B（1，1），分别对应双方都选择"不合作"与双方都选择"合作"两种情形。而创新主体是否选择合作式创新，取决于博弈的初始状态：如果初始状态位于多边形 OADC 内，则演化博弈的结果趋于自主式创新；如果初始状态位于多边形 ABCD 内，则演化博弈的结果趋于合作式创新。

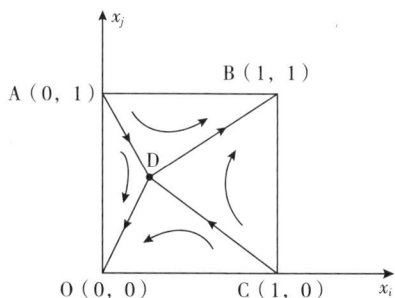

图 F1　创新网络中的初级关系和次级关系

资料来源：吴军，郝伟怡，张天星，等. 基于演化博弈的企业合作创新策略研究［J］. 系统科学与数学，2020，40（10）：1766-1776.

附录 G   开放式创新对创新主体收益的影响分析

为了探究开放式创新如何提升创新主体的收益水平，此处借鉴张华等（2022）构建的模型，基于知识流动形成的知识链视角加以分析。设知识链中存在三类创新主体：知识源（S），如高校、科研院所等，能够生产知识 k_S，并以 w 的价格转让给知识转化中介；知识转化中介（TO），能够生产知识 k_{TO}，并以 p 的价格出售给用户；信息服务机构（TS），能够生产知识 k_{TS}，同时发现新的市场需求 τ_D（τ 为市场机遇，D 为市场需求），其产出的知识以 h 的价格出售给知识源。

在此基础上，假设不同创新主体生产的知识是异质的，知识链的需求函数为 $D=A-bp+\mu(k_S+k_{TO})$，其中 $\mu>0$ 反映知识的新颖度；知识源对知识 k_{TS} 的吸收能力为 $\alpha\in(0,1)$；创新主体的知识生产成本为 $I_i(k_i)=\frac{1}{2}\gamma_i k_i^2$，其中 $i\in\{S,TO,TS\}$，$\gamma_i>0$ 是反映不同主体创新能力的系数；信息服务机构的知识生产活动还能对自身产生 εk_{TS} 的单位成本节约效应，其中 $\varepsilon\in(0,1)$ 为成本节约系数。

在一个完整的知识链中，创新主体首先决定是否采取开放式创新方式，然后进行知识生产，继而对知识进行定价，最终获得创新收益。简便起见，此处考虑两种情况。一种是创新主体采用开放式创新方式，实现一体化的创新决策，记作"C 模式"；另一种是创新主体均采用封闭式创新方式，相互独立地进行创新决策，记作"O 模式"。

首先，写出不同创新主体的收益函数。知识源的收益函数为：

$$\pi_S=(w-\tau h+\tau\alpha k_{TS})D-I_S \tag{G1}$$

知识转化中介的收益函数为：

$$\pi_{TO}=(p-w)D-I_{TO} \tag{G2}$$

信息服务机构的收益函数为：

$$\pi_{TS}=\tau(h+\varepsilon k_{TS})D-I_{TS}-H \tag{G3}$$

知识链整体的收益函数为：

$$\pi_{KC}=[p+\tau(\alpha+\varepsilon)k_{TS}]D-I_S-I_{TO}-I_{TS}-H \tag{G4}$$

"C 模式"下创新主体的行为规则是：所有创新主体以知识链利益最大化为基准确定行为策略。首先可对式（G4）求关于 p 的一阶最优条件，即：

$$\frac{\partial\pi_{KC}}{\partial p}=0 \tag{G5}$$

求解可得：

$$p=\frac{(A+\mu k_S+\mu k_{TO})-b\tau(\alpha+\varepsilon)k_{TS}}{2b} \tag{G6}$$

将式（G6）代入式（G4），继续求解 π_{KC} 对 k_{TS} 的一阶最优条件，得到 k_{TS} 的反应函数为：

$$k_{TS} = \frac{\tau(\alpha+\varepsilon)(A+\mu k_S+\mu k_{TO})}{2\gamma_{TS}-b\tau^2(\alpha+\varepsilon)^2} \qquad (G7)$$

再将式（G7）代入式（G4），以此类推，最终可以求出"C模式"下各参数的均衡解。"O模式"下的均衡解也可通过求解不同主体各自的最优化问题得出。两种方式下的均衡解对比结果如表 G1 所示[①]。

表 G1　封闭式创新和开放式创新的均衡解对比

参数	含义	创新模式		大小关系
		"O模式"（封闭式创新）	"C模式"（开放式创新）	
k_S^*	均衡条件下知识源的知识产量	$\dfrac{5\mu\gamma_{TS}\gamma_{TO}A}{18B-5C}$	$\dfrac{\mu\gamma_{TS}\gamma_{TO}A}{2B-C}$	<
k_{TO}^*	均衡条件下知识转化中介的知识产量	$\dfrac{5\mu\gamma_S\gamma_{TS}A}{18B-5C}$	$\dfrac{\mu\gamma_S\gamma_{TS}A}{2B-C}$	<
k_{TS}^*	均衡条件下信息服务机构的知识产量	$\dfrac{5b\gamma_S\gamma_{TO}MA}{18B-5C}$	$\dfrac{b\tau(\alpha+\varepsilon)\gamma_S\gamma_{TO}A}{2B-C}$	<
p^*	均衡条件下市场的知识价格	$\dfrac{5\gamma_S\gamma_{TO}(3\gamma_{TS}-bM^2)A}{18B-5C}$	$\dfrac{\gamma_S\gamma_{TO}[\gamma_{TS}-b\tau^2(\alpha+\varepsilon)^2]A}{2B-C}$	>
D^*	均衡条件下市场的知识需求	$\dfrac{3b\gamma_S\gamma_{TO}\gamma_{TS}A}{18B-5C}$	$\dfrac{b\gamma_S\gamma_{TO}\gamma_{TS}A}{2B-C}$	<
π_{KC}^*	均衡条件下知识链的总收益	$\dfrac{5GA-2(18B-5C)H}{2(18B-5C)}$	$\dfrac{\gamma_S\gamma_{TO}\gamma_{TS}A^2-2(2B-C)H}{2(2B-C)}$	>

注：$B=b\gamma_S\gamma_{TO}\gamma_{TS}$，$C=\gamma_S\gamma_{TO}b^2\tau^2(\alpha+\varepsilon)^2+\gamma_{TS}(\gamma_S+\gamma_{TO})\mu^2$，$C=\gamma_S\gamma_{TO}\gamma_{TS}A$，$M=\tau(\alpha+\varepsilon)$。

资料来源：张华，顾新，王涛. 知识链视角下开放式创新主体的联盟策略研究 [J]. 中国管理科学，2022，30（1）：263-274.

可以看出，在只考虑市场效益的情况下，开放式创新对应的知识链知识产量更大，用户所面临的知识价格更低，知识链的总体收益水平更高。

[①]　推导过程详见：张华，顾新，王涛. 知识链视角下开放式创新主体的联盟策略研究 [J]. 中国管理科学，2022，30（1）：263-274. 该文同时讨论了知识链中任意两个主体结成创新联盟时的博弈均衡解，此处不再列示。

参考文献

［1］ Abella A, Ortiz-de-Urbina-Criado M, De-Pablos-Heredero C. A model for the analysis of data-driven innovation and value generation in smart cities' ecosystems ［J］. Cities, 2017 (64): 47-53.

［2］ Acemoglu D. Introduction to Modern Economic Growth ［M］. New Jersey: Princeton University Press, 2009.

［3］ Adner R, Feiler D. Interdependence, perception, and investment choices: An experimental approach to decision making in innovation ecosystems ［J］. Organization Science, 2019, 30 (1): 109-125.

［4］ Adner R, Kapoor R. Innovation ecosystems and the pace of substitution: Re-examining technology S-curves ［J］. Strategic Management Journal, 2016, 37 (4): 625-648.

［5］ Adner R, Kapoor R. Value creation in innovation ecosystems: How the structure of technological interdependence affects firm performance in new technology generations ［J］. Strategic Management Journal, 2010, 31 (3): 306-333.

［6］ Adner R. Ecosystem as structure: An actionable construct for strategy ［J］. Journal of Management, 2017, 43 (1): 37-58.

［7］ Adner R. Match your innovation strategy to your innovation ecosystem ［J］. Harvard Business Review, 2006, 84 (4): 98-107+148.

［8］ Alexy O, George G, Salter A J. The selective revealing of knowledge and its implications for innovative activity ［J］. Academy of Management Review, 2013, 38 (2): 270-291.

［9］ Antonopoulou K, Begkos C. Strategizing for digital innovations: Value propositions for transcending market boundaries ［J］. Technological Forecasting and Social Change, 2020 (156): 120042.

［10］ Aoki R, Schiff A. A Promoting access to intellectual property: Patent pools, copyright collectives, and clearinghouse ［J］. R&D Management, 2008, 38 (2): 189-204.

［11］ Arundel A. The relative effectiveness of patents and secrecy for appropriation ［J］. Research Policy, 2001, 30 (4): 611-624.

［12］ Asheim B, Coenen L. Knowledge bases and regional innovation systems: Comparing Nordic clusters ［J］. Research Policy, 2005, 34 (8): 1173-1190.

［13］ Audretsch D B, Feldman M P. R&D spillover and the geography of innovation and production ［J］. American Economic Review, 1996, 86 (3): 630-640.

［14］ Augier M, Teece D J. Dynamic capabilities and multinational enterprise: Penrosean insights and omissions ［J］. Management International Review, 2007, 47 (2): 175-192.

［15］ Bakker R M. Stepping in and stepping out: Strategic alliance partner reconfiguration and the unplanned termination of complex projects ［J］. Strategic Management Journal, 2016, 37 (9): 1919-1941.

［16］ Barrales-Molina V, Gutierrez-Gutierrez L, Riquelme-Medina M. International breadth in coopetition and innovation performance: Evidence from the Spanish biotechnology industry ［J］. Industry and Innovation, 2023, 30 (2): 286-309.

［17］Benitez G B，Ayala N F，Frank A G. Industry 4. 0 innovation ecosystems：An evolutionary perspective on value cocreation ［J］. International Journal of Production Economics，2020，38（2）：270-291.

［18］Benneworth P，Coenen L，Moodysson J，et al. Exploring the multiple roles of lund university in strengthening scania's regional innovation system：Towards institutional learning? ［J］. European Planning Studies，2009，17（11）：1645-1664.

［19］Bharadwaj A，Saqy O A E，Pavlou P A，et al. Digital business strategy：Toward a next generation of insights ［J］. MIS Quarterly，2013，37（2）：471-482.

［20］Bierly P E，Daly P S. Alternative knowledge strategies，competitive environment，and organizational performance in small manufacturing firms ［J］. Entrepreneurship Theory and Practice，2007，31（4）：493-516.

［21］Black E L，Burton F G，Cieslewicz J K. Improving ethics：Extending the theory of planned behavior to include moral disengagement ［J］. Journal of Business Ethics，2021（4）：1-34.

［22］Bower J L，Christensen C M. Disruptive technologies：Catching the wave ［J］. Harvard Business Review，1995（1）：43-53.

［23］Brand Finance. Technology：The Annual Report on the Most Valuable and Strongest Technology，Electronic & Appliance and Software Brands ［M］. London：Brand Finance，2023：10-18.

［24］Brandenburger A，Nalebuff B. The right game：Use game theory to shape strategy ［J］. Harvard Business Review，1995，76（7）：57-71.

［25］Bremner R P，Eisenhardt K M. Organizing form，experimentation，and performance：Innovation in the nascent civilian drone industry ［J］. Organization Science，2022，33（4）：1645-1674.

［26］Burt R. Structural holes：The Social Structure of Competition ［M］. Cambridge：Harvard University Press，1992.

［27］Caldas P，Ferreira D，Dollery B，et al. Economies of scope in Portuguese local government using an augmented Hicks-Moorsteen approach ［J］. Regional Studies，2019，53（7）：963-976.

［28］Caniëls M C J，Verspagen B. Barriers to knowledge spillovers and regional convergence in an evolutionary model ［J］. Journal of Evolutionary Economics，2001，11（3）：307-329.

［29］Cantner U，Meder A，Wal A. Innovator networks and regional knowledge base ［J］. Technovation，2010，30（9-10）：496-507.

［30］Cao Z，Lumineau F. Revisiting the interplay between contractual and relational governance：A qualitative and meta-analytic investigation ［J］. Journal of Operations Management，2015，33-34（1）：15-42.

［31］Carlino G，Kerr W R. Agglomeration and Innovation ［A］//Duranton G，Henderson J V，Strange W. Handbook of Regional and Urban Economics ［M］. Amsterdam：North-Holland，2015：350-404.

［32］Castaldi C，Frenken K，Los B. Related variety，unrelated variety and technological breakthroughs：An analysis of US state-level patenting ［J］. Regional Studies，2015，49（5）：767-781.

［33］Castells M. Grassrooting the space of flows ［J］. Urban Geography，1999，20（4）：294-302.

［34］Castells M. The informational City：Informational Technology，Economic Restructuring and the Urban-regional Process ［M］. Oxford：Blackwell，1989.

［35］Chen J，Cheng J，Dai S. Regional eco-innovation in China：An analysis of eco-innovation levels and influencing factors ［J］. Journal of Cleaner Production，2017，153（1）：1-14.

［36］Chen K，Zhang Y，Fu X. International research collaboration：An emerging domain of innovation studies ［J］. Research Policy，2019，48（1）：149-168.

［37］Chesbrough H. Why companies should have open business models ［J］. MIT Sloan Management Review, 2007, 48 (2): 22-28.

[38] Chowdhury E H, Fjellström D, Osarenkhoe A, et al. The contribution of innovation hubs towards strengthening the regional development in Sweden [J]. International Journal of Innovation and Technology Management, 2023, 20 (2): 2350010.

[39] Ciborra C U. The platform organization: Recombining strategies, structures, and surprises [J]. Organization Science, 1996, 7 (2): 103-118.

[40] Cohen W M, Levinthal D A. Absorptive capacity: A new perspective on learning and innovation [J]. Administrative Science Quarterly, 1990, 35 (1): 128-152.

[41] Council on Competitiveness. Innovate America: Thriving in a world of challenge and change [R]. Washington: Council on Competitiveness, 2005.

[42] Crespo J, Suire R, Vicente J. Lock-in or lock-out? how structural properties of knowledge networks affect regional resilience [J]. Journal of Economic Geography, 2014, 14 (1): 199-219.

[43] Dedehayir O, Makinen S J, Ortt J R. Roles during innovation ecosystem genesis: A literature review [J]. Technological Forecasting and Social Change, 2018, 136 (1): 18-29.

[44] Demircioglu M A, Audretsch D B, Slaper T F. Sources of innovation and innovation type: Firm-level evidence from the United States [J]. Industrial and Corporate Change, 2019, 28 (6): 1365-1379.

[45] Doloreux D, Dionne S. Is regional innovation system development possible in peripheral regions? Some evidence from the case of La Pocatiere, Canada [J]. Entrepreneurship & Regional Development, 2008, 20 (3): 259-283+344-352.

[46] Dosi G, Nelson R R. An introduction to evolutionary theories in economics [J]. Journal of Evolutionary Economics, 1994, 4 (3): 153-172.

[47] Douglas A E. Symbiotie Interaetion [M]. Oxford: Oxford University Press, 1994.

[48] Duan Y, Yang M, Huang L, et al. Unveiling the impacts of explicit vs. tacit knowledge hiding on innovation quality: The moderating role of knowledge flow within a firm [J]. Journal of Business Research, 2022 (139): 1489-1500.

[49] Duranton G, Puga D. Nursery cities: Urban diversity, process innovation, and the life cycle of products [J]. The American Economic Review, 2001, 91 (5): 1454-1477.

[50] Dvir R, Pasher E. Innovation engines for knowledge cities: An innovation ecology perspective [J]. Journal of Knowledge Management, 2004, 8 (5): 16-27.

[51] Ehrenfeld J. Putting a spotlight on metaphors and analogies in industrial ecology [J]. Journal of Industrial Ecology, 2003, 7 (1): 1-4.

[52] Elton C S. Animal Ecology [M]. London: Sidgwwick and Jackson, 1927.

[53] Enkel E, Hengstler M. Orchestrating an innovation ecosystem: An exploratory study of distinctive dynamic capabilities [J]. Academy of Management Annual Meeting Proceedings, 2016 (1): 11278.

[54] Eppelsheimer J, Jahn E J, Rust C. The spatial decay of human capital externalities-A functional regression approach with precise geo-referenced data [Z]. 2022.

[55] Estrin J. Closing the innovation gap: Reigniting the spark of creativity in a global economy [M]. Columbus: McGraw-Hill, 2008.

[56] Feldman M P, Florida R. The geographic sources of innovation: Technological infrastructure and product innovation in the United States [J]. Annals of the Association of American Geographers, 1994, 84 (2): 210-229.

[57] Feng F, Zhang L, Du Y, et al. Visualization and quantitative study in bibliographic databases: A

case in the field of university-industry cooperation [J]. Journal of Informetrics, 2015, 9 (1): 118-134.

[58] Fleming L. Recombinant uncertainty in technological search [J]. Management Science, 2001, 47 (1): 117-132.

[59] Fritsch M, Muhamed K, Pyka A. Evolution and co-evolution of regional innovation processes [J]. Regional Studies, 2019, 53 (9): 1235-1239.

[60] Fritschand M, Lukas R. Who cooperates on R&D? [J]. Research Policy, 2001, 30 (2): 297-312.

[61] Fromm J. Types and forms of emergence [J]. Complexity, 2005, 10 (6): 49-56.

[62] Frosch R, Gallopoulos N. Strategies for manufacturing [J]. Scientific American, 1989, 261 (3): 144-152.

[63] Fu G, Li B. Platform firm's IT capabilities, external informal knowledge governance, and green knowledge integration in low-carbon economy [J]. Security and Communication Networks, 2022 (1): 3904413.

[64] Galbraith J. The stages of growth [J]. Journal of Business Strategy, 1982, 3 (4): 70-79.

[65] Garud R, Karnøe P. Path Dependence and Creation [M]. Mahwah: Lawrence Erlbaum Associates, 2001: 69-90.

[66] Gawer A, Cusumano M A. Industry platforms and ecosystem innovation [J]. Journal of Product Innovation Management, 2021, 31 (3): 490-501.

[67] Gifford E, McKelvey M, Saemundsson R. The evolution of knowledge-intensive innovation ecosystems: co-evolving entrepreneurial activity and innovation policy in the West Swedish maritime system [J]. Industry & Innovation, 2021, 28 (5): 651-676.

[68] Gijón C, Lozano I, Molina J. Perception of innovation in spain [J]. Digital Policy Regulation and Governance, 2023, 25 (3): 185-205.

[69] Granovetter M. Economic action and social structure: The problem of embeddedness [J]. American Journal of Sociology, 1985, 91 (3): 481-510.

[70] Granstrand O, Holgersson M. Innovation ecosystems: A conceptual review and a new definition [J]. Technovation, 2020 (3): 90-91.

[71] Greiner L E. Evolution and revolution as organizations grow [J]. Harvard Business Review, 1972, 76 (3): 37-46.

[72] Grinnell J. The Niche-relationships of the California Thrasher [J]. The Auk, 1917, 34 (4): 427-433.

[73] Gulati R, Nohria N, Zaheer A. Strategic networks [J]. Strategic Management Journal, 2000, 21 (3): 203-215.

[74] Guo H, Yang J, Han J. The fit between value proposition innovation and technological innovation in the digital environment: Implications for the performance of startups [J]. IEEE Transactions on Engineering Management, 2021, 68 (3): 797-809.

[75] Gómez J, Salazar I, Vargas P. The role of extramural R&D and scientific knowledge in creating high novelty innovations: An examination of manufacturing and service firms in Spain [J]. Research Policy, 2020, 49 (8): 104-130.

[76] Hannan M T, Freeman J. The population ecology of organizations [J]. American Journal of Sociology, 1977, 82 (5): 929-964.

[77] Harmaakorpi V, Rinkinen S. Regional development platforms as incubators of business ecosystems.

Case study: The Lahti urban region, Finland [J]. Growth and Change, 2021, 51 (2): 760-789.

[78] Harrigan K R, Guardo M C D, Cowgill B. Multiplicative-innovation synergies: Tests in technological acquisitions [J]. The Journal of Technology Transfer, 2017, 42 (5): 1212-1233.

[79] Have R P, Rubalcaba L. Social innovation research: An emerging area of innovation studies [J]. Research Policy, 2016, 45 (9): 1923-1935.

[80] Heaton S, Siegel D, Teece D J. Universities and innovation ecosystems: A dynamic capabilities perspective [J]. Industrial and Corporate Change, 2019, 28 (4): 921-939.

[81] Hippel E V. Horizontal innovation networks—by and for users [J]. Industrial and Corporate Change, 2007, 16 (2): 293-315.

[82] Hou H, Shi Y. Ecosystem-as-structure and ecosystem-as-coevolution: A constructive examination [J]. Technovation, 2021 (100): 102193.

[83] Hurmelinna-Laukkanen P, Möller K, Nätti S. Orchestrating innovation networks: Alignment and orchestration profile approach [J]. Journal of Business Research, 2022 (140): 170-188.

[84] Hutchinson G E. Concluding remarks [J]. Cold Spring Harbor Symposia on Quantitative Biology, 1957, 22 (2): 414-427.

[85] Iansiti M, Levien R. Strategy as ecology [J]. Harvard Business Review, 2004, 82 (3): 68-78+126.

[86] Isaksen A, Karlsen J. Can small regions construct regional advantages? The case of four Norwegian regions [J]. European Urban and Regional Studies, 2013, 20 (2): 243-257.

[87] Jacobides M G, Cennamo C, Gawer A. Towards a theory of ecosystems [J]. Strategic Management Journal, 2018, 39 (8): 2255-2276.

[88] Jiao Z, Chen J. Modeling the empowerment mechanism of knowledge collaboration from the perspective of platform affordances [J]. Discrete Dynamics in Nature and Society, 2021 (1): 1-8.

[89] Kadushin C, Wellman B, Berkowitz S D. Social structures: A network approach [J]. Contemporary Sociology: A Journal of Reviews, 1990, 19 (1): 135.

[90] Kapoor R, Agarwal S. Sustaining superior performance in business ecosystems: Evidence from application software developers in the iOS and Android smartphone ecosystems [J]. Organization Science, 2017, 28 (3): 531-551.

[91] Kazan E, Tan C, Lim E T, et al. Disentangling digital platform competition: The case of UK mobile payment platforms [J]. Journal of Management Information Systems, 2018, 35 (1): 180-219.

[92] Kazanjian K. Relation of dominant problems to stages of growth in technology based ventures [J]. Academy of Management Journal, 1988, 31 (2): 257-279.

[93] Kern F, Rogge K S, Howlett M. Policy mixes for sustainability transitions: New approaches and insights through bridging innovation and policy studies [J]. Research Policy, 2019, 48 (10): 103832.

[94] Kerr W R, Robert-Nicoud F. Tech clusters [J]. The Journal of Economic Perspectives, 2020, 34 (3): 50-76.

[95] Kertcher Z, Venkatraman R, Coslor E. Pleasingly parallel: Early cross-disciplinary work for innovation diffusion across boundaries in grid computing [J]. Journal of Business Research, 2020 (116): 581-594.

[96] Khan I S, Kauppila O, Iancu B, et al. Triple helix collaborative innovation and value co-creation in an industry 4.0 context [J]. International Journal of Innovation and Learning, 2022, 32 (2): 125-147.

[97] Khomsi M R. The smart city ecosystem as an innovation model: Lessons from montreal [J]. Tech-

nology Innovation Management Review, 2016, 6 (11): 26-31.

[98] Kim B, Barua A, Whinston A B. Virtual field experiments for a digital economy: A new research methodology for exploring an information economy [J]. Decision Support Systems, 2002, 32 (3): 215-231.

[99] Kroh J. Sustain (able) urban (eco) systems: Stakeholder-related success factors in urban innovation projects [J]. Technological Forecasting & Social Change, 2021 (168): 120767.

[100] Landry C. The creative city: A toolkit for urban innovators [J]. Community Development Journal, 2000, 36 (2): 165-167.

[101] Leite E. Innovation networks for social impact: An empirical study on multi-actor collaboration in projects for smart cities [J]. Journal of Business Research, 2022 (139): 325-337.

[102] LeSage J, Pace R. Introduction to Spatial Econometrics [M]. New York: CRC Press, 2009.

[103] Li Y. The technological roadmap of Cisco's business ecosystem [J]. Technovation, 2009, 29 (5): 379-386.

[104] Liu C. The effects of innovation alliance on network structure and density of cluster [J]. Expert Systems with Applications, 2010, 38 (1): 299-305.

[105] Liu G, Aroean L, Ko W. Service innovation in business ecosystem: The roles of shared goals, coopetition, and interfirm power [J]. International Journal of Production Economics, 2023 (255): 54-60.

[106] Liu J. The roles of emerging multinational companies' technology-driven FDIs in their learning processes for innovation [J]. International Journal of Emerging Markets, 2019, 14 (1): 91-114.

[107] Liu R, Tang F, Wang Y, et al. A modified NK algorithm based on BP neural network and DE-MATEL for evolution path optimization of urban innovation ecosystem [J]. Complex & Intelligent Systems, 2021 (5): 1-17.

[108] Liu T, Tang L. Open innovation from the perspective of network embedding: Knowledge evolution and development trend [J]. Scientometrics, 2020, 124 (2): 1053-1080.

[109] Luo Y. A coopetition perspective of global competition [J]. Journal of World Business, 2007, 42 (2): 129-144.

[110] Lynn L H, Reddy N M, Aram J D. Linking technology and institutions: The innovation community framework [J]. Research Policy, 1996, 25 (1): 91-106.

[111] Manniche J, Moodysson J, Testa S. Combinatorial knowledge bases: An integrative and dynamic approach to innovation studies [J]. Economic Geography, 2017, 93 (5): 480-499.

[112] Manzini R, Lazzarotti V, Pellegrini L. How to remain as closed as possible in the open innovation era: The case of Lindt & Sprüngli [J]. Long Range Planning, 2017, 50 (2): 260-281.

[113] March G J. Exploration and exploitation in organizational learning [J]. Organization Science, 1991, 2 (1): 71-87.

[114] Marques J S, Yigitcanlar T, Costa T, et al. Australian innovation ecosystem: A critical review of the national innovation support mechanisms [J]. Asia Pacific Journal of Innovation and Entrepreneurship, 2015, 9 (2): 3-28.

[115] Martin R, Moodysson J. Comparing knowledge bases: On the geography and organization of knowledge sourcing in the regional innovation system of Scania, Sweden [J]. European Urban & Regional Studies, 2013, 20 (2): 170-187.

[116] Mas-Colell A, Whinston M D, Green J R. Microeconomic Theroy [M]. Oxford: Oxford University Press, 1995: 483.

[117] McDonagh N. The evolution of bank bailout policy: Two centuries of variation, selection and re-

tention [J]. Journal of Evolutionary Economics, 2021 (31): 1065-1088.

[118] Moore J F, Rong K, Zhang R. The human ecosystem [J]. Journal of Digital Economy, 2022, 1 (1): 53-72.

[119] Moore J F. Predators and prey: A new ecology of competition [J]. Harvard Business Review, 1993, 71 (3): 75-86.

[120] Mueller B A, Shepherd D A. Making the most of failure experiences: Exploring the relationship between business failure and the identification of business opportunities [J]. Entrepreneurship Theory and Practice, 2016, 40 (3): 457-487.

[121] Nambisan S, Sawhney M. Orchestration processes in network-centric innovation: Evidence from the field [J]. Academy of Management Perspectives, 2011, 25 (3): 40-57.

[122] Nelson R R, Winter S G. An Evolutionary Theory of Economic Change [M]. Cambridge: Harvard University Press, 1985.

[123] Neumark D, Simpson H. Place-Based Policies [A]//Duranton G, Henderson J V, Strange W. Handbook of Regional and Urban Economics [M]. Amsterdam: North-Holland, 2015.

[124] Öberg C, Alexander A T. The openness of open innovation in ecosystems-integrating innovation and management literature on knowledge linkages [J]. Journal of Innovation & Knowledge, 2019, 4 (4): 211-218.

[125] Offergelt F, Spörrle M, Moser K, et al. Leader-signaled knowledge hiding: Effects on employees'job attitudes and empowerment [J]. Journal of Organizational Behavior, 2019, 40 (7): 819-833.

[126] Oh D, Phillips F, Park S, et al. Innovation ecosystems: A critical examination [J]. Technovation, 2021 (54): 1-6+97-101.

[127] Ong X, Cooper B, Freeman S, et al. Outsidership, network positions and cooperation among internationalizing SMEs: An industry evolutionary perspective [J]. International Business Review, 2022, 31 (3): 5-11.

[128] Ostrom E, Gardner R. Coping with asymmetries in the commons: Self-governing irrigation systems can work [J]. The Journal of Economic Perspectives, 1993, 7 (4): 93-112.

[129] Ostrom E. A general framework for analyzing sustainability of social-ecological systems [J]. Science, 2009, 325 (5939): 419-422.

[130] Ostrom E. Collective action and the evolution of social norms [J]. The Journal of Economic Perspectives, 2000, 14 (3): 137-158.

[131] Pan W, Zhao P, Ding X. The effects of network structure on research innovation: An analysis from a content perspective using the data of R&D funding [J]. Technology Analysis & Strategic Management, 2019, 31 (12): 1430-1446.

[132] Papazoglou M E, Spanos Y E. Bridging distant technological domains: A longitudinal study of the determinants of breadth of innovation diffusion [J]. Research Policy, 2018, 47 (9): 1713-1728.

[133] Petrakis P E, Kostis P C, Valsamis D G. Innovation and competitiveness: Culture as a long-term strategic instrument during the European great recession [J]. Journal of Business Research, 2015, 68 (7): 1436-1438.

[134] Pfeffer J, Salancik G R. The External Control of Organizations: A resource Dependence Perspective [M]. Stanford: Stanford University Press, 2003.

[135] Piepponen A, Ritala P, Keränen J, et al. Digital transformation of the value proposition: A single case study in the media industry [J]. Journal of Business Research, 2022 (150): 311-325.

［136］Pierrakis Y, Saridakis G. The role of venture capitalists in the regional innovation ecosystem: A comparison of networking patterns between private and publicly backed venture capital funds ［J］. The Journal of Technology Transfer, 2021, 44 (3): 850-873.

［137］Polanyi M. Personal Knowledge ［M］. London: Routledge, 1958.

［138］Porter M E. Clusters and the new economics of competition ［J］. Harvard Business Review, 1998 (11): 26-30.

［139］President's Council of Advisors on Science and Technology. Sustaining the nation's innovation Ecosystems, information technology manufacturing and competitiveness ［R］. Washington: PCAST, 2004: 14-17.

［140］Radziwon A, Bogers M, Bilberg A. Creating and capturing value in a regional innovation ecosystem: A study of how manufacturing SMEs develop collaborative solutions ［J］. International Journal of Technology Management, 2017, 75 (1-4): 73-96.

［141］Ramamurti R, Williamson P J. Rivalry between emerging-market MNEs and developed-country MNEs: Capability holes and the race to the future ［J］. Business Horizons, 2019, 62 (2): 157-169.

［142］Razmdoost K, Alinaghian L, Smyth H J. Multiplex value cocreation in unique service exchanges ［J］. Journal of Business Research, 2019 (96): 277-286.

［143］Renschler C, Frazier A, Arendt L, et al. A framework for defining and measuring resilience at the community scale: The PEOPLES resilience framework ［R］. Buffalo: Technical Report MCEER, 2010.

［144］Reza K M, Neda K M. National eco-innovation analysis with big data: A common-weights model for dynamic DEA ［J］. Technological Forecasting & Social Change, 2021 (162): 120369.

［145］Ritala P, Almpanopoulou A. In defense of "eco" in innovation ecosystem ［J］. Technovation, 2017 (60-61): 39-42.

［146］Rivette K G, Kline D. Discovering new value in intellectual property ［J］. Harvard Business Review, 2000 (12): 54-66.

［147］Robaczewska J, Vanhaverbeke W, Lorenz A. Applying open innovation strategies in the context of a regional innovation ecosystem: The case of Janssen Pharmaceuticals ［J］. Global Transitions, 2019, 1 (C): 120-131.

［148］Rodrigue J, Comtois C, Slack B. The Geography of Transport Systems ［M］. Oxford: Taylor & Francis, 2006.

［149］Rohrbeck R, Hölzle K, Gemünden H G. Opening up for competitive advantage-How Deutsche Telekom creates an open innovation ecosystem ［J］. R&D Management, 2009, 39 (4): 420-430.

［150］Rojas M, Solis E, Zhu J. Innovation and network multiplexity: R&D and the concurrent effects of two collaboration networks in an emerging economy ［J］. Research Policy, 2018, 47 (6): 1111-1124.

［151］Rose A, Wei D. Estimating the economic consequences of a port shutdown: The special role of resilience ［J］. Economic Systems Research, 2013, 25 (2): 212-232.

［152］Sabel C F. Studied trust: Building new forms of cooperation in a volatile economy ［J］. Human Relations, 2019, 46 (9): 1133-1170.

［153］Shang Q, Poon J P H, Yue Q. The role of regional knowledge spillovers on China's innovation ［J］. China Economic Review, 2012, 23 (4): 1164-1175.

［154］Shipilov A, Gawer A. Integrating research on inter-organizational networks and ecosystems ［J］. Academy of Management Annals, 2020, 14 (1): 92-161.

［155］Slobodan C, Andrejevi P A, Aleksandar K. National innovation capacity and economic progress of countries [J]. Economic Themes, 2021, 59 (3): 297-314.

[156] Song M, Cao S, Wang S. The impact of knowledge trade on sustainable development and environment-biased technical progress [J]. Technological Forecasting and Social Change, 2019, 144 (7): 512-523.

[157] Spigel B. The relational organization of entrepreneurial ecosystems [J]. Entrepreneurship Theory and Practice, 2017, 41 (1): 322-329.

[158] Stiglitz J E. Behavior towards risk with many commodities [J]. Econometrica, 1969, 37 (4): 660-667.

[159] Taylor M, Taylor A. The technology life cycle: Conceptualization and managerial implications [J]. International Journal of Production Economics, 2012, 140 (1): 541-553.

[160] Teece D J. Explicating dynamic capabilities: The nature and microfoundations of (sustainable) enterprise performance [J]. Strategic Management Journal, 2007, 28 (13): 1319-1350.

[161] Teece D J. Profiting from innovation in the digital economy: Enabling technologies, standards, and licensing models in the wireless world [J]. Research Policy, 2018, 47 (8): 1367-1387.

[162] Teece D J. Strategies for managing knowledge assets: The role of firm structure and industrial context [J]. Long Range Planning, 2000, 33 (1): 35-54.

[163] Ter Wal A L J, Boschma R A. Applying social network analysis in economic geography: Framing some key analytic issues [J]. The Annals of Regional Science, 2009, 43 (3): 739-756.

[164] Tortoriello M, McEvily B, Krackhardt D. Being a catalyst of innovation: The role of knowledge diversity and network closure [J]. Organization Science, 2015, 26 (2): 423-438.

[165] Tushman M L, O'Reilly C A. Ambidextrous organizations: Managing evolutionary and revolutionary change [J]. California Management Review, 1996, 38 (4): 8-30.

[166] Vaaland T I, Hakansson H. Exploring interorganizational conflict in complex projects [J]. Industrial Marketing Management, 2003, 32 (2): 127-138.

[167] Vilanova M R, Leydesdorff L. Why Catalonia cannot be considered as a regional innovation system [J]. Scientometrics, 2001, 50 (2): 215-240.

[168] Wang P. Connecting the parts with the whole: Toward an information ecology theory of digital innovation ecosystems [J]. MIS Quarterly, 2021, 45 (1): 397-422.

[169] Wang R D, Miller C D. Complementors' engagement in an ecosystem: A study of publishers' e-book offerings on amazon kindle [J]. Strategic Management Journal, 2020, 41 (1): 3-26.

[170] Wang R. Evolutionary game of knowledge sharing in master-apprentice pattern of innovative organization [J]. International Journal of Innovation Science, 2019, 11 (3): 436-453.

[171] Wang W, Lu S. University-industry innovation community dynamics and knowledge transfer: Evidence from China [Z]. 2021.

[172] Wildavsky A. Searching for Safety [M]. New Jersey: Transaction Publishers, 1988.

[173] William C L, Xie D, Zhang L. Knowledge accumulation, privacy, and growth in a data economy [J]. Management Science, 2021 (8): 123-126.

[174] Williamson P J, Meyer A D. Ecosystem advantage: How to successfully harness the power of partners [J]. California Management Review, 2012, 55 (1): 24-46.

[175] Woo J, Magee C L. Relationship between technological improvement and innovation diffusion: An empirical test [J]. Technology Analysis & Strategic Management, 2022, 34 (4): 390-405.

[176] World Intellectual Property Organizatim. Global innvation idex 2024: Unlocking the promise of so-

cial entrepreneurship [R]. Geneva: WIPO, 2024.

[177] Xie X, Wang H. How to bridge the gap between innovation niches and exploratory and exploitative innovations in open innovation ecosystems [J]. Journal of Business Research, 2021 (124): 299-311.

[178] Yam R C M, Lo W, Tang E P Y, et al. Analysis of sources of innovation, technological innovation capabilities, and performance: An empirical study of Hong Kong manufacturing industries [J]. Research Policy, 2010, 40 (3): 425-452.

[179] Yan Y, Guan J. Entrepreneurial ecosystem, entrepreneurial rate and innovation: The moderating role of internet attention [J]. International Entrepreneurship and Management Journal, 2021, 15 (2): 625-650.

[180] Yan Y, Zhang J, Guan J. Network embeddedness and innovation: Evidence from the alternative energy field [J]. IEEE Transactions on Engineering Management, 2019, 67 (3): 769-782.

[181] Yang J, Zhang M. Coopetition within the entrepreneurial ecosystem: Startups' entrepreneurial learning processes and their implications for new venture performance [J]. The Journal of Business & Industrial Marketing, 2022, 37 (9): 1867-1886.

[182] Yang M, Zheng S, Zhou L. Broadband internet and enterprise innovation [J]. China Economic Review, 2022 (7): 74-79.

[183] Yao X, Yuan X, Yu S, et al. Economic feasibility analysis of carbon capture technology in steelworks based on system dynamics [J]. Journal of Cleaner Production, 2021 (322): 129046.

[184] Yu Y, Hu Y, Qiao H, et al. Co-evolution: A new perspective for business model innovation [J]. Journal of Systems Science and Information, 2018, 6 (5): 385-398.

[185] Zabala-Iturriagagoitia J M, Voigt P, Gutiérrez-Gracia A, et al. Regional innovation systems: How to assess performance [J]. Regional Studies, 2007, 41 (5): 56-70.

[186] Zeng J, Mahdi T M, Khan Z. Sharing economy platform firms and their resource orchestration approaches [J]. Journal of Business Research, 2021 (136): 451-465.

[187] Zhang C, Zeng D Z, Mako W P, et al. Promoting Enterprise-led Innovation in China [M]. Washington: World Bank Publications, 2009.

[188] Zhang J, Cheng J, Philbin S P, et al. Influencing factors of urban innovation and development: A grounded theory analysis [J]. Environment, Development and Sustainability, 2023, 25 (3): 2079-2104.

[189] Zhang J, Fedder B, Wang D, et al. A knowledge exchange framework to connect research, policy, and practice, developed through the example of the Chinese island of Hainan [J]. Environmental Science and Policy, 2022 (136): 530-541.

[190] Zhang J, Jiang H, Wu R, et al. Reconciling the dilemma of knowledge sharing: A network pluralism framework of firms' R&D alliance network and innovation performance [J]. Journal of Management, 2019, 45 (7): 2635-2665.

[191] Zhang J, Yu B, Lu C. Exploring the effects of innovation ecosystem models on innovative performances of start-ups: The contingent role of open innovation [J]. Entrepreneurship Research Journal, 2021 (5): 31-38.

[192] Zhang Y, Wang D, Xu L. Knowledge search, knowledge integration and enterprise breakthrough innovation under the characteristics of innovation ecosystem network: The empirical evidence from enterprises in Beijing-Tianjin-Hebei region [J]. PLoS ONE, 2021, 16 (12): e261558.

[193] Zhao S L, Cacciolatti L, Lee S H, et al. Regional collaborations and indigenous innovation capa-

bilities in China: A multivariate method for the analysis of regional innovation systems [J]. Technological Forecasting & Social Change, 2015 (94): 202-220.

[194] 埃莉诺·奥斯特罗姆. 公共事物的治理之道: 集体行动制度的演进 [M]. 余逊达, 陈旭东, 译. 上海: 上海译文出版社, 2012.

[195] 艾志红. 数字创新生态系统价值共创的演化博弈研究 [J]. 技术经济与管理研究, 2023 (4): 25-30.

[196] 安纳李·萨克森尼安. 区域优势: 硅谷与128号公路的文化和竞争 [M]. 温建平, 李波, 译. 上海: 上海科学技术出版社, 2020.

[197] 白洁, 王学恭. 基于生态位理论的甘肃省城市竞争力研究 [J]. 干旱区资源与环境, 2009, 23 (3): 30-34.

[198] 白景坤, 李思晗, 李红艳. 开放视角下企业的知识治理和隐性知识共享 [J]. 科研管理, 2022, 43 (1): 143-152.

[199] 白鸥, 李拓宇. 从竞争优势到可持续发展: 智慧城市创新生态系统的动态能力研究 [J]. 研究与发展管理, 2021, 33 (6): 44-57.

[200] 白鸥, 魏江. 技术型与专业型服务业创新网络治理机制研究 [J]. 科研管理, 2016, 37 (1): 11-19.

[201] 毕学成. 经济发展差异对城市创新网络结构的影响——基于"本地"与"城际"双重维度的实证研究 [D]. 上海: 华东师范大学, 2021.

[202] 蔡莉, 彭秀青, Satish Nambisan, 等. 创业生态系统研究回顾与展望 [J]. 吉林大学社会科学学报, 2016, 56 (1): 5-16+187.

[203] 蔡双立, 马洪梅. 开放式创新、独占机制与创新绩效——鱼和熊掌如何兼得? [J]. 南开经济研究, 2023 (5): 56-73.

[204] 蔡盈. 数字经济对城市间创新合作的影响研究 [D]. 天津: 南开大学, 2023.

[205] 蔡跃洲. 中国共产党领导的科技创新治理及其数字化转型——数据驱动的新型举国体制构建完善视角 [J]. 管理世界, 2021, 37 (8): 30-46.

[206] 曹如中, 史健勇, 郭华, 等. 区域创意产业创新生态系统演进研究: 动因、模型与功能划分 [J]. 经济地理, 2015, 35 (2): 107-113.

[207] 曹文超, 韩磊. 产业集聚外部性、城市网络外部性与城市生产效率——基于中国285个城市和十大城市群的多地域尺度分析 [J]. 西部论坛, 2022, 32 (1): 16-33.

[208] 曹湛, 戴靓, 杨宇, 等. 基于"蜂鸣—管道"模型的中国城市知识合作模式及其对知识产出的影响 [J]. 地理学报, 2022, 77 (4): 960-975.

[209] 柴国荣, 汪佳颖, 沙勇忠. 边疆治理数字化转型: 理论框架、战略构建与重点任务 [J]. 兰州大学学报 (社会科学版), 2023, 51 (2): 67-79.

[210] 苌千里. 河南省区域创新生态系统适宜度研究 [D]. 开封: 河南大学, 2012.

[211] 陈博. 欧盟《芯片法案》落地面临挑战 [N]. 经济日报, 2023-10-12 (004).

[212] 陈浩义. 基于创新信息生态位视角的企业技术创新能力构成研究 [J]. 图书情报工作, 2010, 54 (20): 71-75.

[213] 陈怀超, 蒋念, 范建红. 转移情境影响母子公司知识转移的系统动力学建模与分析 [J]. 管理评论, 2017, 29 (12): 62-71.

[214] 陈健, 高太山, 马雪梅. 创新生态系统的战略思考 [J]. 科学管理研究, 2016, 34 (1): 1-4+17.

[215] 陈劲, 阳银娟. 外部知识获取与企业创新绩效关系研究综述 [J]. 科技进步与对策, 2014,

31（1）：156-160.

［216］陈丽君，李言，傅衍.激发人才创新活力的生态系统研究［J］.治理研究，2022，38（4）：39-50+125.

［217］陈璐，吴洁，盛永祥，等.专利创新生态系统中多主体竞合关系研究［J］.情报杂志，2017，36（12）：82-89.

［218］陈明生，郑玉璐，姚笛.基础设施升级、劳动力流动与区域经济差距——来自高铁开通和智慧城市建设的证据［J］.经济问题探索，2022（5）：109-122.

［219］陈铭.对提高城市生态位的思考［J］.城市问题，1988（2）：56-58.

［220］陈强.高级计量经济学及STATA应用［M］.北京：高等教育出版社，2014.

［221］陈剩勇，于兰兰.网络化治理：一种新的公共治理模式［J］.政治学研究，2012（2）：108-119.

［222］陈玮.辅助活动催化下的创新及其对系统绩效的增值性作用——基于价值链视角［J］.科技进步与对策，2015，32（1）：1-6.

［223］陈文娟.信息生态位宽度测度模型及实证研究［J］.情报理论与实践，2019，42（12）：80-85.

［224］陈晓东，杨晓霞.数字经济发展对产业结构升级的影响——基于灰关联熵与耗散结构理论的研究［J］.改革，2021（3）：26-39.

［225］陈晓红.数字经济时代的技术融合与应用创新趋势分析［J］.中南大学学报（社会科学版），2018，24（5）：1-8.

［226］陈雪琳，周冬梅，鲁若愚.平台生态系统中互补者的多边关系研究：理论溯源与框架构建［J］.研究与发展管理，2023，35（1）：60-71+145.

［227］陈衍泰，厉婧，程聪，等.海外创新生态系统的组织合法性动态获取研究——以"一带一路"海外园区领军企业为例［J］.管理世界，2021，37（8）：161-180.

［228］陈衍泰，夏敏，李欠强，等.创新生态系统研究：定性评价、中国情境与理论方向［J］.研究与发展管理，2018，30（4）：37-53.

［229］陈彦文.协同创新系统中企业技术生态位及其对创新绩效的影响［D］.长沙：湖南大学，2017.

［230］陈扬，许晓明，谭凌波.组织制度理论中的"合法性"研究述评［J］.华东经济管理，2012，26（10）：137-142.

［231］陈奕嘉，谭俊涛.欧洲经济地理学区域创新政策研究进展［J］.世界地理研究，2022，31（2）：259-269.

［232］陈瑜.生态位视角下新兴产业空间形态创新研究［D］.上海：上海交通大学，2014.

［233］陈志明.企业外向型开放式创新对突破性创新绩效的影响——组织协作机制的调节效应［J］.科技管理研究，2016，36（13）：16-22.

［234］程宏伟，冯茜颖，张永海.资本与知识驱动的产业链整合研究——以攀钢钒钛产业链为例［J］.中国工业经济，2008（3）：143-151.

［235］程华，卢凤君，谢莉娇.农业产业链组织的内涵、演化与发展方向［J］.农业经济问题，2019（12）：118-128.

［236］程跃.国家自创区创新生态系统评价研究［J］.技术经济与管理研究，2021（12）：27-32.

［237］程中华，刘军.产业集聚、空间溢出与制造业创新——基于中国城市数据的空间计量分析［J］.山西财经大学学报，2015，37（4）：34-44.

［238］代栓平.创新的复杂性：互动结构与政策系统［J］.南开学报（哲学社会科学版），2018（6）：134-146.

［239］戴建平，骆温平.物流企业与供应链成员多边合作价值创造机理研究［J］.商业研究，2015（7）：164-168.

［240］戴亦舒，叶丽莎，董小英.创新生态系统的价值共创机制——基于腾讯众创空间的案例研究［J］.研究与发展管理，2018，30（4）：24-36.

［241］党琳，李雪松，申烁.数字经济、创新环境与合作创新绩效［J］.山西财经大学学报，2021，43（11）：1-15.

［242］党兴华，肖瑶.基于跨层级视角的创新网络治理机理研究［J］.科学学研究，2015，33（12）：1894-1908.

［243］邓久根.演化经济学再甄别：方法论层级与生物学隐喻［J］.学术研究，2021（8）：102-107.

［244］邸昂，夏天添，郑英紫，等.团队内竞合博弈对团队创新效率的影响机制：基于响应面分析与定性比较分析［J］.科技管理研究，2023，43（5）：127-135.

［245］董津津，陈关聚.技术创新视角下平台生态系统形成、融合与治理研究［J］.科技进步与对策，2020，37（20）：20-26.

［246］董睿，张海涛.复杂网络视角下创新生态系统知识转移建模及仿真研究［J］.软科学，2022，36（6）：122-129.

［247］董晓芳，袁燕.企业创新、生命周期与聚集经济［J］.经济学（季刊），2014，13（2）：767-792.

［248］杜传忠，刘忠京.基于创新生态系统的我国国家创新体系的构建［J］.科学管理研究，2015，33（4）：6-9.

［249］杜丹丽，曾小春.速度特征视角的我国高新技术企业创新能力动态综合评价研究［J］.科研管理，2017，38（7）：44-53.

［250］杜勇宏，王汝芳.基于研发枢纽—网络的京津冀协同创新效果分析［J］.中国流通经济，2021，35（5）：85-97.

［251］段文奇，李辰，惠淑敏.基于 Lotka-Volterra 模型的众创空间生态系统共生模式研究［J］.审计与经济研究，2021，36（3）：107-116.

［252］段玉婷，王玉荣，卓苏凡.产业互联网下企业创新"竞合"网络与创新绩效［J］.技术经济，2021，40（8）：51-62.

［253］E. M. 罗杰斯.创新的扩散［M］.辛欣，译.北京：中央编译出版社，2002.

［254］范合君，吴婷，何思锦."互联网+政务服务"平台如何优化城市营商环境？——基于互动治理的视角［J］.管理世界，2022，38（10）：126-153.

［255］范如国.复杂网络结构范型下的社会治理协同创新［J］.中国社会科学，2014（4）：98-120+206.

［256］方曦，何华，刘云.面向国家科技重大专项的全创新链知识产权育成机制研究［J］.科技管理研究，2020，40（23）：178-186.

［257］房银海，徐海燕，陈曙鼎，等.平台领导者激发内部成员协同创新意愿研究——基于网络博弈视角［J］.软科学，2019，33（5）：59-64.

［258］冯蛟，董雪艳，罗文豪，等.平台型企业的协同赋能与价值共创案例研究［J］.管理学报，2022，19（7）：965-975.

［259］冯泰文，李一，张颖.合作创新研究现状探析与未来展望［J］.外国经济与管理，2013，

35（9）：72-80.

[260] 冯严超，王晓红.智力资本、生态环境与区域竞争力——基于 PLS-SEM 和 PLS-DA 的实证分析 [J].科技管理研究，2018，38（15）：93-98.

[261] 冯泽，陈凯华，冯卓.国家创新体系效能的系统性分析：生成机制与影响因素 [J].科研管理，2023，44（3）：1-9.

[262] 傅春，王宫水，李雅蓉.节能环保产业创新生态系统构建及多中心治理机制研究 [J].科技管理研究，2019，39（3）：129-135.

[263] G.尼科里斯，I.普利高津.探索复杂性 [M].罗久里，陈奎宁，译.成都：四川教育出版社，2010.

[264] 甘静娴，戚湧.双元创新、知识场活性与知识产权能力的路径分析 [J].科学学研究，2018，36（11）：2078-2091.

[265] 高博.这些"细节"让中国难望顶级光刻机项背 [N].科技日报，2018-04-19（001）.

[266] 高菲，王峥，王立.新型举国体制的时代内涵、关键特征与实现机理 [J].中国科技论坛，2023（1）：1-9.

[267] 高山行，谭静.创新生态系统持续演进机制——基于政府和企业视角 [J].科学学研究，2021，39（5）：900-908.

[268] 高伟.如何建立基于科技自立自强的产业创新生态系统 [J].科学学研究，2021，39（5）：774-776.

[269] 葛安茹，唐方成.基于平台包络视角的平台生态系统竞争优势构建路径研究 [J].科技进步与对策，2021，38（16）：84-90.

[270] 葛宝山，谭凌峰，生帆，等.创新文化、双元学习与动态能力关系研究 [J].科学学研究，2016，34（4）：630-640.

[271] 葛鹏飞，韩永楠，武宵旭.中国创新与经济发展的耦合协调性测度与评价 [J].数量经济技术经济研究，2020，37（10）：101-117.

[272] 葛爽，柳卸林.我国关键核心技术组织方式与研发模式分析——基于创新生态系统的思考 [J].科学学研究，2022，40（11）：2093-2101.

[273] 耿燕，吴汉荣，伍维维.三重螺旋模式下的中小企业国际创新支持体系研究——以兰卡斯特中国企业催化项目计划为例 [J].科技管理研究，2018，38（13）：1-5.

[274] 龚丽敏，江诗松.平台型商业生态系统战略管理研究前沿：视角和对象 [J].外国经济与管理，2016，38（6）：38-50+62.

[275] 辜胜阻，曹冬梅，杨嵋.构建粤港澳大湾区创新生态系统的战略思考 [J].中国软科学，2018（4）：1-9.

[276] 古志文.群落生态学视角下的产业技术创新平台建设与发展 [J].科技管理研究，2016，36（17）：117-122.

[277] 顾桂芳，胡恩华.企业创新生态系统多阶段健康度评价研究 [J].中国科技论坛，2020（7）：120-131.

[278] 顾力刚，蓝莹，谢莉.企业生态位视角的商业生态系统稳定性研究 [J].工业技术经济，2016，35（5）：148-155.

[279] 桂黄宝，江密，孙璞.区域创新资源配置非均衡态势测度及其影响机理研究 [J].地域研究与开发，2022，41（4）：7-12.

[280] 郭峰，王靖一，王芳，等.测度中国数字普惠金融发展：指数编制与空间特征 [J].经济学（季刊），2020（4）：5-8.

［281］郭金花，郭淑芬，郭檬楠.城市科技型人才集聚的时空特征及影响因素——基于285个城市的经验数据［J］.中国科技论坛，2021（6）：139-148.

［282］郭莉，程田源.同群效应促进企业绿色创新吗？——基于绩效期望差距的中介效应检验［J］.科技管理研究，2022，42（10）：71-80.

［283］郭丽娟，刘佳.美国产业集群创新生态系统运行机制及其启示——以硅谷为例［J］.科技管理研究，2020，40（19）：36-41.

［284］郭强，夏向阳，赵莉.高校科技成果转化影响因素及对策研究［J］.科技进步与对策，2012，29（6）：151-153.

［285］郭晟豪，胡倩倩.力学不倦：组织认同、工作繁荣下的创新绩效［J］.管理评论，2022，34（1）：205-217.

［286］郭卫军，黄繁华.经济自由度的增加能否提高经济增长质量——基于G20国家面板数据的实证研究［J］.国际贸易问题，2019（12）：1-17.

［287］郭笑东，陈利根，毕如田，等.基于生态位理论的黄土丘陵区耕地整治优先度及模式研究［J］.水土保持通报，2019，39（1）：184-190.

［288］郭燕青，姚远，徐菁鸿.基于生态位适宜度的创新生态系统评价模型［J］.统计与决策，2015（15）：13-16.

［289］H.哈肯.高等协同学［M］.郭治安，译.北京：科学出版社，1989.

［290］韩凤芹，陈亚平，马羽彤.高水平科技自立自强下国家创新平台高质量发展策略［J］.经济纵横，2023（2）：54-62.

［291］韩明珑，何丹，高鹏.长江经济带城际生产性服务业网络联系的边界效应及多维机制［J］.经济地理，2021，41（3）：126-135.

［292］韩少杰，吕一博，苏敬勤.企业中心型开放式创新生态系统的构建动因研究［J］.管理评论，2020，32（6）：307-322.

［293］韩少杰，苏敬勤.数字化转型企业开放式创新生态系统的构建——理论基础与未来展望［J］.科学学研究，2023，41（2）：335-347.

［294］韩兆柱，李亚鹏.网络化治理理论研究综述［J］.上海行政学院学报，2016，17（4）：103-111.

［295］韩志明.迈向多元良性互动的治理转型——破解建构社会治理新格局的密码［J］.南京社会科学，2022（11）：78-85+97.

［296］何得雨，邹华，王海军，等.竞合视角下企业创新生态系统演进——基于京东方的案例研究［J］.中国科技论坛，2022（5）：99-108.

［297］何苗，任保平.数字经济时代我国新业态的形成机理与发展路径［J］.经济体制改革，2022（5）：14-20.

［298］何琦，艾蔚，潘宁利.数字转型背景下的创新扩散：理论演化、研究热点、创新方法研究——基于知识图谱视角［J］.科学学与科学技术管理，2022，43（6）：17-50.

［299］何枭吟.数字经济发展趋势及我国的战略抉择［J］.现代经济探讨，2013（3）：39-43.

［300］何郁冰，伍静.企业生态位对跨组织技术协同创新的影响研究［J］.科学学研究，2020，38（6）：1108-1120.

［301］何郁冰，张迎春.网络类型与产学研协同创新模式的耦合研究［J］.科学学与科学技术管理，2015，36（2）：62-69.

［302］何源，乐为，郭本海."政策领域—时间维度"双重视角下新能源汽车产业政策央地协同研究［J］.中国管理科学，2021，29（5）：117-128.

［303］何铮，顾新.知识网络中组织之间交互式学习研究［J］.情报理论与实践，2014，37（3）：95-100.

［304］贺灿飞，任卓然，叶雅玲.中国产业地理集聚与区域出口经济复杂度［J］.地理研究，2021，40（8）：2119-2140.

［305］贺灿飞.演化经济地理研究［M］.北京：经济科学出版社，2018.

［306］贺德方，周华东，陈涛.我国科技创新政策体系建设主要进展及对政策方向的思考［J］.科研管理，2020，41（10）：81-88.

［307］亨利·切萨布鲁夫.开放式创新——进行技术创新并从中赢利的新规则［M］.金马，译.北京：清华大学出版社，2005.

［308］洪帅，吕荣胜.中国产业创新生态系统研究综述［J］.经济问题探索，2017（5）：38-44+50.

［309］洪雪飞，李力，王俊.创新驱动对经济、能源与环境协调发展的空间溢出效应——基于省域面板数据与空间杜宾模型的研究［J］.管理评论，2021，33（4）：113-123.

［310］洪银兴，任保平.数字经济与实体经济深度融合的内涵和途径［J］.中国工业经济，2023（2）：5-16.

［311］侯二秀，徐嵘琦，尹西明，等.数字时代的企业创新生态系统治理研究综述［J］.技术经济，2022，41（11）：78-93.

［312］胡斌，王莉丽.物联网环境下的企业组织结构变革［J］.管理世界，2020，36（8）：202-210+232+211.

［313］胡斌，章仁俊.企业生态系统的动态演化机制［J］.财经科学，2008（9）：78-85.

［314］胡晨光，厉英珍，吕亚倩.研发强度、出口调节与企业经营绩效——基于企业要素密集度差异的视角［J］.财经科学，2020（4）：95-106.

［315］胡晓鹏.产业共生：理论界定及其内在机理［J］.中国工业经济，2008（9）：118-128.

［316］胡艳，张安伟.异质型借用规模视角下高铁开通对城市创新水平的影响［J］.经济经纬，2022，39（6）：3-13.

［317］胡有林.企业信息技术应用的涌现机理研究［J］.科技管理研究，2013，33（10）：183-186.

［318］黄波.结构洞视野下科技中介机构在创新网络中的作用［J］.科技管理研究，2013，33（16）：250-253.

［319］黄江明，丁玲，崔争艳.企业生态位构筑商业生态竞争优势：宇通和北汽案例比较［J］.管理评论，2016（5）：220-231.

［320］黄鲁成.区域技术创新生态系统的调节机制［J］.系统辩证学学报，2004（2）：68-71.

［321］黄鲁成.区域技术创新生态系统的特征［J］.中国科技论坛，2003（1）：23-26.

［322］黄鲁成.区域技术创新生态系统的稳定机制［J］.研究与发展管理，2003（4）：48-52+58.

［323］黄先海，刘毅群.知识外部性与创新竞争理论前沿研究述评［J］.社会科学战线，2014（12）：39-47.

［324］黄阳华，吕铁.深化体制改革中的产业创新体系演进——以中国高铁技术赶超为例［J］.中国社会科学，2020（5）：65-85+205-206.

［325］黄阳华.基于多场景的数字经济微观理论及其应用［J］.中国社会科学，2023（2）：4-24+204.

［326］J.保罗·埃尔霍斯特.空间计量经济学：从横截面数据到空间面板［M］.肖光恩，译.北京：中国人民大学出版社，2015.

［327］纪承.产业集群的创新生态：组织演化与治理构架［J］.学习与实践，2015（10）：26-

34.

[328] 贾根良.演化经济学：第三种经济学体系的综合与创新 [J].学术月刊，2011，43 (6)：63-70.

[329] 贾依帛，苏敬勤，马欢欢，等.全球价值链嵌入下隐形冠军企业知识权力演化机理研究 [J].南开管理评论，2022，25 (3)：62-74.

[330] 简泽，徐扬，李玉花，等.生产率困境的形成与治理机制：一个新的理论框架 [J].管理世界，2020，36 (1)：187-205+242.

[331] 江飞涛.技术革命浪潮下创新组织演变的历史脉络与未来展望——数字经济时代下的新思考 [J].学术月刊，2022，54 (4)：50-62.

[332] 江露薇，刘国新，王静.我国装备制造业的地区差距与产业布局的空间关联性——基于生态位理论的分析 [J].科研管理，2020，41 (9)：132-141.

[333] 江艇.因果推断经验研究中的中介效应与调节效应 [J].中国工业经济，2022 (5)：100-120.

[334] 江小涓，黄颖轩.数字时代的市场秩序、市场监管与平台治理 [J].经济研究，2021，56 (12)：20-41.

[335] 江小涓，靳景.数字技术提升经济效率：服务分工、产业协同和数实孪生 [J].管理世界，2022，38 (12)：9-26.

[336] 姜庆国.中国创新生态系统的构建及评价研究 [J].经济经纬，2018，35 (4)：1-8.

[337] 姜兴，张贵.京津冀人才链与产业链耦合发展研究 [J].河北学刊，2022，42 (2)：170-176.

[338] 姜忠辉，吕晓菲，罗均梅.基于结构视角的公司创业生态系统分类研究 [J].科技进步与对策，2022，39 (23)：97-107.

[339] 蒋殿春，卜文超.反垄断法与中国科技企业技术创新——基于不同市场地位企业的微观分析 [J].数量经济技术经济研究，2023，40 (7)：27-47.

[340] 蒋天颖，谢敏，刘刚.基于引力模型的区域创新产出空间联系研究——以浙江省为例 [J].地理科学，2014，34 (11)：1320-1326.

[341] 焦豪，张睿，马高雅.国外创新生态系统研究评述与展望 [J].北京交通大学学报 (社会科学版)，2022，21 (4)：100-112.

[342] 焦媛媛，高雪，付轼辉.同侪影响视角下创新社区中用户群体创新行为的形成机理研究 [J].南开管理评论，2022，25 (1)：165-178.

[343] 金莉，周婷婷，李佳馨，等.生态位适宜度能否影响公共研发组织的创新效率？——基于区域比较的实证分析 [J].中国软科学，2021 (7)：143-151.

[344] 金治州，陈宏权，曾赛星.重大工程创新生态系统共生逻辑及治理 [J].管理科学学报，2022，25 (5)：29-45.

[345] 靖鲲鹏，宋之杰.健康度视角下区域技术创新生态系统的进化与提升路径——京津冀与长三角的实证研究 [J].企业经济，2022，41 (1)：143-152.

[346] 康骞.城市行政生态位与城市行政管理 [J].探索，2008 (1)：70-74.

[347] 孔伟，张贵，李涛.中国区域创新生态系统的竞争力评价与实证研究 [J].科技管理研究，2019，39 (4)：64-71.

[348] 兰娟丽，雷宏振，孙军娜.中国产业集群供应链价值网络爬升：横向 R&D 合作仿真视角 [J].经济社会体制比较，2020 (6)：123-135.

[349] 雷淑珍，王艳，高煜.交通基础设施建设是否影响了区域创新 [J].科技进步与对策，

2021，38（21）：24-33.

[350] 李柏洲，董恒敏.协同创新视角下科研院所科技资源配置能力研究 [J].中国软科学，2018（1）：53-62.

[351] 李兵，王铮，初钊鹏.我国建立研发枢纽的条件及发展战略 [J].科技进步与对策，2017，29（1）：1-6.

[352] 李彩月.集群演化视角下我国创新枢纽城市的创新能力提升研究 [D].天津：河北工业大学，2021.

[353] 李春成.城市创新创业评价新指标与实证研究 [J].科研管理，2018，39（S1）：95-99+157.

[354] 李春发，李冬冬，周驰.数字经济驱动制造业转型升级的作用机理——基于产业链视角的分析 [J].商业研究，2020（2）：73-82.

[355] 李春发，赵乐生.激励机制影响新创企业知识转移的系统动力学分析 [J].科技进步与对策，2017，34（13）：128-135.

[356] 李东红，陈昱蓉，周平录.破解颠覆性技术创新的跨界网络治理路径——基于百度 Apollo 自动驾驶开放平台的案例研究 [J].管理世界，2021，37（4）：130-159.

[357] 李菲菲，崔金栋，王胜文，等.复杂系统视角下我国汽车产业技术创新网络演进研究 [J].科技管理研究，2019，39（21）：154-159.

[358] 李海舰，李燕.对经济新形态的认识：微观经济的视角 [J].中国工业经济，2020（12）：159-177.

[359] 李荷，杨培峰.自然生态空间"人本化"营建：新时代背景下城市更新的规划理念及路径 [J].城市发展研究，2020，27（7）：90-96+132.

[360] 李华军，张光宇，刘贻新.基于战略生态位管理理论的战略性新兴产业创新系统研究 [J].科技进步与对策，2012，29（3）：61-64.

[361] 李纪琛，刘海建，李润芝.知识异质性对企业创新绩效的影响研究——基于社会关系的调节作用 [J].华东经济管理，2023，37（5）：42-51.

[362] 李佳钰，张贵，李涛.创新生态系统的演化机理分析——基于知识内能视角 [J].系统科学学报，2021，29（1）：87-91.

[363] 李佳钰，张贵，李涛.知识能量流动的系统动力学建模与仿真研究——基于创新生态系统视角 [J].软科学，2019，33（12）：13-22.

[364] 李佳钰.产业创新生态系统中的知识能量流动机理研究 [D].天津：河北工业大学，2020.

[365] 李建春，袁文华，吴美玉，等.城市文化产业生态位测度及空间网络效应 [J].经济地理，2018，38（8）：116-123.

[366] 李健，李宁宁，苑清敏.高新技术产业绿色创新效率时空分异及影响因素研究 [J].中国科技论坛，2021（4）：92-101.

[367] 李洁，葛燕飞，高丽娜.我国生物医药产业创新集群演化动力机制研究——基于复杂适应系统理论 [J].科技管理研究，2022，42（3）：176-183.

[368] 李军凯，高菲，龚轶.构建面向未来产业的创新生态系统：结构框架与实现路径 [J].中国科学院院刊，2023，38（6）：887-894.

[369] 李克强.政府工作报告——2023 年 3 月 5 日在第十四届全国人民代表大会第一次会议上 [N].人民日报，2023-03-15（001）.

[370] 李乐乐，俞乔.政府规制、标尺竞争与医保支付方式改革 [J].中国行政管理，2022

（10）：90-98.

[371] 李琳，牛婷玉.基于SNA的区域创新产出空间关联网络结构演变 [J].经济地理，2017，37（9）：19-25+61.

[372] 李培哲，菅利荣.网络结构、知识基础与企业创新绩效 [J].复杂系统与复杂性科学，2022，19（2）：31-38.

[373] 李其玮，顾新，赵长轶.产业创新生态系统知识优势评价体系——以成都市高新区89家科技企业为样本的实证分析 [J].中国科技论坛，2018（1）：37-46.

[374] 李青原，胡龙吟，蔡长昆，等.地方政府经济职能转变与资源配置效率——以政府工作报告的内容分析为例 [J].经济科学，2023（3）：82-97.

[375] 李瑞.新形势下科技创新治理复杂性及"元治理"体系构建 [J].自然辩证法研究，2021，37（5）：60-66.

[376] 李士梅，彭影.区域制度环境对创新人才集聚的空间影响研究——基于人口老龄化的视角 [J].吉林大学社会科学学报，2020，60（5）：82-91+237.

[377] 李思慧，周天宇.企业技术选择：模仿创新还是自主创新？ [J].世界经济与政治论坛，2018（1）：142-158.

[378] 李涛，张贵，李佳钰.基于SDM的高速铁路对区域创新空间效应研究 [J].华东经济管理，2019，33（5）：50-56.

[379] 李涛，张贵.研发要素流动对京津冀城市群的科技创新影响研究 [J].河北工业大学学报（社会科学版），2019，11（2）：1-7+15.

[380] 李涛.协同创新过程中多阶段竞争与合作的共生演化研究 [J].技术经济与管理研究，2015（6）：18-22.

[381] 李腾，孙国强，崔格格.数字产业化与产业数字化：双向联动关系、产业网络特征与数字经济发展 [J].产业经济研究，2021（5）：54-68.

[382] 李腾，张钟元.系统惯例与非核心企业反向知识溢出——基于系统动力学的分析 [J].企业经济，2020，39（1）：65-72.

[383] 李万，常静，王敏杰，等.创新3.0与创新生态系统 [J].科学学研究，2014，32（12）：53-57+1761-1770.

[384] 李伟，贺灿飞.中国区域产业演化路径——基于技术关联性与技术复杂性的研究 [J].地理科学进展，2021，40（4）：620-634.

[385] 李晓娣，张小燕，侯建.高科技企业技术标准化驱动创新绩效机理：创新生态系统网络特性视角 [J].管理评论，2020，32（5）：96-108.

[386] 李晓锋."四链"融合提升创新生态系统能级的理论研究 [J].科研管理，2018，39（9）：113-120.

[387] 李晓华.数字经济新特征与数字经济新动能的形成机制 [J].改革，2019（11）：40-51.

[388] 李学鑫.基于专业化与多样性分工的城市群经济研究 [D].开封：河南大学，2007.

[389] 李玉花，简泽.从渐进式创新到颠覆式创新：一个技术突破的机制 [J].中国工业经济，2021（9）：5-24.

[390] 李媛媛，陈文静，王辉.科技金融政策、资金网络与企业创新绩效——基于潜在狄利克雷分布模型 [J].科技管理研究，2022，42（6）：28-35.

[391] 李玥，王璐，王卓，等.技术追赶视角下企业创新生态系统升级路径——以中芯国际为例 [J].中国科技论坛，2023（8）：97-108.

[392] 李云鹤，蓝齐芳，吴文锋.客户公司数字化转型的供应链扩散机制研究 [J].中国工业经

济，2022（12）：146-165.

[393] 李振东，梅亮，朱子钦，等.制造业单项冠军企业数字创新战略及其适配组态研究 [J].管理世界，2023，39（2）：186-208.

[394] 李振华，闫娜娜，谭庆美.多中心治理区域科技孵化网络多主体协同创新研究 [J].中国科技论坛，2016（7）：92-98.

[395] 李振华，赵敏如，王佳硕.社会资本对区域科技孵化网络创新产出影响——基于多中心治理视角 [J].科学学研究，2016，34（4）：564-573+581.

[396] 李政，杨思莹，何彬.FDI抑制还是提升了中国区域创新效率？——基于省际空间面板模型的分析 [J].经济管理，2017，39（4）：6-19.

[397] 李政，杨思莹.创新型城市试点提升城市创新水平了吗？[J].经济学动态，2019（8）：70-85.

[398] 李钟文，威廉·米勒，玛格丽特·韩柯克，等.硅谷优势——创新与创业精神的栖息地 [M].北京：人民出版社，2002.

[399] 李自珍，赵松岭，张鹏云.生态位适宜度理论及其在作物生长系统中的应用 [J].兰州大学学报，1993（4）：219-224.

[400] 梁杰，于娜娜，张岭，等.多伙伴研发合作关系对创新绩效的影响研究——地理区域的调节作用 [J].科技管理研究，2022，42（15）：65-72.

[401] 梁娟，蔡猷花，陈国宏，等.中国科技服务业集群识别与多层次创新网络演化 [J].科技管理研究，2022，42（13）：148-157.

[402] 梁丽娜，于渤，吴伟伟.企业创新链从构建到跃升的过程机理分析——资源编排视角下的典型案例分析 [J].研究与发展管理，2022，34（5）：32-47.

[403] 梁丽娜，于渤.技术流动、创新网络对区域创新能力的影响研究 [J].科研管理，2021，42（10）：48-55.

[404] 梁林，赵玉帛，刘兵.国家级新区创新生态系统韧性监测与预警研究 [J].中国软科学，2020（7）：92-111.

[405] 梁正，李佳钰.商业价值导向还是公共价值导向？——对数字创新生态系统的思考 [J].科学学研究，2021，39（6）：985-988.

[406] 廖建文，崔之瑜.企业优势矩阵：竞争 VS 生态 [J].哈佛商业评论（中文版），2016（7）.

[407] 廖名岩，曹兴.协同创新企业知识势差与知识转移的影响因素 [J].系统工程，2018，36（8）：51-60.

[408] 廖志江，高敏，廉立军.基于知识势差的产业技术创新战略联盟知识流动研究 [J].图书馆学研究，2013，11（1）：78-83.

[409] 林芬芬，马永斌，郝强，等.区域创新体系评价新视角——大学—政府—企业生态网健康指标体系研究 [J].科技管理研究，2013，33（8）：59-63.

[410] 林慧岳，李云飞.技术创新生态风险防控——纲领转向与范式转换 [J].自然辩证法通讯，2021，43（9）：37-45.

[411] 林润辉，陆艳红，李亚林，等.全球创新链测度体系研究 [J].研究与发展管理，2022，34（1）：71-80.

[412] 林婷婷.产业技术创新生态系统研究 [D].哈尔滨：哈尔滨工程大学，2012.

[413] 凌永辉，查婷俊.我国地方创新集群形成与演化研究——基于产业链整合视角 [J].经济学家，2022（5）：69-77.

［414］刘斌，马维兢，杨德伟，等.厦漳泉新兴都市区经济生态位态势演变研究［J］.生态科学，2018，37（1）：150-157.

［415］刘朝煜，黄桂田.行业规模、集约化生产与制造业产业集群［J］.上海经济研究，2022（1）：73-84.

［416］刘诚，王世强，叶光亮.平台接入、线上声誉与市场竞争格局［J］.经济研究，2023，58（3）：191-208.

［417］刘丹，衣东丰，王发明.科技型小微企业创新生态系统网络治理研究［J］.科技进步与对策，2019，36（4）：116-123.

［418］刘方龙，蔡文平，邹立凯.数字经济时代平台型企业何以诞生？——基于资源产权属性的案例研究［J］.外国经济与管理，2023，45（2）：100-117.

［419］刘丰，邢小强.商业模式组合：理论框架和研究展望［J］.经济管理，2023，45（1）：191-208.

［420］刘凤朝，林原.知识产权与区域高质量发展耦合协调研究——以我国省级行政区为样本的实证分析［J］.华中师范大学学报（自然科学版），2021，55（5）：717-726.

［421］刘刚，刘晨.人工智能科技产业技术扩散机制与实现策略研究［J］.经济纵横，2020（9）：109-119.

［422］刘国燕，李涛.高铁影响下的中国区域创新时空演化与效应分解［J］.世界地理研究，2021，30（2）：355-366.

［423］刘洪久，胡彦蓉，马卫民.区域创新生态系统适宜度与经济发展的关系研究［J］.中国管理科学，2013，21（S2）：764-770.

［424］刘霁堂，李旺倬.广东青蒿科技产业化集成创新模式探究［J］.科技管理研究，2020，40（16）：133-139.

［425］刘家明，柳发根.平台型创新：概念、机理与挑战应对［J］.中国流通经济，2019，33（10）：51-58.

［426］刘可文，车前进，王纯彬，等.新兴产业创新网络的联系、尺度与形成机理［J］.科学学研究，2021，39（4）：622-631.

［427］刘兰剑，葛贝贝.创新效率视角下高技术产业空间关联网络及其影响因素研究［J］.研究与发展管理，2019，31（6）：37-49.

［428］刘兰剑，项丽琳，夏青.基于创新政策的高新技术产业创新生态系统评估研究［J］.科研管理，2020，41（5）：1-9.

［429］刘明广.复杂群决策系统的涌现机理研究［J］.系统科学学报，2009，17（3）：67-70.

［430］刘明宇，芮明杰.价值网络重构、分工演进与产业结构优化［J］.中国工业经济，2012（5）：148-160.

［431］刘沛罡，王海军.高技术产业内部结构多样化、专业化与经济增长动力——基于省域高技术产业制造业、高技术产业服务业面板数据的实证分析［J］.产业经济研究，2016（6）：50-60.

［432］刘瑞佳，杨建君，刘子凡.知识惯性下企业间竞合、合作与竞争研究［J］.软科学，2022，36（5）：68-74+82.

［433］刘瑞佳，杨建君.辩证思维与悖论思维下的竞合战略对企业间技术转移的影响研究［J］.管理评论，2022，34（2）：112-125.

［434］刘微微，石春生，赵圣斌.具有速度特征的动态综合评价模型［J］.系统工程理论与实践，2013，33（3）：705-710.

［435］刘维刚.生产投入结构变动与企业创新：基于生产网络内生化的分析［J］.经济研究，

2022，57（4）：50-67.

［436］刘文富.网络社会与公共治理［M］.北京：中国人民大学出版社，2020.

［437］刘鑫，邓斯嘉，赖彦钊.区域创新共同体的府际合作机制及其建设发展对策：以成渝地区双城经济圈为例［J］.科技管理研究，2022，42（24）：91-100.

［438］刘信恒.产业集聚与出口产品质量：集聚效应还是拥挤效应［J］.国际经贸探索，2020，36（7）：33-51.

［439］刘雪芹，张贵.成熟企业创新生态系统的变革式演化与竞争优势再造［J］.科技管理研究，2022，42（22）：116-122.

［440］刘雪芹，张贵.创新生态系统：创新驱动的本质探源与范式转换［J］.科技进步与对策，2016，33（20）：1-6.

［441］刘雪芹.基于创新生态系统的企业竞争优势研究［D］.天津：河北工业大学，2021.

［442］刘洋.基于创新生态系统的技术创新扩散与捕获研究［D］.天津：河北工业大学，2014.

［443］刘晔，曲如杰，时勘，等.领导创新支持与员工突破性创新行为——基于角色认同理论和行为可塑性视角［J］.科学学与科学技术管理，2022，43（2）：168-182.

［444］刘烨，王琦，班元浩.虚拟集聚、知识结构与中国城市创新［J］.财贸经济，2023，44（4）：89-105.

［445］刘志彪.全国统一大市场［J］.经济研究，2022，57（5）：13-22.

［446］刘志彪.深入推进市场化改革：全国统一大市场建设的关键［J］.河北学刊，2022，42（5）：139-145.

［447］刘志春，陈向东.科技园区创新生态系统与创新效率关系研究［J］.科研管理，2015，36（2）：26-31+144.

［448］刘志峰.区域创新生态系统的结构模式与功能机制研究［J］.科技管理研究，2010，30（21）：9-13+8.

［449］柳卸林，丁雪辰，高雨辰.从创新生态系统看中国如何建成世界科技强国［J］.科学学与科学技术管理，2018，39（3）：3-15.

［450］柳卸林，高雨辰，丁雪辰.寻找创新驱动发展的新理论思维——基于新熊彼特增长理论的思考［J］.管理世界，2017（12）：8-19.

［451］柳卸林，葛爽.中国复杂产品系统的追赶路径研究——基于创新生态系统的视角［J］.科学学研究，2023，41（2）：221-229.

［452］柳卸林，吉晓慧，杨博旭.城市创新生态系统评价体系构建及应用研究——基于"全创改"试点城市的分析［J］.科学学与科学技术管理，2022，43（5）：63-84.

［453］柳卸林，王倩.创新管理研究的新范式：创新生态系统管理［J］.科学学与科学技术管理，2021，42（10）：20-33.

［454］柳卸林，王倩.面向核心价值主张的创新生态系统演化［J］.科学学研究，2021，39（6）：962-964+969.

［455］柳卸林，杨博旭.多元化还是专业化？产业集聚对区域创新绩效的影响机制研究［J］.中国软科学，2020（9）：141-161.

［456］柳卸林，杨培培，王倩.创新生态系统——推动创新发展的第四种力量［J］.科学学研究，2022，40（6）：1096-1104.

［457］龙思颖，廖中举，余海蓉.企业生态创新扩散研究综述与展望［J］.科技管理研究，2021，41（8）：201-208.

［458］龙玉，赵海龙，张新德，等.时空压缩下的风险投资——高铁通车与风险投资区域变化

[J].经济研究，2017，52（4）：195-208.

［459］鲁若愚，周阳，丁奕文，等.企业创新网络：溯源、演化与研究展望［J］.管理世界，2021，37（1）：14+217-233.

［460］路风.冲破迷雾——揭开中国高铁技术进步之源［J］.管理世界，2019，35（9）：164-194+200.

［461］吕拉昌，赵彩云.中国城市创新地理研究述评与展望［J］.经济地理，2021，41（3）：16-27.

［462］吕晓静，刘霁晴，张恩泽.京津冀创新生态系统活力评价及障碍因素识别［J］.中国科技论坛，2021（9）：93-103.

［463］罗伯特·卢卡斯.经济发展讲座［M］.罗汉，应洪基，译.南京：江苏人民出版社，2003.

［464］罗进辉.独立董事的明星效应：基于高管薪酬—业绩敏感性的考察［J］.南开管理评论，2014，17（3）：62-73.

［465］罗珉，彭毫.生态系统：价值创造与价值获取［M］.北京：北京燕山出版社，2020.

［466］罗珉，夏文俊.网络组织下企业经济租金综合范式观［J］.中国工业经济，2011（1）：89-98.

［467］罗仲伟，任国良，焦豪，等.动态能力、技术范式转变与创新战略——基于腾讯微信"整合"与"迭代"微创新的纵向案例分析［J］.管理世界，2014（8）：152-168.

［468］马光秋.企业协同创新：基于反社会达尔文主义的共生理念［J］.贵州社会科学，2018（5）：114-119.

［469］马名杰，戴建军，熊鸿儒，等.全球科技创新趋势的研判与应对［N］.经济日报，2021-01-22（10）.

［470］马荣康，王艺棠.知识组合多样性、新颖性与突破性发明形成［J］.科学学研究，2020（2）：313-322.

［471］马宗国，丁晨辉.国家自主创新示范区创新生态系统的构建与评价——基于研究联合体视角［J］.经济体制改革，2019（6）：60-67.

［472］马宗国，范学爱.基于创新生态系统视角的国家自主创新示范区高质量发展对策［J］.科学管理研究，2021，39（4）：113-119.

［473］马宗国.基于研究联合体的国家自主创新示范区创新生态系统作用机理研究［J］.科学管理研究，2019，37（2）：102-107.

［474］曼弗雷德·费希尔，贾维尔·迪亚兹，福克·斯奈卡斯.大都市创新体系——来自欧洲三个都市地区的理论和案例［M］.浦东新区科学技术局，浦东产业经济研究院，译.上海：上海人民出版社，2006.

［475］曼纽尔·卡斯特.网络社会的崛起［M］.夏铸九，王志弘，等译.北京：社会科学文献出版社，2001：504-505.

［476］毛琦梁，王菲.地区比较优势演化的空间关联：知识扩散的作用与证据［J］.中国工业经济，2018（11）：136-154.

［477］梅拉尼·米歇尔.复杂［M］.唐璐，译.长沙：湖南科学技术出版社，2011.

［478］梅亮，陈劲，刘洋.创新生态系统：源起、知识演进和理论框架［J］.科学学研究，2014，32（12）：1771-1780.

［479］孟方琳，田增瑞，姚歆.基于Lotka-Volterra模型的数字经济生态系统运行机理与演化发展研究［J］.河海大学学报（哲学社会科学版），2020，22（2）：63-71+107.

［480］孟方琳，田增瑞，赵袁军，等.创新生态系统视域下公司创业投资中企业种群间共生演

化——基于 Logistic 扩展模型 [J]. 系统管理学报, 2022, 31 (1): 37-52.

[481] 苗长虹, 胡志强, 耿凤娟, 等. 中国资源型城市经济演化特征与影响因素——路径依赖、脆弱性和路径创造的作用 [J]. 地理研究, 2018, 37 (7): 1268-1281.

[482] 苗长虹, 王海江. 河南省城市的经济联系方向与强度——兼论中原城市群的形成与对外联系 [J]. 地理研究, 2006 (2): 222-232.

[483] 苗丰涛. 基层创新如何上升为国家政策?——府际关系视角下的纵向政策创新传导机制分析 [J]. 东北大学学报 (社会科学版), 2022, 24 (6): 41-51.

[484] 苗泽华, 彭靖. 工业企业生态系统及其共生机制研究 [J]. 生态经济, 2012 (7): 94-97.

[485] 牟新娣, 李秀婷, 董纪昌, 等. 基于系统动力学的我国住房需求仿真研究 [J]. 管理评论, 2020, 32 (6): 16-28.

[486] 那守海, 翟福生, 赵希勇. 基于生态位理论的哈尔滨环城游憩带空间布局研究 [J]. 中国农业资源与区划, 2018, 39 (3): 212-219.

[487] 倪君, 李瑞, 梁正. 中国特色国家创新体系的时代特征与治理逻辑 [J]. 中国科技论坛, 2023 (10): 1-10.

[488] 倪鹏飞, 白晶, 杨旭. 城市创新系统的关键因素及其影响机制——基于全球 436 个城市数据的结构化方程模型 [J]. 中国工业经济, 2011 (2): 16-25.

[489] 聂晓英, 石培基, 吕蕊, 等. 基于生态位理论的河西走廊县域城市竞合关系研究 [J]. 生态学报, 2018, 38 (3): 841-851.

[490] 宁连举, 刘经涛, 肖玉贤, 等. 数字创新生态系统共生模式研究 [J]. 科学学研究, 2022, 40 (8): 1481-1494.

[491] 宁连举, 肖玉贤, 牟焕森. 平台生态系统中价值网络与平台型企业创新能力演化逻辑——以海尔为例 [J]. 东北大学学报 (社会科学版), 2022, 24 (2): 25-33.

[492] 牛媛媛, 王天明. 知识密集型产业创新生态系统建设: 以荷兰 ASML 公司为例 [J]. 科技导报, 2020, 38 (24): 120-128.

[493] 欧阳桃花, 曾德麟. 拨云见日——揭示中国盾构机技术赶超的艰辛与辉煌 [J]. 管理世界, 2021, 37 (8): 194-207.

[494] 欧阳志云, 王如松, 符贵南. 生态位适宜度模型及其在土地利用适宜性评价中的应用 [J]. 生态学报, 1996 (2): 113-120.

[495] 潘爽, 叶德珠. 交通基础设施对市场分割的影响——来自高铁开通和上市公司异地并购的经验证据 [J]. 财政研究, 2021 (3): 115-129.

[496] 裴长洪, 倪江飞, 李越. 数字经济的政治经济学分析 [J]. 财贸经济, 2018, 39 (9): 5-22.

[497] 戚湧, 朱婷婷, 郭逸. 科技成果市场转化模式与效率评价研究 [J]. 中国软科学, 2015 (6): 184-192.

[498] 钱肖颖, 杨宇. 从 "路径创造" 到 "路径锁定": 港澳台投资与外商投资影响珠三角产业动态的比较分析 [J]. 地理科学进展, 2022, 41 (9): 1635-1646.

[499] 覃波, 高安刚. 知识产权示范城市建设对产业结构优化升级的影响——基于双重差分法的经验证据 [J]. 产业经济研究, 2020 (5): 45-57.

[500] 覃荔荔, 王道平, 周超. 综合生态位适宜度在区域创新系统可持续性评价中的应用 [J]. 系统工程理论与实践, 2011, 31 (5): 927-935.

[501] 覃柳婷, 曾刚. 长三角地区不同空间尺度创新合作对城市创新绩效的影响研究 [J]. 地理科学, 2022, 42 (10): 1747-1756.

［502］秦建群，夏春玉.交通基础设施如何影响生产性服务业空间集聚？——基于市场分割视角［J］.财贸研究，2022，33（5）：31-44.

［503］秦洁，王亚.科技中介机构在科技成果转化中的定位［J］.中国高校科技，2015（4）：13-16.

［504］邱苏楠.区域创新生态系统的现状分析［J］.科技与创新，2018（21）：71-72.

［505］曲如晓，李婧.世界高技术产品贸易格局及中国的贸易地位分析［J］.经济地理，2020，40（3）：102-109+140.

［506］曲永义.数字创新的组织基础与中国异质性［J］.管理世界，2022，38（10）：158-174.

［507］任保平，李婧瑜.数字经济背景下中国式城市现代化的路径与政策创新［J］.西安财经大学学报，2023，36（2）：3-11.

［508］任保平，王思琛.新发展格局下我国数据要素市场治理的理论逻辑和实践路径［J］.天津社会科学，2023（3）：81-90.

［509］任声策，翟珈玉，许晖.用户社区视角下的用户创新研究［J］.科技管理研究，2018，38（10）：14-22.

［510］芮正云，马喜芳.基于二次创新的后发企业技术成长路径［J］.工业技术经济，2022，41（9）：98-105.

［511］商亮，赵晖.区域产业创新生态系统的成长因子与功能分析［J］.南京社会科学，2021（4）：51-56+63.

［512］邵安菊.培育城市创新生态系统的路径与对策［J］.宏观经济管理，2017（8）：61-66.

［513］邵汉华，周磊，刘耀彬.中国创新发展的空间关联网络结构及驱动因素［J］.科学学研究，2018，36（11）：2055-2069.

［514］邵云飞，周湘蓉，杨雪程.从0到1：数字化如何赋能创新生态系统构建？［J］.技术经济，2022，41（6）：44-58.

［515］申红艳.技术生态位对企业创新绩效影响的实证检验［J］.技术经济与管理研究，2022（6）：29-34.

［516］申雅楠，石淑芹，李贤江，等.京津冀结合部城市扩展与生态位的空间耦合关系变化分析［J］.地理与地理信息科学，2020，36（2）：100-107.

［517］沈灏，李垣.联盟关系、环境动态性对创新绩效的影响研究［J］.科研管理，2010，31（1）：77-85.

［518］盛亚，于卓灵.论社会创新的利益相关者治理模式——从个体属性到网络属性［J］.经济社会体制比较，2018（4）：184-191.

［519］施建刚，张永刚，吴光东.基于生命特征的城市竞争生态位评价分析［J］.中国人口·资源与环境，2018，28（1）：35-43.

［520］石大千，杨咏文.FDI与企业创新：溢出还是挤出？［J］.世界经济研究，2018（9）：120-134+137.

［521］石建勋，卢丹宁，徐玲.第四次全球产业链重构与中国产业链升级研究［J］.财经问题研究，2022（4）：36-46.

［522］史永乐，严良.完善科技创新元治理体系的路径——来自发达国家的经验与启示［J］.江汉论坛，2022（5）：66-72.

［523］司凡，鹿颖，宋立丰.新型举国体制下新基建推动创新生态系统演化的路径［J］.财会月刊，2022（1）：154-160.

［524］宋昊阳，侯剑华，张洋.基于专利计量的技术创新催化能力的多维度测量［J］.情报学报，

2022，41（3）：300-313.

［525］宋培，白雪洁，李琳.数字化赋能、要素替代与产业结构转型［J］.山西财经大学学报，2023，45（1）：69-84.

［526］宋琼，赵新正，李同昇，等.多重城市网络空间结构及影响因素——基于有向多值关系视角［J］.地理科学进展，2018，37（9）：1257-1267.

［527］宋胜洲.基于知识的演化经济学——对基于理性的主流经济学的挑战［J］.经济学家，2007（3）：9-16.

［528］宋砚秋，贾传亮，高天辉.复杂产品系统合作创新契约模型有效性研究［J］.中国管理科学，2011，19（2）：155-160.

［529］宋洋.创新资源、研发投入与产品创新程度——资源的互斥效应和研发的中介效应［J］.中国软科学，2017（12）：154-168.

［530］宋志红，张晨，李冬梅，等.多维网络嵌入性对技术标准制定话语权的链式多重影响机制研究［J］.软科学，2022，36（11）：81-85+95.

［531］苏策，何地，郭燕青.企业创新生态系统战略开发与竞争优势构建研究［J］.宏观经济研究，2021（4）：160-169.

［532］苏屹，林周周，欧忠辉.基于突变理论的技术创新形成机理研究［J］.科学学研究，2019，37（3）：568-574.

［533］苏屹，林周周，欧忠辉.知识流动对区域创新活动两阶段的影响研究［J］.科研管理，2020，41（7）：100-109.

［534］苏屹，闫玥涵.基于耗散结构理论的区域创新生态系统环境效应研究［J］.研究与发展管理，2021，33（5）：136-148.

［535］苏屹，张亚会，张赟.基于尖点突变模型的企业技术创新的产生［J］.科技管理研究，2016，36（17）：1-4.

［536］隋映辉.城市创新生态系统与"城市创新圈"［J］.社会科学辑刊，2004（2）：65-70.

［537］孙冰，周大铭.基于核心企业视角的企业技术创新生态系统构建［J］.商业经济与管理，2011，1（11）：36-43.

［538］孙继德，计喆.产业政策力度对建设项目创新绩效的影响研究——基于区域创新环境与知识创造水平的考量［J］.工业技术经济，2022，41（5）：3-11.

［539］孙静林，穆荣平，张超.创新生态系统价值共创：概念内涵、行为模式与动力机制［J］.科技进步与对策，2023，40（2）：1-10.

［540］孙丽文，李跃.京津冀区域创新生态系统生态位适宜度评价［J］.科技进步与对策，2017，34（4）：47-53.

［541］孙庆民.认知倾向的社会交换理论［J］.国外社会科学，2009（2）：26-33.

［542］孙庆文，陆柳，严广乐，等.不完全信息条件下演化博弈均衡的稳定性分析［J］.系统工程理论与实践，2003（7）：11-16.

［543］孙韶阳.网络市场"平台—政府"双层治理模式建构与机理分析［J］.商业经济研究，2022（11）：78-82.

［544］孙卫东.科技型中小企业创新生态系统构建、价值共创与治理——以科技园区为例［J］.当代经济管理，2021，43（5）：14-22.

［545］孙新波，马慧敏，何建笃，等.平台型企业价值创造机理及演化案例研究［J］.管理学报，2022，19（6）：801-810.

［546］孙耀吾，韩冰，黄万垠.高技术服务创新网络生态位重叠企业竞合关系建模与仿真［J］.

科技进步与对策，2014，31（13）：59-63.

［547］孙烨.技术创新涌现性的特征表达及其认知演化基础［J］.自然辩证法研究，2020，36（3）：39-44.

［548］孙永磊，朱壬杰，宋晶.数字创新生态系统的演化和治理研究［J］.科学学研究，2023，41（2）：325-334.

［549］孙振领，李后卿.关于知识生态系统的理论研究［J］.图书与情报，2008，11（5）：22-27.

［550］单子丹，曾燕红，李慧敏，等.数据资源如何重塑数字创新生态系统多主体竞合关系？——基于智能驾驶数字创新生态系统的解构与重组［J］.研究与发展管理，2022，34（6）：79-91.

［551］谭劲松，宋娟，陈晓红.产业创新生态系统的形成与演进："架构者"变迁及其战略行为演变［J］.管理世界，2021，37（9）：167-191.

［552］唐朝永，陈万明，陈圻，等.组织衰落与组织创新的关系：失败学习与组织惯例更新的影响［J］.管理评论，2018，30（10）：186-197.

［553］唐皇凤，吴昌杰.构建网络化治理模式：新时代我国基本公共服务供给机制的优化路径［J］.河南社会科学，2018，26（9）：7-14.

［554］唐辉，李鑫宇，魏一帆，等.伙伴选择对合作行为的影响作用与机制［J］.心理科学进展，2022，30（10）：2356-2371.

［555］唐开翼，欧阳娟，甄杰，等.区域创新生态系统如何驱动创新绩效？——基于31个省市的模糊集定性比较分析［J］.科学学与科学技术管理，2021，42（7）：53-72.

［556］唐丽艳，王国红，张秋艳.科技型中小企业与科技中介协同创新网络的构建［J］.科技进步与对策，2009，26（20）：79-82.

［557］唐伟，孙泽洲，刘思峰，等.举国体制下中国航天复杂系统管理实践与启示［J］.管理世界，2022，38（9）：221-236.

［558］唐亚林，王小芳.网络化治理范式建构论纲［J］.行政论坛，2020，27（3）：121-128.

［559］田毕飞，陈紫若.FDI对中国创业的空间外溢效应［J］.中国工业经济，2016（8）：40-57.

［560］田晖，宋清.创新驱动能否促进智慧城市经济绿色发展——基于我国47个城市面板数据的实证分析［J］.科技进步与对策，2018，35（24）：6-12.

［561］田家林，顾晓燕，史新和.新常态下知识产权支撑产业结构优化的对策——基于省际面板数据的实证分析［J］.技术经济与管理研究，2019（11）：96-100.

［562］田善武，许秀瑞.基于共生演化理论的区域创新系统演化路径分析［J］.未来与发展，2019，43（10）：36-39+20.

［563］田雪莹，黄旭，张欢.社会企业价值共创的特征和过程机制——基于携职旅社的案例研究［J］.管理案例研究与评论，2022，15（4）：387-401.

［564］田轶，曹启龙，毛良虎.高校科研团队知识隐匿研究——基于知识共享激励视角［J］.技术经济与管理研究，2021（11）：30-34.

［565］田颖，田增瑞，韩阳，等.国家创新型产业集群建立是否促进区域创新？［J］.科学学研究，2020，37（5）：817-825+844.

［566］佟家栋，张千.数字经济内涵及其对未来经济发展的超常贡献［J］.南开学报（哲学社会科学版），2022（3）：19-33.

［567］涂锦，陈李梅，谢其莲.科技服务协同发展模式——交易费用视角［J］.科技管理研究，

2021，41（15）：158-163.

［568］万希，彭雷清.基于智力资本的社会企业创新流程研究［J］.管理世界，2011（6）：180-181.

［569］万幼清，王云云.产业集群协同创新的企业竞合关系研究［J］.管理世界，2014（8）：175-176.

［570］汪毅霖，张宁.不平等厌恶的测度与收入不平等调整的人类发展指数——基于阿特金森社会福利函数的研究［J］.数量经济研究，2021，12（2）：115-133.

［571］汪忠，郑晓芳，吴琳，等.社会企业的交叉补贴定价及福利效应分析——基于三级价格歧视的视角［J］.财经理论与实践，2016，37（2）：92-98.

［572］王斌，谭清美.创新链视阈下我国大企业科学研究反哺驱动力研究［J］.当代经济管理，2023，45（2）：46-53.

［573］王崇梅，毛荐其.基于涨落机理探析技术创新自组织进化［J］.科技进步与对策，2007（7）：17-20.

［574］王春杨，兰宗敏，张超，等.高铁建设、人力资本迁移与区域创新［J］.中国工业经济，2020（12）：102-120.

［575］王聪，立群，先奇，等.基于人才聚集效应的区域协同创新网络研究［J］.科研管理，2017，38（11）：27-37.

［576］王丹，赵新力，杜旭，等.国家农业科技创新系统生态演化研究［J］.中国软科学，2021（12）：41-49+83.

［577］王东辉，朱桂龙，苏涛，等.并行不悖：中国情境下组织双元创新触发因素的元分析［J］.科技管理研究，2023，43（6）：1-8.

［578］王高峰，杨浩东，汪琛.国内外创新生态系统研究演进对比分析：理论回溯、热点发掘与整合展望［J］.科技进步与对策，2021，38（4）：151-160.

［579］王公博，关成华.知识溢出与集聚的互动关系：一个文献综述［J］.中国科技论坛，2019（11）：67-75.

［580］王桂侠，万劲波.自主技术体系内涵特征及建设路径研究［J］.科学学与科学技术管理，2014，35（2）：56-62.

［581］王国红，黄昊.协同价值创造情境中科技新创企业的资源编排与成长机理研究［J］.管理学报，2021，18（6）：884-894.

［582］王国红，王瑜.新技术变革背景下知识溢出对后发企业突破性创新的影响研究［J］.工业技术经济，2023，42（6）：48-57.

［583］王海军，金姝彤，束超慧，等.为什么硅谷能够持续产生颠覆性创新？——基于企业创新生态系统视角的分析［J］.科学学研究，2021，39（12）：2267-2280.

［584］王海军，金姝彤，郑帅，等.全球价值链下的企业颠覆性创新生态系统研究［J］.科学学研究，2021，39（3）：530-543.

［585］王华，杨曦，赵婷微，等.基于扎根理论的创新生态系统构建研究——以中国人工智能芯片为例［J］.科学学研究，2023，41（1）：143-155.

［586］王慧，安立仁，张晓明.创新网络非核心企业学习意图对知识反哺的作用机制研究［J］.经济体制改革，2018（3）：97-104.

［587］王佳元，张曼茵.工业互联网赋能产业深度融合研究——基于产业生态重构和数据融合增值的分析［J］.经济纵横，2023（3）：53-59.

［588］王建军，叶明海，曹宁.知识权力、跨界搜索与企业创新绩效的关系研究［J］.软科学，

2020，34（2）：1-7.

[589] 王金哲，温雪.单中心还是多中心——城市群空间结构与创新能力研究 [J].宏观经济研究，2022（9）：87-96.

[590] 王进富，聂明月，张耀汀.科技园区共生网络治理机制研究 [J].科技管理研究，2017，37（13）：130-137.

[591] 王俊.经济集聚、技能匹配与大城市工资溢价 [J].管理世界，2021，37（4）：83-98.

[592] 王俊松，颜燕.复杂度、关联度与城市技术演化路径——基于北京、上海、深圳的对比分析 [J].地理科学进展，2022，41（4）：554-566.

[593] 王凯，邹晓东.由国家创新系统到区域创新生态系统——产学协同创新研究的新视域 [J].自然辩证法研究，2016，32（9）：97-101.

[594] 王莉莉.城市生态位适宜度的对比分析——以江苏省 13 城市为例 [J].现代城市研究，2007（3）：73-80.

[595] 王黎萤，吴瑛，朱子钦，等.专利合作网络影响科技型中小企业创新绩效的机理研究 [J].科研管理，2021，42（1）：57-66.

[596] 王丽君，陈韬，王益谊.吸收能力对省级创新产出的空间溢出效应研究：基于空间计量模型 [J].科技管理研究，2022，42（5）：18-27.

[597] 王林辉，胡晟明，董直庆.人工智能技术会诱致劳动收入不平等吗——模型推演与分类评估 [J].中国工业经济，2020（4）：97-115.

[598] 王岭，廖文军.互联网平台"二选一"的反竞争效应研究——以京东诉天猫"二选一"案为例 [J].管理学刊，2021，34（2）：80-93.

[599] 王鹏，李军花.产业互动外部性、生产性服务业集聚与城市创新力——对我国七大城市群的一项实证比较 [J].产经评论，2020，11（2）：17-33.

[600] 王庆金，田善武.区域创新系统共生演化路径及机制研究 [J].财经问题研究，2016（12）：108-113.

[601] 王仁祥，杨曼.中国省域科技与金融耦合效率的时空演进 [J].经济地理，2018，38（2）：104-112.

[602] 王如松.城市生态位势探讨 [J].城市环境与城市生态，1988，34（1）：20-24.

[603] 王石磊，王飞，彭新敏.深陷"盘丝洞"：网络关系嵌入过度与中小企业技术创新 [J].科研管理，2021，42（5）：116-123.

[604] 王涛，潘施茹，石琳娜，等.企业创新网络非正式治理对知识流动的影响研究——基于网络能力的中介作用 [J].软科学，2022，36（5）：55-60.

[605] 王腾飞，谷人旭，马仁锋，等."集聚—扩散"视角下中国区域创新极及其知识溢出区位 [J].经济地理，2021，41（5）：11-18+185.

[606] 王伟进.冲击与回应：突发事件中的治理现代化进程 [J].政治学研究，2020（5）：101-113+128.

[607] 王伟楠，吴欣桐，梅亮.创新生态系统：一个情境视角的系统性评述 [J].科研管理，2019，40（9）：25-36.

[608] 王炜，孙琳，孙方，等.基于生态位宽度模型的北京市区域优势功能演变分析 [J].北京师范大学学报（自然科学版），2017，53（6）：674-680.

[609] 王文宇，贺灿飞.关系经济地理学与贸易网络研究进展 [J].地理科学进展，2022，41（3）：461-476.

[610] 王晓东，张昊.构建全国统一大市场中的地方政府经济行为优化 [J].中国行政管理，

2023（4）：130-136.

［611］王新新，张佳佳.价值涌现：平台生态系统价值创造的新逻辑［J］.经济管理，2021，43（2）：188-208.

［612］王兴元.区域市场品牌生态中的密度控制：阿里效应及应用策略［J］.企业经济，2019，38（3）：2+5-10.

［613］王垚，钮心毅，宋小冬."流空间"视角下区域空间结构研究进展［J］.国际城市规划，2017，32（6）：27-33.

［614］王寅，袁月英，孙毅，等.基于探索、开发的区域创新生态系统评价与动态演化研究［J］.中国科技论坛，2021（3）：143-153.

［615］王影，苏涛永.创新生态系统的知识治理研究综述［J］.科技管理研究，2022，42（22）：1-7.

［616］王勇，戎珂.平台治理：在线市场的设计、运营和监管［M］.北京：中信出版社，2018.

［617］王宇凡，张海丽，Michael Song.大数据嵌入的新产品开发过程［J］.科学学研究，2020，38（12）：2202-2211.

［618］王玉冬，武川，王琳璐.高新技术企业创新资金运营生态化及其水平测度［J］.中国软科学，2017（7）：101-115.

［619］王泽宇，刘刚，梁晗.中国企业对外投资选择的多样性及其绩效评价［J］.中国工业经济，2019（3）：5-23.

［620］王珍愚，王宁，单晓光.创新3.0阶段我国科技创新实践问题研究［J］.科学学与科学技术管理，2021，42（4）：127-141.

［621］王志玮，魏丽灿，叶凌峰，等.组织双元学习对企业颠覆性创新绩效的影响——STI与DUI的对比研究［J］.创新与创业管理，2022（1）：139-152.

［622］王子龙，许箫迪.技术创新路径锁定与解锁［J］.科学学与科学技术管理，2012，33（4）：60-66+88.

［623］维克多·黄，格雷格·霍洛维茨.硅谷生态圈：创新的雨林法则［M］.诸葛越，许斌，林翔，等译.北京：机械工业出版社，2015.

［624］魏江，赵雨菡.数字创新生态系统的治理机制［J］.科学学研究，2021，39（6）：965-969.

［625］魏龙，党兴华，闫海.技术创新网络惯例复制及其对创新催化的影响：悖论整合的理论框架［J］.南开管理评论，2021（4）：1-14.

［626］魏龙，党兴华.惯例复制、网络闭包与创新催化：一个交互效应模型［J］.南开管理评论，2018，21（3）：165-175+190.

［627］魏龙，党兴华.惯例复制、资源拼凑与创新催化［J］.科学学研究，2022，40（10）：1907-1920.

［628］魏龙，党兴华.网络闭合、知识基础与创新催化：动态结构洞的调节［J］.管理科学，2017，30（3）：83-96.

［629］魏守华，吴贵生.地方产业集群创新机制与实证研究［J］.科技管理研究，2008，28（12）：463-466.

［630］魏冶，修春亮.城市网络韧性的概念与分析框架探析［J］.地理科学进展，2020，39（3）：488-502.

［631］温科，张贵，张晓阳.产业创新生态的运行现状、发展潜力与类别［J］.科技管理研究，2020，40（4）：179-190.

[632] 温科，张贵.京津冀三地区域创新生态发展评价及耦合研究——生态位视角 [J].科技管理研究，2020，40（10）：112-119.

[633] 温雅婷，余江，洪志生，等.数字化背景下智慧城市的治理效应及治理过程研究 [J].科学学与科学技术管理，2022，43（6）：51-71.

[634] 温雅婷，余江，洪志生，等.数字化转型背景下公共服务创新路径研究——基于多中心—协同治理视角 [J].科学学与科学技术管理，2021，42（3）：101-122.

[635] 乌杰.关于自组（织）涌现哲学 [J].系统科学学报，2012，20（3）：1-6.

[636] 巫英.上海建设城市创新体系的现状与对策研究——基于创新生态系统视角 [J].科技管理研究，2017，37（16）：1-6.

[637] 吴大进，曹力，陈立华.协同学原理和应用 [M].武汉：华中理工大学出版社，1990.

[638] 吴东，张宁，刘潭飞.竞合关系、知识耦合与企业激进式创新 [J].科学学与科学技术管理，2022，43（11）：140-160.

[639] 吴菲菲，童奕铭，黄鲁成.中国高技术产业创新生态系统有机性评价——创新四螺旋视角 [J].科技进步与对策，2020，37（5）：67-76.

[640] 吴洁，车晓静，盛永祥，等.基于三方演化博弈的政产学研协同创新机制研究 [J].中国管理科学，2019，27（1）：162-173.

[641] 吴金希.创新生态体系的内涵、特征及其政策含义 [J].科学学研究，2014，32（1）：44-51+91.

[642] 吴金希.创新文化：国际比较与启示意义 [J].清华大学学报（哲学社会科学版），2012，27（5）：151-158+161.

[643] 吴军，郝伟怡，张天星，等.基于演化博弈的企业合作创新策略研究 [J].系统科学与数学，2020，40（10）：1766-1776.

[644] 吴雷.基于 DEA 方法的企业生态技术创新绩效评价研究 [J].科技进步与对策，2009，26（18）：114-117.

[645] 吴绍波，顾新.战略性新兴产业创新生态系统协同创新的治理模式选择研究 [J].研究与发展管理，2014，26（1）：13-21.

[646] 吴绍波.战略性新兴产业创新生态系统协同创新的治理机制研究 [J].中国科技论坛，2013（10）：5-9.

[647] 吴士健，孙专专，刘新民.区域创新系统中企业家集群的涌现机理及动态演化 [J].广东财经大学学报，2017，32（5）：22-33.

[648] 吴文清，张海红，赵黎明.科技企业孵化器与创投竞合模型及演化 [J].系统管理学报，2016，25（2）：219-226.

[649] 吴小玉.创新扩散理论与清华科技园空间扩散模式 [J].中国科技论坛，2010（5）：9-12.

[650] 吴晓波.二次创新的周期与企业组织学习模式 [J].管理世界，1995（3）：168-172.

[651] 吴欣望，朱全涛.发挥市场在创新资源配置中的决定性作用——理论基础与中国国际创新环境构建 [J].科技管理研究，2022，42（10）：1-10.

[652] 吴颖，车林杰.耗散结构理论视角下的协同创新系统耗散结构判定研究 [J].科技管理研究，2016，36（10）：186-190.

[653] 伍春来，赵剑波，王以华.产业技术创新生态体系研究评述 [J].科学学与科学技术管理，2013，34（7）：113-121.

[654] 武翠，谭清美.长三角一体化区域创新生态系统动态演化研究——基于创新种群异质性与

共生性视角 [J]. 科技进步与对策, 2021, 38 (5): 38-47.

[655] 武建龙, 鲍萌萌, 杨仲基. 新兴产业颠覆性创新政策组合作用机制研究: 基于创新生态系统视角 [J]. 中国软科学, 2023 (7): 44-55.

[656] 武兰芬, 姜军. 基于双源数据的云计算创新合作网络多维分析 [J]. 科研管理, 2020, 41 (2): 142-151.

[657] 武学超, 罗志敏. 四重螺旋: 芬兰阿尔托大学地域性创新创业生态系统模式及成功经验 [J]. 高教探索, 2020 (1): 67-73.

[658] 武学超. 开放式创新 2.0 范式的理论阐释——内涵特质、实现模式及大学向度 [J]. 自然辩证法研究, 2016, 32 (9): 27-31.

[659] 解学梅, 韩宇航, 代梦鑫. 企业开放式创新生态系统种群共生关系与演化机理研究 [J]. 科技进步与对策, 2022, 39 (21): 85-95.

[660] 解学梅, 刘晓杰. 区域创新生态系统生态位适宜度评价与预测——基于 2009—2018 中国 30 个省市数据实证研究 [J]. 科学学研究, 2021, 39 (9): 1706-1719.

[661] 解学梅, 王宏伟. 开放式创新生态系统价值共创模式与机制研究 [J]. 科学学研究, 2020, 38 (5): 912-924.

[662] 解学梅, 吴永慧. 企业协同创新文化与创新绩效: 基于团队凝聚力的调节效应模型 [J]. 科研管理, 2013, 34 (12): 66-74.

[663] 解学梅, 余佳惠, 唐海燕. 创新生态系统种群丰富度对创新生态效应影响机理研究 [J]. 科研管理, 2022, 43 (6): 9-21.

[664] 解学梅, 余佳惠. 用户参与产品创新的国外研究热点与演进脉络分析——基于文献计量学视角 [J]. 南开管理评论, 2021, 24 (5): 4-17.

[665] 西桂权, 魏晨, 付宏. 面向科技服务业的四螺旋协同创新发展模型研究 [J]. 科技管理研究, 2020, 40 (23): 31-37.

[666] 西鹏, 陈东阳, 刘爽健. 高校新型研发机构市场化能力建设研究——基于德国弗劳恩霍夫协会模式的思考 [J]. 中国高校科技, 2022 (Z1): 92-97.

[667] 习近平. 推动形成优势互补高质量发展的区域经济布局 [J]. 求是, 2019 (24): 4-9.

[668] 习近平. 在全国科技大会、国家科学技术奖励大会、两院院士上的讲话 [N]. 人民日报, 2024-06-25.

[669] 项国鹏, 宁鹏, 罗兴武. 创业生态系统研究述评及动态模型构建 [J]. 科学学与科学技术管理, 2016, 37 (2): 79-87.

[670] 肖红军, 李平. 平台型企业社会责任的生态化治理 [J]. 管理世界, 2019, 35 (4): 120-144+196.

[671] 肖杨, 毛显强. 城市生态位理论及其应用 [J]. 中国人口·资源与环境, 2008 (5): 41-45.

[672] 谢荷锋, 蒋晓莹. 创新范式: 概念建构、理论基础与演化评价研究进展述评 [J]. 中国科技论坛, 2023 (7): 42-52+62.

[673] 谢家平, 孔誄炜, 梁玲, 等. 自主创新的科创平台治理因素机理: 扎根理论质性研究 [J]. 上海财经大学学报, 2019, 21 (6): 64-80.

[674] 谢绚丽, 沈艳, 张皓星, 等. 数字金融能促进创业吗? ——来自中国的证据 [J]. 经济学 (季刊), 2018, 17 (4): 1557-1580.

[675] 谢永顺, 王成金, 韩增林, 等. 哈大城市带网络结构韧性演化研究 [J]. 地理科学进展, 2020, 39 (10): 1619-1631.

［676］邢孝兵，明娟.集群租金视角下的创业企业孵化研究［J］.商业经济与管理，2010（1）：69-75+84.

［677］徐换歌，蒋硕亮.国家创新型城市试点政策的效果以及空间溢出［J］.科学学研究，2020，38（12）：2161-2170.

［678］徐建平，梅胜军.模块化的用户创新模型——基于价值网络的研究［J］.技术经济与管理研究，2020（5）：60-64.

［679］徐君，郭鑫，蒋雨晨.区域创新生态圈自主进化能力评价及实证研究［J］.软科学，2022，36（1）：108-113+119.

［680］徐君，任腾飞，戈兴成，等.资源型城市创新生态系统的驱动效应分析［J］.科技管理研究，2020，40（10）：26-35.

［681］徐倪妮，郭俊华.科技人才流动的宏观影响因素研究［J］.科学学研究，2019，37（3）：414-421+461.

［682］徐翔，赵墨非，李涛，等.数据要素与企业创新：基于研发竞争的视角［J］.经济研究，2023，58（2）：39-56.

［683］徐小靓，田相辉.知识溢出的空间外部性测度——基于空间和产业双重维度［J］.系统工程理论与实践，2016，36（5）：1280-1287.

［684］徐兴良，于贵瑞.基于生态系统演变机理的生态系统脆弱性、适应性与突变理论［J］.应用生态学报，2022，33（3）：623-628.

［685］徐银凤，汪德根.中国城市空间结构的高铁效应研究进展与展望［J］.地理科学进展，2018，37（9）：1216-1230.

［686］许芳.企业共生论：和谐社会理念下的企业生态机理及生态战略研究［M］.北京：中国财经出版社，2006.

［687］许冠南，胡伟婕，周源，等.创新生态系统双重网络嵌入对企业创新的影响机制［J］.管理科学，2022，35（3）：73-86.

［688］许冠南，王丽明，周源.新兴产业多重联动网络对知识流动网络影响机制［J］.科学学研究，2021，39（3）：463-470+518.

［689］许冠南，周源，吴晓波.构筑多层联动的新兴产业创新生态系统：理论框架与实证研究［J］.科学学与科学技术管理，2020，41（7）：98-115.

［690］许晖，周琪，于超.突变情境下互联网平台的赋能机制——基于微医平台的纵向案例研究［J］.研究与发展管理，2021，33（1）：149-161.

［691］许庆瑞，吴志岩，陈力田.转型经济中企业自主创新能力演化路径及驱动因素分析——海尔集团1984~2013年的纵向案例研究［J］.管理世界，2013（4）：121-134+188.

［692］许荣，王雯岚，徐星美，等.公司声誉能带来更高的金融市场价值吗——基于中华老字号上市公司的证据［J］.经济理论与经济管理，2023，43（3）：98-112.

［693］薛军，陈晓林，王自锋，等.关键中间品出口质量限制对模仿与创新的影响——基于南北产品质量阶梯模型的分析［J］.中国工业经济，2021（12）：50-68.

［694］闫德利.数字经济：开启数字化转型之路［M］.北京：中国发展出版社，2019.

［695］闫晓勇，李烨，王刘伟，等.基于三方演化博弈的创新生态系统自组织集聚机制研究［J］.科学学与科学技术管理，2023，44（3）：63-79.

［696］颜莉.我国区域创新效率评价指标体系实证研究［J］.管理世界，2012（5）：174-175.

［697］晏龙旭.流空间结构性影响的理论分析［J］.城市规划学刊，2021（5）：32-39.

［698］杨博旭，柳卸林，吉晓慧.区域创新生态系统：知识基础与理论框架［J］.科技进步与对

策，2023，40（13）：152-160.

［699］杨芳芳，许治.平台企业主导型创业生态系统赋能机理研究——基于耦合的视角［J］.科技管理研究，2021，41（23）：213-220.

［700］杨菲，钟书华.智慧专业化与企业创新发展——近年来OECD 20份研究报告的战略管理解读［J］.科学管理研究，2022，40（4）：99-106.

［701］杨桂通.涌现的哲学——再学系统哲学第一规律：自组织涌现律［J］.系统科学学报，2016（1）：10-12.

［702］杨建君，杨慧军，马婷.集体主义文化和个人主义文化对技术创新方式的影响——信任的调节［J］.管理科学，2013，26（6）：1-11.

［703］杨剑钊，李晓娣.高新技术产业创新生态系统运行机制［J］.学术交流，2016（8）：134-139.

［704］杨娟，阮平南，刘晓燕.技术创新网络租金分配的仿真分析［J］.工业技术经济，2015，34（10）：23-28.

［705］杨开忠，范博凯.京津冀地区经济增长相对衰落的创新地理基础［J］.地理学报，2022，77（6）：1320-1338.

［706］杨开忠，顾芸，董亚宁.空间品质、人才区位与人力资本增长——基于新空间经济学［J］.系统工程理论与实践，2021，41（12）：3065-3078.

［707］杨伟，刘健.基于生态流量的数字创新生态系统演化模式——人工智能行业的探索性研究［J］.技术经济，2021，40（9）：34-44.

［708］杨文溥.中国产业数字化转型测度及区域收敛性研究［J］.经济体制改革，2022（1）：111-118.

［709］杨秀瑞，栗继祖.京津冀产业协同发展障碍因子诊断及对策研究——基于系统论视角［J］.经济问题，2020（10）：31-37.

［710］杨玄酯，罗巍，唐震.生态位视角下长江经济带科技创新竞争力评价及演化［J］.软科学，2019，33（7）：8-14.

［711］杨珍丽，唐承丽，周国华，等.城市群—开发区—产业集群协同发展研究——以长株潭城市群为例［J］.经济地理，2018，38（1）：78-84.

［712］杨震宁，赵红.中国企业的开放式创新：制度环境、"竞合"关系与创新绩效［J］.管理世界，2020，36（2）：139-160+224.

［713］姚常成，宋冬林.借用规模、网络外部性与城市群集聚经济［J］.产业经济研究，2019（2）：76-87.

［714］姚常成，吴康.集聚外部性、网络外部性与城市创新发展［J］.地理研究，2022，41（9）：2330-2349.

［715］姚远.基于直觉模糊集的创新生态位适宜度评价方法研究［D］.沈阳：辽宁大学，2016.

［716］姚战琪.科技服务业集聚对产业升级的影响研究［J］.北京工商大学学报（社会科学版），2020，35（6）：104-114.

［717］叶伟巍，梅亮，李文，等.协同创新的动态机制与激励政策——基于复杂系统理论视角［J］.管理世界，2014（6）：79-91.

［718］伊查克·爱迪思.企业生命周期［M］.赵睿，译.北京：华夏出版社，2004.

［719］依绍华，梁威.传统商业企业如何创新转型——服务主导逻辑的价值共创平台网络构建［J］.中国工业经济，2023（1）：171-188.

［720］易巍，龙小宁，林志帆.地理距离影响高校专利知识溢出吗——来自中国高铁开通的经验

证据 [J]. 中国工业经济, 2021 (9): 99-117.

[721] 于海峰. 基于知识元的突发事件系统结构模型及演化研究 [D]. 大连: 大连理工大学, 2013.

[722] 于婧, 聂艳, 周勇, 等. 生态位适宜度方法在基于 GIS 的耕地多宜性评价中的应用 [J]. 土壤学报, 2006 (2): 190-196.

[723] 于鹏, 李鑫, 张剑, 等. 环境规制对技术创新的影响及其区域异质性研究——基于中国省级面板数据的实证分析 [J]. 管理评论, 2020, 32 (5): 87-95.

[724] 余东华, 李云汉. 数字经济时代的产业组织创新——以数字技术驱动的产业链群生态体系为例 [J]. 改革, 2021 (7): 24-43.

[725] 余东华, 芮明杰. 基于模块化网络组织的知识能量流动与创新 [J]. 中国工业经济, 2008 (12): 48-59.

[726] 余琨岳, 顾新, 王涛. 新兴产业企业创新生态系统刚性及其超越 [J]. 科技进步与对策, 2016, 33 (19): 76-81.

[727] 余维新, 顾新, 王涛. 企业创新网络机会主义行为及非正式治理机制 [J]. 经济体制改革, 2016 (6): 114-119.

[728] 余晓钟, 杨洋, 刘维. 不同合作竞争类型的组织学习策略研究 [J]. 软科学, 2015, 29 (11): 140-144.

[729] 俞立平, 张宏如. 区域创新升级: 如何从创新数量走向创新质量——基于统计学视角的模式识别及跃迁机制研究 [J]. 中国软科学, 2023 (2): 35-45.

[730] 喻登科, 严红玲, 吴文君. 知识型员工知性特质与创新潜能: 组织认同的中介调节作用 [J]. 科技进步与对策, 2021, 38 (24): 142-150.

[731] 袁启刚, 温科. 创新生态开放共享关系演化博弈与动态仿真研究 [J]. 河海大学学报 (哲学社会科学版), 2022, 24 (1): 100-108+112.

[732] 袁智德, 宣国良. 技术创新生态的组成要素及作用 [J]. 经济问题探索, 2000 (12): 72-74.

[733] 约翰·H. 霍兰. 隐秩序——适应性造就复杂性 [M]. 周晓牧, 韩晖, 译. 上海: 上海科技教育出版社, 2019.

[734] 曾铖, 开燕华. 价值链视角下中心城市创新首位度评价与比较研究——以南京为例 [J]. 科技进步与对策, 2021, 38 (23): 39-48.

[735] 曾德明, 张志东, 赵胜超. 科学合作网络、伙伴动态性与企业创新绩效 [J]. 科学学研究, 2022, 40 (5): 906-914.

[736] 曾国屏, 苟尤钊, 刘磊. 从 "创新系统" 到 "创新生态系统" [J]. 科学学研究, 2013, 31 (1): 4-12.

[737] 曾珍香, 张云飞, 王梦雅. 供应链社会责任协同治理机制研究——基于复杂适应系统视角 [J]. 管理现代化, 2019, 39 (3): 98-104.

[738] 詹姆斯·弗·穆尔. 竞争的衰亡: 商业生态系统时代的领导与战略 [M]. 梁骏, 杨飞雪, 等译. 北京: 北京出版社, 1999.

[739] 詹晓宁, 欧阳永福. 数字经济下全球投资的新趋势与中国利用外资的新战略 [J]. 管理世界, 2018, 34 (3): 78-86.

[740] 张超, 陈凯华, 穆荣平. 数字创新生态系统: 理论构建与未来研究 [J]. 科研管理, 2021, 42 (3): 1-11.

[741] 张东旭. 我国三大城市群创新中心城市建设的机制与路径研究 [D]. 天津: 河北工业大

学，2019.

[742] 张光宇，刘苏，刘贻新，等.新型研发机构核心能力评价：生态位态势视角 [J]. 科技进步与对策，2021，38（8）：136-144.

[743] 张贵，程林林，郎玮.基于突变算法的高技术产业创新生态系统健康性实证研究 [J]. 科技管理研究，2018，38（3）：19-24.

[744] 张贵，等.创新驱动与高新技术产业发展——产业链视角 [M]. 北京：社会科学文献出版社，2014.

[745] 张贵，等.京津冀蓝皮书：京津冀经济社会发展报告（2019）[M]. 北京：社会科学文献出版社，2020.

[746] 张贵，姜兴，蔡盈.区域与城市创新生态系统的理论演进及热点前沿 [J]. 经济与管理，2022，36（4）：36-45.

[747] 张贵，刘雪芹.创新生态系统作用机理及演化研究——基于生态场视角的解释 [J]. 软科学，2016，30（12）：16-19+42.

[748] 张贵，吕长青.基于生态位适宜度的区域创新生态系统与创新效率研究 [J]. 工业技术经济，2017，36（10）：12-21.

[749] 张贵，吕荣杰，金浩，等.京津冀蓝皮书：京津冀经济社会发展报告（2018）[M]. 北京：社会科学文献出版社，2018.

[750] 张贵，孙晨晨，吕晓静.多维邻近视角下京津冀知识创新合作网络研究 [J]. 华东经济管理，2022，36（6）：1-12.

[751] 张贵，温科，宋新平，等.创新生态系统：理论与实践 [M]. 北京：经济管理出版社，2018.

[752] 张贵，尹金宝.京津冀区域治理与三位一体机制设计的研究 [J]. 城市，2015（5）：3-7.

[753] 张贵，张佳利.催化与涌现：产业创新模式的新探索 [J]. 科技进步与对策，2012，29（17）：56-60.

[754] 张贵.创新驱动与高新技术产业发展：产业链视角 [M]. 北京：社会科学文献出版社，2014.

[755] 张贵.中国式区域治理体系、机制与模式 [J]. 甘肃社会科学，2023（3）：130-141.

[756] 张涵，李晓澜.FDI 与 OFDI 溢出对高技术产业区域创新的门槛效应研究 [J]. 科技进步与对策，2020，37（2）：74-81.

[757] 张寒旭，刘洋，罗梦思，等.新发展格局下粤港澳大湾区科技创新"双循环"生态系统建设路径 [J]. 科技管理研究，2023，43（14）：69-77.

[758] 张华，顾新，王涛.知识链视角下开放式创新主体的联盟策略研究 [J]. 中国管理科学，2022，30（1）：263-274.

[759] 张华.合作稳定性、参与动机与创新生态系统自组织进化 [J]. 外国经济与管理，2016，38（12）：59-73+128.

[760] 张冀新，陈媛媛.国家高新区创新型产业集群培育能力评价 [J]. 科技管理研究，2022，42（20）：57-64.

[761] 张锦程，方卫华.政策变迁视角下创新生态系统演化研究——以新能源汽车产业为例 [J]. 科技管理研究，2022，42（11）：173-182.

[762] 张敬博，席酉民，孙悦.张力视角下的平台组织治理规则——基于海尔平台的案例研究 [J]. 西安交通大学学报（社会科学版），2022，42（1）：141-154.

[763] 张楷卉."十四五"时期数字经济与实体经济深度融合的创新机制 [J]. 经济体制改革，

2022 (4): 88-94.

[764] 张利飞.高科技企业创新生态系统平台领导战略研究 [J]. 财经理论与实践, 2013, 34 (4): 99-103.

[765] 张利飞.高科技企业创新生态系统运行机制研究 [J]. 中国科技论坛, 2009 (4): 57-61.

[766] 张敏, 张一力.文化嵌入、契约治理与企业创新行为的关系研究——来自温州民营企业的实证检验 [J]. 科学学研究, 2014, 32 (3): 454-463.

[767] 张鹏, 李全喜, 张健.基于生态学种群视角的供应链企业知识协同演化模型 [J]. 情报科学, 2016, 34 (11): 150-153.

[768] 张爽, 陈晨.创新氛围对创新绩效的影响——知识吸收能力的中介作用 [J]. 科研管理, 2022, 43 (6): 113-120.

[769] 张硕.我国知识产权创造能力与区域创新环境耦合协调研究 [D]. 天津: 河北工业大学, 2021.

[770] 张帏, 王荔妍, 高雨辰.创新生态系统中的互补性技术: 编排、治理与演进机制 [J]. 科学学与科学技术管理, 2023, 44 (3): 4-20.

[771] 张晓丹, 蔡双立.企业开放式创新驱动因素的临界条件、因果关系与模式匹配: 过程理论视角 [J]. 科技管理研究, 2022, 42 (17): 118-129.

[772] 张笑楠.战略性新兴产业创新生态系统共生演化仿真研究 [J]. 系统科学学报, 2021, 29 (2): 64-69.

[773] 张雁, 陈琦, 姜昊.数字技术冲击、治理模式与企业转型升级 [J]. 兰州大学学报 (社会科学版), 2023, 51 (2): 35-44.

[774] 张雁, 王涛.正式化组织结构情境下组织学习对价值创造的影响 [J]. 财经问题研究, 2012 (10): 79-85.

[775] 张镒, 刘人怀.互补性资产、平台领导力对双元创新的影响——基于环境复杂性的调节作用 [J]. 管理评论, 2020, 32 (10): 158-169.

[776] 张影, 高长元, 王京.跨界创新联盟生态系统共生演化模型及实证研究 [J]. 中国管理科学, 2022, 30 (6): 200-212.

[777] 张永成, 郝冬冬, 王希.国外开放式创新理论研究 11 年: 回顾、评述与展望 [J]. 科学学与科学技术管理, 2015 (3): 13-22.

[778] 张永凯, 韩梦怡.城市创新生态系统对比分析: 北京与上海 [J]. 开发研究, 2018 (4): 64-70.

[779] 张玉昌, 郑江淮, 冉征.企业研发支出决策的机制与经验分析 [J]. 产业经济研究, 2022 (4): 72-86.

[780] 张运生.高科技企业创新生态系统边界与结构解析 [J]. 软科学, 2008, 22 (11):95-97.

[781] 张忠寿, 高鹏.科技金融生态系统协同创新及利益分配机制研究 [J]. 宏观经济研究, 2019 (9): 47-57+66.

[782] 赵超.数字创新生态系统的生成理路与运行逻辑 [J]. 湖南社会科学, 2023 (4): 65-75.

[783] 赵放, 曾国屏.多重视角下的创新生态系统 [J]. 科学学研究, 2014, 32 (12): 1781-1788+1796.

[784] 赵健雅, 陈美华, 陈峰, 等.美国《2022 年芯片与科学法案》对中国科技安全的影响分析 [J]. 情报杂志, 2023, 42 (11): 54-60.

[785] 赵娟, 卫志民.专利制度作用下创新扩散的演化机理研究——基于微观视角的分析 [J]. 河南大学学报 (社会科学版), 2021, 61 (1): 64-70.

［786］赵璐，赵作权.培育世界级先进制造业集群要以组织变革为核心［J］.国家治理，2018（25）：20-24.

［787］赵涛，张智，梁上坤.数字经济、创业活跃度与高质量发展——来自中国城市的经验证据［J］.管理世界，2020，36（10）：65-76.

［788］赵文，赵会会，吉迎东.双元创新跃迁与企业失败：社会关系网络的调节作用［J］.科研管理，2022，43（1）：124-133.

［789］赵艺璇，成琼文，李紫君.共生视角下技术主导型与市场主导型创新生态系统价值共创组态路径研究［J］.科技进步与对策，2022，39（11）：21-30.

［790］赵艺璇，成琼文.创新生态系统中核心企业如何实现跨界资源整合？［J］.科学学与科学技术管理，2022，43（5）：100-116.

［791］赵勇，白永秀.知识溢出：一个文献综述［J］.经济研究，2009，44（1）：144-156.

［792］赵玉帛，张贵，王宏.数字经济产业创新生态系统韧性理念、特征与演化机理［J］.软科学，2022，36（11）：86-95.

［793］郑建阳.知识视角下科技成果转化机制研究［J］.科学管理研究，2017，35（2）：39-42.

［794］郑江淮，陈喆，冉征.创新集群的"中心—外围结构"：技术互补与经济增长收敛性研究［J］.数量经济技术经济研究，2023，40（1）：66-86.

［795］郑明玉，徐梦丹，马文聪，等.组织忘却学习如何影响绩效：基于元分析的证据［J］.科技管理研究，2021，41（13）：176-182.

［796］郑少芳，唐方成.高科技企业创新生态系统的知识治理机制［J］.中国科技论坛，2018（1）：47-57.

［797］郑胜利，周丽群.论产业集群的经济性质［J］.社会科学研究，2004（5）：49-52.

［798］郑万腾，赵红岩，陈羽洁，等.技术扩散能否成为区域创新效率提升的新动能——研发要素流动视角［J］.科技进步与对策，2020，37（21）：56-63.

［799］郑永兰，周其鑫.数字乡村治理探赜：理论图式、主要限度与实践路径［J］.河海大学学报（哲学社会科学版），2023，25（1）：1-11.

［800］中国信息通信研究院.中国数字经济发展研究报告（2023年）［R］.北京：中国信息通信研究院，2024.

［801］中华人民共和国国务院.关于印发国家知识产权战略纲要的通知［Z］.2008.

［802］钟永光，贾晓菁，钱颖，等.系统动力学［M］.北京：科学出版社，2013.

［803］钟章奇.创新扩散驱动下的全球产业结构进化——基于Agent的模拟［J］.科研管理，2020，41（2）：94-103.

［804］周遂，汤璇.涌现的创新：基于复杂适应性系统理论的短视频视听语言演化与反思［J］.南京社会科学，2021（10）：108-117.

［805］周其仁.新经济重塑未来中国［N］.浙江日报，2017-09-01（005）.

［806］周青，陈畴镛.中国区域技术创新生态系统适宜度的实证研究［J］.科学学研究，2008，26（S1）：242-246+223.

［807］周文辉，李兵，周依芳，等.创业平台赋能对创业绩效的影响：基于"海尔+雷神"的案例研究［J］.管理评论，2018，30（12）：276-284.

［808］周晓辉.数字经济影响中小企业技术创新的机理与效应研究［D］.天津：南开大学，2022.

［809］周毅，刘裕.网络服务平台内容生态安全自我规制理论模型建构研究［J］.情报杂志，2022，41（10）：112-120.

［810］周洲，夏晓宇，李雅梦.法律保护能否提升企业创新质量？［J］.科研管理，2023，44（4）：127-135.

［811］朱冰妍，曾志敏，柴茂昌.基于核心驱动力的科技成果转化模式比较研究［J］.科技管理研究，2023，43（4）：39-47.

［812］朱春全.生态位态势理论与扩充假说［J］.生态学报，1997（3）：324-332.

［813］朱桂龙，蔡朝林，许治.网络环境下产业集群创新生态系统竞争优势形成与演化：基于生态租金视角［J］.研究与发展管理，2018，30（4）：2-13.

［814］朱桂龙，程强.专利权质押基金分阶段贷款模型［J］.科技管理研究，2015，35（2）：118-121.

［815］朱俊杰，徐承红.区域创新绩效提升的门槛效应——基于吸收能力视角［J］.财经科学，2017（7）：116-128.

［816］朱文涛，孙珠峰.创新系统理论：范式与挑战［J］.科技进步与对策，2017，34（5）：1-5.

［817］朱正浩，戚聿东，赵志栋.技术生态位对企业绩效的影响研究：技术宽度和技术重叠度整合视角［J］.南方经济，2021（4）：86-105.

［818］祝影，唐春光，孙锐，等.基于系统耦合的中国科技创新城市评价［J］.科技管理研究，2019，39（24）：30-39.

［819］资武成.创新生态系统的数据治理范式：基于区块链的治理研究［J］.社会科学，2021（6）：80-87.

［820］邹波，杨晓龙，董彩婷.基于大数据合作资产的数字经济场景化创新［J］.北京交通大学学报（社会科学版），2021，20（4）：34-43.

后 记

《创新生态系统构建、运行及治理》一书历经多年的打磨，终于与读者见面。本书是国家社会科学基金重点项目"生态位视域下现代化城市发展动力及空间形态演化研究"（批准号：24AJY018）的阶段性研究成果。

本书是集体智慧的结晶。在编写过程中，张贵教授负责全书整体框架的设计和定稿，赵勇冠负责初稿和统稿；刘雪芹副教授、李佳钰博士、吕晓静博士、刘霁晴博士、姜兴副研究员、赵玉帛博士，以及孙晨晨、钱钰、续紫麒、夏馨、赵一帆、黄旭、朱世婧、孙建华等博士生和李彩月、蔡盈、张硕、赵一恒、李慧祥、黄梓昕、张恩泽、胡晋月、程一诺等硕士生参与了本书相关章节的内容研究、撰写和编校。

在本书付梓之际，谨在此向所有关心、支持本书出版工作的朋友们表示感谢！首先，衷心感谢课题组的全体成员，他们全身心投入书稿的撰写任务中，精益求精，有效提升了本书内容的学术贡献度。其次，真诚感谢南开大学京津冀协同发展研究院、南开大学中国城市与区域经济研究中心、南开大学经济行为与政策模拟实验室等单位提供的研究条件，感谢刘秉镰教授、李兰冰教授、周密教授等的鼎力支持。本书在项目申请、开题以及相关专题讨论会期间得到了杨开忠教授、孙久文教授、高国力研究员、李国平教授、陈劲教授、柳卸林教授、李家祥教授、周立群教授、于立教授、周加来教授、刘刚教授、张可云教授、彭建强研究员、武义青教授、高智研究员、李军凯教授、李春成研究员、叶堂林教授、张学良教授、米红教授、吕拉昌教授、赵作权研究员、黄征学研究员、王青研究员、臧旭恒教授、张学文教授、李峰副教授、王雅洁副教授、张超副教授（排名不分前后）等的建议和意见，本书中也蕴含上述专家的真知灼见；在项目研究过程中，河北省哲学社会科学工作办公室、天津市哲学社会科学工作办公室、天津市社会科学界联合会、河北省社科联界联合会相关领导给予诸多支持和帮助；课题组得到很多政府部门、企事业单位和科研机构帮助，调研获得了一手资料和真实场景案例；我的博士导师王述英教授、博士后合作导师周立群教授也经常提醒我要对项目研究高度负责。最后，特别感谢经济管理出版社的全体人员，他们的辛勤付出，使本书能够顺利出版。

本书从培育国家竞争优势的视角出发，在综合国内外前沿研究的基础上，重点围绕我国创新生态系统的构建、运行和治理展开深入探讨，坚持着眼新变革、总结新实践、提炼新观点，努力实现理论研究和现实实践的逻辑统一。希望本书的出版，能够为丰富和发展国内创新生态系统研究产生边际贡献。当然，文责自负！

张贵

2025 年 6 月